人力资源和社会保障政策法规汇编

（2013）

人力资源和社会保障部法规司　编

中国劳动社会保障出版社

图书在版编目(CIP)数据

人力资源和社会保障政策法规汇编. 2013/人力资源和社会保障部法规司编. —北京：中国劳动社会保障出版社，2014

ISBN 978-7-5167-1321-1

Ⅰ.①人… Ⅱ.①人… Ⅲ.①人力资源管理-劳动政策-汇编-中国-2013②人力资源管理-劳动法-汇编-中国-2013③社会保障-福利政策-汇编-中国-2013④社会保障-法规-汇编-中国-2013 Ⅳ.①F249.20②D922.509

中国版本图书馆 CIP 数据核字(2014)第 188901 号

中国劳动社会保障出版社出版发行

（北京市惠新东街 1 号　邮政编码：100029）

*

中国铁道出版社印刷厂印刷装订　新华书店经销

787 毫米×1092 毫米　32 开本　25.75 印张　613 千字

2014 年 8 月第 1 版　2014 年 8 月第 1 次印刷

定价：68.00 元

读者服务部电话：（010）64929211/64921644/84643933

发行部电话：（010）64961894

出版社网址：http://www.class.com.cn

编辑说明

为了准确地向全国人力资源和社会保障部门的工作人员、广大用人单位和劳动者宣传国家人力资源和社会保障法律、行政法规、规章及政策性文件，进一步提高人力资源和社会保障部门依法行政水平，切实维护广大用人单位和劳动者的合法权益，我们编辑了《人力资源和社会保障政策法规汇编（2013）》一书。本书收集2013年人力资源和社会保障工作方面的法律、行政法规、规章及公开发布的政策性文件和相关法规性文件144件，分为综合、就业促进、人力资源市场、职业能力建设、专业技术人员管理、事业单位人事管理、劳动关系、工资福利、养老保险、失业保险、医疗保险、工伤保险、社会保险基金监督、调解仲裁管理、劳动保障监察、社会保险事业管理、公务员和其他，共18个部分。每部分按其法律效力和发文时间编排，以便广大读者查阅。此外，本书还配有一张光盘，随书赠送给读者。

《人力资源和社会保障政策法规汇编》是工具书，每年出版一册，政策连续性强，特别适合各企业、事业、机关、团体等单位主管人力资源和社会保障工作的部门长期保存，以备工作查阅。

编　者

2014年4月

总 目 录

目　录

综　合

就业促进

人力资源市场

职业能力建设

专业技术人员管理

事业单位人事管理

劳 动 关 系

工 资 福 利

养 老 保 险

失 业 保 险

医 疗 保 险

工伤保险

社会保险基金监督

调解仲裁管理

劳动保障监察

社会保险事业管理

公　务　员

其　他

综　　合

中共中央关于全面深化改革若干重大问题的决定

（2013 年 11 月 12 日　中国共产党第十八届
中央委员会第三次全体会议通过）

为贯彻落实党的十八大关于全面深化改革的战略部署，十八届中央委员会第三次全体会议研究了全面深化改革的若干重大问题，做出如下决定。

一、全面深化改革的重大意义和指导思想

（1）改革开放是党在新的时代条件下带领全国各族人民进行的新的伟大革命，是当代中国最鲜明的特色。党的十一届三中全会召开三十五年来，我们党以巨大的政治勇气，锐意推进经济体制、政治体制、文化体制、社会体制、生态文明体制和党的建设制度改革，不断扩大开放，决心之大、变革之深、影响之广前所未有，成就举世瞩目。

改革开放最主要的成果是开创和发展了中国特色社会主义，为社会主义现代化建设提供了强大动力和有力保障。事实证明，改革开放是决定当代中国命运的关键抉择，是党和人民事业大踏步赶上时代的重要法宝。

实践发展永无止境，解放思想永无止境，改革开放永无止境。面对新形势新任务，全面建成小康社会，进而建成富强民主文明和谐的社会主义现代化国家、实现中华民族伟大复兴的中国梦，必须在新的历史起点上全面深化改革，不断增强中国特色社

会主义道路自信、理论自信、制度自信。

（2）全面深化改革，必须高举中国特色社会主义伟大旗帜，以马克思列宁主义、毛泽东思想、邓小平理论、“三个代表”重要思想、科学发展观为指导，坚定信心，凝聚共识，统筹谋划，协同推进，坚持社会主义市场经济改革方向，以促进社会公平正义、增进人民福祉为出发点和落脚点，进一步解放思想、解放和发展社会生产力、解放和增强社会活力，坚决破除各方面体制机制弊端，努力开拓中国特色社会主义事业更加广阔的前景。

全面深化改革的总目标是完善和发展中国特色社会主义制度，推进国家治理体系和治理能力现代化。必须更加注重改革的系统性、整体性、协同性，加快发展社会主义市场经济、民主政治、先进文化、和谐社会、生态文明，让一切劳动、知识、技术、管理、资本的活力竞相迸发，让一切创造社会财富的源泉充分涌流，让发展成果更多更公平惠及全体人民。

紧紧围绕使市场在资源配置中起决定性作用深化经济体制改革，坚持和完善基本经济制度，加快完善现代市场体系、宏观调控体系、开放型经济体系，加快转变经济发展方式，加快建设创新型国家，推动经济更有效率、更加公平、更可持续发展。

紧紧围绕坚持党的领导、人民当家做主、依法治国有机统一深化政治体制改革，加快推进社会主义民主政治制度化、规范化、程序化，建设社会主义法治国家，发展更加广泛、更加充分、更加健全的人民民主。

紧紧围绕建设社会主义核心价值体系、社会主义文化强国深化文化体制改革，加快完善文化管理体制和文化生产经营机制，建立健全现代公共文化服务体系、现代文化市场体系，推动社会主义文化大发展大繁荣。

紧紧围绕更好保障和改善民生、促进社会公平正义深化社会体制改革，改革收入分配制度，促进共同富裕，推进社会领域制度创新，推进基本公共服务均等化，加快形成科学有效的社会治理体制，确保社会既充满活力又和谐有序。

紧紧围绕建设美丽中国深化生态文明体制改革，加快建立生态文明制度，健全国土空间开发、资源节约利用、生态环境保护的体制机制，推动形成人与自然和谐发展现代化建设新格局。

紧紧围绕提高科学执政、民主执政、依法执政水平深化党的建设制度改革，加强民主集中制建设，完善党的领导体制和执政方式，保持党的先进性和纯洁性，为改革开放和社会主义现代化建设提供坚强政治保证。

（3）全面深化改革，必须立足于我国长期处于社会主义初级阶段这个最大实际，坚持发展仍是解决我国所有问题的关键这个重大战略判断，以经济建设为中心，发挥经济体制改革牵引作用，推动生产关系同生产力、上层建筑同经济基础相适应，推动经济社会持续健康发展。

经济体制改革是全面深化改革的重点，核心问题是处理好政府和市场的关系，使市场在资源配置中起决定性作用和更好发挥政府作用。市场决定资源配置是市场经济的一般规律，健全社会主义市场经济体制必须遵循这条规律，着力解决市场体系不完善、政府干预过多和监管不到位问题。

必须积极稳妥从广度和深度上推进市场化改革，大幅度减少政府对资源的直接配置，推动资源配置依据市场规则、市场价格、市场竞争实现效益最大化和效率最优化。政府的职责和作用主要是保持宏观经济稳定，加强和优化公共服务，保障公平竞争，加强市场监管，维护市场秩序，推动可持续发展，促进共同富裕，弥补市场失灵。

（4）改革开放的成功实践为全面深化改革提供了重要经验，必须长期坚持。最重要的是，坚持党的领导，贯彻党的基本路线，不走封闭僵化的老路，不走改旗易帜的邪路，坚定走中国特色社会主义道路，始终确保改革正确方向；坚持解放思想、实事求是、与时俱进、求真务实，一切从实际出发，总结国内成功做法，借鉴国外有益经验，勇于推进理论和实践创新；坚持以人为本，尊重人民主体地位，发挥群众首创精神，紧紧依靠人民推动改革，促进人的全面发展；坚持正确处理改革发展稳定关系，胆子要大、步子要稳，加强顶层设计和摸着石头过河相结合，整体推进和重点突破相促进，提高改革决策科学性，广泛凝聚共识，形成改革合力。

当前，我国发展进入新阶段，改革进入攻坚期和深水区。必须以强烈的历史使命感，最大限度集中全党全社会智慧，最大限度调动一切积极因素，敢于啃硬骨头，敢于涉险滩，以更大决心冲破思想观念的束缚、突破利益固化的藩篱，推动中国特色社会主义制度自我完善和发展。

到二〇二〇年，在重要领域和关键环节改革上取得决定性成果，完成本决定提出的改革任务，形成系统完备、科学规范、运行有效的制度体系，使各方面制度更加成熟更加定型。

二、坚持和完善基本经济制度

公有制为主体、多种所有制经济共同发展的基本经济制度，是中国特色社会主义制度的重要支柱，也是社会主义市场经济体制的根基。公有制经济和非公有制经济都是社会主义市场经济的重要组成部分，都是我国经济社会发展的重要基础。必须毫不动摇巩固和发展公有制经济，坚持公有制主体地位，发挥国有经济主导作用，不断增强国有经济活力、控制力、影响力。必须毫不动摇鼓励、支持、引导非公有制经济发展，激发非公有制经济活力和创造力。

（5）完善产权保护制度。产权是所有制的核心。健全归属清晰、权责明确、保护严格、流转顺畅的现代产权制度。公有制经济财产权不可侵犯，非公有制经济财产权同样不可侵犯。

国家保护各种所有制经济产权和合法利益，保证各种所有制经济依法平等使用生产要素、公开公平公正参与市场竞争、同等受到法律保护，依法监管各种所有制经济。

（6）积极发展混合所有制经济。国有资本、集体资本、非公有资本等交叉持股、相互融合的混合所有制经济，是基本经济制度的重要实现形式，有利于国有资本放大功能、保值增值、提高竞争力，有利于各种所有制资本取长补短、相互促进、共同发展。允许更多国有经济和其他所有制经济发展成为混合所有制经济。国有资本投资项目允许非国有资本参股。允许混合所有制经济实行企业员工持股，形成资本所有者和劳动者利益共同体。

完善国有资产管理体制，以管资本为主加强国有资产监管，改革国有资本授权经营体制，组建若干国有资本运营公司，支持有条件的国有企业改组为国有资本投资公司。国有资本投资运营要服务于国家战略目标，更多投向关系国家安全、国民经济命脉的重要行业和关键领域，重点提供公共服务、发展重要前瞻性战略性产业、保护生态环境、支持科技进步、保障国家安全。

划转部分国有资本充实社会保障基金。完善国有资本经营预算制度，提高国有资本收益上缴公共财政比例，二〇二〇年提到百分之三十，更多用于保障和改善民生。

（7）推动国有企业完善现代企业制度。国有企业属于全民所有，是推进国家现代化、保障人民共同利益的重要力量。国有企业总体上已经同市场经济相融合，必须适应市场化、国际化新形势，以规范经营决策、资产保值增值、公平参与竞争、提高企业效率、增强企业活力、承担社会责任为重点，进一步深化国有企业改革。

准确界定不同国有企业功能。国有资本加大对公益性企业的投入，在提供公共服务方面做出更大贡献。国有资本继续控股经营的自然垄断行业，实行以政企分开、政资分开、特许经营、政府监管为主要内容的改革，根据不同行业特点实行网运分开、放开竞争性业务，推进公共资源配置市场化。进一步破除各种形式的行政垄断。

健全协调运转、有效制衡的公司法人治理结构，建立职业经理人制度，更好发挥企业家作用。深化企业内部管理人员能上能下、员工能进能出、收入能增能减的制度改革。建立长效激励约束机制，强化国有企业经营投资责任追究。探索推进国有企业财务预算等重大信息公开。

国有企业要合理增加市场化选聘比例，合理确定并严格规范国有企业管理人员薪酬水平、职务待遇、职务消费、业务消费。

（8）支持非公有制经济健康发展。非公有制经济在支撑增长、促进创新、扩大就业、增加税收等方面具有重要作用。坚持权利平等、机会平等、规则平等，废除对非公有制经济各种形式的不合理规定，消除各种隐性壁垒，制定非公有制企业进入特许经营领域具体办法。

鼓励非公有制企业参与国有企业改革，鼓励发展非公有资本控股的混合所有制企业，鼓励有条件的私营企业建立现代企业制度。

三、加快完善现代市场体系

建设统一开放、竞争有序的市场体系，是使市场在资源配置中起决定性作用的基础。必须加快形成企业自主经营、公平竞争，消费者自由选择、自主消费，商品和要素自由流动、平等交换的现代市场体系，着力清除市场壁垒，提高资源配置效率和公平性。

（9）建立公平开放透明的市场规则。实行统一的市场准入制度，在制定负面清单基础上，各类市场主体可依法平等进入清单之外领域。探索对外商投资实行准入前国民待遇加负面清单的管理模式。推进工商注册制度便利化，削减资质认定项目，由先证后照改为先照后证，把注册资本实缴登记制逐步改为认缴登记制。推进国内贸易流通体制改革，建设法治化营商环境。

改革市场监管体系，实行统一的市场监管，清理和废除妨碍全国统一市场和公平竞争的各种规定和做法，严禁和惩处各类违法实行优惠政策行为，反对地方保护，反对垄断和不正当竞争。

建立健全社会征信体系，褒扬诚信，惩戒失信。健全优胜劣汰市场化退出机制，完善企业破产制度。

（10）完善主要由市场决定价格的机制。凡是能由市场形成价格的都交给市场，政府不进行不当干预。推进水、石油、天然气、电力、交通、电信等领域价格改革，放开竞争性环节价格。政府定价范围主要限定在重要公用事业、公益性服务、网络型自然垄断环节，提高透明度，接受社会监督。完善农产品价格形成机制，注重发挥市场形成价格作用。

（11）建立城乡统一的建设用地市场。在符合规划和用途管制前提下，允许农村集体经营性建设用地出让、租赁、入股，实行与国有土地同等入市、同权同价。缩小征地范围，规范征地程序，完善对被征地农民合理、规范、多元保障机制。扩大国有土地有偿使用范围，减少非公益性用地划拨。建立兼顾国家、集体、个人的土地增值收益分配机制，合理提高个人收益。完善土地租赁、转让、抵押二级市场。

（12）完善金融市场体系。扩大金融业对内对外开放，在加强监管前提下，允许具备条件的民间资本依法发起设立中小型银行等金融机构。推进政策性金融机构改革。健全多层次资本市场体系，推进股票发行注册制改革，多渠道推动股权融资，发展并规范债券市场，提高直接融资比重。完善保险经济补偿机制，建立巨灾保险制度。发展普惠金融。鼓励金融创新，丰富金融市场层次和产品。

完善人民币汇率市场化形成机制，加快推进利率市场化，健全反映市场供求关系的国债收益率曲线。推动资本市场双向开放，有序提高跨境资本和金融交易可兑换程度，建立健全宏观审慎管理框架下的外债和资本流动管理体系，加快实现人民币资本项目可兑换。

落实金融监管改革措施和稳健标准，完善监管协调机制，界定中央和地方金融监管职责和风险处置责任，建立存款保险制度，完善金融机构市场化退出机制。加强金融基础设施建设，保障金融市场安全高效运行和整体稳定。

（13）深化科技体制改革。建立健全鼓励原始创新、集成创新、引进消化吸收再创新的体制机制，健全技术创新市场导向机制，发挥市场对技术研发方向、路线选择、要素价格、各类创新要素配置的导向作用。建立产学研协同创新机制，强化企业在技术创新中的主体地位，发挥大型企业创新骨干作用，激发中小企业创新活力，推进应用型技术研发机构市场化、企业化改革，建设国家创新体系。

加强知识产权运用和保护，健全技术创新激励机制，探索建立知识产权法院。打破行政主导和部门分割，建立主要由市场决定技术创新项目和经费分配、评价成果的机制。发展技术市场，健全技术转移机制，改善科技型中小企业融资条件，完善风险投资机制，创新商业模式，促进科技成果资本化、产业化。

整合科技规划和资源，完善政府对基础性、战略性、前沿性科学研究和共性技术研究的支持机制。国家重大科研基础设施依照规定应该开放的一律对社会开放。建立创新调查制度和创新报告制度，构建公开透明的国家科研资源管理和项目评价机制。

改革院士遴选和管理体制，优化学科布局，提高中青年人才比例，实行院士退休和退出制度。

四、加快转变政府职能

科学的宏观调控，有效的政府治理，是发挥社会主义市场经济体制优势的内在要求。必须切实转变政府职能，深化行政体制改革，创新行政管理方式，增强政府公信力和执行力，建设法治政府和服务型政府。

（14）健全宏观调控体系。宏观调控的主要任务是保持经济总量平衡，促进重大经济结构协调和生产力布局优化，减缓经济周期波动影响，防范区域性、系统性风险，稳定市场预期，实现经济持续健康发展。健全以国家发展战略和规划为导向、以财政政策和货币政策为主要手段的宏观调控体系，推进宏观调控目标制定和政策手段运用机制化，加强财政政策、货币政策与产业、价格等政策手段协调配合，提高相机抉择水平，增强宏观调控前瞻性、针对性、协同性。形成参与国际宏观经济政策协调的机制，推动国际经济治理结构完善。

深化投资体制改革，确立企业投资主体地位。企业投资项目，除关系国家安全和生态安全、涉及全国重大生产力布局、战略性资源开发和重大公共利益等项目外，一律由企业依法依规自主决策，政府不再审批。强化节能节地节水、环境、技术、安全等市场准入标准，建立健全防范和化解产能过剩长效机制。

完善发展成果考核评价体系，纠正单纯以经济增长速度评定政绩的偏向，加大资源消耗、环境损害、生态效益、产能过剩、科技创新、安全生产、新增债务等指标的权重，更加重视劳动就业、居民收入、社会保障、人民健康状况。加快建立国家统一的经济核算制度，编制全国和地方资产负债表，建立全社会房产、信用等基础数据统一平台，推进部门信息共享。

（15）全面正确履行政府职能。进一步简政放权，深化行政审批制度改革，最大限度减少中央政府对微观事务的管理，市场机制能有效调节的经济活动，一律取消审批，对保留的行政审批事项要规范管理、提高效率；直接面向基层、量大面广、由地方管理更方便有效的经济社会事项，一律下放地方和基层管理。

政府要加强发展战略、规划、政策、标准等制定和实施，加强市场活动监管，加强各类公共服务提供。加强中央政府宏观调控职责和能力，加强地方政府公共服务、市场监管、社会管理、环境保护等职责。推广政府购买服务，凡属事务性管理服务，原则上都要引入竞争机制，通过合同、委托等方式向社会购买。

加快事业单位分类改革，加大政府购买公共服务力度，推动公办事业单位与主管部门理顺关系和去行政化，创造条件，逐步取消学校、科研院所、医院等单位的行政级别。建立事业单位法人治理结构，推进有条件的事业单位转为企业或社会组织。建立各类事业单位统一登记管理制度。

（16）优化政府组织结构。转变政府职能必须深化机构改革。优化政府机构设置、职能配置、工作流程，完善决策权、执行权、监督权既相互制约又相互协调的行政运行机制。严格绩效管理，突出责任落实，确保权责一致。

统筹党政群机构改革，理顺部门职责关系。积极稳妥实施大部门制。优化行政区划设置，有条件的地方探索推进省直接管理县（市）体制改革。严格控制机构编制，严格按规定职数配备领导干部，减少机构数量和领导职数，严格控制财政供养人员总量。推进机构编制管理科学化、规范化、法制化。

五、深化财税体制改革

财政是国家治理的基础和重要支柱，科学的财税体制是优化资源配置、维护市场统一、促进社会公平、实现国家长治久安的制度保障。必须完善立法、明确事权、改革税制、稳定税负、透明预算、提高效率，建立现代财政制度，发挥中央和地方两个积极性。

（17）改进预算管理制度。实施全面规范、公开透明的预算制度。审核预算的重点由平衡状态、赤字规模向支出预算和政策拓展。清理规范重点支出同财政收支增幅或生产总值挂钩事项，一般不采取挂钩方式。建立跨年度预算平衡机制，建立权责发生制的政府综合财务报告制度，建立规范合理的中央和地方政府债务管理及风险预警机制。

完善一般性转移支付增长机制，重点增加对革命老区、民族地区、边疆地区、贫困地区的转移支付。中央出台增支政策形成的地方财力缺口，原则上通过一般性转移支付调节。清理、整合、规范专项转移支付项目，逐步取消竞争性领域专项和地方资金配套，严格控制引导类、救济类、应急类专项，对保留专项进行甄别，属地方事务的划入一般性转移支付。

(18) 完善税收制度。深化税收制度改革，完善地方税体系，逐步提高直接税比重。推进增值税改革，适当简化税率。调整消费税征收范围、环节、税率，把高耗能、高污染产品及部分高档消费品纳入征收范围。逐步建立综合与分类相结合的个人所得税制。加快房地产税立法并适时推进改革，加快资源税改革，推动环境保护费改税。

按照统一税制、公平税负、促进公平竞争的原则，加强对税收优惠特别是区域税收优惠政策的规范管理。税收优惠政策统一由专门税收法律法规规定，清理规范税收优惠政策。完善国税、地税征管体制。

(19) 建立事权和支出责任相适应的制度。适度加强中央事权和支出责任，国防、外交、国家安全、关系全国统一市场规则和管理等作为中央事权；部分社会保障、跨区域重大项目建设维护等作为中央和地方共同事权，逐步理顺事权关系；区域性公共服务作为地方事权。中央和地方按照事权划分相应承担和分担支出责任。中央可通过安排转移支付将部分事权支出责任委托地方承担。对于跨区域且对其他地区影响较大的公共服务，中央通过转移支付承担一部分地方事权支出责任。

保持现有中央和地方财力格局总体稳定，结合税制改革，考虑税种属性，进一步理顺中央和地方收入划分。

六、健全城乡发展一体化体制机制

城乡二元结构是制约城乡发展一体化的主要障碍。必须健全体制机制，形成以工促农、以城带乡、工农互惠、城乡一体的新型工农城乡关系，让广大农民平等参与现代化进程、共同分享现代化成果。

(20) 加快构建新型农业经营体系。坚持家庭经营在农业中的基础性地位，推进家庭经营、集体经营、合作经营、企业经营等共同发展的农业经营方式创新。坚持农村土地集体所有权，依法维护农民土地承包经营权，发展壮大集体经济。稳定农村土地承包关系并保持长久不变，在坚持和完善最严格的耕地保护制度前提下，赋予农民对承包地占有、使用、收益、流转及承包经营权抵押、担保权能，允许农民以承包经营权入股发展农业产业化经营。鼓励承包经营权在公开市场上向专业大户、家庭农场、农民合作社、农业企业流转，发展多种形式规模经营。

鼓励农村发展合作经济，扶持发展规模化、专业化、现代化经营，允许财政项目资金直接投向符合条件的合作社，允许财政补助形成的资产转交合作社持有和管护，允许合作社开展信用合作。鼓励和引导工商资本到农村发展适合企业化经营的现代种养业，向农业输入现代生产要素和经营模式。

（21）赋予农民更多财产权利。保障农民集体经济组织成员权利，积极发展农民股份合作，赋予农民对集体资产股份占有、收益、有偿退出及抵押、担保、继承权。保障农户宅基地用益物权，改革完善农村宅基地制度，选择若干试点，慎重稳妥推进农民住房财产权抵押、担保、转让，探索农民增加财产性收入渠道。建立农村产权流转交易市场，推动农村产权流转交易公开、公正、规范运行。

（22）推进城乡要素平等交换和公共资源均衡配置。维护农民生产要素权益，保障农民工同工同酬，保障农民公平分享土地增值收益，保障金融机构农村存款主要用于农业农村。健全农业支持保护体系，改革农业补贴制度，完善粮食主产区利益补偿机制。完善农业保险制度。鼓励社会资本投向农村建设，允许企业和社会组织在农村兴办各类事业。统筹城乡基础设施建设和社区建设，推进城乡基本公共服务均等化。

（23）完善城镇化健康发展体制机制。坚持走中国特色新型城镇化道路，推进以人为核心的城镇化，推动大中小城市和小城镇协调发展、产业和城镇融合发展，促进城镇化和新农村建设协调推进。优化城市空间结构和管理格局，增强城市综合承载能力。

推进城市建设管理创新。建立透明规范的城市建设投融资机制，允许地方政府通过发债等多种方式拓宽城市建设融资渠道，允许社会资本通过特许经营等方式参与城市基础设施投资和运营，研究建立城市基础设施、住宅政策性金融机构。完善设市标准，严格审批程序，对具备行政区划调整条件的县可有序改市。对吸纳人口多、经济实力强的镇，可赋予同人口和经济规模相适应的管理权。建立和完善跨区域城市发展协调机制。

推进农业转移人口市民化，逐步把符合条件的农业转移人口转为城镇居民。创新人口管理，加快户籍制度改革，全面放开建制镇和小城市落户限制，有序放开中等城市落户限制，合理确定大城市落户条件，严格控制特大城市人口规模。稳步推进城镇基本公共服务常住人口全覆盖，把进城落户农民完全纳入城镇住房和社会保障体系，在农村参加的养老保险和医疗保险规范接入城镇社保体系。建立财政转移支付同农业转移人口市民化挂钩机制，从严合理供给城市建设用地，提高城市土地利用率。

七、构建开放型经济新体制

适应经济全球化新形势，必须推动对内对外开放相互促进、引进来和走出去更好结合，促进国际国内要素有序自由流动、资源高效配置、市场深度融合，加快培育参与和引领国际经济合作竞争新优势，以开放促改革。

（24）放宽投资准入。统一内外资法律法规，保持外资政策稳定、透明、可预期。推进金融、教育、文化、医疗等服务业领域有序开放，放开育幼养老、建筑设计、会计审计、商贸物流、电子商务等服务业领域外资准入限制，进一步放开一般制造业。加快海关特殊监管区域整合优化。

建立中国上海自由贸易试验区是党中央在新形势下推进改革开放的重大举措，要切实建设好、管理好，为全面深化改革和扩大开放探索新途径、积累新经验。在推进现有试点基础上，选择若干具备条件的地方发展自由贸易园（港）区。

扩大企业及个人对外投资，确立企业及个人对外投资主体地位，允许发挥自身优势到境外开展投资合作，允许自担风险到各国各地区自由承揽工程和劳务合作项目，允许创新方式走出去开展绿地投资、并购投资、证券投资、联合投资等。

加快同有关国家和地区商签投资协定，改革涉外投资审批体制，完善领事保护体制，提供权益保障、投资促进、风险预警等更多服务，扩大投资合作空间。

（25）加快自由贸易区建设。坚持世界贸易体制规则，坚持双边、多边、区域次区域开放合作，扩大同各国各地区利益汇合点，以周边为基础加快实施自由贸易区战略。改革市场准入、海关监管、检验检疫等管理体制，加快环境保护、投资保护、政府采购、电子商务等新议题谈判，形成面向全球的高标准自由贸易区网络。

扩大对香港特别行政区、澳门特别行政区和台湾地区开放合作。

（26）扩大内陆沿边开放。抓住全球产业重新布局机遇，推动内陆贸易、投资、技术创新协调发展。创新加工贸易模式，形成有利于推动内陆产业集群发展的体制机制。支持内陆城市增开国际客货运航线，发展多式联运，形成横贯东中西、联结南北方对外经济走廊。推动内陆同沿海沿边通关协作，实现口岸管理相关部门信息互换、监管互认、执法互助。

加快沿边开放步伐，允许沿边重点口岸、边境城市、经济合作区在人员往来、加工物流、旅游等方面实行特殊方式和政策。建立开发性金融机构，加快同周边国家和区域基础设施互联互通建设，推进丝绸之路经济带、海上丝绸之路建设，形成全方位开放新格局。

八、加强社会主义民主政治制度建设

发展社会主义民主政治，必须以保证人民当家做主为根本，坚持和完善人民代表大会制度、中国共产党领导的多党合作和政治协商制度、民族区域自治制度以及基层群众自治制度，更加注重健全民主制度、丰富民主形式，从各层次各领域扩大公民有序政治参与，充分发挥我国社会主义政治制度优越性。

（27）推动人民代表大会制度与时俱进。坚持人民主体地位，推进人民代表大会制度理论和实践创新，发挥人民代表大会制度的根本政治制度作用。完善中国特色社会主义法律体系，健全立法起草、论证、协调、审议机制，提高立法质量，防止地方保护和部门利益法制化。健全“一府两院”由人大产生、对人大负责、受人大监督制度。健全人大讨论、决定重大事项制度，各级政府重大决策出台前向本级人大报告。加强人大预算决算审查监督、国有资产监督职能。落实税收法定原则。加强人大常委会同人大代表的联系，充分发挥代表作用。通过建立健全代表联络机构、网络平台等形式密切代表同人民群众联系。

完善人大工作机制，通过座谈、听证、评估、公布法律草案等扩大公民有序参与立法途径，通过询问、质询、特定问题调查、备案审查等积极回应社会关切。

（28）推进协商民主广泛多层制度化发展。协商民主是我国社会主义民主政治的特有形式和独特优势，是党的群众路线在政治领域的重要体现。在党的领导下，以经济社会发展重大问题和涉及群众切身利益的实际问题为内容，在全社会开展广泛协商，坚持协商于决策之前和决策实施之中。

构建程序合理、环节完整的协商民主体系，拓宽国家政权机关、政协组织、党派团体、基层组织、社会组织的协商渠道。深入开展立法协商、行政协商、民主协商、参政协商、社会协商。加强中国特色新型智库建设，建立健全决策咨询制度。

发挥统一战线在协商民主中的重要作用。完善中国共产党同各民主党派的政治协商，认真听取各民主党派和无党派人士意见。中共中央根据年度工作重点提出规划，采取协商会、谈心会、座谈会等进行协商。完善民主党派中央直接向中共中央提出建议制度。贯彻党的民族政策，保障少数民族合法权益，巩固和发展平等团结互助和谐的社会主义民族关系。

发挥人民政协作为协商民主重要渠道作用。重点推进政治协商、民主监督、参政议政制度化、规范化、程序化。各级党委和政府、政协制定并组织实施协商年度工作计划，就一些重要决策听取政协意见。完善人民政协制度体系，规范协商内容、协商程序。拓展协商民主形式，更加活跃有序地组织专题协商、对口协商、界别协商、提案办理协商，增加协商密度，提高协商成效。在政协健全委员联络机构，完善委员联络制度。

（29）发展基层民主。畅通民主渠道，健全基层选举、议事、公开、述职、问责等机制。开展形式多样的基层民主协商，推进基层协商制度化，建立健全居民、村民监督机制，促进群众在城乡社区治理、基层公共事务和公益事业中依法自我管理、自我服务、自我教育、自我监督。健全以职工代表大会为基本形式的企事业单位民主管理制度，加强社会组织民主机制建设，保障职工参与管理和监督的民主权利。

九、推进法治中国建设

建设法治中国，必须坚持依法治国、依法执政、依法行政共同推进，坚持法治国家、法治政府、法治社会一体建设。深化司法体制改革，加快建设公正高效权威的社会主义司法制度，维护人民权益，让人民群众在每一个司法案件中都感受到公平正义。

（30）维护宪法法律权威。宪法是保证党和国家兴旺发达、长治久安的根本法，具有最高权威。要进一步健全宪法实施监督机制和程序，把全面贯彻实施宪法提高到一个新水平。建立健全全社会忠于、遵守、维护、运用宪法法律的制度。坚持法律面前人人平等，任何组织或者个人都不得有超越宪法法律的特权，一切违反宪法法律的行为都必须予以追究。

普遍建立法律顾问制度。完善规范性文件、重大决策合法性审查机制。建立科学的法治建设指标体系和考核标准。健全法规、规章、规范性文件备案审查制度。健全社会普法教育机制，增强全民法治观念。逐步增加有地方立法权的较大的市数量。

（31）深化行政执法体制改革。整合执法主体，相对集中执法权，推进综合执法，着力解决权责交叉、多头执法问题，建立权责统一、权威高效的行政执法体制。减少行政执法层级，加强食品药品、安全生产、环境保护、劳动保障、海域海岛等重点领域基层执法力量。理顺城管执法体制，提高执法和服务水平。

完善行政执法程序，规范执法自由裁量权，加强对行政执法的监督，全面落实行政执法责任制和执法经费由财政保障制度，做到严格规范公正文明执法。完善行政执法与刑事司法衔接机制。

（32）确保依法独立公正行使审判权检察权。改革司法管理体制，推动省以下地方法院、检察院人财物统一管理，探索建立与行政区划适当分离的司法管辖制度，保证国家法律统一正确实施。

建立符合职业特点的司法人员管理制度，健全法官、检察官、人民警察统一招录、有序交流、逐级遴选机制，完善司法人员分类管理制度，健全法官、检察官、人民警察职业保障制度。

（33）健全司法权力运行机制。优化司法职权配置，健全司法权力分工负责、互相配合、互相制约机制，加强和规范对司法活动的法律监督和社会监督。

改革审判委员会制度，完善主审法官、合议庭办案责任制，让审理者裁判、由裁判者负责。明确各级法院职能定位，规范上下级法院审级监督关系。

推进审判公开、检务公开，录制并保留全程庭审资料。增强法律文书说理性，推动公开法院生效裁判文书。严格规范减刑、假释、保外就医程序，强化监督制度。广泛实行人民陪审员、人民监督员制度，拓宽人民群众有序参与司法渠道。

（34）完善人权司法保障制度。国家尊重和保障人权。进一步规范查封、扣押、冻结、处理涉案财物的司法程序。健全错案防止、纠正、责任追究机制，严禁刑讯逼供、体罚虐待，严格实行非法证据排除规则。逐步减少适用死刑罪名。

废止劳动教养制度，完善对违法犯罪行为的惩治和矫正法律，健全社区矫正制度。

健全国家司法救助制度，完善法律援助制度。完善律师执业权利保障机制和违法违规执业惩戒制度，加强职业道德建设，发挥律师在依法维护公民和法人合法权益方面的重要作用。

十、强化权力运行制约和监督体系

坚持用制度管权管事管人，让人民监督权力，让权力在阳光下运行，是把权力关进制度笼子的根本之策。必须构建决策科学、执行坚决、监督有力的权力运行体系，健全惩治和预防腐败体系，建设廉洁政治，努力实现干部清正、政府清廉、政治清明。

（35）形成科学有效的权力制约和协调机制。完善党和国家领导体制，坚持民主集中制，充分发挥党的领导核心作用。规范各级党政主要领导干部职责权限，科学配置党政部门及内设机构权力和职能，明确职责定位和工作任务。

加强和改进对主要领导干部行使权力的制约和监督，加强行政监察和审计监督。

推行地方各级政府及其工作部门权力清单制度，依法公开权力运行流程。完善党务、政务和各领域办事公开制度，推进决策公开、管理公开、服务公开、结果公开。

（36）加强反腐败体制机制创新和制度保障。加强党对党风廉政建设和反腐败工作统一领导。改革党的纪律检查体制，健全反腐败领导体制和工作机制，改革和完善各级反腐败协调小组职能。

落实党风廉政建设责任制，党委负主体责任，纪委负监督责任，制定实施切实可行的责任追究制度。各级纪委要履行协助党委加强党风建设和组织协调反腐败工作的职责，加强对同级党委特别是常委会成员的监督，更好发挥党内监督专门机关作用。

推动党的纪律检查工作双重领导体制具体化、程序化、制度化，强化上级纪委对下级纪委的领导。查办腐败案件以上级纪委领导为主，线索处置和案件查办在向同级党委报告的同时必须向上级纪委报告。各级纪委书记、副书记的提名和考察以上级纪委会同组织部门为主。

全面落实中央纪委向中央一级党和国家机关派驻纪检机构，实行统一名称、统一管理。派驻机构对派出机关负责，履行监督职责。改进中央和省区市巡视制度，做到对地方、部门、企事业单位全覆盖。

健全反腐倡廉法规制度体系，完善惩治和预防腐败、防控廉政风险、防止利益冲突、领导干部报告个人有关事项、任职回避等方面法律法规，推行新提任领导干部有关事项公开制度试点。健全民主监督、法律监督、舆论监督机制，运用和规范互联网监督。

(37) 健全改进作风常态化制度。围绕反对形式主义、官僚主义、享乐主义和奢靡之风，加快体制机制改革和建设。健全领导干部带头改进作风、深入基层调查研究机制，完善直接联系和服务群众制度。改革会议公文制度，从中央做起带头减少会议、文件，着力改进会风文风。健全严格的财务预算、核准和审计制度，着力控制“三公”经费支出和楼堂馆所建设。完善选人用人专项检查和责任追究制度，着力纠正跑官要官等不正之风。改革政绩考核机制，着力解决“形象工程”“政绩工程”以及不作为、乱作为等问题。

规范并严格执行领导干部工作生活保障制度，不准多处占用住房和办公用房，不准超标准配备办公用房和生活用房，不准违规配备公车，不准违规配备秘书，不准超规格警卫，不准超标准进行公务接待，严肃查处违反规定超标准享受待遇等问题。探索实行官邸制。

完善并严格执行领导干部亲属经商、担任公职和社会组织职务、出国定居等相关制度规定，防止领导干部利用公共权力或自身影响为亲属和其他特定关系人谋取私利，坚决反对特权思想和作风。

十一、推进文化体制机制创新

建设社会主义文化强国，增强国家文化软实力，必须坚持社会主义先进文化前进方向，坚持中国特色社会主义文化发展道路，培育和践行社会主义核心价值观，巩固马克思主义在意识形态领域的指导地位，巩固全党全国各族人民团结奋斗的共同思想基础。坚持以人民为中心的工作导向，坚持把社会效益放在首位、社会效益和经济效益相统一，以激发全民族文化创造活力为中心环节，进一步深化文化体制改革。

（38）完善文化管理体制。按照政企分开、政事分开原则，推动政府部门由办文化向管文化转变，推动党政部门与其所属的文化企事业单位进一步理顺关系。建立党委和政府监管国有文化资产的管理机构，实行管人管事管资产管导向相统一。

健全坚持正确舆论导向的体制机制。健全基础管理、内容管理、行业管理以及网络违法犯罪防范和打击等工作联动机制，健全网络突发事件处置机制，形成正面引导和依法管理相结合的网络舆论工作格局。整合新闻媒体资源，推动传统媒体和新兴媒体融合发展。推动新闻发布制度化。严格新闻工作者职业资格制度，重视新型媒介运用和管理，规范传播秩序。

（39）建立健全现代文化市场体系。完善文化市场准入和退出机制，鼓励各类市场主体公平竞争、优胜劣汰，促进文化资源在全国范围内流动。继续推进国有经营性文化单位转企改制，加快公司制、股份制改造。对按规定转制的重要国有传媒企业探索实行特殊管理股制度。推动文化企业跨地区、跨行业、跨所有制兼并重组，提高文化产业规模化、集约化、专业化水平。

鼓励非公有制文化企业发展，降低社会资本进入门槛，允许参与对外出版、网络出版，允许以控股形式参与国有影视制作机构、文艺院团改制经营。支持各种形式小微文化企业发展。

在坚持出版权、播出权特许经营前提下，允许制作和出版、制作和播出分开。建立多层次文化产品和要素市场，鼓励金融资本、社会资本、文化资源相结合。完善文化经济政策，扩大政府文化资助和文化采购，加强版权保护。健全文化产品评价体系，改革评奖制度，推出更多文化精品。

(40) 构建现代公共文化服务体系。建立公共文化服务体系建设协调机制，统筹服务设施网络建设，促进基本公共文化服务标准化、均等化。建立群众评价和反馈机制，推动文化惠民项目与群众文化需求有效对接。整合基层宣传文化、党员教育、科学普及、体育健身等设施，建设综合性文化服务中心。

明确不同文化事业单位功能定位，建立法人治理结构，完善绩效考核机制。推动公共图书馆、博物馆、文化馆、科技馆等组建理事会，吸纳有关方面代表、专业人士、各界群众参与管理。

引入竞争机制，推动公共文化服务社会化发展。鼓励社会力量、社会资本参与公共文化服务体系建设，培育文化非营利组织。

(41) 提高文化开放水平。坚持政府主导、企业主体、市场运作、社会参与，扩大对外文化交流，加强国际传播能力和对外话语体系建设，推动中华文化走向世界。理顺内宣外宣体制，支持重点媒体面向国内国际发展。培育外向型文化企业，支持文化企业到境外开拓市场。鼓励社会组织、中资机构等参与孔子学院和海外文化中心建设，承担人文交流项目。

积极吸收借鉴国外一切优秀文化成果，引进有利于我国文化发展的人才、技术、经营管理经验。切实维护国家文化安全。

十二、推进社会事业改革创新

实现发展成果更多更公平惠及全体人民，必须加快社会事业改革，解决好人民最关心最直接最现实的利益问题，努力为社会提供多样化服务，更好满足人民需求。

（42）深化教育领域综合改革。全面贯彻党的教育方针，坚持立德树人，加强社会主义核心价值体系教育，完善中华优秀传统文化教育，形成爱学习、爱劳动、爱祖国活动的有效形式和长效机制，增强学生社会责任感、创新精神、实践能力。强化体育课和课外锻炼，促进青少年身心健康、体魄强健。改进美育教学，提高学生审美和人文素养。大力促进教育公平，健全家庭经济困难学生资助体系，构建利用信息化手段扩大优质教育资源覆盖面的有效机制，逐步缩小区域、城乡、校际差距。统筹城乡义务教育资源均衡配置，实行公办学校标准化建设和校长教师交流轮岗，不设重点学校重点班，破解择校难题，标本兼治减轻学生课业负担。加快现代职业教育体系建设，深化产教融合、校企合作，培养高素质劳动者和技能型人才。创新高校人才培养机制，促进高校办出特色争创一流。推进学前教育、特殊教育、继续教育改革发展。

推进考试招生制度改革，探索招生和考试相对分离、学生考试多次选择、学校依法自主招生、专业机构组织实施、政府宏观管理、社会参与监督的运行机制，从根本上解决一考定终身的弊端。义务教育免试就近入学，试行学区制和九年一贯对口招生。推行初高中学业水平考试和综合素质评价。加快推进职业院校分类招考或注册入学。逐步推行普通高校基于统一高考和高中学业水平考试成绩的综合评价多元录取机制。探索全国统考减少科目、不分文理科、外语等科目社会化考试一年多考。试行普通高校、高职院校、成人高校之间学分转换，拓宽终身学习通道。

深入推进管办评分离，扩大省级政府教育统筹权和学校办学自主权，完善学校内部治理结构。强化国家教育督导，委托社会组织开展教育评估监测。健全政府补贴、政府购买服务、助学贷款、基金奖励、捐资激励等制度，鼓励社会力量兴办教育。

（43）健全促进就业创业体制机制。建立经济发展和扩大就业的联动机制，健全政府促进就业责任制度。规范招人用人制度，消除城乡、行业、身份、性别等一切影响平等就业的制度障碍和就业歧视。完善扶持创业的优惠政策，形成政府激励创业、社会支持创业、劳动者勇于创业新机制。完善城乡均等的公共就业创业服务体系，构建劳动者终身职业培训体系。增强失业保险制度预防失业、促进就业功能，完善就业失业监测统计制度。创新劳动关系协调机制，畅通职工表达合理诉求渠道。

促进以高校毕业生为重点的青年就业和农村转移劳动力、城镇困难人员、退役军人就业。结合产业升级开发更多适合高校毕业生的就业岗位。政府购买基层公共管理和社会服务岗位更多用于吸纳高校毕业生就业。健全鼓励高校毕业生到基层工作的服务保障机制，提高公务员定向招录和事业单位优先招聘比例。实行激励高校毕业生自主创业政策，整合发展国家和省级高校毕业生就业创业基金。实施离校未就业高校毕业生就业促进计划，把未就业的纳入就业见习、技能培训等就业准备活动之中，对有特殊困难的实行全程就业服务。

（44）形成合理有序的收入分配格局。着重保护劳动所得，努力实现劳动报酬增长和劳动生产率提高同步，提高劳动报酬在初次分配中的比重。健全工资决定和正常增长机制，完善最低工资和工资支付保障制度，完善企业工资集体协商制度。改革机关事业单位工资和津贴补贴制度，完善艰苦边远地区津贴增长机制。健全资本、知识、技术、管理等由要素市场决定的报酬机制。扩展投资和租赁服务等途径，优化上市公司投资者回报机制，保护投资者尤其是中小投资者合法权益，多渠道增加居民财产性收入。

完善以税收、社会保障、转移支付为主要手段的再分配调节机制，加大税收调节力度。建立公共资源出让收益合理共享机制。完善慈善捐助减免税制度，支持慈善事业发挥扶贫济困积极作用。

规范收入分配秩序，完善收入分配调控体制机制和政策体系，建立个人收入和财产信息系统，保护合法收入，调节过高收入，清理规范隐性收入，取缔非法收入，增加低收入者收入，扩大中等收入者比重，努力缩小城乡、区域、行业收入分配差距，逐步形成橄榄型分配格局。

（45）建立更加公平可持续的社会保障制度。坚持社会统筹和个人账户相结合的基本养老保险制度，完善个人账户制度，健全多缴多得激励机制，确保参保人权益，实现基础养老金全国统筹，坚持精算平衡原则。推进机关事业单位养老保险制度改革。整合城乡居民基本养老保险制度、基本医疗保险制度。推进城乡最低生活保障制度统筹发展。建立健全合理兼顾各类人员的社会保障待遇确定和正常调整机制。完善社会保险关系转移接续政策，扩大参保缴费覆盖面，适时适当降低社会保险费率。研究制定渐进式延迟退休年龄政策。加快健全社会保障管理体制和经办服务体系。健全符合国情的住房保障和供应体系，建立公开规范的住房公积金制度，改进住房公积金提取、使用、监管机制。

健全社会保障财政投入制度，完善社会保障预算制度。加强社会保险基金投资管理和监督，推进基金市场化、多元化投资运营。制定实施免税、延期征税等优惠政策，加快发展企业年金、职业年金、商业保险，构建多层次社会保障体系。

积极应对人口老龄化，加快建立社会养老服务体系和发展老年服务产业。健全农村留守儿童、妇女、老年人关爱服务体系，健全残疾人权益保障、困境儿童分类保障制度。

（46）深化医药卫生体制改革。统筹推进医疗保障、医疗服务、公共卫生、药品供应、监管体制综合改革。深化基层医疗卫生机构综合改革，健全网络化城乡基层医疗卫生服务运行机制。加快公立医院改革，落实政府责任，建立科学的医疗绩效评价机制和适应行业特点的人才培养、人事薪酬制度。完善合理分级诊疗模式，建立社区医生和居民契约服务关系。充分利用信息化手段，促进优质医疗资源纵向流动。加强区域公共卫生服务资源整合。取消以药补医，理顺医药价格，建立科学补偿机制。改革医保支付方式，健全全民医保体系。加快健全重特大疾病医疗保险和救助制度。完善中医药事业发展政策和机制。

鼓励社会办医，优先支持举办非营利性医疗机构。社会资金可直接投向资源稀缺及满足多元需求服务领域，多种形式参与公立医院改制重组。允许医师多点执业，允许民办医疗机构纳入医保定点范围。

坚持计划生育的基本国策，启动实施一方是独生子女的夫妇可生育两个孩子的政策，逐步调整完善生育政策，促进人口长期均衡发展。

十三、创新社会治理体制

创新社会治理，必须着眼于维护最广大人民根本利益，最大限度增加和谐因素，增强社会发展活力，提高社会治理水平，全面推进平安中国建设，维护国家安全，确保人民安居乐业、社会安定有序。

(47) 改进社会治理方式。坚持系统治理，加强党委领导，发挥政府主导作用，鼓励和支持社会各方面参与，实现政府治理和社会自我调节、居民自治良性互动。坚持依法治理，加强法治保障，运用法治思维和法治方式化解社会矛盾。坚持综合治理，强化道德约束，规范社会行为，调节利益关系，协调社会关系，解决社会问题。坚持源头治理，标本兼治、重在治本，以网格化管理、社会化服务为方向，健全基层综合服务管理平台，及时反映和协调人民群众各方面各层次利益诉求。

(48) 激发社会组织活力。正确处理政府和社会关系，加快实施政社分开，推进社会组织明确权责、依法自治、发挥作用。适合由社会组织提供的公共服务和解决的事项，交由社会组织承担。支持和发展志愿服务组织。限期实现行业协会商会与行政机关真正脱钩，重点培育和优先发展行业协会商会类、科技类、公益慈善类、城乡社区服务类社会组织，成立时直接依法申请登记。加强对社会组织和在华境外非政府组织的管理，引导它们依法开展活动。

(49) 创新有效预防和化解社会矛盾体制。健全重大决策社会稳定风险评估机制。建立畅通有序的诉求表达、心理干预、矛盾调处、权益保障机制，使群众问题能反映、矛盾能化解、权益有保障。

改革行政复议体制，健全行政复议案件审理机制，纠正违法或不当行政行为。完善人民调解、行政调解、司法调解联动工作体系，建立调处化解矛盾纠纷综合机制。

改革信访工作制度，实行网上受理信访制度，健全及时就地解决群众合理诉求机制。把涉法涉诉信访纳入法治轨道解决，建立涉法涉诉信访依法终结制度。

(50) 健全公共安全体系。完善统一权威的食品药品安全监管机构，建立最严格的覆盖全过程的监管制度，建立食品原产地可追溯制度和质量标识制度，保障食品药品安全。深化安全生产管理体制改革，建立隐患排查治理体系和安全预防控制体系，遏制重特大安全事故。健全防灾减灾救灾体制。加强社会治安综合治理，创新立体化社会治安防控体系，依法严密防范和惩治各类违法犯罪活动。

坚持积极利用、科学发展、依法管理、确保安全的方针，加大依法管理网络力度，加快完善互联网管理领导体制，确保国家网络和信息安全。

设立国家安全委员会，完善国家安全体制和国家安全战略，确保国家安全。

十四、加快生态文明制度建设

建设生态文明，必须建立系统完整的生态文明制度体系，实行最严格的源头保护制度、损害赔偿制度、责任追究制度，完善环境治理和生态修复制度，用制度保护生态环境。

（51）健全自然资源资产产权制度和用途管制制度。对水流、森林、山岭、草原、荒地、滩涂等自然生态空间进行统一确权登记，形成归属清晰、权责明确、监管有效的自然资源资产产权制度。建立空间规划体系，划定生产、生活、生态空间开发管制界限，落实用途管制。健全能源、水、土地节约集约使用制度。

健全国家自然资源资产管理体制，统一行使全民所有自然资源资产所有者职责。完善自然资源监管体制，统一行使所有国土空间用途管制职责。

（52）划定生态保护红线。坚定不移实施主体功能区制度，建立国土空间开发保护制度，严格按照主体功能区定位推动发展，建立国家公园体制。建立资源环境承载能力监测预警机制，对水土资源、环境容量和海洋资源超载区域实行限制性措施。对限制开发区域和生态脆弱的国家扶贫开发工作重点县取消地区生产总值考核。

探索编制自然资源资产负债表，对领导干部实行自然资源资产离任审计。建立生态环境损害责任终身追究制。

（53）实行资源有偿使用制度和生态补偿制度。加快自然资源及其产品价格改革，全面反映市场供求、资源稀缺程度、生态环境损害成本和修复效益。坚持使用资源付费和谁污染环境、谁破坏生态谁付费原则，逐步将资源税扩展到占用各种自然生态空间。稳定和扩大退耕还林、退牧还草范围，调整严重污染和地下水严重超采区耕地用途，有序实现耕地、河湖休养生息。建立有效调节工业用地和居住用地合理比价机制，提高工业用地价格。坚持谁受益、谁补偿原则，完善对重点生态功能区的生态补偿机制，推动地区间建立横向生态补偿制度。发展环保市场，推行节能量、碳排放权、排污权、水权交易制度，建立吸引社会资本投入生态环境保护的市场化机制，推行环境污染第三方治理。

（54）改革生态环境保护管理体制。建立和完善严格监管所有污染物排放的环境保护管理制度，独立进行环境监管和行政执法。建立陆海统筹的生态系统保护修复和污染防治区域联动机制。健全国有林区经营管理体制，完善集体林权制度改革。及时公布环境信息，健全举报制度，加强社会监督。完善污染物排放许可制，实行企事业单位污染物排放总量控制制度。对造成生态环境损害的责任者严格实行赔偿制度，依法追究刑事责任。

十五、深化国防和军队改革

紧紧围绕建设一支听党指挥、能打胜仗、作风优良的人民军队这一党在新形势下的强军目标，着力解决制约国防和军队建设发展的突出矛盾和问题，创新发展军事理论，加强军事战略指导，完善新时期军事战略方针，构建中国特色现代军事力量体系。

（55）深化军队体制编制调整改革。推进领导管理体制改革，优化军委总部领导机关职能配置和机构设置，完善各军兵种领导管理体制。健全军委联合作战指挥机构和战区联合作战指挥体制，推进联合作战训练和保障体制改革。完善新型作战力量领导体制。加强信息化建设集中统管。优化武装警察部队力量结构和指挥管理体制。

优化军队规模结构，调整改善军兵种比例、官兵比例、部队与机关比例，减少非战斗机构和人员。依据不同方向安全需求和作战任务改革部队编成。加快新型作战力量建设。深化军队院校改革，健全军队院校教育、部队训练实践、军事职业教育三位一体的新型军事人才培养体系。

（56）推进军队政策制度调整改革。健全完善与军队职能任务需求和国家政策制度创新相适应的军事人力资源政策制度。以建立军官职业化制度为牵引，逐步形成科学规范的军队干部制度体系。健全完善文职人员制度。完善兵役制度、士官制度、退役军人安置制度改革配套政策。

健全军费管理制度，建立需求牵引规划、规划主导资源配置机制。健全完善经费物资管理标准制度体系。深化预算管理、集中收付、物资采购和军人医疗、保险、住房保障等制度改革。

健全军事法规制度体系，探索改进部队科学管理的方式方法。

(57) 推动军民融合深度发展。在国家层面建立推动军民融合发展的统一领导、军地协调、需求对接、资源共享机制。健全国防工业体系，完善国防科技协同创新体制，改革国防科研生产管理和武器装备采购体制机制，引导优势民营企业进入军品科研生产和维修领域。改革完善依托国民教育培养军事人才的政策制度。拓展军队保障社会化领域。深化国防教育改革。健全国防动员体制机制，完善平时征用和战时动员法规制度。深化民兵预备役体制改革。调整理顺边海空防管理体制机制。

十六、加强和改善党对全面深化改革的领导

全面深化改革必须加强和改善党的领导，充分发挥党总揽全局、协调各方的领导核心作用，建设学习型、服务型、创新型的马克思主义执政党，提高党的领导水平和执政能力，确保改革取得成功。

(58) 全党同志要把思想和行动统一到中央关于全面深化改革重大决策部署上来，正确处理中央和地方、全局和局部、当前和长远的关系，正确对待利益格局调整，充分发扬党内民主，坚决维护中央权威，保证政令畅通，坚定不移实现中央改革决策部署。

中央成立全面深化改革领导小组，负责改革总体设计、统筹协调、整体推进、督促落实。

各级党委要切实履行对改革的领导责任，完善科学民主决策机制，以重大问题为导向，把各项改革举措落到实处。加强各级领导班子建设，完善干部教育培训和实践锻炼制度，不断提高领导班子和领导干部推动改革能力。创新基层党建工作，健全党的基层组织体系，充分发挥基层党组织的战斗堡垒作用，引导广大党员积极投身改革事业，发扬“钉钉子”精神，抓铁有痕、踏石留印，为全面深化改革做出积极贡献。

（59）全面深化改革，需要有力的组织保证和人才支撑。坚持党管干部原则，深化干部人事制度改革，构建有效管用、简便易行的选人用人机制，使各方面优秀干部充分涌现。发挥党组织领导和把关作用，强化党委（党组）、分管领导和组织部门在干部选拔任用中的权重和干部考察识别的责任，改革和完善干部考核评价制度，改进竞争性选拔干部办法，改进优秀年轻干部培养选拔机制，区分实施选任制和委任制干部选拔方式，坚决纠正唯票取人、唯分取人等现象，用好各年龄段干部，真正把信念坚定、为民服务、勤政务实、敢于担当、清正廉洁的好干部选拔出来。

打破干部部门化，拓宽选人视野和渠道，加强干部跨条块跨领域交流。破除“官本位”观念，推进干部能上能下、能进能出。完善和落实领导干部问责制，完善从严管理干部队伍制度体系。深化公务员分类改革，推行公务员职务与职级并行、职级与待遇挂钩制度，加快建立专业技术类、行政执法类公务员和聘任人员管理制度。完善基层公务员录用制度，在艰苦边远地区适当降低进入门槛。

建立集聚人才体制机制，择天下英才而用之。打破体制壁垒，扫除身份障碍，让人人都有成长成才、脱颖而出的通道，让各类人才都有施展才华的广阔天地。完善党政机关、企事业单位、社会各方面人才顺畅流动的制度体系。健全人才向基层流动、向艰苦地区和岗位流动、在一线创业的激励机制。加快形成具有国际竞争力的人才制度优势，完善人才评价机制，增强人才政策开放度，广泛吸引境外优秀人才回国或来华创业发展。

（60）人民是改革的主体，要坚持党的群众路线，建立社会参与机制，充分发挥人民群众积极性、主动性、创造性，充分发挥工会、共青团、妇联等人民团体作用，齐心协力推进改革。鼓励地方、基层和群众大胆探索，加强重大改革试点工作，及时总结经验，宽容改革失误，加强宣传和舆论引导，为全面深化改革营造良好社会环境。

全党同志要紧密团结在以习近平同志为总书记的党中央周围，锐意进取，攻坚克难，谱写改革开放伟大事业历史新篇章，为全面建成小康社会、不断夺取中国特色社会主义新胜利、实现中华民族伟大复兴的中国梦而奋斗！

中共中央印发《建立健全惩治和预防腐败体系 2013—2017 年工作规划》

为深入贯彻落实党的十八大和十八届三中全会精神，加强惩治和预防腐败体系建设，推进党风廉政建设和反腐败斗争，制定本工作规划。

一、总体要求

党的十八大对推进中国特色社会主义事业做出全面部署，提出了全面提高党的建设科学化水平的新任务。新形势下，党面临着执政考验、改革开放考验、市场经济考验、外部环境考验和精神懈怠危险、能力不足危险、脱离群众危险、消极腐败危险。推进国家治理体系和治理能力现代化，实现“两个一百年”奋斗目标和中华民族伟大复兴的中国梦，确保党始终成为中国特色社会主义事业的坚强领导核心，必须坚持党要管党、从严治党，深入开展党风廉政建设和反腐败斗争，永葆党的先进性和纯洁性。

全面推进惩治和预防腐败体系建设是全党的重大政治任务和全社会的共同责任。在党中央坚强领导下，各级党委和政府深入推进惩治和预防腐败体系建设，党风廉政建设和反腐败工作取得明显成效。当前，腐败现象多发，滋生腐败的土壤存在，反腐败斗争形势依然严峻复杂，形式主义、官僚主义、享乐主义和奢靡之风严重损害党的形象。作风问题和腐败问题解决不好，就会对党造成致命伤害，甚至亡党亡国。全党必须从思想上警醒起来，坚持惩治和预防腐败两手抓、两手硬，把党风廉政建设和反腐败斗争引向深入。

加强惩治和预防腐败体系建设，要以邓小平理论、“三个代表”重要思想、科学发展观为指导，深入贯彻落实党的十八大、十八届三中全会精神和习近平同志系列重要讲话精神，按照党章要求，紧紧围绕全面推进中国特色社会主义伟大事业和党的建设新的伟大工程，紧紧围绕全面深化改革的总体部署，坚持标本兼治、综合治理、惩防并举、注重预防，以改革精神加强反腐败体制机制创新和制度保障，坚定不移转变作风，坚定不移反对腐败，建设廉洁政治，努力实现干部清正、政府清廉、政治清明，为完成党的十八大确定的目标任务提供有力保障。

经过今后5年不懈努力，坚决遏制腐败蔓延势头，取得人民群众比较满意的进展和成效。党的作风建设深入推进，“四风”问题得到认真治理，党风政风和民风社风有新的好转；惩治腐败力度进一步加大，纪律约束和法律制裁的警戒作用有效发挥；预防腐败工作扎实开展，党员干部廉洁自律意识和拒腐防变能力显著增强。

二、坚持不懈抓好党的作风建设

不正之风是滋生腐败的温床，加强党的作风建设是反腐败的治本之策。要深入贯彻中央八项规定精神，树立党员干部为民务实清廉形象，密切党同人民群众的血肉联系。

（一）坚持党组织从严抓党风，大力弘扬党的优良传统和作风

各级党组织要把管党治党作为主要职责和根本任务，扎实推进党的作风建设，牢记“两个务必”，弘扬理论联系实际、密切联系群众、批评和自我批评以及艰苦奋斗、求真务实的优良作风。坚持对党员干部严格要求、严格教育、严格管理、严格监督。落实抓党风建设的工作责任，一级管好一级，一级带动一级。各级领导干部要讲党性、讲原则，清正廉洁，保持共产党人政治本色。

（二）持之以恒深入落实中央八项规定精神，进一步改进工作作风

紧紧扭住落实中央八项规定精神不放松，以抓铁有痕、踏石留印的劲头，坚决纠正“四风”，不断改进学风文风会风。落实中央八项规定精神要在坚持中深化、在深化中坚持，巩固发展成果。要从具体问题抓起，由浅入深，由易到难，由简到繁，循序渐进，一个时间节点一个时间节点地抓。建立健全制度规定，强化制度硬约束，提高制度执行力，加强日常管理，纠正打折扣、搞变通行为，坚决防止反弹。各级领导干部要把自己摆进去，紧密联系思想、工作、生活实际，认真对照检查，带头落实中央八项规定精神。各级纪检监察机关要加大检查监督力度，及时发现问题，督促整改，铁面执纪，严肃查处和通报、曝光违纪违规行为。

（三）扎实开展党的群众路线教育实践活动，建立健全作风建设长效机制

各级党组织要按照“照镜子、正衣冠、洗洗澡、治治病”的总要求，深入开展党的群众路线教育实践活动。全面学习领会中央关于开展教育实践活动、加强党的作风建设的一系列重要文件精神，提高思想认识和宗旨意识，增强贯彻群众路线的自觉性。紧密联系本地区本部门本单位实际，认真查摆“四风”问题，以整风精神开展批评和自我批评，切实整改脱离群众、作风漂浮等问题。总结教育实践活动中的好经验好做法，健全领导干部带头改进作风、深入基层调查研究机制，完善党员干部直接联系和服务群众制度及畅通群众诉求反映渠道制度，改革政绩考核机制，不断改进工作作风，密切联系群众。

（四）严明党的纪律，为党的作风建设提供保证

各级党组织和广大党员干部要自觉学习党章、遵守党章、贯彻党章、维护党章，自觉反对特权思想、特权现象，自觉按照党的组织原则和党内政治生活准则办事，牢固树立党的意识和组织纪律观念。严格执行党的政治纪律、组织纪律、财经纪律、工作纪律和生活纪律等各项纪律，坚决克服组织涣散、纪律松弛问

题，在思想上政治上行动上同以习近平同志为总书记的党中央保持高度一致，自觉维护党的团结统一，决不允许有令不行、有禁不止，决不允许各自为政、阳奉阴违。加强执纪监督，严肃处理违反党的纪律行为，确保中央关于加强作风建设的决策部署落到实处。

三、坚决有力惩治腐败

把坚决遏制腐败蔓延势头作为全面推进惩治和预防腐败体系建设的重要任务，保持惩治腐败的高压态势。

（一）加大查办违纪违法案件力度，充分发挥惩治的震慑作用

坚持“老虎”“苍蝇”一起打，既坚决查处领导干部违纪违法案件，又切实解决发生在群众身边的腐败问题。坚持党纪国法面前没有例外，不论什么人，不论其职务多高，只要触犯了党纪国法，都要一查到底，决不姑息。严格审查和处置党员干部违反党纪政纪、涉嫌违法的行为。严肃查办领导干部贪污贿赂、权钱交易、腐化堕落、失职渎职的案件；严肃查办执法、司法人员徇私舞弊、枉法裁判、以案谋私的案件；严肃查办严重违反政治纪律的案件；严肃查办群体性事件、重大责任事故背后的腐败案件；严肃查办商业贿赂案件，加大对行贿行为的惩处力度。健全查办案件组织协调机制，畅通举报渠道，严格查办案件程序，严明办案纪律，依纪依法、安全文明办案，提高办案质量和效率。发挥查办案件的治本功能，举一反三，堵塞漏洞。加强反腐败国际合作。

坚持抓早抓小，治病救人。本着对党的事业负责、对干部负责的态度，对党员干部身上的问题要早发现、早教育、早查处，防止小问题变成大问题。对反映的问题线索，及时采取约谈、函询等方式向本人和组织核实，加强诫勉谈话工作。对疏于监督管理、致使领导班子成员或者直接管辖的下属发生严重违纪违法问题的，要严肃追究责任。

（二）严肃查处用人上的腐败问题，匡正选人用人风气

各级党委要坚持党管干部原则，坚持正确用人导向，选好用好干部。对违反组织人事纪律的行为决不放过，坚决纠正跑官要官不正之风；对拉票贿选、买官卖官的腐败行为决不姑息，发现一起查处一起；对违规用人问题及时发现、迅速处理、严格问责，不仅查处当事人，而且追究责任人。坚持和完善立项督查制度，对干部群众举报的选人用人方面的不正之风和腐败问题，组织力量进行查核，依纪依规严肃处理，让弄虚作假、不干实事、会跑会要的干部没市场、受惩戒，形成风清气正的用人环境。

（三）坚决查纠不正之风，着力解决群众反映强烈的突出问题

坚决纠正损害群众利益的不正之风，整治社会保障、教育医疗、保障性住房、征地拆迁、环境保护等涉及民生的突出问题；坚决查处发生在群众身边的以权谋私问题，治理乱收费、乱罚款、乱摊派和吃拿卡要等问题；认真贯彻落实领导干部廉洁自律规定，坚决纠正违规收送礼金、有价证券、会员卡、商业预付卡等问题。健全查纠不正之风工作长效机制。

四、科学有效预防腐败

推进预防腐败工作，加强理想信念教育，增强宗旨意识，使领导干部不想腐；加强体制机制创新和制度建设，强化监督管理，严肃纪律，使领导干部不能腐；坚持有腐必惩、有贪必肃，使领导干部不敢腐。

（一）深化党风廉政教育，筑牢拒腐防变的思想道德防线

深入开展中国特色社会主义和中国梦教育、理想信念和宗旨教育、社会主义核心价值体系教育。加强党纪国法、廉政法规和从政道德教育，将其纳入学习型党组织建设，党委（党组）中心组每年安排廉洁从政专题学习，各级党校、行政学院和其他干部教育培训机构要把廉洁从政教育作为必修内容。学习廉洁榜样，强化示范教育。剖析违纪违法案件，加强警示教育。对存在苗头性问题的领导干部进行教育提醒。

加强廉政文化建设。积极借鉴我国历史上优秀廉政文化，把

培育廉洁价值理念融入国民教育、精神文明建设和法制教育之中。发挥文化馆、纪念馆和廉政教育基地等的作用，加强廉政文化精品工程建设，开展廉政文化创建活动，扬真抑假、扬善抑恶、扬美抑丑，培育良好的民风社风。

加强宣传和舆论引导工作。把党风廉政建设和反腐败宣传教育工作纳入党的宣传教育工作总体部署和年度安排，积极宣传党风廉政建设和反腐败工作的方针政策、决策部署和工作成效。党报党刊、电台电视台和重点新闻网站要办好反腐倡廉专栏和专题。坚持正确舆论导向，完善反腐倡廉网络舆情信息工作机制。健全新闻发布制度，严肃宣传纪律，加强对外宣传工作。

（二）加强反腐倡廉法律法规制度建设，把权力关进制度的笼子里

善于用法治思维和法治方式反对腐败，让法律制度刚性运行。健全改进作风常态化制度，严格落实《党政机关厉行节约反对浪费条例》以及国家工作人员因公临时出国（境）、党政机关国内公务接待管理、党政机关楼堂馆所建设和办公用房清理等方面的制度规定，完善公务用车配备使用管理办法，规范并严格执行领导干部工作生活保障制度，切实解决违反规定和标准享受待遇等问题。完善反腐倡廉党内法规，修订《中国共产党党内监督条例（试行）》，完善领导干部报告个人有关事项制度，推行新提任领导干部有关事项公开制度试点，制定配偶已移居国（境）外的国家工作人员任职岗位管理办法。健全和完善惩治和预防腐败方面的立法，研究完善惩治贪污贿赂和渎职侵权犯罪、规范国家工作人员从政行为方面的法律规定。

（三）强化权力运行制约和监督，确保权力正确行使

加强党内监督，强化对民主集中制执行情况的检查监督，落实集体领导和分工负责、重要情况通报和报告、述职述廉、民主生活会、信访处理、谈话和诫勉、询问和质询、特定问题调查等监督制度，加强和改进对主要领导干部行使权力的制约和监督。

中央和国家机关各部门、各省（自治区、直辖市）党委和政府主要负责同志每年向中央提交述廉报告。加强法律监督，支持人大及其常委会依法加强对“一府两院”的监督和对法律实施情况的监督，保证审判机关依法独立公正开展行政审判活动，强化检察机关对立案侦查活动、审判和执行活动的监督。加强行政监督，强化对政府职能部门履行监管职责情况的监督，加强行政监察和审计监督，加大行政问责力度。加强民主监督，听取人民政协和民主党派、工商联、无党派人士的意见、建议和批评。发挥工会、共青团、妇联等人民团体的监督作用，支持和保证群众监督。重视和加强舆论监督，运用和规范互联网监督。推行地方各级政府及其工作部门权力清单制度，依法公开权力运行流程。继续推进党务公开、政务公开、司法公开和各领域办事公开，深化财政预算决算、部门预算决算、重大建设项目和社会公益事业信息公开，推进电子政务建设，让权力在阳光下运行。防控廉政风险，增强工作实效。加强对国有企业和金融机构落实“三重一大”制度情况的监督，健全执行、问责和经济责任审计等制度。坚持用制度管权管事管人，确保决策权、执行权、监督权既相互制约又相互协调，确保国家机关按照法定权限和程序行使权力。

（四）深化改革和转变政府职能，不断消除滋生腐败的体制弊端

贯彻党的十八届三中全会关于全面深化改革的总体部署。深化行政审批制度改革，进一步转变政府职能，使市场在资源配置中起决定性作用和更好发挥政府作用，市场机制能有效调节的经济活动一律取消审批，对保留的行政审批事项要规范管理、提高效率，对取消的审批事项要加强后续监管，防止出现监管职能缺位、错位或不到位。深化干部人事制度改革，提高选人用人公信度。深化司法体制改革，解决影响司法公正的深层次问题。深化行政执法体制改革，做到严格规范公正文明执法。深化公共

资源交易市场化改革，推进财税、金融、投资体制和国有企业改革，防范腐败问题发生。探索和总结预防腐败工作的途径和经验。

五、加强党对党风廉政建设和反腐败工作的统一领导

深入推进党风廉政建设和反腐败斗争，必须在党中央坚强领导下，全党全社会一起抓。

（一）各级党委要承担党风廉政建设和反腐败工作主体责任

健全反腐败领导体制和工作机制，严格落实党风廉政建设责任制，党委负主体责任，纪委负监督责任，改革和完善各级反腐败协调小组职能，充分发挥党委巡视工作领导小组作用。各级党委和政府要把贯彻落实本工作规划列入重要议事日程，与经济社会发展同部署、同落实、同检查；支持和保证纪委认真履行职责，发挥监督执纪作用。各级领导班子主要负责同志要履行党风廉政建设和反腐败工作第一责任人职责，做到重要工作亲自部署、重大问题亲自过问、重点环节亲自协调、重要案件亲自督办。领导班子其他成员要坚持“一岗双责”，根据分工抓好职责范围内的党风廉政建设和反腐败工作。各级党组织要动员和组织人民群众有序参与，发挥社会各有关方面的积极作用。

（二）加强反腐败体制机制创新和制度保障，改革党的纪律检查体制

各级纪委要履行协助党委加强党风建设和组织协调反腐败工作的职责。全面落实中央纪委向中央一级党和国家机关派驻纪检机构，实行统一名称、统一管理。派驻机构对派出机关负责，履行监督职责。驻在部门要自觉接受监督，提供工作保障。改进中央和省区市巡视制度，修订《中国共产党巡视工作条例（试行）》，做到对地方、部门、企事业单位全覆盖，发现问题、形成震慑。推动党的纪律检查工作双重领导体制具体化、程序化、制度化，强化上级纪委对下级纪委的领导。查办腐败案件以上级纪委领导为主，线索处置和案件查办在向同级党委报告的同时必须

向上级纪委报告。各级纪委书记、副书记的提名和考察以上级纪委会同组织部门为主。进一步明确纪检监察工作职责定位，强化对监管者的监督。转职能、转方式、转作风，把不该牵头或参与的协调工作交还给主要责任部门，集中精力抓好党风廉政建设和反腐败工作。加强对同级党委特别是常委会成员的监督，更好发挥党内监督专门机关作用。加强和改进行政监察工作。各级纪检监察机关要加强自身建设，牢固树立进取意识、机遇意识、责任意识，坚守责任担当，做到正人先正己，以更高的标准、更严的纪律要求自己，强化基础工作，坚持和完善约谈制度，树立忠诚可靠、服务人民、刚正不阿、秉公执纪的良好形象。

（三）增强惩治和预防腐败体系建设工作合力

各地区各部门要加强分类指导，抓好组织实施，整体推进作风建设、惩治和预防腐败各项工作。惩治和预防腐败体系建设牵头单位和协办单位要落实责任，相互支持，相互配合。组织部门要加强对干部经常性的管理监督，坚决纠正选人用人上的不正之风；宣传部门要抓好党风廉政建设和反腐败斗争宣传，强化舆论引导；纪检监察、司法、行政执法等机关和部门要充分发挥纪律约束、法律制裁、经济处罚、市场监管、科技支撑作用，多措并举，增强党风廉政建设和反腐败工作综合效果。

（四）狠抓任务落实

各地区各部门要抓好责任分解和任务分工，有重点、分步骤地落实本工作规划部署的任务。对阶段性任务，在规定时间内高质量完成；对持续性工作，结合新情况新问题推进提高；对根据新形势新要求充实的工作，及时研究安排。建立工作台账制度，健全惩治和预防腐败体系建设信息管理系统。完善督查考核机制，每年对工作进展情况进行检查，总结评估，查找不足，督促任务落实。制定实施切实可行的责任追究制度，对抓党风廉政建设和反腐败工作不力，造成不良影响的，严肃追究领导责任。

各地区各部门要结合实际制定贯彻落实本工作规划的实施办法。中国人民解放军和中国人民武装警察部队贯彻落实的实施办法，由中央军委参照本工作规划制定。

2013 年 12 月 25 日

中华人民共和国国务院令

第 637 号

《中华人民共和国外国人入境出境管理条例》已经2013 年 7 月 3 日国务院第 15 次常务会议通过，现予公布，自 2013 年 9 月 1 日起施行。

总　理　李克强

2013 年 7 月 12 日

中华人民共和国外国人入境出境管理条例

第一章　总　　则

第一条　为了规范签证的签发和外国人在中国境内停留居留的服务和管理，根据《中华人民共和国出境入境管理法》（以下简称出境入境管理法）制定本条例。

第二条　国家建立外国人入境出境服务和管理工作协调机制，加强外国人入境出境服务和管理工作的统筹、协调与配合。

省、自治区、直辖市人民政府可以根据需要建立外国人入境出境服务和管理工作协调机制，加强信息交流与协调配合，做好本行政区域的外国人入境出境服务和管理工作。

第三条 公安部应当会同国务院有关部门建立外国人入境出境服务和管理信息平台，实现有关信息的共享。

第四条 在签证签发管理和外国人在中国境内停留居留管理工作中，外交部、公安部等国务院部门应当在部门门户网站、受理出境入境证件申请的地点等场所，提供外国人入境出境管理法律法规和其他需要外国人知悉的信息。

第二章 签证的类别和签发

第五条 外交签证、礼遇签证、公务签证的签发范围和签发办法由外交部规定。

第六条 普通签证分为以下类别，并在签证上标明相应的汉语拼音字母：

（一）C字签证，发给执行乘务、航空、航运任务的国际列车乘务员、国际航空器机组人员、国际航行船舶的船员及船员随行家属和从事国际道路运输的汽车驾驶员。

（二）D字签证，发给入境永久居留的人员。

（三）F字签证，发给入境从事交流、访问、考察等活动的人员。

（四）G字签证，发给经中国过境的人员。

（五）J1字签证，发给外国常驻中国新闻机构的外国常驻记者；J2字签证，发给入境进行短期采访报道的外国记者。

（六）L字签证，发给入境旅游的人员；以团体形式入境旅游的，可以签发团体L字签证。

（七）M字签证，发给入境进行商业贸易活动的人员。

（八）Q1字签证，发给因家庭团聚申请入境居留的中国公民的家庭成员和具有中国永久居留资格的外国人的家庭成员，以及因寄养等原因申请入境居留的人员；Q2 字签证，发给申请入境短期探亲的居住在中国境内的中国公民的亲属和具有中国永久居留资格的外国人的亲属。

（九）R 字签证，发给国家需要的外国高层次人才和急需紧缺专门人才。

（十）S1 字签证，发给申请入境长期探亲的因工作、学习等事由在中国境内居留的外国人的配偶、父母、未满 18 周岁的子女、配偶的父母，以及因其他私人事务需要在中国境内居留的人员；S2 字签证，发给申请入境短期探亲的因工作、学习等事由在中国境内停留居留的外国人的家庭成员，以及因其他私人事务需要在中国境内停留的人员。

（十一）X1 字签证，发给申请在中国境内长期学习的人员；X2 字签证，发给申请在中国境内短期学习的人员。

（十二）Z 字签证，发给申请在中国境内工作的人员。

第七条 外国人申请办理签证，应当填写申请表，提交本人的护照或者其他国际旅行证件以及符合规定的照片和申请事由的相关材料。

（一）申请 C 字签证，应当提交外国运输公司出具的担保函件或者中国境内有关单位出具的邀请函件。

（二）申请 D 字签证，应当提交公安部签发的外国人永久居留身份确认表。

（三）申请 F 字签证，应当提交中国境内的邀请方出具的邀请函件。

（四）申请 G 字签证，应当提交前往国家（地区）的已确定日期、座位的联程机（车、船）票。

（五）申请 J1 字及 J2 字签证，应当按照中国有关外国常驻新闻机构和外国记者采访的规定履行审批手续并提交相应的申请材料。

（六）申请 L 字签证，应当按照要求提交旅行计划行程安排等材料；以团体形式入境旅游的，还应当提交旅行社出具的邀请函件。

（七）申请M字签证，应当按照要求提交中国境内商业贸易合作方出具的邀请函件。

（八）申请Q1字签证，因家庭团聚申请入境居留的，应当提交居住在中国境内的中国公民、具有永久居留资格的外国人出具的邀请函件和家庭成员关系证明，因寄养等原因申请入境的，应当提交委托书等证明材料；申请Q2字签证，应当提交居住在中国境内的中国公民、具有永久居留资格的外国人出具的邀请函件等证明材料。

（九）申请R字签证，应当符合中国政府有关主管部门确定的外国高层次人才和急需紧缺专门人才的引进条件和要求，并按照规定提交相应的证明材料。

（十）申请S1字及S2字签证，应当按照要求提交因工作、学习等事由在中国境内停留居留的外国人出具的邀请函件、家庭成员关系证明，或者入境处理私人事务所需的证明材料。

（十一）申请X1字签证，应当按照规定提交招收单位出具的录取通知书和主管部门出具的证明材料；申请X2字签证，应当按照规定提交招收单位出具的录取通知书等证明材料。

（十二）申请Z字签证，应当按照规定提交工作许可等证明材料。

签证机关可以根据具体情况要求外国人提交其他申请材料。

第八条　外国人有下列情形之一的，应当按照驻外签证机关要求接受面谈：

（一）申请入境居留的；

（二）个人身份信息、入境事由需要进一步核实的；

（三）曾有不准入境、被限期出境记录的；

（四）有必要进行面谈的其他情形。

驻外签证机关签发签证需要向中国境内有关部门、单位核实有关信息的，中国境内有关部门、单位应当予以配合。

第九条 签证机关经审查认为符合签发条件的，签发相应类别签证。对入境后需要办理居留证件的，签证机关应当在签证上注明入境后办理居留证件的时限。

第三章 停留居留管理

第十条 外国人持签证入境后，按照国家规定可以变更停留事由、给予入境便利的，或者因使用新护照、持团体签证入境后由于客观原因需要分团停留的，可以向停留地县级以上地方人民政府公安机关出入境管理机构申请换发签证。

第十一条 在中国境内的外国人所持签证遗失、损毁、被盗抢的，应当及时向停留地县级以上地方人民政府公安机关出入境管理机构申请补发签证。

第十二条 外国人申请签证的延期、换发、补发和申请办理停留证件，应当填写申请表，提交本人的护照或者其他国际旅行证件以及符合规定的照片和申请事由的相关材料。

第十三条 外国人申请签证延期、换发、补发和申请办理停留证件符合受理规定的，公安机关出入境管理机构应当出具有效期不超过 7 日的受理回执，并在受理回执有效期内做出是否签发的决定。

外国人申请签证延期、换发、补发和申请办理停留证件的手续或者材料不符合规定的，公安机关出入境管理机构应当一次性告知申请人需要履行的手续和补正的申请材料。

申请人所持护照或者其他国际旅行证件因办理证件被收存期间，可以凭受理回执在中国境内合法停留。

第十四条 公安机关出入境管理机构做出的延长签证停留期限决定，仅对本次入境有效，不影响签证的入境次数和入境有效期，并且累计延长的停留期限不得超过原签证注明的停留期限。

签证停留期限延长后，外国人应当按照原签证规定的事由和延长的期限停留。

第十五条 居留证件分为以下种类：

（一）工作类居留证件，发给在中国境内工作的人员；

（二）学习类居留证件，发给在中国境内长期学习的人员；

（三）记者类居留证件，发给外国常驻中国新闻机构的外国常驻记者；

（四）团聚类居留证件，发给因家庭团聚需要在中国境内居留的中国公民的家庭成员和具有中国永久居留资格的外国人的家庭成员，以及因寄养等原因需要在中国境内居留的人员；

（五）私人事务类居留证件，发给入境长期探亲的因工作、学习等事由在中国境内居留的外国人的配偶、父母、未满18周岁的子女、配偶的父母，以及因其他私人事务需要在中国境内居留的人员。

第十六条 外国人申请办理外国人居留证件，应当提交本人护照或者其他国际旅行证件以及符合规定的照片和申请事由的相关材料，本人到居留地县级以上地方人民政府公安机关出入境管理机构办理相关手续，并留存指纹等人体生物识别信息。

（一）工作类居留证件，应当提交工作许可等证明材料；属于国家需要的外国高层次人才和急需紧缺专门人才的，应当按照规定提交有关证明材料。

（二）学习类居留证件，应当按照规定提交招收单位出具的注明学习期限的函件等证明材料。

（三）记者类居留证件，应当提交有关主管部门出具的函件和核发的记者证。

（四）团聚类居留证件，因家庭团聚需要在中国境内居留的，应当提交家庭成员关系证明和与申请事由相关的证明材料；因寄养等原因需要在中国境内居留的，应当提交委托书等证明材料。

（五）私人事务类居留证件，长期探亲的，应当按照要求提交亲属关系证明、被探望人的居留证件等证明材料；入境处理私人事务的，应当提交因处理私人事务需要在中国境内居留的相关证明材料。

外国人申请有效期 1 年以上的居留证件的，应当按照规定提交健康证明。健康证明自开具之日起 6 个月内有效。

第十七条 外国人申请办理居留证件的延期、换发、补发，应当填写申请表，提交本人的护照或者其他国际旅行证件以及符合规定的照片和申请事由的相关材料。

第十八条 外国人申请居留证件或者申请居留证件的延期、换发、补发符合受理规定的，公安机关出入境管理机构应当出具有效期不超过 15 日的受理回执，并在受理回执有效期内做出是否签发的决定。

外国人申请居留证件或者申请居留证件的延期、换发、补发的手续或者材料不符合规定的，公安机关出入境管理机构应当一次性告知申请人需要履行的手续和补正的申请材料。

申请人所持护照或者其他国际旅行证件因办理证件被收存期间，可以凭受理回执在中国境内合法居留。

第十九条 外国人申请签证和居留证件的延期、换发、补发，申请办理停留证件，有下列情形之一的，可以由邀请单位或者个人、申请人的亲属、有关专门服务机构代为申请：

（一）未满 16 周岁或者已满 60 周岁以及因疾病等原因行动不便的；

（二）非首次入境且在中国境内停留居留记录良好的；

（三）邀请单位或者个人对外国人在中国境内期间所需费用提供保证措施的。

外国人申请居留证件，属于国家需要的外国高层次人才和急需紧缺专门人才以及前款第一项规定情形的，可以由邀请单位或者个人、申请人的亲属、有关专门服务机构代为申请。

第二十条 公安机关出入境管理机构可以通过面谈、电话询问、实地调查等方式核实申请事由的真实性，申请人以及出具邀请函件、证明材料的单位或者个人应当予以配合。

第二十一条 公安机关出入境管理机构对有下列情形之一的外国人，不予批准签证和居留证件的延期、换发、补发，不予签发停留证件：

（一）不能按照规定提供申请材料的；

（二）在申请过程中弄虚作假的；

（三）违反中国有关法律、行政法规规定，不适合在中国境内停留居留的；

（四）不宜批准签证和居留证件的延期、换发、补发或者签发停留证件的其他情形。

第二十二条 持学习类居留证件的外国人需要在校外勤工助学或者实习的，应当经所在学校同意后，向公安机关出入境管理机构申请居留证件加注勤工助学或者实习地点、期限等信息。

持学习类居留证件的外国人所持居留证件未加注前款规定信息的，不得在校外勤工助学或者实习。

第二十三条 在中国境内的外国人因证件遗失、损毁、被盗抢等原因未持有效护照或者国际旅行证件，无法在本国驻中国有关机构补办的，可以向停留居留地县级以上地方人民政府公安机关出入境管理机构申请办理出境手续。

第二十四条 所持出境入境证件注明停留区域的外国人、出入境边防检查机关批准临时入境且限定停留区域的外国人，应当在限定的区域内停留。

第二十五条 外国人在中国境内有下列情形之一的，属于非法居留：

（一）超过签证、停留居留证件规定的停留居留期限停留居留的；

（二）免办签证入境的外国人超过免签期限停留且未办理停留居留证件的；

（三）外国人超出限定的停留居留区域活动的；

（四）其他非法居留的情形。

第二十六条 聘用外国人工作或者招收外国留学生的单位，发现有下列情形之一的，应当及时向所在地县级以上地方人民政府公安机关出入境管理机构报告：

（一）聘用的外国人离职或者变更工作地域的；

（二）招收的外国留学生毕业、结业、肄业、退学，离开原招收单位的；

（三）聘用的外国人、招收的外国留学生违反出境入境管理规定的；

（四）聘用的外国人、招收的外国留学生出现死亡、失踪等情形的。

第二十七条 金融、教育、医疗、电信等单位在办理业务时需要核实外国人身份信息的，可以向公安机关出入境管理机构申请核实。

第二十八条 外国人因外交、公务事由在中国境内停留居留证件的签发管理，按照外交部的规定执行。

第四章 调查和遣返

第二十九条 公安机关根据实际需要可以设置遣返场所。

依照出境入境管理法第六十条的规定对外国人实施拘留审查的，应当在 24 小时内将被拘留审查的外国人送到拘留所或者遣返场所。

由于天气、当事人健康状况等原因无法立即执行遣送出境、驱逐出境的，应当凭相关法律文书将外国人羁押在拘留所或者遣返场所。

第三十条 依照出境入境管理法第六十一条的规定，对外国人限制活动范围的，应当出具限制活动范围决定书。被限制活动范围的外国人，应当在指定的时间到公安机关报到；未经决定机关批准，不得变更生活居所或者离开限定的区域。

第三十一条　依照出境入境管理法第六十二条的规定，对外国人实施遣送出境的，做出遣送出境决定的机关应当依法确定被遣送出境的外国人不准入境的具体期限。

第三十二条　外国人被遣送出境所需的费用由本人承担。本人无力承担的，属于非法就业的，由非法聘用的单位、个人承担；属于其他情形的，由对外国人在中国境内停留居留提供保证措施的单位或者个人承担。

遣送外国人出境，由县级以上地方人民政府公安机关或者出入境边防检查机关实施。

第三十三条　外国人被决定限期出境的，做出决定的机关应当在注销或者收缴其原出境入境证件后，为其补办停留手续并限定出境的期限。限定出境期限最长不得超过 15 日。

第三十四条　外国人有下列情形之一的，其所持签证、停留居留证件由签发机关宣布作废：

（一）签证、停留居留证件损毁、遗失、被盗抢的；

（二）被决定限期出境、遣送出境、驱逐出境，其所持签证、停留居留证件未被收缴或者注销的；

（三）原居留事由变更，未在规定期限内向公安机关出入境管理机构申报，经公安机关公告后仍未申报的；

（四）有出境入境管理法第二十一条、第三十一条规定的不予签发签证、居留证件情形的。

签发机关对签证、停留居留证件依法宣布作废的，可以当场宣布作废或者公告宣布作废。

第三十五条　外国人所持签证、停留居留证件有下列情形之一的，由公安机关注销或者收缴：

（一）被签发机关宣布作废或者被他人冒用的；

（二）通过伪造、变造、骗取或者其他方式非法获取的；

（三）持有人被决定限期出境、遣送出境、驱逐出境的。

做出注销或者收缴决定的机关应当及时通知签发机关。

第五章　附　　则

第三十六条　本条例下列用语的含义：

（一）签证的入境次数，是指持证人在签证入境有效期内可以入境的次数。

（二）签证的入境有效期，是指持证人所持签证入境的有效时间范围。非经签发机关注明，签证自签发之日起生效，于有效期满当日北京时间 24 时失效。

（三）签证的停留期限，是指持证人每次入境后被准许停留的时限，自入境次日开始计算。

（四）短期，是指在中国境内停留不超过 180 日（含 180 日）。

（五）长期、常驻，是指在中国境内居留超过 180 日。

本条例规定的公安机关出入境管理机构审批期限和受理回执有效期以工作日计算，不含法定节假日。

第三十七条　经外交部批准，驻外签证机关可以委托当地有关机构承办外国人签证申请的接件、录入、咨询等服务性事务。

第三十八条　签证的式样由外交部会同公安部规定。停留居留证件的式样由公安部规定。

第三十九条　本条例自 2013 年 9 月 1 日起施行。1986 年 12 月 3 日国务院批准，1986 年 12 月 27 日公安部、外交部公布，1994 年 7 月 13 日、2010 年 4 月 24 日国务院修订的《中华人民共和国外国人入境出境管理法实施细则》同时废止。

中华人民共和国国务院令

第 644 号

现公布《国务院关于修改〈全国年节及纪念日放假办法〉的决定》，自 2014 年 1 月 1 日起施行。

总　理　李克强

2013 年 12 月 11 日

国务院关于修改《全国年节及纪念日放假办法》的决定

国务院决定对《全国年节及纪念日放假办法》做如下修改：

将第二条第二项修改为："（二）春节，放假 3 天（农历正月初一、初二、初三）"。

本决定自 2014 年 1 月 1 日起施行。

《全国年节及纪念日放假办法》根据本决定做相应修改，重新公布。

全国年节及纪念日放假办法

（1949年12月23日政务院发布　根据1999年9月18日《国务院关于修改〈全国年节及纪念日放假办法〉的决定》第一次修订　根据2007年12月14日《国务院关于修改〈全国年节及纪念日放假办法〉的决定》第二次修订　根据2013年12月11日《国务院关于修改〈全国年节及纪念日放假办法〉的决定》第三次修订）

第一条　为统一全国年节及纪念日的假期，制定本办法。

第二条　全体公民放假的节日：

（一）新年，放假1天（1月1日）；

（二）春节，放假3天（农历正月初一、初二、初三）；

（三）清明节，放假1天（农历清明当日）；

（四）劳动节，放假1天（5月1日）；

（五）端午节，放假1天（农历端午当日）；

（六）中秋节，放假1天（农历中秋当日）；

（七）国庆节，放假3天（10月1日、2日、3日）。

第三条　部分公民放假的节日及纪念日：

（一）妇女节（3月8日），妇女放假半天；

（二）青年节（5月4日），14周岁以上的青年放假半天；

（三）儿童节（6月1日），不满14周岁的少年儿童放假1天；

（四）中国人民解放军建军纪念日（8月1日），现役军人放假半天。

第四条　少数民族习惯的节日，由各少数民族聚居地区的地方人民政府，按照各该民族习惯，规定放假日期。

第五条 二七纪念日、五卅纪念日、七七抗战纪念日、九三抗战胜利纪念日、九一八纪念日、教师节、护士节、记者节、植树节等其他节日、纪念日，均不放假。

第六条 全体公民放假的假日，如果适逢星期六、星期日，应当在工作日补假。部分公民放假的假日，如果适逢星期六、星期日，则不补假。

第七条 本办法自公布之日起施行。

国务院关于印发《国务院工作规则》的通知

国发［2013］16号

各省、自治区、直辖市人民政府，国务院各部委、各直属机构：

《国务院工作规则》已经2013年3月20日召开的国务院第1次全体会议通过，现予印发。

2013年3月23日

国务院工作规则

（2013年3月20日　国务院第1次全体会议通过）

第一章　总　　则

一、第十二届全国人民代表大会第一次会议产生的新一届中央人民政府，根据《中华人民共和国宪法》和《中华人民共和国国务院组织法》，制定本规则。

二、国务院工作的指导思想是，高举中国特色社会主义伟大旗帜，以邓小平理论、“三个代表”重要思想、科学发展观为指导，认真执行党的路线方针政策，严格遵守宪法和法律，全面正确履行政府职能，努力建设职能科学、结构优化、廉洁高效、人民满意的服务型政府。

三、国务院工作的准则是，执政为民，依法行政，实事求是，民主公开，务实清廉。

第二章　组成人员职责

四、国务院组成人员要模范遵守宪法和法律，认真履行职责，为民务实，严守纪律，勤勉廉洁。

五、国务院实行总理负责制，总理领导国务院的工作。副总理、国务委员协助总理工作。

六、总理召集和主持国务院全体会议和国务院常务会议。国务院工作中的重大事项，必须经国务院全体会议或国务院常务会议讨论决定。

七、副总理、国务委员按分工负责处理分管工作；受总理委托，负责其他方面的工作或专项任务，并可代表国务院进行外事活动。

八、秘书长在总理领导下，负责处理国务院的日常工作。

九、总理出国访问期间，受总理委托，由负责常务工作的副总理代行总理职务。

十、各部、各委员会、人民银行、审计署实行部长、主任、行长、审计长负责制，由其领导本部门的工作。

各部、各委员会、人民银行、审计署根据法律、行政法规和国务院的决定、命令，在本部门的职权范围内，制定规章，发布命令。审计署在总理领导下，依照法律规定独立行使审计监督职能，不受其他行政机关、社会团体和个人的干涉。

国务院各部门要各司其职，各负其责，顾全大局，协调配合，切实维护团结统一、政令畅通，坚决贯彻落实国务院各项工作部署。

第三章　全面正确履行政府职能

十一、国务院要全面正确履行经济调节、市场监管、社会管理和公共服务职能，形成权界清晰、分工合理、权责一致、运转高效、法治保障的机构职能体系，创造良好发展环境，提供基本均等公共服务，维护社会公平正义。

十二、完善宏观调控体系，加强经济发展趋势研判，科学确定调控目标和政策取向，主要运用经济、法律手段并辅之以必要的行政手段引导和调控经济运行，促进国民经济持续健康发展。

十三、依法严格市场监管，推进公平准入，完善监管体系，规范市场执法，维护全国市场的统一开放、公平诚信、竞争有序。

十四、加强社会管理制度和能力建设，完善基层社会管理服务，形成源头治理、动态管理、应急处置相结合的社会管理机制，维护社会公平正义与和谐稳定。

十五、更加注重公共服务，完善公共政策，健全政府主导、社会参与、覆盖城乡、可持续的基本公共服务体系，增强基本公共服务能力，促进基本公共服务均等化。

第四章　坚持依法行政

十六、国务院及各部门要带头维护宪法和法律权威，建设法治政府。按照合法行政、合理行政、程序正当、高效便民、诚实守信、权责统一的要求，行使权力，履行职责，承担责任。

十七、国务院根据经济社会发展的需要，适时向全国人大及其常委会提出法律案，制定、修改或废止行政法规，规定行政措施，发布决定和命令。

提请国务院讨论的法律草案和审议的行政法规草案由国务院法制机构审查或组织起草，行政法规的解释工作由国务院法制机构承办。

十八、国务院及各部门要坚持科学民主立法，不断提高政府立法质量。起草法律草案、制定行政法规和部门规章，要坚持从实际出发，准确反映经济社会发展要求，充分反映人民意愿，使所确立的制度能够切实解决问题，备而不繁，简明易行。

完善政府立法工作机制，扩大公众参与，除依法需要保密的外，所有行政法规和部门规章的草案都要公开征求意见。加强立法协调，对经协调仍达不成一致意见的问题，国务院法制机构要列明各方理据，提出倾向性意见，及时报请国务院决定。

行政法规和部门规章实施后要进行后评估，发现问题，及时完善。

十九、国务院各部门制定规章和规范性文件，要符合宪法、法律、行政法规和国务院有关决定、命令的规定，严格遵守法定权限和程序。

涉及两个及以上部门职权范围的事项，要充分听取相关部门的意见，并由国务院制定行政法规、发布决定或命令，或由有关部门联合制定规章或规范性文件。其中，涉及公众权益、社会关注度高的事项及重要涉外、涉港澳台侨的事项，应当事先请示国务院；部门联合制定的重要规章及规范性文件发布前须经国务院批准。

严格合法性审查，规范性文件不得设定行政许可、行政处罚、行政强制等事项，不得违法增加公民、法人和其他组织的义务。

部门规章应当依法及时报国务院备案，由国务院法制机构定期向社会公布目录。对违反宪法、法律、行政法规或国务院决定、命令或者规定不适当的部门规章和规范性文件，要依法责令制定部门纠正或由国务院予以改变、撤销。

二十、国务院各部门要严格执法，健全规则，规范程序，落实责任，强化监督，做到有法必依、执法必严、违法必究，公正执法、文明执法，维护公共利益、人民权益和社会秩序.

第五章　实行科学民主决策

二十一、国务院及各部门要完善行政决策程序规则，把公众参与、专家论证、风险评估、合法性审查和集体讨论决定作为重大决策的必经程序，增强公共政策制定透明度和公众参与度。

二十二、国民经济和社会发展计划及国家预算，重大规划，宏观调控和改革开放的重大政策措施，国家和社会管理重要事务、法律议案和行政法规等，由国务院全体会议或国务院常务会议讨论和决定。

二十三、国务院各部门提请国务院研究决定的重大事项，都必须经过深入调查研究，并经研究、咨询机构等进行合法性、必要性、科学性、可行性和可控性评估论证；涉及相关部门的，应当充分协商；涉及地方的，应当事先征求意见；涉及重大公共利益和公众权益、容易引发社会稳定问题的，要进行社会稳定风险评估，并采取听证会等多种形式听取各方面意见。

在重大决策执行过程中，要跟踪决策的实施情况，了解利益相关方和社会公众对决策实施的意见和建议，全面评估决策执行效果，及时调整完善。

二十四、国务院在做出重大决策前，根据需要通过多种方式，直接听取民主党派、社会团体、专家学者、社会公众等方面的意见和建议。

二十五、国务院各部门必须坚决贯彻落实国务院的决定，及时跟踪和反馈执行情况。国务院办公厅要加强督促检查，确保政令落实。

第六章　推进政务公开

二十六、国务院及各部门要把公开透明作为政府工作的基本制度。深化政务公开，完善各类办事公开制度，健全政府信息发布制度，推进行政权力行使依据、过程、结果公开。

二十七、国务院全体会议和常务会议讨论决定的事项、国务院及各部门制定的政策，除依法需要保密的外，应及时公布。

二十八、凡涉及公共利益、公众权益、需要广泛知晓的事项和社会关切的事项以及法律和国务院规定需要公开的事项，均应通过政府网站、政府公报、新闻发布会以及报刊、广播、电视、网络等方式，依法、及时、全面、准确、具体地向社会公开。

第七章　健全监督制度

二十九、国务院要自觉接受全国人大及其常委会的监督，认真负责地报告工作，接受询问和质询，依法备案行政法规；自觉接受全国政协的民主监督，虚心听取意见和建议。

三十、国务院各部门要依照有关法律的规定接受人民法院依法实施的监督，做好行政应诉工作，尊重并自觉履行人民法院的生效判决、裁定，同时要自觉接受监察、审计等部门的监督。对监督中发现的问题，要认真整改并向国务院报告。

三十一、国务院及各部门要严格执行行政复议法，加强行政复议指导监督，纠正违法或不当的行政行为，依法及时化解行政争议。

三十二、国务院及各部门要接受社会公众和新闻舆论的监督，认真调查核实有关情况，及时依法处理和改进工作。重大问题要向社会公布处理结果。

三十三、国务院及各部门要重视信访工作，进一步完善信访制度，畅通和规范群众诉求表达、利益协调、权益保障渠道；国务院领导同志及各部门负责人要亲自阅批重要的群众来信，督促解决重大信访问题。

三十四、国务院及各部门要推行绩效管理制度和行政问责制度，加强对重大决策部署落实、部门职责履行、重点工作推进以及自身建设等方面的考核评估，健全纠错制度，严格责任追究，提高政府公信力和执行力。

第八章　会议制度

三十五、国务院实行国务院全体会议和国务院常务会议制度。

三十六、国务院全体会议由总理、副总理、国务委员、各部部长、各委员会主任、人民银行行长、审计长、秘书长组成，由总理召集和主持。国务院全体会议的主要任务是：

（一）讨论决定国务院工作中的重大事项；

（二）部署国务院的重要工作。

国务院全体会议根据需要可安排其他有关部门、单位负责人列席会议。

三十七、国务院常务会议由总理、副总理、国务委员、秘书长组成，由总理召集和主持。国务院常务会议的主要任务是：

（一）讨论决定国务院工作中的重要事项；

（二）讨论法律草案、审议行政法规草案；

（三）通报和讨论其他重要事项。

国务院常务会议一般每周召开一次。根据需要可安排有关部门、单位负责人列席会议。

三十八、提请国务院全体会议和国务院常务会议讨论的议题，由国务院分管领导同志协调或审核后提出，报总理确定；会议文件由总理批印。国务院全体会议和国务院常务会议的组织工作由国务院办公厅负责，议题和文件于会前送达与会人员。

三十九、国务院领导同志不能出席国务院全体会议或国务院常务会议，向总理请假。国务院全体会议其他组成人员或国务院常务会议列席人员请假，由国务院办公厅向总理报告。

四十、国务院全体会议和国务院常务会议的纪要，由总理签发。

四十一、国务院及各部门召开的工作会议，要减少数量，控制规模，严格审批。应由各部门召开的全国性会议，不以国务院或国务院办公厅名义召开，不邀请省、自治区、直辖市人民政府负责人出席，确需邀请的须报国务院批准。国务院领导同志一般不出席部门的工作会议。全国性会议应尽可能采用视频会议形式召开。各类会议都要充分准备，提高效率和质量，重在解决问题。

第九章　公 文 审 批

四十二、各地区、各部门报送国务院的公文，应当符合《党政机关公文处理工作条例》的规定。除国务院领导同志交办事项和必须直接报送的绝密级事项外，一般不得直接向国务院领导同志个人报送公文。各部门报送国务院的请示性公文，凡涉及其他部门职权的，必须主动与相关部门充分协商，由主办部门主要负责人与相关部门负责人会签或联合报国务院审批。部门之间有分歧的，主办部门主要负责人要主动协商；协商后仍不能取得一致意见的，主办部门应列明各方理据，提出办理建议，与相关部门负责人会签后报国务院决定。

四十三、各地区、各部门报送国务院审批的公文，由国务院办公厅按照国务院领导同志分工呈批，并根据需要由国务院领导同志转请国务院其他领导同志核批，重大事项报总理审批。

四十四、国务院制定的行政法规、发布的命令、向全国人大或全国人大常委会提出的议案，由总理签署。

四十五、以国务院名义发文，经国务院分管领导同志审核后，由总理签发。

以国务院办公厅名义发文，由国务院秘书长签发；如有必要，报国务院分管领导同志签发或报总理签发。

属部门职权范围内事务、应由部门自行发文或联合发文的，不再由国务院批转或国务院办公厅转发。

凡法律、行政法规已做出明确规定的，一律不再制发文件。没有实质内容、可发可不发的文件简报，一律不发。

第十章　工作纪律

四十六、国务院组成人员要坚决贯彻执行党和国家的路线方针政策和国务院工作部署，严格遵守纪律，有令必行，有禁必止。

四十七、国务院组成人员必须坚决执行国务院的决定，如有不同意见可在国务院内部提出，在没有重新做出决定前，不得有任何与国务院决定相违背的言论和行为；代表国务院发表讲话或文章，个人发表涉及未经国务院研究决定的重大问题及事项的讲话或文章，事先须经国务院同意。

四十八、国务院组成人员要严格执行请销假制度。副总理、国务委员、秘书长离京出访、出差和休养，应事先报告总理，由国务院办公厅通报国务院其他领导同志。

各部门主要负责人离京外出，应事先向国务院办公厅报告，由国务院办公厅向国务院总理和分管领导同志报告。

四十九、国务院各部门发布涉及政府重要工作部署、经济社会发展重要问题的信息，要经过严格审定，重大情况要及时向国务院报告。

五十、国务院组成人员要严格遵守保密纪律和外事纪律，严禁泄露国家秘密、工作秘密或因履行职责掌握的商业秘密等，坚决维护国家的安全、荣誉和利益。

第十一章　廉政和作风建设

五十一、国务院及各部门要严格执行改进工作作风、密切联系群众和廉洁从政的各项规定，切实加强廉政建设和作风建设。

五十二、国务院及各部门要从严治政。对职权范围内的事项要按程序和时限积极负责地办理，对不符合规定的事项要坚持原则不得办理；对因推诿、拖延等官僚作风及失职、渎职造成影响和损失的，要追究责任；对越权办事、以权谋私等违规、违纪、违法行为，要严肃查处。

五十三、国务院及各部门要严格执行财经纪律，艰苦奋斗、勤俭节约，坚决制止奢侈浪费，严格执行住房、办公用房、车辆配备等方面的规定，严格控制差旅、会议经费等一般性支出，切实降低行政成本，建设节约型机关。

严格控制因公出国（境）团组数量和规模。改革和规范公务接待工作，不得违反规定用公款送礼和宴请，不得接受地方的送礼和宴请。严格控制和规范国际会议、论坛、庆典、节会等活动。各类会议活动经费要全部纳入预算管理。

五十四、国务院组成人员要廉洁从政，严格执行领导干部重大事项报告制度，不得利用职权和职务影响为本人或特定关系人谋取不正当利益；不得违反规定干预或插手市场经济活动；加强对亲属和身边工作人员的教育和约束，决不允许搞特权。

五十五、国务院组成人员要做学习的表率，国务院及各部门要建设学习型机关。

五十六、国务院领导同志要深入基层，调查研究，指导工作，注重研究和解决实际问题。

到基层考察调研，要轻车简从，减少陪同，简化接待，减轻地方负担；地方负责人不到机场、车站、码头及辖区分界处迎送。除工作需要外，不去名胜古迹、风景区参观。

五十七、国务院领导同志不为部门和地方的会议活动等发贺信、贺电，不题词，因特殊需要发贺信、贺电和题词，一般不公开发表。国务院领导同志出席会议活动、到基层考察调研的新闻报道和外事活动安排，按有关规定办理。

五十八、国务院直属特设机构、直属机构、办事机构、直属事业单位适用本规则。

国务院批转发展改革委关于2013年深化经济体制改革重点工作意见的通知

国发［2013］20号

各省、自治区、直辖市人民政府，国务院各部委、各直属机构：

国务院同意发展改革委《关于2013年深化经济体制改革重点工作的意见》，现转发给你们，请认真贯彻执行。

2013年5月18日

关于2013年深化经济体制改革重点工作的意见

发展改革委

党的十八大提出要加快完善社会主义市场经济体制，全社会热切期待改革取得新突破。顺应人民愿望，把握时代要求，不失时机深化重要领域改革，意义十分重大。现就2013年深化经济体制改革重点工作提出以下意见。

一、指导思想和总体要求

2013年深化经济体制改革工作的指导思想是，以邓小平理论、“三个代表”重要思想、科学发展观为指导，全面贯彻党的十八大精神，坚定不移走中国特色社会主义道路，坚持社会主义市场经济改革方向，以更大的勇气、智慧和韧性，大力推动促进经济转型、民生改善和社会公正的改革，坚决破除妨碍科学发展的体制机制弊端，促进经济持续健康发展与社会和谐稳定，使改革红利更多更公平惠及全体人民，为全面建成小康社会、实现中华民族伟大复兴的中国梦做出积极贡献。

总体要求是，正确处理好政府与市场、政府与社会的关系，处理好加强顶层设计与尊重群众首创精神的关系，处理好增量改革与存量优化的关系，处理好改革创新与依法行政的关系，处理好改革、发展、稳定的关系，确保改革顺利有效推进。

二、大力推进年度重点改革

2013 年改革重点工作是，深入推进行政体制改革，加快推进财税、金融、投资、价格等领域改革，积极推动民生保障、城镇化和统筹城乡相关改革。

（一）行政体制改革。

1. 深化政府机构改革。完成新组建部门“三定”规定制定和相关部门“三定”规定修订工作。组织推进地方行政体制改革，研究制定关于地方政府机构改革和职能转变的意见。（中央编办牵头）

2. 简政放权，下决心减少审批事项。抓紧清理、分批取消和下放投资项目审批、生产经营活动和资质资格许可等事项，对确需审批、核准、备案的项目，要简化程序、限时办结相关手续。严格控制新增审批项目。（中央编办、发展改革委、人力资源社会保障部、法制办等负责）

3. 创新政府公共服务提供方式。加快出台政府向社会组织购买服务的指导意见，推动公共服务提供主体和提供方式多元化。出台行业协会商会与行政机关脱钩方案。改革工商登记和社会组织登记制度。深化公务用车制度改革。（财政部、中央编办、

发展改革委、民政部、人力资源社会保障部、国资委、工商总局、国管局等负责）

（二）财税体制改革。

4. 完善财政预算制度，推动建立公开、透明、规范、完整的预算体制。完善财政转移支付制度，减少、合并一批专项转移支付项目，增加一般性转移支付规模和比例。（财政部牵头）

5. 扩大营业税改征增值税试点范围，在全国开展交通运输业和部分现代服务业营改增试点，择机将铁路运输和邮电通信等行业纳入试点范围。合理调整消费税征收范围和税率，将部分严重污染环境、过度消耗资源的产品等纳入征税范围。扩大个人住房房产税改革试点范围。（财政部、税务总局会同住房城乡建设部等负责）

6. 将资源税从价计征范围扩大到煤炭等应税品目，清理煤炭开采和销售中的相关收费基金。开展深化矿产资源有偿使用制度改革试点。（财政部、发展改革委、税务总局、国土资源部等负责）

7. 建立健全覆盖全部国有企业的国有资本经营预算和收益分享制度。落实和完善对成长型、科技型、外向型小微企业的财税支持政策。（财政部、国资委、科技部、工业和信息化部、税务总局等负责）

（三）金融体制改革。

8. 稳步推进利率汇率市场化改革。逐步扩大存贷款利率浮动幅度，建立健全市场基准利率体系。完善人民币汇率形成机制，充分发挥市场供求在汇率形成中的基础性作用。稳步推进人民币资本项目可兑换，建立合格境内个人投资者境外投资制度，研究推动符合条件的境外机构在境内发行人民币债券。（人民银行会同发展改革委、财政部、银监会、证监会、外汇局等负责）

9. 完善场外股权交易市场业务规则体系，扩大中小企业股份转让系统试点范围。健全投资者尤其是中小投资者权益保护政

策体系。推进煤炭、铁矿石、原油等大宗商品期货和国债期货市场建设。（证监会、发展改革委、财政部、人民银行、能源局等负责）

10. 推进制定存款保险制度实施方案，建立健全金融机构经营失败风险补偿和分担机制，形成有效的风险处置和市场退出机制。加快和规范发展民营金融机构和面向小微企业、“三农”的中小金融机构。（人民银行、银监会、财政部等负责）

（四）投融资体制改革。

11. 抓紧清理有碍公平竞争的政策法规，推动民间资本有效进入金融、能源、铁路、电信等领域。按照转变政府职能、简政放权的原则，制定政府投资条例、企业投资项目核准和备案管理条例。（法制办、发展改革委、财政部、工业和信息化部、交通运输部、人民银行、国资委、银监会、能源局等负责）

12. 改革铁路投融资体制。建立公益性运输补偿制度、经营性铁路合理定价机制，为社会资本进入铁路领域创造条件。支线铁路、城际铁路、资源开发性铁路所有权、经营权率先向社会资本开放，通过股权置换等形式引导社会资本投资既有干线铁路。（发展改革委、财政部、交通运输部、铁路局等负责）

（五）资源性产品价格改革。

13. 推进电价改革，简化销售电价分类，扩大工商业用电同价实施范围，完善煤电价格联动机制和水电、核电上网价格形成机制。推进全国煤炭交易市场体系建设。推进天然气价格改革，逐步理顺天然气与可替代能源的比价关系。推进大用户直购电和售电侧电力体制改革试点。（发展改革委牵头）

14. 在保障人民群众基本生活需求的前提下，综合考虑资源节约利用和环境保护等因素，建立健全居民生活用电、用水、用气等阶梯价格制度。（发展改革委牵头）

（六）基本民生保障制度改革。

15. 整体推进城乡居民大病保险，整合城乡基本医疗保险管理职能，逐步统一城乡居民基本医疗保险制度，健全全民医保体系。研究制定基础养老金全国统筹方案。健全保障性住房分配制度，有序推进公租房、廉租房并轨。（人力资源社会保障部、卫生计生委、中央编办、财政部、住房城乡建设部等负责）

16. 建立健全最低生活保障、就业困难群体就业援助、重特大疾病保障和救助等制度，健全并落实社会救助标准与物价涨幅挂钩的机制。整合社会救助资源，逐步形成保障特困群体基本生存权利和人格尊严的长效保底机制。（民政部、财政部、人力资源社会保障部、发展改革委、卫生计生委等负责）

17. 建立最严格的覆盖生产、流通、消费各环节的食品药品安全监管制度。建立健全部门间、区域间食品药品安全监管联动机制。完善食品药品质量标准和安全准入制度。加强基层监管能力建设。充分发挥群众监督、舆论监督作用，全面落实食品安全投诉举报机制。建立实施黑名单制度，形成有效的行业自律机制。（食品药品监管总局牵头）

18. 建立健全最严格的环境保护监管制度和规范科学的生态补偿制度。建立区域间环境治理联动和合作机制。完善生态环境保护责任追究制度和环境损害赔偿制度。制定加强大气、水、农村（土壤）污染防治的综合性政策措施。深入推进排污权、碳排放权交易试点，研究建立全国排污权、碳排放交易市场，开展环境污染强制责任保险试点。制定突发环境事件调查处理办法。研究制定生态补偿条例。（环境保护部、发展改革委、财政部、林业局等负责）

（七）城镇化和统筹城乡相关改革。

19. 研究制定城镇化发展规划。以增强产业发展、公共服务、吸纳就业、人口集聚功能为重点，开展中小城市综合改革试点。优化行政层级和行政区划。实施好经济发达镇行政管理体制改革试点。有序推进城乡规划、基础设施和公共服务一体化，创新城乡社会管理体制。（发展改革委、中央编办、住房城乡建设

部、民政部、农业部等负责）

20. 根据城市综合承载能力和转移人口情况，分类推进户籍制度改革，统筹推进相关公共服务、社会保障制度改革，有序推进农业转移人口市民化，将基本公共服务逐步覆盖到符合条件的常住人口。（公安部、发展改革委、财政部、人力资源社会保障部、卫生计生委、教育部、民政部、农业部、法制办等负责）

21. 积极稳妥推进土地管理制度、投融资体制等促进城镇化健康发展的改革，调研并制定相关配套政策。完善地方债务风险控制措施，规范发展债券、股权、信托等投融资方式，健全鼓励社会资本投资城乡基础设施、公共服务项目的政策和相关机制。（发展改革委、国土资源部、财政部、人民银行、银监会、证监会、保监会等负责）

22. 建立健全农村产权确权、登记、颁证制度。依法保障农民土地承包经营权、宅基地使用权、集体收益分配权。开展国有林场改革试点。研究提出国有林区改革指导意见。探索建立农村产权交易市场。推进小型水利工程管理体制改革。（国土资源部、发展改革委、农业部、财政部、水利部、林业局等负责）

三、继续深化已出台的各项改革

对已经部署并正在推进的各项改革，有关部门按职能分工，切实抓好落实，力求年内取得新的进展。

（一）继续推进国有企业改革。推动大型国有企业公司制股份制改革，大力发展混合所有制经济。推进国有经济战略性调整和国有企业并购重组，着力培育一批具有国际竞争力的大企业。完善各类国有资产监督管理制度。加快解决国有企业办社会负担和历史遗留问题。

（二）继续深化开放型经济体制改革。进一步扩大金融、物流、教育、科技、医疗、体育等服务业对外开放。完善口岸管理体制，推进通关便利化改革。加快海关特殊监管区域整合优化，完善政策和功能，开展保税工厂改革试点。加快制定并出台中国

（上海）自由贸易试验区建设方案，推进港澳和内地服务贸易自由化，探索建立与国际接轨的外商投资管理体制。积极实施自由贸易区战略，建立健全双边、多边和区域投资贸易合作新机制。健全境外投资规划、协调、服务和管理机制，完善风险防控体系。继续深化流通体制改革。

（三）加快教育、文化、医药卫生等社会事业各项改革。围绕促进教育公平、提高教育质量，深化教育体制改革。加快推进文化领域政事、政企、政资分开，完善公共文化服务体系，优化促进文化产业创新发展的制度环境。深化医药卫生体制改革，加快公立医院改革，完善社会办医政策，逐步形成多元化办医格局。稳步推进事业单位分类改革，推进事业单位人事、收入分配和社会保险制度等改革，加快管办分离和建立法人治理结构。

（四）加快完善科技创新体制机制。构建以企业为主体、市场为导向、产学研相结合的技术创新体系，扩大国家自主创新示范区先行先试政策试点范围，整合资源实施科技重大专项，完善科技成果转移转化的激励政策，加强科技资源开放共享，发挥科技在经济发展中的支撑作用。

（五）深化收入分配制度改革。贯彻落实深化收入分配制度改革的若干意见，制定出台合理提高劳动报酬、加强国有企业收入分配调控、整顿和规范收入分配秩序等重点配套方案和实施细则。

四、完善改革协调推进机制

各地区、各部门要将改革工作放到更加突出的位置，切实完成各项改革任务，确保取得明显成效。

认真做好改革方案研究制定工作。深入调查研究，充分听取各方面意见，科学制定方案，统筹好改革力度与社会可承受程度，使改革更好地集中民智、体现民意、惠及民生。

扎实抓好改革方案实施和社会引导工作。牵头部门要明确提出工作方案、时间进度和阶段性目标。参与部门要各司其职，积极主动配合。要注重政策宣传和舆情引导，及时回应社会关切，为改革创造良好的舆论氛围和社会环境。

积极推进各项改革试点工作。继续推进综合配套改革试点，优先在试验区部署重大改革任务，发挥其探索创新、示范带动作用。及时总结和推广试点经验。围绕迫切需要推进的重大改革，组织实施一批攻关性试点。鼓励各地因地制宜进行改革试点。

进一步加强组织领导和统筹协调工作。各地区、各部门要把推进改革作为领导干部业绩考核的重要内容。发展改革委要采取建立联席会议、专题会议制度等多种形式，加强统筹安排，健全工作机制，协调解决重大问题，做好督促检查工作，及时将改革进展情况和重要问题报告国务院。

国务院关于促进健康服务业发展的若干意见

国发［2013］40号

各省、自治区、直辖市人民政府，国务院各部委、各直属机构：

新一轮医药卫生体制改革实施以来，取得重大阶段性成效，全民医保基本实现，基本医疗卫生制度初步建立，人民群众得到明显实惠，也为加快发展健康服务业创造了良好条件。为实现人人享有基本医疗卫生服务的目标，满足人民群众不断增长的健康服务需求，要继续贯彻落实《中共中央、国务院关于深化医药卫生体制改革的意见》（中发［2009］6号），坚定不移地深化医药卫生体制改革，坚持把基本医疗卫生制度作为公共产品向全民提供的核心理念，按照保基本、强基层、建机制的基本原则，加快健全全民医保体系，巩固完善基本药物制度和基层运行新机制，积极推进公立医院改革，统筹推进基本公共卫生服务均等化等相关领域改革。同时，要广泛动员社会力量，多措并举发展健康服务业。

健康服务业以维护和促进人民群众身心健康为目标，主要包括医疗服务、健康管理与促进、健康保险以及相关服务，涉及药品、医疗器械、保健用品、保健食品、健身产品等支撑产业，覆盖面广，产业链长。加快发展健康服务业，是深化医改、改善民生、提升全民健康素质的必然要求，是进一步扩大内需、促进就业、转变经济发展方式的重要举措，对稳增长、调结构、促改革、惠民生，全面建成小康社会具有重要意义。为促进健康服务业发展，现提出以下意见：

一、总体要求

（一）指导思想。

以邓小平理论、“三个代表”重要思想、科学发展观为指导，在切实保障人民群众基本医疗卫生服务需求的基础上，转变政府职能，加强政策引导，充分调动社会力量的积极性和创造性，大力引入社会资本，着力扩大供给、创新服务模式、提高消费能力，不断满足人民群众多层次、多样化的健康服务需求，为经济社会转型发展注入新的动力，为促进人的全面发展创造必要条件。

（二）基本原则。

坚持以人为本、统筹推进。把提升全民健康素质和水平作为健康服务业发展的根本出发点、落脚点，切实维护人民群众健康权益。区分基本和非基本健康服务，实现两者协调发展。统筹城乡、区域健康服务资源配置，促进均衡发展。

坚持政府引导、市场驱动。强化政府在制度建设、规划和政策制定及监管等方面的职责。发挥市场在资源配置中的基础性作用，激发社会活力，不断增加健康服务供给，提高服务质量和效率。

坚持深化改革、创新发展。强化科技支撑，拓展服务范围，鼓励发展新型业态，提升健康服务规范化、专业化水平，建立符合国情、可持续发展的健康服务业体制机制。

（三）发展目标。

到 2020 年，基本建立覆盖全生命周期、内涵丰富、结构合理的健康服务业体系，打造一批知名品牌和良性循环的健康服务产业集群，并形成一定的国际竞争力，基本满足广大人民群众的健康服务需求。健康服务业总规模达到 8 万亿元以上，成为推动经济社会持续发展的重要力量。

——医疗服务能力大幅提升。医疗卫生服务体系更加完善，形成以非营利性医疗机构为主体、营利性医疗机构为补充，公立医疗机构为主导、非公立医疗机构共同发展的多元办医格局。康复、护理等服务业快速增长。各类医疗卫生机构服务质量进一步提升。

——健康管理与促进服务水平明显提高。中医医疗保健、健康养老以及健康体检、咨询管理、体质测定、体育健身、医疗保健旅游等多样化健康服务得到较大发展。

——健康保险服务进一步完善。商业健康保险产品更加丰富，参保人数大幅增加，商业健康保险支出占卫生总费用的比重大幅提高，形成较为完善的健康保险机制。

——健康服务相关支撑产业规模显著扩大。药品、医疗器械、康复辅助器具、保健用品、健身产品等研发制造技术水平有较大提升，具有自主知识产权产品的市场占有率大幅提升，相关流通行业有序发展。

——健康服务业发展环境不断优化。健康服务业政策和法规体系建立健全，行业规范、标准更加科学完善，行业管理和监督更加有效，人民群众健康意识和素养明显提高，形成全社会参与、支持健康服务业发展的良好环境。

二、主要任务

（一）大力发展医疗服务。

加快形成多元办医格局。切实落实政府办医责任，合理制定区域卫生规划和医疗机构设置规划，明确公立医疗机构的数量、规模和布局，坚持公立医疗机构面向城乡居民提供基本医疗服务的主导地位。同时，鼓励企业、慈善机构、基金会、商业保险机构等以出资新建、参与改制、托管、公办民营等多种形式投资医疗服务业。大力支持社会资本举办非营利性医疗机构、提供基本医疗卫生服务。进一步放宽中外合资、合作办医条件，逐步扩大具备条件的境外资本设立独资医疗机构试点。各地要清理取消不合理的规定，加快落实对非公立医疗机构和公立医疗机构在市场准入、社会保险定点、重点专科建设、职称评定、学术地位、等级评审、技术准入等方面同等对待的政策。对出资举办非营利性医疗机构的非公经济主体的上下游产业链项目，优先按相关产业政策给予扶持。鼓励地方加大改革创新力度，在社会办医方面先行先试，国家选择有条件的地区和重点项目作为推进社会办医联系点。

优化医疗服务资源配置。公立医院资源丰富的城市要加快推进国有企业所办医疗机构改制试点；国家确定部分地区进行公立医院改制试点。引导非公立医疗机构向高水平、规模化方向发展，鼓励发展专业性医院管理集团。二级以上医疗机构检验对所有医疗机构开放，推动医疗机构间检查结果互认。各级政府要继续采取完善体制机制、购买社会服务、加强设施建设、强化人才和信息化建设等措施，促进优质资源向贫困地区和农村延伸。各地要鼓励以城市二级医院转型、新建等多种方式，合理布局、积极发展康复医院、老年病医院、护理院、临终关怀医院等医疗机构。

推动发展专业、规范的护理服务。推进临床护理服务价格调整，更好地体现服务成本和护理人员技术劳动价值。强化临床护理岗位责任管理，完善质量评价机制，加强培训考核，提高护理质量，建立稳定护理人员队伍的长效机制。科学开展护理职称评定，评价标准侧重临床护理服务数量、质量、患者满意度及医德医风等。加大政策支持力度，鼓励发展康复护理、老年护理、家庭护理等适应不同人群需要的护理服务，提高规范化服务水平。

（二）加快发展健康养老服务。

推进医疗机构与养老机构等加强合作。在养老服务中充分融入健康理念，加强医疗卫生服务支撑。建立健全医疗机构与养老机构之间的业务协作机制，鼓励开通养老机构与医疗机构的预约就诊绿色通道，协同做好老年人慢性病管理和康复护理。增强医疗机构为老年人提供便捷、优先优惠医疗服务的能力。推动二级以上医院与老年病医院、老年护理院、康复疗养机构等之间的转诊与合作。各地要统筹医疗服务与养老服务资源，合理布局养老机构与老年病医院、老年护理院、康复疗养机构等，形成规模适宜、功能互补、安全便捷的健康养老服务网络。

发展社区健康养老服务。提高社区为老年人提供日常护理、慢性病管理、康复、健康教育和咨询、中医保健等服务的能力，鼓励医疗机构将护理服务延伸至居民家庭。鼓励发展日间照料、全托、半托等多种形式的老年人照料服务，逐步丰富和完善服务内容，做好上门巡诊等健康延伸服务。

（三）积极发展健康保险。

丰富商业健康保险产品。在完善基本医疗保障制度、稳步提高基本医疗保障水平的基础上，鼓励商业保险公司提供多样化、多层次、规范化的产品和服务。鼓励发展与基本医疗保险相衔接的商业健康保险，推进商业保险公司承办城乡居民大病保险，扩大人群覆盖面。积极开发长期护理商业险以及与健康管理、养老等服务相关的商业健康保险产品。推行医疗责任保险、医疗意外保险等多种形式医疗执业保险。

发展多样化健康保险服务。建立商业保险公司与医疗、体检、护理等机构合作的机制，加强对医疗行为的监督和对医疗费用的控制，促进医疗服务行为规范化，为参保人提供健康风险评估、健康风险干预等服务，并在此基础上探索健康管理组织等新型组织形式。鼓励以政府购买服务的方式委托具有资质的商业保险机构开展各类医疗保险经办服务。

（四）全面发展中医药医疗保健服务。

提升中医健康服务能力。充分发挥中医医疗预防保健特色优势，提升基层中医药服务能力，力争使所有社区卫生服务机构、乡镇卫生院和70％的村卫生室具备中医药服务能力。推动医疗机构开展中医医疗预防保健服务，鼓励零售药店提供中医坐堂诊疗服务。开发中医诊疗、中医药养生保健仪器设备。

推广科学规范的中医保健知识及产品。加强药食同用中药材的种植及产品研发与应用，开发适合当地环境和生活习惯的保健养生产品。宣传普及中医药养生保健知识，推广科学有效的中医药养生、保健服务，鼓励有资质的中医师在养生保健机构提供保健咨询和调理等服务。鼓励和扶持优秀的中医药机构到境外开办中医医院、连锁诊所等，培育国际知名的中医药品牌和服务机构。

（五）支持发展多样化健康服务。

发展健康体检、咨询等健康服务。引导体检机构提高服务水平，开展连锁经营。加快发展心理健康服务，培育专业化、规范化的心理咨询、辅导机构。规范发展母婴照料服务。推进全科医生服务模式和激励机制改革试点，探索面向居民家庭的签约服务。大力开展健康咨询和疾病预防，促进以治疗为主转向预防为主。

发展全民体育健身。进一步开展全民健身运动，宣传、普及科学健身知识，提高人民群众体育健身意识，引导体育健身消费。加强基层多功能群众健身设施建设，到2020年，80%以上的市（地）、县（市、区）建有“全民健身活动中心”，70%以上的街道（乡镇）、社区（行政村）建有便捷、实用的体育健身设施。采取措施推动体育场馆、学校体育设施等向社会开放。支持和引导社会力量参与体育场馆的建设和运营管理。鼓励发展多种形式的体育健身俱乐部和体育健身组织，以及运动健身培训、健身指导咨询等服务。大力支持青少年、儿童体育健身，鼓励发展适合其成长特点的体育健身服务。

发展健康文化和旅游。支持健康知识传播机构发展，培育健康文化产业。鼓励有条件的地区面向国际国内市场，整合当地优势医疗资源、中医药等特色养生保健资源、绿色生态旅游资源，发展养生、体育和医疗健康旅游。

（六）培育健康服务业相关支撑产业。

支持自主知识产权药品、医疗器械和其他相关健康产品的研发制造和应用。继续通过相关科技、建设专项资金和产业基金，支持创新药物、医疗器械、新型生物医药材料研发和产业化，支持到期专利药品仿制，支持老年人、残疾人专用保健用品、康复辅助器具研发生产。支持数字化医疗产品和适用于个人及家庭的健康检测、监测与健康物联网等产品的研发。加大政策支持力度，提高具有自主知识产权的医学设备、材料、保健用品的国内市场占有率和国际竞争力。

大力发展第三方服务。引导发展专业的医学检验中心和影像中心。支持发展第三方的医疗服务评价、健康管理服务评价，以及健康市场调查和咨询服务。公平对待社会力量提供食品药品检测服务。鼓励药学研究、临床试验等生物医药研发服务外包。完善科技中介体系，大力发展专业化、市场化的医药科技成果转化服务。

支持发展健康服务产业集群。鼓励各地结合本地实际和特色优势，合理定位、科学规划，在土地规划、市政配套、机构准入、人才引进、执业环境等方面给予政策扶持和倾斜，打造健康服务产业集群，探索体制创新。要通过加大科技支撑、深化行政审批制度改革、产业政策引导等综合措施，培育一批医疗、药品、医疗器械、中医药等重点产业，打造一批具有国际影响力的知名品牌。

（七）健全人力资源保障机制。

加大人才培养和职业培训力度。支持高等院校和中等职业学校开设健康服务业相关学科专业，引导有关高校合理确定相关专业人才培养规模。鼓励社会资本举办职业院校，规范并加快培养护士、养老护理员、药剂师、营养师、育婴师、按摩师、康复治疗师、健康管理师、健身教练、社会体育指导员等从业人员。对参加相关职业培训和职业技能鉴定的人员，符合条件的按规定给予补贴。建立健全健康服务业从业人员继续教育制度。各地要把发展健康服务业与落实各项就业创业扶持政策紧密结合起来，充分发挥健康服务业吸纳就业的作用。

促进人才流动。加快推进规范的医师多点执业。鼓励地方探索建立区域性医疗卫生人才充分有序流动的机制。不断深化公立医院人事制度改革，推动医务人员保障社会化管理，逐步变身份管理为岗位管理。探索公立医疗机构与非公立医疗机构在技术和人才等方面的合作机制，对非公立医疗机构的人才培养、培训和进修等给予支持。在养老机构服务的具有执业资格的医护人员，在职称评定、专业技术培训和继续医学教育等方面，享有与医疗机构医护人员同等待遇。深入实施医药卫生领域人才项目，吸引高层次医疗卫生人才回国服务。

（八）夯实健康服务业发展基础。

推进健康服务信息化。制定相关信息数据标准，加强医院、医疗保障等信息管理系统建设，充分利用现有信息和网络设施，尽快实现医疗保障、医疗服务、健康管理等信息的共享。积极发展网上预约挂号、在线咨询、交流互动等健康服务。以面向基层、偏远和欠发达地区的远程影像诊断、远程会诊、远程监护指导、远程手术指导、远程教育等为主要内容，发展远程医疗。探索发展公开透明、规范运作、平等竞争的药品和医疗器械电子商务平台。支持研制、推广适应广大乡镇和农村地区需求的低成本数字化健康设备与信息系统。逐步扩大数字化医疗设备配备，探索发展便携式健康数据采集设备，与物联网、移动互联网融合，不断提升自动化、智能化健康信息服务水平。

加强诚信体系建设。引导企业、相关从业人员增强诚信意识，自觉开展诚信服务，加强行业自律和社会监督，加快建设诚信服务制度。充分发挥行业协会、学会在业内协调、行业发展、监测研究，以及标准制定、从业人员执业行为规范、行业信誉维护等方面的作用。建立健全不良执业记录制度、失信惩戒以及强制退出机制，将健康服务机构及其从业人员诚信经营和执业情况纳入统一信用信息平台。加强统计监测工作，加快完善健康服务业统计调查方法和指标体系，健全相关信息发布制度。

三、政策措施

（一）放宽市场准入。建立公开、透明、平等、规范的健康服务业准入制度，凡是法律法规没有明令禁入的领域，都要向社会资本开放，并不断扩大开放领域；凡是对本地资本开放的领域，都要向外地资本开放。民办非营利性机构享受与同行业公办机构同等待遇。对连锁经营的服务企业实行企业总部统一办理工商注册登记手续。各地要进一步规范、公开医疗机构设立的基本标准、审批程序，严控审批时限，下放审批权限，及时发布机构设置和规划布局调整等信息，鼓励有条件的地方采取招标等方式确定举办或运行主体。简化对康复医院、老年病医院、儿童医院、护理院等紧缺型医疗机构的立项、开办、执业资格、医保定点等审批手续。研究取消不合理的前置审批事项。放宽对营利性医院的数量、规模、布局以及大型医用设备配置的限制。

（二）加强规划布局和用地保障。各级政府要在土地利用总体规划和城乡规划中统筹考虑健康服务业发展需要，扩大健康服务业用地供给，优先保障非营利性机构用地。新建居住区和社区要按相关规定在公共服务设施中保障医疗卫生、文化体育、社区服务等健康服务业相关设施的配套。支持利用以划拨方式取得的存量房产和原有土地兴办健康服务业，土地用途和使用权人可暂不变更。连续经营 1 年以上、符合划拨用地目录的健康服务项目可按划拨土地办理用地手续；不符合划拨用地目录的，可采取协议出让方式办理用地手续。

（三）优化投融资引导政策。鼓励金融机构按照风险可控、商业可持续原则加大对健康服务业的支持力度，创新适合健康服务业特点的金融产品和服务方式，扩大业务规模。积极支持符合条件的健康服务企业上市融资和发行债券。鼓励各类创业投资机构和融资担保机构对健康服务领域创新型新业态、小微企业开展业务。政府引导、推动设立由金融和产业资本共同筹资的健康产业投资基金。创新健康服务业利用外资方式，有效利用境外直接投资、国际组织和外国政府优惠贷款、国际商业贷款。大力引进境外专业人才、管理技术和经营模式，提高健康服务业国际合作的知识和技术水平。

（四）完善财税价格政策。建立健全政府购买社会服务机制，由政府负责保障的健康服务类公共产品可通过购买服务的方式提供，逐步增加政府采购的类别和数量。创新财政资金使用方式，引导和鼓励融资性担保机构等支持健康服务业发展。将健康服务业纳入服务业发展引导资金支持范围并加大支持力度。符合条件、提供基本医疗卫生服务的非公立医疗机构，其专科建设、设备购置、人才队伍建设纳入财政专项资金支持范围。完善政府投资补助政策，通过公办民营、民办公助等方式，支持社会资本举办非营利性健康服务机构。经认定为高新技术企业的医药企业，依法享受高新技术企业税收优惠政策。企业、个人通过公益性社会团体或者县级以上人民政府及其部门向非营利性医疗机构的捐赠，按照税法及相关税收政策的规定在税前扣除。发挥价格在促进健康服务业发展中的作用。非公立医疗机构用水、用电、用气、用热实行与公立医疗机构同价政策。各地对非营利性医疗机构建设免予征收有关行政事业性收费，对营利性医疗机构建设减半征收有关行政事业性收费。清理和取消对健康服务机构不合法、不合理的行政事业性收费项目。纠正各地自行出台的歧视性价格政策。探索建立医药价格形成新机制。非公立医疗机构医疗服务价格实行市场调节价。

（五）引导和保障健康消费可持续增长。政府进一步加大对健康服务领域的投入，并向低收入群体倾斜。完善引导参保人员利用基层医疗服务、康复医疗服务的措施。着力建立健全工伤预防、补偿、康复相结合的工伤保险制度体系。鼓励地方结合实际探索对经济困难的高龄、独居、失能老年人补贴等直接补助群众健康消费的具体形式。企业根据国家有关政策规定为其员工支付的补充医疗保险费，按税收政策规定在企业所得税税前扣除。借鉴国外经验并结合我国国情，健全完善健康保险有关税收政策。

（六）完善健康服务法规标准和监管。推动制定、修订促进健康服务业发展的相关法律、行政法规。以规范服务行为、提高服务质量和提升服务水平为核心，健全服务标准体系，强化标准的实施，提高健康服务业标准化水平。在新兴的健康服务领域，鼓励龙头企业、地方和行业协会参与制定服务标准。在暂不能实行标准化的健康服务行业，广泛推行服务承诺、服务公约、服务规范等制度。完善监督机制，创新监管方式，推行属地化管理，依法规范健康服务机构从业行为，强化服务质量监管和市场日常监管，严肃查处违法经营行为。

（七）营造良好社会氛围。充分利用广播电视、平面媒体及互联网等新兴媒体深入宣传健康知识，鼓励开办专门的健康频道或节目栏目，倡导健康的生活方式，在全社会形成重视和促进健康的社会风气。通过广泛宣传和典型报道，不断提升健康服务业从业人员的社会地位。规范药品、保健食品、医疗机构等方面广告和相关信息发布行为，严厉打击虚假宣传和不实报道，积极营造良好的健康消费氛围。

各地区、各部门要高度重视，把发展健康服务业放在重要位置，加强沟通协调，密切协作配合，形成工作合力。各有关部门要根据本意见要求，各负其责，并按职责分工抓紧制定相关配套文件，确保各项任务措施落实到位。省级人民政府要结合实际制定具体方案、规划或专项行动计划，促进本地区健康服务业有序快速发展。发展改革委要会同有关部门对落实本意见的情况进行监督检查和跟踪分析，重大情况和问题及时向国务院报告。国务院将适时组织专项督查。

2013 年 9 月 28 日

国务院办公厅　中央军委办公厅转发民政部　总参谋部等部门关于深入贯彻《退役士兵安置条例》扎实做好退役士兵安置工作意见的通知

国办发〔2013〕78号

各省、自治区、直辖市人民政府，国务院各部委、各直属机构，各军区、各军兵种、各总部、军事科学院、国防大学、国防科学技术大学，武警部队：

民政部、总参谋部、中央组织部、中央宣传部、中央编办、教育部、财政部、人力资源社会保障部、国资委、税务总局、工商总局、公务员局《关于深入贯彻〈退役士兵安置条例〉扎实做好退役士兵安置工作的意见》已经国务院、中央军委同意，现转发给你们，请认真贯彻执行。

实施退役士兵安置改革，落实《退役士兵安置条例》，对于推进与社会主义市场经济体制相适应、与国家和军队改革相协调、具有中国特色的退役士兵安置制度建设，开创退役士兵安置工作新局面，具有重要意义。各地区、军地各有关部门要站在战略和全局的高度，充分认识实施退役士兵安置改革的重大意义，自觉把思想和行动统一到党中央、国务院、中央军委的决策部署上来，以高度负责的精神，认真履行职责，加强组织协调，狠抓工作落实，确保退役士兵安置改革顺利实施，以实际行动为退役士兵服务，为国防和军队现代化建设服务，为国家改革发展稳定大局服务。

2013年7月10日

关于深入贯彻《退役士兵安置条例》扎实做好退役士兵安置工作的意见

民政部　总参谋部　中央组织部　中央宣传部　中央编办
教育部　财政部　人力资源社会保障部　国资委
税务总局　工商总局　公务员局

中共中央、国务院、中央军委对退役士兵安置改革做出重大决策部署，2011年10月29日，新修订的《中华人民共和国兵役法》《退役士兵安置条例》公布，标志着以扶持就业为主，自主就业、安排工作、退休、供养等多种方式相结合的退役士兵安置制度基本建立，退役士兵安置工作进入新的历史时期。为贯彻落实《中华人民共和国兵役法》《退役士兵安置条例》，有序推进退役士兵安置改革，现提出以下意见：

一、全力推进自主就业退役士兵免费教育培训

（一）认真贯彻落实《退役士兵安置条例》《国务院关于加强职业培训促进就业的意见》（国发［2010］36号）和《国务院、中央军委关于加强退役士兵职业教育和技能培训工作的通知》（国发［2010］42号）等法规政策，健全制度机制，全力推进实施退役士兵免费教育培训，切实落实退役士兵教育资助和职业培训补贴政策，提高退役士兵就业能力。

（二）按照“政府主导、个人自愿、城乡一体、免费参加”

的基本要求，通过政府组织、购买服务等多种方式，最大限度满足退役士兵接受各类职业教育和技能培训的需求。

（三）坚持统筹衔接待遇政策的原则，退役 1 年内的自主就业退役士兵可按规定免费参加教育培训；退役 1 年以上考入全日制普通高等学校或者参加职业培训的，按规定给予资助或者补贴。

（四）要把促进退役士兵稳定就业作为教育培训工作出发点，建立健全退役士兵教育培训的目标考核体系以及机构年检制度，增强教育培训的针对性和实用性，切实提高退役士兵就业竞争力。

（五）努力创新教育培训形式和内容，鼓励有条件的职业教育和技能培训机构、企业承担教育培训任务，提供实训实习条件，鼓励各地开展有针对性的创业培训，提高退役士兵创业成功率。

（六）完善退役士兵参加高等教育考试加分、在校大学生士兵复学优待等优惠政策，鼓励高等职业学校及专升本培养院校采取单列计划、单独划线、对口招生等措施，引导更多退役士兵继续深造、更多大学生应征入伍。

二、大力扶持自主就业退役士兵就业创业

（一）按照城乡一体的原则，将《国务院办公厅转发民政部等部门关于扶持城镇退役士兵自谋职业优惠政策意见的通知》（国办发［2004］10 号）规定的就业服务、教育优待、小额贷款、个体经营减免费用和税收等各方面优惠政策，调整适用于所有自主就业退役士兵。其中，由原来规定按接收自谋职业退役士兵比例免征企业的营业税、城市维护建设税、教育费附加和企业所得税，调整为 3 年内按企业实际新接收安置退役士兵人数予以定额依次扣减营业税、城市维护建设税、教育费附加和企业所得税。定额标准为每人每年 4 000 元，最高可上浮 50%。对退役士兵从事个体经营的，3 年内限额减免营业税、城市维护建设税、教育费附加和个人所得税，限额标准为每户每年 8 000 元，最高上浮 20%。各省、自治区、直辖市人民政府根据本地区实际情况在此幅度内确定具体定额、限额标准，并报财政部和税务总局备案。

（二）各地要认真研究制定操作性强的扶持就业创业措施办法，将扶持优惠政策落到实处；各级公共就业和人才服务机构要为退役士兵提供就业指导和服务，搭建信息网络平台，采取组织职业介绍、就业推荐、专场招聘会等方式，扶持退役士兵自主就业；要结合当地产业发展和创业项目，出台优惠政策，鼓励有创业要求、具备创业条件的退役士兵创业。

三、采取有力措施保障符合政府安排工作条件的退役士兵就业

（一）加大《中华人民共和国兵役法》《退役士兵安置条例》和《国务院关于进一步做好城镇退役士兵安置工作的通知》（国发［2005］23 号）等法律法规政策的贯彻执行力度，强化保障措施，按规定为符合政府安排工作条件的退役士兵提供就业机会。

（二）机关、团体、企业事业单位及各类社会组织，不分单位性质和组织形式，都有依法接收安置退役士兵的责任和义务，特别是中央国家机关和国有大中型企业要带头履行好接收安置任务。任何部门、行业和单位不得下发针对退役士兵的歧视性文件，严禁以劳务派遣等形式代替接收安置。

（三）地方各级民政部门要会同机构编制、人力资源社会保障、国有资产管理等部门，按照国防义务均衡负担原则，科学合理拟订安置计划并报同级人民政府下达。退役士兵安排工作任务重的县（市），可以由上一级地方人民政府在本行政区域内统筹安排。

（四）在招录公务员、参照公务员法管理机关（单位）工作人员，招聘事业单位工作人员时，要确保同等条件下优先录用（聘用）符合政府安排工作条件的退役士兵。边疆、民族地区乡镇机关招录公务员时，可拿出一定数量的职位，招录符合职位要求、政府安排工作的退役士兵。退役士兵报考公务员、应聘事业单位职位的，在军队服现役经历视为基层工作经历，服现役年限计算为工龄。财政支付工资的各类工勤辅助岗位遇有空缺时，应当首先用于接收由政府安排的符合岗位条件的退役士兵。

（五）国有、国有控股和国有资本占主导地位企业在新招录职工时应拿出5%的工作岗位，在符合政府安排工作条件的退役士兵之间公开竞争，用人单位择优招录。确有困难的国有企业，经当地政府批准后，可适当降低接收比例。

（六）各用人单位要切实保障安排工作退役士兵的待遇落实，要及时签订劳动合同或聘用合同，尽快安排上岗，依法合理确定工资福利，按照国家有关规定接续养老、医疗、失业等社会保险关系，保证享受本单位同等条件人员的同等待遇，军龄10年以上的应当签订无固定期限劳动合同。

四、加强对退役士兵安置工作组织领导

（一）各地要切实加强对退役士兵安置工作的领导，把退役士兵安置工作列入工作重要议事日程，及时研究解决重大问题，做到思想上高度重视、工作上落实责任、组织上提供保障，确保退役士兵安置工作顺利开展。要进一步加强退役士兵安置工作领导机构能力建设，充实力量，履职尽责，充分发挥其牵头组织、统筹协调作用；要建立政府退役士兵安置部门与用人单位人力资源、用人计划及相关信息的共享、协调机制。对接收安置退役士兵成绩突出的单位，应按照国家有关规定予以表彰、奖励。对违反安置法律法规，特别是拒绝接收政府下达的安排工作计划任务和歧视、损害退役士兵合法权益的单位、个人，依法予以处罚。

（二）各级民政部门要切实负起责任，协调配合相关部门，强化分工协作力度；各级机构编制、人力资源社会保障、国有资产管理等部门要积极提供相关信息，参与拟订安置计划，保障符合政府安排工作条件退役士兵的岗位落实；各级教育、人力资源社会保障等部门要扎实做好退役士兵免费教育培训、考学优惠、就业指导与服务等工作，税务、工商等部门要落实税收优惠、费用减免等政策；各级财政部门要安排专项经费预算和必要的工作经费预算，保障退役士兵教育培训、一次性经济补助、伤病残安置等各项工作的组织实施，切实提高财政资金使用效益。

（三）要始终不懈抓好拥军爱兵的舆论宣传。采取多种形式，大力宣扬人民军队保家卫国的丰功伟绩和在抢险救灾、维稳处突等非战争军事行动中的重大作用，增强全民国防意识，关爱军人，情系国防，定期总结、宣传各行各业优秀退役士兵成才报国先进事迹、各级推动安置工作先进经验、社会各界支持安置工作先进典型，努力营造爱国拥军、关爱士兵的良好氛围。

国务院办公厅转发教育部等部门关于实施教育扶贫工程意见的通知

国办发〔2013〕86号

各省、自治区、直辖市人民政府，国务院各部委、各直属机构：

教育部、发展改革委、财政部、扶贫办、人力资源社会保障部、公安部、农业部《关于实施教育扶贫工程的意见》已经国务院同意，现转发给你们，请认真贯彻执行。

2013年7月29日

关于实施教育扶贫工程的意见

教育部　发展改革委　财政部　扶贫办
人力资源社会保障部　公安部　农业部

为贯彻党的十八大精神，落实中央扶贫开发工作会议要求和《中国农村扶贫开发纲要（2011—2020年）》《国家中长期教育改革和发展规划纲要（2010—2020年）》的战略部署，充分发挥教育在扶贫开发中的重要作用，培养经济社会发展需要的各级各类人才，促进集中连片特殊困难地区（以下简称片区）从根本上摆脱贫困，现就组织实施教育扶贫工程提出以下意见：

一、总体要求

（一）指导思想。

以邓小平理论、“三个代表”重要思想、科学发展观为指导，落实国家扶贫攻坚总体部署，把教育扶贫作为扶贫攻坚的优先任务，以提高人民群众基本文化素质和劳动者技术技能为重点，推进教育强民、技能富民、就业安民，为全面建成小康社会奠定坚实基础。

（二）总体目标。

按照党的十八大提出的基本公共服务均等化总体实现和进入人力资源强国行列的目标，加快教育发展和人力资源开发，到2020年使片区基本公共教育服务水平接近全国平均水平，教育对促进片区人民群众脱贫致富、扩大中等收入群体、促进区域经济社会发展和生态文明建设的作用得到充分发挥。

提高基础教育的普及程度和办学质量。到2015年，学前三年毛入园率达到55%以上，少数民族双语地区基本普及学前一至两年双语教育，义务教育巩固率达到90%以上，高中阶段毛入学率达到80%以上，视力、听力、智力三类残疾儿童义务教育入学率达到80%。到2020年，基本普及学前教育，义务教育水平进一步提高，基本普及视力、听力、智力三类残疾儿童义务教育，普及高中阶段教育，基础教育普及程度和办学质量有较大提升。

提高职业教育促进脱贫致富的能力。到2015年，初、高中毕业后新成长劳动力都能接受适应就业需求的职业教育和职业培训，力争使有培训需求的劳动者都能得到职业技能培训。到2020年，职业教育体系更加完善，教育培训就业衔接更加紧密，培养一大批新型农民和在第二、第三产业就业的技术技能人才。

提高高等教育服务区域经济社会发展能力。通过调整优化高等学校空间布局和学科专业结构，改革人才培养模式，促进高等教育与当地经济、社会、科技发展和城镇化建设深度融合，使高等教育能为当地传统产业改造升级、新兴产业培育发展和基本公共服务提供有效的人才支撑和智力支持。通过多种途径，增加片区群众接受高等教育的机会。

提高继续教育服务劳动者就业创业能力。通过教育培训与当地公共服务、特色优势产业有效对接，大力提高就业创业水平。完善毕业生和接受培训人员就业服务政策，通过带技能转移、带技能进城、带技能就业，使转移劳动力在城镇多渠道、多形式、稳定就业。

（三）基本原则。

一是以省为主，加强统筹。按照“省负总责、县抓落实、扶持到校、资助到生”的教育扶贫工作要求，省级人民政府对本行政区域内教育扶贫工程负总责，把教育扶贫纳入经济社会发展战略和总体规划，统筹各方面资源，加大教育扶贫工程的实施力度。

二是以人为本，尊重群众。围绕“人人受教育，个个有技能，家家能致富”的要求，着力解决群众最关心最直接最现实的问题，让广大人民群众真正得到看得见的实惠。工程实施的重大政策和关键环节要充分尊重群众意愿，做好政策解释和引导工作，确保工程有序稳步推进。

三是改革创新，加快发展。针对制约贫困地区教育发展的瓶颈因素和关键领域，加大改革力度，着力破除制约发展的体制机制障碍，深化人才培养模式改革，调整培养结构，加快发展步伐。

四是因地制宜，分类指导。结合各个片区的实际情况，确定教育扶贫工程的重点任务和政策范围，做到“一区一策、一省一策”，不搞“一刀切”。根据各级各类教育的特点，实事求是确定规划目标，落实政策措施，科学组织实施。

五是规划引导，分步实施。加强与国家主体功能区规划、集中连片特困地区区域发展与扶贫攻坚规划相衔接，推动片区人口和劳动力通过教育向重点开发区和优化开发区转移。制定教育扶贫工程的实施方案和年度计划，明确重点，分步实施。

（四）实施范围。

实施教育扶贫工程的范围为《中国农村扶贫开发纲要（2011—2020年）》所确定的连片特困扶贫攻坚地区，具体是：六盘山区、秦巴山区、武陵山区、乌蒙山区、滇桂黔石漠化区、滇西边境山区、大兴安岭南麓山区、燕山—太行山区、吕梁山区、大别山区、罗霄山区等区域的片区和已明确实施特殊政策的西藏、四省藏区、新疆南疆三地州。

二、主要任务

（一）全面加强基础教育。

1. 切实巩固提高义务教育水平。进一步加大片区义务教育投入力度，推进义务教育阶段学校标准化建设。农村义务教育学校布局要保障学生就近上学的需要。改善保留的村小学及教学点，特别是改善边境一线学校及教学点基本办学条件。完善农村义务教育薄弱学校教学用房、学生宿舍等附属设施，加强图书、教学仪器设备、多媒体远程教学设备和体育卫生、艺术教育器材的配备。进一步强化中小学幼儿园安全管理。开齐开足中小学课程，全面实施素质教育。切实保障特殊困难地区学校正常运转。对片区不足100人的小规模学校（含教学点）按100人核定公用经费补助资金，特别是要加大地处高原或寒冷地区的小规模学校（含教学点）公用经费保障水平，确保学校正常运转。

2. 加快发展学前教育。根据片区自然环境、适龄人口分布等情况，做好当地学前教育规划。按照“政府主导、社会参与、公办民办并举”的原则，充分利用中小学布局调整的富余资源及其他资源发展学前教育。在乡镇和人口较集中的行政村建设普惠性幼儿园，在人口分散的边远地区设立支教点、配备专职巡回指导教师，形成县、乡、村学前教育网络。

3. 推动普通高中多样化发展。民族地区教育基础薄弱县普通高中建设项目和普通高中改造计划优先支持片区普通高中教育。改善普通高中的办学条件，加强图书馆（室）、实验室、体育场所建设和教学仪器设备配备。支持片区推进人才培养模式多样化，鼓励普通高中办出特色、促进学生全面有个性地发展。

4. 重视发展特殊教育。改善片区特殊教育学校和接受残疾学生融合教育的普通学校办学条件。建立普惠和特惠政策相结合的资助体系，保证每一个残疾儿童不因贫困而失学。

5. 保障移民搬迁学生就学。配合实施片区区域发展与扶贫攻坚规划提出的易地扶贫搬迁、生态移民搬迁、地质灾害搬迁等措施，优先在移民安置区建设好学校并保障正常运转。

6. 加强双语教育和民族团结教育。片区的少数民族双语地区要将双语教育摆在重要位置。大力推广国家通用语言文字，尊重和保障少数民族使用本民族语言文字接受教育的权利。加大对双语寄宿制学校、双语幼儿园的支持力度。各地要通过扩大特岗教师规模、加强民语教师培训和增加核定编制的办法加快补充双语教师。在各级各类学校深入开展形式多样的民族团结教育活动，将党和国家的民族理论和民族政策教育作为教师培养培训的重要内容。

7. 鼓励教师到片区从教。研究制定教师到片区农村边远学校工作的奖励措施。各地要研究完善符合片区村小学和教学点实际的职务（职称）评定标准，职称晋升、荣誉奖励和绩效工资分配向村小学和教学点专任教师倾斜；城镇中小学教师在评聘高级职务（职称）时，同等条件下有在片区农村学校任教经历的优先。设立专项资金，对在片区乡、村学校和教学点工作的教师给予生活补助。边远艰苦地区农村学校教师周转宿舍建设工程优先在片区实施。实施好边远贫困地区、边疆民族地区和革命老区人才支持计划教师专项计划，选派优秀教师到连片特困地区支教，推动地方开展城乡教师交流活动并形成制度。鼓励免费师范生到片区从教。幼儿园和中小学教师国家和省级培训计划、农村学校教育硕士师资培养计划进一步向片区倾斜。合理配备寄宿制学校生活管理人员。

（二）加快发展现代职业教育。

1. 大力发展服务当地特色优势产业和基本公共服务的现代职业教育。在人口相对密集、当地产业发展具有一定潜力的地区，由省级人民政府统筹规划，结合城镇化规划，在产业集聚区、工业园区、经济开发区等区域办好一批中、高等职业学校。重点支持一批社会有需求、办学有质量、就业有保障的特色优势专业，更好满足片区产业发展对技术技能人才的需求。加大职业学校教师素质提高计划的倾斜支持力度。

2. 实施中等职业教育协作计划。支持东部和中西部城市职业院校扩大招收片区学生的规模，对口支持片区职业院校，培养片区经济社会发展急需人才。有计划地支持片区内限制开发和禁止开发区初中毕业生到省（区、市）内外经济较发达地区重点中等职业学校接受教育。加大对承担对口招生任务学校的支持。对西藏、新疆南疆三地州和青海藏区的对口招生任务，原则上由中央确定的对口支援省（市）承担，按程序纳入对口支援规划后组织实施。

3. 传承创新民族文化、民族技艺。结合片区民族地区的发展需要和文化遗产保护的要求，将民族文化、民族技艺传承创新纳入职业教育体系。重点支持一批体现片区民族文化特点、具有产业化前景的民间传统技艺专业。鼓励民间艺人、技艺大师、非物质文化遗产传承人参与职业教育办学。支持民族贸易企业、文化旅游企业参与校企合作。各级教育、文化、旅游、贸易等部门加大对民族文化、民族技艺职业教育的支持力度。

4. 广泛开展职业技能培训。各地人力资源社会保障、教育、扶贫、农业等部门要联合制定培训计划，安排有学习意愿的未升入普通高中和高等学校的毕业生、具备一定文化素质的社会青年进入职业院校、培训机构等学习。鼓励通过发放“教育券”“培训券”等方式，让学习者自主选择培训项目和培训方式，提高培训效果。

（三）提高高等教育服务能力。

1. 提高片区高等教育质量。根据当地工业化、信息化、城镇化、农业现代化总体布局，优化片区高等学校布局，加快调整学科专业结构。片区高等学校要明确服务当地经济社会发展的办学定位，重点发展支撑当地特色优势产业的学科、专业。中央相关高等教育项目和资金要对片区给予适当倾斜。将片区高等学校纳入东部高等学校对口支援西部高等学校计划，建立对口支援长效机制。

2. 加大高等学校招生倾斜力度。实施面向贫困地区定向招生专项计划，扩大片区学生接受优质高等教育的机会。高校招生计划和支援中西部地区招生协作计划向片区所在省（区、市）倾斜。普通高等学校举办的民族预科班、民族班向片区中的民族地区倾斜。

3. 开展高等学校定点扶贫工作。发挥高等学校在人才扶贫、科技扶贫、智力扶贫、信息扶贫等方面的积极作用。中央部（委）属高校主要参与国家扶贫开发工作重点县的定点扶贫工作，省属高校根据省级人民政府统一安排参加本省级行政区域内的定点扶贫工作。

（四）提高学生资助水平。

1. 稳步推进农村义务教育学生营养改善计划。加强农村义务教育学生营养改善计划的组织管理，确保学生得到实惠。逐步完善青少年营养标准，建立学生营养监测网络，加强营养干预，提高学生的营养健康水平。加快片区农村义务教育学校伙房或食堂等生活配套设施的建设。

2. 健全家庭经济困难学生资助政策。完善农村义务教育家庭经济困难寄宿生生活费补助政策，加大对家庭经济困难幼儿、孤儿、残疾幼儿入园和普通高中家庭经济困难学生的资助力度。

高等学校对来自片区农村家庭经济困难的学生优先予以资助，做到应助尽助，从制度上保障每一个学生不因家庭经济困难而失学。

3. 完善职业教育资助政策。实施好对片区中等职业学校符合条件的学生按国家规定实行免学费和给予国家助学金补助的政策。对有计划转移到省（区、市）外符合条件的中等职业学校学生，在按国家规定免学费和给予国家助学金的基础上，由生源地人民政府和接收地人民政府通过统筹教育、扶贫、农业和对口支援等资金落实住宿费、交通费等补助，中央财政对转移就学工作做得较好的接收地政府予以适当奖补。对未升学的农村初、高中毕业生免费提供农业技术技能培训。“农村劳动力转移培训计划”“阳光工程”等各项资金，按国家规定优先对当地农民或已进城的农民工接受技术技能培训予以补贴。在国家奖助学金等资助政策上对高等职业院校涉农、艰苦、紧缺专业的农村家庭经济困难学生给予倾斜。

（五）提高教育信息化水平。

1. 加快学校信息基础设施建设。加快片区学校信息基础设施建设，到 2015 年基本解决片区内义务教育学校和普通高中、职业院校的宽带接入问题。

2. 推广优质数字教育资源应用。通过卫星、电视、互联网等远程教育平台将优质教育资源输送到片区学校，实现优质资源共享。开放大学和高等学校继续教育机构要开发适合片区的教育资源。加强片区学校教育信息技术应用能力培训。优先为村小学和教学点配置数字化优质教育资源。

3. 推进教育管理信息化建设。“国家教育管理信息系统建设”相关项目优先在片区实施。开展片区教育行政干部信息化管理能力培训，提高学校信息化管理的标准化、规范化水平。加强学生学籍、资助等重要基础信息管理系统的应用。

三、保障措施

（一）经费保障。

1. 加大教育扶贫工程资金保障力度。中央和省级人民政府加大对教育扶贫工程的投入，省级人民政府加强各项教育经费统筹，经费安排向扶贫开发任务较重的地区倾斜。加大中央一般性转移支付、教育专项转移支付等的增量资金向教育扶贫工程投入力度。

2. 加强教育扶贫工程资金的使用管理。完善管理办法，对重大事项实行公告公示制度，强化审计监督，坚决查处挪用、截留和贪污教育扶贫工程资金的行为。

（二）学生就业。

1. 切实加强毕业生就业工作。加强对学生的社会实践教育和就业创业教育，注重对学生进行职业生涯规划和就业指导。对转移就学的毕业生在就学地就业的，就学地政府人力资源社会保障部门按规定免费为其提供公共就业服务，将其纳入有关社会保险制度，并在人事档案、职称评定、教育培训、人员流动等方面予以政策保障。公安部门依照规定为转移就学就业学生办理户口迁移手续。鼓励就学地企事业单位优先接受转移学生实习和就业，按照国家有关规定对接受转移学生就业较多的用人单位予以表彰。完善转移学生就业创业帮扶和劳务输出组织工作机制，探索统一派送、劳务派遣、劳务外包等输出安置新模式。

2. 引导和支持高校、中等职业学校毕业生到贫困地区就业创业。制定为贫困地区培养人才的激励政策。加大各类国家级基层就业项目对片区的倾斜力度，鼓励地方政府设立省级基层就业项目。教育部门会同有关部门按国家规定落实到片区就业创业的高校毕业生学费补偿和助学贷款代偿办法，鼓励优秀高校和中等职业学校毕业生到贫困地区工作服务。

（三）对口支援。

1. 把人才培养作为对口支援的优先领域。承担对口支援西藏、新疆和青海藏区任务的省（市）、中央企业、高校和中等职业学校要把支持片区教育发展作为工作重点，按照结对关系和对口支援规划，加大教育帮扶力度。

2. 完善教育对口支援工作机制。将教育对口支援纳入到国家对口支援工作总体部署中统筹推进。国家和省级教育行政部门加强对教育对口支援的政策支持和业务指导，建立绩效评价机制。

（四）人才引进。

组织大中城市和东部地区学校的专家学者、优秀教师、离退休专业技术人员和志愿者到片区学校服务。制定优惠政策，吸引东部地区人才到片区从教，特别是对片区高校引进人才要予以倾斜支持。

四、组织领导

（一）落实各级政府的责任。

在国务院统一领导下，教育部、发展改革委、财政部、扶贫办、人力资源社会保障部、公安部、农业部等部门建立工作协调机制，研究解决教育扶贫工程实施过程中的重大问题，完善实施工程的配套措施和办法。鼓励和支持片区所属省级人民政府建立跨省级行政区域的组织协调机制。建立省、市、县级政府领导定点联系学校制度。

（二）动员社会力量支持。

鼓励社会各界参与教育扶贫工程。支持中国扶贫基金会、中国教育发展基金会等公益组织积极参与教育扶贫工程。引导各类企业、社会团体、非政府组织和有关国际组织在片区开展捐资助学活动。大力支持民办教育发展。鼓励共青团、妇联、工会和各类社会团体有序组织志愿者到贫困地区扶贫支教、培训当地技术技能人才。鼓励高等学校加强扶贫理论和政策研究，为扶贫开发科学决策提供依据。把扶贫纳入基本国情教育范畴，加大教育扶贫宣传力度，营造全社会参与支持教育扶贫的氛围。

（三）加强考核评估。

建立教育扶贫工程实施考核机制。省级政府要建立工作协调机制，统筹推进教育扶贫工程，对工程实施进展、质量和成效进行考核，作为对各级政府绩效考核和落实《中国农村扶贫开发纲要（2011—2020年）》、《国家中长期教育改革和发展规划纲要（2010—2020年）》、片区区域发展与扶贫攻坚规划的重点内容。对工程重点项目作为督查督办的重要事项，实行行政问责制。建立教育扶贫工作信息系统，跟踪监测教育扶贫工作。建立健全评估机制，开展第三方评估。

国务院办公厅关于政府向社会力量购买服务的指导意见

国办发〔2013〕96号

各省、自治区、直辖市人民政府，国务院各部委、各直属机构：

党的十八大强调，要加强和创新社会管理，改进政府提供公共服务方式。新一届国务院对进一步转变政府职能、改善公共服务做出重大部署，明确要求在公共服务领域更多利用社会力量，加大政府购买服务力度。经国务院同意，现就政府向社会力量购买服务提出以下指导意见。

一、充分认识政府向社会力量购买服务的重要性

改革开放以来，我国公共服务体系和制度建设不断推进，公共服务提供主体和提供方式逐步多样化，初步形成了政府主导、社会参与、公办民办并举的公共服务供给模式。同时，与人民群众日益增长的公共服务需求相比，不少领域的公共服务存在质量效率不高、规模不足和发展不平衡等突出问题，迫切需要政府进一步强化公共服务职能，创新公共服务供给模式，有效动员社会力量，构建多层次、多方式的公共服务供给体系，提供更加方便、快捷、优质、高效的公共服务。政府向社会力量购买服务，就是通过发挥市场机制作用，把政府直接向社会公众提供的一部分公共服务事项，按照一定的方式和程序，交由具备条件的社会力量承担，并由政府根据服务数量和质量向其支付费用。近年来，一些地方立足实际，积极开展向社会力量购买服务的探索，

取得了良好效果，在政策指导、经费保障、工作机制等方面积累了不少好的做法和经验。

实践证明，推行政府向社会力量购买服务是创新公共服务提供方式、加快服务业发展、引导有效需求的重要途径，对于深化社会领域改革，推动政府职能转变，整合利用社会资源，增强公众参与意识，激发经济社会活力，增加公共服务供给，提高公共服务水平和效率，都具有重要意义。地方各级人民政府要结合当地经济社会发展状况和人民群众的实际需求，因地制宜、积极稳妥地推进政府向社会力量购买服务工作，不断创新和完善公共服务供给模式，加快建设服务型政府。

二、正确把握政府向社会力量购买服务的总体方向

（一）指导思想。

以邓小平理论、“三个代表”重要思想、科学发展观为指导，深入贯彻落实党的十八大精神，牢牢把握加快转变政府职能、推进政事分开和政社分开、在改善民生和创新管理中加强社会建设的要求，进一步放开公共服务市场准入，改革创新公共服务提供机制和方式，推动中国特色公共服务体系建设和发展，努力为广大人民群众提供优质高效的公共服务。

（二）基本原则。

——积极稳妥，有序实施。立足社会主义初级阶段基本国情，从各地实际出发，准确把握社会公共服务需求，充分发挥政府主导作用，有序引导社会力量参与服务供给，形成改善公共服务的合力。

——科学安排，注重实效。坚持精打细算，明确权利义务，切实提高财政资金使用效率，把有限的资金用在刀刃上，用到人民群众最需要的地方，确保取得实实在在的成效。

——公开择优，以事定费。按照公开、公平、公正原则，坚持费随事转，通过竞争择优的方式选择承接政府购买服务的社会力量，确保具备条件的社会力量平等参与竞争。加强监督检查和科学评估，建立优胜劣汰的动态调整机制。

——改革创新，完善机制。坚持与事业单位改革相衔接，推进政事分开、政社分开，放开市场准入，释放改革红利，凡社会能办好的，尽可能交给社会力量承担，有效解决一些领域公共服务产品短缺、质量和效率不高等问题。及时总结改革实践经验，借鉴国外有益成果，积极推动政府向社会力量购买服务的健康发展，加快形成公共服务提供新机制。

（三）目标任务。

“十二五”时期，政府向社会力量购买服务工作在各地逐步推开，统一有效的购买服务平台和机制初步形成，相关制度法规建设取得明显进展。到2020年，在全国基本建立比较完善的政府向社会力量购买服务制度，形成与经济社会发展相适应、高效合理的公共服务资源配置体系和供给体系，公共服务水平和质量显著提高。

三、规范有序开展政府向社会力量购买服务工作

（一）购买主体。

政府向社会力量购买服务的主体是各级行政机关和参照公务员法管理、具有行政管理职能的事业单位。纳入行政编制管理且经费由财政负担的群团组织，也可根据实际需要，通过购买服务方式提供公共服务。

（二）承接主体。

承接政府购买服务的主体包括依法在民政部门登记成立或经国务院批准免予登记的社会组织，以及依法在工商管理或行业主管部门登记成立的企业、机构等社会力量。承接政府购买服务的主体应具有独立承担民事责任的能力，具备提供服务所必需的设施、人员和专业技术的能力，具有健全的内部治理结构、财务会计和资产管理制度，具有良好的社会和商业信誉，具有依法缴纳税收和社会保险的良好记录，并符合登记管理部门依法认定的其他条件。承接主体的具体条件由购买主体会同财政部门根据购买服务项目的性质和质量要求确定。

（三）购买内容。

政府向社会力量购买服务的内容为适合采取市场化方式提供、社会力量能够承担的公共服务，突出公共性和公益性。教育、就业、社保、医疗卫生、住房保障、文化体育及残疾人服务等基本公共服务领域，要逐步加大政府向社会力量购买服务的力度。非基本公共服务领域，要更多更好地发挥社会力量的作用，凡适合社会力量承担的，都可以通过委托、承包、采购等方式交给社会力量承担。对应当由政府直接提供、不适合社会力量承担的公共服务，以及不属于政府职责范围的服务项目，政府不得向社会力量购买。各地区、各有关部门要按照有利于转变政府职能，有利于降低服务成本，有利于提升服务质量水平和资金效益的原则，在充分听取社会各界意见基础上，研究制定政府向社会力量购买服务的指导性目录，明确政府购买的服务种类、性质和内容，并在总结试点经验基础上，及时进行动态调整。

（四）购买机制。

各地要按照公开、公平、公正原则，建立健全政府向社会力量购买服务机制，及时、充分向社会公布购买的服务项目、内容以及对承接主体的要求和绩效评价标准等信息，建立健全项目申报、预算编报、组织采购、项目监管、绩效评价的规范化流程。购买工作应按照政府采购法的有关规定，采用公开招标、邀请招标、竞争性谈判、单一来源、询价等方式确定承接主体，严禁转包行为。购买主体要按照合同管理要求，与承接主体签订合同，明确所购买服务的范围、标的、数量、质量要求，以及服务期限、资金支付方式、权利义务和违约责任等，按照合同要求支付资金，并加强对服务提供全过程的跟踪监管和对服务成果的检查验收。承接主体要严格履行合同义务，按时完成服务项目任务，保证服务数量、质量和效果。

（五）资金管理。

政府向社会力量购买服务所需资金在既有财政预算安排中统筹考虑。随着政府提供公共服务的发展所需增加的资金，应按照预算管理要求列入财政预算。要严格资金管理，确保公开、透明、规范、有效。

（六）绩效管理。

加强政府向社会力量购买服务的绩效管理，严格绩效评价机制。建立健全由购买主体、服务对象及第三方组成的综合性评审机制，对购买服务项目数量、质量和资金使用绩效等进行考核评价。评价结果向社会公布，并作为以后年度编制政府向社会力量购买服务预算和选择政府购买服务承接主体的重要参考依据。

四、扎实推进政府向社会力量购买服务工作

（一）加强组织领导。

推进政府向社会力量购买服务，事关人民群众切身利益，是保障和改善民生的一项重要工作。地方各级人民政府要把这项工作列入重要议事日程，加强统筹协调，立足当地实际认真制定并逐步完善政府向社会力量购买服务的政策措施和实施办法，并抄送上一级政府财政部门。财政部要会同有关部门加强对各地开展政府向社会力量购买服务工作的指导和监督，总结推广成功经验，积极推动相关制度法规建设。

（二）健全工作机制。

政府向社会力量购买服务，要按照政府主导、部门负责、社会参与、共同监督的要求，确保工作规范有序开展。地方各级人民政府可根据本地区实际情况，建立"政府统一领导，财政部门牵头，民政、工商管理以及行业主管部门协同，职能部门履职，监督部门保障"的工作机制，拟定购买服务目录，确定购买服务计划，指导监督购买服务工作。相关职能部门要加强协调沟通，做到各负其责、齐抓共管。

（三）严格监督管理。

各地区、各部门要严格遵守相关财政财务管理规定，确保政府向社会力量购买服务资金规范管理和使用，不得截留、挪用和滞留资金。购买主体应建立健全内部监督管理制度，按规定公开购买服务相关信息，自觉接受社会监督。承接主体应当健全财务报告制度，并由具有合法资质的注册会计师对财务报告进行审计。财政部门要加强对政府向社会力量购买服务实施工作的组织指导，严格资金监管，监察、审计等部门要加强监督，民政、工商管理以及行业主管部门要按照职能分工将承接政府购买服务行为纳入年检、评估、执法等监管体系。

（四）做好宣传引导。

地方各级人民政府和国务院有关部门要广泛宣传政府向社会力量购买服务工作的目的、意义、目标任务和相关要求，做好政策解读，加强舆论引导，主动回应群众关切，充分调动社会参与的积极性。

2013 年 9 月 26 日

国务院办公厅关于进一步加强政府信息公开回应社会关切提升政府公信力的意见

国办发〔2013〕100号

各省、自治区、直辖市人民政府，国务院各部委、各直属机构：

依法实施政府信息公开是人民政府密切联系群众、转变政风的内在要求，是建设现代政府，提高政府公信力，稳定市场预期，保障公众知情权、参与权、监督权的重要举措。《中华人民共和国政府信息公开条例》施行以来，政府信息公开迈出重大步伐，取得显著成效。随着互联网技术的迅猛发展和信息传播方式的深刻变革，社会公众对政府工作知情、参与和监督意识不断增强，对各级行政机关依法公开政府信息、及时回应公众关切和正确引导舆情提出了更高要求。与公众期望相比，当前一些地方和部门仍然存在政府信息公开不主动、不及时，面对公众关切不回应、不发声等问题，易使公众产生误解或质疑，给政府形象和公信力造成不良影响。为进一步做好政府信息公开工作，增强公开实效，提升政府公信力，经国务院同意，现提出以下意见。

一、进一步加强平台建设

（一）进一步加强新闻发言人制度建设。要以主动做好重要政策法规解读、妥善回应公众质疑、及时澄清不实传言、权威发布重大突发事件信息为重点，切实加强政府新闻发言人制度建设，提升新闻发言人的履职能力，完善新闻发言人工作各项流程，建立重要政府信息及热点问题定期有序发布机制，让政府信息发布成为制度性安排。国务院新闻办公室要围绕国务院常务会议等重要会议内容、国务院重点工作、公众关注热点问题，及时组织新闻发布会，把国务院新闻办公室新闻发布厅建设成中央政府重要信息发布的主要场所。与宏观经济和民生关系密切以及社会关注事项较多的相关职能部门，主要负责同志原则上每年应出席一次国务院新闻办公室新闻发布会，新闻发言人或相关负责人至少每季度出席一次。国务院各部门要建立健全例行新闻发布制度，利用新闻发布会、组织记者采访、答记者问、网上访谈等多种形式发布信息，增强信息发布的实效；与宏观经济和民生关系密切以及社会关注事项较多的相关职能部门，要进一步增加发布的频次，原则上每季度至少举办一次新闻发布会。各省（区、市）人民政府要建立政府主要负责同志依托新闻发布平台和新媒体发布重要信息的制度，并指导本级政府各部门和市、县级政府加强新闻发布工作，进一步增强信息发布的权威性、时效性，更好地回应公众关切。

（二）充分发挥政府网站在信息公开中的平台作用。各地区各部门要进一步加强政府网站建设和管理，通过更加符合传播规律的信息发布方式，将政府网站打造成更加及时、准确、公开透明的政府信息发布平台，在网络领域传播主流声音。加强政府信息上网发布工作，对各类政府信息，依照公众关注情况梳理、整合成相关专题，以数字化、图表、音频、视频等方式予以展现，使政府信息传播更加可视、可读、可感，进一步增强政府网站的吸引力、亲和力。涉及群众切身利益的重要决策，要在政府网站公开征求意见；重要政策法规出台后，要针对公众关切，及时通过政府网站发布政策法规解读信息，加强解疑释惑；对涉及政务活动的重要舆情和公众关注的社会热点问题，要积极予以回应，及时通过政府网站发布权威信息，讲清事实真相、有关政策措施以及处理结果等，地方政府和部门负责同志应主动到政府网站接受在线访谈。拓展政府网站互动功能，围绕政府重点工作和公众关注热点，通过领导信箱、公众问答、网上调查等方式，接受公众建言献策和情况反映，征集公众意见建议。完善政府网站服务功能，及时调整和更新网上服务事项，确保公众能够及时获得便利的在线服务。加强政府网站数据库建设，逐步整合交通、社保、医疗、教育等公共信息资源，以及投资、生产、消费等经济领域数据，方便公众查询。

（三）着力建设基于新媒体的政务信息发布和与公众互动交流新渠道。各地区各部门应积极探索利用政务微博、微信等新媒体，及时发布各类权威政务信息，尤其是涉及公众重大关切的公共事件和政策法规方面的信息，并充分利用新媒体的互动功能，以及时、便捷的方式与公众进行互动交流。开通政务微博、微信要加强审核登记，制定完善管理办法，规范信息发布程序及公众提问处理答复程序，确保政务微博、微信安全可靠。

此外，要进一步加强政府热线电话建设和管理，清理整合有关电话资源，确保热线电话有人接、能及时答复公众询问。

二、加强机制建设

（四）健全舆情收集和回应机制。各地区各部门要建立健全舆情收集、研判和回应机制，密切关注重要政务相关舆情，及时敏锐捕捉外界对政府工作的疑虑、误解，甚至歪曲和谣言，加强分析研判，通过网上发布消息、组织专家解读、召开新闻发布会、接受媒体专访等形式及时予以回应，解疑释惑，澄清事实，消除谣言。回应公众关切要以事实说话，避免空洞说教，真正起到正面引导作用。有关主管部门要进一步加大网络舆情监测工作力度，重要舆情形成监测报告，及时转请相关地方和部门关注、回应。

（五）完善主动发布机制。各地区各部门要围绕党和政府中心工作，针对公众关切，主动、及时、全面、准确地发布权威政府信息，特别是政府重要会议、重要活动、重要决策部署，经济运行和社会发展重要动态，重大突发事件及其应对处置情况等方面的信息，以增进公众对政府工作的了解和理解。对发布的政府信息，要依法依规做好保密审查，涉及其他行政机关的，应与有关行政机关沟通确认，确保发布的政府信息准确一致。统筹运用新闻发言人、政府网站、政务微博微信等发布信息，充分发挥广播电视、报刊、新闻网站、商业网站等媒体的作用，扩大发布信息的受众面，增强影响力。

（六）建立专家解读机制。重要政策法规出台后，各地区各部门要及时组织专家通过多种方式做好科学解读，让公众更好地知晓、理解政府经济社会发展政策和改革举措。有关部门可根据工作需要，组建政策解读的专家队伍，提高政策解读的针对性、科学性、权威性和有效性，让群众“听得懂”“信得过”。

（七）建立沟通协调机制。各地区各部门要加强与新闻宣传部门、互联网信息内容主管部门以及有关新闻媒体的沟通联系，建立重大政务舆情会商联席会议制度，建立政务信息发布和舆情处置联动机制，妥善制定重大政务信息公开发布和传播方案，共同做好政府信息发布和舆论引导工作。

三、完善保障措施

（八）加强组织领导。各地区各部门要把做好政府信息公开、提高信息发布实效摆上重要工作日程，做到政府经济社会政策透明、权力运行透明，让群众看得到、听得懂、能监督，不断把人民群众的期盼融入政府决策和工作之中，努力增强提升政府公信力、社会凝聚力的“软实力”。地方政府和部门主要负责人要亲自过问，分管负责人要直接负责，逐级落实责任，确保各项工作措施落实到位。要加强工作机构建设，已经设置专门机构的，要加强力量配置，把专业水平高、责任心强的人员配置到关键岗位，特别是要选好配强新闻发言人；尚未设置专门机构的，要明确专人负责，确保在应对重大突发事件以及社会热点事件时不失声、不缺位，有条件的应尽快成立专门机构，保障必要的工作经费。同时，要为信息公开工作人员、新闻发言人、政府网站工作人员、政务微博微信相关人员参加重要会议、掌握相关信息提供便利条件。

（九）加强业务培训。各地区各部门要建立培训工作常态化机制，经常组织开展面向信息公开工作人员、新闻发言人、政府网站工作人员、政务微博微信相关人员等的专业培训，及时总结交流经验，不断提高相关人员的政策把握能力、舆情研判能力、解疑释惑能力和回应引导能力。有关部门要把政府信息公开工作列为公务员培训内容，进一步加大培训力度，扩大培训范围。

（十）加强督查指导。国务院办公厅和国务院新闻办公室、国家互联网信息办公室要协同加强对政府新闻发言人制度、政府网站、政务微博微信等平台建设和管理工作的督查和指导，进一步完善相关措施和管理办法，加强工作考核，加大问责力度，定期通报有关情况，切实解决存在的突出问题，确保平台建设和机制建设的各项工作落实到位。

2013 年 10 月 1 日

国务院办公厅关于对贯彻落实“约法三章”进一步加强督促检查的意见

国办发［2013］105号

各省、自治区、直辖市人民政府，国务院各部委、各直属机构：

新一届政府成立之初，李克强总理代表国务院提出本届政府任期内，政府性楼堂馆所一律不得新建，财政供养人员只减不增，公费接待、公费出国、公费购车只减不增（以下称“约法三章”)。这是新一届政府向社会和人民做出的庄严承诺，是党和政府推进廉政建设的重要举措。各地区、各部门采取有效措施贯彻落实“约法三章”，取得了初步成效。但在一些地方或部门还存在落实成效不明显、发现的问题没有及时查处，甚至继续审批和开工修建政府性楼堂馆所等情况，严重影响党和政府的形象，群众反映强烈。为做好“约法三章”贯彻落实工作，经国务院同意，现提出以下意见。

一、建立行政首长负责制。各地区、各部门要高度重视“约法三章”的贯彻落实工作。各地区、各部门主要负责同志是贯彻落实“约法三章”的第一责任人，对本地区、本部门贯彻落实“约法三章”负总责。要逐级建立并落实责任制，及时发现并严肃查处违反“约法三章”的问题。

二、严格审批和监管。要按照“谁审批，谁负责”的原则，建立健全审批责任追究制，及时发现并纠正违规审批行为。有关部门要严格履行职责，切实加强审核把关。一是严格贯彻落实政府性楼堂馆所一律不得新建的要求，投资主管部门要严格项目审批，财政部门要严格公共财政预算管理，国土资源管理部门要严格土地供应管理，机关事务管理部门要完善机关办公用房管理制度。二是严格贯彻落实财政供养人员只减不增的要求，机构编制部门要严格控制人员编制，财政部门要完善通过预算控制用人规模的办法，人力资源社会保障部门要加强行政机关公务员、事业单位人员和机关工勤人员管理。三是严格贯彻落实“三公”经费只减不增的要求，外事等部门要严格因公出国（境）团组审批；机关事务管理等部门要规范公务用车配备和使用管理，完善公务接待管理制度和标准；财政部门要加强经费预算和支出管理。

三、强化监察和审计。各级监察、审计机关要将“约法三章”的贯彻落实情况列为重要工作内容，加强行政监察和审计监督。监察机关要坚决纠正和查处“约法三章”贯彻落实中的各种违规违纪行为，对有令不行、有禁不止的，要依照有关规定严肃追究直接责任人和有关领导人员的责任。审计机关在预算执行和经济责任等审计中，要重点检查“约法三章”有关经费使用情况，切实纠正违规行为。

四、建立报告制度。地方各级人民政府要定期向上一级政府报告“约法三章”的贯彻落实情况。各省（区、市）人民政府、国务院各部门每年 1 月 20 日前，要将上一年贯彻落实情况、存在的问题和整改措施等报送国务院。要将“约法三章”贯彻落实情况作为政务公开的重要内容，及时向社会公布。

五、自觉接受人大监督。地方各级人民政府向本级人民代表大会报告政府工作时，要实事求是、客观真实地报告“约法三章”的贯彻落实情况，自觉接受人大代表的监督，及时回应人大代表提出的意见和建议。

六、鼓励社会监督。要注重发挥社会监督作用，建立健全社会监督机制。有关部门要加强与新闻宣传、信访、互联网信息主管部门的沟通联系，及时掌握违反“约法三章”的典型案例或线索，对新闻媒体、群众举报和社会舆论反映的问题，要认真核查；对查实的问题，要立即整改，严肃处理，并将处理结果及时向社会公布。

七、做好重点督查。各地区、各部门要切实抓好本地区、本系统贯彻落实“约法三章”情况的督促检查。对发现的问题，要限期整改，并严肃追究有关人员的责任。国务院办公厅每年一季度组织有关部门对各地区、各部门“约法三章”贯彻落实情况开展重点督查。

2013 年 11 月 25 日

中共中央办公厅　国务院办公厅关于务实节俭做好元旦春节期间有关工作的通知

为切实做好2014年元旦、春节期间各项工作，确保广大人民群众度过欢乐祥和的节日，经党中央、国务院同意，现将有关事项通知如下。

一、深入基层做好关心群众工作。各级领导干部要结合开展党的群众路线教育实践活动，进一步改进作风，自觉深入到基层一线特别是困难地区、困难家庭、困难群众中去，开展走访慰问、专项救助、送温暖等活动，关心群众疾苦，帮助解决实际问题。认真检查各项社会保障、社会救助措施落实情况，重点安排好优抚对象、灾区群众、低保户、五保户、零就业家庭、残疾人家庭等困难群众生活。深入开展农民工工资支付情况专项检查，保证农民工及时足额拿到应得报酬。

二、保障节日市场供应充足价格稳定。各地区各有关部门要做好粮油、肉蛋、蔬菜等农副产品保供稳价工作，组织好生活必需品的生产供应，搞好煤电油气运的产运需衔接，加强市场价格监测和管理，加大产品质量和食品药品安全监管力度，严厉打击各种违法生产经营行为。

三、扎实做好春运工作。各地区各有关部门特别是交通运输部门要完善春运工作协调机制，增加运力供给，改进服务质量，加强舆论引导，强化交通安全执法，做好交通疏导管控，尤其要进一步完善春运应急预案，以妥善应对可能出现的恶劣天气、旅客滞留等突发情况，确保人民群众出行安全顺利。

四、广泛开展送文化下基层活动。各地区各有关部门要精心安排好节日期间文化生活，组织开展“我们的中国梦”文化进万家活动和文化科技卫生“三下乡”活动，提供更多优秀文艺节目和文化产品，丰富节日文化生活。加强文化市场执法检查，加大“扫黄打非”力度，创造良好文化环境。开展旅游市场秩序专项整治，改善旅游消费环境。

五、切实抓好安全生产工作。各地区各有关部门要深入开展安全生产大检查“回头看”，认真组织油气等易燃易爆品输送管线安全专项排查整治，继续抓好煤矿等重点行业领域专项整治和打非治违，加强对重点区域和企业的安全隐患排查治理，强化对烟花爆竹产运储销和燃放等环节的安全监管，严格落实大型群众性活动的安全保卫措施，开展对重点场所消防安全检查和督查，严防发生重特大人员伤亡事故。

六、全力维护社会和谐稳定。各地区各有关部门要加强矛盾纠纷排查化解，着力做好信访工作，妥善解决群众反映强烈的突出问题，从源头上预防各类群体性事件发生。针对节日期间“两抢一盗”、制假售假、敲诈勒索等违法犯罪活动易发多发情况，集中开展专项打击行动，加强社会面治安管控，保护人民群众生命财产安全。加强重点地区安全防范，严防节日期间发生暴力恐怖袭击事件和捣乱破坏活动。

七、树立节俭文明过节新风。各级党政机关和党员干部要严格执行《党政机关厉行节约反对浪费条例》和相关制度规定，带头厉行勤俭节约、移风易俗、文明过节。严禁用公款搞相互走访、送礼、宴请等拜年活动，严禁用公款吃喝、旅游和参与高消费娱乐健身活动，严禁用公款购买赠送贺年卡及烟花爆竹、烟酒、花卉、食品等年货节礼，严禁将走亲访友、外出旅游等非公务活动纳入公务接待范围，严禁公车私用。进一步减少、简化各类茶话会、联欢会，严禁使用财政性资金举办经营性文艺晚会，严格控制年终评比达标表彰活动。严肃财经纪律，严禁以各种名义年终突击花钱和滥发津贴、补贴、奖金和实物。

八、严格执行廉洁自律规定。各级领导干部要严格执行中央八项规定精神，坚决反对“四风”。严禁违规收受礼品、礼金和各种有价证券、支付凭证、商业预付卡，严禁参与赌博活动。各级纪检监察机关要加大惩戒问责力度，对违规违纪行为要快查快办，对典型问题要及时通报曝光。

九、认真做好节日期间值班工作。各地区各部门要严格落实岗位责任制，严格执行24小时专人值班和领导在岗带班制度，确保节日期间各项工作正常运转。健全应急协调机制，畅通信息报送渠道，遇有突发事件或重要紧急情况要立即请示报告，并及时采取措施妥善应对。

各地区各部门各单位要认真研究部署节日期间有关工作，加强督促检查，确保本通知各项要求落到实处。

2013年12月27日

人力资源和社会保障部关于印发《人力资源社会保障部工作规则》的通知

人社部发［2013］31 号

部属各单位，外专局、公务员局：

《人力资源社会保障部工作规则》已经 2013 年 4 月 11 日召开的第 3 次部党组会议审议通过，现予印发，请认真贯彻执行。

2013 年 4 月 23 日

人力资源社会保障部工作规则

第一章　总　　则

一、根据《中华人民共和国宪法》《中国共产党章程》《中华人民共和国国务院组织法》和《国务院工作规则》，结合实际，制定本规则。

二、人力资源社会保障部工作的指导思想是，高举中国特色社会主义伟大旗帜，以邓小平理论、“三个代表”重要思想、科学发展观为指导，认真执行党的路线方针政策，严格遵守宪法和法律法规，坚持解放思想、实事求是、与时俱进，坚持民生为本、人才优先工作主线，全面正确履行职能职责，努力实现人力资源社会保障事业科学发展。

三、人力资源社会保障部工作的准则是，以人为本、执政为民，围绕中心、服务大局，民主公开、依法行政，把握规律、求真务实，改革创新、开拓进取。

第二章　领 导 职 责

四、部领导要模范遵守宪法和法律，认真履行职责，为民务实，严守纪律，勤勉廉洁。

五、实行部长负责制，部长领导人力资源社会保障部的工作。副部长、党组成员协助部长工作。

六、部长、党组书记召集和主持党组会、部务会、部长碰头会。工作中的重大事项，必须经党组会或部务会讨论决定。

七、副部长、党组成员按分工负责处理分管工作；受部长委托，负责其他方面的工作或专项任务，并可代表人力资源社会保障部对外参加活动。工作中的重要情况和重大问题，应及时向部长、党组书记报告。

八、部长出国、出差、脱产学习等期间，由部长委托的副部长主持日常工作。

九、部属各单位主要负责同志领导本单位的工作，班子其他成员协助主要负责同志开展工作。

部属各单位要各司其职，各尽其责，顾全大局，协调配合，切实维护团结统一、政令畅通，坚决贯彻落实部党组的各项工作部署。

第三章　全面正确履行行政职能

十、全面正确履行以促进就业、构建和谐劳动关系、完善社会保障体系为核心的社会管理、公共服务职能和以机关事业单位公职人员管理为核心的公共人事管理职能，履行好宏观调控的重要参与者、市场监督和社会管理的重要执行者、公共服务的重要提供者、社会公平正义的重要维护者的职责。

十一、贯彻劳动者自主就业、市场调节就业、政府促进就业和鼓励创业方针，实施就业优先战略和更加积极的就业政策；坚持全覆盖、保基本、多层次、可持续方针，统筹推进城乡社会保障体系建设；深化收入分配制度改革，形成合理有序的收入分配格局；健全劳动标准体系和劳动关系协调机制，加强劳动保障监察和争议调解仲裁，增强基层公共服务能力。

十二、以高层次高技能人才为重点，统筹推进人才队伍建设；完善公务员制度，推进事业单位人事制度改革，建立健全中国特色军官转业安置制度。

第四章　坚持依法行政

十三、带头维护宪法和法律权威。按照合法行政、合理行政、程序正当、高效便民、诚实守信、权责统一的要求，行使权力，履行职责，承担责任。

十四、坚持科学民主立法。起草法律和行政法规草案，制定部门规章，要坚持从实际出发，适应经济社会发展要求，符合人民群众根本利益，使确立的制度能够切实解决实际问题，备而不繁，简明易行。

完善立法工作机制，扩大公众参与，除依法需要保密的外，所有部门规章的草案都要公开征求意见。加强立法协调，对经协调仍达不成一致意见的问题，要列明理据，报送国务院法制机构。

行政法规和部门规章实施后要进行评估，发现问题，及时完善。

十五、制定规章和规范性文件，要符合宪法、法律、行政法规和国务院的有关决定、命令的规定，严格遵守法定权限和程序。

涉及其他部门职权范围的事项，要充分听取有关部门的意见，报请国务院制定行政法规、发布决定或命令，或与有关部门联合制定规章或规范性文件。其中，涉及公众权益、社会关注度高的事项及重要涉外、涉港澳台侨的事项，应当事先请示国务院；与其他部门联合制定的重要规章及规范性文件发布前须经国务院批准。

严格合法性审查，规范性文件不得设定行政许可、行政处罚、行政强制等事项，不得违法增加公民、法人和其他组织的义务。

出台的部门规章应当依法及时报国务院备案。

十六、严格执法，健全规则，规范程序，落实责任，强化监督，做到有法必依、执法必严、违法必究，公正文明执法，维护公共利益、人民权益和社会秩序。

第五章　实行科学民主决策

十七、完善行政决策程序规则，把公众参与、专家论证、风险评估、合法性审查和集体讨论决定作为重大决策的必经程序，增强公共政策制定透明度和公众参与度。

十八、人力资源和社会保障事业发展规划、政策法规、改革方案、人事任免和财务预决算等重大事项，由党组会或部务会讨论和决定。

十九、提交党组会、部务会审议的重大事项，都必须经过深入调查研究，并进行合法性、必要性、科学性、可行性和可控性评估论证；涉及相关部门或部内相关单位的，应当充分协商；涉及地方的，应当事先征求意见；涉及重大公共利益和公众权益、容易引发社会稳定问题的，要进行社会稳定风险评估，并采取听证会等多种形式听取各方面意见。

在重大决策执行过程中，要跟踪决策的实施情况，了解利益相关方和社会公众对决策实施的意见和建议，全面评估决策执行结果，及时调整完善。

二十、在做出重大决策前，根据需要通过多种方式，直接听取专家学者、人力资源社会保障系统、机关企事业单位、社会公众等方面的意见和建议。

二十一、重要文件提交党组会或部务会审议前，分管部领导应当召集相关司级单位负责同志，进行讨论、修改，并报请部长、党组书记审签同意提交党组会或部务会审议。

二十二、部机关各单位重大事项必须经司长（主任、局长）办公会或司（厅、局）务会集体研究，并向分管部领导请示、报告。部属各企事业单位实行主任（院长、所长、社长）负责制。涉及人财物和重要业务等重大事项，必须经党委会或党政联席会集体研究，并向分管部领导请示、报告；必要时，征求机关有关司级单位的意见。

二十三、部属各单位必须坚决贯彻落实部党组的决定，及时跟踪和反馈执行情况。有关职能部门要加强监督检查，确保政令畅通。

第六章　推进政务公开

二十四、把公开透明作为人力资源和社会保障工作的基本制度。深化政务公开，完善办事公开制度，健全政府信息发布制度，推进行政权力行使依据、过程、结果公开。

二十五、人力资源社会保障部制定的政策、部党组会和部务会研究讨论决定的事项，除依法需要保密的外，应当及时公布。

二十六、凡涉及公共利益、公众权益、需要广泛知晓的事项以及法律和国务院规定需要公开的事项，均应通过政府网站、报刊、广播、电视等方式，依法、及时、全面、准确、具体地向社会公开。

二十七、建立新闻发布制度，设立新闻发言人。部内重要新闻报道稿件由新闻宣传机构审核并报分管部领导审定。重要新闻发布应报经部长同意。部属各单位发布新闻、代表人力资源社会保障部接受采访，需经新闻宣传机构审批或报部领导批准，未经批准，不得自行其是。

第七章　健全监督制度

二十八、自觉接受全国人大及其常务委员会的监督，认真负责地报告工作，接受询问和质询；自觉接受全国政协的民主监督，虚心听取意见和建议。认真及时办理全国人大议案、代表建议和全国政协委员提案。

二十九、依照有关法律的规定，接受人民法院依法实施的监督，做好行政应诉工作，尊重并自觉履行人民法院的生效判决、裁定，同时自觉接受监察、审计等部门的监督。对监督中发现的问题，要认真整改并向国务院报告。

三十、严格执行行政复议法，加强行政复议指导监督，纠正违法或不当的行政行为，依法及时化解行政争议。

三十一、接受社会公众和新闻舆论的监督，认真调查核实有关情况，及时依法处理和改进工作。重大问题要向社会公布处理结果。

三十二、重视信访工作，完善信访制度，畅通和规范群众诉求表达、利益协调、权益保障渠道。部领导及部属各单位主要负责同志要亲自阅批重要的群众来信，坚持领导接访制度，督促解决重大信访问题。

三十三、推行绩效管理制度和行政问责制度，加强对重大决策部署落实、各单位职责履行、重点工作推进以及自身建设等方面的考核评估，健全纠错制度，严格责任追究，提高公信力和执行力。

第八章　会议制度

三十四、实行党组会、部务会、部长碰头会、务虚会和专题会等会议制度。根据工作需要，召开司局级干部会议、处级以上干部会议、全体党员干部大会和全体干部职工大会。具体办法另行规定。

三十五、党组会由党组书记、党组副书记、党组成员组成，由党组书记或党组书记委托的副书记、党组成员召集。根据工作需要，会议召集人确定有关人员列席会议。必要时可召开党组扩大会。党组会实行民主集中制原则，主要任务是：传达学习党中央、国务院的决定、指示，研究确定人力资源和社会保障工作的重大方针政策，审议向党中央、国务院的请示、报告，研究党建、廉政工作和人事任免事项，按照规定召开民主生活会、中心组学习会。

党组会一般每周召开一次，原则上周一召开。议题由党组成员提出，党组书记确定。会议议程、记录和纪要起草由党组秘书或指定专人负责。会议纪要由党组书记签发。会务工作由办公厅负责。办公厅要及时将会议精神向未出席会议的部领导报告。

三十六、部务会由部长、副部长、驻部纪检组长组成，办公厅主任、政策研究司司长和驻部监察局局长列席。需要时，与会议议题有关的单位主要负责同志也可列席。会议由部长或部长委托的副部长召集，主要任务是：研究贯彻落实党中央、国务院的决定、指示，讨论审议人力资源社会保障部规章和关系人力资源和社会保障工作全局的政策文件，审定部工作计划、经费安排和其他重要事项等。

部务会一般每周召开一次，原则上周一召开。议题由部长或副部长、驻部纪检组长提出，部长确定。会务工作由办公厅负责。会议纪要由部长签发。办公厅要及时将会议精神向未出席会议的部领导报告。

三十七、部领导因故不能参加党组会、部务会，向部长请假。其他列席人员请假，由办公厅汇总后向部长报告。

三十八、部长碰头会由部长召集和主持，部长、副部长和驻部纪检组长参加。会议的主要任务是：传达党中央、国务院有关决定、指示；通报工作情况；安排近期主要工作；研究有关事项等。

部长碰头会一般一周召开一次，原则上周一召开。

三十九、务虚会每年召开两次，由部长主持，部领导和部属各单位的主要负责同志、驻部监察局局长参加。会议主要结合党组中心组理论学习，总结工作，分析形势，研讨任务。会务工作由办公厅负责。

四十、专题会（包括部内和部际协调会）根据工作需要由部长或副部长、驻部纪检组长召集，有关单位的负责同志参加。会议主要研究处理专项业务工作。会务工作由有关单位负责，办公厅协助。

四十一、党组会、部务会审议的议题，有关单位要在会前认真做好准备。涉及多个单位的业务，提交会议讨论前要充分交换意见，尽量协商一致。会议文件由党组书记、部长批印。参加会议人员在会前要对审议的问题进行认真研究。会议决定的事项由有关单位贯彻落实，办公厅负责督查，并及时向部领导报告。

四十二、精简会议，减少数量，控制规模，严格审批。以部名义召开的全国性工作会议每年不超过 1 次，部属各单位以部名义召开的专项工作会议原则上每年不超过 1 次。部领导出席部属各单位召开的专项工作会议原则上每年 1 次。制定并严格执行年度全国性会议计划。

四十三、全国性会议应当尽量采用电视电话会议形式召开。各类会议都要充分准备，提高效率和质量，重在解决问题。

第九章　公 文 审 批

四十四、部属各单位以部、厅名义起草公文，应当符合《党政机关公文处理工作条例》及《人力资源社会保障部公文处理办法》的规定。除国务院交办事项和必须直接报送的绝密事项（如任免件）外，一般不得直接向国务院领导同志个人报送公文。报送国务院的请示性公文，凡涉及其他部门职权的，必须与相关部门充分协商，由部长与相关部门负责人会签或联合报国务院审批。如与其他部门有分歧意见，必要时由部领导协调；协商后仍不能取得一致意见的，应当列明各方理据，提出办理建议并与相关部门负责人会签后报国务院决定。

四十五、部属各单位向部领导请示、报告事项，应由主要负责同志或主持工作的负责同志签报。呈报事项涉及其他单位的，应当联合签报或注明协商一致。各单位的请示、报告，直接报分管部领导，但需正式印发的公文，由办公厅先行审核。

部属各单位向部党组或部领导请示或报告有关事项，必须使用办公厅统一印制的“请示”“报告”样式。

四十六、以人力资源社会保障部党组或人力资源社会保障部名义上报党中央、国务院的文件，由党组书记、部长签发；党组书记、部长外出时，由主持工作的党组副书记或党组成员、副部长请示党组书记、部长后签发。人力资源社会保障部规章经部务会议审议通过后，由部长签署命令予以公布。以人力资源社会保障部名义下发的文件（含电报），属于重大事项的，由分管部领导审核后，报部长签发。一般文件（含电报）由分管部领导签发。涉及其他部领导分管工作的，须经有关部领导审核。以办公厅名义行文，报部领导审批后印发；具体事务性文件，可由办公厅主任签发。

与其他部门的会签文件，由人力资源社会保障部主办的，一般由部长签发；由其他部门主办的，一般由分管部领导会签，重要事项应经过部务会讨论或向部长报告，如有必要应送部长签发。

四十七、部领导审批签发文件应当表示明确的意见，并签署姓名和时间。

四十八、部属各单位要严格办文程序，保证公文质量，报送部里审批签发的文件必须经单位主要负责同志审核签字并实行双人校对制度。除以办公厅名义外，部机关各单位不得以司（局）的名义对外正式行文。因工作需要，经分管部领导批准，可以发函。

凡法律、行政法规、规章已做出明确规定的，一律不再印发文件。没有实质内容、可发可不发的文件简报，一律不发。

第十章　请示报告制度

四十九、对党中央、国务院重要会议、重大决策及有关人力资源和社会保障工作重要指示的贯彻落实情况、涉及人力资源和社会保障工作的重要情况和重大问题，要及时向党中央、国务院请示、报告。

五十、部领导参加党中央、国务院的重要会议，需要其他部领导知晓的，要在会议结束后及时将会议精神通报其他部领导，有关文件由办公厅负责送部领导传阅。

部属各单位负责同志参加有关部门的会议，要及时将会议情况报分管部领导，重要事项要告办公厅。

五十一、部领导出访，按照有关规定报国务院审批。

五十二、严格执行请销假制度。部长出差，应向国务院办公厅报告。副部长、驻部纪检组长出差，事先报告部长，由办公厅以值班简报方式通报其他部领导。

部属各单位主要负责同志出差、出国、休假，应事先请示或报告，经分管部领导同意后，报部长批准，同时将出差往返时间、地点、联络方式告办公厅。部属各单位其他负责同志出差、出国、休假，经本单位主要负责同志同意后向分管部领导报告。

第十一章　工作纪律

五十三、坚决贯彻执行党和国家的路线方针政策和工作部署，严格遵守纪律，有令必行，有禁必止。

五十四、坚决执行部党组的决定，如有不同意见可在部内提出，在没有重新做出决定前，不得有任何与部党组决定相违背的言论和行为；代表人力资源社会保障部发表讲话或文章，个人发表涉及未经部党组研究决定的重大问题及事项的讲话或文章，事先必须经部党组同意。

五十五、部里发布涉及国务院重要工作部署、经济社会发展重要问题的重大情况，要及时时向国务院报告。部属各单位发布涉及人力资源社会保障部工作部署、与群众利益密切相关事项的信息，要经过严格审定，重大情况要及时向部领导报告。

五十六、严格遵守保密纪律和外事纪律，严禁泄露国家秘密、工作秘密或因履行职责掌握的商业秘密等，坚决维护国家的安全、荣誉和利益。

第十二章　廉政和作风建设

五十七、严格执行改进工作作风、密切联系群众和廉洁从政的各项规定，切实中强廉政建设和作风建设。

五十八、坚持从严治部，对职权范围内的事项要按程序和时限积极负责地办理，对不符合规定的事项要坚持原则不得办理；对因推诿、拖延等官僚作风及失职、渎职造成影响和损失的，要追究责任；对越权办事、以权谋私等违规、违纪、违法行为，要严肃查处。

五十九、实行年终部属各单位主要负责同志向驻部纪检组长汇报党风廉政建设情况制度和新任职党员领导干部廉政谈话制度。

六十、严格执行财经纪律，艰苦奋斗、勤俭节约，坚决制止奢侈浪费，严格执行住房、办公用房、车辆配备等方面的规定，严格控制差旅、会议经费等一般性支出，切实降低行政成本，建设节约型机关。

严格控制因公出国（境）团组数量和规模，部年度外事计划报部务会审定。不得违反规定用公款送礼和宴请，不得接受地方的送礼和宴请。严格控制和规范国际会议、论坛、庆典、节会等活动。各类会议活动经费要全部纳入预算管理。

六十一、领导干部要廉洁从政，严格执行关于领导干部报告个人有关事项的规定，不得利用职权和职务影响为本人或特定关系人谋取不正当利益；不得违反规定干预和插手市场经济活动；加强对亲属和身边工作人员的教育和约束，决不允许搞特权。

六十二、领导干部要做学习的表率，部属各单位要建设学习型机关。加强部党组领导班子思想政治建设，坚持中心组学习制度和民主生活会制度。通过举办双月报告会等方式，组织干部职工学习当代经济、科技、法律和现代管理等方面知识。

六十三、深入基层，调查研究，指导工作，注重研究和解决实际问题。部党组每年进行两次集中调研。

到基层考察调研，要轻车简从，减少陪同，简化接待，减轻地方负担；地方厅局负责人不到机场、车站、码头及辖区分界处迎送。除工作需要外，不去名胜古迹、风景区参观。

六十四、除统一安排外，部领导不发贺信、贺电，不题词、题字。

部领导出席会议活动、到基层考察调研的新闻报道和外事活动安排，按照有关规定办理。

六十五、部机关要进一步转变职能，精简行政审批，该取消的取消，充分发挥市场和社会力量的作用；该下放的下放，充分发挥地方人力资源社会保障部门的积极性；该整合的整合，解决职能交叉问题，提高行政效能；该加强的加强，把主要精力放到政策制定、宏观管理、监督检查上来。

六十六、国家外国专家局、国家公务员局的工作规则依据本规则制定。

人力资源和社会保障部关于启用和推广“中国家庭服务”标识的通知

人社部发［2013］54号

各省、自治区、直辖市、新疆生产建设兵团及副省级市发展家庭服务业促进就业工作协调机构，发展家庭服务业促进就业部际联席会议各成员单位，中国家庭服务业协会：

为进一步加强家庭服务行业文化建设，展示行业精神风貌，不断提升从业人员的认同感和荣誉感，加快推动家庭服务业跨越式发展，发展家庭服务业促进就业部际联席会议办公室组织开展了“中国家庭服务”标识征集活动，经专家评审论证，联席会议领导同志审定了“中国家庭服务”标识（以下简称家服标识），决定即日起启用。现就有关事项通知如下：

一、充分认识启用家服标识对促进行业发展的重要意义

家庭服务业是以家庭为服务对象，向家庭提供各类劳务，满足家庭生活需求的服务行业。大力发展家庭服务业，对于增加就业、改善民生、扩大内需、调整产业结构具有一举数得的重要作用。目前，我国家庭服务业尚处于发展初期，产业化、规范化、职业化程度不高，家庭服务供给数量和质量还不能满足家庭日益增长的服务需求。加强家庭服务行业文化建设，推广使用家服标识，有利于树立行业意识、凝聚行业力量，有利于规范行业行为、塑造行业形象，有利于增强行业荣誉感、振奋行业精神，从而推动家庭服务行业健康有序地大发展。各级发展家庭服务业促进就业工作协调机构、联席会议各成员单位和家庭服务业协会要充分认识推广使用家服标识对促进行业发展的重要意义，切实做好家服标识的启用和宣传推广工作，让家庭服务从业人员和全社会了解家庭服务行业的新承诺，看到家庭服务行业的新面貌，树立家庭服务行业的新形象。

二、全面理解家服标识的含义

家服标识的核心理念是：把爱心送到家，把服务做到家。家服标识的外形是以劳动者的指纹演化而成，环形线条构成“房子”的外形代表家庭，表示广大家庭服务劳动者用双手为家庭提供爱心和服务；三圈环形线条从外向内，分别代表政府、企业、从业人员三个涉及家庭服务业的主体；标识正中为心形图案，体现“把爱心送到家，把服务做到家”的服务理念。标识的线条颜色为橘红色，象征家庭服务业是朝阳产业。家服标识分为主标识和副标识，标识式样及制作标准见附件。

三、明确家服标识的使用范围和使用方式

家服标识可用于各级发展家庭服务业促进就业工作协调机构、有关政府部门的办公场所和公务活动，各级家庭服务业协会及家庭服务相关社会组织的办公场所和公益活动，依法登记、合法经营的家庭服务企业（单位）的经营场所和经营活动。

家服标识的使用方式包括制作铭牌、标牌，印制宣传画、图册，在其他物品上加印等。

四、积极推广和规范使用家服标识

（一）大力宣传推广家服标识。各级发展家庭服务业促进就业工作协调机构、联席会议各成员单位、家庭服务业协会和“千户百强”家庭服务企业（单位）要带头使用家服标识。各级发展家庭服务业促进就业工作协调机构要指导家庭服务业协会向依法登记、合法经营的家庭服务企业（单位）推广使用家服标识，不得以准许使用家服标识等名义，向家庭服务企业（单位）收取任何费用。要采取各种有效方式大力宣传“把爱心送到家，把服务做到家”的服务理念，使之成为激励从业人员爱岗敬业、热诚工作的行业口号，打造具有鲜明特征的中国家庭服务行业文化，向全社会展示家庭服务行业的精神风貌，营造尊重家庭服务劳动的良好社会氛围。

（二）规范使用家服标识。在使用“中国家庭服务”标识时，要严格按照标识标准制图数据制作标识，将标识悬挂在办公场所或活动场所的显著位置，妥善维护标识，确保标识图形的完整性。不得违反法律法规规定和公序良俗，不得更改标识图形、文字及颜色，不得悬挂和张贴破损、污损或者不符合规定标准的标识，不得随意丢弃标识。

（三）加强对使用家服标识的监督管理。各级发展家庭服务业促进就业工作协调机构、联席会议各成员单位要加强家服标识制作、使用情况的监督管理工作，对盗用、滥用、不规范使用家服标识的行为，要及时予以制止和纠正。要指导家庭服务业协会通过行业自律协助做好家服标识的监督管理工作。

附件：家服标识式样及制作标准（略）

2013年7月31日

人力资源和社会保障部关于深化政务公开的意见

人社部发［2013］92号

各省、自治区、直辖市及新疆生产建设兵团人力资源社会保障厅（局）：

为贯彻党的十八大和十八届三中全会关于完善政务公开制度的精神，落实《国务院办公厅关于进一步加强政府信息公开回应社会关切提升政府公信力的意见》（国办发［2013］100号）的要求，现就深化人力资源社会保障部门政务公开提出如下意见。

一、深入推进行政权力公开透明运行

（一）推进行政决策公开。坚持依法科学民主决策，扩大人力资源社会保障行政决策公开的领域和范围，推进决策过程和结果公开。完善重大行政决策程序规则，把公众参与、专家论证、风险评估、合法性审查和集体讨论决定作为必经程序。涉及群众切身利益的重要改革方案、重大政策措施、重点工程项目，在决策前要广泛征求群众意见，并以适当方式反馈或者公布意见采纳情况。

（二）推进行政职权公开。推行权力清单制度，依法梳理人力资源社会保障部门的行政职权，编制行政职权目录，对其中不涉及国家秘密、商业秘密和个人隐私的行政职权，要绘制“权力运行流程图”，明确行使权力的主体、依据、程序和监督措施等，并向社会公布。严格规范自由裁量权行使，公开人力资源社会保障部门在行政执法活动中履行职责情况，积极推动不涉密的执法投诉和执法结果公开。

（三）推进职能转变和行政审批公开。切实转变职能，正确处理政府与市场、政府与社会的关系，深化行政审批制度改革，减少微观事务管理。全面清理行政审批事项，该取消的取消，该下放的下放，该整合的整合，对确需审批、核准、备案的项目，要优化流程、简化程序、限时办结。加大行政审批公开力度，向社会公布行政审批目录并建立动态更新机制，公开办理程序，强化过程监控。推进行政审批集中公开办理，积极推行网上审批和电子监察。

（四）推进办事公开。各类人力资源和社会保障公共服务机构要全面推行办事公开，方便群众办事，便于群众监督。所有公共服务事项都要公开岗位职责、服务承诺、收费项目、工作规范、办事纪律、监督渠道等。深入开展创建优质服务窗口活动，建立健全首问负责、限时办结、责任追究、效能评估等各项规章制度，规范服务行为，提高服务效率，确保服务质量。

二、扎实做好政府信息公开工作

（一）编制并动态更新政府信息公开目录。科学编制政府信息公开目录，及时、全面、准确地发布人力资源社会保障部门的权威政府信息，特别是重要会议、重要活动、重要决策部署、重大突发事件及其应对处置情况等方面的信息。按照由近及远的原则，以目前仍然有效的规范性文件为重点，全面清理并分时段、有步骤地公开人力资源社会保障领域应公开的政府信息，凡属于应当公开的必须按规定纳入公开目录。加强政府信息公开保密审查，防止公开不宜公开的信息，杜绝公开涉密信息。

（二）着力推进就业信息公开。及时公开促进就业方面的规划、政策、措施及其实施情况，重点公开各项就业创业优惠政策的实施范围、各项补贴政策的申领条件和程序、各项补贴的管理和审批情况；定期发布人力资源市场供求状况分析信息、职业供求信息和职业培训信息，推动就业信息全国联网，引导人力资源合理流动和有效配置；适时发布就业需求信息；及时向社会通报就业专项资金使用管理中发生的典型案件，自觉接受群众监督和舆论监督。

（三）扎实推进社会保险信息公开。建立健全社会保险信息披露制度，主动公开现行有效的社会保险法规、制度、政策、标准、经办流程，定期向社会披露各项社会保险参保人数、待遇支付情况和水平，社会保险基金的收支、结余和收益情况。及时发布基本医疗保险、工伤保险和生育保险药品目录，基本医疗保险、工伤保险诊疗项目范围、辅助器具目录，定点医院、定点药店名录和社保关系转续经办机构联系方式等信息。适时按规定公布查处的社会保险基金重大违法违规案件。

（四）积极推进人事人才信息公开。坚持面向社会公开发布公务员考录、公务员公开遴选、事业单位公开招聘、军转干部安置等方面的信息，促进公开、公平、公正招录安置。及时发布专业技术人员资格考试、职称评审、职业技能鉴定考试信息和各类人才选拔、评比、表彰工作情况和结果。深入宣传人才发展政策措施和工作情况。对纠正公务员考录和事业单位招聘中的不正之风工作进展和成效以及典型违纪违规案件，要及时向社会通报。

（五）大力推进劳动关系和企业工资分配信息公开。主动公开劳动关系、劳动人事争议调解仲裁、劳动保障监察政策措施和办事机构联系方式，及时发布劳动合同、集体合同制度实施以及劳动条件标准、最低工资标准、工资指导线和指导价位、人工成本变动情况等信息。积极探索适合农民工特点的信息服务，为农民工在城镇生产生活提供便利。及时向社会公布非法用工、拖欠工资等重大劳动保障违法案件及查处情况。

（六）进一步规范依申请公开工作。积极稳妥开展依申请公开工作，把保密审查、合法性审查、舆情研判作为必经程序，不断健全和完善相关制度，妥善处理依申请公开工作中的复杂疑难问题，认真做好涉及信息公开的举报投诉、行政复议、行政诉讼等工作。

三、进一步加强政务公开平台建设

（一）进一步加强公共服务平台建设。按照统筹规划、因地制宜、整合资源、适度集中的原则，大力推进人力资源和社会保障公共服务设施建设，积极创造条件，逐步实现政务服务事项的适度集中公开办理。要按照同级政府的政务服务中心建设要求，在政务服务中心设立公开办事窗口。要依托县、乡两级劳动就业和社会保障综合服务中心以及社区、行政村劳动就业和社会保障服务站，打造集中提供人力资源社会保障政务服务的一站式公共服务平台。

（二）进一步加强新闻发言人制度建设。要以主动做好重要政策解读、妥善回应公众质疑、及时澄清不实传言、权威发布重大突发事件信息为重点，切实加强新闻发言人制度建设，提升新闻发言人的履职能力，完善新闻发言人工作各项流程，建立重要政府信息及热点问题定期有序发布机制。人力资源社会保障部门主要负责同志和相关负责同志要积极参加新闻发布会，同时要进一步增加新闻发布的频次。要建立健全舆情收集、研判和处置机制，密切关注人力资源社会保障领域的舆情，及时敏锐捕捉外界对人力资源和社会保障工作的质疑、误解甚至谣言，加强分析研判，及时通过适当方式予以回应，解疑释惑，澄清事实，正面引导舆论。

（三）进一步加强政府网站建设和管理。要充分发挥政府网站的政务公开第一平台作用，凡是不涉密的可公开文件要及时通过部门门户网站公开发布。拓展政府网站互动功能，围绕人力资源社会保障部门重点工作和公众关注热点，通过公开征求意见、公众问答、网上调查等方式，接受公众建言献策和情况反映，部门负责同志应主动到政府网站接受在线访谈。完善政府网站服务功能，逐步实现网上办理审批、缴费、咨询、办证、监督以及联网核查等事项，力争人力资源社会保障部门大多数面向企业和群众的办事项目在网站上提供在线办理通道。加强各类业务信息数据库建设和数据共享，为群众提供多种渠道的便民查询服务。要以部门门户网站为基础，逐步整合本部门主办的其他政府网站，形成统一平台、统一入口。

（四）加强“12333”公益服务电话建设和管理。清理整合有关电话资源，统一使用“12333”对外提供服务。使用统一的人力资源和社会保障电话咨询服务标识，逐步统一服务流程和服务规范。加强电话咨询服务队伍建设和信息系统建设，提高电话接通率；拓展服务内容，实现人力资源和社会保障业务的全覆盖；丰富服务方式，提供人工接听、自助语音、手机短信、电子邮件、传真等多种服务形式；建立和完善内部联动工作机制，确保公众反映的问题得到及时回复和解决。建立全国统一的电话咨询服务信息资源库和电话接转平台，逐步实现“一地呼入，全国咨询”的服务模式。

（五）建设基于新媒体的政务信息发布、与公众互动交流和便民服务新渠道。积极探索利用政务微博、微信等新媒体，及时发布各类权威信息，尤其是涉及公众重大关切的公共事件和政策法规方面的信息，并充分利用新媒体的互动功能，以及时、便捷的方式与公众进行互动交流。开通政务微博、微信要进行审核登记，制定完善管理办法，规范信息发布程序及公众提问处理答复程序，确保政务微博、微信安全可靠。积极拓展移动客户端、自助服务终端等便民服务新渠道，不断提高政务服务的便捷度。

四、加强组织领导

（一）提高认识，明确责任。各级人力资源社会保障部门要进一步提高对政务公开重要性的认识，把政务公开作为密切联系群众、改进工作作风、防治腐败和各种不正之风、提升政府公信力的一项重要工作，切实摆上重要工作日程。要建立健全明确一个部门牵头，相关部门各负其责、密切配合的政务公开领导体制和工作机制，与业务工作同研究、同部署、同落实、同检查。主要负责人要亲自过问，分管负责人要直接负责，逐级落实责任，确保各项工作措施落实到位。要加强对工作的规划和指导，保障必要的经费、人员、场地和设备。要大力支持政务公开工作人员开展工作，积极为他们参加重要会议、掌握相关信息提供便利条件。

（二）畅通渠道，形成合力。要加强与同级政府新闻宣传部门、互联网信息内容主管部门以及有关新闻媒体的沟通联系，建立政务信息发布和舆情处置联动机制，妥善做好重大政务信息公开发布、舆论引导和舆情应对工作。要充分发挥专家咨询委员会成员的作用，重要政策法规出台后，及时组织专家通过多种方式做好科学解读，让公众更全面准确地知晓、理解人力资源社会保障部门的政策和改革举措，提高政策解读的针对性、科学性、权威性和有效性，让群众“听得懂”“信得过”。

（三）加强业务培训。要建立政务公开培训常态化机制，经常组织开展面向信息公开工作人员、新闻发言人、政府网站工作人员、政务微博微信相关人员等的专业培训，不断提高相关人员的政策把握能力、舆情研判能力、解疑释惑能力和回应引导能力。要把政府信息公开工作列为公务员培训的重要内容，不断提高公务员的信息公开意识和能力。

（四）强化监督考核。加强政务公开工作考核、监督、责任追究和社会评议等配套制度建设，强化对政务公开工作的监督。要把政务公开工作纳入党风廉政建设责任制考核和民主评议范围，细化考核评估标准。建立电子监察系统，逐步实现对行政权力运行的全过程监察。重视社会监督，认真解决新闻媒体和群众投诉反映的问题。建立健全激励和问责机制，对因工作不力损害群众合法权益，或对人力资源社会保障部门形象造成严重损害的，要严格追究责任，确保政务公开各项工作落到实处。

2013 年 12 月 6 日

人力资源和社会保障部关于追授张杰同志全国人力资源社会保障系统先进工作者荣誉称号的决定

人社部发［2013］96号

各省、自治区、直辖市及新疆生产建设兵团人力资源社会保障厅（局），各副省级市人力资源社会保障局，国务院各部委、各直属机构人事部门：

近年来，全国人力资源社会保障系统广大干部职工在党中央、国务院和地方各级党委、政府的坚强领导下，认真践行党的群众路线，全心全意做好人力资源社会保障工作，在服务群众、保障民生方面取得了显著成绩，涌现出许多爱岗亲民的模范人物。四川省雅安市石棉县回隆乡劳动保障所原劳动保障员张杰同志就是其中的典型代表。

张杰，男，藏族，四川省石棉县人，中共党员，1983年2月出生，石棉县回隆乡原劳动保障员、乡团委原副书记、回隆乡石龙村原包村负责人。2010年12月以来，张杰同志认真践行党的群众路线，积极为群众办实事、做好事、解难事。他时刻把群众放在心上，在艰苦的工作环境中不怕困难、无私奉献，积极探索规律，争创一流业绩。他在人民群众生命受到威胁、财产遭受损失的关键时刻临危不惧，舍己为民。2013年7月4日，回隆乡石龙村陡降暴雨并爆发泥石流，他在组织村民撤离过程中，不幸被泥石流卷走，因公殉职，年仅30岁。

张杰同志是用生命践行党的群众路线的好干部、全国人力资源社会保障系统基层干部的好代表和广大党员干部学习的好榜样。为表彰先进，弘扬正气，激励全国人力资源社会保障系统广大干部职工爱岗敬业、创先争优，服务群众、保障民生，人力资源社会保障部决定，追授张杰同志“全国人力资源社会保障系统先进工作者”荣誉称号。

希望全国人力资源社会保障系统广大干部职工向张杰同志学习，学习他心系群众的公仆情怀，学习他爱岗敬业的优秀品质，学习他不怕牺牲的奉献精神，在以习近平同志为总书记的党中央坚强领导下，高举中国特色社会主义伟大旗帜，深入贯彻落实党的十八大和十八届三中全会精神，进一步坚定理想信念，立足本职工作，践行群众路线，不断开创人力资源和社会保障事业新局面！

2013 年 12 月 17 日

人力资源和社会保障部关于表彰全国人力资源和社会保障系统2011—2013年度优质服务窗口的决定

人社部发［2013］97号

各省、自治区、直辖市及新疆生产建设兵团人力资源社会保障厅（局）：

2011年以来，按照人力资源社会保障部的统一部署，各级人力资源社会保障部门窗口单位积极开展“优质服务窗口”创建活动，牢固树立“民生为本、服务至上”的工作理念，严格依法履职，狠抓作风建设，结合实际不断创新工作方式方法，提高公共服务能力和水平，努力为人民群众提供优质高效便捷的服务，涌现出一大批优质服务窗口单位。

为表彰先进，树立典型，人力资源社会保障部决定，授予北京市人力资源和社会保障局信访处等389个单位为全国人力资源和社会保障系统2011—2013年度优质服务窗口。希望受表彰的单位，珍惜荣誉，戒骄戒躁，再接再厉，在今后的工作中再创佳绩。

各级人力资源社会保障部门窗口单位要以受表彰的优质服务窗口为榜样，学习他们理想信念坚定、对党和人民事业高度负责的政治品质；学习他们奋发有为、锐意开拓、探索创新的进取精神；学习他们爱岗敬业、依法尽责、争创一流业绩的职业操守；学习他们求真务实、艰苦奋斗、清正廉明的优良作风；学习他们以人为本、真心对群众负责、热心为群众服务的为民情怀。

全国人力资源和社会保障系统要积极营造学先进、赶先进的浓厚氛围，持之以恒地深化作风建设，深入开展党的群众路线教育实践活动，牢固树立群众观点，不断提高服务群众的质量和效率，树立人力资源社会保障部门为民务实清廉的良好形象，为全面建成小康社会做出新的更大贡献。

附件：全国人力资源和社会保障系统 2011—2013 年度优质服务窗口名单（略）

2013 年 12 月 19 日

人力资源和社会保障部关于组织开展人力资源社会保障系统“六五”普法中期检查督导的通知

人社部函［2013］107号

各省、自治区、直辖市及新疆生产建设兵团人力资源社会保障厅（局），各副省级市人力资源社会保障局：

2011年以来，在中宣部、司法部和全国普法办的统一部署下，全国人力资源社会保障系统认真贯彻落实《全国人力资源社会保障系统法制宣传教育第六个五年规划（2011—2015年）》（以下简称《规划》），紧紧围绕“十二五”时期人力资源社会保障事业发展的目标任务，开展了丰富多彩的普法活动，法制宣传教育工作取得显著成效。为进一步推动人力资源社会保障系统“六五”普法工作，根据中宣部、司法部、全国普法办《关于组织开展“六五”普法中期检查督导的通知》（司发通［2013］79号）精神和要求，并结合《2013年全国普法依法治理工作要点》，部里2013年将对人力资源社会保障系统开展法制宣传教育工作情况进行中期检查督导。现将有关事宜通知如下：

一、指导思想

深入贯彻落实党的十八大精神，高举中国特色社会主义伟大旗帜，以邓小平理论、“三个代表”重要思想、科学发展观为指导，认真学习贯彻习近平总书记一系列重要讲话精神，深入贯彻“六五”普法规划和全国人大常委会决议，全面检查各地、各部门“六五”普法工作开展情况，认真总结好的工作经验和做法，查找存在的问题和不足，进一步推动“六五”普法规划、全国人大常委会决议和人社系统《规划》的贯彻落实。

二、主要内容

检查督导的主要内容是“六五”普法规划、全国人大常委会决议和人社系统《规划》的贯彻执行情况。重点检查宪法和中国特色社会主义法律体系等普法重点内容的学习宣传情况，领导干部、公务员、企事业经营管理人员、劳动者等重点普法对象特别是领导干部学法用法情况，“法律六进”主题活动开展情况，社会主义法治文化建设情况，组织领导和机构建设情况，保障措施落实情况等（具体标准附后）。

三、检查步骤和时间安排

（一）动员部署。5月中下旬，各地根据本通知要求，结合实际，制定检查方案和措施，进行动员部署，做好中期检查督导的各项准备工作。

（二）地方自查。6月，各地按照本通知要求认真开展自查，根据检查督导标准进行自我评估，并在此基础上总结前期成果和经验，寻找差距和不足，针对存在问题提出整改措施。自查工作完成后，要在7月10日前将自查报告报送全国人力资源社会保障法制宣传教育领导小组办公室（设在人力资源社会保障部法规司）。

（三）组织抽查。7月至8月，全国人力资源社会保障法制宣传教育领导小组办公室组织人员赴部分地方进行抽查。

四、工作要求

（一）加强组织领导。各地人社部门要加强领导，精心组织，认真组织自查。要主动向当地党委、政府汇报“六五”普法工作进展情况，发现存在的问题和不足，总结经验，提出改进措施和下一步深入贯彻“六五”普法规划的意见建议。

（二）注重工作实效。检查督导工作要按照中央八项规定的要求，求真务实，轻车简从，深入基层、深入实际、深入群众，掌握了解真实情况，总结好的经验和做法，发现典型，分析存在的问题，提出改进措施。

（三）加大宣传力度。各地人社部门要结合中期督查工作，制定宣传计划，组织媒体开辟中期检查督导专栏，集中宣传“六五”普法取得的成效，宣传中期督查工作情况，总结宣传推广一批在检查督导中发现的普法先进经验和典型，为深化法制宣传教育工作营造良好氛围。

（四）法制教育与法治实践相结合。各地人社部门要把中期检查督导工作与人社系统推进依法行政紧密结合起来。通过检查，发现本地方“六五”普法依法治理、依法行政工作的不足和薄弱环节，及时提出整改意见，解决工作中存在的问题，提高人社工作法治化水平。

为切实保证全国人社系统“六五”普法规划的有效实施，按照全国普法办的要求，全国人力资源社会保障系统普法领导小组组织编写了《人力资源和社会保障法律制度读本》和《人力资源和社会保障常用法规选编》，由中国劳动社会保障出版社出版发行，作为全国人社系统“六五”普法的统一学习培训教材。

附件：全国人力资源社会保障系统“六五”普法中期检查督导指导标准

2013年5月16日

附件

全国人力资源社会保障系统"六五"普法中期检查督导指导标准

根据中央宣传部、司法部、全国普法办《全国"六五"普法中期检查督导指导标准》和《全国人力资源社会保障系统法制宣传教育第六个五年规划（2011—2015年）》要求，现就全国人社系统"六五"普法中期检查督导，制定如下指导标准。

1. 领导体制完善。建立健全普法工作领导体制，制定并下发普法规划，"六五"普法启动及时有力，组织实施工作进展顺利。

2. 工作机制健全。建立普法依法治理工作机构，工作制度健全，成员单位职责明确。普法依法治理工作领导小组办公室人员和办公设施得到有效保障。认真做好本地区"六五"普法规划实施的组织、协调、指导、检查工作。制定年度普法依法治理工作计划，及时总结推广典型经验，分类指导基层工作。

3. 普法重点内容落实。深入学习宣传以宪法为统帅的中国特色社会主义法律体系，深入学习宣传规范政府行政行为的法律法规、劳动合同法、社会保险法、工伤保险条例、女职工劳动保护特别规定，深入开展社会主义法治理念宣传教育。

4. 重点对象法制宣传教育成效明显。认真贯彻落实中组部、中宣部、司法部、国资委、全国普法办等部门联合下发的《关于进一步加强领导干部学法用法工作的意见》等文件精神，建立完善领导干部、公务员、企事业经营管理人员和劳动者等重点对象学法用法工作制度并认真落实。结合各普法重点对象实际，加强分类指导，开展形式多样的学法用法活动。结合本地区实际，确定法制宣传教育重点对象，组织开展学法用法活动。

5. 围绕大局开展法制宣传教育。坚持围绕党和国家的重大部署、重大任务和各级党委、政府的重点工作，组织开展有声势、有效果的法制宣传教育主题活动，充分发挥法制宣传教育在促进经济社会发展、维护社会和谐稳定、服务保障和改善民生中的积极作用。

6. “法律六进”活动扎实开展。结合工作实际，认真组织开展法律进机关、进乡村、进社区、进学校、进企业、进单位活动，制定工作方案和措施，针对每一“进”组织开展形式多样的推进活动，加强工作考核和交流，有效推进“法律六进”活动向面上拓展，向基层延伸，“法律六进”活动成效显著。

充分利用“12·4”全国法制宣传日开展以学习宣传宪法为核心的集中法制宣传教育活动。利用各专项法律的颁布实施纪念日，开展宣传月、宣传周、宣传日等形式多样的法制宣传教育活动。

7. 社会主义法治文化建设蓬勃开展。充分利用公共场所和公共资源，建立各种类型的法制宣传教育基地、阵地。充分利用各种途径和平台，大力开展丰富多彩的社会主义法治文化活动，不断丰富社会主义法治文化活动载体和形式，满足人民群众对社会主义法治文化产品的需求。

8. 依法治理工作不断深化。深入开展专项治理活动，促进人力资源社会保障系统工作人员依法办事、促进人力资源社会保障部门依法行政、依法规范人力资源市场秩序、促进用人单位遵守人力资源社会保障法律法规、维护劳动者合法权益，建立健全制度，不断提高人社工作法治化水平。

9. 积极推进普法依法治理工作创新。充分利用广播、电视、报刊、网络等媒体开辟法制宣传栏目（专栏、专版和网页）。充分利用楼宇电视、公交电视、显示屏、手机报、政务微博等现代传媒开展法制宣传教育。结合本地区实际，积极利用自身优势，开展有特色的法制宣传教育活动。

10. 加强普法依法治理工作保障建设。普法经费纳入本级政府财政预算，专款专用。加强法制宣传教育专职队伍建设和培训，建立普法志愿者队伍、普法讲师团队伍，定期开展法制宣讲活动。配备必要的法制宣传教育器材和设备。加强全国人社系统“六五”普法统一学习培训教材的使用，积极编写发放各种普法资料。认真开展普法依法治理工作宣传，工作经验和做法被主要媒体或全国“六五”普法简报、全国普法依法治理工作通讯、人社部部署报刊和门户网站刊发报道。

人力资源和社会保障部关于印发履行安委会成员单位工作职责有关情况检查实施方案的通知

人社部函［2013］135号

各省、自治区、直辖市及新疆生产建设兵团人力资源社会保障厅（局）：

为认真贯彻落实《国务院办公厅关于集中开展安全生产大检查的通知》（国办发明电［2013］16号）精神，根据国务院安委会部署，我部制定了《履行安委会成员单位工作职责有关情况检查实施方案》，现印发你们，请在各级政府的统一领导下，认真履行人力资源社会保障部门的职责，抓好落实。

各地要高度重视此项工作，组织所属机构认真学习党中央、国务院近期有关安全生产工作的重要指示精神，切实提高思想认识，认真制定具体检查方案，部署开展本部门履行职责情况的检查。检查工作要全面、彻底、不留死角、不留盲区、不走过场、突出重点，并与完善制度、建立长效机制结合起来。

各省（区、市）要将履行安委会成员单位工作职责检查情况的总结报告与9月25日前报部工伤保险司，有重大情况应及时报告，部理将进行重点抽查。

2013年6月21日

履行安委会成员单位工作职责有关情况检查实施方案

为认真贯彻落实《国务院办公厅关于集中开展安全生产大检查的通知》（国办发明电［2013］16号）精神，根据国务院安委会部署，制定我部履行安委会成员单位工作职责有关情况检查实施方案如下：

一、检查目标

深入贯彻落实党中央、国务院近期关于加强安全生产工作的一系列重要决策部署，认真履行安委会成员单位工作职责，积极作为，发挥作用，促进安全生产保障水平切实提高。

二、检查内容

依据《国务院安委会关于印发〈国务院安全生产委员会成员单位安全生产工作职责〉的通知》（安委［2010］2号）中明确的有关人力资源社会保障部相关工作职责及人力资源社会保障系统工作特点，重点检查以下工作的落实情况：

（一）行政机关、事业单位人员安全生产知识培训情况。主要检查将安全生产法律、法规及安全生产知识纳入行政机关、事业单位人员培训学习计划并组织实施情况，包括培训学习计划、开设相应内容课程或组织相关教育活动等。

（二）工伤保险政策落实情况。主要检查用人单位政策落实情况，重点是高风险行业企业、农民工、劳务派遣员工等重点单位和人群的参保情况，以及政策执行中的问题和解决对策。

（三）劳动法律法规政策落实情况。主要检查用人单位落实劳动法、劳动合同法等劳动法律法规政策的情况，包括与职工签订劳动合同情况，工时和休息休假制度的落实情况，对女职工、未成年工特殊劳动保护政策的实施情况。

（四）农民工安全培训情况。主要检查职业培训机构和用工单位，特别是农民工集中的单位，岗前安全培训制度是否健全；涉及安全生产领域的农民工是否具有相应的安全知识和操作技能。

（五）技工学校、职业培训机构的安全管理。主要检查技工院校、职业培训机构安全管理制度，应对突发事件的应急预案，落实防范安全事故的措施情况。是否开展了生产实习安全教育，生产实习中是否有专人负责按监督；在日常教学、培训和生产实习等重点环节是否落实相关制度措施。

（六）安全生产领域职业资格情况。主要会同有关部门检查安全生产领域职业资格法律法规的制定、执行和落实情况。涉及安全生产领域有关职业资格是否有明确的法律法规规定；安全生产领域有关职业资格的从业人员是否持有相应职业资格证书，是否具有相应的安全生产知识和操作技能等。

（七）人员密集的服务窗口单位的安全管理。重点检查各类社保经办机构、就业和人才服务机构、大型招聘会现场、各类考试场所等安全管理制度执行和落实情况。应对突发事件的应急预案制定和演练情况，防范安全事故的措施等。

三、检查工作的组织实施

（一）加强组织领导。向全国人力资源社会保障系统印发专门通知，要求各级人力资源社会保障部门及所属机构认真学习党中央、国务院近期关于安全生产工作的重要指示精神，切实提高对安全工作重要性的认识，指导各地人力资源社会保障部门认真履行有关安全生产工作的职责。

（二）开展全面检查。指导各级人力资源社会保障部门在当地政府统一领导下，对相关安全生产责任履行情况进行全面彻底的检查，并于9月下旬向我部进行综合报告，有重大情况及时报告。我部进行重点抽查，并结合国务院安委会综合督查工作对各地进行督查。

（三）务求取得实效。要求各地人力资源社会保障部门的检查切实做到全面、深入、彻底、细致、不走过场。坚持“严细实”的工作作风，严格检查标准，认真查找问题，扎实整改落实，确保检查起到实效。

（四）构建长效机制。及时总结提炼检查中的经验和好做法，要将检查贯穿于日常管理工作中，针对发现问题和漏洞，及时完善措施，健全制度，建立长效机制。

人力资源和社会保障部办公厅关于印发2013年人力资源社会保障宣传工作要点的通知

人社厅发［2013］15号

各省、自治区、直辖市及新疆生产建设兵团人力资源社会保障厅（局），各副省级市人力资源社会保障局，部属各单位，公务员局：

现将《2013年人力资源社会保障宣传工作要点》印发你们，请结合实际认真贯彻落实。

2013年2月16日

2013年人力资源社会保障宣传工作要点

2013年是全面贯彻落实党的十八大精神的开局之年，也是更加重视保障和改善民生、推进人力资源社会保障工作创新发展的重要一年。人力资源社会保障宣传工作总体安排是：以邓小平理论、“三个代表”重要思想、科学发展观为指导，按照高举旗帜、围绕大局、服务人民、改革创新总要求，认真学习宣传贯彻党的十八大精神，落实全国人力资源和社会保障工作会议的部署要求，紧紧围绕民生为本、人才优先工作主线，着重抓好政策解读、舆论引导、典型宣传、文化培育等工作，坚持转作风正学风改文风，切实增强人力资源和社会保障宣传工作的针对性、时代性、群众性和实效性，进一步聚集推动人力资源和社会保障事业科学发展的正能量。

一、深入宣传党的十八大精神

（一）深入宣传党的十八大关于保障和改善民生的新阐述、新部署。以党的十八大报告为主要内容和基本依据，组织专家学者重点解读“推动实现更高质量的就业”“统筹推进城乡社会保障体系建设”“健全劳动标准体系和劳动关系协调机制”“造就规模宏大、素质优良的人才队伍”等内容，通过宣讲会、记者专访等形式，全面准确地阐释其时代背景、主要内涵和根本要求，引导全国人社系统干部职工把思想和行动统一到党的十八大精神上来，把智慧和力量凝聚到落实党的十八大提出的新目标、新任务和新要求上来，进一步增强在全面建成小康社会伟大事业中推动人力资源和社会保障事业创新发展的政治责任感和历史使命感。

（二）广泛开展学习贯彻十八大精神征文活动。积极动员全系统干部职工结合实际谈学习党的十八大体会、讲贯彻党的十八大举措，自下而上地开展学习交流活动，推荐优秀征文，促进相互学习、共同提高。中国组织人事报、中国劳动保障报、部门户网站等部属媒体开辟“学习宣传党的十八大精神”专栏，择优刊登征文，展现人社系统学习贯彻党的十八大精神的新经验、新风貌，不断将学习宣传活动引向深入，努力形成自觉用党的十八大精神武装头脑、指导实践、推动工作的热潮。

二、着重宣传人社工作新举措新进展新成效

（三）大力宣传新出台的政策法规。结合“六五”普法规划，紧跟各项立法进程，着力宣传劳动合同法修改决定等新出台的法律法规出台的重大意义、主要内容和具体要求。深入解读城乡养老保险制度衔接暂行办法、我国“绿卡”待遇和外籍高层次人才签证居留便利等政策举措，引导社会各界全面、准确地理解有关政策的基本精神，增强共识，促进落实。

（四）围绕中心工作开展专项宣传。突出宣传就业援助月、春风行动、高校毕业生就业服务系列活动、人力资源服务机构诚信体系建设、三支一扶、国家百千万人才工程、万名专家服务基层行动计划、海外赤子为国服务行动计划、博士后国际交流计划、专业技术人才知识更新工程、国家高技能人才振兴计划、高技能人才评选表彰活动、全国职业技能大赛系列活动和第42届世界技能大赛等重大活动。着重抓好2013年公务员考录、第八届全国“人民满意的公务员”和“人民满意的公务员集体”评选表彰、规范劳务派遣专项行动、和谐劳动关系创建活动、清理整顿人力资源市场、劳动用工与社会保险以及农民工工资支付专项执法检查等重点工作的宣传，形成多方参与、深入持久、扎实有效的宣传声势。

（五）大力宣传各项工作的新进展。重点宣传国家促进就业创业政策措施及工作进展，宣传各地促进就业好经验好做法，宣传劳动者就业创业生动事迹，引导劳动者转变就业观念。宣传完善各项社会保险制度，扩大社会保障覆盖面，提高社会保障待遇水平，强化社会保障管理服务，加强社会保险基金社会监督、加快构建覆盖城乡居民社会保障体系的新成果。着力反映加强专业技术人才队伍建设和技能人才队伍建设取得的新成效。稳慎做好加强公务员队伍建设、完善公务员制度、事业单位人事制度改革、军转安置、深化工资收入分配制度改革、构建和谐劳动关系等宣传，为推动各项工作顺利开展提供良好的舆论支持。

三、加大先进典型宣传力度

（六）深化全国人力资源社会保障系统先进集体和先进工作者的宣传。中国组织人事报、中国劳动保障报继续开设专版专栏，按照报刊定位和分工，各有侧重地刊登先进集体和先进工作者的感人事迹。组织力量编辑出版《人力资源和社会保障系统先进集体先进人物优秀事迹选编》，集中展示先进典型的时代风貌、精神品质和突出贡献。

（七）抓好重大表彰活动的宣传。结合中华技能大奖和全国技术能手，第八届全国“人民满意的公务员”和“人民满意的公务员集体”等各类评选表彰活动，培育和发现事迹过硬、群众认可、反响强烈的新典型，积极组织记者团深入一线、深入群众，全面了解先进典型的优秀事迹，着重宣传先进典型的时代背景、成长经历和崇高精神，切实增强典型宣传的示范性、时代性和影响力、感召力。适时向中宣部推荐一批先进典型线索，力争纳入全国重大典型宣传计划，切实提高典型宣传的规格和水平。

四、做大做强宣传阵地

（八）加强与中央主要新闻媒体及各地主流媒体的沟通合作。进一步建立完善对口联系、定期走访、新闻通气等制度，形成沟通顺畅、联系密切的良性互动机制，构建多方合作、资源共享、优势互补的宣传格局。规范媒体采访接待、办理流程，增强服务意识，提高办事效率，做到既严守宣传纪律又热情周到服务。开展“2013 年人社好新闻”评选活动，鼓励新闻媒体及记者推出更多更好的精品力作。

（九）坚持和深化部属报刊改革。进一步优化资源配置，加强分类管理，集中力量抓好工作类期刊建设，准确定位，突出特色，加大深入基层和一线采访报道的力度，增强报刊的权威性、指导性、服务性和可读性，进一步提高办报办刊的质量和水平。各地人社部门要善于运用和发挥部属报刊的主阵地作用，及时提供高质量的报道素材和新闻线索，在通讯员队伍建设等方面提供必要的支持。

（十）加强和完善系统门户网站建设。丰富网上内容，增大信息量，提高信息更新的及时性和准确性。完善互动功能，尽快开通运行在线访谈、视频点播等交流互动栏目。探索开通政府微博等即时发布工具的可行性，更好地满足人民群众广泛参与互动交流的新期待、新需求。

（十一）拓展和延伸宣传触角。不断完善以人力资源市场、社保经办机构、基层劳动保障所（站）为依托的基层宣传平台，充分发挥“12333”公益电话的咨询服务作用，切实把宣传触角向基层、社区和乡村延伸，进一步扩大宣传覆盖面，为基层群众了解和掌握人力资源和社会保障政策及信息提供方便快捷的服务。坚持内宣与外宣一起抓，强化外宣阵地。结合重大外事活动，大力宣传我国人社工作理念、政策体系和发展成就，进一步扩大影响，增进共识，促进交流合作。

五、加强新闻发布和舆论引导

（十二）加强新闻发布工作。认真落实《人力资源社会保障部关于进一步加强人力资源和社会保障新闻发布工作的意见》（人社部发［2012］101 号），规范新闻发布的内容、形式、程序，重点做好例行新闻发布、专题新闻发布、应急新闻发布等。

各级人社部门要逐步建立健全新闻发布制度，完善工作机制，改进方式方法，推动省级人社部门普遍建立定时定点的新闻发布机制。

（十三）加强网络舆情监控。跟踪收集网络舆情，准确掌握舆情动态。对各种网上舆论要准确研判、深入分析、有效处置，全方位、全时空地掌握舆情形成变化过程。加强与互联网管理部门和重点新闻网站的沟通合作，建立健全网络舆情联动机制。

（十四）加强突发事件和热点问题舆论引导。按照及时准确、公开透明、有序开放、有效管理、正确引导的方针，密切跟踪热点问题的舆论发展态势，加强与业务部门的协调配合，通过新闻发布会、政策解读、在线访谈等形式对热点敏感问题进行有针对性的解疑释惑，及时消除误解。健全重大突发事件应急报道机制，制定应急预案，提高快速反应能力。对可能引发群体性事件的苗头性、倾向性问题，在第一时间采取果断措施处理，防止事态扩展和蔓延。

六、打造人社特色宣传品牌

（十五）继续开展“和谐中国民生行——人社政策法规主题宣传”。在全国人社系统深入推进“四个走进”（走进高校、走进企业、走进社区、走进农村）宣传活动，贴近群众上门送政策、送信息、送服务。适时召开经验交流会，组织媒体记者巡回采访报道，不断总结推广成功做法，巩固和深化主题活动成果，使之成为人社部门解读政策、服务群众的宣传品牌和展示形象的窗口。

（十六）强化公益宣传。根据全国宣传部长会议要求，开发一批群众喜闻乐见、生动活泼、形象直观的宣传品，创作一批主题鲜明、内容丰富、创意新颖的公益广告，运用广播电视、移动传媒、互联网等载体广为播放，真正达到广而告之、人人皆知的目的。联合中国教育电视台制作播出《职来职往——自主择业军转干部专场》系列节目，总结经验，整合各方优势，努力将其打造成为具有较高社会知名度和影响力的精品力作。

七、积极稳妥推进人社文化建设

（十七）深入开展人社文化建设调研。采取座谈、调查问卷、走访等多种形式，面向专家学者、有关单位、基层人社部门和广大人民群众广泛开展调查研究，理清工作思路，明确基本问题。

加强顶层设计，适时推出具有较强前瞻性、科学性和操作性的指导意见及工作方案，增强人社文化建设的先进性、整体性、针对性和时效性。

（十八）总结推广人社文化建设成果。鼓励和支持各地人社部门结合实际广泛开展，先行先试，不断探索，不断创新，不断发展。指导四川省、广东省东莞市总结开展“非常梦想——四川省首届农民工原创文艺作品大赛”“社保之夜”主题宣传活动的做法经验。积极配合中宣部做好第四届全国道德模范评选表彰活动，推荐系统道德楷模，大力培育和弘扬人社精神。

（十九）加强人社文化资料的收集整理。重要资料要分类存档，专人保管，全面准确地记录好人社工作发展进程和重大成就，为传承人社文化提供依据和载体。做好《中国人力资源和社会保障年鉴（2013）》编辑出版工作，按时收集提供素材，加快工作进度，提高出版质量。

八、强化管理规范秩序

（二十）加强宣传工作组织领导。各地人社部门要完善宣传工作领导小组，明确工作职责，健全工作机制，形成分工负责、齐抓共管的工作格局。加强宣传工作总体策划，将宣传工作与业务工作同策划、同部署。

（二十一）加强归口管理。进一步建立健全宣传工作规章制度，严格执行新闻发布、媒体采访和门户网站管理规定，强化宣传纪律，严把新闻出口关。强化新闻宣传工作的归口管理和统筹协调，严格落实责任制，确保各项宣传活动有序规范开展。

（二十二）加强宣传队伍建设。转作风正学风改文风，精简领导干部出席会议活动报道数量，把版面和镜头更多地对准基层。培养建立一支政治坚定、素质优良、作风过硬、富有创新精神、具有很强凝聚力战斗力的宣传工作队伍。

人力资源和社会保障部办公厅关于印发2013年专题调研计划的通知

人社厅发［2013］33号

各省、自治区、直辖市及新疆生产建设兵团人力资源社会保障厅（局），各副省级市人力资源社会保障局，部属各单位，公务员局：

根据《关于加强人力资源社会保障调查研究工作的意见》（人社部发［2011］24号）和《人力资源社会保障部党组改进工作作风密切联系群众的规定》（人社党字［2013］7号）的要求，我部确定了2013年专题调研计划，现印发给你们，并就有关事项通知如下：

一、各地和部属各单位要围绕中心、服务大局，高度重视调查研究工作。要根据人力资源和社会保障工作面临的形势任务和"实施两大战略、推进两大建设、深化两项改革"的工作布局，围绕今后五年及今年人力资源和社会保障重点工作，研究工作的现状，研究工作的内在矛盾，比较国内外的实践，了解工作的历史和发展，多做全局性、战略性、前瞻性的调查研究，为把握工作特点和规律，科学制定规划和计划，解决实际问题，推动工作落实提供参考。

二、部属各单位要深入基层、深入群众，认真组织开展专题调研。要实事求是、开拓创新，围绕各自确定的年度专题调研题目，按照"四个明确"要求，形成有价值的调研报告。各地人力资源社会保障厅局可参照部机关的做法，制定年度专题调研计划，就国内外形势发展变化带来的新影响新挑战、需要顶层设计的重大问题、制约事业发展的主要矛盾和群众反映强烈的突出问题，集中力量深入开展调查研究，形成一批有参考价值的调研成果。政策研究司负责编辑人力资源社会保障系统调研报告集，供学习交流。

三、各地和部属各单位要认真贯彻落实中央“八项规定”，按照部党组的有关要求，轻车简从，厉行节约，切实改进调研作风。

2013年4月8日

人力资源和社会保障部办公厅关于培养2013年人力资源社会保障系统双证公共管理硕士（MPA）研究生的通知

人社厅发［2013］72号

各省、自治区、直辖市及新疆生产建设兵团人力资源社会保障厅（局），各副省级市人力资源社会保障局，国务院各部委、各直属机构人事部门：

为进一步提高人力资源社会保障系统干部队伍整体素质，培养一批适应政府需要的高素质人才，2013年中国人事科学研究院委托中国人民大学公共管理学院开办人力资源社会保障系统双证公共管理硕士（MPA）研究生班。现就有关事项通知如下：

一、专业设置

委托中国人民大学公共管理学院面向人力资源社会保障系统招生两个班，每班30人，招生方向为：组织与人力资源管理；社会保障体系建设。

二、教学模式

教学分为三个阶段：第一阶段核心课程，按照教育部规定课程教学，由中国人民大学负责；第二阶段专业课程，紧密结合人力资源社会保障部的中心工作开展专业知识与专业技能教学，由部机关有关司局领导、部有关专家和中国人民大学共同承担；第三阶段撰写论文，根据人力资源社会保障部中心工作，中国人事科学研究院下达论文题目，学员根据自己的专业定向选题研究，论文答辩由中国人事科学研究院和中国人民大学共同完成。

三、授予学历学位

在规定期限内完成培养方案的规定内容，按照中国人民大学研究生学籍管理和学位授予的相关规定，符合条件的，颁发研究生学历证书，授予硕士学位。

四、报考条件

报考人的学历必须符合下列条件之一：

（一）大学本科毕业后有 3 年或 3 年以上工作经验的人员（截至 2014 年 9 月 1 日）。

（二）已获硕士学位或博士学位并有 2 年或 2 年以上工作经验的人员（截至 2014 年 9 月 1 日）。

（三）获得国家承认的高职高专毕业学历后，有 5 年或 5 年以上工作经验（截至 2014 年 9 月 1 日），达到与大学本科毕业生同等学力的人员；国家承认学历的本科结业生，按本科毕业同等学力身份报考。

其中，同等学力者报考须具备以下条件：

1. 报名时外语应达到国家四级水平。

2. 复试时提交相当于学士学位水平的论文（字数不少于 1 万字）或在报刊上发表的 3 篇文章。

3. 党校本科学历除中央党校成人教育学院本科学历外，其余的党校本科学历不能报考。

4. 在境外获得的学历证书须通过教育部留学服务中心的认证。

5. 已获硕士学位或博士学位的人员，可以再次报考硕士生，但只能报考委托培养或自筹经费的硕士生。

五、资格审查与报考推荐表

符合报考条件的政府部门管理人员、企事业单位人事部门工作人员，须填写《2013 年人力资源社会保障系统 MPA 报考资格审查与推荐表》，同时由本单位组织人事部门填写推荐意见并加盖公章，一式两份报中国人事科学研究院进行资格审查，报送截止时间为10月31日止。

资格审查合格，考生的《2013年人力资源社会保障系统MPA报考资格审查与推荐表》由中国人事科学研究院签署意见并加盖公章，送中国人民大学公共管理学院MPA教育中心，供学校招生、录取时使用。经省、区、市人力资源社会保障厅（局）推荐的考生，可优先录取。

六、报名办法及时间

招生采取网上报名的办法进行，招生简章可上网查询下载：

（一）网上报名网址：中国研究生招生信息网

教育网网址：http://yz.chsi.cn

公众网网址：http://yz.chsi.com.cn

（二）咨询电话：010-62513886

（三）网上报名日期

一般集中在2013年10月10日至31日，每天9:00—22:00，请各地区、各部门及报考人注意当地省级教育部门规定的报名截止时间。

七、考试方式及科目

参加2014年1月由教育部组织的全国管理类联考。

考试科目为：综合能力（语文、数学、逻辑）、英语。

八、学制及学习方式

实行学分制，学制为3年。采取在职兼读或半脱产学习方式。

北京地区的在职兼读学习为周末班；京外在职兼读学习为半脱产班，每年集中学习2次，每次1个月。

九、学习费用

录取学员须缴纳学费、论文答辩费共计5.4万元，由中国人民大学收取。学员毕业后，学习费用可由其所在单位给予适当支持。

十、有关要求

在人力资源社会保障系统开展MPA研究生教育，是人力资源社会保障系统中心工作的需要，是有计划改善人力资源社会保障系统干部队伍知识结构、加强干部能力建设、提高干部队伍素质的重要举措。各地区、各部门人力资源社会保障部门要高度重视，结合本地区、本部门人力资源社会保障干部教育培训规划，有比例地选派有关干部参加人力资源社会保障系统MPA研究生在职教育。

接到通知后，请尽快将本通知的内容转发下去，积极做好人员的推荐和选送工作，有关事宜请与中国人事科学研究院组织人事处联系。

附表：2013年人力资源社会保障系统MPA报考资格审查与推荐表（略）

2013年6月27日

就 业 促 进

国务院办公厅关于做好 2013 年全国普通高等学校毕业生就业工作的通知

国办发［2013］35 号

各省、自治区、直辖市人民政府，国务院各部委、各直属机构：

普通高等学校毕业生（以下简称高校毕业生）是国家宝贵的人才资源。做好高校毕业生就业工作，关乎经济发展、民生改善和社会稳定。2013 年，全国高校毕业生就业总量压力继续加大，结构性矛盾十分突出，就业任务更加繁重。党中央、国务院高度重视高校毕业生就业工作，要求采取切实有效的措施，进一步做好高校毕业生就业工作。经国务院同意，现就有关问题通知如下：

一、深入落实高校毕业生就业政策

近年来，国务院坚持劳动者自主就业、市场调节就业、政府促进就业和鼓励创业的方针，实施就业优先战略和更加积极的就业政策，围绕促进高校毕业生就业创业出台了一系列政策措施，各地区也结合实际制定了一些有本地特色的具体政策，对促进高校毕业生就业发挥了积极作用。但从目前情况看，有的政策尚未落实到位，政策效应尚未得到充分发挥。各地区、各有关部门要抓紧对高校毕业生就业政策落实情况组织一次集中检查，逐项督促落实。对尚未制定具体实施办法的，要抓紧研究制定，尽快实施，并跟踪了解落实情况；对其中门槛高、手续复杂的，要本着尽可能方便高校毕业生享受政策的原则，制定简便易行的操作流程，切实降低门槛、简化程序；对因保障措施不到位影响政策落实的，要加大投入，提高保障水平，确保政策顺利实施。同时，要适应新的形势和特点，积极创新，进一步细化和完善促进高校毕业生就业创业的政策措施。采取多种方式广泛宣传就业法律法规和政策，提高高校毕业生和用人单位的政策知晓度。

二、拓宽高校毕业生就业渠道

各地区、各有关部门要结合转方式、调结构的进程，积极为高校毕业生开发就业岗位，尤其要充分发挥战略性新兴产业、先进制造业、高新技术产业、智力密集型产业、现代服务业、现代农业发展对高校毕业生就业的拉动作用。在制定产业发展规划时，要同时制定人才培养、吸纳、引进计划。加大对小微企业的扶持力度，进一步落实社保补贴、培训补贴等扶持政策，鼓励其吸纳高校毕业生就业。大力宣传民营企业、非公有制经济组织对经济社会发展的重要意义和突出贡献，引导高校毕业生到民营企业、非公有制经济组织就业。引导国有企业积极履行社会责任，吸纳更多高校毕业生就业。结合推进城镇化、加强和创新社会管理进程，加大财政投入，探索通过政府购买服务的方式，开发城乡基层特别是城市社区和农村公共管理及社会服务工作岗位，引导高校毕业生到基层就业。统筹实施基层服务项目，规范岗位管理，健全保障机制，落实和完善生活补贴、社会保险、期满就业服务等政策，积极促进服务期满人员就业创业。开展农业技术推广服务特岗计划试点，选拔一批高校毕业生到乡镇担任特岗人员。加大面向基层考录公务员和招聘事业单位工作人员的力度。建立健全征集高校毕业生入伍服义务兵役的政策体系和长效机制。逐步扩大科研项目单位吸纳高校毕业生规模，鼓励优秀高校毕业生作为科研助理或辅助人员参与项目实施。

三、鼓励高校毕业生自主创业

各地区、各有关部门要积极完善创业政策，加强创业教育、创业培训和创业服务，大力扶持高校毕业生自主创业，尤其要鼓励高校毕业生创办国家和地方优先发展的科技型、资源综合利用型、智力密集型企业，支持通过网络创业带动就业。各高校要将创新创业教育融入专业教学和人才培养全过程，并将创业教育课程纳入学分管理，鼓励在校生积极参加创业教育和创业实践活动。鼓励高校与公共就业人才服务机构合作开展创业培训和实训，从2013年起，将创业培训补贴政策期限从目前的毕业年度调整为毕业学年（即从毕业前一年7月1日起的12个月）。各地区要对自主创业高校毕业生进一步放宽准入条件，降低注册门槛，创业地应按规定给予小额担保贷款及贴息、税费减免等政策扶持。加大政策倾斜力度，积极推进大学生创业孵化基地建设，为自主创业高校毕业生提供项目开发、开业指导、融资、跟踪扶持等“一条龙”创业服务。

四、加强高校毕业生就业服务

各地区、各高校要切实加强对高校毕业生的就业服务和职业指导。各高校要加快推进就业指导课程和学科建设，全面开展职业发展教育和就业指导，着力提高就业指导课程的针对性和实效性。加强专兼职结合的职业指导师资队伍建设，为高校毕业生提供个性化的咨询辅导。支持高校发挥自身优势，实行校企对接，有针对性地组织开展校园招聘活动。高校开展的校园招聘活动，可纳入公共就业服务大型专项活动项目给予适当支持。各地要充分发挥公共就业人才服务机构和高校毕业生就业指导服务机构的作用，广泛开展公共就业人才服务进校园活动，帮助高校毕业生及时了解就业形势、就业政策和企业用人需求。广泛收集适合高校毕业生的就业岗位信息，及时向高校和高校毕业生提供，并组织开展分区域、分行业、分层次的专场招聘活动。健全全国就业信息公共服务网络平台，实现与高校校园网互联互通，充分利用短信、微博、移动互联平台等多种渠道发布就业信息，切实降低求职成本。允许高校毕业生在求职地（直辖市除外）进行求职登记和失业登记，申领《就业失业登记证》，纳入本地免费公共就业服务和就业扶持政策范围。各级公共就业人才服务机构要从高校毕业生的实际需要和便利出发，统一服务标准，优化服务流程，提供高效、便捷的就业服务。

五、开展就业帮扶和就业援助

大力加强离校未就业高校毕业生就业服务。在全国范围内组织实施“离校未就业高校毕业生就业促进计划”，综合运用各项政策措施和服务手段，力争使每一名有就业意愿的离校未就业高校毕业生在年底前实现就业或参加到就业准备活动中。做好未就业高校毕业生离校前后实名信息衔接和服务接续。各地公共就业人才服务机构要及时了解未就业高校毕业生的情况，依托基层服务平台，一对一地开展服务。对有就业意愿的，及时提供用人信息；对有创业意愿的，组织其参加创业培训，提供创业服务，落实创业扶持政策；对暂时不能实现就业的，要通过扩大就业见习和职业培训规模，组织参加就业见习和职业培训；对就业困难高校毕业生，提供有针对性的就业援助。各地可根据当地经济发展和物价水平，适当提高高校毕业生就业见习基本生活补助标准；对高校毕业生参加职业技能培训和技能鉴定，应按规定给予补贴。

各地区、各高校要将特困家庭高校毕业生作为帮扶的重点，认真开展摸底排查，掌握特困家庭高校毕业生的求职情况，有针对性地开展帮扶。从 2013 年起，对享受城乡居民最低生活保障家庭的毕业年度内高校毕业生，可给予一次性求职补贴，补贴标准由省级财政、人力资源社会保障部门会同有关部门根据当地实际制定，所需资金按规定列入就业专项资金支出范围。

要进一步促进少数民族高校毕业生就业。各地区、各高校要高度重视少数民族高校毕业生的就业工作，给予必要的帮扶与指导，鼓励他们自主创业。承担对口支援西藏、青海、新疆任务的地区要组织本地用人单位积极面向受援地高校毕业生开展各类招聘活动，并将到本地求职的受援地高校毕业生纳入就业扶持政策范围。承担对口支援西藏、青海、新疆任务的中央企业要结合援助项目建设，积极吸纳当地高校毕业生就业。

六、大力促进就业公平

各地区、各有关部门要大力营造公平的就业环境。用人单位招用人员、职业中介机构从事职业中介活动，不得对求职者设置性别、民族等条件，招聘高校毕业生，不得以毕业院校、年龄、户籍等作为限制性要求。规范签约行为，任何高校不得将毕业证书发放与高校毕业生签约挂钩。加大人力资源市场监管力度，严厉打击招聘过程中的欺诈行为，及时纠正性别歧视和其他各类就业歧视现象。规范国有单位招聘行为，完善公务员招考和事业单位公开招聘制度，探索建立国有单位招聘信息统一公开发布制度，加强国有企业招聘活动监管，在国有企业全面推行分级分类的公开招聘制度，切实做到信息公开、过程公开、结果公开。加大劳动用工、缴纳社会保险费等方面的劳动保障监察力度，切实维护高校毕业生就业后的合法权益。

有关部门要按照《国务院关于进一步做好普通高等学校毕业生就业工作的通知》（国发［2011］16号）的要求，研究深化高校毕业生就业制度改革的具体意见，简化高校毕业生就业程序，消除其在不同地区、不同类型单位之间流动就业的制度性障碍。要指导督促各地制定实施办法，切实落实允许包括专科生在内的高校毕业生在就（创）业地办理落户手续的政策（直辖市按有关规定执行）。

七、推动高等教育更好地适应经济社会发展需要

要深入推动教育体制改革，根据国家经济社会发展水平和产业升级的需要，合理确定普通教育与职业教育发展规模，改善人力资源供给结构。扩大高校办学自主权，逐步建立高校教学质量外部考评机制，指导高校加强实践教学，着力培养学生的综合素质和实践能力，提高人才培养质量。加强职业教育和技能培训，完善相关政策和激励措施，创新技能人才培养模式，搭建技能人才职业发展通道。加强经济社会发展对高校毕业生需求的前瞻性研究，建立健全高校毕业生需求预测和发布制度，完善就业状况的反馈机制，引导高校合理调整专业设置。建立高校毕业生就业和重点产业人才供需对接机制，超前部署重点产业相关专业设置和培养计划，努力实现人才培养、社会需求和就业的良性互动。

八、加强高校毕业生就业工作组织领导

各地区、各有关部门要把高校毕业生就业工作摆在重要位置，落实责任、各方努力，加强引导、综合施策。将高校毕业生就业工作情况列入政府政绩考核内容，明确具体目标、工作措施和进度，把责任落实到地方、部门和高校，把工作做到前面，切实缓解高校毕业生的就业困难，切实保障应届高校毕业生就业水平不降低，并力争有所提高。要充分发挥就业工作联席会议制度的作用，建立健全高校毕业生就业工作领导和协调机制，分工协作，齐抓共管，形成合力。要将高校毕业生就业工作经费纳入同级财政预算，切实保障各项就业服务工作开展所需经费。要密切关注高校毕业生就业形势，加强分析研判，及时研究解决工作中出现的新情况、新问题，同时要研究解决高校毕业生就业难问题的长远措施。要加大高校毕业生就业工作宣传力度，重点宣传新时期就业方针和就业创业政策措施，以及高校毕业生到基层就业创业的先进典型，引导广大高校毕业生树立正确的就业观和择业观，将个人理想融入实现中华民族伟大复兴中国梦进程中，到城乡基层、到中小企业、到中西部地区、到祖国最需要的地方成长成才、建功立业。

各地区、各有关部门要按照本通知精神，抓紧制定实施办法，切实抓好贯彻落实。

2013年5月16日

人力资源和社会保障部关于印发就业专项资金管理纪律规定的通知

人社部发［2013］14号

各省、自治区、直辖市及新疆生产建设兵团人力资源社会保障厅（局）：

为进一步规范就业专项资金管理使用工作和从业人员行为，根据有关法律法规，特制定《就业专项资金管理纪律规定》，现印发给你们，请认真贯彻执行。

本规定适用于全国人力资源社会保障系统从事或参与就业专项资金管理使用工作的人员，包括就业、职业培训、技能鉴定、劳动关系、社会保险行政人员和经办人员，信息管理系统相关人员。

各地要把贯彻落实本规定作为改进工作作风、加强惩治和预防腐败体系建设、推动就业工作科学发展的重要举措，结合本地实际，针对就业专项资金管理特点及问题易发多发的重点环节，抓紧研究制定具体贯彻措施。要健全完善科学、民主、公开的资金分配制度，资金使用监督制度，资金拨付公示制度，资金支出结果报告制度，资金监管质询、问责和跟踪反馈制度，严格按制度办事。要加强监督检查，把纪律规定执行情况作为每年度就业专项资金管理专项检查的重要内容，及时纠正处理违规违纪行为，并将规定执行情况与检查结果一并上报。

2013年2月18日

就业专项资金管理纪律规定

一、不准超越权限、违反规定、违反程序决定、干预或插手就业专项资金分配。

二、不准截留或拖延下拨就业专项资金。

三、不准隐匿、转移、侵占、挪用、拆借就业专项资金。

四、不准将就业专项资金私存私放，或与其他资金混存、混支、混用。

五、不准将就业专项资金用于设立“小金库”或委托理财，或违规用于部门及单位人员经费、公用经费、差旅费、会议费以及房屋建筑物购建、租赁、交通工具购置等与落实就业政策无关的支出。

六、不准在审批中随意扩大或缩小就业政策补助范围、增减补贴项目、变更补贴标准、在手续和资料不全的情况下批准拨付就业专项资金。

七、不准弄虚作假、欺诈、骗取、套取或协助他人骗取、套取就业补贴资金。

八、不准违规在接受补贴的单位兼职、取酬、投资入股。

九、不准默许、纵容、授意配偶、子女及其配偶、其他特定关系人收受补贴申领对象的财物，在其管辖地区和业务范围内从事与就业政策补贴直接相关的职业培训、职业中介等经营活动，或在其中担任高级职务。

十、不准违反规定、违反程序、降低标准确定定点培训机构、中介机构、见习基地。

十一、不准向违反培训合同、分包转包培训任务的职业培训机构发放补贴资金。

十二、不准伪造、篡改、擅自销毁就业专项资金补贴对象的基本信息、享受补贴政策记录及申领补贴政策的基础材料等。

十三、不准在使用就业专项资金进行政府采购过程中采取围标串标、明招暗定、以次充好、回避招标或其他非法手段谋取私利。

十四、不准在资金分配、管理、审批等各环节谋取不正当利益，索取、收受或以借为名占用行政相对人的财物，接受可能影响公正执行公务的礼品、宴请及旅游、健身、娱乐等活动安排，接受礼金和各种有价证券、支付凭证。

十五、不准以资金分配、管理、审批为由从管理和服务对象以及其他与行使职权有关系的单位列支或提取工作经费、赞助费。

人力资源和社会保障部关于实施离校未就业高校毕业生就业促进计划的通知

人社部发［2013］41号

各省、自治区、直辖市及新疆生产建设兵团人力资源社会保障厅（局）：

按照《国务院办公厅关于做好2013年全国普通高等学校毕业生就业工作的通知》（国办发［2013］35号）要求，为做好离校未就业高校毕业生就业工作，从2013年起实施离校未就业高校毕业生就业促进计划。现就有关工作通知如下：

一、目标任务

将有就业意愿的离校未就业高校毕业生全部纳入公共就业人才服务范围，对有就业意愿的，及时提供用人信息；对有创业意愿的，组织其参加创业培训，提供创业服务，落实创业扶持政策；对暂时不能实现就业的，组织参加就业见习和职业培训；对就业困难高校毕业生，提供有针对性的就业援助。综合运用各项政策措施和服务手段，力争使每一名有就业意愿的离校未就业高校毕业生在毕业半年内实现就业或参加到就业准备活动中。

二、工作措施

（一）开展实名登记

地方各级人社部门所属公共就业人才服务机构和基层公共就业服务平台要面向所有离校未就业高校毕业生（包括户籍不在本地的高校毕业生）开放，办理求职登记或失业登记手续，发放

《就业失业登记证》，摸清就业服务需求。其中，直辖市为非本地户籍高校毕业生办理失业登记办法按现行规定执行。各地对高校或教育部门提供的有就业意愿的未就业高校毕业生实名制信息，按户籍地进行层层分解，由基层平台主动联系，对回到当地求职的，掌握就业服务需求；对未回当地的，掌握就业状况并宣讲政策。

（二）提供职业指导

对实名登记的所有未就业高校毕业生，各地都要提供更具针对性的职业指导。通过向高校毕业生宣讲就业政策和就业形势，帮助高校毕业生了解当地人力资源市场供求情况，树立正确的求职就业观念；通过开展职业素质测评，帮助高校毕业生了解自身特点、职业能力，合理确定求职方向；通过组织团体指导、应聘模拟训练等活动，帮助高校毕业生提高求职应聘能力。根据高校毕业生的特点和需求，不断改进方式方法，提高职业指导效果。

（三）提供就业信息

对有求职意愿的高校毕业生，各地要及时提供就业信息。广泛收集发布岗位信息，有针对性地开展分行业、分专业专场招聘活动和网络招聘活动。要以地级城市或省（区、市）为单位，建立招聘信息互联共享机制，实现辖区内招聘信息联网共享，使高校毕业生在各级公共就业人才服务机构和基层公共就业服务平台都能看到及时有效的招聘信息。通过短信、微博等方式，为登记求职的离校未就业高校毕业生定制定向发布就业信息。对吸纳离校未就业高校毕业生的企业，帮助其按规定享受相关扶持政策。

（四）提供创业服务

对有创业意愿的高校毕业生，各地要纳入当地创业服务体系，提供政策咨询、项目开发、创业培训、融资服务、跟踪扶持等“一条龙”创业服务。会同有关部门落实好小额担保贷款及贴息、税费减免、落户等各项创业扶持政策。对实名登记的非本地户籍的自主创业高校毕业生，各地都要给予与本地户籍自主创业高校毕业生同等的政策扶持。积极推进大学生创业孵化园建设，大力支持离校未就业高校毕业生从事网络创业。

（五）开展重点就业帮扶

各地要将零就业家庭、经济困难家庭、残疾等就业困难的未就业高校毕业生列为重点工作对象，提供“一对一”个性化就业帮扶，确保实现就业。对残疾高校毕业生，要配合残联向用人单位重点推荐，落实企业按比例吸纳残疾人就业的政策。对接受各项就业创业服务后仍难以实现就业的，可开发临时性就业岗位，保障其基本生活有着落。按规定落实好城乡低保家庭毕业年度内高校毕业生求职补贴政策。

（六）组织就业见习

对有就业见习意愿的高校毕业生，各地要及时纳入就业见习工作对象范围，确保能够随时参加。结合当地产业发展和市场需求，以企业为主体建立并拓展一批见习基地，大力开发就业见习岗位。通过多种途径发布就业见习岗位信息，组织开展见习供需见面活动。规范见习管理，加强见习期间的跟踪指导、考核监督、安全管理，提高见习质量。落实见习期间基本生活费补助政策，积极协调财政部门根据实际情况适当提高补助标准。

（七）组织职业培训

对有培训意愿的离校未就业高校毕业生，各地要结合其专业特点，组织参加职业培训和技能鉴定，按规定落实相关补贴政策。结合当地产业发展和市场需求开发适合高校毕业生的培训项目，及时向社会发布本地区政府补贴培训职业（工种）目录。在全国范围内组织开展“离校未就业高校毕业生技能就业专项活动”，动员 1 000 所国家级重点以上技工院校和职业培训机构开展有针对性的技能培训。

（八）提供人事劳动保障代理服务

地方各级公共就业人才服务机构要为离校未就业高校毕业生免费提供档案托管、人事代理、社会保险办理和接续等一系列服务，简化服务流程，提高服务效率；有条件的地方可对到小微企业就业的离校未就业高校毕业生，提供免费的人事劳动保障代理服务。

（九）加强劳动权益保护

各地要加大人力资源市场监管力度，严厉打击招聘过程中的欺诈行为，及时纠正性别歧视和其他各类就业歧视。加大劳动用工、缴纳社会保险费等方面的劳动保障监察力度，切实维护高校毕业生就业后的合法权益。

三、工作要求

（一）加强组织领导。各地要高度重视，将实施就业促进计划作为一项重要措施，每年高校毕业生离校前，要提前搞好摸底调查，结合本地实际，确定工作目标，制定实施方案，明确牵头部门、责任单位、工作措施和工作进度，抓好组织实施。要加强工作督促和检查，密切关注工作进展情况，研究解决工作推动中出现的新情况、新问题，重大问题要及时上报。

（二）广泛宣传动员。各地要制定宣传方案，明确宣传重点、宣传措施，通过持续开展主题突出、内容丰富、形式多样的宣传报道，力争让每一名离校未就业高校毕业生知晓计划并积极参与。大力宣传就业促进计划的目标和主要内容，扩大社会影响。结合本地实际，制作宣传画、宣传册、公益广告等各类宣传材料，在公共就业人才服务机构、高校、街道社区、各类招聘现场张贴和发放。积极应用微博、移动互联平台等青年人喜爱的形式广泛宣传。

（三）提高服务水平。各级公共就业人才服务机构以及街道社区要设立专门服务窗口，确定专人负责，实行首问负责制。同一城市的公共就业人才服务机构之间要实现业务互通，数据共享，统一服务标准，让高校毕业生享受同等服务。各技工院校和职业培训机构要精心组织开展离校未就业高校毕业生技能培训，切实提高培训质量，突出培训成效。

（四）开展实名登记高校毕业生就业监测。各地要对实名登记的离校未就业高校毕业生开展跟踪回访，及时了解其就业状况、接受就业服务情况、享受就业政策扶持情况，做好记录，并纳入就业监测基础数据库，定期上传。有关操作性、技术性要求另行部署。

2013 年 5 月 29 日

人力资源和社会保障部　教育部财政部关于做好高校毕业生求职补贴发放工作的通知

人社部发［2013］43号

各省、自治区、直辖市人力资源社会保障厅（局）、教育厅（教委）、财政厅（局）：

为落实《国务院办公厅关于做好2013年全国普通高等学校毕业生就业工作的通知》（国办发［2013］35号）要求，从2013年起，对享受城乡居民最低生活保障家庭的毕业年度内高校毕业生给予一次性求职补贴。现就有关问题通知如下：

一、发放对象。在毕业年度内有就业意愿并积极求职的享受城乡居民最低生活保障家庭的高校毕业生。

二、发放原则。坚持自愿申请、公开公正、属地管理、专款专用的原则。

三、申领发放程序。各高校应组织符合条件的高校毕业生在离校前集中申请一次性求职补贴。申请材料应附：高校毕业生所在家庭享受城乡居民最低生活保障的证明、本人身份证件复印件、个人银行账户等。各高校要对申请材料进行初审，并将初审通过的申请补贴人员名单在校园内公示。各高校将公示无异议的申请补贴人员名单及申请材料汇总报送高校所在地人力资源社会保障部门。人力资源社会保障部门应及时对申请材料进行审核，审核通过后将补贴发放人员名单报送高校所在地同级财政部门。

财政部门将补贴资金支付到高校毕业生在银行开立的个人账户。

四、补贴标准及列支渠道。补贴标准由省级财政、人力资源社会保障部门会同有关部门根据当地实际制定。2013 年，各地发放的一次性求职补贴列入政府收支分类科目第 2080799 项“其他就业补助支出”科目。2014 年起按政府收支分类科目规定的科目列支。

五、工作要求。各有关部门、各高校要高度重视，明确任务分工，加强协调配合，扎实做好补贴发放工作。高校所在地人力资源社会保障部门和高校要设立并公布监督举报电话。对相关举报投诉，人力资源社会保障部门要会同有关部门、高校认真核查，对经查实虚报冒领求职补贴的高校毕业生，责令退回补贴资金，并由高校将不良记录记入本人学籍档案。高校毕业生家庭所在地民政部门、有关高校出具虚假证明，骗取、套取补贴资金的，对有关责任人要依法依纪严肃处理。

2013 年 6 月 5 日

人力资源和社会保障部关于开展2013年全国高校毕业生就业工作专项督查的通知

人社部明电［2013］4号

各省、自治区、直辖市人力资源社会保障厅（局）：

为推动贯彻落实国务院关于高校毕业生就业工作的决策部署，国务院就业工作部际联席会议定于6月中下旬组织开展2013年全国高校毕业生就业工作专项督查。现就有关工作通知如下：

一、督查目的

了解各地贯彻《国务院办公厅关于做好2013年全国普通高等学校毕业生就业工作的通知》（国办发［2013］35号，以下简称国办35号文件）和全国普通高校毕业生就业工作电视电话会议精神情况，逐项推动促进高校毕业生就业创业政策措施落实，切实缓解高校毕业生的就业困难，切实保障应届高校毕业生就业水平不降低，并力争有所提高。

二、督查内容

（一）高校毕业生就业工作目标任务完成情况。包括本地区应届高校毕业生签约率、就业去向、分专业就业情况及与去年同期变化情况；对今年初次就业率的预判；对推动落实今年高校毕业生就业目标任务的建议。

（二）贯彻落实国办35号文件和高校毕业生就业工作电视电

话会议精神情况。包括制定出台本地区贯彻落实国办 35 号文件实施办法进展、主要亮点和特色；对今年高校毕业生就业工作部署情况；开展高校毕业生就业指导和就业服务工作情况；实施离校未就业高校毕业生就业促进计划准备情况。

（三）促进高校毕业生就业创业政策措施落实情况。包括对政策落实情况的总体评价，促进高校毕业生就业创业各项政策措施（包括国办 35 号文件提出的新政策措施）贯彻落实情况及成效，做好高校毕业生就业工作的经验做法，面临的主要问题及建议。

同时，请认真填写高校毕业生就业情况调查表、高校毕业生就业重点政策措施落实情况调查表。

三、工作步骤

督查分为地方自查与国务院就业工作部际联席会议督查两个阶段。

地方自查时间为 6 月份。各地要按照督查内容组织开展省内自查，督促工作进展，查找存在问题，提出整改意见。

国务院就业工作部际联席会议督查时间为 6 月中下旬。由国务院就业工作部际联席会议有关成员单位部级领导带队，各成员单位和中组部、科技部、公安部、解放军总参谋部等相关部门参加，组成若干检查组，分赴有关省份重点督导。（重点督查省份、各组督查人员名单及督查时间另行通知）。

四、工作方式

国务院就业工作部际联席会议督查方式主要有：

（一）听取工作汇报。重点听取省里综合性汇报，听取就业工作联席会议有关单位专项汇报，全面了解政策落实和工作进展情况，总结经验，查找问题，听取意见和建议。

（二）深入基层考察。根据各督查组侧重点，深入用人单位、高校、公共就业人才服务机构或街道社区基层服务平台，了解各项政策措施的实施情况及效果，检查就业指导和就业服务工作开展情况。

（三）召开专题座谈。组织召开用人单位、公共就业人才服务机构、高校相关人员和高校毕业生座谈会，了解高校毕业生就业情况和政策落实情况，听取意见和建议。

（四）交换意见。督查结束后，根据重点督查情况、本省自查情况等，对当地高校毕业生就业政策落实和就业工作进展情况进行评估，并与督查省份交换意见。

五、工作要求

（一）提高认识，加强领导。高校毕业生就业政策落实和就业工作进展情况专项督查是贯彻落实国务院常务会议精神的具体行动，是全面落实高校毕业生就业政策、扎实推动高校毕业生就业工作的重要举措。要统一思想，提高认识，切实加强组织领导，及时将本通知精神向党委、政府报告，向联席会议成员单位通报，并按照党委、政府要求，围绕督查重点，制定务实高效的督查方案，认真组织开展督查活动。

（二）精心组织，周密部署。要发挥人力资源社会保障部门牵头作用，由厅局主要负责同志亲自挂帅，协调和组织就业工作联席会议各成员单位和有关部门积极参与，明确任务，落实责任，密切配合，按照督查要求，深入企业、深入高校、深入基层，掌握第一手情况。

（三）加强宣传，狠抓整改。要结合督查活动，大力宣传国家和当地促进高校毕业生就业创业的政策措施，总结推广好的经验做法，选树一批先进典型。同时，要及时查找工作中存在的问题，边督查、边研究、边整改、边落实。

各省自查总结报告和调查表请于7月5日前上报我部。

附件：1. 高校毕业生就业情况调查表（略）

2. 促进高校毕业生就业重点政策措施落实情况调查表（略）

2013年6月9日

全国妇联　人力资源和社会保障部
关于支持妇女从事手工编织实现就业创业的意见

妇字〔2013〕26号

各省、自治区、直辖市及新疆生产建设兵团妇联、人力资源社会保障厅（局）：

为贯彻落实党的十八大提出的实现更加充分就业的目标，进一步拓展就业渠道，扩大就业规模，提高妇女群众收入水平，促进社会和谐稳定，现就支持妇女从事手工编织实现就业创业提出如下意见：

一、充分认识手工编织产业吸纳妇女就业的重要意义

手工编织产业是一项有着深厚文化底蕴和民族特色的传统产业，具有绿色环保、工作场所和工作方式灵活等特点，是农村富余女劳动力、失业失地妇女、残疾妇女等妇女群体实现就业创业的重要渠道。但是，目前手工编织产业还存在着组织化程度较低、产业发展较弱、政策扶持较少、技能人才缺乏、市场竞争力不强等问题，制约了产业的升级发展，使大量潜在的就业机会无法转化为现实的就业。各级妇联组织和人社部门要结合贯彻落实就业优先战略和更加积极的就业政策，加大对妇女发展手工编织的扶持，满足更多女性劳动者在这一领域就业发展的需求。

二、加大培育妇女手工编织技能人才支持力度

各地妇联组织、人社部门要根据当地手工编织产业发展实际，结合地区优势、市场需求和妇女就业特点，制定手工编织产业技能人才培训规划。研究制定手工编织产业从业人员技能标准，培养初、中、高级不同层次、满足手工编织专业化、产业化发展需求的技能人才队伍，培育一批非遗传承人、手工技艺大师和创业带头人。整合培训资源，完善以职业院校、企业和各类职业培训机构为载体的手工技能培训体系，将妇联组织推荐的、符合相关条件的妇女手工编织合作组织或龙头企业纳入就业培训基地认定范围。大力开展各类培训，结合手工编织产业发展的潜在需求，开展就业技能培训和职业技能提升培训，根据企业生产实际需求，开展订单培训、定向培训，对有创业意愿的手工编织从业者开展创业培训，着力提高培训的实效性和就业率。

三、落实妇女从事手工编织产业相关扶持政策

从事手工编织产业的城镇登记失业妇女、农村转移就业女性劳动者、毕业年度女大学生、城乡未继续升学的初高中女毕业生参加手工编织就业技能培训或创业培训，培训合格并通过技能鉴定，取得相关职业资格证书或专项职业能力证书、培训合格证的，根据其取得的职业资格证书或就业情况，按规定给予培训费补贴和技能鉴定补贴。要根据手工编织技艺培训难易程度、时间长短、培训成本等实际情况，合理确定手工编织技能培训补贴标准，确保培训质量。

对符合就业困难人员条件的妇女，从事手工编织产业，与手工编织企业或组织签订劳动合同的，按规定给予相应期限的社会保险补贴；对没有签订劳动合同，自己申报就业，并以个人身份缴纳社会保险费的，按规定给予灵活就业人员社会保险补贴。

鼓励妇女面向手工编织产业自主创业。对符合条件的女性劳动者在手工编织领域创业的，落实税收优惠、小额担保贷款、财政贴息、资金补贴、场地安排等扶持政策。健全创业服务体系，依托各类手工编织协会、商会、合作组织及各类创业孵化基地，为创业者提供项目信息、政策咨询、开业指导、人力资源、跟踪扶持等服务。

四、支持妇女手工编织组织和龙头企业发展

各地妇联、人社部门要充分发挥妇女手工编织组织和龙头企业的行业引领作用。有条件的地区要安排经费，对妇女手工编织组织和龙头企业开发职业培训教材、师资培训、职业技能竞赛等工作给予支持。对符合小额担保贷款政策条件的合作组织和企业，可按相关政策规定，申请小额担保贷款。积极争取村镇银行、城市银行、小额贷款公司等新型金融服务机构对妇女合作组织、手工编织企业融资给予支持。充分发挥就业促进会、女企业家协会等团体的资源优势，为企业提供政策咨询、法律援助、创业创新、投资融资、市场开拓等服务，提高企业经营管理水平。

五、加强对妇女从事手工编织实现就业创业工作的组织领导

各地妇联、人社部门要高度重视妇女从事手工编织实现就业创业工作，将其作为创新社会管理、促进就业创业的重要内容，切实加强统筹规划、组织领导、分工协作。要充分发挥就业工作联席会议的作用，争取财政、税务、工商、农业、教育、旅游、文化等部门的参与和支持，建立联动机制，形成工作合力。要结合各地实际，制定发展手工编织促进妇女就业创业工作的具体目标，扎实推进，有效落实。要积极宣传扶持妇女手工编织产业发展的相关政策，树立创业典型，努力营造促进妇女就业创业的良好氛围。

2013 年 6 月 18 日

中共中央组织部　中央机构编制委员会办公室　财政部　人力资源和社会保障部　国务院国有资产监督管理委员会　国家公务员局　残联关于促进残疾人按比例就业的意见

残联发［2013］11号

各省、自治区、直辖市及计划单列市党委组织部、编制办公室、财政厅（局）、人力资源社会保障厅（局）、国资委、公务员局、残联，新疆生产建设兵团党委组织部、编制办公室、财务局、人力资源社会保障局、国资委、公务员局、残联：

残疾人是就业困难群体。为保障残疾人劳动就业权益，上世纪90年代，我国参照国际通行做法，建立了用人单位按比例安排残疾人就业制度。这一制度的实施对于建立完善残疾人就业保护和就业促进制度体系，改善残疾人就业状况发挥了重要作用。按比例就业已成为我国残疾人就业的一种重要形式。但从实践看，目前残疾人按比例就业仍然存在着相关规定落实难、用人单位缺乏主动性和积极性等问题。为进一步促进残疾人按比例就业，现提出以下意见。

一、依法推进残疾人按比例就业

（一）《中华人民共和国残疾人保障法》规定“国家实行按比例安排残疾人就业制度”。《残疾人就业条例》进一步明确“用人单位应当按照一定比例安排残疾人就业，并为其提供适当的工种、岗位”。这些规定确立了我国按比例安排残疾人就业的法律制度，明确了按比例安排残疾人就业是用人单位的责任和义务，体现了对残疾人就业权利的尊重和保护。各地要根据国家法律规定，制定地方配套法规政策，进一步细化按比例就业的有关规定，增强可操作性和规范性，提高执行力和约束力。要依法行政，推动用人单位履行法律责任和义务。要加大执法检查力度，把残疾人按比例就业列为重点检查内容，发现问题，及时通报，妥善纠正和解决。

二、推动党政机关、事业单位及国有企业带头安排残疾人就业

（二）《中共中央、国务院关于促进残疾人事业发展的意见》（中发［2008］7号）明确提出“党政机关、事业单位及国有企业要带头安置残疾人”。党政机关、事业单位及国有企业应当为全社会做出表率，率先垂范招录和安置残疾人。根据残疾人按比例就业制度相关规定，各级机关、事业单位应包含一定数量的岗位用于残疾人就业。

（三）各级党政机关在坚持具有正常履行职责的身体条件的前提下，对残疾人能够胜任的岗位，在同等条件下要鼓励优先录用残疾人。各地要切实维护残疾人平等报考公务员的权利，除特殊岗位外，不得额外设置限制残疾人报考的条件。招录机关专设残疾人招录岗位时，省级以上公务员主管部门要给予放宽开考比例等倾斜政策。各地在招录公务员时，要结合实际，采取适当措施，努力为残疾人考生创造良好的考试环境。

（四）各级残疾人工作委员会成员单位要率先招录残疾人，继而带动其他党政机关。各级党政机关中的非公务员岗位（科研、技术、后勤等），要积极安排残疾人就业，并依法与残疾职工订立劳动合同，保障其合法权益。到2020年，所有省级党政机关、地市级残工委主要成员单位至少安排有1名残疾人。各级残联机关干部队伍中都要有一定数量的残疾人干部，其中省级残联机关干部队伍中残疾人干部的比例应达到15%以上。

（五）各级党政机关要督导所属各类事业单位做好按比例安排残疾人就业工作。各类事业单位要结合本单位岗位构成情况，确定适合残疾人就业的岗位，多渠道招聘残疾人。

（六）国有和国有控股企业应根据行业特点，确定适合残疾人就业的岗位，招录符合岗位要求的残疾人就业。企业对招录的残疾人应依据《中华人民共和国劳动合同法》订立劳动合同，实行同工同酬。

三、加大对用人单位的补贴、奖励和惩处力度

（七）认真贯彻《中华人民共和国就业促进法》及相关法律法规，落实就业专项资金管理的有关规定，对参加职业培训、职业技能鉴定并符合条件的残疾人给予职业培训、职业技能鉴定补贴，对吸纳残疾人就业并符合条件的用人单位，按规定给予社会保险补贴。

（八）加大残疾人就业保障金（以下简称残保金）对按比例和超比例安置残疾人就业单位的奖励力度，提高用人单位安排残疾人就业的积极性。

（九）用人单位安排残疾人就业达不到规定比例的，应严格按规定标准缴纳残保金。对拒不安排残疾人就业又不缴纳残保金的用人单位，可采取通报、申请法院强制执行等措施。各地应将用人单位是否履行按比例安排残疾人就业义务纳入各类先进单位评选标准，对于不履行义务的用人单位，不能参评先进单位，其主要负责同志不能参评先进个人。

四、加强对用人单位按比例安排残疾人的就业服务

（十）加强培训提高残疾人就业能力，是促进残疾人按比例就业的基础。各地要贯彻落实《关于加强残疾人职业培训促进就业工作的通知》（残联发［2012］15号）精神，下大力气抓好残疾人职业培训。准确了解用人单位用工情况，结合岗位需求，有针对性地组织残疾人开展订单培训、定向培训、定岗培训，不断提高残疾人职业技能，以适应用人单位需求。

（十一）各级公共就业服务机构和残疾人就业服务机构要发挥好用人单位与残疾人之间的桥梁和纽带作用，准确掌握辖区内就业年龄段残疾人的基本情况，加快完善残疾人就业需求登记制度；全面了解辖区用人单位的岗位需求，定期做好信息发布。主动走进残疾人家庭和用人单位，掌握第一手信息，重点做好向用人单位的推荐工作。协助用人单位定期或不定期开展残疾人招聘活动，促进用人单位按比例安排残疾人。

五、齐抓共管协力促进残疾人按比例就业

（十二）残疾人按比例就业是国家为保护和促进残疾人就业而采取的重要举措，是法律赋予用人单位的责任和义务。各有关部门要高度重视这一工作，建立促进残疾人按比例就业的协调工作机制，共同做好制度完善、政策落实、监督管理等各项工作。加强对按比例就业法规政策、履行法律义务的用人单位的宣传，进一步扩大社会影响，营造良好的社会环境。

（十三）各级人力资源社会保障部门要依法加强残疾人劳动权益维护工作。各类职业院校和培训机构要积极参与和承担残疾人职业培训职责。公共就业服务机构和基层劳动就业社会保障服务平台要加强对残疾人的就业服务和就业援助。

（十四）各级公务员主管部门负责落实并指导各部门做好残疾人公务员招录工作。要建立党政机关残疾人公务员实名制统计制度，准确掌握残疾人公务员底数。

（十五）各级事业单位登记管理部门在事业单位登记管理、绩效评估和年度审核工作中，要积极引导事业单位按比例安排残疾人就业。

（十六）各级国资委要重视并督促国有及国有控股企业按比例安排残疾人就业工作，积极推进残疾人就业工作。

（十七）财政部将会同国务院有关部门重新修订《残疾人就业保障金管理暂行办法》（财综字［1995］5 号），各省（区、市）要认真落实并相应修订完善本地区残保金具体实施办法，更好地发挥残保金对促进残疾人就业的作用。各地要大力加强残保金征收使用管理。落实征收机关的责任，完善征收措施、规范征收程序、加大征收力度，做到依法征收、应收尽收。建立责任追究制度，对擅自多征、减征、缓征残保金的，要严肃追究责任人的责任。进一步规范残保金使用管理，残保金要专项用于残疾人职业培训、奖励超比例安置残疾人单位、扶持残疾人就业相关支出，不得挪作他用。要将残保金收支纳入各级政府性基金预算管理，提高资金使用效益。

（十八）各级残联及所属残疾人就业服务机构要积极主动做好残疾人按比例就业工作。沟通协调有关部门，进一步健全规范按比例就业制度。着力抓好残疾人职业培训，提高残疾人就业能力，向用人单位主动介绍、推荐残疾人；落实对按比例和超比例安排残疾人就业单位的补贴和奖励；加强对用人单位按比例安排残疾人就业情况的年审和检查、监督，完善各项服务。

（十九）各省、自治区、直辖市、计划单列市和新疆生产建设兵团有关部门要根据本意见精神，协商制定具体实施意见，并于 2013 年 12 月 31 日前报送上级主管部门。

2013 年 8 月 19 日

财政部　人力资源和社会保障部
中国人民银行关于加强小额担保
贷款财政贴息资金管理的通知

财金［2013］84号

各省、自治区、直辖市、计划单列市财政厅（局）、人力资源社会保障厅（局），中国人民银行上海总部、各分行、营业管理部、省会（首府）城市中心支行，大连、青岛、宁波、厦门、深圳市中心支行，各有关金融机构：

为贯彻落实中央经济工作会议对创业带动就业工作提出的新要求，进一步做好下岗失业人员小额担保贷款（以下简称小额担保贷款）工作，加强财政贴息资金管理，提高财政资金使用效益，现就有关事项通知如下：

一、严格执行贴息贷款政策标准

（一）小额担保贷款的申请和财政贴息资金的审核拨付，要坚持自主自愿、诚实守信、依法合规的原则。各级财政部门要充分认识到小额担保贷款工作对于促进就业、改善民生的重要意义，切实履行职责，加强财政贴息资金审核，规范政策执行管理。

（二）财政贴息资金支持对象按照现行政策执行，具体包括符合规定条件的城镇登记失业人员、就业困难人员（一般是指大龄、身有残疾、享受最低生活保障、连续失业一年以上，以及因失去土地等原因难以实现就业的人员）、复员转业退役军人、高校毕业生、刑释解教人员，以及符合规定条件的劳动密集型小企业。上述人员中，对符合规定条件的残疾人、高校毕业生、农村妇女申请小额担保贷款财政贴息资金，可以适度给予重点支持。

（三）财政贴息资金支持的小额担保贷款额度为，高校毕业生最高贷款额度 10 万元，妇女最高贷款额度 8 万元，其他符合条件的人员最高贷款额度 5 万元，劳动密集型小企业最高贷款额度 200 万元。对合伙经营和组织起来就业的，妇女最高人均贷款额度为 10 万元。

（四）财政贴息资金支持的个人小额担保贷款利率为，在中国人民银行公布的同期限贷款基准利率的基础上上浮不超过 3 个百分点。财政贴息资金支持的小额担保贷款期限最长为 2 年，对展期和逾期的小额担保贷款，财政部门不予贴息。

二、认真做好贴息贷款发放审核工作

（五）地方各级财政部门要会同人力资源社会保障部门、中国人民银行分支机构，共同做好小额担保贷款政策的组织实施工作，建立和落实贷款回收责任制，切实防范和控制贷款风险。妇联组织、经办担保机构、经办金融机构，要按照各自职责，认真做好小额担保贷款工作，确保贷款“贷得出、用得好、收得回”。

（六）小额担保贷款经办担保机构要对贴息贷款申请人的还款能力和创业项目的可行性进行充分评估。对不具备财务可行性的项目，以及借款人可自行获得商业银行贷款的，不予提供担保。

（七）小额担保贷款经办金融机构应对借款人的家庭贷款记录和项目风险情况进行审核，加强对贷款资金投向的监督管理。除助学贷款、扶贫贷款、首套住房贷款以外，小额担保贷款申请人及其家庭成员（以户为单位）应没有商业银行其他贷款记录。

三、加强贷款担保基金管理

（八）小额担保贷款担保基金由地方财政部门筹集，所需资金从一般预算中安排。其他专项资金或者财政专户资金不得作为担保基金的资金来源。

（九）小额担保贷款担保基金用于为符合政策规定条件的各类人员创业申请小额担保贷款提供全额担保，为符合政策规定条件的劳动密集型小企业申请小额担保贷款提供担保。

（十）小额担保贷款担保基金实行专户管理、封闭运行，专项用于开展小额担保贷款担保业务。担保基金运营与经办担保机构的其他业务必须分离管理，单独核算。

（十一）受托运营小额担保贷款担保基金的担保机构，要加强对担保基金的规范管理，小额担保贷款责任余额不得超过担保基金银行存款余额的5倍。

（十二）小额担保贷款责任余额达到担保基金银行存款余额的5倍时，地方各级财政部门应停止受理新发放小额担保贷款的贴息资金申请，并协调有关部门停止受理新的小额担保贷款申请。单个经办担保机构的担保基金放大倍数达到5倍时，该担保机构应立即停止开展小额担保贷款担保业务。

四、完善财政贴息支持政策

（十三）对管理尽职尽责、审核操作规范、担保基金管理合规的贴息贷款，各级财政部门要及时、足额地拨付财政贴息资金。

（十四）符合政策规定条件的个人微利项目小额担保贷款由财政部门给予全额贴息。其中，除东部九省市以外，中央财政承担贴息资金的75%，地方财政承担贴息资金的25%。

（十五）符合政策规定条件的劳动密集型小企业小额担保贷款，按照中国人民银行公布的同期限贷款基准利率的50%给予贴息，除东部九省市以外，中央财政和地方财政各承担一半。

（十六）现行政策支持对象以外的人群申请小额担保贷款政策支持，由地方财政部门自行决定贴息，具体标准和条件由各省（自治区、直辖市）自行确定。

（十七）对地方财政部门自行安排贴息的小额担保贷款，要与中央财政贴息支持的小额担保贷款分离管理，分账核算。

五、全力做好组织落实工作

（十八）地方各级财政部门要强化责任意识，加强沟通协调，完善工作机制，进一步加强政策执行的规范管理，实现小额担保贷款工作的平稳有序开展。

（十九）请各地财政部门联合当地人力资源社会保障部门、中国人民银行分支机构将本通知速转发至行政区域内妇联组织、经办担保机构、经办金融机构等有关单位，认真组织做好政策落实工作。

（二十）本通知印发前发布的有关小额担保贷款财政贴息的相关规定继续执行，与本通知规定不一致的，以本通知为准。

（二十一）本通知自 2013 年 10 月 1 日起至 2016 年 10 月 1 日止执行。政策到期后，结合政策执行情况和国家就业形势，进行修订完善，确保政策切实有效。

2013 年 9 月 18 日

国务院第三次全国经济普查领导小组办公室人力资源和社会保障部关于鼓励离校未就业高校毕业生参与经济普查工作的通知

国经普办字［2013］16号

各省（自治区、直辖市）及新疆生产建设兵团经济普查办公室、人力资源社会保障厅（局）：

根据《全国经济普查条例》的规定，国务院决定2013年开展第三次全国经济普查。为充实普查人员力量，推动实施离校未就业高校毕业生就业促进计划，国务院第三次全国经济普查领导小组办公室与人力资源社会保障部研究决定，鼓励离校未就业高校毕业生参与经济普查工作。现将有关事项通知如下：

一、充分认识此项工作的重要意义

第三次全国经济普查是在我国步入全面建成小康社会决定性阶段进行的一次重大国情国力调查，是提高宏观决策和管理科学化水平的重要基础性工作。普查对象将覆盖我国境内从事第二产业和第三产业的全部法人单位、产业活动单位和个体经营户，涉及数以千万计的对象，需要在全国范围内选聘数百万普查人员。普查工作将首次采用信息化手段，普查人员使用手持电子终端（简称PDA）对普查对象进行现场定位、拍照并采集普查数据。高校毕业生接受过良好的教育，鼓励离校未就业高校毕业生参与经济普查，不仅可以满足普查工作对普查人员的技术要求，而且能帮助高校毕业生增长实践知识，更好地了解国情、社情、民情。各级经济普查机构和人力资源社会保障部门要充分认识鼓励离校高校毕业生参与普查工作的现实意义，高度重视，积极发动，精心安排，共同努力做好这项工作。

二、统筹安排，精心组织

地方各级普查机构和人力资源社会保障机构要通力协作、密切配合。普查机构要统筹安排第二次全国经济普查工作，根据经济普查工作的进度、内容、任务和当地的实际情况，研究提出选聘离校未就业高校毕业生参与普查工作的人员数量和时间安排，并提前提供给当地的人力资源社会保障部门。人力资源社会保障部门要在其所属的公共就业人才服务机构服务场所和相关网站公布选聘信息，有条件的地区会同普查机构共同组织开展专场供需对接活动，或通过短信等方式向办理过实名登记的未就业高校毕业生推送相关信息。各地普查机构要会同人力资源社会保障部门积极开展宣传工作，本着自愿选择的原则，积极鼓励离校未就业高校毕业生参与普查。各地普查机构要根据《第三次全国经济普查方案》中普查人员选聘和业务培训工作细则要求，把好选聘关，确保所选聘的人员具备较高的政治素质和良好的业务能力。

三、加强培训，规范管理

对选聘的离校未就业高校毕业生普查员，参照高校毕业生就业见习相关政策规定，进行相应的管理和服务。当地普查机构要按照《第三次全国经济普查方案》，开展岗前业务技术培训，介绍相关工作流程、工作要求和工作纪律。离校未就业高校毕业生上岗前，当地普查机构要与其签订见习协议，明确双方的权利和义务、期限、劳动报酬标准；普查工作期间，当地普查机构要按照国家和当地的有关规定向其支付相应的劳动报酬，并为其办理人身意外伤害保险。人力资源社会保障部门要落实好相关政策，按照就业见习基本生活补助标准提供相应的生活补助。

省级普查机构要在普查工作结束后，做好组织离校未就业高校毕业生参与经济普查工作的情况和人数统计，并报国务院第三次全国经济普查领导小组办公室。

2013年10月18日

人力资源和社会保障部关于开展2014年公共就业和人才服务专项活动的通知

人社部发［2013］90号

各省、自治区、直辖市及新疆生产建设兵团人力资源社会保障厅（局）：

为贯彻落实党的十八大和十八届三中全会精神，促进以高校毕业生为重点的青年就业和农村转移劳动力、城镇困难人员就业，推动实现更高质量的就业，我部决定2014年继续组织开展全国范围的公共就业和人才服务专项活动。现将有关事项通知如下：

一、专项活动总体安排

（一）2014年公共就业人才服务专项活动继续以高校毕业生、农村转移就业劳动力、城镇就业困难人员为重点服务对象，按照各类群体求职就业和用人单位招聘用人的特点和规律，在相对集中时间内组织开展专项服务活动，提供更具针对性的公共就业和人才服务，帮助他们解决就业问题。

（二）2014年我部将联合有关部门、团体、组织，组织开展2014年“就业援助月”“春风行动”“民营企业招聘周”“高校毕业生就业服务月”和“高校毕业生招聘周”等5个全国性专项活动，各地在统一时间内，按要求集中为劳动者和用人单位提供有针对性的就业服务。

（三）各地在组织参加全国性专项活动的同时，可结合本地就业形势和工作需要，增设本地区的公共就业和人才服务专项活动，满足当地各类就业群体的就业需求。

二、全国性专项活动安排

（一）就业援助月。在2014年元旦、春节期间开展，以城镇就业困难人员为重点对象，突出“走访到户、登记到人、帮扶到位”特点，切实帮助未就业困难人员实现就业，为尚未享受政策困难人员落实政策。

（二）春风行动。在2014年春节后至3月底开展，以进城务工的农村劳动力和招聘用人的企业为重点对象，突出“搭建供需平台，实施就业服务，促进就业创业”特点，解决企业“招工难”问题和进城务工人员求职难问题。

（三）民营企业招聘周。在2014年5月中下旬开展，以民营企业和求职的高校毕业生及各类劳动者为重点对象，通过现场招聘和网络招聘等多种形式，为民营企业招聘用人和劳动者求职就业搭建对接平台。

（四）高校毕业生就业服务月。在2014年9月开展，以2014届离校未就业高校毕业生为重点对象，突出“政策宣传到位，实名登记到位，岗位开发到位，专项服务到位”特点，帮助离校未就业高校毕业生尽早实现就业。

（五）高校毕业生招聘周。在2014年11月下旬开展，以正在求职的2015届高校毕业生为重点对象，组织公共就业和人才交流服务机构以及各类人力资源服务企业，集中提供招聘、就业指导等服务。

上述各个全国性专项活动使用“全国招聘信息公共服务网”（www. cjob. gov. cn）作为全国统一的信息网络服务平台，由各地相关部门组织上报招聘岗位信息、招聘会信息、相关政策信息和其他服务活动信息。

各项活动的具体时间和详细安排另行通知。

三、工作要求

（一）各地要高度重视公共就业和人才服务专项活动，将其作为贯彻落实党的十八大和十八届三中全会精神的具体措施，切实加强组织领导，结合本地实际，制定 2014 年本地区公共就业和人才服务专项活动工作计划，协调有关部门和群团组织，组织社会各方面力量，统一组织，抓好落实。

（二）各级公共就业和人才交流服务机构要将专项活动作为本单位履行政府公共服务职责的重要任务，按照每个专项活动的部署要求，研究制定详细工作方案，做到任务明确、内容丰富、目标具体，并全力组织实施，为各类求职者和用人单位提供全方位的服务。

（三）各级人力资源社会保障部门要加强对专项活动的监督指导和工作调度，及时解决工作中出现的新情况、新问题，防止活动流于形式、走过场。要简化或取消单纯仪式类的内容，集中力量做好求职招聘方面的服务工作。

（四）各地要提前准备好专项活动所需的人力、物力，按照有关资金管理规定，将专项活动所需资金纳入财政预算，落实专项活动涉及的工作资金和政策补贴资金，保障专项活动顺利开展。

（五）各地要做好专项活动的宣传工作，积极宣传就业法规和政策，广泛发布专项活动内容和集中招聘安排计划等。要充分发挥媒体优势，大力宣扬活动中涌现的典型事例，为开展专项活动营造良好的舆论氛围。

2013 年 11 月 29 日

人力资源和社会保障部关于做好 2013 年全国高校毕业生就业工作的通知

人社部函［2013］1号

各省、自治区、直辖市及新疆生产建设兵团人力资源社会保障厅（局），福建省公务员局：

做好高校毕业生就业工作，是就业工作的重中之重。2013年，全国高校毕业生就业总量压力继续加大，就业结构性矛盾依然突出，工作任务更加繁重。各地要深入学习贯彻党的十八大精神，创新思路和措施，着力拓宽就业渠道、落实就业政策、完善就业服务、强化宣传培训，千方百计做好 2013 年高校毕业生就业工作。现就有关事项通知如下：

一、拓宽就业领域，完善就业政策，促进高校毕业生多形式多渠道就业

（一）在转变经济发展方式中拓展高校毕业生就业新领域。各地要积极主动参与当地经济结构调整的进程，在推动战略性新兴产业健康发展、加快传统产业转移升级、推动服务业特别是现代服务业发展壮大中，开发更多适合高校毕业生的就业岗位；在建设国家技术创新体系、发展现代信息技术产业体系、推进信息网络技术广泛应用中，为高校毕业生创造更多就业机会。要加强当地经济社会发展对人才需求的前瞻性研究，逐步建立区域人才需求预测发布制度。探索建立就业状况对高等教育的反馈机制，促进人才培养更好地与社会需求和就业市场相匹配。

（二）鼓励高校毕业生到中小企业就业。全面落实中小企业吸纳高校毕业生就业的税收、金融、社保补贴等扶持政策，尽快出台对小型微型企业新招用高校毕业生给予培训补贴和社会保险补贴的操作办法，积极会同有关部门研究进一步减轻中小企业负担的政策，改善高校毕业生到中小企业就业的环境。各地公共就业和人才服务机构要为到中小企业就业的高校毕业生做好人事代理、档案保管、社会保险办理和接续、职称评定、权益保障等服务。

（三）鼓励高校毕业生到城乡基层就业。结合推动基本公共服务均等化的进程，在推动城乡发展一体化、加强基层社会管理和服务体系建设中，开发城乡基层社会管理和公共服务岗位，吸纳高校毕业生就业。按规定落实学费补偿和助学贷款代偿、提前转正定级等政策，引导高校毕业生到中西部地区和艰苦边远地区就业。会同有关部门继续统筹实施“选聘高校毕业生到村任职”“三支一扶”“大学生志愿服务西部计划”“农村义务教育阶段学校教师特设岗位计划”等基层服务项目。

（四）鼓励高校毕业生自主创业。对有创业意愿的高校毕业生，要组织其参加创业培训和创业实训，提高创业能力。会同有关部门切实落实好小额担保贷款及贴息、税费减免、落户等创业扶持政策。完善创业指导服务措施，为高校毕业生提供政策咨询、项目开发、创业培训、融资服务、开业指导、跟踪扶持等“一条龙”创业服务。推动大学生创业园建设，为高校毕业生提供创业孵化服务，提高创业成功率。结合各地实际，组织开展大学生创业竞赛、创业导师校园行、创业大学生校园宣讲等活动，营造鼓励创业的良好氛围。

（五）完善和落实高校毕业生就业政策措施。认真检查促进高校毕业生就业创业政策的落实情况。对没有落实的，要会同有关部门研究制定操作办法；对门槛高、手续复杂、影响执行效果的，要进一步降低门槛，简化程序。承担对口援藏、援青、援疆任务的省市，要逐步将到本地求职的受援地高校毕业生纳入就业政策扶持范围。要加强对高校毕业生就业形势的分析预判，积极推动高校毕业生就业政策创新。

二、深入开展公共就业和人才服务进校园活动

（一）组织开展“公共就业和人才服务校园行”宣讲活动。2013年拟开展“公共就业和人才服务校园行”系列宣讲活动，组织百名以上人社厅（局）长和千名以上企业人力资源经理进高校。人社厅（局）长重点宣讲就业形势、就业政策和本地就业服务安排，企业人力资源经理重点宣讲职场环境、职业生涯规划建议，帮助高校毕业生了解就业形势、就业政策和企业需求。各地要制定校园行宣讲活动实施方案，精心组织。各省（区、市）人社厅（局）长进校园宣讲不少于3人次，企业人力资源经理进校园宣讲不少于30人次。

（二）广泛组织公益性招聘活动。各级公共就业和人才服务机构要广泛收集适合高校毕业生就业的岗位信息，组织开展高校毕业生专场招聘活动。招聘活动应更好地适应高校毕业生的不同就业需求，多搞一些专业性、小型化、多场次的活动，增强活动的实效性。要提前向高校和高校毕业生发布相关招聘活动安排，引导高校毕业生有序参加。可结合实际，有针对性地组织本地企业到外地目标院校开展招聘活动，以满足本地经济社会发展对人才的需求。要扩大区域合作，推动区域间的就业信息共享，积极开展区域联合招聘活动。

（三）大力开展网络招聘服务。各地要发挥网络招聘服务及时、高效、便捷的优势，进一步完善岗位信息收集、发布、查询和更新功能，提高信息质量。要全面实现公共就业和人才服务网与本地高校校园网相互链接，切实降低高校毕业生求职成本。要创新服务方式，充分利用手机、互联网等新型信息平台发布就业政策、招聘活动安排和就业岗位信息，扩大就业信息服务覆盖面。认真做好高校毕业生就业服务网络招聘月活动。配合有关部门做好全国高校毕业生就业网络联盟联合招聘周、国家级经济技术开发区高校毕业生网络招聘会等活动。

（四）大力推进职业培训进校园。职业技能培训是提高高校毕业生就业竞争力的重要渠道。各地要深入各类高校特别是文科专业较多的高校，从大一新生开始，大力宣传职业技能培训信息和优惠政策，鼓励高校毕业生在校期间掌握一门技术，取得职业资格证书。大力推行与就业紧密联系的培训模式，强化技能训练的同时，加强日常办公应用软件操作等基本技能培训，满足初次上岗工作需求，缩短就业适应期。切实落实好职业培训补贴和技能鉴定补贴政策，发挥政策引导效应。

（五）加强对高校就业指导人员的培训。高校就业指导人员在帮助学生了解运用就业政策、树立正确就业观方面具有关键作用，应通过加强培训使其深入了解就业形势、就业政策、职场规则，增强就业指导的针对性和有效性。2013 年拟组织开展“百场高校就业指导人员就业政策业务培训”，各省要组织不少于 3 场相关培训或研修活动，力争使省内每所高校至少一名就业指导人员参加培训。各地要加强与高校就业创业指导人员的联系，建立定期座谈制度，充分听取其对公共就业和人才服务的意见和建议。可结合实际，探索组织高校就业指导人员到企业进行短期锻炼，帮助其加深对真实就业环境的体验，提升就业指导能力。

（六）加大高校毕业生就业宣传工作力度。各地要结合进校园宣讲、组织开展招聘等工作，加强对国家和本地促进高校毕业生就业政策措施的宣传，通过印发政策宣传手册、张贴政策宣传海报、制播公益性广告等方式，进一步提高高校毕业生和社会对高校毕业生就业政策措施的知晓度。要以“岗位成长”为主题，深入挖掘和宣传高校毕业生到城乡基层、中小企业和非公有制企业、中西部地区和艰苦边远地区就业的先进典型，大力弘扬爱岗敬业、脚踏实地的良好作风，引导高校毕业生立足基层、立足一线、立足岗位成长成才。

三、全面做好离校未就业高校毕业生实名制就业服务

（一）完善离校未就业高校毕业生信息登记工作。各地要主动加强与教育部门及高校的联系，共同做好毕业生离校前后的信息衔接和服务接续。要加强与高校直接对接，获取未就业高校毕业生信息，不断扩大实名制登记对象范围，力争在 2013 年 9 月底前基本掌握本地未就业高校毕业生全部信息。要及时汇总上报未就业高校毕业生实名制就业数据信息，进一步提升数据信息质量。逐步开展数据分析应用工作，为制定就业政策提供决策支持。继续做好离校未就业高校毕业生就业统计和数据上报工作。

（二）积极为离校未就业高校毕业生提供就业服务。各地要依托公共就业和人才服务机构，对实名登记的每一名未就业高校毕业生开展至少一次电话访问或家庭访问，摸清就业需求，对有就业创业意愿的高校毕业生提供相应的就业创业服务。县级以上公共就业和人才服务机构要加强高校毕业生服务窗口功能建设，完善报到接收手续，切实做好政策咨询、职业指导、岗位信息、培训信息、职业介绍、档案保管、人事劳动保障代理等“一站式”服务。要按照统一部署，组织实施好高校毕业生就业服务月等专项活动。

（三）继续开展高校毕业生就业见习工作。各地要以帮助高校毕业生积累工作经验、提升就业能力为目的，继续组织有见习意愿的未就业高校毕业生参加就业见习。要以企业为主体，扩大见习单位数量，优化见习单位结构。2013 年拟组织开展第二批就业见习国家级示范单位的推荐和评选工作，各地要进一步加强见习单位管理，完善各项规章制度，建立健全见习单位考核评估和激励淘汰机制。要加强见习岗位收集、发布工作，多形式搭建见习对接平台。要结合本地实际，逐步提高就业见习基本生活补助标准，落实见习补贴政策，加大对见习单位的政策扶持。

（四）切实做好困难高校毕业生就业援助工作。各地要加强离校未就业困难高校毕业生摸底排查，对就业困难、家庭经济困

难和零就业家庭高校毕业生主动提供就业援助。在组织开展“就业援助月”“高校毕业生就业服务月”“高校毕业生就业服务周”等专项活动中，要将困难高校毕业生作为重点对象，优先提供就业帮扶。各地可结合实际，在基层社会管理和公共服务领域开发一批公益性岗位，对困难高校毕业生实行过渡性安置。民族地区要认真做好少数民族高校毕业生就业工作，加强教育培训，强化政策扶持。

（五）加强高校毕业生就业权益保障。各地要结合本地实际进一步完善高校毕业生落户办法。要制定高校毕业生从企业、社会团体到机关事业单位就业时基本养老保险缴费年限合并计算为工龄的具体实施办法，畅通高校毕业生在不同类型单位之间流动就业的渠道。加强人力资源市场监管，及时查处和纠正各类违法违规职业中介行为，严厉打击和取缔非法职业中介机构。加强劳动保障执法力度，督促企业规范用工，依法签订劳动合同，缴纳社会保险。

各地要继续将高校毕业生就业放在当前就业工作的首位，进一步加强组织领导，制定专门工作计划，明确任务分工和要求，落实资金保障。各地要分别于2013年6月底和12月底前向部里提交高校毕业生就业工作情况报告，同时对新出台的政策措施、工作中取得的重要进展，以及遇到的新情况新问题要及时向部里报告。

2013年1月6日

人力资源和社会保障部关于开展2013年全国高校毕业生春季网络招聘月活动的通知

人社部函［2013］24号

各省、自治区、直辖市及新疆生产建设兵团人力资源社会保障厅（局）：

为深入贯彻落实党的十八大精神，做好以高校毕业生为重点的青年就业工作和农村转移劳动力就业工作，按照《人力资源社会保障部关于开展2013年公共就业和人才服务专项活动的通知》（人社部发［2012］82号）要求，我部决定于2013年3月组织开展2013年全国高校毕业生春季网络招聘月活动。现将有关事项通知如下：

一、活动名称、时间、主题与服务对象

（一）名称：2013年全国高校毕业生春季网络招聘月活动（以下简称春季网络招聘月活动）。

（二）时间：2013年3月1日至31日。

（三）主题：搭建信息对接平台，助您尽早实现就业。

（四）服务对象：以高校毕业生为主，兼顾跨地区流动的农村转移就业劳动者。

二、活动组织机构

（一）主办单位：人力资源社会保障部。

（二）承办单位：人力资源社会保障部中国就业培训技术指导中心、全国人才流动中心。

（三）协办单位：地方省级和市级公共就业和人才交流服务机构的互联网服务网站。

三、活动开展形式

（一）人力资源社会保障部就业信息公共服务网络建设领导小组（下称部领导小组）负责春季网络招聘月活动的组织领导，部领导小组办公室负责各项具体工作的组织实施。

（二）人力资源社会保障部设立春季网络招聘月活动主会场，由全国招聘信息公共服务网（下称全国公共招聘网，www. cjob. gov. cn）、中国就业网（www. chinajob. gov. cn）、中国国家人才网（www. newjobs. com. cn）共同组成，发布各地上报的招聘信息、政策信息和活动资讯。

（三）全国公共招聘网地方联网机构设立春季网络招聘月活动分会场，向社会提供网上和线下的招聘服务活动。

四、活动内容与要求

（一）工作筹备

1. 参加单位。有对外服务互联网站的全国公共招聘网联网机构全部参加春季招聘月活动，并于 2013 年 2 月 25 日前按附件要求上报工作联系人、数据上报方式和本地网站招聘月活动专页链接地址。

2. 统一标识。由部领导小组办公室统一设计春季网络招聘月活动标识和地方网站活动专页模板，供参加活动的地方网站从全国公共招聘网上下载，在活动期间统一使用。

3. 数据采集。参加活动的单位在活动开始前要集中采集一批适合于高校毕业生和农村转移劳动者的招聘岗位信息，收集活动期间本地区举办的相关招聘会信息，并系统整理相关就业政策信息，在活动开始时上线发布。

4. 网站互联。参加活动的联网机构网站，应于 2 月 27 日前全部完成与全国公共招聘网之间的首页相互链接，实现部、省、市三级服务网站的相互联通。

（二）活动开展

1. 数据上报。

（1）每天自动上报招聘信息（包括招聘岗位信息和本地区举办的专场招聘会信息）；

（2）活动开始前收集整理相关就业政策信息；

（3）活动开始后不定期上报网上服务和线下服务情况。

2. 开通服务。从3月1日上午9时起，春季网络招聘月活动主会场和分会场同时开通，以春季招聘月活动的信息专栏和信息专区方式，向服务对象免费提供招聘信息服务。

3. 服务要求。

（1）参加春季招聘月活动的联网机构要加强信息服务质量管理，确保招聘信息服务优质高效。要设立服务热线或电子邮箱，听取求职人员意见建议，解答相关就业政策，说明各项公共服务具体内容，指导和帮助服务对象有效利用招聘信息。

（2）除提供网上服务外，各机构要结合本次活动，创新服务方式，积极开展线下活动。各机构要主动加强与高校的联系，通过开展就业服务进校园等活动，为高校毕业生提供政策宣传、职业指导、创业指导等就业服务，引导高校毕业生求职就业；针对农村务工人员，开展劳务对接、信息对接。同时，各机构要做好对企业的宣传和服务，引导企业合理用工、规范用工，增强企业的吸引力。

4. 活动宣传。部领导小组将邀请相关新闻媒体对春季招聘月活动进行宣传报道，各地要组织新闻媒体通过平面报道和网络消息等方式宣传本地区开展春季招聘月活动情况，营造良好社会氛围。

5. 活动总结。请参加春季招聘月活动的机构于4月10日前将本单位开展春季招聘月活动主要情况和工作总结报部领导小组办公室，内容包括主要做法和工作收获，以及活动期间发布招聘岗位信息和招聘会信息的数量、网站招聘月活动专区访问人数等。

（三）组织领导

1. 各省、自治区、直辖市人力资源社会保障部门要高度重视春季招聘月活动，加强组织领导，明确责任单位，组织本地区联网机构积极参加。

2. 各联网机构应积极参加春季招聘月活动，重点做好招聘信息的采集、整理、审核、上报和发布工作，确保招聘信息服务的总体质量。

3. 各联网机构应将在活动期间开展的各类活动及时报给部领导小组办公室，办公室将择优在主会场网站进行报道，并提供相关新闻媒体进行宣传。

4. 部领导小组办公室将在春季招聘月活动期间，对各地网络招聘信息服务质量进行抽检，并在活动结束后对各地活动开展情况和质量抽检情况进行通报。

5. 部领导小组办公室联系方式（略）。

附件：2013 年全国高校毕业生春季网络招聘月活动登记表（略）

2013 年 2 月 4 日

人力资源和社会保障部关于建立31个大中城市就业形势分析月报制度的通知

人社部函［2013］67号

各省、自治区、直辖市人力资源社会保障厅（局）：

为及时准确掌握各地就业情况变化，做好就业形势分析研判，决定建立31个大中城市就业形势分析月报制度，现就有关事项通知如下：

一、工作任务

依托现有就业数据统计监测基础，细化部分数据指标内容，调整统计周期，实现31个大中城市就业形势相关数据信息的按月统计汇总，为准确研判就业形势、科学决策提供支持。

二、工作内容

（一）报送范围。各直辖市、各省省会城市、各自治区首府城市，共31个大中城市。

（二）报送内容。31个大中城市就业形势分析月报制度数据指标共5部分11项：

1. 城镇新增就业情况：城镇新增就业人数。

2. 重点人群就业情况：失业人员实现再就业人数、就业困难人员实现就业人数、离校未就业应届高校毕业生情况（含本期新增未就业应届高校毕业生人数、本期未就业应届高校毕业生实现就业人数、本期末实有未就业应届高校毕业生人数）。

3. 登记失业情况：登记失业人员本期新增人数、登记失业人员期末实有人数（含长期失业者人数、失业青年人数）、领取失业保险金人数。

4. 人力资源市场供求情况：单位登记招聘人数（按行业细分）、登记求职人数（按人员类别细分）、求人倍率。

5. 企业用工情况：失业动态监测企业岗位数（按行业细分）。

（三）报送方式。请各市按月统计收集上述指标数据，填写31个大中城市就业形势分析月报报表报送部就业促进司。其中，领取失业保险金人数和失业动态监测企业岗位数2项数据按原有渠道上报。

第一次报送时间为2013年6月5日，报送5月份数据，此后每月5日前报送上月数据。初期需按时报送纸质及电子报表，待SMIS2012统计报表系统相关功能开发完成后通过软件报送。

三、工作要求

（一）高度重视，加强领导。各地要充分认识开展就业形势分析月报工作的重要意义，高度重视，明确目标，切实加强组织领导，确保全面落实各项工作要求。

（二）制定方案，明确责任。各地应结合本地工作实际，制定工作方案，确定牵头负责部门，明确各项数据指标涉及部门的职责分工，加强协调，形成合力，共同做好数据报送工作。

（三）夯实基础，确保数据质量。各地要提前做好相关准备工作，调整相关数据统计周期，细分数据内容，改进统计手段，加强对数据的检验校核，确保数据的有效性和可比性。

请各省、自治区、直辖市及各省省会城市、自治区首府城市人力资源社会保障厅（局）于2013年4月30日前，将本单位负责就业形势分析月报工作的牵头部门及报送责任人名单和联系方式按《牵头负责部门及报送责任人登记表》的要求报部就业促进司。

2013年4月8日

人力资源和社会保障部　教育部
全国总工会　全国工商联关于举办
2013年全国民营企业招聘周活动的通知

人社部函［2013］80号

各省、自治区、直辖市及新疆生产建设兵团人力资源社会保障厅（局）、教育厅（局）、总工会、工商联：

为充分发挥民营企业吸纳求职人员就业主渠道作用，人力资源社会保障部、教育部、全国总工会、全国工商联拟于今年5月下旬在全国县级以上城市开展“2013年全国民营企业招聘周”活动。现将有关事宜通知如下：

一、活动时间

2013年5月21日至27日。

5月21日（星期二）上午10时，人力资源社会保障部、教育部、全国总工会、全国工商联将联合举办“2013年全国民营企业招聘周”启动仪式。各省、自治区、直辖市及新疆生产建设兵团可同步启动本次招聘周活动。

二、活动主题

帮人才就业，促民企发展。

三、活动形式

由各地组织企业深入高等院校、乡镇、街道和社区，开展专场招聘、综合招聘、异地网络视频招聘等招聘活动。人力资源社会保障部“全国公共招聘网”（www.cjob.gov.cn）同时提供线上招聘信息服务。

四、服务对象

（一）招聘对象。以正在求职的高校毕业生为重点，同时面向农民工、退役军人以及下岗失业人员、残疾人和零就业家庭等就业困难人员。

（二）招聘企业。以民营企业为重点，同时鼓励国有大中型企业、中外合资企业、事业和科研单位参加招聘活动。

五、活动内容

（一）进行广泛宣传。利用网络、电视、广播、报刊等媒体，提前向社会公布招聘时间、地点和岗位信息；活动期间，组织媒体做好宣传报道工作。

（二）发布岗位信息。确保收集企业真实有效的岗位信息，重点筛选适合高校毕业生就业的岗位信息，通过举办多种形式的招聘会，集中向社会发布。

（三）做好现场服务。在招聘现场设立就业信息发布、就业政策咨询、职业指导、技能培训、创业项目推介等服务平台。对就业困难的高校毕业生、复员转业军人、妇女、少数民族和残疾人提供重点帮扶。

（四）维护合法权益。设立维权服务台，对求职者在签订劳动合同、工资支付、社会保障、劳动争议和参加工会组织等方面进行指导和服务。

（五）加强安全检查。制定招聘活动现场安全工作方案及突发事件应急预案。检查场馆出入通道、消防器材、电器及线路、通风设备等，确保招聘活动安全有序。

（六）加强协调配合。招聘周活动由人力资源社会保障部门牵头，教育、工会、工商联等部门配合。人力资源社会保障部门要做好部门协调和情况上报工作；教育部门要组织好高校毕业生参加现场招聘活动；工会组织要做好求职人员的权益维护和法律援助工作；工商联要做好民营企业岗位信息的收集、整理和向社会发布工作。

（七）按时上报情况。请各省、自治区、直辖市人力资源社会保障厅（局）、教育厅（局）、总工会、工商联于5月21日、24日、30日以电子邮件方式分别上报招聘周活动的准备情况、进展情况和活动总结。请人力资源社会保障厅（局）于5月30日前上报“招聘周活动情况统计表”。

附件：2013年民营企业招聘周活动情况统计表（略）

2013年4月16日

人力资源和社会保障部关于开展 2013 年全国高校毕业生夏季网络招聘月活动的通知

人社部函［2013］152 号

各省、自治区、直辖市及新疆生产建设兵团人力资源社会保障厅（局）：

按照《国务院办公厅关于做好 2013 年全国普通高等学校毕业生就业工作的通知》（国办发［2013］35 号）要求，为进一步做好 2013 年离校未就业高校毕业生就业工作，推动实施离校未就业高校毕业生就业促进计划，决定于 2013 年 8 月组织开展 2013 年全国高校毕业生夏季网络招聘月活动。现将有关事项通知如下：

一、活动名称、时间、主题与服务对象

（一）名称：2013 年全国高校毕业生夏季网络招聘月活动（以下简称招聘月活动）。

（二）时间：2013 年 8 月 1 日至 8 月 31 日。

（三）主题：离校未就业，我们来帮您。

（四）服务对象：2013 届离校未就业高校毕业生。

二、活动目标

整合就业信息服务多方资源，充分利用网络优势，搭建适合于离校未就业高校毕业生求职就业的信息服务平台，为离校未就业高校毕业生提供全方位的就业信息服务，帮助他们了解政策、获取信息、提升能力，尽早实现就业。

三、活动内容

（一）人力资源社会保障部相关工作

由部就业信息公共服务领导小组负责活动的组织领导，以“全国公共招聘网”（www. cjob. gov. cn）作为招聘月活动主会场，并设置招聘月活动专版，提供以下服务项目：

1. 招聘信息服务：统一发布各地联网单位提供的适合于高校毕业生的就业岗位信息和招聘会信息。

2. 就业见习信息：统一发布各地人社部门认定的就业见习基地和见习岗位信息。

3. 职业培训信息：统一发布各地人社部门组织开展的适合于高校毕业生的职业培训信息。

4. 就业政策信息：统一发布各地适用于高校毕业生的就业扶持政策信息。

（二）地方人力资源社会保障部门相关工作

各地在省级人社部门的组织领导下，具体承担以下工作：

1. 各省（区、市）要组建本次活动的领导小组，确定具体责任单位和负责人，并于7月25日前上报相关联系方式。

2. 由各省（区、市）统一组织上报信息（具体要求可从 http://www.cjob.gov.cn/download/20130720.html 下载）。

（1）本地区“全国公共招聘网”联网单位按要求上报招聘岗位信息和招聘会信息；

（2）本地区就业见习单位与见习岗位信息；

（3）本地区适合于高校毕业生的职业培训信息；

（4）本地区适用于高校毕业生的就业政策信息。

3. 鼓励“全国公共招聘网”联网单位在本地网站上开展招聘月活动，内容包括：

（1）悬挂本次活动统一标识（可从“全国公共招聘网”http://www.cjob.gov.cn/download/20130720.html 下载）；

（2）搜集发布一批适合于高校毕业生的招聘岗位信息、招聘会信息、就业见习信息、职业培训信息；

（3）开辟网站专区重点解读本地区适用于高校毕业生的就业扶持政策信息。

四、活动要求

（一）加强组织领导。各地要将本次活动作为实施“离校未就业高校毕业生就业促进计划”的一项重点工作，高度重视，加强组织领导，对辖区内各参与单位在上报信息和开展本地活动等方面进行指导和监督，确保本次活动取得实效。

（二）落实经费保障。各地人社部门要按照《关于进一步加强就业专项资金管理有关问题的通知》（财社［2011］64号）的要求，将公共就业和人才服务机构的就业信息公共服务网络建设经费（包括计算机及网络硬件、软件购置以及开发应用支出）纳入就业专项资金中列支。要按照《人力资源社会保障部、财政部关于进一步完善公共就业服务体系有关问题的通知》（人社部发［2012］103号）的规定，提前协调落实专项活动所需经费，保障本次活动顺利开展。

（三）做好活动总结。活动结束后，各地人力资源社会保障部门要认真总结主要做法和工作收获，于9月15日前将活动总结报我部。

附件：2013年夏季网络招聘月负责机构和负责人联系表（略）

2013年7月16日

人力资源和社会保障部关于开展2013年全国高校毕业生就业服务月活动的通知

人社部函［2013］167号

各省、自治区、直辖市及新疆生产建设兵团人力资源社会保障厅（局）：

根据《人力资源社会保障部关于开展2013年公共就业和人才服务专项活动的通知》（人社部发［2012］82号）安排，今年9月将在全国组织开展“2013年全国高校毕业生就业服务月”活动（以下简称服务月活动）。现就有关事项通知如下：

一、活动目标

贯彻落实《国务院办公厅关于做好2013年全国普通高等学校毕业生就业工作的通知》（国办发［2013］35号）、《人力资源社会保障部关于实施离校未就业高校毕业生就业促进计划的通知》（人社部发［2013］41号）要求，全面实施离校未就业高校毕业生就业促进计划，开展实名登记，强化就业服务，扩大就业见习和职业培训，为每一名有就业意愿的离校未就业高校毕业生提供有效的公共就业人才服务，力争实现今年毕业生就业水平不降低、有提高。

二、活动主题

强化公共就业人才服务，全面实施就业促进计划。

三、活动时间

2013年9月1日至9月30日。

各省、自治区、直辖市及新疆生产建设兵团可适时启动本地的服务月活动。

四、服务对象

（一）有就业意愿的离校未就业高校毕业生。

（二）各类基层服务项目服务期满高校毕业生。

五、活动内容

（一）全面实施离校未就业高校毕业生就业促进计划，确保离校服务不断线。各地要将实施就业促进计划作为今年服务月活动的重点内容，按照国务院要求和我部具体部署，切实组织实施好就业促进计划，做到离校不断线，提供跟踪服务。从高校毕业生就业工作专项督查以及近期有关媒体反映的情况看，部分公共就业服务人才服务机构对就业促进计划重视程度不够、实施准备不足，少数服务窗口工作人员对政策不熟悉、对工作要求不清楚。各地要以开展服务月活动为契机，对辖区内各级公共就业人才服务机构和基层公共就业服务平台进行再动员再部署，切实保证为在本地求职的所有离校未就业高校毕业生提供实名登记、职业指导、就业信息、创业服务、重点帮扶、就业见习、职业培训、人事代理和权益维护等服务，并按规定落实相关就业扶持政策。

（二）进一步提升公共就业人才服务能力和服务水平，避免出现毕业生求助无门。各地要适应新情况和需要进行服务流程再造，统一服务项目、服务标准和经办流程，确保同一城市的公共就业人才服务机构之间实现业务互通、服务标准统一、数据共享。对部分经办业务短时间内无法实现统一的，要通过制定后台衔接办法，使前台服务窗口能够受理相关申请或为求职者提供有效指导。要组织公共就业人才服务机构服务窗口和基层公共就业服务平台的工作人员开展实名登记等业务培训和就业创业等政策培训，提高其就业服务能力。各级公共就业人才服务机构要加强目标责任管理，在服务窗口实行首问负责制，确保为每一名前来求职的高校毕业生提供有效的职业指导和就业服务，防止出现高校毕业生求助无门。

（三）加大宣传报道力度，营造良好的社会舆论氛围。服务月活动期间，各地要组织媒体做好宣传报道工作。充分利用网络、广播、电视、报刊等媒体，及时发布服务活动信息、岗位信息、职业培训和就业见习信息等。要统一印制高校毕业生就业创业政策宣传手册或宣传单页，在公共就业人才服务机构服务场所、基层公共就业服务平台以及各类招聘活动现场广泛发放。加强舆情收集与分析，及时回应高校毕业生和社会关切的就业热点、焦点问题，坚持正确舆论导向。

各地要及时上报本地区服务月活动的准备情况、开展情况等动态信息，我们将以适当形式总结推广各地好的经验做法。活动结束后，各地要认真总结活动情况和工作成效，形成书面报告，并填写《2013 年高校毕业生就业服务月活动情况统计表》（见附件）。活动总结报告和统计表请于 10 月 14 日前报我部。

附件：2013 年高校毕业生就业服务月活动情况统计表（略）

2013 年 8 月 8 日

人力资源和社会保障部关于开展2013年全国高校毕业生秋季网络招聘月活动的通知

人社部函［2013］189号

各省、自治区、直辖市及新疆生产建设兵团人力资源社会保障厅（局）：

按照《国务院办公厅关于做好2013年全国普通高等学校毕业生就业工作的通知》（国办发［2013］35号）要求，为进一步做好2013年离校未就业高校毕业生就业工作，推动实施离校未就业高校毕业生就业促进计划，帮助更多高校毕业生尽早实现就业，决定于2013年10月组织开展2013年全国高校毕业生秋季网络招聘月活动。现将有关事项通知如下：

一、活动名称、时间、主题与服务对象

（一）名称：2013年全国高校毕业生秋季网络招聘月活动（以下简称秋季招聘月活动）。

（二）时间：2013年10月10日至10月31日。

（三）主题：就业之路，真情相助。

（四）服务对象：以2013届离校未就业高校毕业生为重点，兼顾2014届高校毕业生。

二、活动目标

（一）完善全国就业信息互联共享机制，初步形成覆盖全国的就业信息服务网络，为高校毕业生提供全国性跨地区的就业信息。

（二）健全就业信息资源汇聚整合机制，打造公共就业信息综合性服务平台，为高校毕业生提供全方位的就业信息服务。

（三）组织全国各级公共就业人才服务机构开展线上线下服务，使高校毕业生都能在网上或当地获得及时有效的就业信息。

三、活动内容

（一）人力资源社会保障部相关工作

在部就业信息公共服务网络建设领导小组（以下简称部领导小组）领导下，全国招聘信息公共服务网（www. cjob. gov. cn）作为秋季招聘月活动主会场，并设置活动专区，提供相关信息服务，包括：

1. 统一发布各地上报的适合于高校毕业生的招聘岗位信息、招聘会信息、就业见习信息、职业培训和创业培训信息、就业政策信息。

2. 组织推荐一批各地招聘 2013 届离校未就业毕业生的企业，并发布其具体就业岗位信息。

3. 组织公布一批国有单位、中央企业和事业单位公开招聘高校毕业生的就业岗位信息。

4. 组织公布一批各地在活动期间组织开展的高校毕业生专场招聘会和校园招聘活动信息。

5. 联合社会知名招聘网站，共同面向高校毕业生提供就业信息服务；联合中国移动通信集团公司，共同面向高校毕业生免费提供就业信息短彩信服务。

6. 开通异地招聘信息全国共享平台，面向各级公共就业人才服务机构提供全国招聘信息下载，为各地拓展信息服务范围提供支持。

（二）地方人力资源社会保障部门相关工作

各省（自治区、直辖市）要组建秋季招聘月活动工作领导小组，确定省级责任单位和负责人（请于 9 月 25 日前上报部领导小组办公室），并具体承担以下工作：

1. 组织上报招聘岗位信息。以联网单位为重点，兼顾地域覆盖面，确保辖区内重点地区用人单位招聘高校毕业生信息的全国共享发布，组织上报适合于高校毕业生的招聘岗位信息。

2. 组织上报就业见习信息。按照“全面完整、准确有效、及时更新”的总体要求，组织上报辖区内全部就业见习基地信息和具体见习岗位信息，并在活动结束后按月持续进行更新。

3. 组织上报职业培训信息。以帮助高校毕业生提升就业能力、拓展就业空间为目标，组织上报适合于高校毕业生的职业技能培训信息和创业培训信息，并在活动结束后按月进行持续更新。

4. 组织上报就业政策信息。以便于高校毕业生了解掌握信息为标准，组织力量对本地区促进高校毕业生就业政策措施（包括各项具体就业扶持政策及其申请手续等）进行解读，并统一组织上报。

5. 组织上报推荐企业信息。收集一批有招聘2013届离校未就业高校毕业生需求的企业信息及其招聘岗位信息，经认真筛选确保质量后，统一组织上报。

6. 组织上报事业单位招聘信息。收集一批有招聘高校毕业生需求的事业单位公开招聘信息，并统一组织上报。

7. 组织上报招聘活动信息。收集本地区在活动期间的高校毕业生专场招聘会和校园招聘活动信息，并统一组织上报。

8. 组织开展相关服务活动。鼓励各级公共就业人才服务机构组织开展高校毕业生专场招聘会和公共就业人才服务进校园活动，开辟本地网站秋季招聘月专区提供相关信息服务。

各地省级责任单位统一负责上述信息的组织上报工作，各类信息的具体上报方法和地方网站专区所需全国活动统一标志可于9月20日起从 http://www.cjob.gov.cn/download/201309.html 下载。

四、活动要求

（一）加强组织领导。各地要将本次活动作为进一步深化实施“离校未就业高校毕业生就业促进计划”的一项重点工作，作为推动提升就业信息公共服务水平的重要抓手，高度重视，加强组织领导，对辖区内各参与单位在上报信息和开展本地活动等方面进行指导和监督，确保本次活动取得实效。

（二）落实经费保障。各地人社部门要按照《关于进一步加强就业专项资金管理有关问题的通知》（财社［2011］64 号）和《人力资源社会保障部、财政部关于进一步完善公共就业服务体系有关问题的通知》（人社部发［2012］103 号）的规定，确保公共就业和人才服务机构开展公共就业人才服务专项活动经费和信息服务经费，保障本次活动顺利开展。

（三）加强活动宣传。部领导小组将邀请相关新闻媒体对秋季招聘月活动进行宣传报道，各地要组织力量开展秋季招聘月活动专项宣传工作，重点宣传本地区促进高校毕业生就业政策措施、公共就业人才服务内容和获得就业信息服务渠道，方便正在求职的高校毕业生了解形势、知晓政策、掌握就业信息，营造良好社会氛围。

（四）做好活动总结。活动结束后，各地人力资源社会保障部门要认真总结本地区秋季招聘月活动主要做法和工作成效，于 11 月 15 日前将活动总结报我部。

附件：2013 年秋季网络招聘月省级责任机构和负责人联系表（略）

2013 年 9 月 12 日

人力资源和社会保障部关于开展部分大中城市联合招聘高校毕业生专场活动的通知

人社部函［2013］208号

各省、自治区、直辖市及新疆生产建设兵团人力资源社会保障厅（局）：

为深入贯彻落实《国务院办公厅关于做好2013年全国普通高等学校毕业生就业工作的通知》（国办发［2013］35号）要求，充分发挥有关大中城市公共就业和人才服务机构作用，为高校毕业生提供方便、快捷、高效的就业服务，我部拟于2013年11月和2014年3月开展部分大中城市联合招聘高校毕业生专场活动。现就有关事项通知如下：

一、活动名称

部分大中城市联合招聘高校毕业生专场活动。

二、活动时间

活动分两个阶段进行：

第一阶段：2013年11月16日至11月22日；

第二阶段：2014年3月（具体时间由就业司另行通知）。

三、活动主题

城市联动齐发力，线上线下促就业。

四、服务对象

以2014届高校毕业生为重点，兼顾2013届离校未就业高校毕业生。

五、主办、承办、协办单位及技术支持

（一）主办单位：人力资源社会保障部。

（二）承办单位：中国人才交流协会、全国人才流动中心。

（三）协办单位：北京、上海、天津、重庆、沈阳、大连、抚顺、长春、哈尔滨、南京、杭州、宁波、合肥、厦门、济南、青岛、武汉、长沙、广州、深圳、成都、西安等城市人力资源社会保障局所属公共就业和人才服务机构。

（四）技术支持：中国国家人才网（www.newjobs.com.cn）提供技术支持，并同步在全国公共招聘网（www.cjob.gov.cn）、中国人力资源市场网（www.chrm.gov.cn）发布信息。

六、活动方式和内容

本届活动将充分发挥人力资源市场基础性作用，通过线上线下相结合的方式，为高校毕业生提供灵活有效的就业服务。具体内容包括：

（一）举办城市联合网络招聘大会

活动期间，由中国国家人才网和各协办城市人力资源社会保障部门所属公共就业和人才网站共同举办城市联合网络招聘大会，并实行统一宣传、统一标识、统一平台、统一信息发布。各协办城市应积极收集本地用人单位需求信息，按照大会提供的技术方案要求及时上传相关信息。中国国家人才网将以网络招聘会形式将各协办城市招聘信息集中向社会发布。全国公共招聘网（www.cjob.gov.cn）、中国人力资源市场网（www.chrm.gov.cn）以及各城市公共就业和人才网站同步发布。

（二）组织首届全国跨区域校园巡回招聘活动

为有序引导高校毕业生跨区域就业，同时，也为地方引进人才服务，活动期间或前后，全国人才流动中心将首次组织全国跨区域校园巡回招聘活动，拟选择部分高校比较集中、毕业生规模较大的城市设立巡回招聘点，发动有需求的城市及其他省、市组织本地用人单位组团到巡回招聘点开展校园专场招聘活动，形成跨区域招聘的品牌和规模效应。第一阶段校园巡回招聘活动拟于11月下旬依次在西安、长沙、武汉进行，第二阶段校园巡回招聘活动拟于2014年3月在北京、南京进行。巡回招聘活动拟在常规现场招聘会的同时，探索采取网上“统一信息发布、简历投递和初筛、面试预约”与现场招聘会面谈相结合的方式，努力提高供需对接的效果。

（三）组织开展就业政策宣传活动

活动期间，各地要采取多种形式，配套开展就业政策宣传、咨询和各类服务活动。在招聘会现场循环播放我部制作的《路在脚下——国家促进高校毕业生就业政策措施宣传片》，开设“就业服务咨询台”，帮助高校毕业生及时了解就业形势、就业政策和用人需求。要印制高校毕业生就业政策读本、就业服务流程指南等宣传资料，免费发放给高校毕业生，从高校毕业生的实际需要出发，提高服务的针对性和有效性。

七、活动要求

（一）高度重视，加强领导。活动期间，我部成立由就业促进司、宣传中心、人才中心等单位参加的活动领导小组，负责活动的统筹规划和指导。领导小组下设办公室（设在全国人才流动中心），负责活动的组织协调和实施。各协办城市要高度重视这项活动，指定专门机构，明确专门人员，做好组织实施工作，并保证活动所需工作经费。

（二）精心策划，周密组织。各协办城市要按照部里的统一要求，结合本地实际，认真制定活动方案，科学合理安排各项活动。除参加统一的网络招聘大会外，有需求的城市及其他省、市可组团参加各巡回招聘点的活动，填报组团申请书。还可根据当地实际，开展形式多样的其他服务活动，增强活动的社会效果。各地要积极组织当地媒体开展宣传报道，扩大本次活动宣传的覆盖面，形成城市联动的良好态势。

（三）加强管理，确保安全。各地要对参会招聘单位的资质与招聘高校毕业生信息的真实性、合法性、有效性进行严格审查，严防各种欺诈行为的发生。活动期间，对高校毕业生应一律实行免费服务，参加单位不得以任何名义向高校毕业生收费或变相收费。我部设立活动监督电话，各地也应设立监督电话，并予以公布，切实保障高校毕业生合法权益。各地要认真做好相关现场招聘活动的安全保卫工作，确保各项活动安全进行。

（四）加强跟踪，做好总结。每个阶段的活动结束后，请各协办城市对活动开展情况及取得的效果进行跟踪，认真做好总结工作，填报联合招聘活动情况统计表，并于活动结束后一周内将活动总结（包括参加网络招聘大会、跨区域校园巡回招聘及其他服务活动的情况）和统计表报送联合招聘活动领导小组办公室。

附件：1. 城市联合网络招聘大会技术方案（略）
2. 首届全国跨区域校园巡回招聘活动安排（略）
3. 组团参加首届全国跨区域校园巡回招聘活动申请书（略）
4. 部分大中城市联合招聘高校毕业生专场活动情况统计表（略）

2013年10月16日

人力资源和社会保障部　中国残疾人联合会关于开展2014年就业援助月专项活动的通知

人社部函［2013］251号

各省、自治区、直辖市及新疆生产建设兵团人力资源社会保障厅(局)、残疾人联合会：

为全面贯彻落实党的十八届三中全会精神和党的群众路线教育实践活动要求，帮助各类就业困难人员和残疾登记失业人员实现就业，根据《人力资源社会保障部关于开展2014年公共就业和人才服务专项活动的通知》（人社部发［2013］90号）安排，于2014年元旦、春节期间，在全国组织开展就业援助月专项活动。此次专项活动由人力资源社会保障部与中国残疾人联合会共同组织，各地人力资源社会保障部门与残联组织共同推进。现就有关事项通知如下：

一、活动主题

就业帮扶，真情相助。

二、活动时间

2013年12月下旬至2014年1月下旬。

三、援助对象

（一）符合认定条件的就业困难人员；

（二）残疾登记失业人员；

（三）本地区确定的困难家庭离校未就业毕业生、城乡低保家庭成员、因病致贫家庭成员、失地人员等其他援助对象。

四、工作目标

（一）走访到户。对辖区内符合条件的就业困难人员、残疾登记失业人员等援助对象开展上门走访，摸清人员底数和实际情况。

（二）登记到人。对辖区内符合条件的就业困难人员、残疾登记失业人员等援助对象进行实名登记，掌握就业需求，纳入就业信息监测体系。

（三）帮扶到位。根据就业援助对象的不同需求，分类提供岗位信息、技能培训、创业扶持等有针对性的公共就业服务。对援助对象和援助效果要抓好跟踪服务，搞好援助后续服务。

五、活动内容

（一）开展政策宣讲。各地在活动期间要结合本地实际，依托基层公共就业服务平台及各类招聘会，充分利用广播电视、报刊网站、传单手册、宣传车等形式，创新使用微博、微信等新媒介，深入基层街道（乡镇）和社区（村），开展政策宣传，使辖区内居民特别是就业困难人员和残疾登记失业人员知晓各类就业扶持政策及经办机构，使用人单位了解各项优惠政策及具体要求。

（二）做实登记认定。各地在活动期间要强化“以人为本”理念，组织工作人员深入辖区，实行分片包干，耐心细致地开展走访普查和入户调查工作，全面摸清辖区内各类就业困难人员情况，准确掌握就业援助对象特别是新增就业困难人员的就业需求，切实做到排查到人、实名登记、信息入库，并制定针对性强、切实可行的帮扶援助方案。

（三）广泛收集岗位。各地在活动期间要积极开展岗位搜集工作，以社区为单位因地制宜开发便民商业、物业管理、文化体育、家庭服务等社区服务岗位，方便就业困难人员就近就业；以街道（乡镇）为单位搜集辖区内经营业绩好、社会责任感强的企业的空岗信息，鼓励其参与到结对帮扶工作当中，提升援助对象的就业质量；以县（市、区）为单位深入机关企事业单位，积极开发辅助性、非营利性、临时性社会公益类岗位，构建健全完整、动态更新、适合就业困难人员的岗位信息库，为实施就业援助做好准备。

（四）集中实施帮扶。各地在活动期间要及时为援助对象送政策、送岗位、送服务，集中做好帮扶工作，要发挥社会合力，充分调动各级就业服务机构、社会组织、企业等各方面力量，组织开展形式多样、针对性强的就业援助专场招聘会；要利用政策汇集优势，集中时间为符合条件就业困难人员落实税费减免、社保补贴、岗位补贴、培训补贴、职业技能鉴定补贴、创业补贴等优惠政策；要做好分类帮扶，结合本地区工作实际，通过“面对面”“一对一”的重点援助，强化人岗匹配，提高援助实效。

（五）强化跟踪问效。各地在活动期间要通过实地检查、电话随机访问援助对象等方式，对所辖地区活动开展情况进行巡查督导，防止政策落实不到位、服务活动走过场等问题。要及时对专项活动中已援助的对象进行回访，听取援助对象的反馈意见，对援助效果不理想的进一步调整完善援助方案，搞好援助后续服务。要注重总结经验，改进活动形式，创新服务手段，提高服务质量，不断为就业困难对象提供形式多样的高效优质服务。

六、工作要求

（一）践行群众路线，坚持真情服务。各地要高度重视2014年就业援助月专项活动，结合贯彻落实党的十八届三中全会精神和党的群众路线教育实践活动要求，想群众所想，急群众所急，将活动开展作为贯彻落实中央精神的重要举措、作为实现更高质量就业的具体措施、作为维护社会稳定的有效手段。要坚持以人为本，带着对困难群众的深厚感情开展工作，努力做到真情帮扶、个性服务、精细援助、动态管理，真正将党和政府对困难群体的关心落到实处。

（二）加强组织领导，注重分工配合。各地要加强领导，完善组织协调机制，统筹安排，周密部署，务实节俭，注重实效，坚持日常援助与集中援助相结合，定期援助与不定期援助相结合，形成制度性安排，以切实服务群众、让群众满意为衡量标准，确保活动顺利开展。人力资源社会保障部门和残联组织要指导、组织各级公共就业和人才服务机构、残疾人就业服务机构按照各自职责分工，建立目标责任制，认真做好政策宣传、摸查家访和具体援助帮扶工作。

（三）强化务实作风，做好统计总结。各地人力资源社会保障部门和残联组织要结合自身职能，做好本部门的相关总结和统计工作，真实准确地汇总上报本部门、本系统的有关工作情况。请各省（自治区、直辖市）人力资源社会保障厅（局）、残疾人联合会，新疆生产建设兵团人力资源社会保障局、残疾人联合会于2014年2月20日前，将就业援助月活动情况总结和统计表（见附件1、2）分别报人力资源社会保障部和中国残疾人联合会。

附件：1. 2014年就业援助月活动情况统计表（公共就业和人才服务机构负责填报，略）

2. 2014年就业援助月活动情况统计表（残疾人就业服务机构负责填报，略）

2013年12月11日

人力资源和社会保障部　全国总工会全国妇联关于开展2014年春风行动的通知

人社部函［2013］254号

各省、自治区、直辖市及新疆生产建设兵团人力资源社会保障厅(局)、总工会、妇联：

为全面贯彻落实党的十八届三中全会精神和党的群众路线教育实践活动的要求，适应新形势下农村转移劳动力就业的新情况、新特点，推进农村转移劳动力就业创业工作，更好地满足2014年春节前后进城务工人员就业需求和企业用工需要，人力资源社会保障部、全国总工会、全国妇联定于2014年1月中旬起在全国共同开展春风行动。现将有关事项通知如下：

一、活动主题

搭建供需平台，促进转移就业。

二、活动时间

2014年1月中旬至3月中旬。

三、服务对象

（一）有转移就业意愿的农村劳动者；

（二）有创业愿望的农村劳动者；

（三）有招聘需求的各类用人单位；

（四）其他有就业创业意愿的劳动者。

四、活动目标

各地要紧密结合本地实际，大力宣传和认真落实就业创业政策，根据不同群体的特点实施有针对性的公共就业服务：使有培训愿望的农村劳动者得到免费技能培训；使农村转移劳动力得到有效的免费就业信息和有组织的劳务输出服务；使失去工作后仍留在城市的农村劳动者得到免费服务；使返乡农民工得到就业和创业服务，做到宣传引导到位、服务对接到位、政策落实到位。

五、活动内容

（一）全面收集供求信息。要依托乡镇、街道、社区等基层公共就业服务平台，深入本地农村、社区和各类企业，全面掌握农村劳动力资源基本情况，准确收集农村进城务工人员求职需求和企业节后用工需求，为制定有针对性的工作方案、增强活动实效打好基础。

（二）集中开展政策宣传。要结合工作对象特点，创新宣传方式，加大宣传力度，全面深入宣传就业扶持政策，营造良好社会氛围。要主动联系本地主流媒体，及时发布春风行动的活动安排信息，开办宣传专栏，广泛宣传就业政策、先进典型事例和活动进展情况，扩大春风行动的影响和效果。要结合求职招聘信息的集中采集活动，通过在公共就业服务机构开设专门服务窗口、在农村和社区设立现场咨询点以及进企业、入农户等方式，向群众免费发放“春风卡”和服务手册、提供面对面的政策咨询，使劳动者和用人单位都能够获得免费政策服务。

（三）积极促进人岗对接。要将劳动者和用人单位的有效对接作为春风行动的重点内容，多渠道、多方式提供服务。一是开展专场招聘会。各地要积极组织“农民工专场招聘会”“巾帼专场洽谈会”等特色招聘活动，有针对性地帮助进城求职的农村劳动者尽快实现就业。全国公共招聘网继续开辟春风行动专栏，发布有关招聘信息。二是开展手机、网络送信息、送岗位活动。各地要充分利用信息网络、平面媒体、移动通讯等手段，广泛发布各种就业服务信息，为农村劳动者提供更加迅速便捷的就业信息和政策、法律等服务。人力资源社会保障部继续与中国移动通信集团公司合作，在春风行动期间为办理中国移动“两城一家”业务的手机用户免费提供招聘会信息和相关就业政策信息的手机短信息服务。三是开展重点群体专项服务。各地要把贫困县、贫困乡、贫困村、城乡长期失业人员作为帮扶重点，开展“送政策、送岗位下乡到村”活动，将政策和信息送到每个村、每一户，使他们都能及时获得有针对性的就业服务。四是开展跨区域劳务合作。各地要做好跨区域劳务合作的组织协调工作，通过举办跨区域劳务招聘会的方式，鼓励引导输出地、输入地之间开展跨区域劳务合作，逐步完善工作机制。

（四）着力做好政策落实。要结合经济结构调整、产业梯度转移和推进城镇化进程，突出工作重点，完善和落实就业扶持政策。要加强与企业的联系，组织开展定向、订单式职业技能培训，落实培训补贴，并积极帮助符合条件的企业落实社保补贴等就业扶持政策。要服务本地发展县域经济、社会主义新农村建设的用人需求，引导当地企业合法用工，提升就业质量，通过落实各项就业扶持政策促进农村劳动者就地就近就业。要落实创业扶持政策，积极提供创业政策咨询、创业培训、项目推介、开业指导、场地安排等服务，帮助有创业愿望的农村劳动者和其他类型创业者实现成功创业和健康发展。

（五）努力优化就业环境。要在本辖区集中开展清理整顿人力资源市场秩序专项行动，打击职业介绍领域的违法犯罪活动，优化农村劳动者转移就业环境。要引导企业合理安排生产生活、丰富外来务工人员的物质文化生活，形成“以情引工、以情留工”的良好氛围。要着力推进公共就业服务向基层延伸，提供就近便捷的就业服务，帮助农村劳动者解决生产生活困难，使他们切实感受到党和政府的温暖关怀，创建“转得出、留得住”的农村劳动力转移就业长效机制。

六、活动要求

（一）践行群众路线，完善工作机制。各地要把春风行动作为贯彻落实党的十八届三中全会精神和党的群众路线教育实践活动要求的重要举措，作为做好农村劳动力转移就业工作和推动新农村建设的有效手段，完善组织领导，明确目标任务，落实工作经费和责任分工，加强沟通协作，形成上下联动、分工明确，相互配合、齐抓共管的工作机制。要坚持以人为本，务实节俭，注重实效，强化督促检查，防止政策落实不到位、服务活动走过场等问题，推动活动深入开展。

（二）坚持全面推进，提升整体水平。春风行动涉及面广、工作任务重、时效性强，各地要把活动作为阶段性的中心任务抓紧抓好。要结合本地实际，创新活动内容和方式，全面落实扶持农村劳动力转移就业的各项政策，重点做好贫困地区农村劳动者、转移困难的农村劳动者、返乡农民工的帮扶工作，切实发挥政策的综合效应。要加强对各级公共就业服务机构、工会和妇联组织的工作指导，及时研究解决活动中出现的新情况、新问题，不断提高服务质量和活动效果。

（三）加强沟通联系，及时统计总结。各地人力资源社会保障部门、工会和妇联组织要加强与上级部门的沟通联系，结合自身职能，做好相关统计、汇总和上报工作，及时报告本地区活动开展情况。我们将以工作简报等形式总结推广各地好的经验做法。请各省、自治区、直辖市及新疆生产建设兵团人力资源社会保障厅（局）、总工会和妇联组织于 2014 年 1 月 10 日前分别上报本部门负责春风行动工作的联系人和联系方式，于 2014 年 3 月 20 日前上报本部门开展春风行动情况总结和统计表。

附件：1. 2014 年春风行动工作情况统计表（人社部门）（略）
2. 2014 年春风行动工作情况统计表（工会组织）（略）
3. 2014 年春风行动工作情况统计表（妇联组织）（略）

2013 年 12 月 16 日

人力资源和社会保障部办公厅 教育部办公厅关于做好未就业普通高校毕业生信息衔接工作的通知

人社厅发〔2013〕30号

各省、自治区、直辖市及新疆生产建设兵团人力资源社会保障厅（局）、教育厅（教委、教育局）：

为贯彻落实《国务院关于进一步做好普通高等学校毕业生就业工作的通知》（国发〔2011〕16号）文件精神，进一步完善以实名制为基础的普通高校毕业生就业统计制度，做好毕业前后的信息衔接和服务接续工作，现就有关事项通知如下：

一、高度重视，密切合作。做好未就业普通高校毕业生毕业前后信息衔接工作，对于摸清未就业高校毕业生情况，了解其就业需求，有针对性地开展就业服务，促进其尽快实现就业具有重要意义。各省（区、市）级人力资源社会保障部门、教育部门要将做好未就业高校毕业生毕业前后信息衔接作为高校毕业生就业工作的重要内容，加强组织领导，密切沟通协调，落实工作责任，确保信息衔接工作顺利开展。

二、建立信息衔接机制。高校要在征得毕业生本人同意的前提下，将有就业意愿的未就业高校毕业生信息上报给省（区、市）教育部门。各省（区、市）教育部门要在每年9月底前将有就业意愿的未就业应届普通高校毕业生分高校、分专业的个人实名信息提供给当地人力资源社会保障部门。人力资源社会保障部门要在10月15日前将接收的信息通过业务专网报送人力资源社会保障部。各省（区、市）人力资源社会保障部门要在次年1月底前将当地未就业高校毕业生就业情况提供给当地教育部门。

三、深入开展实名制就业服务。人力资源社会保障部将汇总各地报送的数据信息，建立全国未就业高校毕业生信息数据库。各省（区、市）人力资源社会保障部门要将离校未就业高校毕业生作为工作重点对象，将就业服务任务明确分解到基层公共就业人才服务机构；要按照实名制就业服务工作要求，对前来求职的高校毕业生做好基础信息登记，摸清求职需求和特点，提供有针对性的就业服务，按规定落实相关政策，努力促进其实现就业创业。

四、相关工作要求。高校要高度重视、认真做好毕业生离校前就业统计工作。各省（区、市）人力资源社会保障部门和教育部门要指定专人负责，切实做好未就业高校毕业生信息衔接工作。各级人力资源社会保障部门及其所属公共就业人才服务机构要切实提高保密意识，不得泄露学生个人信息，不得将数据用于公共就业服务之外的其他用途。一旦发现违法违规行为，按照有关规定严肃处理。

2013年4月18日

人力资源和社会保障部办公厅关于公布第二批高校毕业生就业见习国家级示范单位名单的通知

人社厅发［2013］83号

各省、自治区、直辖市及新疆生产建设兵团人力资源社会保障厅（局），福建省公务员局：

为配合离校未就业高校毕业生就业促进计划的实施，扩大就业见习规模，根据《人力资源社会保障部办公厅关于开展第二批高校毕业生就业见习国家级示范单位遴选工作的通知》（人社厅函［2013］155号）要求，经自主申报、专家评估、省级初审、部里复审、社会公示等环节，确定北京福田戴姆勒汽车有限公司等102家单位为第二批高校毕业生就业见习国家级示范单位（以下简称国家级示范单位，见附件），现予以公布。

各国家级示范单位要按照国家和当地政府关于高校毕业生就业见习工作的有关要求，进一步完善见习制度，规范见习管理，提高见习质量，扩大见习规模，发挥示范带头和区域辐射作用。要按季度填写并上报见习工作进展情况表，并于每年年底前上报当年就业见习工作总结，经省级人力资源社会保障部门汇总后报送我部全国人才流动中心。各地要加大对国家级示范单位的工作指导和扶持力度，落实见习补贴等相关政策，及时总结和推广经验，进一步发挥国家级示范单位在当地的引领和示范作用，推动当地就业见习工作的广泛开展。

附件：第二批高校毕业生就业见习国家级示范单位名单

2013年8月1日

附件

第二批高校毕业生就业见习国家级示范单位名单

北京

北京福田戴姆勒汽车有限公司

北京市华都峪口禽业有限责任公司

天津

天津市今晚发行快递股份有限公司

天津航天长征火箭制造有限公司

天津汽车模具股份有限公司

天津一商友谊股份有限公司

河北

长城汽车股份有限公司

邯郸市中心医院

中国二十二冶集团有限公司

邢台市政建设集团有限公司

山西

山西大医院

山西一建集团有限公司

山西诺维兰（集团）有限公司

山西沃源建筑设备有限公司

内蒙古

包头钢铁（集团）有限责任公司

内蒙古第一机械集团有限公司

内蒙古正大有限公司

辽宁

本钢集团有限公司

辽宁忠旺集团有限公司

辽宁兴隆百货集团有限公司

吉林

吉林亚泰（集团）股份有限公司

吉林省人民医院

吉林吉春制药股份有限公司

吉林麦达斯铝业有限公司

吉林化纤集团有限责任公司

黑龙江

哈尔滨飞机工业集团有限责任公司

哈尔滨东安发动机（集团）有限公司

上海

立信会计师事务所（特殊普通合伙）

上海市对外服务有限公司

百联集团有限公司

上海市汽车修理有限公司

江苏

苏州金螳螂建筑装饰股份有限公司

无锡同捷汽车设计有限公司

连云港鹰游纺机有限责任公司

江苏井神盐化股份有限公司

大亚科技集团有限公司

大全集团有限公司

浙江

浙江迪安诊断技术股份有限公司

宁波金田铜业（集团）股份有限公司

浙江中成控股集团有限公司

浙江山蒲照明电器有限公司

安徽

马鞍山市市立医疗集团

淮北市人民医院

安徽盛运机械股份有限公司

福建

创冠环保（福清）有限公司

昇兴集团股份有限公司

江西

新余钢铁集团有限公司

江西昌河汽车有限责任公司

晶科能源有限公司

山东

青岛啤酒股份有限公司

鲁南制药集团股份有限公司

山东金岭集团有限公司

银座集团股份有限公司

山东鲁花集团有限公司

河南

河南曙光健士医疗器械集团股份有限公司

中国建设银行股份有限公司洛阳分行

郑州旭飞光电科技有限公司

湖北

骆驼集团股份有限公司

湖北兴发化工集团股份有限公司

十堰市太和医院
湖北神丹健康食品有限公司
湖北黄冈伊利乳业有限责任公司

湖南

特变电工衡阳变压器有限公司
永州市中心医院
山河智能装备股份有限公司
湘能华磊光电股份有限公司

广东

中国邮政储蓄银行广州市分行
广州广船国际股份有限公司
东莞德永佳纺织制衣有限公司
信利半导体有限公司

广西

广西华劲集团股份有限公司
北海市人民医院
广西投资集团有限公司
广西有色金属集团有限公司

海南

澄迈唯创信息科技有限公司

重庆

重庆新桥医院
重庆鑫源摩托车股份有限公司

四川

四川长虹电器股份有限公司
东方电气集团东风电机有限公司
四川广旺能源发展（集团）有限责任公司
四川宏华石油设备有限公司
南充市中心医院

贵州

贵州建工集团有限公司

贵州青酒（集团）有限责任公司

贵州一树连锁药业有限公司

安顺市人民医院

云南

十四冶建设集团有限公司

云南东骏药业有限公司

曲靖市第一人民医院

西藏

中国人民财产保险股份有限公司日喀则分公司

陕西

陕西正大有限公司

中国兵器工业第二〇二研究所

陕西出版集团数字出版基地开发建设有限公司

开源证券有限责任公司

上海浦东发展银行有限公司西安分行

甘肃

酒泉奥凯种子机械股份有限公司

兰州日报社

青海

青海省农村信用社联合社

青海电子材料产业发展有限公司

青海彩虹部落文化旅游发展有限公司（原青海青稞城科技投资开发有限公司）

宁夏

宁夏回族自治区第五人民医院

新疆

新疆庆华能源集团有限公司

人力资源和社会保障部办公厅关于贯彻加强小额担保贷款财政贴息资金管理通知的意见

人社厅发［2013］105 号

各省、自治区、直辖市、计划单列市人力资源社会保障厅（局）：

现就贯彻落实《财政部、人力资源社会保障部、中国人民银行关于加强小额担保贷款财政贴息资金管理的通知》（财金［2013］84 号，以下简称《通知》）精神，进一步做好小额担保贷款工作提出如下意见，请遵照执行。

一、准确把握《通知》精神实质，健全小额担保贷款发放自我约束机制。小额担保贷款政策实施以来，对促进创业带动就业发挥了重要作用。但近些年一些地方也出现了随意扩大政策扶持对象、片面追求放贷规模等问题，影响小额担保贷款政策的可持续性，亟须完善制度，加强管理。为此，《通知》进一步规范了小额担保贷款借款人范围和财政贴息对象，强化了贴息贷款审核发放和贷款担保基金管理要求，完善了财政贴息政策和资金来源。这是立足当前、着眼长远，确保小额担保贷款政策长期可持续的重要措施。各地要认真学习《通知》要求，准确把握精神实质，积极协调配合财政部门、人民银行分支机构完善小额担保贷款政策操作办法，健全贷款发放自我约束机制，保持政策连续性。要切实掌握符合政策扶持条件的创业者和劳动密集型小企业底数，结合可用财政贴息资金，对当地今后一个时期的小额担保贷款工作做出科学合理规划，防止不切实际盲目下达放贷指标。

二、严格把好资格、额度、期限审核关，着力提高贴息贷款利用效率。为有效发挥小额担保贷款政策促进创业带动就业作用，各地要指导各级小额担保贷款经办担保机构严格遵循小额贷款基本准则，瞄准小额担保贷款政策扶持对象，把有限资源真正用于确需帮扶的新创业者和带动就业多的劳动密集型小企业；严把政策受益人资格审查关，既要防止因片面追求放贷量而任意扩大政策受益人范围，又要防止因单纯追求还款率而人为缩小政策受益人范围，更要防止利用其他商业贷款套取财政贴息资金；严把贷款担保额度、期限审核关，根据项目实际需要合理确定贷款担保额度与担保期限，防止不负责任过度担保，努力提高贷款担保基金和贴息贷款利用效率；健全小额担保贷款操作流程，完善贷款项目贷前调查、联合会审等工作制度，防范“人情贷款”和权力寻租等道德风险。

三、充实贷款担保基金和地方财政贴息资金，确保小额担保贷款政策落实。《通知》严格限定了贷款担保基金放大倍数，规定了地方财政贴息比例，各地应结合实际主动协调财政部门对小额担保贷款财政贴息资金和担保基金做出安排，确保政策落实，防止将贴息贷款利息负担转嫁给创业者。要主动协调人民银行分支机构建立健全小额担保贷款分项管理与统计制度，落实相关各方的工作责任，完善小额担保贷款统计数据三部门会商机制，及时准确掌握小额担保贷款发放、回收与贴息情况。要注重发挥当地妇联等组织和高校的积极作用，共同做好小额担保贷款工作。要进一步推进创业工作，将落实《通知》要求与完善本地促进创业带动就业的政策措施、加强创业服务结合起来，积极探索运用地方财政资金支持创业的新的有效途径。各地贯彻落实《通知》要求的具体措施和两项资金安排使用情况，请及时向我部就业促进司报告。

2013年10月17日

人力资源和社会保障部办公厅　教育部办公厅关于进一步做好离校未就业高校毕业生就业管理和服务工作的通知

人社厅发［2013］112号

各省、自治区、直辖市人力资源社会保障厅（局）、教育厅（教委），教育部直属各高等学校：

为做好离校未就业高校毕业生的就业管理和服务工作，引导他们及时参加离校未就业高校毕业生就业促进计划（以下简称就业促进计划），尽快实现就业创业或参加到就业准备活动中，现就有关事项通知如下：

一、做好对离校未就业高校毕业生的后续跟踪管理。各地人力资源社会保障部门、教育部门和各高校要密切沟通，加强协作，做好高校毕业生离校前后跟踪管理，切实保证服务不断线。各高校要与有就业意愿的未就业高校毕业生继续保持联系，了解其就业状况，提供必要的就业帮扶，并指导和推荐其参加政府组织实施的公共就业服务活动。省（区、市）教育部门和各高校要在征得高校毕业生本人同意的前提下，及时将有就业意愿的未就业高校毕业生分高校、分专业的个人实名信息提供给人力资源社会保障部门。实名信息应含有身份证号码、有效联系方式、家庭住址等重要内容，以便相关公共人才就业服务能够及时有效地接续。同时，地方各级公共就业人才服务机构和基层就业服务平台要向高校毕业生免费开放，通过开展实名登记，摸清高校毕业生的就业意愿和服务需求。省（区、市）人力资源社会保障部门要在次年1月底前将离校未就业毕业生就业情况提供给同级教育部门。

二、为离校未就业高校毕业生提供就业服务。各地人力资源社会保障部门要全面实施就业促进计划，按要求落实好促进高校毕业生就业创业的九项具体措施。要通过多种渠道，广泛发布本地就业促进计划内容、参加渠道、公共就业人才服务机构信息等，方便未就业高校毕业生申请参加计划。教育部门和高校要继续关心离校未就业高校毕业生的就业问题，积极向未就业高校毕业生宣传就业促进计划内容，引导未就业高校毕业生参与。同时，要充分利用全国大学生就业公共服务立体化平台（www.ncss.org.cn）、各地各高校就业网等，继续收集和发布用人单位招聘信息，持续为毕业生提供就业信息服务。充分发挥院系、辅导员（班主任）、学生干部的作用，通过网络、电话、微博、微信等多种方式，通知未就业高校毕业生参加相关校园招聘活动和各级公共就业人才服务机构举办的招聘活动。充分发挥校友会的作用，搭建相互联系交流的平台，为未就业高校毕业生提供实习和就业的机会。对家庭经济困难、就业困难高校毕业生要本着“重点关注、重点推荐、跟踪服务”的原则，积极为他们提供合适的岗位信息和求职技巧的指导。

三、加强政策宣传，让高校毕业生知晓、用好政策。各地人力资源社会保障部门要充分发挥公共就业人才服务机构和基层就业服务平台的作用，向高校毕业生详细讲明国家促进就业创业的各项政策措施，帮助高校毕业生知晓政策、理解政策和运用政策。教育部门和高校要进一步创新政策宣传方式，在形式上要体现多样性，将传统的就业指导课程、电子显示屏、宣传彩页等与学生社团活动、网络论坛、微博、微信等贴近学生个体的新兴媒介相结合，适时举办就业创业知识竞赛等活动；在内容上要体现丰富性，既要广泛宣传国家促进高校毕业生就业创业的各项政策措施，又要对高校毕业生关心的宏观经济环境、就业形势和企业用人需求等问题开展正面讲解，提升高校毕业生的就业信心；在组织上要体现全员性，各地教育部门、高校、院系、班级相互联动，形成庞大的政策宣传网络，为毕业生提供不间断的政策信息。各高校可到全国公共招聘网（www.cjob.gov.cn）、全国大学生就业公共服务立体化平台（www.ncss.org.cn）下载2013版国家高校毕业生就业政策宣传片《路在脚下》及《高校毕业生就业政策百问》，并放在校园网站上供学生浏览。

2013年10月31日

人力资源和社会保障部办公厅关于做好在内地培训就业的新疆籍人员稳定工作的通知

人社厅明电［2013］6号

北京、天津、河北、山西、辽宁、吉林、黑龙江、上海、江苏、浙江、安徽、福建、江西、山东、河南、湖北、湖南、广东省（市）人力资源社会保障厅（局），深圳市人力资源社会保障局：

日前，中央对维护新疆社会稳定、维护各族人民利益工作做出重要部署。各对口援疆省市人力资源社会保障部门要把思想和行动统一到中央决策部署上来，进一步增强政治意识、大局意识、责任意识和忧患意识，切实做好在内地培训和就业的新疆籍人员稳定工作。现将有关事项通知如下：

一、精心细致地做好赴内地培养新疆学员稳定工作。自2011年组织实施新疆普通高校毕业生赴对口援疆省市培养计划（以下简称培养计划）以来，各地做了大量工作，为促进新疆高校毕业生就业做出了积极贡献。目前正值暑假返疆高峰，牵头负责培养计划的省市人力资源社会保障部门要会同受援地市领队人员组织好学员返疆，确保安全、有序；参与培养计划的省市人力资源社会保障部门要主动配合牵头部门做好相关工作。新学期开始后，要按照培养计划职责分工，继续做好新疆学员的培养和实习见习工作，同时要指导承担培养计划任务的相关院校和实习见习单位开展形式多样的教育活动，引导广大学员在思想上、行动上自觉与中央保持高度一致。要注意了解掌握学员思想动态，加强思想交流和疏导，及时妥善处理苗头性问题，确保培养计划顺利实施。

二、积极促进在内地求职的新疆籍离校未就业高校毕业生就业。要按照《国务院办公厅关于做好2013年全国普通高等学校毕业生就业工作的通知》（国办发［2013］35号）的要求，将在当地求职的新疆籍离校未就业高校毕业生纳入本地公共就业人才服务和就业扶持政策范围，将其作为重点帮扶对象，有针对性地提供职业指导、岗位信息和政策咨询等各项服务，并按规定落实各项扶持政策。

三、做好在内地的新疆籍进城务工人员稳定工作。充分发挥对口劳务协作机制的作用，加强与对口地区的沟通联系，及时掌握本地区新疆籍务工人员数量、就业失业及返乡回疆等情况，认真细致地做好稳定工作。加强对新疆籍务工人员的日常管理服务工作，帮助他们及时解决生产生活中的困难，保障他们的合法权益，创造良好用工环境。对有意愿在务工地创业的新疆籍务工人员，要纳入扶持范围，提供政策咨询、开业指导等创业服务。要密切关注新疆籍务工人员数量较多企业的经营情况，帮助企业稳定用工；因产业结构调整导致新疆籍务工人员失业的，要及时引导和帮助他们有序退出并转入其他行业就业。

四、加强组织领导。对口援疆省市人力资源社会保障部门要高度重视在当地培训就业的新疆籍人员的稳定工作，加强与当地组织、发展改革、教育、财政、民委等部门的沟通和合作，制定应对突发事件预案，对苗头性问题要及时向当地政府、受援地市政府汇报和沟通，采取切实有效应对措施，确保不出任何问题。

2013年7月3日

教育部办公厅　人力资源和社会保障部办公厅关于2013年联合举办全国高校毕业生就业网络联盟招聘周活动的通知

教学厅函［2013］2号

各省、自治区、直辖市教育厅（教委）、人力资源社会保障厅（局），新疆生产建设兵团教育局、人力资源社会保障局：

为贯彻落实党的十八大报告提出的“做好以高校毕业生为重点的青年就业工作”“推动实现更高质量的就业”等一系列新任务、新要求，切实做好2013年全国普通高校毕业生就业信息服务工作，为用人单位招聘与毕业生求职提供方便、高效的信息交流平台，教育部、人力资源社会保障部决定2013年联合举办春夏秋冬四次高校毕业生网上招聘活动。现将有关事项通知如下：

一、活动名称及时间

（一）2013年全国高校毕业生就业网络联盟春季联合招聘周

2013年3月20日至26日。

（二）2013年全国高校毕业生就业网络联盟夏季联合招聘周

2013年6月20日至26日。

（三）2013年全国高校毕业生就业网络联盟秋季联合招聘周

2013年9月20日至26日。

（四）2013年全国高校毕业生就业网络联盟冬季联合招聘周

2013年12月20日至26日。

二、组织机构

（一）主办单位：教育部、人力资源社会保障部。

（二）承办单位：教育部全国高等学校学生信息咨询与就业指导中心、人力资源社会保障部全国人才流动中心、人力资源社会保障部中国就业培训技术指导中心。

（三）网络平台：全国大学生就业公共服务立体化平台（www.ncss.org.cn）、全国招聘信息公共服务网（www.cjob.gov.cn）、中国人力资源市场网（www.chrm.gov.cn）、中国就业网（www.chinajob.gov.cn）。

三、组织形式

（一）教育部、人力资源社会保障部分别设立网络招聘会分会场，以不同方式发布招聘信息及提供相关就业服务。

（二）由教育部全国大学生就业公共服务立体化平台、全国招聘信息公共服务网、人力资源社会保障部中国人力资源市场网、中国就业网开通网络招聘会统一网页，并负责与本系统地方相关网站的链接。

（三）各省级教育、人力资源社会保障部门分别负责本地区网上联合招聘活动的信息收集、整理和上网发布工作，并组织高校、公共就业人才服务机构和职业中介机构对上网求职的高校毕业生提供相应服务。

四、筹备工作要求

（一）各省级教育、人力资源社会保障部门要高度重视网络联盟招聘周活动，各自确定一名厅级领导作为负责人，并确定一名工作联系人。请将负责人和联系人名单于2013年3月15日前分别报送教育部、人力资源社会保障部。

（二）各省级教育、人力资源社会保障部门要认真组织本行政区域内的高校和用人单位积极参加网络联盟招聘周活动，及时通知未落实岗位的应届毕业生在各有关网站上注册并积极参加网络联盟招聘周活动。各省级教育、人力资源社会保障部门和高等学校的网站要在显著位置悬挂统一标识并做链接（统一标识可从全国大学生就业公共服务立体化平台、中国人力资源市场网、中国就业网上下载）。各省级教育部门要在活动结束一周内，将本地高校参加活动的统计数据及活动小结用电子邮件报送至教育部全国高等学校学生信息咨询与就业指导中心（具体要求从全国大学生就业公共服务立体化平台下载）。

（三）各地人力资源社会保障部门要积极组织公共就业和人才服务网站及用人单位参加高校毕业生网络联盟招聘周活动。各相关人才市场网站要认真整理100家以上的招聘高校毕业生的用人单位信息，按照统一格式填报汇总，并于活动前一周上传到中国人力资源市场网（具体方法可参考中国人力资源市场网首页左下方的“招聘会信息上传方法”）。在招聘活动期间，各相关人才市场网站要在各自网站首页显著位置与网络招聘会会场做链接。各相关公共就业服务网站要开设高校毕业生网络联盟招聘周专区，收集、发布招聘信息，并于活动开始前一周将参加网站名称和链接地址报中国就业网站。中国就业网站将与各相关公共就业服务网站进行链接，提供信息二次发布平台。各地要及时做好招聘周的总结工作，并于每季度活动结束后一周内分别报全国人才流动中心和中国就业培训技术指导中心，全年活动结束后，人力资源社会保障部将对各地参会情况进行通报。

（四）参加网络招聘活动的用人单位应提供包括单位简介、岗位需求、联系方式（须有电子邮箱）等信息，请各地相关部门审核后在活动期间发布。

（五）各地要充分利用全国高校毕业生就业网络联盟，进一步加强人力资源市场和院校信息的相互贯通，实现网上信息资源合理有效共享，更好地为高校毕业生和用人单位服务。

五、联系人及电话（略）

2013年2月26日

人力资源和社会保障部办公厅关于开展第二批高校毕业生就业见习国家级示范单位遴选工作的通知

人社厅函［2013］155号

各省、自治区、直辖市及新疆生产建设兵团人力资源社会保障厅（局）：

为贯彻落实《关于做好2013年全国高校毕业生就业工作的通知》（人社部函［2013］1号）的要求，进一步做好高校毕业生就业见习工作，发挥高校毕业生就业见习国家级示范单位的典型示范作用，我部将按照严格标准、好中选优、真正体现示范性的原则，开展第二批高校毕业生就业见习国家级示范单位（以下简称国家级示范单位）遴选工作。现就有关事项通知如下：

一、申报对象及数量

（一）申报对象：国家级示范单位原则上由各省级人力资源社会保障部门从实效突出的省级就业见习单位中推荐。尚未开展省级就业见习单位评选的省份，可结合本地经济社会发展和高校毕业生就业见习需求，组织制度健全、管理规范、见习质量高、示范效果明显的见习单位申报国家级示范单位。

（二）申报数量：各省（自治区、直辖市）及新疆生产建设兵团可分别推荐3～5家见习单位作为候选单位，我部从中遴选认定国家级示范单位。

二、遴选条件

参加遴选的就业见习单位应符合高校毕业生就业见习国家级示范单位基本条件（详见附件1）。

三、遴选程序

遴选工作采取自主申报、专家评估、省级初审、部里复审相结合的方式进行。

（一）自主申报。见习单位本着自愿原则，对照国家级示范单位基本条件先进行自评，按要求填写《高校毕业生就业见习国家级示范单位申报表》（附件2），并连同企业营业执照副本或事业法人登记证复印件等相关材料一并报送省级人力资源社会保障部门。

（二）初审。省级人力资源社会保障部门组织相关专家成立评估专家组，按照《高校毕业生就业见习国家级示范单位评审表》（附件3）内容对申报单位进行评估打分，并提出专家评估意见。

省级人力资源社会保障部门可在专家评估基础上，结合本省就业见习工作实际，提出初审意见，并加盖公章后连同候选单位申报材料一并报送我部。

（三）复审。我部将组织专家对各地上报的候选单位材料进行复审，综合考虑国家级示范单位总体布局和各地见习工作开展情况，提出复审意见，并将拟确定的国家级示范单位名单在部相关网站进行公示。公示结束无异议的，正式发文予以公布。

四、工作要求

（一）各地要高度重视国家级示范单位的遴选工作，加强组织领导，结合本地实际制定工作方案，确保有专门机构、专门人员、专项经费开展此项工作。

（二）各地要严格按照国家级示范单位基本条件进行评估和推荐，保证国家级示范单位申报认定工作质量，确保好中选优，真正体现示范性。

（三）各地要严格按照相关程序和要求开展遴选工作，并于2013年5月24日前将候选单位推荐名单（注明排序）、《高校毕业生就业见习国家级示范单位申报表》、《高校毕业生就业见习国家级示范单位评审表》及候选单位其他相关资料报送我部就业促进司和全国人才流动中心（一式两份），有关材料请一并发送电子版。

附件：1. 高校毕业生就业见习国家级示范单位基本条件（略）

2. 高校毕业生就业见习国家级示范单位申报表（略）

3. 高校毕业生就业见习国家级示范单位评审表（略）

2013年4月1日

人力资源和社会保障部办公厅关于实施离校未就业高校毕业生技能就业专项活动的通知

人社厅函［2013］246号

各省、自治区、直辖市及新疆生产建设兵团人力资源社会保障厅（局）：

按照《国务院办公厅关于做好2013年全国普通高等学校毕业生就业工作的通知》（国办发［2013］35号）提出的实施“离校未就业高校毕业生就业促进计划”的要求，为提高高校毕业生的技能水平和就业创业能力，促进其实现素质就业和稳定就业，我部定于2013年实施离校未就业高校毕业生技能就业专项活动。

一、目标任务

在全国范围内组织1 000所国家级重点以上的技工院校和培训实力雄厚的职业培训机构，对有培训意愿的离校未就业高校毕业生开展就业技能培训、企业上岗前培训和创业培训，使其掌握就业或创业的专项技能和实际能力，培训合格率力争达到90%以上，培训后的就业率达到90%以上，引导其在生产和服务一线实现技能就业、技能成才。

二、主要内容

（一）做好组织动员。各级人力资源社会保障部门要确定一批符合条件的技工院校和职业培训机构，承担离校未就业高校毕业生技能培训和创业培训任务。要指导培训单位加强与公共就业人才服务机构和基层就业服务平台的联系与对接，及时掌握高校毕业生的培训需求，确定社会需求大、就业前景好、高校毕业生认可度高的培训专业。要加强与本地区教育部门和高等院校的协调配合，积极宣传培训政策措施，并通过地方人力资源社会保障门户网站、公共就业人才服务网站、基层就业服务平台等，及时发布面向离校未就业高校毕业生所开设的培训专业目录、承担培训任务的机构名单、培训鉴定补贴报销的经办主体和办理流程等信息，广泛动员有培训愿望的离校未就业高校毕业生自主选择适合的培训项目。

（二）开展技能培训。各级人力资源社会保障部门要指导承担培训任务的技工院校和职业培训机构，对有培训需求的高校毕业生开展有针对性的技能培训。对离校未就业的高校毕业生，重点开展以定向培训为主的就业技能培训。对企业拟录用的高校毕业生，重点开展以定岗培训为主的上岗前培训。要指导技工院校和职业培训机构利用优质教学资源、设施设备和师资力量，制定专门的培训方案，强化技能操作训练，切实提高高校毕业生的技能水平、就业能力和工作能力。

（三）开展创业培训。各级人力资源社会保障部门要指导有创业培训资质的培训机构，对有创业意愿和培训需求的未就业高校毕业生开展创业培训。创业培训机构要规范使用大学生版创业培训教材，制定符合高校毕业生特点的培训方案，组织优秀师资开展创业培训，增强其创业能力。要加强后续支持和服务，结合高校毕业生所学专业和自身特长，指导其在适合高校毕业生创业的行业领域开展创业实践活动，提高创业成功率。

（四）开展职业技能鉴定。对参加就业技能培训和上岗前培训的高校毕业生，各级职业技能鉴定机构要主动提供职业技能鉴定服务，对其职业能力进行客观评价。对职业技能鉴定合格的，按规定发放相应的职业资格证书或专项职业能力证书。

三、保障措施

（一）加强组织领导。各地人力资源社会保障部门成立由培训、就业、鉴定等部门共同参加的工作领导机构，负责工作的协调和组织推动。要将实施离校未就业高校毕业生技能就业专项活动作为职业培训年的重要活动内容，作为促进高校毕业生就业的重要措施。开展技能振兴专项活动的百家城市要发挥示范作用，切实将离校未就业高校毕业生作为重点培训群体。要研究制定具体的工作方案，精心组织实施。要切实提高培训质量，确保培训后的就业率，防止走过场。

（二）落实补贴政策。各地人力资源社会保障部门要积极协调财政部门，对参加培训的离校未就业高校毕业生，按照《国务院办公厅关于做好2013年全国普通高等学校毕业生就业工作的通知》（国办发〔2013〕35号）和《财政部、人力资源社会保障部关于进一步加强就业专项资金管理有关问题的通知》（财社〔2011〕64号）的有关规定，落实职业培训补贴政策和职业技能鉴定补贴政策。

（三）加大宣传力度。各地人力资源社会保障部门要综合利用广播、电视、报纸等传统媒体，以及青年受众使用率较高的微博、微信、手机报等新兴媒体，广泛宣传政府支持高校毕业生参加职业培训的政策措施，深入宣传高校毕业生技能成才、技能就业的先进典型，引导广大高校毕业生牢固树立劳动光荣、创造伟大的观念，到生产和服务一线建功立业。

各地贯彻落实情况请及时报告部职业能力建设司。

2013年5月30日

人力资源和社会保障部办公厅 教育部办公厅　国务院国资委办公厅 关于开展第三届中央企业面向西藏青海 新疆高校毕业生专场招聘活动的通知

人社厅函［2013］530号

西藏自治区、青海省、新疆维吾尔自治区人力资源社会保障厅、教育厅、国资委，各中央企业：

为进一步落实好党中央、国务院关于援藏、援青、援疆的总体部署，促进西藏、青海、新疆（以下简称三地）高校毕业生就业，在总结前两届专场招聘活动经验的基础上，人力资源社会保障部、教育部、国资委拟于2013年12月至2014年一季度联合开展第三届中央企业面向三地高校毕业生专场招聘活动。现就有关事宜通知如下：

一、活动时间

2013年12月1日至2014年3月31日。

二、对象范围

三地2014届高校毕业生（包括三地学籍和入学前户籍为三地的毕业生）为主，三地及甘肃省东风场区的往届未就业高校毕业生也可参加。

三、组织形式

专场招聘活动由人力资源社会保障部、教育部、国资委主办，人力资源社会保障部就业促进司、教育部高校学生司、国资委企业分配局、全国人才流动中心承办。专场招聘活动以网络招聘为主，根据实际需要，三地也可采取现场招聘会等形式。

人力资源社会保障部就业促进司负责专场招聘活动的统筹协调，制定活动实施方案，做好活动总结工作。

教育部高校学生司负责指导、督促有关高校及时组织2014届毕业生参加专场招聘活动。

国资委企业分配局负责指导、督促各中央企业做好专场招聘活动岗位信息的开发、采集工作，以及专场招聘活动拟招录情况的汇总工作。

全国人才流动中心负责开通网络专场招聘活动统一网页，完成与三地人力资源社会保障部门网站和各中央企业网站的链接；做好各有关中央企业的招聘岗位信息汇总、发布和求职人员网络投递简历等技术支持工作，以及招聘岗位、简历投递等信息的分析汇总工作。

四、工作要求

（一）明确工作责任。三地人力资源社会保障部门、教育部门和国有资产监管部门要高度重视专场招聘活动，指定专门机构和专职人员负责专场招聘活动的组织实施工作。各有关中央企业要结合实际工作需要，确定参加招聘活动的所属公司或项目，统一填写《第三届中央企业面向西藏青海新疆高校毕业生专场招聘活动用人单位联系表》，于11月15日前报国资委企业分配局。全国人才流动中心根据国资委企业分配局提供的招聘单位名单，统一分配招聘系统登录账户，于11月20日前将用户名和密码分别发送至各招聘单位邮箱，用于招聘单位岗位信息网络发布。

（二）加强岗位收集。各中央企业要结合本企业发展需要和援藏、援青、援疆工作任务，大力挖掘和提供一批有针对性的岗位用于此次专场招聘活动。为提高招聘活动对接成功率，招聘岗位应以三地及其周边地区的岗位为主。各招聘单位于11月25日前凭用户名和密码登录中国国家人才网（www.newjobs.com.cn）完成本单位招聘信息的发布工作。

（三）认真组织招聘。各中央企业要指导相关驻地企业或项目，认真做好简历筛选、笔试和面试工作。有条件的地方和企业可建立远程面试视频系统，方便毕业生求职和企业招人。招聘结束后，各有关中央企业要按规定及时与达成就业意向的高校毕业生签订就业协议或劳动合同。

（四）大力宣传发动。三地人力资源社会保障部门要会同教育部门摸清本地区高校毕业生专业构成和人员分布，多渠道开展专场招聘活动宣传工作，积极组织本地区高校参加专场招聘活动，及时通知未落实岗位的应届和往届毕业生在本地区公共就业人才服务机构或有关网站上注册和参加专场招聘活动。三地人力资源社会保障部门、教育部门和中央企业的网站要在显著位置悬挂专场招聘活动统一标识，并与中国国家人才网（www.newjobs.com.cn）主会场链接，全国公共招聘网（www.cjob.gov.cn）、全国大学生就业公共服务立体化平台（www.ncss.org.cn）要将相关信息同步发布。

（五）跟踪落实政策。三地人力资源社会保障部门要跟踪了解本地区毕业生达成就业意向的情况，对符合条件的企业（包括驻地中央企业）按规定落实好职业培训补贴、社会保险补贴、就业见习生活补助等相关优惠政策，并提供相应服务。

（六）做好活动总结。各有关中央企业要在专场招聘活动结束后2周内，将活动情况以及《第三届中央企业面向西藏青海新疆高校毕业生专场招聘活动拟录用情况表》报送人力资源社会保障部就业促进司和国资委企业分配局。此次招聘活动中中央企业招聘的三地户籍高校毕业生人数可计算在中央企业相关对口援助工作任务内。

五、联系人及联系方式（略）

附件：1. 第三届中央企业面向西藏青海新疆高校毕业生专场招聘活动用人单位联系表（略）

2. 第三届中央企业面向西藏青海新疆高校毕业生专场招聘活动拟录用情况表（略）

2013年10月24日

人力资源市场

中共中央组织部　人力资源和社会保障部　教育部　财政部　农业部　国家卫生和计划生育委员会　国务院扶贫开发领导小组办公室　共青团中央关于做好2013年高校毕业生“三支一扶”计划实施工作的通知

人社部发［2013］37号

各省、自治区、直辖市及新疆生产建设兵团党委组织部、人力资源社会保障厅（局）、教育厅（教委）、财政厅（财政局、财务局）、农业（农牧）厅（委、局）、卫生厅（局）、扶贫开发办公室、团委：

为深入贯彻党的十八大精神，全面落实就业优先战略和人才强国战略，根据《国务院关于进一步做好普通高等学校毕业生就业工作的通知》（国发［2011］16号）要求，现就做好2013年高校毕业生“三支一扶”计划实施工作通知如下：

一、科学制定方案，高质量完成选拔招募工作

（一）进一步丰富服务岗位。各地要按照中央要求，结合本地中心工作需要，在支教、支农、支医和扶贫的原有项目外，拓展到农村文化建设、贫困村整村推进、就业和社会保障基层服务等领域中去，促进基层事业科学发展。

（二）扎实做好选拔招募工作。各地要统筹考虑各服务基层项目的需求，结合中央下达的招募计划，制定本省（区、市）

"三支一扶"计划具体实施方案，启动选拔招募工作，并于6月30日前完成。岗位征集过程中，要优先征集有空编或者将来2～3年有空编基层服务单位岗位，促进服务期满就业。选拔招募工作中，要坚持公开、平等、竞争、择优的原则，严格招募标准，规范招募程序，把那些农村基层急需、紧缺的优秀高校毕业生选拔到"三支一扶"项目中来。

（三）按时上报人员信息。各地要进一步加强信息系统建设，按时保质保量上报"三支一扶"大学生数据信息。7月31日前，要将新招募人员基本信息上传至数据库；8月31日前，根据上岗实际情况，校正有关数据；9月30日前，上报服务期满人员情况；12月31日前，完善在岗人员和服务期满人员的各类数据，确保真实有效。

二、坚持以人为本，全面加强日常管理和服务工作

（一）注重明确岗位职责。各地要积极与基层服务单位沟通，明确"三支一扶"大学生工作职责和具体要求，引导和帮助他们切实履行好社会主义现代化合格建设者、落实国家大政方针有力践行者和新时期解决"三农"问题积极探索者的职责。继续做好选拔"三支一扶"大学生兼任乡镇团委副书记、委员工作。

（二）认真开展考核培训。各地要进一步完善考核评价制度，加强对"三支一扶"大学生日常工作表现的评价，切实做好年度考核和服务期满考核，对服务期满考核合格的，及时颁发《高校毕业生"三支一扶"服务证书》。各地要做好岗前培训工作，实现招募人员全部经过岗前培训；积极开展在岗培训，不断提升"三支一扶"大学生服务基层的能力；鼓励参加就业培训，对符合条件的按规定享受职业培训补贴，切实提高服务期满后"三支一扶"大学生的就业能力。

（三）强化日常服务工作。各地要认真做好"三支一扶"大学生的服务工作，健全相关制度，加强教育关爱，提高服务水平。要协调解决"三支一扶"大学生的食宿以及安全、健康、卫生等后勤保障工作。基层服务单位要实行结对帮扶，并定期开展谈心谈话活动，注重政治教育和心理辅导，促进“三支一扶”大学生健康成长。

三、落实保障政策，切实提高经费支持力度

（一）适当提高工作生活补贴标准。各地要严格参照当地乡镇事业单位从高校毕业生中新聘用工作人员试用期满后工资收入水平，确定“三支一扶”大学生工作生活补贴标准。从2012年起，中央财政补助西部地区“三支一扶”大学生的标准提高到人均每年2万元，中部地区人均每年1.5万元，东部地区人均每年0.8万元。各地各级财政要加大保障力度，切实提高“三支一扶”大学生的待遇。探索建立“三支一扶”大学生绩效考核奖励制度，进一步完善工作生活补贴长效保障机制。

（二）全面落实社会保险政策。从2013年起，“三支一扶”大学生在服务期间，要全部参加相应社会保险。其中在建立补充医疗保险制度的地方，应在参加社会医疗保险的基础上，为其办理补充医疗保险。各省（区、市）“三支一扶”办要统筹协调，加强督促和监督，确保工作落实。社会保险的单位缴费部分由中央和地方各级财政共同负担，个人缴费部分在“三支一扶”大学生工作生活补贴中代扣代缴。

（三）继续做好资金申请和使用工作。各省（区、市）人力资源社会保障部门要积极会同财政部门做好中央补助专项经费的申请、社会保险的缴纳工作，安排好开展“三支一扶”工作所需经费。中央补助专项经费申请应于8月31日前联合报送财政部和人力资源社会保障部。要严格按照专项经费管理的有关规定，切实抓好经费拨付、使用、监督各个环节，严格资金渠道，确保专款专用。

四、广开就业渠道，大力做好期满就业服务工作

各地人力资源社会保障部门要将促进服务期满大学生就业摆在工作的重要位置，做好服务期满未就业人员和2013年服务期满人员的就业工作。要发挥好“三支一扶”工作领导小组的作用，充分挖掘各系统就业岗位，鼓励基层服务单位广泛吸纳服务期满人员，培养成长为行业骨干力量。要加强协调，加大政策落实力度，提高公共就业服务水平，认真做好服务期满“三支一扶”大学生公务员考录、事业单位公开招聘、自主创业、自主择业和学习深造等工作，进一步拓宽“三支一扶”大学生流动渠道。各地要将服务期满未就业人员作为重点服务对象进行实名登记，切实摸清底数，提供有针对性的就业服务，帮助其尽快实现就业。

五、加强组织领导，认真做好2013年“三支一扶”实施工作

“三支一扶”计划是促进高校毕业生成长成才的重要平台。各地要充分认识新形势下做好“三支一扶”工作的重要意义，加强组织领导，完善工作机制，加大财政保障，确保工作取得实效。各有关部门要通力协作，各司其职，充分发挥职能优势，共同推进“三支一扶”工作。各地要结合培育和弘扬以勇于担当的责任意识、全心全意的服务态度、甘于奉献的精神追求、锐意进取的创新激情为主要内容的“三支一扶”精神，采取多种形式，积极开展征文、表彰等活动，广泛宣传大学生服务基层的感人事迹和突出业绩，进一步扩大“三支一扶”工作的社会影响力。

附件：2013年“三支一扶”计划名额分配方案（略）

2013年5月16日

人力资源和社会保障部关于加快推进人力资源市场整合的意见

人社部发［2013］18号

各省、自治区、直辖市及新疆生产建设兵团人力资源社会保障厅（局），各副省级市人力资源社会保障局：

为健全统一规范灵活的人力资源市场，更好地服务就业优先战略和人才强国战略的实施，现就加快推进人力资源市场整合改革提出如下意见：

一、指导思想和主要目标

（一）指导思想。以邓小平理论、“三个代表”重要思想、科学发展观为指导，紧紧围绕民生为本、人才优先的工作主线，以更大程度更广范围发挥市场在人力资源配置中的基础性作用为导向，以整合资源、提高效率、深化改革、促进发展为重点，推进人力资源市场管办分离、政企分开、事企分开，进一步健全人力资源市场体系，促进人力资源合理流动和有效配置。

（二）主要目标。有效整合人才市场和劳动力市场资源，提高管理水平和服务效率，健全人力资源市场管理制度，提升公共就业和人才服务水平，促进人力资源服务产业健康发展，规范人力资源市场秩序，建立健全功能完善、机制健全、运行有序、服务规范的人力资源市场体系。

二、加强对人力资源市场的统筹管理

（一）统一人力资源市场管理制度。加快人力资源市场立法进程，抓紧制定人力资源市场条例，完善人力资源市场各项管理制度，推动各地修订出台人力资源市场管理地方法规，健全人力资源市场法规体系。完善人力资源流动配置相关政策，进一步消除人员流动障碍。

（二）统一人力资源市场监管。依法实施人力资源服务经营准入管理，规范准入条件，完善许可流程。加强《人力资源服务许可证》管理。强化后续监管、明确监管责任、制定监管措施，加强日常监管、专项整治和执法检查，规范人力资源服务行为。做好与相关法律法规的配套衔接工作，维护良好的人力资源市场秩序。健全人力资源市场监管综合协调机制，加强与工商行政管理等部门的协调，提高监管效能。开展人力资源服务机构诚信体系建设活动，推动建立和完善人力资源市场诚信体系。

（三）统一人力资源服务标准。落实《人力资源和社会保障标准化规划（2011—2015年）》，加快人力资源服务标准体系建设进程，建立标准的推行、宣传、评估工作体系，发挥服务标准对人力资源服务行为的规范引领作用。对于没有国家标准或行业标准而确需通过标准予以规范的，各地可结合实际制定地方标准。

三、完善公共就业和人才服务体系

（一）整合加强公共就业和人才服务机构。各地要按照统一领导、统一制度、统一管理、统一服务标准、统一信息系统的要求，统筹规划公共就业和人才服务体系建设。根据我部与中央编办联合下发的加强公共就业服务体系建设指导意见提出的原则，理顺公共就业和人才服务的管理职能，有条件的地方可设立公共就业和人才服务局；整合公共就业和人才服务资源，从服务对象的实际需要和便利出发，因地制宜地设立综合性或专业性的服务场所，合理布局服务网点；区、县一级一般应建立统一的公共就业和人才交流服务综合性服务机构；进一步加强街道（乡镇）和社区（行政村）劳动就业和社会保障公共服务平台建设，加强基层公共就业和人才服务工作，形成覆盖城乡、功能齐全、布局合理、方便可及的公共就业和人才服务网络。

（二）整合基本公共服务功能。各地要切实加强促进就业和人才流动配置领域的公共服务，全面梳理基本公共就业和人才服务项目，明确基本公共服务范围。具有共性的同类服务应实行统一的服务标准和服务规范。要科学规划设计各项服务内容和流程，做好相互关联业务之间的贯通衔接，互通共享经办信息记录和数据库。要从方便服务对象出发，简化经办手续，提高服务效率。

（三）加强公共就业和人才服务信息化建设。各地要充分利用金保二期建设项目，不断加强公共就业和人才服务信息网络建设，提升人力资源市场管理和公共服务的信息化水平。健全统一的信息分类标准和统计指标体系，推动公共就业和人才交流服务信息系统一体化，提高信息综合利用和分析水平，加快实现以信息和数据共享为基础的公共就业和人才服务工作全程信息化。

（四）加强公共就业和人才服务保障。各地要按照《中共中央、国务院关于分类推进事业单位改革的指导意见》（中发［2011］5号）要求，明确公共就业和人才交流服务机构公益属性，积极争取编制、财政等部门支持，合理确定人员编制。要按照《人力资源社会保障部、财政部关于进一步完善公共就业服务体系有关问题的通知》（人社部发［2012］103号）要求，健全公共就业和人才服务经费保障机制，将所需经费纳入同级财政预算，保障开展公共就业和人才服务所需的基本支出与项目支出经费。对县级及县以下基层平台开展公共服务所需经费确有困难的，要协调上级财政部门给予适当补助。要创新公共服务供给模式，积极采取政府购买服务等方式，提高公共服务供给效率。

四、加快推进公共服务与经营性服务分离改革

（一）理顺政府与市场的关系。不断深化人力资源市场体制改革，进一步理顺政府与市场的关系，实现人力资源市场领域的管办分离、政企分开、事企分开、公共服务与经营性服务分离。转变政府职能，切实做好人力资源市场的政策调节、规划建设、市场监管与公共服务等工作，为市场发展创造良好环境。

（二）推进经营性业务分离改革。各地要在明确划定公共就业和人才交流服务机构基本公共服务项目的基础上，逐步把经营性业务转由服务企业实施，做到职能分开、机构分设、人员分离、分类管理。已经实现分离改革的经营性服务机构，要按照有关法律法规的要求，推行产权制度改革，完善法人治理结构，建立现代企业制度，真正成为自主经营实体。对具有经营优势的，要注意保持服务品牌，鼓励其做大做强，发挥示范带动作用。

（三）完善改革配套政策。各地要按照有关法律法规和政策规定，切实加强对公共服务和经营性服务业务分离的管理和指导，在业务范围、人员安置、收入分配、资产配置、重大决策、干部配备等方面明确政策，稳慎推进改革进程，强化管理和监督，确保国有资产不流失。

五、加强组织领导

（一）统一思想认识。健全统一规范灵活的人力资源市场体系，意义重大，是一项复杂的系统工程，各地要从全局和战略的高度进一步提高认识，加强调查研究，准确把握市场的发展现状和存在的问题，科学规划，因地制宜、循序渐进地推进人力资源市场的整合改革，确保各项工作取得实效。

（二）统筹改革和发展。各地要着眼长远，统筹谋划人力资源市场建设工作，在发展中求统一，在统一中谋发展，坚持规范管理和促进发展并重，坚持公共服务与经营性服务并举，认真落实《服务业发展“十二五”规划》（国发［2012］62号），大力促进人力资源服务业发展，提升人力资源服务供给能力，加快建立专业化、信息化、产业化、国际化的人力资源服务体系。

（三）加强基础工作。加强从业人员队伍建设，建立实施全国统一的人力资源市场从业人员职业资格制度，加大培训力度，提高从业人员队伍专业化水平。完善人力资源市场统计指标体系，进一步推进人力资源市场统计工作。加强市场建设的理论研究，提升市场建设的科学化水平。推进人力资源服务行业协会组织建设，充分发挥协会服务、自律、协调的功能。

各省（区、市）要切实做好本意见贯彻落实工作，确保各项政策措施落到实处。市场整合改革工作的实施情况请及时报告我部。

2013 年 3 月 6 日

人力资源和社会保障部办公厅关于举办2013年全国人力资源市场高校毕业生就业服务周活动的通知

人社厅发［2013］104号

各省、自治区、直辖市及新疆生产建设兵团人力资源社会保障厅（局），各副省级市人力资源社会保障局，国务院各部委、各直属机构人事部门：

为贯彻落实《关于做好2013年全国普通高等学校毕业生就业工作的通知》（国办发［2013］35号）和《关于实施离校未就业高校毕业生就业促进计划的通知》（人社部发［2013］41号）精神，进一步发挥人力资源市场配置作用，提高高校毕业生就业服务的针对性，创新公共就业和人才服务品牌，我部决定举办“2013年全国人力资源市场高校毕业生就业服务周”（以下简称服务周）活动。本届服务周活动将突出公益性特征，强化公共服务理念，重点为2014届高校毕业生提供就业推荐、就业指导、政策咨询等公共服务。现将服务周活动有关事项通知如下：

一、活动名称

2013年全国人力资源市场高校毕业生就业服务周。

二、活动时间

2013年11月23日至11月29日。

三、活动主题

落实政策促就业，强化服务助成功。

四、服务对象

（一）2014届高校毕业生。

（二）往届有就业意愿的离校未就业高校毕业生。

（三）基层项目服务期满未就业高校毕业生。

（四）见习期满未就业高校毕业生。

五、主办、承办、协办单位及技术支持

（一）主办单位：人力资源社会保障部。

（二）承办单位：中国人才交流协会、全国人才流动中心。

（三）协办单位：各省、自治区、直辖市及新疆生产建设兵团人力资源社会保障厅（局），福建省公务员局，各副省级市人力资源社会保障局，国务院各部委、各直属机构人事部门，人力资源社会保障部门所属公共就业和人才服务机构，申请参加服务周活动的其他各类人力资源服务机构。

（四）技术支持：中国人力资源市场网（www.chrm.gov.cn）、全国公共招聘网（www.cjob.gov.cn）、中国国家人才网（www.newjobs.com.cn）。

六、活动方式和内容

本届服务周将进一步发挥人力资源市场基础性作用，为高校毕业生提供多样的就业服务。服务周期间，将使用统一标识、印制专门宣传海报，发送到各地人力资源社会保障部门，供举办相关活动及宣传报道时统一使用。服务周具体活动内容包括：

（一）举办全国高校毕业生网络招聘大会。各地人力资源社会保障部门及其所属的公共就业和人才服务机构、毕业生就业网站，负责收集和整理本地区党政机关、事业单位、各类企业及其他组织适合高校毕业生的招聘信息，并按照单位性质、行业类别、职位类别等，对信息进行分类整理和汇总之后，统一上传到中国人力资源市场网后台数据库，在服务周期间以网络招聘会形式发布。

（二）组织全国高校毕业生现场招聘会。服务周期间，各地公共就业和人才服务机构应至少举办一次面向高校毕业生的现场招聘会。招聘会要注重实效，提高效率，切实促进供需对接；可根据实际情况，组织开展分行业、分专业的专场招聘活动，提高针对性；有条件的地区可组织本地区用人单位到外地高校招聘毕业生，组织校园专场招聘会。对于参加现场招聘会的高校毕业生应一律免收门票费。

（三）宣传高校毕业生就业政策。服务周期间，各地要认真梳理国家及本地区促进高校毕业生就业创业政策，采取多种方式和手段，加大宣传力度。要充分用好国家促进高校毕业生就业政策措施宣传片《路在脚下》，在公共就业和人才服务机构、服务场所循环播放，并将光盘送进高校、送进企业，还可结合实际，通过印制政策宣传手册或宣传单页等方式，大力宣传和解读国家和地方各级政府促进高校毕业生就业的政策措施，让广大高校毕业生及其家长、用人单位及社会各方面熟知政策、用好政策。

（四）强化高校毕业生就业信息服务。各地人力资源社会保障部门要采取多种形式和手段，为有就业意愿的高校毕业生及时提供真实、准确、有效的就业信息。要以地级城市或省（区、市）为单位，建立招聘信息互联共享机制，实现辖区内招聘信息联网共享，使高校毕业生在各级公共就业和人才服务机构都能看到及时有效的招聘信息。通过短信、微信、微博等方式，为登记求职的离校未就业高校毕业生发布就业信息。

（五）开展高校毕业生就业指导活动。各地要积极联系本地区高校，组织开展“公共就业和人才服务进校园”活动，做好离校前毕业生的就业指导工作。继续开展“人力资源社会保障厅（局）长校园行”活动，宣传就业政策，解答就业问题，帮助和引导毕业生树立正确的就业观念。各地还可根据实际情况开展毕业生就业指导讲座论坛、简历制作评比、模拟面试等多种形式的就业指导活动。组织“万名企业人力资源经理进校园活动”，每个省（区、市）要组织350名左右企业人力资源经理进校园，开展招聘、宣讲、就业指导等活动，促进高校毕业生就业。

（六）积极推动高校毕业生自主创业。各地要积极落实和完善自主创业的相关政策，大力扶持高校毕业生自主创业。开展“创业直通车”活动，在公共就业和人才服务机构设立专门窗口，对有自主创业意愿的高校毕业生，简化办理流程，尽快帮助落实小额担保贷款、个体经营收费减免等相关扶持政策。组织“创业指导进校园”活动，提供政策咨询、项目开发、创业培训、融资服务、跟踪扶持等“一条龙”创业服务。组织多种形式的高校毕业生创业比赛活动，遴选优秀创业项目予以资金、政策扶持。大力鼓励高校毕业生网络创业活动。

（七）加强对困难毕业生的就业援助。各地要主动联系辖区内各高校，及时为符合条件的就业困难高校毕业生发放求职补贴。要将就业困难的高校毕业生纳入当地就业援助体系，深入了解援助对象的具体情况，建立专门台账，制定详细的援助计划，实施“一对一”职业指导和重点帮扶。

（八）公共就业和人才服务机构提供规范服务。各地要加快建立健全统一规范灵活的人力资源市场体系，进一步发挥市场基础性作用，促进高校毕业生有效配置和合理流动。各级公共就业和人才服务机构、基层公共就业服务平台，要面向所有高校毕业生开放（直辖市按有关规定执行），统一服务项目、服务标准和经办流程，确保为每一名前来求职和寻求服务的高校毕业生提供有效的就业服务。

七、活动要求

（一）加强组织领导。服务周活动是人力资源社会保障部门开展高校毕业生就业公共服务的一项品牌活动，各地要高度重视，加强领导。服务周期间，人力资源社会保障部成立服务周活动领导小组，领导小组下设办公室（设在全国人才流动中心）。各地也要成立相应的组织机构，建立健全工作机制，明确责任人和联系人。同时，要保证必要的工作经费。各地要积极组织所属公共就业和人才服务机构参加，并鼓励引导有资质、有信誉的民营人力资源服务机构参与。中国人才交流协会要积极组织会员单位参与活动。申请参加服务周活动的单位，请于10月31日前报送《参加2013年全国人力资源市场高校毕业生就业服务周活动申请书》。要认真做好安全保卫工作，确保服务周的各项活动安全顺利进行。

（二）精心组织实施。本届服务周活动时间紧、内容多，要认真制定活动方案，科学合理安排各项活动。除了参加统一活动外，还可根据各自实际情况，开展形式多样的宣传和服务活动，增强服务周活动的社会效果。请各参加单位于11月4日前将活动方案发送电子邮件至 fuwuzhou@sohu.com。

（三）加强服务管理。各地要对参会招聘单位的资质与招聘高校毕业生信息的真实性、合法性、有效性进行严格审查，严防各种欺诈行为的发生。服务周期间，对高校毕业生一律实行免费服务，参加单位不得以任何名义收费或变相收费；对参加网络招聘会和现场招聘会的用人单位在收费上应适当予以优惠。服务周活动领导小组设立监督电话（010-88824559），接受群众举报。各地也应设立举报电话，并予以公布，接受社会监督。

（四）加强宣传报道。为扩大服务周活动的社会影响力，营造良好氛围，宣传推广服务周品牌，“2013年全国人力资源市场高校毕业生就业服务周”将邀请中央电视台、人民日报等新闻单位参加并现场报道此次活动，对启动仪式进行全方位、多角度、立体式的宣传报道，各地也要积极组织当地媒体开展宣传报道，扩大服务周活动宣传的覆盖面，形成全国联动的良好态势。

（五）及时上报活动总结。服务周活动结束后，请各参加单位及时做好总结工作，为今后继续开展这项活动积累经验。各地人力资源社会保障部门请将服务周活动情况统计表和服务周总结材料于12月6日前，以电子邮件方式报送服务周活动领导小组办公室。

2013年10月14日

职业能力建设

人力资源和社会保障部关于做好国家级重点技工院校评估工作的通知

人社部发［2013］9号

各省、自治区、直辖市及新疆生产建设兵团人力资源社会保障厅（局）：

为推动示范性技工院校建设，促进技工院校提升办学水平，根据《关于大力推进技工院校改革发展的意见》（人社部发［2010］57号）和《关于做好技工院校审批管理工作的通知》（人社部发［2012］63号），我部决定将原国家级重点技工学校评估调整为国家级重点技工院校评估，包括国家级重点技工学校、国家级重点高级技工学校和国家级重点技师学院评估。现就有关事项通知如下。

一、各省、自治区、直辖市人力资源社会保障部门要从促进区域经济发展和本地区技工院校办学实际出发，综合考虑产业结构调整、技能人才结构和劳动者就业需求等，科学统筹规划本区域三类国家级重点技工院校的数量和布局。要依照《国家级重点技工学校评估标准》（附件1）、《国家级重点高级技工学校评估标准》（附件2）和《国家级重点技师学院评估标准》（附件3），有计划、分步骤组织开展国家级重点技工院校评估工作，具体评估细则另行印发。

二、评估工作要坚持自愿原则，实行自主申报。申报院校对照国家级重点技工院校评估标准先进行自评，按要求将申请报告和相关申报材料报送省级人力资源社会保障部门；省级人力资源社会保障部门组成由国家级或省级技工院校督导员参加的专家评估小组，严格对照评估标准，对申报院校的申报材料进行初评，提出专家评估意见；省级人力资源社会保障部门对学校申报材料和专家组评估报告要严格审核，于每年 10 月 31 日前将通过初评的院校的申报材料报送我部；我部将委托中国就业培训技术指导中心组织专家组进行复评，提出复评意见；对拟确定的国家级重点技工院校经公示无异议后，由我部公布为国家级重点技工院校。

三、技工院校设立审批工作按照《关于做好技工院校审批管理工作的通知》（人社部发［2012］63 号）执行，各地应及时将新设立的技工学校、高级技工学校和技师学院名单报送我部。此通知下发前确定的国家级重点技工学校，不需再重新申报。

2013 年 1 月 28 日

附件 1

国家级重点技工学校评估标准

第一章　办学方向

第一条　全面贯彻党的教育方针，坚持科学发展观，坚持教育培训与生产实际相结合，坚持服务经济建设和社会发展、促进劳动者就业的办学方向。

第二条　坚持以市场需求为导向，坚持校企合作基本办学制度，培养生产、经营和服务一线的技能人才。

第三条 实行学制教育与职业培训并举、学校教育与企业培养相结合的办学模式。以培养中级技工为主，同时面向社会开展各类职业技能培训，并承担职业技能鉴定和就业服务等任务。

第二章 办学条件

第四条 领导班子结构合理、分工明确，领导班子成员勤政廉洁，具有团结协作精神、开拓创新能力和科学民主、求真务实的作风，具有先进的办学理念、丰富的技能人才培养经验。领导班子对学校长远发展有战略规划。

第五条 培养规模应达到3 000人以上。其中学制教育在校生规模不低于1 500人，年职业培训规模1 500人次以上。

第六条 校园占地面积不少于5.3万平方米（约80亩），建筑面积不少于4万平方米，其中实习、实验场所建筑面积不少于1.2万平方米。各种建筑、场地和设施符合国家建设和安全标准，满足学校办学需要。

第七条 常设专业不少于4个，各常设专业有专业建设规划。重视特色专业和示范专业建设。

第八条 拥有满足教学需要的实习、实验设备设施，保证每生有实习工位，设备总值不低于1 500万元。示范专业实习场所与企业工作环境接轨，主要设备设施具有先进性。

第九条 具备满足体育教学和学生体育锻炼需要的设备设施和运动场所，运动场地面积不少于6 000平方米。具备满足师生需求的图书馆、阅览室，图书馆藏书5万册以上，其中专业图书50%以上，报纸杂志不少于80种。

第十条 拥有一支与办学规模、专业设置相适应的专兼职教师队伍。学制教育师生比不低于1∶20。兼职教师不超过教师总数的1/3。技术理论课教师和实习指导教师应不低于教师总数的70%，其中具有企业实践经验的教师占20%以上。理论实习教学一体化教师达到技术理论课教师和实习指导教师总数的40%

以上。

第十一条 教师学历符合国家规定要求，专任教师应具备相应的教师资格。文化、技术理论课教师具备高级专业技术职称的占25%以上。技术理论课教师具备相关职业初级技能职业资格，其中具有中级技能以上职业资格的应不低于40%。实习指导教师应具备相关职业高级技能及以上职业资格，其中具有高级实习指导教师职称或技师、高级技师职业资格的占40%以上。

第十二条 具备稳定可靠的与培养规模相适应的办学经费保障。办学经费（含生均经费等）不低于当地同类同层次学校标准。

第十三条 具备与办学规模相适应的后勤服务设施。生活设备设施能够满足学生住宿和就餐等需要。

第十四条 建有功能齐全的校园网和学校管理信息系统，并建有数字化教学资源库、教学平台。主要教学场所配有必要的多媒体设备。使用全国技工院校电子注册统计信息管理系统。

第十五条 原则上具备3年以上技工学校办学资历。

第三章 学校管理

第十六条 遵守国家法律法规和方针政策。建立了规范的教学管理、学生管理、人事和劳资管理、财务和资产管理、饮食和卫生管理、安全和风险管理等制度，并有效运行。

第十七条 教学管理规范。有较完备的技能人才培养方案和教学计划、教学大纲，教材使用规范，不使用盗版教材。建立了可持续改进的教学质量管理体系。

第十八条 设有教学研究机构，重视技能人才培养规律和方法的研究。积极开展教学改革，不断创新教学内容，改进教学方法和教学手段，提高教学效果和教学质量。

第十九条 重视专业带头人和骨干教师队伍建设。制定并实施教师专业能力发展和职业素养提高计划。建立了教师业务进修制度，保证专业课教师每人每两年不少于两个月的企业生产实践。

第二十条 重视德育工作和校园文化建设，积极开展社会主义核心价值观、公民行为规范和法制等方面的教育。突出职业道德、职业精神和职业素养的培养，重视学生职业指导、心理咨询和健康教育。

第二十一条 建立了科学的学生评价体系，实施过程性与终结性考核相结合的评价方式，全面评价学生的学业成绩、职业能力和职业素养。建立了教学评价反馈体系，重视生产实习学生管理和对毕业生的跟踪调查，持续改进学校的教育教学和管理。

第二十二条 安全管理体系完善，实行安全责任制度，安全教育和管理贯穿于学生日常生活、学习和实习全过程。有应对各种突发事件的预案，处置突发事件及时有效，无重大人身安全或设备设施责任事故。

第二十三条 行政管理科学，后勤保障有力。财务和固定资产管理制度规范，资金使用合理。卫生保健和心理咨询设施和场所齐全、配有专业人员，工作开展效果好。校舍和设备设施完好，校园环境宜人。

第四章 培养模式

第二十四条 实行校企合作培养技能人才模式，不断完善校企合作办学制度，探索多种有效的校企合作方式，与企业建立了互利双赢合作机制。参与或牵头开展集团化办学，促进区域技工教育发展。

第二十五条 建立了由有关部门、行业、企业、学校等方面专家组成的校企合作指导委员会，在学校的发展方向、培养模式等方面发挥重要的指导作用。

各专业建立了行业、企业专家和学校骨干教师组成的专业建设指导委员会，沟通行业、企业发展与技能人才培养需求等信息，对专业设置、教学计划、教材、教学方法等予以有效指导。

第二十六条 聘请企业高技能人才或工程技术人员担任兼职教师。充分利用教学资源，主动为企业技术革新和技能人才培养提供服务。

第二十七条 每个专业与3家以上企业建立了稳定的合作关系。与企业共同研究专业建设，建立了专业调研和动态调整机制，根据市场需求变化及时调整专业设置，优化专业结构。建有稳定的校内外实习基地，校企双方共同完善学生生产实习制度，共同促进学生就业。

第二十八条 积极创新技能人才培养模式，逐步开展以工作任务为导向、以国家职业标准为依据、以学生综合职业能力培养为核心，理论教学与技能训练融会贯通的一体化课程教学改革工作。

第二十九条 建立了行业、企业、学校和其他社会组织等方面共同参与的办学质量多元评价制度，形成对培养模式、培养过程、培养效果的全面评价机制。

第五章　办学质量

第三十条 学制教育实行学业证书和职业资格证书“双证书”制度，毕业生取得中级技能职业资格证书的达到95%以上。

第三十一条 注重学生职业能力和职业素质全面发展，效果显著。定期开展体育、文艺活动，在各级各类文体竞赛中获奖。学生操行考核合格率在95%以上。学生身体素质适应岗位要求，体质健康达标率在95%以上。

第三十二条 毕业生就业率达95%以上。用人单位对毕业生反映良好，满意率达到85%以上。

第三十三条 面向社会开展各类职业培训，学员培训合格率达到90%以上。为企业提供在职职工培训和为促进劳动者就业开展职业技能培训，取得良好效果，获得企业和当地政府的好评。

第三十四条 重视技能竞赛活动，为社会提供技能竞赛服务，承担过本地区技能竞赛工作。建立了技能竞赛表彰激励机制，师生积极参加各级各类技能大赛，并取得突出成绩。

第三十五条 教师为人师表，从严治教，教学改革意识和质量意识强，学生满意率高。教学改革与科学研究取得明显成效，经验和成果受到上级主管部门的认可与推广。教师撰写的论文、著作和编写的教材在省级以上刊物发表或公开出版。教师开发的课件或软件在教学中推广应用。

第三十六条 注重社会效益和师生的全面发展，多项工作在区域同类学校中起引领和示范作用。近三年获得省级以上主管部门表彰。

附件 2

国家级重点高级技工学校评估标准

第一章 办学方向

第一条 全面贯彻党的教育方针，坚持科学发展观，坚持教育培训与生产实际相结合，坚持服务经济建设和社会发展、促进劳动者就业的办学方向。

第二条 坚持以市场需求为导向，坚持校企合作基本办学制度，培养生产、经营和服务一线的中、高级技能人才。

第三条 实行学制教育与职业培训并举、学校教育与企业培养相结合的办学模式。以培养高级技工为主，同时面向社会开展各类职业技能培训，并承担职业技能鉴定和就业服务等任务。

第二章　办学条件

第四条　领导班子结构合理、分工明确，领导班子成员勤政廉洁，具有团结协作精神、开拓创新能力和科学民主、求真务实的作风，具有先进的办学理念、丰富的高技能人才培养经验。领导班子对学校长远发展有战略规划。

第五条　培养规模应达到 5 000 人以上。其中学制教育在校生规模不低于 2 500 人，年职业培训规模 2 500 人次以上。高级技工学制教育在校生规模不低于 50%，高级技工以上年培训量不低于 1 000 人次。

第六条　校园占地面积不少于 8 万平方米（约 120 亩），建筑面积不少于 6.5 万平方米，其中一体化教学与实习、实验场所建筑面积不少于 2 万平方米。各种建筑、场地和设施符合国家建设和安全标准，满足学校办学需要。

第七条　科学规划专业建设，专业设置与本区域技能人才需求相适应，高级技工常设专业不少于 4 个。重视特色专业和示范专业建设。

第八条　按照专业设置和教学需求配有数量充足、功能齐全的多媒体教室、一体化教室、生产实习场所及产学研结合工作场所。实习、实验设备设施与办学层次、规模相适应，常设专业主要实习、实验设备设施在国内同行业中具有先进性，各类实习、实验设备设施形成合理梯次，利用率高。保证每生有实习工位，实习、实验设备总值达 2 000 万元以上。

第九条　具备满足体育教学和学生体育锻炼需要的设施设备和运动场所，运动场地面积不少于 1 万平方米。具备满足师生需求的图书馆、阅览室，图书馆藏书不少于 6 万册，其中专业图书达 60%以上，报纸杂志不少于 120 种。

第十条　师资队伍结构合理，教师素质优良，学制教育师生比 1∶18 以上，兼职教师不超过教师总数的 1/3。技术理论课教师和实习指导教师应不低于教师总数的70%，其中具有企业实践经验的教师占25%以上。理论实习教学一体化教师达到技术理论课教师和实习指导教师总数的60%以上。

第十一条 教师学历符合国家规定要求，专任教师应具备相应的教师资格。文化、技术理论课教师具有高级专业技术职称的占30%以上。技术理论课教师中具有相关职业中级技能及以上职业资格的达60%以上。实习指导教师具有相关职业高级技能及以上职业资格，其中具有高级实习指导教师职称或技师、高级技师职业资格的占50%以上。

第十二条 具备稳定可靠的与办学层次、培养规模相适应的办学经费保障。办学经费（含生均经费等）不低于当地同类同层次学校标准，有专项建设资金。

第十三条 具备与办学层次、规模相适应的后勤服务设施。生活设备设施能够满足学生住宿和就餐等需要。

第十四条 建有开展产教结合或产学研工作的实习工厂（公司），并建有为企业、行业和社会提供信息、技术交流和服务的公共服务平台。

第十五条 校园网功能齐全、运行正常，数字化教育教学、管理与服务平台便捷高效。主要教学场所配有必要的多媒体设备，特色专业和示范专业数字化教学资源丰富。

第十六条 原则上具备3年以上高级技工学校办学资历。

第三章 学校管理

第十七条 内设机构设置合理，部门职能和教职工岗位职责明确。规章制度健全，质量管理体系有效运行，管理和服务规范。

第十八条 重视教学管理、教学研究和教学督导工作。学校课程设置科学，有完备的高技能人才培养方案和教学计划、教学大纲。教材使用规范，不使用盗版教材。建立了可持续改进的教学质量管理体系，教学设备设施管理规范，完好率和使用率高。

第十九条 建立了完善的师资培养机制，有科学合理的师资培养规划和实施方案，重视专业带头人和骨干教师队伍建设。实行教师参加生产科研实践制度，专业课教师每人每两年下企业参加生产科研实践不少于两个月。年度师资培养经费不少于学校教职工工资总额的3%。

第二十条 设有专业教学研究机构，注重技能人才培养规律和方法的研究。各常设专业至少有1名在当地专业领域内具有一定影响力的专业带头人。

第二十一条 重视发挥教师的积极性和创造性，鼓励教师开展教学改革和产学研活动，不断创新教学内容、改进教学方法和教学手段，提高教学效果和教学质量。

第二十二条 重视德育工作，积极开展社会主义核心价值观、公民行为规范和法制等方面的教育。德育工作网络齐全，加强精神文明建设，重视学生的职业指导、心理咨询和健康教育。重视校园文化建设，校风良好，无重大违法违纪事件发生。

第二十三条 建立了科学的学生评价体系，实施过程性与终结性考核相结合的评价方式，全面评价学生的学业成绩、职业能力和职业素养。建立了教学评价反馈体系，重视生产实习学生管理和对毕业生的跟踪调查，持续改进学校的教育教学和管理。

第二十四条 安全管理体系完善，实施安全管理制度，重视生产实习安全管理和文明生产教育。有应对各种突发事件的预案，突发事件处置及时有效，无重大人身安全或设备设施责任事故。

第二十五条 行政管理科学，后勤保障有力。财务和固定资产管理制度规范，资金使用合理。卫生保健和心理咨询设施和场所齐全、配有专业人员，工作开展效果好。校舍和设备设施完好，校园环境宜人。

第四章　培养模式

第二十六条　实行校企合作培养技能人才模式，不断完善校企合作办学制度，积极探索多种有效的校企合作方式。与合作企业探索建立规范的经费保障和政策激励等机制。校企合作管理制度健全，工作机制和配套措施完善，保证校企合作可持续发展。

第二十七条　建立了由有关部门、行业、企业、学校等方面专家组成的校企合作指导委员会，各专业建立了由合作行业、企业和学校等相关专家组成的专业指导委员会。

校企合作指导委员会和专业指导委员会制定有年度工作计划，并定期开展工作，研究提供行业企业发展、高技能人才需求等信息，为学校发展、专业建设和高技能人才培养方案制定等重大事项的决策提供咨询与指导。

第二十八条　每个高级技工专业与5家以上企业建立了稳定的合作关系。实行企业专家导师制度和企业专家督导教学制度。

第二十九条　坚持资源共享、互利共赢的校企合作运行机制。建立了教师下企业锻炼和学生到对口企业生产实习制度，以及企业技能人才来校进修和交流制度。开展深层次校企合作，校企共同开发专业，共同建设实习基地，共同培养高技能人才等。

第三十条　各常设专业有专业建设规划。建立专业调研和动态调整机制，根据产业结构调整和市场需求变化及时调整专业设置，优化专业结构。重视专业的现代化建设，能够根据技术、工艺、材料和装备的发展及时调整课程结构和教学内容，满足企业发展和科技进步的需求。

第三十一条　积极创新技能人才培养模式，稳步开展以工作任务为导向、以国家职业标准为依据、以学生综合职业能力培养为核心，理论教学与技能训练融会贯通的一体化课程教学改革工作。有2个以上专业实施一体化课程教学改革。

第三十二条　采取全日制、非全日制形式完成教育培训任务。因材施教，制定分层次培养目标，探索弹性学制、学分制等教学管理制度。

第三十三条 校园文化环境能够体现高技能人才培养特色，体现人文底蕴、企业文化，突出职业道德、职业精神和职业行为习惯的培养，注重学生身心健康和职业生涯指导。

第三十四条 实行行业、企业、学校和其他社会组织等方面共同参与的办学质量多元评价制度，形成对培养模式、培养过程、培养效果的全面评价机制。

第三十五条 发挥骨干辐射作用，参与或牵头开展集团化办学，联合行业、企业及其他职业学校、培训机构等组建技工教育集团，优势互补，促进区域技工教育发展。

第五章 办学质量

第三十六条 学制教育实行学业证书和职业资格证书“双证书”制度。高级技工班学生取得高级技能职业资格证书的达到95%以上。

第三十七条 注重学生职业能力和职业素养全面发展，效果显著。学生操行考核合格率在95%以上。学生身体素质适应岗位要求，体质健康达标率在95%以上。

第三十八条 近三年毕业生就业率达到95%以上。用人单位对学生反映良好，满意率达到85%以上。

第三十九条 面向社会开展各类职业培训，学员培训合格率达到90%以上，其中高级技工培训，学员取得高级技能职业资格证书的达到80%以上。社会培训、技能鉴定和技术服务等社会服务工作，受到政府、企业、劳动者和社会各界的肯定，社会满意率达到85%以上。

第四十条 重视技能竞赛活动，能够为社会提供技能竞赛服务，承担过市级以上的技能竞赛工作。建立了技能竞赛表彰激励机制，师生积极参加各级各类技能大赛，并取得优异成绩。

第四十一条　教师为人师表，从严治教，教学改革意识和质量意识强，教学水平较高，学生满意率高。近三年有20%以上教师的教科研成果、技术改造与发明、教材开发等获得部级以上奖项，或在省级以上刊物发表，或公开出版。

第四十二条　工作中努力创新创优，注重解决高技能人才培养的重点、难点问题。在同类学校中起到示范和引领作用，近三年受到地方政府和省级以上主管部门的表彰。

附件3

国家级重点技师学院评估标准

第一章　办学方向

第一条　全面贯彻党的教育方针，坚持科学发展观，坚持教育培训与生产实际相结合，坚持服务经济建设和社会发展、促进劳动者就业的办学方向。

第二条　坚持以市场需求为导向，坚持校企合作基本办学制度，培养生产、服务和经营管理一线的高技能人才。

第三条　实行学制教育与职业培训并举、学校教育与企业培养相结合的办学模式。以培养高级技工、预备技师（技师）为主，同时面向社会开展各类职业技能培训，面向职业院校开展师资培训。

学院为国家高技能人才培训基地，承担企业技师和高级技师提升培训与研修、考核鉴定等任务，同时为高技能人才技艺传承、交流、推广和开展技术创新等活动提供服务。

第二章　办学条件

第四条　领导班子结构合理、分工明确，领导班子成员勤政廉洁，具有团结协作精神、开拓创新能力和科学民主、求真务实的作风，具有先进的办学理念、丰富的高技能人才培养经验。领导班子对学院长远发展有战略规划。

第五条　培养规模达到8 000人以上。其中学制教育在校生规模不低于4 000人，年职业培训规模4 000人次以上。高级技工、预备技师（技师）学制教育在校生规模不低于60%，高级技工、技师、高级技师年培训量不低于1 200人次。

行业或大型企业集团举办的技师学院可以全部面向本行业（企业）开展职工学制教育和培训。

第六条　校园占地面积不少于13万平方米（约200亩），建筑面积不少于12万平方米，其中一体化教学与实习、实验场所建筑面积不少于3.5万平方米。各种建筑、场地和设施符合国家建设和安全标准，满足学院办学需要。

第七条　科学规划专业建设，专业设置与本区域技能人才需求相适应，高级技工常设专业不少于8个，预备技师常设专业不少于4个。重视特色专业和示范专业建设。

第八条　实习场所符合企业工作环境要求，布局合理，建有满足一体化教学要求的教学场所和产学研相结合的技师研修工作区。

实习、实验设备设施与办学层次、规模和专业设置相适应，保证每生有实习工位，设备总值达7 000万元以上。实习、实验设备设施具有先进性，具备承担企业技术研发、技术服务的功能。

第九条　具备满足体育教学和学生体育锻炼需要的设施设备和运动场所，体育运动场地面积不少于1.5万平方米。具备满足师生需求的图书馆、阅览室。图书馆面积不少于2 000平方米，藏书不少于8万册，其中专业图书达60%以上，报纸杂志不少于150种。

第十条 师资队伍结构合理，教师素质优良，学制教育师生比1∶18以上，兼职教师不超过教师总数的1/3。技术理论课教师和实习指导教师应不低于教师总数的70%，其中来自企业具有丰富实践经验的高技能人才和工程技术人员占25%以上。

第十一条 教师学历符合国家规定要求，专任教师应具备相应的教师资格。文化、技术理论课教师具有高级专业技术职称的35%以上。技术理论课教师中具有高级技能及以上职业资格的达60%以上。实习指导教师具有相关职业技师及以上职业资格，其中具有高级实习教师职称或高级技师职业资格的占45%以上。理论实习教学一体化教师达到技术理论课教师和生产实习指导教师总数的70%以上，其中同时具备高级专业技术职称和技师、高级技师职业资格的占40%以上。

第十二条 具备稳定可靠的与办学层次、培养规模相适应的办学经费保障。办学经费（含生均经费等）不低于当地同类同层次学校标准，基本建设、设备更新、师资培训和项目研发等有专项经费投入保障。

第十三条 具备与办学层次、规模相适应的后勤服务设施。生活设备设施能够满足学生住宿和就餐等需要。

第十四条 建有开展产教结合或产学研工作的实习工厂（公司），并建有为企业、行业和社会提供信息、技术交流和服务的公共服务平台。

第十五条 校园网功能齐全、运行正常，数字化教育教学、管理与服务平台便捷高效。教学场所配备先进的多媒体教学设施设备，常设专业数字化教学资源丰富。

第十六条 原则上具备3年以上技师学院的办学资历。

第三章　学院管理

第十七条　内设机构设置合理，部门职能和教职工岗位职责明确。规章制度健全，质量管理体系有效运行，管理和服务规范。

第十八条　重视教学管理、教学研究和教学督导工作。高技能人才培养方案和教学计划、教学大纲科学合理，教材使用规范，不使用盗版教材。建立了可持续改进的教学质量管理体系，教学设备设施管理规范，完好率和使用率高。

第十九条　建立了完善的师资培养机制，有科学合理的师资培养规划和实施方案，重视专业带头人和骨干教师队伍建设。实行教师参加生产科研实践制度，专业课教师每人每两年下企业参加生产科研实践不少于两个月。年度师资培养经费不少于学校教职工工资总额的3％。

第二十条　设有专业教学研究机构，技能人才培养规律和方法研究成果突出。各常设专业有在当地专业领域内具有一定影响力的专业带头人。建有技能大师工作室，营造传承技艺的良好环境。

第二十一条　重视发挥教师的积极性和创造性，鼓励教师开展教学改革和产学研活动，不断创新教学内容、改进教学方法和教学手段，提高教学效果和教学质量。

第二十二条　重视德育工作，积极开展社会主义核心价值观、公民行为规范和法制等方面的教育。引导学生树立正确的思想观念、价值取向和行为方式。德育工作网络齐全，加强精神文明建设，重视学生的职业指导、心理咨询和健康教育。重视校园文化建设，校风良好，无重大违法违纪事件发生。

第二十三条　建立了科学的学生评价体系，实施过程性与终结性考核相结合的评价方式，全面评价学生的学业成绩、职业能力和职业素养。建立了教学评价反馈体系，重视生产实习学生管理和对毕业生的跟踪调查，持续改进学院的教育教学和管理。

第二十四条 安全管理体系完善，实行安全责任制度，重视生产实习安全管理和文明生产教育。有应对各种突发事件的预案，处置突发事件及时有效，无重大人身安全或设备设施责任事故。

第二十五条 行政管理科学，后勤保障有力。财务和固定资产管理制度规范，资金使用合理。卫生保健和心理咨询设施和场所齐全、配有专业人员，工作开展效果好。校舍和设备设施完好，校园环境宜人。

第四章 培养模式

第二十六条 实行校企合作培养技能人才模式，不断完善校企合作办学制度，积极探索多种有效的校企合作方式。形成以社会需求为导向，学校主动为行业企业服务、行业企业积极参与的校企合作办学的体制、机制。

第二十七条 校企合作机构健全、管理制度完善。由有关部门、行业、企业、学校等方面专家组成的校企合作指导委员会，能够充分发挥指导学院教育教学改革、及时调整学院发展方向和规划的作用。

由行业、企业和学院等专家组成的专业指导委员会，能够定期开展工作，沟通行业企业发展和高技能人才需求等信息，指导专业发展，制定专业建设规划。

第二十八条 开展深层次校企合作，与企业合作共同进行专业开发，共同制定高技能人才培养方案，共同承担技能人才培养和技师、高级技师的研修、培训任务，共同建立实训基地，共同进行师资培养，共同进行产品研发、技术革新和技术改造。

第二十九条 每个预备技师（技师）和高级技工专业与5家以上企业建立了稳定的合作关系。实行企业专家导师制度和企业专家督导教学制度。

第三十条 不断提升专业建设水平。建立了专业调研和动态调整机制，根据产业结构调整和市场需求变化及时调整专业设置，优化专业结构。重视专业的现代化建设，能够根据技术、工艺、材料和装备的发展及时调整课程结构和教学内容，适应企业发展和科技进步的需求。积极建设体现区域文化或民族文化的稀缺专业，传承和拓展传统技能技艺。

第三十一条 积极创新技能人才培养模式，稳步开展以工作任务为导向、以国家职业标准为依据、以学生综合职业能力培养为核心，理论教学与技能训练融会贯通的一体化课程教学改革工作。有 4 个以上专业实施一体化课程教学改革。

第三十二条 主动服务经济和社会发展，针对职业特点、需求和技能人才成长规律，积极创新高技能人才培养模式。在规范化培养的基础上，探索特色鲜明的个性化培养机制，努力提高学生的综合职业能力。

第三十三条 采取全日制、非全日制形式完成教育培训任务。因材施教，制定分层次培养目标，探索弹性学制、学分制教学管理制度。

第三十四条 校园文化环境能够体现高技能人才培养特色，体现人文底蕴、企业文化，突出职业道德、职业精神和职业行为习惯的培养，注重学生身心健康和职业生涯指导。

第三十五条 重视国际职业标准、人才选拔机制和成长规律的研究，积极开展具有国际先进水平的师资培训或人才培养项目合作、交流活动，推动技能人才的培养标准、培养途径和培养机制等与国际接轨。

第三十六条 实行行业、企业、学校和其他社会组织等方面共同参与的办学质量多元评价制度，形成对培养模式、培养过程、培养效果的全面评价机制。

第三十七条 发挥骨干辐射作用，参与或牵头开展集团化办学，联合行业、企业及其他职业学校、培训机构等组建技工教育集团，优势互补，促进区域技工教育发展。

第五章　办 学 质 量

第三十八条　学制教育实行学业证书和职业资格证书“双证书”制度。预备技师班（技师班）毕业生取得预备技师（技师）职业资格证书的达到80%以上，高级技工班毕业生取得高级技能职业资格证书的达到95%以上。

第三十九条　注重学生职业能力和职业素养全面发展，效果显著。学生操行考核合格率在95%以上。学生身体素质适应岗位要求，体质健康达标率在95%以上。

第四十条　近三年毕业生就业率达98%以上。用人单位对毕业生反映良好，满意率达85%以上。

第四十一条　承担的各类职业培训合格率达90%以上。技师、高级技师培训班学员取得技师、高级技师职业资格证书的达80%以上，高级技工培训班学员取得高级技能职业资格证书的达95%以上。为企业提供的在职职工培训和面向全体劳动者开展的终身职业培训，取得显著成绩，获得企业、劳动者、当地政府的好评，社会满意率达90%以上。

第四十二条　重视技能竞赛活动，能够为社会提供技能竞赛服务，承担过省级以上的技能竞赛工作。建立了技能竞赛的表彰激励机制，师生积极参加各级各类技能大赛，并取得优异成绩。

第四十三条　教师为人师表，从严治教，教学改革意识和质量意识强，教学水平普遍较高，学生满意率高。近三年有20%以上教师的教科研成果、技术改造与发明、教材开发等获得部级以上奖项，或在省级以上刊物发表，或公开出版。在参与企业的技术研究、开发、推广、服务中有明显成果或效益。

第四十四条　工作中努力创新创优，注重解决高技能人才培养的重点、难点问题。在同类院校中起示范和引领作用，近三年受到地方政府和省级以上主管部门的表彰。

人力资源和社会保障部关于在全国百家城市中开展技能振兴专项活动的通知

人社部发［2013］16号

各省、自治区、直辖市和新疆生产建设兵团人力资源社会保障厅（局）：

为进一步贯彻落实《国务院关于加强职业培训促进就业的意见》（国发［2010］36号）精神，大力加强职业培训和技能人才队伍建设，提升广大劳动者就业创业能力，我部决定在全国百家城市中开展技能振兴专项活动。请你们结合本地实际，指导各相关城市落实目标任务，抓好组织实施。请各地于2013年4月15日前将各相关城市的实施方案和工作安排报我部职业能力建设司。

附件：1. 全国百家城市技能振兴专项活动实施方案

2. 开展技能振兴专项活动百家城市名单（略）

2013年2月21日

附件1

全国百家城市技能振兴专项活动实施方案

为进一步加强职业培训和技能人才队伍建设工作，贯彻落实

《国务院关于加强职业培训促进就业的意见》和《国家高技能人才振兴计划》，我部决定在全国百家城市中开展技能振兴专项活动。

一、指导思想

认真贯彻落实党的十八大精神，积极实施就业优先战略和人才强国战略，围绕健全面向全体劳动者的职业培训制度，在全国选择一批工作基础好、推动力度大的城市，开展技能振兴专项活动，进一步完善政策体系、强化工作措施、创新工作机制，通过以点带面的示范效应，全面推动职业培训工作取得新进展，以更高质量的职业培训促进更高质量的就业，以更高水平的技能人才队伍建设服务于经济发展方式转变。

二、目标任务

通过开展技能振兴专项活动，率先在重点城市健全面向全体劳动者的职业培训制度，形成职业培训促进就业和稳定就业的良性互动工作格局；率先在重点城市建立培养体系完善、考核评价科学、激励保障健全的技能人才工作机制，培养大批与经济社会发展相适应的技能人才；率先在重点城市建设全国高水平的职业培训和技能人才队伍建设的综合示范区，为推动全国职业培训和技能人才队伍建设工作提供新经验、探索新路径、创建新模式。

三、主要内容

（一）健全面向全体劳动者的职业培训制度。坚持培训与就业相结合的工作方针，加快健全以就业技能培训、岗位技能提升培训和创业培训为主要内容的职业培训制度。做好以高校毕业生为重点的青年人员、农村转移劳动力、城镇困难人员、退役军人等群体的职业培训工作，进一步扩大政府培训补贴范围，努力实现培训对象的广覆盖。创新培训形式，大规模开展各种形式的职业培训，大力推行与就业紧密结合的定向、定岗、订单式培训，提高培训的针对性和有效性，努力实现培训手段的多形式。根据劳动者职业生涯发展不同阶段对技能水平的需求，建立初级、中级、高级以及技师和高级技师的职业技能等级培训，构建终身职业培训体系，努力实现培训内容的多层次。

（二）完善职业培训和技能人才培养体系。充分依托现有各类职业教育培训机构，加大培训资源整合力度，构建以企业为主体、技工院校为基础、各类培训机构积极参与的职业培训和技能人才培养工作体系。充分发挥企业的主体作用，加强职工培训机构建设，对新录用职工、转岗职工和在岗职工开展岗前培训和技能提升培训。建立新型学徒培训制度，开展关键工艺攻关、技能研习和创新以及技能传承等活动，推动企业高技能人才培训。充分发挥技工院校的基础作用，积极构建以技师学院为龙头、高级技工学校为骨干、普通技工学校为基础的覆盖城乡劳动者的技工教育培训网络。指导技工院校按照国家技能人才培养标准要求，创新技能人才培养模式，积极推进一体化课程教学改革试点工作，建立适应经济社会发展、符合企业生产需要的现代技工教育教学体系。进一步调动各类培训机构的积极性，鼓励和引导社会力量开展职业培训和技能人才培养工作。

（三）完善技能人才多元评价体系。充分发挥职业资格证书制度在引导培训、促进就业和加强技能人才培养等方面的作用，大力加强职业技能鉴定工作，逐步健全以职业能力为导向，以工作业绩为重点，注重职业道德和职业知识水平的技能人才多元评价体系。坚持职业能力与工作业绩相结合、国家职业技能标准与岗位要求相结合、技能鉴定与考核评价相结合的评价模式。在大力推进职业技能鉴定社会化管理的同时，加快企业在职职工和职业院校毕业生技能人才评价方式的改革，进一步突破年龄、资历、身份和比例的限制，对在技能岗位工作并掌握高超技能、做出重大贡献的骨干技能人才，可破格或越级参加职业资格考评。鼓励企业畅通技能人才职业生涯发展通道，构建技能人才与专业技术人员职业发展立交桥，贯通职业技能鉴定与专业职称评定办法，拓宽技能人才职业发展通道。

（四）健全技能人才激励机制。建立健全技能人才竞赛、表彰和激励机制。进一步完善职业技能竞赛制度，广泛开展各种形式的群众性技术比武、技能竞赛活动。指导企业从生产实际出发，将技能竞赛活动与日常生产任务相结合、与提升职工队伍素质相结合、与促进技术技能革新相结合，促进企业职工学习新技术、推广新工艺、使用新方法，确保各类技能竞赛活动取得实效。对企业开展的符合职业技能竞赛组织实施要求的技能竞赛活动，可纳入政府组织的职业技能竞赛计划。注重培养和选拔优秀青年技能人才参加各类职业技能竞赛，为青年技能人才参加世界技能大赛创造条件。对在职业技能竞赛中取得优异成绩的选手，按照规定给予表彰奖励，符合条件的晋升相应职业资格。进一步健全以政府奖励为导向，企业奖励为主体，辅以必要的社会奖励的技能人才表彰和奖励机制。健全和完善培训、考核、使用与待遇相结合的激励机制，引导企业工资分配向技能人才倾斜，鼓励企业建立高技能人才技能职务津贴和特殊岗位津贴制度。

四、保障措施

（一）加强组织保障。各相关城市要成立技能振兴专项活动工作领导小组，建立在政府统一领导下，人力资源社会保障部门统筹协调，有关部门各司其职、密切配合的工作机制，推进技能振兴专项活动。省级人力资源社会保障部门要加大对技能振兴专项活动的人力、物力、财力的投入，确保技能振兴专项活动的顺利实施。

（二）加大政策扶持。各相关城市要按照《国务院关于加强职业培训促进就业的意见》精神要求，出台本地加强职业培训促进就业和加强技能人才队伍建设的意见，进一步完善相关配套政策措施，积极构建有利于支持和促进职业培训事业发展和技能人才队伍建设的政策体系。

（三）加强资金保障。各相关城市要进一步加大就业专项资金的投入，明确公共财政支持职业培训和技能人才队伍建设工作的资金渠道。各级人力资源社会保障部门要积极协调财政、发展改革等部门，统筹高技能人才专项工作经费、教育费附加、企业职工教育统筹经费等资金用于技能振兴专项活动。有条件的城市，可按规定对技能振兴专项活动给予支持。人力资源社会保障部将在国家“高技能人才培训示范基地建设项目”“技师培训项目”“技能大师工作室建设项目”以及国家技能人才评选表彰、高技能人才享受国务院政府特贴等方面对各相关城市给予支持和倾斜。

（四）加强舆论宣传。各相关城市要加强技能振兴专项活动的舆论宣传，大力宣传党和国家关于加强职业培训促进就业、技能人才工作的方针政策，大力宣传职业培训促进就业的重要作用以及技能人才在经济建设和社会发展中的突出贡献，提高职业培训工作和技能人才的社会地位，努力营造有利于职业培训事业发展和高技能人才成长的良好氛围。

五、实施步骤

全国百家城市技能振兴专项活动为时两年，实施工作分三个阶段进行：第一阶段（2013 年 2—4 月）：印发《关于在全国百家城市开展技能振兴专项活动的通知》，启动专项活动相关工作；各相关城市制定具体实施方案和工作安排。第二阶段（2013 年 5 月至 2014 年 9 月）：全面推动技能振兴专项活动工作；指导各相关城市做好专项活动相关工作；各相关城市结合本地实际，落实专项活动实施方案，完成专项活动各项工作任务。第三阶段（2014 年 10—12 月）：对各相关城市的专项活动开展工作绩效评估，总结经验。

人力资源和社会保障部关于印发《世界技能大赛参赛管理暂行办法》的通知

人社部发［2013］28号

各省、自治区、直辖市及新疆生产建设兵团人力资源社会保障厅（局），国务院有关部门（行业组织、集团公司）人事劳动保障工作机构：

为做好我国参加世界技能大赛组织管理工作，现将《世界技能大赛参赛管理暂行办法》印发给你们，请认真遵照执行。

2013年4月12日

世界技能大赛参赛管理暂行办法

第一章 总 则

第一条 为做好参加世界技能大赛组织管理工作，制定本办法。

第二条 参加世界技能大赛旨在加强我国与国际技能领域的交流合作，展示我国高技能人才队伍建设成果，学习借鉴国际先进经验，推动国内职业培训和技能人才工作深入发展。

第三条 支持和鼓励青年技能人才参加世界技能大赛，争创优异成绩，为国争光。

第四条 人力资源社会保障部作为我国在世界技能组织的代表，负责统筹管理我国参加世界技能大赛各项工作。

第五条 各地、各部门、各行业协会、学会和企业、院校，要充分发挥各自优势，积极承担参赛相关工作。

第二章 组织机构与职责分工

第六条 人力资源社会保障部设立世界技能大赛中国组委会，对参赛工作进行领导。组委会主任由人力资源社会保障部副部长兼任，副主任由人力资源社会保障部职业能力建设司、国际合作司主要负责同志兼任。组委会成员由人力资源社会保障部办公厅、规划财务司、职业能力建设司、国际合作司、人事司、宣传中心、中国就业培训技术指导中心、国际交流服务中心、中国人力资源和社会保障出版集团负责同志担任。

第七条 组委会设秘书处、对外工作组、技术支持组、保障服务组、新闻宣传组。

秘书处设在职业能力建设司，负责综合管理和统筹协调参赛工作。其主要职责是：制定并实施参赛工作发展规划和年度工作计划；制定参赛项目和参赛选手、技术指导专家、教练、技术翻译遴选条件；制定集训基地日常管理办法；制定表彰奖励政策；提出并执行年度专项经费预算；负责制定中国代表团出国参赛方案和参赛期间综合管理；承办组委会日常工作。

对外工作组设在国际合作司，其主要职责是：统筹协调我国参与世界技能组织活动及与有关国家和地区在技能竞赛领域的交流合作；负责与世界技能组织的联络；筹备参加世界技能组织大会和其他相关国际会议；审核中国代表团出国参赛组团方案并根据参赛方案负责对外联系。

技术支持组设在中国就业培训技术指导中心，其主要职责是：研究提出参赛项目建议；承办参赛项目和参赛选手、技术指导专家、教练的遴选工作；指导开展参赛选手、技术指导专家、教练的培训；承办技术会议和技术交流活动；承担中国代表团出国参赛期间的技术指导工作；负责国际竞赛规则规程、技术标准的引进与推广。

保障服务组设在国际交流服务中心，其主要职责是：组织承办国际技术交流活动；选拔、培训参赛技术翻译，翻译审核相关资料；负责出席国际会议、出国参赛的组团事宜和后勤保障等事务性工作；处理社会赞助事宜。

新闻宣传组设在宣传中心，其主要职责是：负责涉及世界技能组织、世界技能大赛的宣传工作，牵头确定年度新闻宣传计划并组织实施；制定宣传工作方案和宣传口径；组织新闻稿件，联系国内外媒体。

第八条　组委会依托天津职业技术师范大学世界技能大赛中国研究中心开展技术理论研究和技术服务工作。

第三章　会议制度与工作规程

第九条　组委会实行会议制度。组委会会议由组委会主任或由主任委托副主任召集，各成员单位参加。

组委会会议不定期召开。

第十条　组委会会议研究确定以下事项：

（一）参加世界技能组织相关活动和世界技能大赛参赛工作政策规定；

（二）年度工作计划和预算；

（三）参赛工作实施方案；

（四）参赛选手选拔赛组织实施方案、指定设备及赞助方案；

（五）参赛项目、各类参赛人选、集训基地；

（六）参赛表彰奖励办法；

（七）其他相关事项。

第十一条　专项工作和日常事务性工作，需召开专题会议研究的，由各组根据职责分工负责承办。

第十二条 需报请人力资源社会保障部领导批准的事项，均以秘书处名义上报呈批件。其中涉及各组业务的，由各组代拟呈批件送秘书处，由秘书处上报。

外事出（来）访事项按外事管理规定办理。

第十三条 需向部外发文的，由各组按照职责分工代拟文稿，征求组委会其他相关成员意见后送秘书处，由秘书处负责以组委会名义或秘书处名义行文。以组委会名义发文的，须经组委会领导批准。

以下事项以组委会名义行文：

（一）涉及参加世界技能组织相关活动和世界技能大赛参赛工作政策规定；

（二）年度工作计划和参赛方案；

（三）参赛选手选拔赛组织方案的确定；

（四）参赛项目、各类参赛人选、集训基地确定；

（五）参赛表彰奖励办法。

其他事项以秘书处名义行文。

以组委会名义行文的，由人力资源社会保障部代章；以秘书处名义行文的，由人力资源社会保障部职业能力建设司代章。

第四章 参赛项目、集训基地与技术指导专家组

第十四条 我国参赛项目从世界技能组织正式公布的每一届世界技能大赛设置项目中选定。

（一）参赛项目遴选标准。

1. 我国在项目所涉领域具有技术优势、队伍优势和基础条件优势；

2. 覆盖行业较广、从业人员较多，对我国产业升级有引领作用，对技工教育和职业培训有促进作用；

3. 竞赛成果可尽快转化为职业培训成果；

4. 有关单位具有承担集训任务积极性。

（二）参赛项目确定程序。

技术支持组向秘书处提出参赛项目建议，秘书处召开专家论证会进行论证，提交组委会会议研究确定。

第十五条 集训基地指承担世界技能大赛参赛选手集训任务的训练场地。

第十六条 集训基地的确定。

（一）具有以下条件的企业、院校、培训机构，可申请设立世界技能大赛参赛项目集训基地。

1. 具有满足竞赛项目要求的训练场地和生活场所；

2. 具有满足竞赛项目要求的设施、设备和辅助工具；

3. 所在地省级人民政府或所在行业主管部门积极支持，并提供人力、物力、财力支持。

（二）集训基地确定程序。

1. 以秘书处名义发文布置申报工作，省（区、市）人力资源社会保障部门、行业主管部门组织申报并进行初审；

2. 省（区、市）人力资源社会保障部门或行业主管部门向组委会报送申请及相关材料；

3. 秘书处组织专家研究论证，提出集训基地建议名单，经组委会会议讨论确定；

4. 以组委会名义发文公布集训基地名单并授牌。

第十七条 各参赛项目成立技术指导专家组，负责制定并实施集训方案。技术指导专家组一般设3名专家、1名技术翻译和1个教练组，其中1名技术指导专家任组长。

技术指导专家组下设的教练组，负责按集训方案对选手进行集训。教练组由若干名教练组成，教练一般在集训基地所在地选拔产生，组长须由技术指导专家组组长或专家兼任。

技术指导专家组接受组委会领导，日常管理由集训基地负责。

第五章　人员选拔

第十八条　选手选拔。

（一）基本条件。

热爱祖国，遵纪守法，有较高职业素养。心理素质稳定，身体健康，符合世界技能大赛年龄要求。具有参赛项目相关专业技能培训经历，技能水平突出，有一定外语基础。一般应具有参加国际或国内竞赛活动经验。

（二）选拔程序。

1. 参赛集训选手一般采取举办全国性选拔赛的方式选拔。特殊情况下，也可采用其他方式进行选拔。

2. 全国性选拔赛的承办由省（区、市）人力资源社会保障部门或行业主管部门、行业协会、学会向组委会提出申请，经组委会会议研究确定。全国性选拔赛一般应与国内职业技能竞赛合并进行。

3. 全国性选拔赛的技术要求参照世界技能大赛标准。在注重先进性的前提下，可采用国内普遍使用的设备和工具。

4. 技术支持组会同承办单位提出选拔赛实施方案，提交组委会会议确定后组织实施。

5. 选拔赛原则上应根据参赛项目要求选拔出不少于参赛选手数量3倍的集训选手。

6. 经选拔产生的集训选手建议名单应与竞赛计分表原始件一起由选拔赛裁判组成员集体签字确认后报技术支持组。技术支持组复核后，报秘书处对建议名单进行初审，提交组委会会议研究确定，以组委会秘书处名义发文公布。

7. 采取严格按集训综合成绩分阶段淘汰的办法确定最终参赛选手建议人选，经组委会会议研究确定参赛选手。

8. 参赛选手所在地省（区、市）人力资源社会保障部门或行业主管部门负责对其进行政治思想品德和综合素质考核。

第十九条 技术指导专家、教练选拔。

（一）基本条件。

1. 热爱祖国，遵纪守法，爱岗敬业。有较强组织协调能力和团队合作精神。具有丰富的带徒经验，具备履行职责所需的外语能力。身体健康。

2. 技术指导专家一般应从事本项目技术工作 15 年以上，有高级技师职业资格或副高级以上专业技术职务，专业技能高超，得到行业普遍认同。

3. 教练一般应从事本项目技术工作 8 年以上，有技师以上职业资格或中级以上专业技术职务，专业技能高超，得到行业普遍认同。教练一般从集训基地所在地选拔产生。

4. 担任技术指导专家组组长的技术指导专家应具有在国际或国家级竞赛中担任专家组组长或项目裁判长经历。

5. 获得中华技能大奖、全国技术能手称号的高技能人才在同等条件下优先。

（二）选拔程序。

1. 技术指导专家和教练同时选拔，技术支持组提出选拔工作方案，提交组委会会议讨论通过；

2. 以秘书处名义发文布置申报工作，省（区、市）人力资源社会保障部门、行业主管部门推荐上报候选人员材料；

3. 技术支持组组织专家对候选人员进行考核和面试，提出建议名单，经秘书处审核后，提交组委会会议讨论通过，以组委会名义发文公布并颁发聘书。

第二十条 技术翻译选拔。

（一）基本条件。

热爱祖国，遵纪守法，爱岗敬业，有较强团队合作精神。有外事工作经验，有参赛项目所需的专业背景，有 2 年以上专业技术翻译从业经验，口译能力突出。身体健康。

（二）选拔程序。

1. 保障服务组制定选拔方案提交组委会会议讨论通过；

2. 以秘书处名义发文布置申报工作，省（区、市）人力资源社会保障部门或行业主管部门推荐上报候选人员材料；

3. 保障服务组组织选拔考试，提出建议名单，经秘书处审核后，提交组委会会议讨论通过，以组委会名义发文公布并颁发聘书。

第六章　人员培训

第二十一条　选手培训。

（一）选手培训采取集训形式，时间一般为12个月；

（二）集训在集训基地进行，集训工作由集训基地负责，技术指导专家组制定训练计划并组织实施；

（三）集训技术标准严格遵循世界技能大赛相关技术规定，集训所用设备及其他材料采用世界技能大赛公布的相同设备和材料；

（四）集训中按综合成绩分阶段逐步淘汰初选集训选手，确定最终参赛选手；

（五）集训内容以实操技能为重点，同时进行心理、体能、环境适应性、语言和团队协作等训练；

（六）集训可采取强化训练、国内外考察和技术交流等多种方式进行。

第二十二条　技术指导专家、教练、技术翻译培训。

技术指导专家、教练、技术翻译的培训可采取集中培训、国内外考察、参加国际竞赛和技术交流活动等方式进行。

培训内容为世界技能大赛相关规则、评分标准、外语专业词汇、心理素质、职业道德、团队合作方法等。

国外考察培训内容为国际竞赛规则、技术标准和评分标准，与国外技术专家的沟通交流方法等。

第七章 组团与参赛

第二十三条 组团出国参加世界技能大赛应纳入人力资源社会保障部年度外事活动计划，按外事规定进行管理。

第二十四条 组团参赛方案由秘书处根据参赛需要商组委会各成员单位拟订，按外事规定报批。

第二十五条 出国参赛团应按外事规定确定团长、副团长，负责在国外参赛期间的管理工作。

第二十六条 出国参赛团应根据外事规定和世界技能组织相关工作要求确定领队。担任领队工作的人员应政治素质好，有较强的组织能力，熟悉世界技能大赛竞赛规则，有参加国内、国际大赛经验，有较好的英语沟通能力，有为选手服务的强烈意识。

第二十七条 可根据参赛和培训需要，应邀参加区域、国家、地区组织的国际技能竞赛。组团工作依上述规定执行。

第二十八条 世界技能大赛期间，可以学习世界技能大赛技术规程、技术标准、组织方式和备战下一届世界技能大赛需要为目的，组织出国观摩团进行观摩。

观摩团应纳入人力资源社会保障部年度外事活动计划，按外事规定进行管理。

观摩团由保障服务组负责组团，组团方案商组委会各成员单位拟定，按外事规定报批。

观摩团组成人员一般应是世界技能大赛我国参赛项目技术指导专家、教练、研究人员，新闻媒体记者，集训基地负责人和集训基地所在地及行业有关管理人员，从事竞赛管理、技术支持的部门和单位工作人员。

第八章 表彰奖励与宣传

第二十九条 对在世界技能大赛中获得金、银、铜、优胜奖牌的选手，以及为选手获奖提供指导和帮助的技术指导专家、教练、技术翻译，按国家表彰奖励规定，给予精神奖励和物质奖励。

（一）获奖选手由人力资源社会保障部授予“全国技术能手”称号。获得金牌的选手，由相关职业资格认定机构颁发高级技师职业资格证书；获得银、铜、优胜奖牌的选手，由相关职业资格认定机构颁发技师职业资格证书。

（二）获得金、银、铜、优胜奖牌的选手，按有关规定发放不同档次的奖金。上述奖金，符合个人所得税法第四条第一款规定的，予以免税。

（三）本项目选手获得金、银、铜、优胜奖牌，按选手所获奖金额向技术指导专家组集体发放奖金，由技术指导专家、教练、技术翻译按贡献大小公平分配。上述奖金，符合个人所得税法第四条第一款规定的，予以免税。

第三十条 获奖选手参加中华技能大奖评选、享受国务院政府特殊津贴人员选拔时，在同等条件下优先。

第三十一条 集训选手由世界技能大赛中国组委会秘书处颁发荣誉证书，并在现有职业资格等级的基础上晋升一级职业资格，由相关职业资格认定机构颁发职业资格证书。

第三十二条 对为参赛工作做出突出贡献的单位和个人，采取通报表扬和其他方式予以表彰。

地方人民政府、行业主管部门和行业协会、学会可参照国家有关奖励办法，对本地、本行业参赛选手和为参赛工作做出突出贡献的单位和个人予以表彰。

第三十三条 采取多种方式，大力宣传我国参赛选手奋力拼搏、积极进取的精神风貌和精湛高超的职业技能，宣传我国技能人才队伍建设取得的丰硕成果，激发广大劳动者和青年学习技能的自豪感和积极性，进一步在全社会营造尊重劳动、崇尚技能的良好氛围。

第九章　经费与保障

第三十四条　世界技能大赛专项工作经费由秘书处根据预算要求和实际需要编制并执行年度预算，严格按现有财务规定和外事经费管理规定开支。

第三十五条　世界技能大赛年度经费根据财政部批复的预算数核定，实行总额控制，应严格按照预算批复内容和数额执行。

第三十六条　世界技能大赛专项经费按照财政部批复的项目预算内容、范围用于以下开支：

（一）会议费、技术交流活动经费及交通费；

（二）出国观摩、培训、参赛费用，含国际旅费、食宿、参赛缴费、国外城市间交通、参赛工具国际运费、公杂费、个人零用等费用；

（三）邀请外国专家来华参加中外技术交流活动的食宿、城市间交通、礼品、宴请等费用；

（四）选手、技术指导专家、教练、技术翻译选拔竞赛费用；

（五）选手、技术指导专家、教练、技术翻译培训费用和参加培训的交通费用；

（六）集训基地的设备、工具购置费用；

（七）场地租赁、维修维护和设施设备耗材费；

（八）科研课题研究和资料翻译费用；

（九）新闻宣传费用；

（十）获奖选手和技术指导专家组奖金；

（十一）选手、技术指导专家、教练、技术翻译生活补助；

（十二）领队、选手、技术指导专家、教练、技术翻译参赛服装费。

第三十七条　举办会议或技术交流活动，经费预算由承办单位提出，经秘书处审核后并报人力资源社会保障部领导审批。

第三十八条　选手、技术指导专家、教练、技术翻译生活补助标准由集训基地报秘书处审核后发放。

第三十九条 集训场地、设施设备租赁、耗材等费用按实际发生金额直接支付集训基地。

第四十条 集训基地和其他相关单位不得收取参训选手、技术指导专家、教练、技术翻译或其所在单位任何费用。

第四十一条 鼓励社会各界对世界技能大赛参赛工作进行赞助。

社会赞助管理办法，根据相关法规另行制定。

第四十二条 参赛选手、技术指导专家、教练、技术翻译，有正式工作单位的，集训及参赛期间其工资福利待遇由所在单位承担，原待遇不变。没有工作单位或尚未参加工作的，由基地给予生活补贴。

第四十三条 所在地区、行业部门、院校应积极为参赛和参加集训的在校学生选手优先推荐工作。

附件：1. 第××届世界技能大赛技术指导专家、教练、技术翻译审批表（略）

2. 第××届世界技能大赛参赛选手审批表（略）

人力资源和社会保障部关于授予第五届全国数控技能大赛优秀选手全国技术能手荣誉称号的决定

人社部发［2013］42号

各省、自治区、直辖市及新疆生产建设兵团人力资源社会保障厅（局）：

为贯彻落实《国家中长期人才发展规划纲要（2010—2020年）》精神，加快数控高技能人才培养，引导企业职工和各类职业院校师生努力学习知识、刻苦钻研技术，走技能成才之路，人力资源社会保障部、教育部、科技部、工业和信息化部、中华全国总工会、中国机械工业联合会联合举办了第五届全国数控技能大赛暨第42届世界技能大赛选拔赛并取得圆满成功。根据《关于举办第五届全国数控技能大赛暨第42届世界技能大赛选拔赛的通知》（人社部函［2012］283号）有关规定，我部决定授予孟庆津等26名在第五届全国数控技能大赛中取得优异成绩的选手“全国技术能手”荣誉称号，并颁发奖章、奖牌和证书。

希望受表彰的个人以这次获得的荣誉为新的起点，戒骄戒躁，不断学习新知识、掌握新技能、创造新业绩，积极参与技术革新与项目攻关，主动发挥传帮带的示范引领作用。希望广大劳动者向受表彰的“全国技术能手”学习，立足工作岗位，刻苦钻研技术，努力提高技能水平。希望各地区、各行业部门认真贯彻落实党的十八大精神，以邓小平理论、“三个代表”重要思想、科学发展观为指导，大力实施人才强国战略，加强职业技能培训，广泛开展职业技能竞赛活动，为我国高技能人才队伍建设和全面建成小康社会做出新的更大贡献。

附件：第五届全国数控技能大赛授予全国技术能手荣誉称号人员名单

2013年6月3日

附件

第五届全国数控技能大赛授予全国技术能手荣誉称号人员名单

一、数控车工职工组

孟庆津　中国工程物理研究院

冀晓渊　航天科工二院283厂

陈隆德　航天科工二院283厂

樊文渊　长治清华机械厂

张国华　广东省机械技师学院

二、数控车工教师组

刘　洋　天津市职业大学

韩志庆　石家庄职教中心

孙永强　吉林省工业技师学院

王　超　中船澄西技工学校

王东征　北京市工贸技师学院

三、数控铣工职工组

杨　剑　航天科工二院 283 厂

游荣炬　广东省机械技师学院

李文军　天津市汇通仪器设备公司

朱鹏博　航天科工二院 283 厂

梁　琪　广州市机电技师学院

四、数控铣工教师组

潘小春　广东省机械技师学院

韩富平　北京市工贸技师学院

李中林　镇江高等职业技术学校

洪展钦　广东省国防科技技师学院

陈振国　天津市职业大学

五、加工中心操作工（五轴）职工组

王　健　佛山市禅工机械电器厂

彭方昭　佛山市禅工机械电器厂

六、加工中心操作工（五轴）教师组

江　伟　北京市工贸技师学院

钟　燕　佛山市南海技师学院

孙永才　江苏省盐城技师学院

蒋　灯　韶关市第二技师学院

财政部　教育部　人力资源和社会保障部关于印发《中等职业学校免学费补助资金管理办法》的通知

财教［2013］84号

各省、自治区、直辖市、计划单列市财政厅（局）、教育厅（局、教委）、人力资源社会保障厅（局），新疆生产建设兵团财务局、教育局、人力资源社会保障局：

按照《财政部、国家发展改革委、教育部、人力资源社会保障部关于扩大中等职业教育免学费政策范围进一步完善国家助学金制度的意见》（财教［2012］376号）的规定，为加强中等职业学校免学费补助资金的管理，确保免学费政策顺利实施，我们制定了《中等职业学校免学费补助资金管理办法》，现印发给你们，请遵照执行。

2013年6月3日

中等职业学校免学费补助资金管理办法

第一条　为了规范中等职业学校免学费补助资金管理，确保免学费政策顺利实施，根据《财政部、国家发展改革委、教育部、人力资源社会保障部关于扩大中等职业教育免学费政策范围进一步完善国家助学金制度的意见》（财教［2012］376号）等有关规定，制定本办法。

第二条 本办法所称中等职业学校是指经政府有关部门依法批准设立，实施全日制中等学历教育的各类职业学校，包括公办和民办的普通中专、成人中专、职业高中、技工学校和高等院校附属的中专部、中等职业学校等。

第三条 中等职业学校免学费补助资金是指中等职业学校学生享受免学费政策后，为弥补学校运转出现的经费缺口，财政核拨的补助资金。

第四条 中等职业学校免学费补助资金由中央和地方财政共同承担，省级财政统筹落实，省和省以下各级财政根据各省（区、市）人民政府及其价格主管部门批准的公办中等职业学校学费标准予以补助。

第五条 中央财政统一按每生每年平均2 000元测算标准和一定比例与地方财政分担，具体分担比例为：西部地区，不分生源，分担比例为8∶2；中部地区，生源地为西部地区的，分担比例为8∶2，生源地为其他地区的，分担比例为6∶4；东部地区，生源地为西部地区和中部地区的，分担比例分别为8∶2和6∶4，生源地为东部地区的，分担比例分省确定。

第六条 对公办中等职业学校免学费资金的补助方式为：第一、二学年因免除学费导致学校运转出现的经费缺口，由财政按照享受免学费政策学生人数和免学费标准补助学校；第三学年原则上由学校通过校企合作和顶岗实习等方式获取的收入予以弥补，不足部分由财政按照不高于三年级享受免学费政策学生人数50％的比例和免学费标准，适当补助学校。

第七条 对民办中等职业学校学生的补助方式为：对一、二年级符合免学费条件的学生，按照当地同类型同专业公办中等职业学校免学费标准给予补助。学费标准高出公办学校免学费标准部分由学生家庭负担；低于公办学校免学费标准的，按照民办学校实际学费标准予以补助。

第八条 中央财政于每年 9 月 30 日前按照财政部提前通知转移支付指标的有关规定，根据全国中等职业学校学生管理信息系统和技工学校学生管理信息系统核定的学生数和生源结构，按照一定比例提前下达下一年度应承担的免学费补助资金预算。省级财政部门在收到提前下达的免学费中央补助资金预算后，应尽快分解下达，确保下一年度春季学期学校正常运转。

中央财政于每年10月重新核定当年应承担的免学费补助资金预算。地方各级财政部门应当足额安排应承担的免学费补助资金预算，按时拨付免学费补助资金，保证中等职业学校教育教学活动的正常开展。

第九条 中等职业学校应当根据本办法和各地制定的免学费实施细则，受理学生申请，组织初审，并通过全国中等职业学校学生管理信息系统和技工学校学生管理信息系统报至同级学生资助管理机构审核、汇总。学生资助管理机构将审核结果在相关学校内进行不少于5个工作日的公示。

第十条 中等职业学校免学费工作实行学校法人代表负责制，校长是第一责任人，对学校免学费工作负主要责任。中等职业学校应当加强财务管理，建立规范的预决算制度，按照预算管理的要求，编制综合预算，收支全部纳入学校预算管理，年终应当编制决算。

第十一条 各地职业教育行政管理部门应当加强学生学籍管理，建立健全学生信息档案，保证享受免学费政策的学生信息完整和准确。

第十二条 各级财政、教育和人力资源社会保障部门应当加强对中等职业学校免学费补助资金使用情况的监督检查。对虚报学生人数，骗取财政补助资金或挤占、挪用、截留免学费补助资金等违规行为，按照《财政违法行为处罚处分条例》有关规定追究法律责任。涉嫌犯罪的，依法移送司法机关。

第十三条 每年春季学期开学前，各地职业教育行政管理部门应当对中等职业学校办学资质进行全面清查并公示，对年检不合格的学校，取消其享受免学费补助资金的资格。各地职业教育行政管理部门应当根据《中华人民共和国民办教育促进法》的规定，加强对民办中等职业学校的监管，纳入免学费补助范围的民办学校名单由省级教育和人力资源社会保障部门负责审定。

第十四条 本办法由财政部、教育部和人力资源社会保障部负责解释。各省（区、市）可依据本办法制定实施细则，并报财政部、教育部、人力资源社会保障部备案。

第十五条 本办法自 2013 年 7 月 1 日起施行。《中等职业学校免学费补助资金管理暂行办法》（财教［2010］3 号）同时废止。

财政部　教育部　人力资源和社会保障部关于印发《中等职业学校国家助学金管理办法》的通知

财教［2013］110号

各省、自治区、直辖市、计划单列市财政厅（局）、教育厅（局、教委）、人力资源社会保障厅（局），新疆生产建设兵团财务局、教育局、人力资源社会保障局：

按照《财政部、国家发展改革委、教育部、人力资源社会保障部关于扩大中等职业教育免学费政策范围进一步完善国家助学金制度的意见》（财教［2012］376号）规定，为加强中等职业学校国家助学金的管理，确保助学金政策顺利实施，我们制定了《中等职业学校国家助学金管理办法》，现印发给你们，请遵照执行。

2013年6月3日

中等职业学校国家助学金管理办法

第一条　为了规范中等职业学校国家助学金管理（以下简称

国家助学金），确保资助工作顺利实施，根据《财政部、国家发展改革委、教育部、人力资源社会保障部关于扩大中等职业教育免学费政策范围进一步完善国家助学金制度的意见》（财教［2012］376号）等有关规定，制定本办法。

第二条 本办法所称中等职业学校是指经政府有关部门依法批准设立，实施全日制中等学历教育的各类职业学校，包括公办和民办的普通中专、成人中专、职业高中、技工学校和高等院校附属的中专部、中等职业学校等。

第三条 国家助学金资助对象是具有中等职业学校全日制学历教育正式学籍的一、二年级在校涉农专业学生和非涉农专业家庭经济困难学生。

六盘山区、秦巴山区、武陵山区、乌蒙山区、滇桂黔石漠化区、滇西边境山区、大兴安岭南麓山区、燕山—太行山区、吕梁山区、大别山区、罗霄山区等11个连片特困地区和西藏及四省藏区、新疆南疆三地州中等职业学校农村学生（不含县城）全部纳入享受国家助学金范围。

第四条 国家助学金由中央和地方政府共同出资设立，主要资助受助学生的生活费开支，资助标准每生每年1 500元。以后年度，将根据经济发展水平和财力状况适时调整资助标准。

第五条 国家助学金按学期申请和评定，按月发放。学校应将《中等职业学校国家助学金申请表》（附件1）及《中等职业学校国家助学金申请指南》（附件2）随同入学通知书一并寄发给录取的新生。新生和二年级学生在新学年开学一周内向就读学校提出申请，并递交相关证明材料。

中等职业学校应当根据本办法和各地制定的国家助学金实施细则，受理学生申请，组织初审，并通过全国中等职业学校学生管理信息系统和技工学校学生管理信息系统报至同级学生资助管理机构审核、汇总。学生资助管理机构将审核结果在相关学校内进行不少于5个工作日的公示。

第六条 中央财政于每年9月30日前按照财政部提前通知转移支付指标的有关规定，根据全国中等职业学校学生管理信息系统和技工学校学生管理信息系统核定的受助学生数和生源结构，按照一定比例提前下达下一年度应承担的国家助学金预算。省级财政部门在收到提前下达的助学金预算后，应尽快分解下达，确保下一年度春季学期国家助学金按时发放到受助学生手中。

中央财政于每年10月重新核定当年应承担的国家助学金预算。地方各级财政部门应当足额安排应承担的国家助学金预算，按时拨付国家助学金。

第七条 国家助学金通过学生资助卡发放给受助学生。中等职业学校或学生资助管理机构为每位受助学生办理学生资助卡，学生本人持身份证原件和学生证，到发卡银行网点柜台激活资助卡后方可使用。不得向学生收取卡费或押金等费用，也不得以实物或服务等形式，抵顶或扣减国家助学金。

第八条 中等职业学校国家助学金实行学校法人代表负责制，校长是第一责任人，对学校助学工作负主要责任。学校应当制定本校国家助学金具体实施办法，设立专门机构和配备专职人员具体负责助学工作。

中等职业学校应当建立专门档案，将学生申请表、受理结果、资金发放等有关凭证和工作情况分年度建档备查。

第九条 省级教育、人力资源社会保障、财政部门要根据实际情况，对享受资助政策的民办中等职业学校，在办学条件、学费标准、招生就业、资助家庭经济困难学生措施等方面做出明确规定，督促民办中等职业学校依法办学，规范收费。

第十条 国家鼓励地方政府、行业企业和社会团体设立中等职业学校助学金、奖学金，鼓励和引导金融机构为接受中等职业教育的学生提供助学贷款。

中等职业学校应当开辟“绿色通道”，对携有可证明其家庭经济困难材料的新生，可先办理入学手续，根据核实后的家庭经济情况予以不同方式的资助，再办理学籍注册。

第十一条 各级财政、教育、人力资源社会保障部门应加强对国家助学金的管理，实行专款专用、专账核算，并接受审计、监察部门的检查和社会的监督。对弄虚作假、套取财政专项资金或挤占、挪用、滞留国家助学金的行为，将追究直接责任人和相关领导的责任。

第十二条 本办法由财政部、教育部、人力资源社会保障部负责解释，各省（区、市）可依据本办法制定实施细则，并报财政部、教育部、人力资源社会保障部备案。

第十三条 本办法自 2013 年 7 月 1 日起施行。原《财政部、教育部关于印发〈中等职业学校国家助学金管理暂行办法〉的通知》（财教［2007］84 号）和《财政部、劳动保障部关于做好技工学校国家助学金发放管理工作的通知》（财教［2007］85 号）同时废止。

附件：1. 中等职业学校国家助学金申请表（略）

2. 中等职业学校国家助学金申请指南（略）

国务院国有资产监督管理委员会 人力资源和社会保障部关于举办 2013 年中央企业职工技能大赛的通知

国资发群工［2013］142 号

各省、自治区、直辖市及新疆生产建设兵团国资委、人力资源社会保障厅（局），各中央企业：

为深入贯彻《关于加强企业技能人才队伍建设的意见》（国办发［2012］34 号）和《中央企业人才队伍建设中长期规划（2011—2020 年）》（国资党委干一［2011］198 号）精神，深入实施人才强企战略，持续不断地加强高技能人才培养，推动国有企业全面、协调和可持续发展，国务院国资委与人力资源社会保障部将于下半年共同举办 2013 年中央企业职工技能大赛。现将有关事项通知如下：

一、组织领导

国务院国资委、人力资源社会保障部和大赛承办单位中国铁道建筑总公司共同组成中央企业职工技能大赛组委会（以下简称大赛组委会）。大赛组委会下设评审委员会、监审委员会和办公室。组委会办公室设在国务院国资委群众工作局，负责大赛日常工作。承办单位成立赛区组委会，在大赛组委会的领导下开展赛事具体工作。

二、大赛项目

建筑材料试验工。

三、参赛范围

各有关企业均可报名组队参赛。参赛人员须具有高级工（国家职业资格三级）以上职业资格，不受年龄、资历和学历限制。

建筑类各中央企业可选派8～10名选手参赛；其他中央企业和各省（区、市）国资委所属企业选派的参赛选手不超过3名。各参赛企业设领队1名，教练1名。

四、时间安排

（一）初赛阶段：于2013年上半年完成，由各单位自行组织。

（二）决赛阶段：于2013年下半年进行，由中国铁道建筑总公司承办。

请各单位于2013年8月31日前将报名表（见附件2，加盖单位公章）、参赛选手身份证（复印件）、参赛选手工作证（复印件）各1份报送至中铁十二局集团有限公司。

五、表彰奖励

（一）获得大赛前5名的选手，由人力资源社会保障部授予“全国技术能手”荣誉称号，其中35周岁以下的选手，由团中央授予“全国青年岗位能手”荣誉称号。

（二）获得大赛前6～30名的选手，由国务院国资委授予“中央企业技术能手”荣誉称号，其中35周岁以下的选手，由中央企业团工委授予“中央企业青年岗位能手”荣誉称号。

（三）获得“全国技术能手”荣誉称号的选手，晋升技师职业资格，其中已具有技师职业资格的，晋升为高级技师职业资格；获得大赛第6～20名的选手，晋升高级工职业资格，已具有高级工职业资格的，可晋升技师职业资格。

（四）获得中央企业职工技能大赛获奖选手，由所在企业给予物质奖励。

（五）领导重视、组织出色、成绩突出的承办单位和参赛企业，由组委会颁发“突出贡献奖”和“优秀组织奖”。

（六）建筑材料试验工大赛技术文件依据《关于印发 2013 年中央企业职工技能大赛决赛技术大纲的通知》（群工函［2013］36 号），大赛具体时间另行通知。

附件：1. 2013 年中央企业职工技能大赛组委会及办公室成员名单（略）

2. 2013 年中央企业职工技能大赛报名表（略）

2013 年 6 月 17 日

人力资源和社会保障部　财政部　国务院港澳事务办公室　国务院台湾事务办公室关于在内地高校学习的台港澳毕业生享受职业培训补贴政策的通知

人社部发［2013］45号

各省、自治区、直辖市人力资源社会保障厅（局）、财政厅（局）、外事（港澳事务）办公室、台湾事务办公室：

为进一步促进台湾、香港、澳门居民在内地就业，对在大陆（内地）高校学习的台湾、香港、澳门毕业生在毕业学年内参加创业培训的，比照本地高校毕业生相关规定，给予职业培训补贴。

此项政策从2014年1月1日起实施。

2013年6月24日

教育部　财政部　人力资源和社会保障部关于进一步加强教育管理信息化工作的通知

教技［2013］2号

各省、自治区、直辖市教育厅（教委）、财政厅（局）、人力资源社会保障厅（局），新疆生产建设兵团教育局、财务局、人力资源社会保障局，教育部直属各高等学校：

为深入贯彻党的十八大精神，按照全国教育信息化工作电视电话会议和《教育部等九部门关于加快推进教育信息化近期几项重点工作的通知》要求，尽快建成国家教育管理公共服务平台，教育部、财政部、人力资源社会保障部就进一步加强教育管理信息化的工作要求通知如下：

一、明确建设目标，突出工作重点。“十二五”期间教育管理信息化的工作重点是建设覆盖全国学前教育、中小学教育、中等和高等职业教育（含技工院校）、高等教育的学生、教师、经费、资产及办学条件等管理信息系统和数据库，实现学生、教师、学校基本业务和日常管理信息化，基本建成国家教育管理公共服务平台，为重大项目实施提供监管和支撑。上述管理信息系统由教育部统一组织开发（其中，技工院校管理信息系统由人力资源社会保障部组织开发，并与教育部数据共享），分级（国家、省、地市、县和学校）部署使用。2013年重点建设全国学生管理、教师管理和学生资助管理等信息系统，建成全国学生数据库和教师数据库；2014年重点建设全国学校经费、资产及办学条件管理等信息系统，建成全国学校经费、资产及办学条件数据库。各地和学校要高度重视，根据统一部署，结合本地区本单位实际情况，积极做好系统的部署实施工作，保障系统的全面长期应用。

二、加强两级建设，推动五级应用。构建“两级建设、五级应用”体系是教育管理信息化工作的关键。两级建设是指在教育部和各省级教育行政部门分别建立国家级和省级数据中心，建设数据集中、系统集成的统一应用环境。各地要参照教育部教育信息化推进办公室《省级数据中心建设指南》，整合本地现有教育信息化基础设施资源，于2013年年底初步建成统一的省级数据中心，满足国家、本地教育管理信息化建设和应用的要求，实现本地区教育管理信息化基础设施、信息系统和数据集中、集成及统一运行维护，支撑本地区各级教育行政部门和学校的系统应用。五级应用是指各类教育管理信息系统均同步统一部署国家、省、地市、县、学校五级系统，其中国家级系统部署在国家级数据中心，省、地市、县、学校级系统部署在省级数据中心，技工院校国家级系统、省级系统分别与教育部国家级系统、省级系统对接，供国家（教育部、财政部、人力资源社会保障部等部门）、地方和学校使用，实现系统在全国的全面覆盖，确保系统数据的准确和完整。

三、强化组织领导，理顺工作机制。教育管理信息化工作涉及多部门的协调与合作。各地和学校要加强组织协调，按照“统筹规划、统一建设、集中运行、分步推进”的原则推进管理信息化工作。各地要在教育信息化统筹管理框架下，由教育、财政、人力资源社会保障等部门共同建立的教育管理信息化工作领导机制，全面负责本地区教育管理信息化工作。逐步建立由领导小组统一组织推进、教育业务部门应用推动、财政部门经费支持、教育技术保障部门实施的工作机制。

四、做好整体设计，完善配套制度。教育管理信息化工作是一项系统性工程，教育部编制的《国家教育管理信息系统建设总体方案》（另文印发）对信息系统和技术路线进行了顶层设计。各地和学校要按照该方案要求，进行本地区本单位的管理信息系统规划和整体设计，建设数据集中、系统集成的应用环境。要结合教育部教育管理信息系统应用的工作部署，实现学生、教师、经费、资产及办学条件等各类数据管理的信息化和数据交换的规范化。建立配套电子档案制度，严格规范电子数据管理，通过系统应用和数据电子签章、电子签名等技术手段保证系统数据的全面、及时、准确和安全。

五、健全责任体系，加强队伍建设。教育管理信息化工作是一项长期的任务。教育管理信息系统的开发与应用必须与教育管理过程紧密结合，通过系统应用完成管理流程，进而完成数据的采集及更新。各地和学校要指定专门机构，确定专职人员，建立各层次相互配合与补充的系统应用和技术支持服务体系，依托各级教育业务部门推动系统应用，明确系统应用责任单位和人员，明确各级教育、人力资源社会保障行政部门和每一所学校系统应用和管理的责任人员；各地应统筹安排部署数据中心和系统建设，配备充足的专职技术和服务人员，保障系统建设与应用、系统运行维护和技术服务的需求。各单位要建立健全责任制度，将责任落实到人，将教育管理信息化建设、管理工作作为教育督查重要内容，强化监督检查。

六、加大推进力度，保证经费投入。各地和学校要加快管理信息系统实施进度，各级财政部门按规定统筹现行相关经费渠道、增加经费支持等方式，做好省级数据中心建设、教育部配发管理信息系统的部署实施和培训应用、信息系统开发与升级、信息安全建设等工作，并将系统建设、系统应用和日常运行维护与服务费用纳入年度预算，保障系统建设和运行维护的需求。中央财政将对各地信息化建设工作给予适当奖补。

2013年7月18日

人力资源和社会保障部关于做好2013年国家职业资格全国统一鉴定工作的通知

人社部函［2013］33号

各省、自治区、直辖市及新疆生产建设兵团人力资源社会保障厅（局）：

为做好2013年国家职业资格全国统一鉴定（以下简称全国统一鉴定）工作，加强规范管理，保证鉴定质量，现就有关事项通知如下：

一、全国统一鉴定的职业范围、内容与考核方案

（一）2013年我部继续组织开展企业人力资源管理师、物流师、心理咨询师、电子商务师、理财规划师、项目管理师、企业信息管理师、企业培训师、秘书、网络编辑员（二级）、营销师、职业指导人员等12个职业的全国统一鉴定。需组织开展企业人力资源管理师、物流师、项目管理师、企业信息管理师、企业培训师等5个职业国家职业资格一级全国统一鉴定的地区，须先向我部提出申请，经我部组织专家审核同意后方可开展。

（二）2012年，我部组织专家对企业人力资源管理师、物流师、心理咨询师、电子商务师、理财规划师、项目管理师、企业信息管理师、秘书、营销师等9个全国统一鉴定职业的技能标准进行了修订，目前正待颁布。上述职业技能标准颁布后，涉及2013年下半年职业考核内容和考核方式发生的变化，我部将另行通知。

二、2013 年“统考日”安排

（一）2013 年在全国范围内继续试行国家职业资格统一鉴定日（以下简称“统考日”）制度。“统考日”具体日期是 3 月 15、16、17 日，5 月 17、18、19 日，7 月 19、20、21 日，9 月 20、21、22 日，11 月 15、16、17 日。

（二）我部组织的全国统一鉴定日期是 5 月 18、19 日和 11 月 16、17 日（具体职业等级和安排详见附件 1、2）。

（三）各地要按照我部统一部署和《国家职业资格全国统一鉴定工作规程（试行）》要求，在规定日期组织实施全国统一鉴定工作。未经批准，不得擅自组织开展已列为全国统一鉴定职业的鉴定工作。各地选择其他职业组织本地区统一鉴定工作，应集中安排在 3 月、7 月、9 月的“统考日”及 5 月 17 日、11 月 15 日进行，并于 2013 年 3 月 8 日前填写《国家职业资格统一鉴定日工作安排表》（附件 3），报我部职业技能鉴定中心，以便向社会公布。如确需增加统一鉴定日期的，应报我部备案。

三、加强全国统一鉴定规范管理，确保鉴定质量

（一）各地要认真贯彻落实《国务院办公厅关于清理规范各类职业资格相关活动的通知》（国办发［2007］73 号）精神，按本通知要求认真组织实施全国统一鉴定工作，要加强各环节的规范管理，确保鉴定质量，提高鉴定的公信力。

（二）加强全国统一鉴定资料安全管理。各地要严格执行国家保密法律法规，完善保密制度，切实加强对全国统一鉴定考试资料的安全管理，将考试资料保管、传递、分发等各环节的保密责任落实到人，杜绝泄密事件发生。一旦发现泄密行为，要严肃查处并追究当事人法律责任。

（三）严格全国统一鉴定考点管理和考务管理。各地要按照职业技能鉴定有关规定和考培分离原则，进一步加强对全国统一鉴定考点的集中管理。要将坚持标准、严格考评、规范操作的要求贯穿于全国统一鉴定的始终，并通过加强考务管理、严肃考场纪律、实施现场督导和远程视频监控等措施，强化对鉴定各个环节的规范管理，杜绝舞弊行为。要制定突发事件应急预案，确保全国统一鉴定顺利实施。

（四）加强证书核发管理。各地要按照《关于职业资格证书改版及核发管理工作有关问题的通知》（人社厅发［2009］137号）的要求，严格按规定进行全国统一鉴定职业资格证书的申领、验印、发放与管理。

（五）为做好全国统一鉴定工作，我部专门设立了监督举报电话和考试当日值班电话。各地也要设立监督举报电话和值班电话，秉公处理群众举报的问题，及时解决考生咨询和现场发现的问题。

附件：1. 2013年国家职业资格全国统一鉴定时间安排（略）
2. 2013年国家职业资格全国统一鉴定考核方案（略）
3. 国家职业资格统一鉴定日工作安排表（略）

2013年2月5日

人力资源和社会保障部关于做好 2013 年职业技能竞赛工作的通知

人社部函［2013］70 号

各省、自治区、直辖市及新疆生产建设兵团人力资源社会保障厅（局），国务院有关部门（行业组织、集团公司）人事劳动保障工作机构：

为贯彻落实党的十八大精神和《国家中长期人才发展规划纲要（2010—2020 年）》，推动我国高技能人才队伍建设，我部决定组织开展 2013 年全国职业技能竞赛活动和备战、参加第 42 届世界技能大赛，现就做好有关工作通知如下：

一、指导思想

2013 年全国职业技能竞赛活动以备战、参加第 42 届世界技能大赛，争创佳绩为工作重点，进一步完善我国现行竞赛制度，提升竞赛技术标准，调整竞赛工作规则，推动国内技能竞赛工作发展，逐步形成国内技能竞赛与世界技能大赛相互促进、协调发展的工作格局，充分发挥技能竞赛在高技能人才培养、选拔和激励等方面的作用，营造崇尚技能、尊重技能人才的良好社会氛围。

二、活动内容

（一）组织开展国家级一类竞赛 2 项。

（二）依托行业部门、中央企业组织开展国家级二类竞赛 38 项。

（三）组织参加第42届世界技能大赛和第37届亚洲发型化妆大赛。

（四）各地区可结合本地区高技能人才培养工作实际，组织开展省级竞赛活动。

三、奖励措施

（一）国家级一类竞赛

对各职业（工种）决赛获前5名的选手，经我部核准后，授予“全国技术能手”荣誉称号，由所在地人力资源社会保障部门或行业主管部门晋升其技师职业资格。已具有技师职业资格的，可晋升高级技师职业资格。

对各职业（工种）决赛获第6～20名的选手，由所在地人力资源社会保障部门或行业主管部门晋升其高级工职业资格。已具有高级工职业资格的，可晋升技师职业资格。

（二）国家级二类竞赛

对各职业（工种）决赛获前3名的选手，经我部核准后，授予“全国技术能手”荣誉称号，由所在地人力资源社会保障部门或行业主管部门晋升其技师职业资格。已具有技师职业资格的，可晋升高级技师职业资格。

对各职业（工种）决赛获第4～15名的选手，由所在地人力资源社会保障部门或行业主管部门晋升其高级工职业资格。已具有高级工职业资格的，可晋升技师职业资格。

（三）地方、行业部门竞赛

各地区、各行业部门可结合实际情况，对获奖选手和单位给予相应奖励。

（四）第42届世界技能大赛

对各项目获得金、银、铜、优胜奖牌的选手，按照我部有关规定，经核准后，授予“全国技术能手”荣誉称号，分别颁发20万元、12万元、8万元、3万元奖金，并由所在地人力资源社会保障部门或行业主管部门晋升其技师职业资格证书。已具有技师职业资格的，可晋升高级技师职业资格。

对各项目未获得金、银、铜、优胜奖牌以及入围集训的其他选手，由我部颁发荣誉证书。

（五）第37届亚洲发型化妆大赛

对获得综合性项目金牌的选手（学生选手除外），符合我部有关规定并经核准后，授予“全国技术能手”荣誉称号。

四、工作要求

（一）统筹安排竞赛活动。各地区要按照本通知要求，认真组织本地区竞赛活动，并做好与全国竞赛活动的合理衔接，确保今年全国职业技能竞赛和第42届世界技能大赛各项赛事有序进行。各行业部门、中央企业在广泛开展各类竞赛活动的同时，要适度调控安排竞赛数量和职业（工种）。各地区、各行业部门和中央企业要坚持勤俭节约原则，务求工作实效。同时，要积极参与和支持全国竞赛活动，合理安排竞赛进度，确保竞赛活动按时完成。

（二）做好国内外竞赛合理衔接。各地区、各行业部门和中央企业应在我部指导下组织开展竞赛活动。既要按照国家职业技能竞赛规定做好各项实施工作，又要结合竞赛职业（工种）的发展需求，积极探索引进世界技能大赛相关技术要求、检测手段、安全规则和竞赛现场管理等，引导和带动国内技能竞赛创新发展，使国内技能竞赛与世界技能大赛相互促进、协调发展。

（三）全力备战第42届世界技能大赛。第42届世界技能大赛是我国第二次组团参加的世界技能大赛。时间紧、任务重，承担选手集训工作的有关地区、行业部门和企业、院校，要树立为国争光的大局意识，一切以国家利益为重，从国家荣誉出发，密切配合技术指导专家组，精心组织选手集训工作，并从人力、物力、财力等方面给予大力支持，确保选手集训工作顺利完成。

（四）注重国内竞赛活动质量。各地区、各行业部门和中央企业要按照我部今年竞赛活动计划安排和《国家职业技能竞赛组织实施指南》要求，认真制定竞赛组织实施方案，精心部署安排竞赛活动。要健全竞赛质量监督保证制度，严格按照国家职业技能标准高级工（国家职业资格三级）以上技能要求组织竞赛命题，提高竞赛技术工作质量。要组织建立裁判员队伍，加强对竞赛全过程的动态管理，确保竞赛活动的公平、公正和公开。同时，要适时组织技术点评等技术交流活动，总结竞赛获奖选手成长成才规律，分析竞赛作品的技术难点和创新要点，帮助参赛选手提高职业能力和创新能力。

（五）加强竞赛宣传工作。各地区、各行业部门和中央企业要进一步加大宣传力度，充分利用广播、电视、报刊、网络等新闻媒体，开展形式多样、富有特色的宣传活动，大力宣传党和国家重视技能人才、加强高技能人才工作的政策措施，宣传技能竞赛在高技能人才培养、选拔和激励等方面的作用，宣传我国加入世界技能组织和参加世界技能大赛的重要意义，引导广大劳动者立足本职工作，钻研新技术、掌握新技能、争创新业绩，带动更多劳动者走技能成才之路。

附件：2013 年职业技能竞赛计划安排表（略）

2013 年 4 月 11 日

人力资源和社会保障部　财政部 关于实施2013年国家级高技能人才培训基地建设项目的通知

人社部函〔2013〕104号

各省、自治区、直辖市人力资源社会保障厅（局）、财政厅（局），新疆生产建设兵团人力资源社会保障局、财务局：

为全面贯彻党的十八大精神，积极实施人才强国战略，进一步落实《国家中长期人才发展规划（2010—2020年）》和《高技能人才中长期发展规划（2010—2020年）》，按照《国家高技能人才振兴计划》的要求，进一步加强高技能人才培养工作，启动实施2013年国家级高技能人才培训基地建设项目工作（以下简称培训基地项目）。现就有关事项通知如下：

一、实施范围

在全国范围内选择经济社会发展和战略性新兴产业、先进制造业以及产业结构调整升级对高技能人才需求强劲的地区，依托符合条件的各类职业培训机构和公共实训基地，建设一批国家级高技能人才培训基地。

二、工作目标

通过实施培训基地项目，探索适应加快经济发展方式转变、推动产业结构优化升级所需要的高技能人才培训的基本规律；深化培训基地与企业开展高技能人才培训的合作；从培养模式、课程设置、师资配备、实训装备、能力评价等方面积累高技能人才培训经验，为推动全国高技能人才培训基地建设和规模化培训高技能人才奠定基础。

三、项目实施期限

2013 年的培训基地项目从 2013 年 10 月起开始实施，为期 2 年。

四、申报条件

申报单位包括：各省（区、市）以培养中、高级技能人才为主要目标的技工院校；大中型企业技能培训中心；培养高技能人才的公共实训基地。申报单位还应符合以下条件：

（一）在规范管理方面

具有较强的管理能力和高效的组织管理体系，已建立规范的培训管理、财务管理、资产管理、风险管理等制度；遵守国家有关法律法规，未发生违规违纪事件。

（二）在培训能力方面

1. 培训场所和设施设备符合国家建设和安全标准，满足年培训 1 000 名以上高技能人才的需要。

2. 具有与 3～5 个经济发展急需、短缺高技能人才培训特色专业（职业）相匹配的实训装备。

3. 面向企业和社会开展职业技能培训，年培训规模不少于 3 000 人。其中，高级工以上培训占 20％以上。

（三）在师资队伍方面

有满足培训需要的稳定的专、兼职教师队伍，师生比为 1∶16～1∶20；高级实习指导教师和具有高级技师职业资格的教师占实训教师总数的 45％以上。

（四）在校企合作方面

与 5 家以上大、中型企业建立了稳定的校企合作关系。有 5 个以上专业与合作企业共同研究确定专业建设、课程设置、培养计划、师资建设、研发课题和培训实习方案，并与合作企业共建了培训实习基地，聘请企业高级技师、技师和专业技术人员担任指导教师。

五、申报要求及评审程序

（一）地方评审推荐。按照人力资源社会保障部和财政部下达的国家级高技能人才培训基地建设项目申报名额（见附件1），各省（区、市）推荐培训基地项目候选单位。同时，推荐1个备选项目单位。超出规定数的，一律不予评审。

各省（区、市）人力资源社会保障部门会同财政部门根据申报条件要求，按照公平公正公开原则，组织专家开展本地区培训基地项目单位遴选、评审工作，确定本地区培训基地项目候选单位。在遴选、评审工作中，要严格把握标准、规范操作程序，确保申报项目单位符合条件。5月28日前请将本地评审的培训基地申报材料，一式两份报送人力资源社会保障部。申报材料包括：

1. 本地区推荐申报2013年培训基地建设项目报告，并附申报项目候选单位名单（按优先次序排序）和备选项目单位。

2. 各培训基地项目候选单位和备选项目单位呈报的《国家级高技能人才培训基地建设项目申报书》（见附件2）。申报书内容应涵盖本通知中申报条件要求的具体内容。

3. 各培训基地项目候选单位和备选项目单位呈报的《国家级高技能人才培训基地建设项目实施方案》（见附件3）及其制定的项目实施管理办法和项目经费管理办法。实施方案要明确基地建设项目的总体目标、分阶段目标及工作任务等，做到项目目标可量化、项目任务可实现、项目内容可完成、项目经费可执行、项目管理措施可操作。

（二）部门组织复审。人力资源社会保障部会同财政部组成专家组，对各地推荐申报的培训基地项目候选单位和备选项目单位的材料进行复审，并对培训基地项目单位的综合情况和各项指标进行打分，最终择优确定培训基地项目单位。

对申报材料弄虚作假或存有不实情况的，一经核实，将取消其申报资格。

六、项目经费

（一）中央财政支持。2013 年，中央财政单独安排经费，专门用于补助培训基地项目，支持 3～5 个急需、短缺高技能人才培训特色专业（职业）建设所需培训设备购置、改造与维护，原材料消耗，课程和教材开发，教师提升培训及其他培训成本等费用。

（二）地方财政补助。各级地方政府财政应安排补助资金，各行业、企业应安排相应资金，支持培训基地项目实施工作。

七、项目产出

（一）构建完备的培训体系。培训基地项目实施一年后，围绕 3～5 个专业（职业），从培训模式、课程设置、教材开发、师资建设、培训装备和能力评价等方面，构建成较为完备、系统的高技能人才培训体系。

（二）形成规模化培训示范效应。通过实施培训基地项目，增强规模化、系统化培训高技能人才的能力。培训基地项目实施两年后，高技能人才年培训能力不少于 1 500 人。

（三）总结技能人才培养规律。通过实施培训基地项目，总结高技能人才培训的基本规律和科学方法，提炼高技能人才培训基地建设的经验和做法，为基地建设和规范化、系统化培养高技能人才提供科学依据。

八、考核评估

（一）各地人力资源社会保障部门要高度重视此项工作，加强对培训基地项目的管理和指导。培训基地项目单位要按有关规定，严格加强管理项目资金，实行专款专用，单独建账，确保资金安全和效益，为高技能人才培养创造条件。

（二）人力资源社会保障部将会同财政部，定期对培训基地运行情况进行检查，并按照项目产出要求，对培训基地项目实施情况进行分阶段评估，考核评估具体办法由两部另行制定。对未按照规定开展高技能人才培训工作以及弄虚作假的，经查明属实，撤销其基地称号，追回项目建设资金。

（三）人力资源社会保障部、财政部将会同有关部门组织经验交流活动，沟通情况，推广经验。

九、其他要求

（一）对符合条件要求的全国技能振兴专项活动百家城市的项目申报单位要给予支持和倾斜。

（二）已被确定为 2011 年、2012 年国家级高技能人才培训基地建设项目的，不得重复申请 2013 年国家级高技能人才培训基地建设项目。

（三）各省（区、市）人力资源社会保障部门、财政部门须按照本文件的要求，组织专家按规定的评审程序开展项目评审工作。未经评审直接申报的，一经核实，将取消其申报资格。

（四）本通知的电子文稿将在人力资源社会保障部政府门户网站（www.mohrss.gov.cn）予以公布，相关表格可从网站下载。

（五）联系方式（略）。

附件：1. 国家级高技能人才培训基地建设项目申报名额（略）
2. 国家级高技能人才培训基地建设项目申报书（略）
3. 国家级高技能人才培训基地建设项目实施方案（略）

2013 年 5 月 14 日

人力资源和社会保障部　财政部关于实施2013年国家级技能大师工作室建设项目的通知

人社部函〔2013〕105号

各省、自治区、直辖市人力资源社会保障厅（局）、财政厅（局），新疆生产建设兵团人力资源社会保障局、财务局：

为贯彻落实《国家中长期人才发展规划纲要（2010—2020年）》和《高技能人才队伍建设中长期规划（2010—2020年）》，进一步发挥高技能领军人才在带徒传技等方面的积极作用，按照《国家高技能人才振兴计划实施方案》的要求，启动实施2013年国家级技能大师工作室建设项目工作（以下简称技能大师工作室）。现就有关事项通知如下：

一、工作目标

结合区域经济发展需求，围绕新兴战略性产业、先进制造业和经济社会发展急需、紧缺行业（领域），开展技能大师工作室申报评审工作。进一步发挥高技能领军人才带徒传技作用，创新高技能人才培养模式，提升高技能人才培养能力。

二、申报条件

（一）技能大师的条件。技能大师应当是某一行业（领域）技能拔尖、技艺精湛并具有较强创新创造能力和社会影响力的高技能人才，在带徒传技方面经验丰富，身体健康，能够承担技能大师工作室日常工作。同时，还应具备以下条件之一：

1. 获得中华技能大奖称号。

2. 获得全国技术能手称号或具有技师以上职业资格，积极开展技术技能革新，取得有一定影响的发明创造，并产生较大的经济效益。

3. 具有一定的绝技绝活，并在积极挖掘和传承传统工艺上做出较大贡献。

（二）依托企业建立技能大师工作室，企业应当具备的条件：

有符合条件的技能大师；技能人才比较密集；高度重视技能人才队伍建设工作，建立了较为完善的技能人才培养、评价、选拔、使用和激励政策制度；2012 年企业职工教育经费中用于高技能人才培养、交流等方面的费用不低于 50%，能够为技能大师工作室提供相应的资金支持以及包括场所、设备在内的必要工作条件。

（三）依托城市公共职业技能实训基地建立技能大师工作室，城市公共职业技能实训基地应当具备的条件：

有符合条件的技能大师；高度重视技能人才队伍建设，制定了一系列加快高技能人才队伍建设的政策措施；能够为技能大师工作室提供相应的资金支持以及包括场所、设备在内的必要的工作条件。

三、申报要求及评审程序

（一）申报名额。除中华技能大奖获得者外，每省（自治区、直辖市）可申报不超过 3 个名额（其中中央企业占 1/3 以上）。凡超出申报名额的，一律不予评审。

（二）地方预审推荐。各省（自治区、直辖市）人力资源社会保障部门和财政部门要按照公平、公正、公开原则，严格审核把关，按照名额、条件要求择优汇总确定项目候选单位，并于 5 月 28 日前向人力资源社会保障部提交申报材料（一式两份）。申报材料包括：

1. 本地区推荐申报 2013 年技能大师工作室的项目报告，包含工作人员联系方式及项目候选单位名单。

2. 项目候选单位呈报的技能大师工作室申报表（见附件）。

3. 项目候选单位呈报的申报报告。申报技能大师工作室职业（工种）、技能大师工作室成立的必要性和现有优势、技能大师简介、技能大师工作室计划目标等。

4. 项目候选单位呈报的技能大师工作室所依托的企业或公共实训基地有关情况说明。包括加快高技能人才队伍建设的政策措施，2012 年企业职工教育经费用于高技能人才培养、交流等方面的费用不低于 50％的证明材料，能够为技能大师工作室提供资金支持以及场所、设备等工作条件的情况说明。

5. 项目候选单位的企业法人营业执照或主管部门批准成立的文件以及组织机构代码证的复印件。

6. 技能大师的身份证、中华技能大奖或全国技术能手获奖证书及技师以上职业资格证书复印件。

（三）组织评审。人力资源社会保障部、财政部组织专家评审，择优确定技能大师工作室项目单位。

申报材料弄虚作假或存在不实情况的，一经核实，将取消单位评审资格。

四、项目产出

（一）技能大师工作室具备固定的场所和必要的工作条件，定期开展活动。

（二）建立完善的技能大师工作室制度、办法，规范运作。

（三）通过传、帮、带，使技艺技能得到传承，年均为企业或社会培养 8 个以上青年技术技能骨干。

（四）将创新成果、绝技绝活、具有特色的生产操作法及时总结推广。

（五）积极开展技术革新并产生一定的经济效益。

五、经费保障

中央财政对技能大师工作室给予一定资金支持，主要用于培训设施设备购置及技能交流推广等。项目单位所在省（自治区、直辖市），要安排相应资金支持项目实施工作。技能大师工作室所依托单位也要对项目给予相应的经费支持。

六、考核评估

各有关单位要高度重视此项工作，加强工作指导，加大资金支持力度，提供必要支持，充分发挥技能大师工作室在本行业、本地区的示范和带动作用，定期组织开展行业性、区域性交流活动。要严格按照有关规定，规范政府补助资金使用，确保资金安全和效益。

人力资源社会保障部将会同财政部，按项目产出的要求适时对技能大师工作室开展工作及运行情况进行考核评估，并组织开展经验交流活动。

附件：国家级技能大师工作室申报表（略）

2013年5月14日

人力资源和社会保障部关于表扬第42届世界技能大赛获奖选手和为参赛工作做出突出贡献的单位及个人的决定

人社部函［2013］173号

各省、自治区、直辖市及新疆生产建设兵团人力资源社会保障厅（局），国务院有关部门（行业组织、集团公司）人事劳动保障工作机构：

2013年7月2日至7日，第42届世界技能大赛在德国莱比锡举行。我国派代表团参加了数控车等22个项目比赛，并取得1枚银牌、3枚铜牌和13个优胜奖的优良成绩。根据《世界技能大赛参赛管理暂行办法》有关规定，人力资源社会保障部决定：

一、对第42届世界技能大赛美发项目银牌获得者胡已雪同志，予以通报表扬，并奖励人民币12万元（免税），由其所在地省级人力资源社会保障部门晋升技师职业资格。同时，对该项目技术指导专家组（含技术指导专家、教练和技术翻译）奖励人民币12万元（免税）。

二、对第42届世界技能大赛数控铣、制冷与空调、印刷媒体技术等3个项目铜牌获得者谢海波、冼星文、王东东等3名同志，予以通报表扬，并各奖励人民币8万元（免税），由其所在地省级人力资源社会保障部门晋升技师职业资格。同时，对3个项目的技术指导专家组（含技术指导专家、教练和技术翻译）各奖励人民币8万元（免税）。

三、对第 42 届世界技能大赛 CAD 机械设计等 13 个项目优胜奖牌获得者林泽生等 17 名同志，予以通报表扬，并各奖励人民币 3 万元（免税），由其所在地省级人力资源社会保障部门或所属行业主管部门晋升技师职业资格。同时，对 13 个项目的技术指导专家组（含技术指导专家、教练和技术翻译）各奖励人民币 3 万元（免税）。

四、根据有关规定，对第 42 届世界技能大赛银牌、铜牌和优胜奖牌获得者，将授予“全国技术能手”荣誉称号，其表彰纳入 2014 年第 12 届全国高技能人才表彰活动。

五、对第 42 届世界技能大赛糖果/糕点制作等 5 个项目的参赛选手尤香玲等 5 名同志，予以通报表扬，并颁发荣誉证书，由其所在地省级人力资源社会保障部门或所属行业主管部门在现有职业资格等级基础上晋升一级职业资格。

六、对在第 42 届世界技能大赛参赛工作中做出突出贡献的中国冶金科工股份有限公司等 22 个集训基地，宋放之等 84 名技术指导专家、袁万宏等 22 名技术翻译、周树春等 100 名教练，予以通报表扬。

七、对在第 42 届世界技能大赛参赛工作中做出突出贡献的北京市人力资源和社会保障局等 18 个单位，予以通报表扬。

八、对第 42 届世界技能大赛参赛工作中给予赞助支持的广东三向教学仪器制造有限公司，予以通报表扬，并颁发纪念牌匾。

九、对第 42 届世界技能大赛入围集训选手肖俊等 150 名同志，予以通报表扬，并颁发荣誉证书，由其所在地省级人力资源社会保障部门或所属行业主管部门在现有职业资格等级基础上晋升一级职业资格。

希望受表扬的单位和个人珍惜荣誉、戒骄戒躁、再接再厉、锐意进取，充分发挥示范带头作用。希望广大企业职工和院校学生向受表彰的获奖选手学习，刻苦钻研技术，努力提高技能水平，争做国家经济建设需要的高技能人才。希望各地、各部门认真总结经验，切实加强职业培训工作，广泛组织开展技能竞赛活动，积极参与世界技能大赛参赛工作，为我国高技能人才队伍建设和全面建成小康社会做出更大贡献。

附件：第42届世界技能大赛获奖选手和为参赛工作做出突出贡献的单位及个人名单（略）

2013年8月20日

人力资源和社会保障部办公厅关于印发《国家级技能大师工作室建设项目实施管理办法（试行）》的通知

人社厅发［2013］51号

各省、自治区、直辖市及新疆生产建设兵团人力资源社会保障厅（局）：

为贯彻落实《高技能人才队伍建设中长期规划（2010—2020年）》和《国家高技能人才振兴计划实施方案》，进一步加强对国家级技能大师工作室建设项目的规范管理，推动高技能人才队伍建设，我们起草了《国家级技能大师工作室建设项目实施管理办法（试行）》，现印发给你们，请认真贯彻执行。

2013年5月13日

国家级技能大师工作室建设项目实施管理办法（试行）

第一章　总　　则

第一条　为加强和规范国家级技能大师工作室（以下简称技

能大师工作室）建设项目管理，确保技能大师工作室建设项目顺利实施，提高资金使用效益，推动高技能人才队伍建设，特制定本办法。

第二条 本办法所指技能大师是指某一行业（领域）技能拔尖、技艺精湛并具有较强创新创造能力和社会影响力的高技能人才。

本办法所指技能大师工作室建设项目是依据申报条件要求，经各省（区、市）人力资源社会保障部门、财政部门评审推荐，人力资源社会保障部、财政部复审确定的技能大师工作室建设项目。

本办法所指项目资金包括中央财政支持技能大师工作室建设项目的补助资金、地方政府安排的配套资金及行业企业支持资金、自筹资金等。

第三条 技能大师工作室建设项目要与区域经济发展密切结合，主要围绕十大振兴产业、战略性新兴产业、先进制造业和经济社会发展急需、紧缺行业（领域）组织实施。

第四条 技能大师工作室主要依托中华技能大奖获得者，部分在技能含量较高的行业和大中型企业工作的高技能人才，以及部分掌握传统技能、民间绝技的技能大师建设。可建在企业或公共职业技能实训基地。

第五条 技能大师工作室的主要功能是发挥高技能领军人才在带徒传技、技能攻关、技艺传承、技能推广等方面的重要作用，面向企业、行业职工及相关人员开展培训、研修、攻关、交流等活动，将技术技能革新成果和绝技绝活加以推广。

第二章 项目申报与评审

第六条 技能大师工作室建设项目申报单位应符合以下条件：

（一）技能大师的条件。技能大师应当是某一行业（领域）技能拔尖、技艺精湛并具有较强创新创造能力和社会影响力的高技能人才，在带徒传技方面经验丰富，身体健康，能够承担工作室日常工作。同时，应具备以下条件之一：

1. 获得中华技能大奖称号；

2. 获得全国技术能手称号或具有技师以上技能水平，积极开展技术技能革新，取得有一定影响的发明创造，并产生较大的经济效益；

3. 具有一定的绝技绝活，并在积极挖掘和传承传统工艺上做出较大贡献。

（二）依托企业建立工作室，企业应当具备的条件：

有符合条件的技能大师；技能人才比较密集；高度重视技能人才队伍建设工作，建立了较为完善的技能人才培养、评价、选拔、使用和激励政策制度；企业职工教育经费用于高技能人才培养、交流等方面的费用不低于50%，能够为技能大师工作室提供相应的资金支持以及包括场所、设备在内的必要工作条件。

（三）依托公共职业技能实训基地建立技能大师工作室，公共职业技能实训基地应当具备的条件：

有符合条件的技能大师；高度重视技能人才队伍建设，制定了一系列加快高技能人才队伍建设的政策措施；能够为技能大师工作室提供相应的资金支持以及包括场所、设备在内的必要的工作条件。

第七条 技能大师工作室建设项目评审按照以下程序进行：

（一）人力资源社会保障部和财政部下发工作通知，明确申报条件、名额及有关要求。

（二）地方评审推荐。各省（区、市）人力资源社会保障部门和财政部门按照公平公正公开原则，严格审核把关，按照名额、条件要求评审确定项目候选单位，并向人力资源社会保障部和财政部报送有关材料，包括：

1. 省（区、市）人力资源社会保障部门和财政部门关于技能大师工作室项目评审结果报告。

2. 项目候选单位提交的相关材料：

（1）技能大师工作室申报表。

（2）申报报告。申报技能大师工作室职业（工种）、技能大师工作室成立的必要性和现有优势、技能大师简介、技能大师工作室计划目标等。

（3）技能大师工作室所依托的企业或公共职业技能实训基地有关情况说明。包括加快高技能人才队伍建设的政策措施，企业职工教育经费用于高技能人才培养、交流等方面的费用不低于50%的证明材料，能够为技能大师工作室提供资金支持以及场所、设备等工作条件的情况说明。

（4）企业法人营业执照或主管部门批准成立的文件以及组织机构代码证的复印件。

（5）技能大师候选人的身份证、中华技能大奖或全国技术能手获奖证书及技师以上职业资格证书复印件。

（三）部门组织复审。人力资源社会保障部、财政部对技能大师工作室建设项目候选单位进行复审，确定技能大师工作室项目单位。

第三章　项目资金使用范围

第八条　中央财政补助资金主要用于培训用品购置、技能交流推广等费用。地方政府要安排专项资金用于对技能大师工作室技术技能创新研发等活动给予补助，所需资金从地方政府安排的就业专项资金中列支。行业、企业或公共职业技能实训基地为工作室提供办公场所、实训设备等必要的工作条件，并安排技能大师带徒津贴、研究（攻关）项目补贴以及日常工作经费等。

第九条　技能大师工作室建设项目单位要做好以下项目资金管理工作：

（一）严格实行项目管理，完善项目经费管理制度，做到资金到项目、管理到项目、核算到项目；

（二）技能大师工作室项目单位要专款专用，确保资金安全和效益。

第四章　项目产出与评估

第十条　技能大师工作室应形成以下项目产出：

（一）技能大师工作室具备固定的场所和必要的工作条件，定期开展活动；

（二）建立完善的技能大师工作室制度、办法，规范运作；

（三）通过传、帮、带，使技艺技能得到传承，年均为企业或社会培养8个以上青年技术技能骨干；

（四）将创新成果、绝技绝活、具有特色的生产操作法及时总结推广；

（五）积极开展技术革新并产生一定的经济效益。

第十一条　各省（区、市）人力资源社会保障部门、财政部门要加强对技能大师工作室建设项目单位的日常指导和管理，健全考核、检查和监督制度，定期对技能大师工作室的建设情况和任务完成情况进行考核和评估，对项目运行存在的问题要限期整改，并将有关情况及时报送人力资源社会保障部、财政部。

第十二条　人力资源社会保障部将会同财政部，定期对技能大师工作室运行情况进行检查，并按照项目产出要求，对技能大师工作室建设项目实施情况进行分阶段评估。

第五章　附　　则

第十三条　各省（区、市）人力资源社会保障部门和财政部门可根据本办法，结合本地的实际情况，制定具体的项目实施管理办法及细则。

第十四条　技能大师工作室建设项目资金的拨付、使用、管理和监督等，要严格按照财政部项目资金管理办法执行。

第十五条　本办法自下发之日起执行。

第十六条　本办法由人力资源社会保障部负责解释。

人力资源和社会保障部办公厅关于印发《国家级高技能人才培训基地建设项目实施管理办法（试行）》的通知

人社厅发［2013］52号

各省、自治区、直辖市及新疆生产建设兵团人力资源社会保障厅（局）：

为贯彻落实《高技能人才队伍建设中长期规划（2010—2020年）》和《国家高技能人才振兴计划实施方案》，进一步加强对国家级高技能人才培训基地建设项目的规范管理，推动高技能人才队伍建设，我们起草了《国家级高技能人才培训基地建设项目实施管理办法（试行）》，现印发施行。

2013年5月13日

国家级高技能人才培训基地建设项目实施管理办法（试行）

第一章 总 则

第一条 为加强和规范国家级高技能人才培训基地（以下简

称培训基地）建设项目管理，确保培训基地建设项目顺利实施，提高资金使用效益，推动高技能人才队伍建设，特制定本办法。

第二条 本办法所指高技能人才是具有高超技艺和精湛技能，能够进行创造性劳动，并对社会做出贡献的技能劳动者，主要包括取得高级工、技师和高级技师职业资格的人员。

本办法所指培训基地建设项目是依据申报条件要求，经各省（区、市）人力资源社会保障部门、财政部门评审推荐，人力资源社会保障部、财政部组织专家进行复审确定的培训基地建设项目。

本办法所指项目资金包括中央财政支持培训基地建设项目的补助资金、地方政府安排的配套资金及行业企业支持资金、自筹资金等。

第三条 培训基地建设项目要与当地经济发展密切结合，根据区域经济发展、产业振兴发展规划和新兴战略性产业发展需要，主要围绕十大振兴产业、新兴战略性产业和经济社会发展急需、紧缺行业（领域）开展项目实施。

第四条 培训基地建设项目实施范围原则上是各省（区、市）内以培养中、高级技能人才为主要目标的技工院校、职业培训机构、公共实训基地以及大中型企业技能培训中心。

培训基地建设项目实施期限为期 2 年。

第五条 培训基地的主要功能是面向社会各类在职职工、在校后备技能人才及其他有技能提升愿望的劳动者开展技能研修、技能提升培训活动，使之达到高级工、技师或高级技师水平。同时，培训基地还承担高技能人才考核与评价、职业技能竞赛、高技能培训或研修课程开发、高技能成果交流展示等任务。

第二章 项目申报与评审

第六条 培训基地建设项目申报单位应符合以下条件：

（一）具有较强的管理能力和高效的组织管理体系。单位机构设置合理，部门职能和教职工岗位职责明确；已建立规范的培训管理、财务管理、资产管理、风险管理等制度；遵守国家有关法律法规，未发生违规违纪事件。

（二）培训场所和设施设备符合国家建设和安全标准。能满足年培训1 000名以上高技能人才的需要；具有与3～5个经济发展急需、紧缺高技能人才培训特色专业（职业、工种）相匹配的实训装备；面向企业、学校和社会开展职业技能培训，年培训规模不少于3 000人，其中高级工以上培训占20%以上。

（三）建立了完善的师资培养机制。有科学合理的师资培养规划和实施方案，重视专业带头人和骨干教师队伍建设；有满足培训需要的稳定的专、兼职教师队伍，师生比为1∶16～1∶20；高级实习指导教师和具有高级技师职业资格的教师占实训教师总数的45%以上。

（四）与5家以上大、中型企业建立了稳定的校企合作关系。有5个以上专业与合作企业共同研究确定专业建设、课程设置、培养计划、师资建设、研发课题和培训实习方案，并与合作企业共建了培训实习基地，聘请企业高级技师、技师和专业技术人员担任指导教师。

第七条 各省（区、市）人力资源社会保障部门和财政部门要按照人力资源社会保障部和财政部下达的培训基地建设项目申报条件和控制数评审并推荐培训基地建设项目候选单位。

第八条 符合培训基地建设项目申报条件并拟申报项目的单位，须按要求填报《国家级高技能人才培训基地建设项目申报书》，制定《国家级高技能人才培训基地建设项目实施方案》《×××（培训基地建设项目单位名称）国家级高技能人才培训基地建设项目实施管理办法》和《×××（培训基地建设项目单位名称）国家级高技能人才培训基地建设项目经费管理实施细则》等。

第九条 培训基地建设项目评审按照以下程序进行：

（一）地方评审推荐。各省（区、市）人力资源社会保障部门会同财政部门根据申报条件要求，按照公平、公正、公开原则，组织专家开展本地区培训基地建设项目单位评审、遴选工作，确定本地区培训基地建设项目候选单位。在评审和遴选工作中，要严格把握标准、规范操作程序，确保申报项目单位符合条件。评审、遴选后，各省（区、市）人力资源社会保障部门、财政部门将确定的培训基地申报材料按相关要求分别报送人力资源社会保障部和财政部。

（二）部门组织复审。人力资源社会保障部会同财政部组成专家组，对各地推荐的培训基地建设项目候选单位申报材料进行复审，并对培训基地建设项目单位的综合情况和各项指标进行打分，确定培训基地建设项目单位。

对申报材料弄虚作假或存有不实情况的，一经核实，将取消其申报资格。

第三章　项目资金使用范围

第十条 中央财政补助资金主要用于支持3～5个急需、紧缺高技能人才培训特色专业（职业、工种）建设所需技能研修实训设备的购置改造与维护、原材料消耗、指导教师聘用、师资培训、培训基础设施完善、课程设置和教材开发、与教学活动有关的科研活动及其他培训成本等方面的支出，不得用于差旅费、劳务费等与培训基地建设项目资金使用范围无关的其他支出。

第十一条 培训基地建设项目单位要做好以下项目资金管理工作：

（一）严格实行项目管理，落实本单位进行项目申报时制定的国家级高技能人才培训基地建设项目经费管理实施细则，做到资金到项目、管理到项目、核算到项目。

（二）培训基地建设项目单位要单独建账，实行专款专用，确保资金安全和效益。

第四章　项目产出与评估

第十二条　培训基地应形成以下项目产出：

（一）构建完备的培训体系。培训基地建设项目实施一年后，围绕3～5个专业（职业、工种），从培训模式、课程设置、教材开发、师资建设、培训装备和能力评价等方面，构建成较为完备、系统的高技能人才培训体系。

（二）形成规模化培训示范效应。通过实施培训基地建设项目，增强规模化、系统化、个性化培训高技能人才的能力。培训基地建设项目实施两年后，高技能人才年培训能力不少于1 500人。

（三）总结技能人才培养规律。通过实施培训基地建设项目，总结高技能人才培训的基本规律和科学方法，提炼高技能人才培训基地建设的经验和做法，为基地建设和规范化、系统化培养高技能人才提供科学依据。

第十三条　各级人力资源社会保障部门、财政部门要加强对培训基地建设项目单位的日常指导和管理，健全考核、检查和监督制度，定期对培训基地的建设情况和任务完成情况进行考核和评估，对项目运行存在的问题要限期整改。

第十四条　人力资源社会保障部将会同财政部，定期对培训基地运行情况进行检查，并按照项目产出要求，对培训基地建设项目实施情况进行分阶段评估。

第五章　附　　则

第十五条　各省（区、市）人力资源社会保障部门和财政部门可根据本办法，结合本地的实际情况，制定具体的项目实施管理办法及细则。

第十六条 培训基地建设项目资金的拨付、使用、管理和监督等，要严格按照财政部项目资金管理办法执行。

第十七条 本办法自下发之日起执行。

第十八条 本办法由人力资源社会保障部负责解释。

共青团中央办公厅　人力资源和社会保障部办公厅关于举办第九届“振兴杯”全国青年职业技能大赛的通知

中青办联发［2013］7号

各省、自治区、直辖市团委、人力资源社会保障厅（局），解放军总政治部组织部，全国铁道团委，全国民航团委，中直机关团工委，中央国家机关团工委，中央金融团工委，中央企业团工委，新疆生产建设兵团团委、人力资源社会保障局，全国煤炭、钢铁、汽车、港口行业团指委：

为贯彻落实《国家中长期人才发展规划纲要（2010—2020年）》和《国务院关于加强职业培训促进就业的意见》（国发［2010］36号），引导动员广大青年职工立足岗位、学技成才，不断提高职业精神和职业技能，争创一流工作业绩，促进企业改革发展和自身成长进步，踊跃投身实现中华民族伟大复兴中国梦的伟大实践，共青团中央、人力资源社会保障部决定联合举办第九届“振兴杯”全国青年职业技能大赛。现将有关事宜通知如下。

一、大赛主题

岗位技能促振兴，青春建功中国梦。

二、参赛对象

（一）年龄在35周岁（含）以下（1978年1月1日以后出生）的青年职工，且具有竞赛职业（工种）国家职业资格四级以上证书。

（二）根据省级初赛成绩，选派各职业（工种）3 名选手（共 9 名）参加全国决赛，各参赛队中至少有 1 名非公有制企业选手。

（三）在国家级一类竞赛中已获得同职业（工种）前 5 名的职工不再参加此次竞赛。

三、赛事安排

本届大赛为国家级一类竞赛，设置多媒体作品制作员、车工、机械设备安装工 3 个竞赛职业（工种），分初赛和决赛两个阶段进行。5 月至 8 月为初赛阶段，由各省级团委、人力资源社会保障部门共同组织实施。9 月为决赛阶段，由全国大赛组委会（名单见附件 1）组织实施。全国大赛组委会将成立评判委员会。

为推动各级团组织和人力资源社会保障部门广泛开展各类技能竞赛活动，提高参与的普遍性，本次大赛设“优秀组织奖”10 名。“优秀组织奖”根据各地组织技能竞赛的工作情况、“青春建功中国梦”岗位成才报告会和微视频征集展播活动开展情况（权重占 70%）和决赛团体总分情况（权重占 30%）进行综合评定。

四、有关要求

（一）高度重视，加强领导。为加强活动的组织领导，共青团中央、人力资源社会保障部成立全国大赛组委会。组委会下设办公室（设在共青团中央城市青年工作部）负责日常工作。各省级单位也要成立相应的活动组织领导机构，做好初赛的组织领导工作。

（二）精心组织，广泛动员。要认真组织实施各级初赛，组织引导更多的青年学技能、比技术、早成才，鼓励在多媒体作品制作员、车工、机械设备安装工 3 个竞赛职业（工种）基础上，结合地区产业特点，组织开展其他职业（工种）的竞赛，并推动市级、县级团组织广泛开展竞赛活动。要吸引和鼓励非公有制企业中的青年职工积极参与，扩大竞赛在“两新”组织中的影响和覆盖。各省级团委、人力资源社会保障部门要根据大赛的总体安排，制定各自初赛的具体组织程序、办法，精心组织初赛命题，并于 6 月 15 日前将全套初赛竞赛文件报全国大赛组委会办公室备案。

（三）积极探索，持续深化。鼓励有条件的地区尝试开放式竞赛方式，组织院校师生、企业员工等进行现场观摩，营造参与技能学习、实现技能成才的氛围。试点将命题思路和评判标准逐步从单一技能向复合技能、综合素质转化，从强调高难度向强调准确度突出规范化操作、鼓励创新等方向转化，提升技能竞赛和人才培养的内涵质量。在选用竞赛设施设备时，在国内外技术水平相当或接近的情况下，倡导以使用国产设备、软件等为主。

（四）突出主题，深度宣传。各省级单位要做好宣传策划，将技能竞赛与“我的中国梦”主题教育实践活动有机结合起来，引导青年学习技能、成就梦想。积极组织开展以“青春建功中国梦”为主题的岗位成才报告会和微视频征集展播活动。岗位成才报告会应突出各级各类青年岗位能手现身说法，与职业青年分享学技成才、岗位建功的成长感悟，引导广大职业青年增强敬业意识、提升职业素养，依靠辛勤劳动实现个人梦、建功中国梦。在充分利用传统媒体对大赛进行全程报道的基础上，广泛运用好新媒体，通过开展微视频征集展播活动，讲述青工追梦故事，展现青工奋斗足迹，广泛传递“劳动创造财富、奋斗成就人生”的思想理念。

（五）汇总情况，报送信息。团中央城市共青团网站将开通大赛专栏，各省级团委要积极报送本地区各级团组织开展的大赛初赛以及“青春建功中国梦”岗位成才报告会、微视频征集等活动的简报、图片、视频等工作信息。6—9 月，每月 15 日前将《技能竞赛、“青春建功中国梦”岗位成才报告会和微视频征集展播活动开展情况明细表》（附件 5）及微视频电子版报送至团中央城市青年工作部。初赛结束后，认真填写《第九届“振兴杯”全国青年职业技能大赛决赛报名表》（附件 3）、《第九届“振兴杯”全国青年职业技能大赛初赛组织工作评估表》（附件6），并逐项进行检查自评，逐项提供相关的评估说明，连同文字（计划方案、工作总结、活动简报、宣传报道资料、特色项目说明、相关统计报表等）和视频材料，于8月20日前分批报送大赛组委会办公室。

附件：1. 第九届“振兴杯”全国青年职业技能大赛组委会成员名单（略）

2. 第九届“振兴杯”全国青年职业技能大赛实施方案

3. 第九届“振兴杯”全国青年职业技能大赛决赛报名表（略）

4. 技能竞赛、“青春建功中国梦”报告会和微视频制作分解表（略）

5. 技能竞赛、“青春建功中国梦”岗位成才报告会和微视频征集展播活动开展情况明细表（略）

6. 第九届“振兴杯”全国青年职业技能大赛初赛组织工作评估表（略）

2013年5月30日

附件2

第九届“振兴杯”全国青年职业技能大赛实施方案

一、大赛安排

本次大赛为国家级一类职业技能竞赛。大赛设置多媒体作品制作员、车工、机械设备安装工3个职业（工种）。大赛决策依据《多媒体作品制作员》《车工》和《机械设备安装工》国家职业标准高级工（国家职业资格三级）要求进行命题，由笔试和实际操作两部分组成，笔试成绩占总成绩的30%，实际操作成绩占总成绩的70%。笔试内容包括时事政治、业务知识等，时事政治题占总成绩的10%。

（一）大赛分初赛和决赛两个阶段进行

1. 初赛。由各省级大赛组委会组织实施。各省级大赛组委会应成立评判委员会，每个职业（工种）至少设7名评委。比赛采取企业推荐、青年技术工人个人报名参赛的方式进行，要注重选拔非公有制企业青年参赛，以个人成绩决出优胜者。

2. 决赛。由全国大赛组委会组织实施。全国大赛组委会将成立评判委员会，每个职业（工种）设9名评委。各省根据省级初赛成绩，选派各职业（工种）3名选手（共9名）参加全国决赛，各参赛队中至少有1名非公有制企业选手。各省级大赛组委会要统一组织本省参赛选手参赛，由省级团委城市青年工作部部长带队，并为每个职业（工种）各配备1名技术指导。

（二）大赛决赛分单项赛和团体赛进行

1. 单项赛。参加全国决赛的所有选手，按工种以个人成绩决出优胜者。

2. 团体赛。以省级大赛组委会为单位，各参赛选手成绩的总和为团体总分，团体总分一并纳入“优秀组织奖”进行评定。

二、奖励办法

（一）在大赛决赛单项赛中获各职业（工种）产3名的选手，将分获金、银、铜牌。获各职业（工种）前5名的选手，由人力资源保障部授予“全国技术能手”称号，颁发证书、奖章和奖牌，并直接晋升技师职业资格，对已具有技师职业资格的，晋升高级技师职业资格；由共青团中央、人力资源社会保障部联合授予“全国青年岗位能手”称号，并在“全国青年岗位能手标兵”

评选中享有优先权。获各职业（工种）第 6～20 名的选手，直接晋升高级工职业资格，对已具有高级工职业资格的，晋升技师职业资格。

（二）大赛组委会设“优秀组织奖”10 名，对工作成绩突出的省级团委、人力资源社会保障部门进行表彰。

共青团中央办公厅 人力资源和社会保障部办公厅关于推荐全国青年岗位能手（标兵）人选的通知

中青办联发［2013］13 号

各省、自治区、直辖市团委、人力资源社会保障厅（局），解放军总政治部组织部，全国铁道团委，全国民航团委，中直机关团工委，中央国家机关团工委，中央金融团工委，中央企业团工委，新疆生产建设兵团团委、人力资源社会保障局，中国注册会计师行业团委，全国煤炭、餐饮、钢铁、汽车、港口行业团指委：

为激励广大青年职工练就过硬本领，提高技能水平，增强创新能力，在全面建成小康社会的历史进程中充分发挥生力军作用，在实现中华民族伟大复兴的中国梦中建功立业，共青团中央、人力资源社会保障部决定开展全国青年岗位能手（标兵）评选活动，评选产生全国青年岗位能手 445 名，并从中评选出全国青年岗位能手标兵 30 名。现将有关事宜通知如下。

一、推荐对象

年龄不超过 35 周岁（1978 年 1 月 1 日以后出生），并获得过省级青年岗位能手称号的企事业单位青年职工。

二、推荐条件

1. 爱岗敬业：政治立场坚定，职业道德良好，恪尽职守，甘于奉献；

2. 技艺精湛：熟练掌握本岗位业务知识，技能水平在本单位，本系统处于领先地位；

3. 业绩突出：安全、优质、高效完成本职工作任务，在本职岗位上做出突出贡献，曾获得省级青年岗位能手称号；

4. 改革创新：全国青年岗位能手标兵推荐对象要在科研、技术、经营、管理、营销、服务等某些方面拥有创新成果，取得突出经济效益和社会效益。

三、工作步骤

1. 推荐申报（2013 年 11 月 27 日截止）。各省级团委、人力资源社会保障厅（局）根据分配的名额，自下而上逐级做好推荐审查工作，非公有制企业的推荐人数原则上不低于分配名额的20%（系统团委不做硬性要求）。要根据推荐人选的事迹排列顺序并注明全国青年岗位能手标兵（每个省级团委推荐 1～2 人）推荐人选，报全国青年岗位能手活动组委会办公室（团中央城市青年工作部）。对于全团寻找“最美青工”活动中产生的“最美青工”人选，将根据全国青年岗位能手的评选条件授予相应层级的青年岗位能手称号。

2. 审核确认（2013 年 12 月 15 日前）。全国青年岗位能手活动组委会进行审核，确定全国青年岗位能手和全国青年岗位能手标兵。

3. 命名表彰（2013 年 12 月底）。共青团中央、人力资源社会保障部联合发文命名表彰。

四、工作要求

各级团组织要把此次评选活动与“我的中国梦”主题教育实践活动紧密结合起来，以青年岗位能手评选活动为牵引，以青年技能人才培养为目标，以岗位练兵、导师带徒、技能比武、创新创效等活动为载体，不断深化企事业单位青年职工的技能性活动。

1. 要把生产一线职工作为技能性活动的主体，同时注重培养和提升科研人员和经营管理人员的职业技能。积极探索在岗位特征明显、易于建立评价标准的教育、卫生、旅游、餐饮等行业系统开展青年岗位能手活动。

2. 要逐步建立各类青年岗位能手的培养路径和评价标准，针对青年技术工人、青年科研人员、青年经营管理人员等不同青年群体，结合岗位特点，设计具有针对性、操作性、时代性的技能培养工作载体。

3. 要把技艺精湛作为评价青年岗位能手的核心要素，并把岗位文明程度和岗位业绩水平作为考核的重要内容，引导青年职工提高综合职业素质。

4. 要继续规范企业、县、市、省、全国的逐层推荐评选机制，注重在各行业各领域发现有代表性和影响力的优秀青年职工，从中评选出素质过硬、贡献突出的普通青年职工，促使各级各类青年岗位能手脱颖而出。

5. 要充分发挥各级团组织的积极性，推动青年岗位能手活动不断向基层团组织扩展。同时，要注重借助行业部委力量，在其所联系服务的经济或社会组织中开展好青年岗位能手活动，推动行业部委制定评价标准、出台支持政策。

各省级团委、人力资源社会保障厅（局）要把推荐工作作为发现和培养青年技能人才的重要工作来抓，严格把握推荐条件，确保推荐对象的先进性、广泛性和代表性。要加大先进典型的宣传力度，通过事迹宣讲、互动交流等方式，引导广大青年职工立足本职练技能、创先争优做贡献。

2013 年 11 月 27 日前，各省级团委务必将推荐名单（加盖省级团委公章）、岗位能手推荐表和事迹材料（一式两份）邮寄至团中央城市青年工作部企业处，电子版（推荐名单，岗位能手的推荐表、事迹材料和电子证件照）同时发至邮箱。逾期不报的视为自动放弃。

2013 年 11 月 6 日

人力资源和社会保障部办公厅关于公布全国技工院校一体化师资培训基地的通知

人社厅函［2013］247号

各省、自治区、直辖市及新疆生产建设兵团人力资源社会保障厅（局）：

根据《关于大力推进技工院校改革发展的意见》（人社部发［2010］57号）精神，为深入推进技工院校一体化课程教学改革，进一步加强技工院校一体化师资队伍建设，我部决定在全国范围内建立一批全国技工院校一体化师资培训基地。在各地推荐和部里组织专家评审的基础上，经研究，确定北京工贸技师学院等19所技工院校为全国技工院校一体化师资培训基地（名单见附件），现予以公布。

全国技工院校一体化师资培训基地主要承担我部组织的技工院校一体化师资培训任务，自公布之日起，有效期3年。我部将根据师资培训情况和一体化试点专业扩展情况，对师资培训基地实施动态管理。

附件：全国技工院校一体化师资培训基地名单

2013年5月30日

附件

全国技工院校一体化师资培训基地名单

学校	专业
北京工贸技师学院	数控机床装配与维修
	楼宇自动化设备安装与维修
	服装制作与营销
	烹饪
北京工业技师学院	数控加工
	数控机床安装与维修
	电气自动化设备安装与维修
北京新媒体技师学院	楼宇自动化设备安装与维修
	计算机广告制作
天津电子信息高级技工学校	电子技术应用
承德技师学院	电气自动化设备安装与维护
	钳加工
	焊接加工
山西交通技师学院	汽车检测与维修
黑龙江技师学院	焊接加工
常州技师学院	电气自动化设备安装与维修
	钳加工
	计算机网络应用
盐城技师学院	数控加工
	服装制作与营销
杭州技师学院	汽车检测与维修
	汽车钣金与涂装
宁波技师学院	焊接加工

续表

学校	专业
开封技师学院	机床切削加工
郑州商业技师学院	烹饪
湖北东风高级技工学校	汽车检测与维修
	钳加工
	汽车钣金与涂装
广州市工贸技师学院	汽车检测与维修
	数控加工
	电气自动化设备安装与维修
	计算机网络应用
	计算机广告制作
	服装制作与营销
江门技师学院	机床切削加工
	钳加工
广西石化高级技工学校	焊接加工
成都技师学院	电子技术应用
西安技师学院	数控加工
	数控机床安装与维修

人力资源和社会保障部办公厅关于开展技工院校安全大检查的通知

人社厅函〔2013〕288号

各省、自治区、直辖市及新疆生产建设兵团人力资源社会保障厅（局）：

为贯彻落实《国务院办公厅关于集中开展安全生产大检查的通知》（国办发明电〔2013〕16号，以下简称《通知》）精神，人力资源社会保障部定于2013年6月至9月底集中开展安全大检查，按照统一部署安排，现就做好技工院校安全大检查工作通知如下：

一、目标要求

按照全覆盖、零容忍、严执法、重实效的总要求，全面部署技工院校安全大检查工作，深入排查治理技工院校学生学习、生活和生产实习等方面的安全隐患，堵塞安全监管漏洞，强化安全措施。通过安全大检查，全面摸清技工院校的安全隐患，梳理薄弱环节，落实安全责任，制定整改措施，排除各类安全隐患。通过建立健全各项安全工作制度和工作机制，落实安全责任制和责任追究制，做到安全管理制度化、常态化，有效防范和遏制安全事故的发生。

二、检查范围和内容

各级人力资源社会保障部门要部署所辖区域内技工院校制定周密的安全检查工作方案，明确工作目标和责任，对校内建筑和各类设施以及周边环境安全隐患进行全面排查，对学生学习、生活和生产实习等方面的安全隐患进行全面排查。检查主要内容包括：

（一）安全管理制度。是否建立健全各项安全管理制度和安全工作机制，实行安全责任制度；安全教育和管理是否贯穿于学生日常生活、学习和实习全过程。

（二）防范火灾。是否落实消防安全责任制、日常防火检查巡查制度；建筑消防设备设施、电气设备设施安全、学生宿舍用电、安全出口及疏散通道等是否符合要求，是否制定应急疏散预案及进行演练。

（三）防范爆炸。对校园食堂燃气灶具、设备、烟道，供暖（水）锅炉等是否定期进行检查和清理，是否存在燃气泄漏，酿成爆炸的隐患。试验、实习场所的易爆物品、设备，是否严格按照有关安全规定存储使用，并设有专人负责。

（四）防范食品安全问题。是否建有饮食卫生安全管理制度；校园食堂是否按照国家有关卫生标准把好食品的进货关、验货关、制作关、存储关、检验关，保证食品卫生安全，预防食物中毒。

（五）防范生产实习安全事故。学生生产实习安全制度是否健全；学生生产实习工作条件、劳动保护、劳动安全等是否符合有关安全生产规定；学生在企业实习，校企双方是否签订实习安全责任书，对安全生产等方面的责任做出明确约定；实习安全责任制是否落实，学生在生产现场实习是否配备专职教师对学生实习进行管理；在实习过程中是否对学生进行经常性安全教育，提高预防事故隐患的意识，掌握防范和应对安全事故的知识和方法。

（六）防范突发事件。学校组织大型集会或活动，是否提前制定防止发生突发事件的应急预案，确保处置突发事件及时有效。

三、检查方式

各级人社部门要组织指导技工院校对安全工作进行一次全面彻底的大检查。分为三个阶段：

第一阶段：学校自查阶段。6月份至7月份，各技工院校根据检查内容进行自查，由校长担任自查工作负责人。按照相关法律法规、规程规范和技术标准要求，严格细致，认真检查事故易发生的重点场所、要害部位、关键环节，做到不漏一处，不漏一人，不留死角。排查出的隐患、问题要制表列出清单，建立台账，制定整改措施，落实整改责任。

第二阶段：督促整改阶段。7月份至8月份，各级人社部门要在学校自查基础上，指导督促技工院校对检查中发现的问题进行整改；对重大安全隐患，进行重点督办，要明确整改责任人，限定整改时间，并对整改落实情况的全过程进行跟踪检查，确保整改效果。

第三阶段：健全机制阶段。8月份至9月份，针对检查中发现的问题和薄弱环节，指导技工院校进一步完善安全措施，健全安全管理制度和安全工作机制，落实安全责任。

四、工作要求

（一）提高认识，加强领导。各级人社部门要认真学习《通知》精神，充分认识开展技工院校安全大检查的重要性和必要性，提高安全认识，切实增强做好技工院校安全工作的责任感。要加强检查工作的组织领导，做好检查的部署和动员工作。成立检查工作小组，抽调专门人员参加，统筹组织本地区检查工作。

（二）认真落实，务求实效。各级人社部门要按照工作总体部署要求，围绕检查重点，部署所辖区域内技工院校认真组织开展安全大检查，并督促学校做好整改工作。技工院校校长作为安全第一责任人，要亲自研究布置本校的安全检查工作，亲自指挥排查安全隐患，亲自抓重点部位和薄弱环节的整改落实，确保技工院校安全稳定。对于整改工作不落实，安全措施不到位的，要严厉查处主要负责人和直接责任人的责任。

（三）开展安全教育，建立安全管理长效机制。各级人社部门要指导技工院校建立常态安全工作机制，要将学校安全工作纳入督导评估体系和学校工作奖惩制度，对学校开展经常性的安全检查。学校要针对薄弱环节，结合实际问题，对学生开展经常性安全防范教育，使学生建立安全意识，掌握应对安全事故的必备常识和避险技能。要建立健全安全管理规章制度和安全责任制度，成立由主要负责人任领导的院校安全工作小组，将安全工作的责任落实到位，做到安全管理制度化、常态化。要定期开展安全隐患排查工作，并将有关情况报告上级人力资源社会保障部门，对于迟报、瞒报的，要追究有关人员的责任。

各省级人社部门要于 2013 年 9 月 20 日前将本地区技工院校安全大检查和整改措施落情况报我司。

2013 年 6 月 26 日

专业技术人员管理

人力资源和社会保障部 国家发展和改革委员会关于印发招标师职业资格制度暂行规定和招标师职业资格考试实施办法的通知

人社部发［2013］19号

各省、自治区、直辖市人力资源社会保障厅（局）、发展改革委，国务院各部委、各直属机构人事部门，中央管理的企业：

为贯彻落实《中华人民共和国招标投标法》和《中华人民共和国招标投标法实施条例》，在总结招标采购专业技术人员职业资格制度实施情况的基础上，人力资源社会保障部、国家发展改革委制定了《招标师职业资格制度暂行规定》和《招标师职业资格考试实施办法》，现印发给你们，请遵照执行。

自本通知施行之日起，原人事部、国家发展改革委发布的《关于印发〈招标采购专业技术人员职业水平评价暂行规定〉和〈招标师职业水平考试实施办法〉的通知》（国人部发［2007］63号）同时废止。

2013年3月4日

招标师职业资格制度暂行规定

第一章　总　　则

第一条　为加强招标专业技术人员管理，提高招标专业技术人员职业素质，规范招标活动，根据《中华人民共和国招标投标法》《中华人民共和国招标投标法实施条例》和国家职业资格证书制度有关规定，制定本规定。

第二条　本规定适用于依照法律、法规规定，在项目采购中从事招标活动的专业技术人员。

第三条　国家对依法从事招标工作的专业技术人员，实行准入类职业资格制度，纳入全国专业技术人员职业资格证书制度统一规划。

第四条　本规定所称招标师，是指经考试取得招标师资格证书，并依法注册后，从事招标活动的专业技术人员。

第五条　招标专业人员职业资格分为招标师和高级招标师。高级招标师的评价办法另行制定。

招标师英文译为：Tenderer。

第六条　人力资源社会保障部、国家发展改革委共同负责招标师制度的政策制定，并按照职责分工对该制度的实施进行指导、监督和检查。

各省、自治区、直辖市人力资源社会保障行政主管部门和发展改革部门，按照职责分工负责本行政区域内招标师职业资格制度的实施与监督管理。

第二章　考　　试

第七条　招标师职业资格实行全国统一大纲、统一命题、统一组织的考试制度。考试原则上每年举行一次。

第八条 国家发展改革委负责拟定考试科目、考试大纲、考试试题，建立和管理考试试题库，提出考试合格标准建议。具体工作委托中国招标投标协会承担。

第九条 人力资源社会保障部组织专家审定考试科目、考试大纲和考试试题，会同国家发展改革委确定考试合格标准，并对考试工作进行指导、监督和检查。

第十条 凡中华人民共和国公民，遵守国家法律、法规，恪守职业道德，并符合下列条件之一的，可申请参加招标师资格考试：

（一）取得经济学、工学、法学或者管理学类专业大学专科学历，工作满6年，其中从事招标专业工作满4年；

（二）取得经济学、工学、法学或者管理学类专业大学本科学历，工作满4年，其中从事招标专业工作满3年；

（三）取得含经济学、工学、法学或者管理学类专业在内的双学士学位或者研究生班毕业，工作满3年，其中从事招标专业工作满2年；

（四）取得经济学、工学、法学或者管理学类专业硕士学位，工作满2年，其中从事招标专业工作满1年；

（五）取得经济学、工学、法学或者管理学类专业博士学位，从事招标专业工作满1年；

（六）取得其他学科门类上述学历或者学位的，其从事招标专业工作的年限相应增加2年。

第十一条 招标师职业资格考试合格，由人力资源社会保障部、国家发展改革委委托省、自治区、直辖市人力资源社会保障行政主管部门颁发人力资源社会保障部统一印制，人力资源社会保障部、国家发展改革委共同用印的《中华人民共和国招标师职业资格证书》（以下简称《资格证书》），该证书在全国范围内有效。

第十二条 对以不正当手段取得《资格证书》的，按照《专业技术人员资格考试违纪违规行为处理规定》（人力资源社会保障部令第12号）处理。

第三章　注　册

第十三条　国家对招标师资格实行注册执业管理制度。取得《资格证书》的人员，经过注册方可以招标师名义执业。

第十四条　国家发展改革委是招标师资格的注册审批部门。省、自治区、直辖市人民政府发展改革部门负责招标师资格注册的初步审查工作。

第十五条　取得招标师资格证书并申请注册的人员，应当受聘于一个具有招标项目或者代理机构资质的单位，并通过聘用单位所在地（聘用单位属企业的，通过本企业向工商注册所在地）的发展改革部门，向省、自治区、直辖市人民政府发展改革部门提交注册申请材料。

第十六条　省、自治区、直辖市发展改革部门在收到申请人的申请材料后，对申请材料不齐全或者不符合法定形式的，应当当场或者在5个工作日内，一次告知申请人需要补正的全部内容，逾期不告知的，自收到申请材料之日起即为受理。

对受理或者不予受理的注册申请，均应出具加盖省、自治区、直辖市发展改革部门专用印章和注明日期的书面凭证。

第十七条　省、自治区、直辖市发展改革部门自受理注册申请之日起20个工作日内，按规定条件和程序完成申报材料的初审工作，并将申报材料和审查意见报国家发展改革委审核。

国家发展改革委自收到省级发展改革部门报送的注册申请人的申请材料和初步审查意见之日起，20个工作日内做出是否批准的决定。

在规定的期限内不能做出决定的，应将延长的期限和理由告知申请人。对做出不予批准决定的，应当书面说明理由，并告知申请人享有依法申请行政复议或者提起行政诉讼的权利。

第十八条　国家发展改革委自做出批准决定之日起 10 个工作日内，将批准决定颁发或送达批准注册的申请人，并核发统一制作的《中华人民共和国招标师注册证》。

第十九条　注册证的每一注册有效期为 3 年。注册证在有效期限内是招标师的执业凭证，由招标师本人保管、使用。

第二十条　申请初始注册者，应当自取得招标师资格证书之日起 1 年内提出注册申请。逾期申请初始注册时，须符合本规定继续教育要求。

初始注册、延续注册、变更注册、注销注册和不予注册等注册管理的具体办法，由国家发展改革委另行规定。

第二十一条　继续教育是招标师延续注册、重新申请注册和逾期初始注册的必备条件。在每个注册期内，招标师应按规定完成本专业的继续教育。

第二十二条　国家发展改革委建立招标师电子网络信息平台，为申请注册的人员提供注册申请、信息查询等服务，加强招标师信用管理，及时向社会公告招标师注册信息和信用信息。

第二十三条　招标师注册的初步审查部门和注册审批部门，应当严格执行《中华人民共和国行政许可法》有关规定。

第四章　执　　业

第二十四条　招标师应当在一个招标项目单位或者具有招标代理机构资质的单位，开展与该单位资质许可范围和本人注册的专业范围相适应的招标执业活动。

第二十五条　招标师的执业范围：

（一）策划招标方案，组织实施和指导管理招标全过程，处理异议，协助解决争议；

（二）招标活动的咨询和评估；

（三）协助订立和管理招标合同；

（四）国家规定的其他招标采购业务。

第二十六条 招标师的执业能力：

（一）掌握招标采购有关法律、法规、规章、政策、标准规范以及技术经济知识，分析、判断和解决相关专业问题；

（二）组织策划、实施和管理招标全过程，编写、审核有关招标文件及合同，协助指导与管理招标合同的谈判、订立和履行，运用电子信息技术组织招标活动；

（三）了解国际、国内招标行业发展状况，开展招标专业技术研究、交流、咨询等工作。

第二十七条 招标活动中形成的相关文件，应当由招标师签字，并承担相应法律责任。

第五章 权利和义务

第二十八条 招标师享有下列权利：

（一）使用招标师称谓；

（二）在规定的执业范围内从事招标执业活动；

（三）对违反相关法律、法规和技术标准的行为提出劝告，并可以向相关招标行政监督部门报告；

（四）接受继续教育；

（五）获得与执业责任相应的劳动报酬；

（六）对侵犯本人执业权利的行为进行申诉。

第二十九条 招标师履行下列义务：

（一）遵守法律、法规和有关管理规定，恪守职业道德；

（二）执行招标法律、法规、规章及有关技术标准；

（三）履行岗位职责，保证招标执业活动质量，并承担相应责任；

（四）保守知悉的国家秘密和聘用单位的商业、技术秘密；

（五）不得允许他人以本人名义执业；

（六）不断更新知识，提高招标工作能力；

（七）协助注册管理部门开展相关工作。

第六章　附　　则

第三十条　通过考试取得招标师资格证书，并符合《经济专业技术人员职务试行条例》有关规定的人员，用人单位可根据工作需要择优聘任其经济师专业职务。

通过考试取得招标师职业资格证书是申请评定本专业高级经济师职称的必备条件。

第三十一条　招标代理机构配备招标师的数量、招标师签字的文件种类、继续教育等注册执业的具体要求和管理办法，由国家发展改革委另行规定。

第三十二条　本规定施行前，依据原人事部、国家发展改革委印发的《关于印发〈招标采购专业技术人员职业水平评价暂行规定〉和〈招标师职业水平考试实施办法〉的通知》（国人部发［2007］63号）要求，通过考试取得《中华人民共和国招标师职业水平证书》的人员，可按照本规定要求申请注册执业。注册执业的具体办法由国家发展改革委另行通知。

第三十三条　本规定自发布之日起施行。

招标师职业资格考试实施办法

第一条　人力资源社会保障部、国家发展改革委共同委托人力资源社会保障部人事考试中心和中国招标投标协会，承担招标师职业资格考试的具体考务工作。

各省、自治区、直辖市人力资源社会保障行政主管部门和发展改革部门共同负责本地区的考试工作，具体职责分工由各地协商确定。

第二条　国家发展改革委委托中国招标投标协会成立招标师

资格考试专家委员会。该委员会负责招标师职业资格考试大纲的编写和命题工作，承担考试试题库的建设工作。

第三条 招标师资格考试科目为招标采购专业知识与法律法规、招标采购项目管理、招标采购专业实务和招标采购合同管理4个科目。

考试成绩实行4年为一个周期的滚动管理办法，在连续的4个考试年度内参加应试科目的考试并合格，方可取得招标师资格证书。

第四条 招标师资格考试分4个半天进行。招标采购专业知识与法律法规和招标采购项目管理2个科目的考试时间均为2.5小时；招标采购专业实务和招标采购合同管理2个科目的考试时间为3小时。

第五条 符合《招标师职业资格制度暂行规定》（以下简称《暂行规定》）有关报名条件的人员，均可报名参加招标师资格考试。

第六条 符合《暂行规定》中考试报名条件，并具备下列一项条件的，可免试招标采购项目管理和招标采购合同管理2个科目，只参加招标采购专业知识与法律法规和招标采购专业实务2个科目的考试。

（一）2012年12月31日前，取得高级经济师或者高级工程师职称；

（二）通过全国统一考试取得监理工程师、造价工程师，或者注册咨询工程师（投资）资格证书的。

第七条 为保证招标师资格考试科目名称调整的平稳过渡，在2014年度考试报名时，应按如下要求进行：

（一）在2013年，已按照原人事部、国家发展改革委《招标师职业水平考试实施办法》规定的科目要求参加考试，且部分科目合格的人员，在2014年度可继续按照原科目要求参加其他剩余科目的考试。在2014年，仍未取得招标师资格证书的人员，应在2015年按照本办法第三条规定和要求参加4个新科目的考试。

（二）在2014年度首次参加招标师资格考试的人员，应当按照本办法第三条规定的4个科目报名参加考试，其考试成绩按4年为一个滚动周期的办法管理；符合本办法第六条规定的可免试相应科目，其考试成绩按2年为一个滚动周期的办法管理。

自2015年起，招标师资格考试报名均应当按照本办法规定的科目和相关要求进行。

第八条 参加考试由本人提出申请，携带相关证明材料，到当地考试管理机构报名。考试管理机构按照规定的程序和报名条件审查合格后，核发准考证。参加考试人员凭准考证在指定的日期、时间、地点参加考试。

中央和国务院各部门及所属单位、中央管理企业的人员按属地原则报名参加考试。

第九条 考点原则上设在省会城市和直辖市的高、中等学校或者高考定点学校。如确需在其他城市设置考点，须经人力资源社会保障部和国家发展改革委批准。考试日期原则上定为每年第二季度。

第十条 坚持考试与培训分开的原则。凡参与考试工作（包括试题命制与组织管理等）的人员，不得参加考试，不得参与或举办与考试内容有关的培训工作。应考人员参加培训坚持自愿原则。

第十一条 考试管理部门和考务实施机构，应严格执行考试工作的各项规章制度，遵守考试纪律，切实做好试卷命制、印刷、发送和保管过程中的保密工作，遵守保密制度，严防泄密。

第十二条 对违反考试纪律和有关规定的人员，按照《专业技术人员资格考试违纪违规行为处理规定》（人力资源社会保障部令第12号）处理。

国家知识产权局　教育部　科学技术部　工业和信息化部　财政部　人力资源和社会保障部　农业部　国务院国有资产监督管理委员会　国家税务总局　国家工商行政管理总局　国家版权局　国家林业局　解放军总装备部关于印发《关于进一步加强职务发明人合法权益保护促进知识产权运用实施的若干意见》的通知

国知发［2012］122号

各省、自治区、直辖市知识产权局、教育厅（局）、科学技术厅（局）、工业和信息化厅（局）、财政厅（局）、人力资源社会保障厅（局）、农业厅（局）、国有资产监督管理委员会、国家税务局、地方税务局、工商行政管理局、版权局、林业局，各有关单位：

根据《国家中长期人才发展规划纲要（2010—2020年）》，经中央人才工作协调小组审议通过，现将《关于进一步加强职务发明人合法权益保护促进知识产权运用实施的若干意见》印发给你们，请遵照执行。

特此通知。

2012年12月26日

关于进一步加强职务发明人合法权益保护促进知识产权运用实施的若干意见

为贯彻落实《国家中长期人才发展规划纲要（2010—2020年）》（以下简称《人才发展规划纲要》），保护职务发明人合法权益，充分发挥创新型科技人才的作用，建设创新型国家和人才强国，现提出以下意见。

一、充分认识加强职务发明人合法权益保护的重要意义

改革开放以来，我国建立和完善了职务发明人权益保护制度，职务发明人从事知识产权创造、运用及实施的积极性和主动性不断提高，职务发明创造在我国经济社会发展中作用日益突出。但从总体看，职务发明人权益保护工作仍有待进一步改进和加强，主要体现在：相关立法和制度仍有待落实和完善；对保护职务发明人合法权益的重要性认识还不到位，侵害职务发明人合法权益的现象时有发生；对职务发明人的激励还需要进一步加大力度。

为此，《人才发展规划纲要》提出，要保护科技成果创造者的合法权益。广大职务发明人是科技创新人才的重要力量，保护科技成果创造者合法权益的突出重点在于进一步加强职务发明人合法权益的保护工作，促进知识产权的运用与实施。同时，实施人才强国战略、科教兴国战略和知识产权战略，需要健全和完善有利于职务发明及其知识产权运用与实施的激励机制和权益分配机制，进一步加强对职务发明人合法权益的有效保护，营造有利于人才成长和发挥作用的社会氛围和法律政策环境，为创新型国家建设和经济社会又好又快发展提供更雄厚的人才保障。

二、加强职务发明人合法权益保护的总体要求

加强对职务发明人权益保护工作的指导、支持和宣传。地方各级人民政府和有关部门要结合本地区和本部门的实际情况，积极采取有效措施，加强对企事业单位和军队单位开展职务发明人合法权益保护工作的指导和督查，支持企事业单位和军队单位依法建立和完善职务发明的知识产权管理制度；引导扶持企事业单位和军队单位提高知识产权运用和保护能力，采取可行方式加快实现知识产权的经济价值，为及时实现职务发明人的合法权益提供物质保障；加大职务发明人权益保护制度的宣传普及力度，培育和营造尊重人才、崇尚创新的社会环境。

认真执行法律法规和相关政策，确保职务发明人的权益落到实处。企事业单位和军队单位要在符合国家相关法律法规和政策的前提下，完善与职务发明相关的内部规章制度，做到机制透明、程序顺畅、责任清晰、奖酬合理；认真落实《专利法》《促进科技成果转化法》等法律法规中有关职务发明的规定，合法合理地确定单位内发明创造的知识产权归属，保障职务发明人署名权和获得奖励、报酬的权利，充分发挥职务发明人在知识产权运用实施方面的能动作用；妥善预防和及时化解与职务发明人权益相关的争议和矛盾，营造心情舒畅、踊跃创新、奋发进取的和谐氛围，做到人尽其才、才尽其用。

三、建立健全规章制度，明确责任、权利与义务

（一）建立发明创造报告制度。国有企事业单位和军队单位应当建立发明创造报告制度，明确研发过程中尤其是形成发明创造后单位与发明人之间的权利、义务与责任，及时确定发明创造的权益归属。国有企事业单位和军队单位可以根据本单位的具体情况，明确发明人应当就其完成的与单位业务有关的发明创造及时向单位报告，并附具该发明是否为职务发明的意见；单位收到发明人的报告后，应当及时确认并告知发明人该发明是否为职务发明，以及采取何种方式对该发明进行知识产权保护。

（二）建立职务发明相关管理制度。国有企事业单位和军队单位应当建立职务发明的知识产权管理制度，设立专门机构或者指定专门人员负责知识产权管理工作。建立健全单位内部知识产权资产管理档案，对于经确认的职务发明应当进行综合评价，决定是否申请专利或者采取其他知识产权保护措施，并积极维护知识产权的有效性。对于经综合评价决定放弃的专利权或者其他知识产权，应当在放弃之前告知发明人。

（三）建立和完善职务发明奖励和报酬制度。国有企事业单位和军队单位应当依法建立和完善职务发明的奖励和报酬规章制度，遵循精神激励和物质奖励相结合的原则，明确职务发明奖励、报酬的条件、程序、方式和数额。单位与发明人约定奖励、报酬的数额或者方式的，应当切实履行承诺。单位在制定职务发明的奖励和报酬规章制度时，应当充分听取和吸纳研发人员的意见和建议。

四、依法保护职务发明人的合法权益，鼓励职务发明人参与职务发明及其知识产权的运用与实施

（四）鼓励单位与发明人约定发明创造的知识产权归属。对于利用本单位物质技术条件完成的发明创造，除法律、行政法规另有规定的以外，单位可以与发明人约定由双方共同申请和享有专利权或者相关知识产权，或者由发明人申请并享有专利权或者相关知识产权、单位享有免费实施权。发明创造获得知识产权后，单位和发明人按照约定行使权利、履行义务。

（五）支持职务发明人受让单位拟放弃的知识产权。国家设立的高等院校、科研院所拟放弃其享有的专利权或者其他相关知识产权的，应当在放弃前一个月内通知职务发明人。职务发明人愿意受让的，可以通过与单位协商，有偿或者无偿获得该专利权或者相关知识产权。单位应当积极协助办理权利转让手续。

（六）鼓励职务发明人积极参与知识产权的运用与实施。国家设立的高等院校、科研院所就职务发明获得知识产权后，无正当理由两年内未能运用实施的，职务发明人经与单位协商约定可以自行运用实施。职务发明人因此获得的收益，应当按照约定以适当比例返还单位。

（七）保障职务发明人在专利文件以及各类相关文件中的署名权。署名权是发明人的精神权利，受法律保护。只有对职务发明的实质性特点做出创造性贡献的人员才享有在专利文件以及各类相关文件上的署名权。未对职务发明的实质性特点做出创造性贡献，只负责组织工作的人员、为物质技术条件的利用提供方便的人员或者从事其他辅助工作的人员，不应作为发明人署名。

（八）提高职务发明的报酬比例。在未与职务发明人约定也未在单位规章制度中规定报酬的情形下，国有企事业单位和军队单位自行实施其发明专利权的，给予全体职务发明人的报酬总额不低于实施该发明专利的营业利润的3%；转让、许可他人实施发明专利权或者以发明专利权出资入股的，给予全体职务发明人的报酬总额不低于转让费、许可费或者出资比例的20%。国有企事业单位和军队单位拥有的其他知识产权可以参照上述比例办理。

（九）合理确定职务发明的报酬数额。单位应当建立职务发明的报酬核算机制。在核算报酬数额时，应当考虑每项职务发明对整个产品或者工艺经济效益的贡献，以及每位职务发明人对每项职务发明的贡献等因素。因单位经营策略或者发展模式的需要而低价、无偿转让或者许可他人实施职务发明专利或者相关知识产权时，应当参照相关技术的市场价格，合理确定对职务发明人的报酬数额。

（十）及时给予职务发明人奖励和报酬。除与职务发明人另有约定的以外，单位应当在公告授予专利权或者其他相关知识产权之日起三个月内发放奖金；单位许可他人实施或者转让知识产权的，应当在许可费、转让费到账后三个月内支付报酬；单位自行实施专利或者其他相关知识产权且以现金形式逐年支付报酬的，应当在每个会计年度结束后三个月内支付报酬。以股权形式支付报酬的，应当按法律法规和单位规章制度的规定予以分红。单位应当在自行实施知识产权之日或者许可合同、转让合同生效之日起的合理期限内，将自行实施、许可他人实施或者转让知识产权等有关情况通报给相关的职务发明人。

（十一）保障特定情形下职务发明人获得奖励和报酬的权利。职务发明人与原单位解除或者终止劳动关系或者人事关系后，除与原单位另有约定外，其从原单位获得奖励和报酬的权利不变；职务发明人逝世的，其获得奖金和报酬的权利由继承人继承。

五、完善保护职务发明人权益的政策措施，强化对职务发明人权益保护工作的督导

（十二）落实和完善职务发明人获得奖金和报酬的财政税收优惠政策。企业给予职务发明人的奖金和报酬列入成本，事业单位和军队单位给予职务发明人的奖金和报酬按国家有关规定列支。对职务发明人的奖金和报酬按照国家税法的相关规定实行优惠，充分调动职务发明人从事职务发明创造及运用实施的积极性、主动性和创造性。

（十三）将与职务发明知识产权相关要素纳入考评范围。鼓励高等院校、科研院所在评定职称、晋职晋级时，将科研人员从事知识产权创造、运用及实施的情况纳入考评范围，同等条件下予以优先考虑。

（十四）将对职务发明人权益的保护情况纳入考核指标。单位落实职务发明制度的情况，作为评定知识产权试点示范单位或者享受专利申请资助政策的重要考评因素予以考虑，并纳入对国有企事业单位领导人员的考核范围。

（十五）建立职务发明人维权援助机制。各级地方知识产权管理部门和国防知识产权管理部门要建立和完善职务发明人维权援助机制，指定专门机构为单位和职务发明人提供维权援助服务。单位与发明人就发明创造及其知识产权归属或者职务发明奖励和报酬的方式或者数额进行约定的，可以将有关协议向所在地省、自治区、直辖市知识产权管理部门或者国防知识产权管理部门备案。对于发生的职务发明纠纷，各级地方知识产权管理部门和国防知识产权管理部门应当及时依法调解和处理。

各地区、各部门、各有关单位应当根据本意见的原则要求，结合本地区、本部门和本单位的实际情况，制定具体的落实办法和措施。

中共中央组织部　文化部　财政部　人力资源和社会保障部　国务院扶贫办　关于印发《边远贫困地区、边疆民族地区和革命老区人才支持计划文化工作者专项实施方案》的通知

文人发［2013］1号

各省、自治区、直辖市党委组织部、政府文化厅（局）、财政厅（局）、人力资源社会保障厅（局）、扶贫办，新疆生产建设兵团党委组织部、文化广播电视局、财务局、人力资源社会保障局、扶贫办：

根据中央组织部等10部门《关于印发〈边远贫困地区、边疆民族地区和革命老区人才支持计划实施方案〉的通知》（中组发［2011］23号）要求，文化部、中央组织部、财政部、人力资源社会保障部、国务院扶贫办研究制定了《边远贫困地区、边疆民族地区和革命老区人才支持计划文化工作者专项实施方案》，现印发给你们，请认真抓好贯彻落实。

2012年12月28日

边远贫困地区、边疆民族地区和革命老区人才支持计划文化工作者专项实施方案

为贯彻落实《国家中长期人才发展规划纲要（2010—2020年）》《全国文化系统人才发展规划（2010—2020年）》和《中国农村扶贫开发纲要（2011—2020年）》精神，根据中央组织部等十部门《关于印发〈边远贫困地区、边疆民族地区和革命老区人才支持计划实施方案〉的通知》（中组发［2011］23号）要求，结合文化工作实际，实施边远贫困地区、边疆民族地区和革命老区（以下简称“三区”）人才支持计划文化工作者专项，特制定本实施方案。

一、目标任务

到2020年，每年选派1.9万名优秀文化工作者到“三区”工作或提供服务；每年为“三区”培训1 500名“三区”急需紧缺的文化工作者。通过选派和培养工作，加快“三区”文化人才队伍建设，提高“三区”文化工作者素质，为推动“三区”文化发展、提升公共文化服务水平提供人才支持。

二、工作原则

（一）中央指导，地方实施。文化部、中央组织部、财政部、人力资源社会保障部、国务院扶贫办等部门负责规划指导，提出工作目标和要求，开展选派和培养工作。各省（区、市）及新疆生产建设兵团文化行政部门、党委组织部门、财政部门、人力资源社会保障部门和扶贫部门具体组织实施，落实选派和培训任务。

（二）统筹规划，整体安排。将项目实施与文化对口援藏、

援疆、援青计划，东西部扶贫协作，文化建设“春雨工程”等有机结合起来，统筹安排实施。

（三）因地制宜，注重实效。从“三区”受援县文化单位实际需要出发，由受援县提出需求，结合派出地文化工作者专业特长，选准专业门类，派出优秀文化工作者，培养专业文化工作者，切实提高受援地文化工作者的业务能力和工作水平。

三、基本要求

（一）受援范围

以县为基本单元，主要是国家确定的连片特困地区覆盖的县、国家扶贫开发工作重点县和省级扶贫开发工作重点县，以及新疆生产建设兵团困难团场。针对西藏、新疆和四川、云南、甘肃、青海四省藏区实际，制定专门计划，实行相对特殊的组织形式和政策措施。

（二）选派和培养文化工作者范围

选派和培训文化工作者主要由各省（区、市）及新疆生产建设兵团在本辖区内进行，以就近就便、本省调配为主，调动省会城市、中心城市的优质文化人才资源和培训资源支持省内的受援县。西藏、新疆（含新疆生产建设兵团）、青海以及确定了东西扶贫协作关系的西部省份的文化工作者选派和培养工作，可以通过援藏、援疆、援青机制以及东西扶贫协作关系，由对口支援的省市承担一部分选派和培养工作任务，具体数量由对口支援（东西扶贫）双方协商确定。人才资源相对薄弱，尤其是“三区”县数量较多的省份，在选派人员范围上可适当放宽条件，采取灵活的方式，以市支持县、县支持乡的方式予以解决。

（三）选派要求

1. 数量要求

文化部每年向各省（区、市）及新疆生产建设兵团下达“三区”人才支持计划文化工作者专项选派人员任务，各省（区、市）及新疆生产建设兵团根据受援县（团场）需求，制定具体选派方案。各省（区、市）及新疆生产建设兵团根据实际，于年底将选派需求计划上报文化部，文化部统筹安排后下达次年任务。

2. 资格要求

原则上选派具备专业技术职务的优秀文化工作者，也可招募有文化艺术专业背景的志愿者到“三区”工作或提供文化服务。同时，鼓励大中专院校文化艺术专业学生在专业教师或专业技术人员指导下，到“三区”工作或提供文化服务。

3. 工作要求

原则上选派人员必须到受援县的县级以下（含县城）有关单位一线的文化专业岗位工作1年。如开展短期文化服务，应根据受援地实际文化需要，设立必要的服务项目，提出明确的目标任务。

（四）培训要求

各省（区、市）及新疆生产建设兵团根据受援县（团场）的数量，按照平均每县1～2人的标准，每年从县（乡）文化单位选派基础条件较好、发展潜力较大的青年文化工作者，到省会城市、中心城市文化单位接受专业培训或挂职锻炼，以提高其工作能力和专业水平。

四、保障措施

（一）政策保障

选派到“三区”的文化工作者，选派期间人事关系和工资福利待遇不变，选派期满后仍回原单位工作。其选派工作经历视同到艰苦地区工作经历，符合规定条件的，应在工资、职务（职称）晋升、计算基层工作经历、研究生考试等方面，按现有倾斜政策执行。对于选派工作期间业绩突出、基层欢迎的优秀人员，予以表彰奖励。受援县（团场）负责选派人员的住宿生活、工作岗位及日常管理，要充分发挥他们的引领示范作用，并如实对选派人员在受援地的工作情况进行考核评价。受援县（团场）为选派人员购买保险，按规定解决差旅费。选派方、受援方及选派人员本人三方应签订工作协议以明确权责。

（二）经费保障

选派工作经费按每人每年2万元标准补助，用于购买人员保险、按规定解决差旅费等；培养工作经费按照每人每天120元标准补助，用于教育培训、按规定解决差旅费等。中央财政对选派人员和受培人员的补助，统一以受援县所在省份划分，所需经费由中央地方财政按比例负担。中央财政分别负担中部地区、西部地区的50%和100%，东部地区自行负担。为保证选派、培养工作落到实处，经费采用计划内据实结算方式审核下达。

五、组织实施

（一）组织领导

1. 本计划在中央组织部、教育部、科技部、民政部、财政部、人力资源社会保障部、农业部、文化部、卫生部、国务院扶贫办等部门（单位）联合组成的部际协调小组的统一领导下，由文化部牵头制定总体方案，各省（区、市）、新疆生产建设兵团文化行政部门具体负责组织实施。

2. 在中央组织部的指导下，文化部会同财政部、人力资源社会保障部、国务院扶贫办等有关部门负责计划的总体设计和统筹管理，研究制定相关标准和指导意见，审核各省（区、市）、新疆生产建设兵团项目计划和实施方案，指导项目实施，开展评估检查工作。

3. 各省（区、市）、新疆生产建设兵团文化行政部门会同当地有关部门统筹规划和管理本地区项目实施工作，建立健全项目工作机制和具体实施办法，指定专门机构和人员负责本地区方案实施的协调管理工作，落实各项优惠政策和支持措施，确保本地区教师选派、培训工作顺利开展。

4. 各受援地的市、县两级文化行政部门会同同级有关部门，积极落实选派人员安排、本地受培训的具体任务，提出受援需求，负责安排落实工作岗位，为选派到受援单位的人员提供必要的工作和生活条件，做好日常管理和考核工作。

（二）实施步骤

本计划实施周期为 2013 年至 2020 年。2013 年开始启动项目计划，开展选派和培养工作。2015 年开展全面检查评估，总结阶段工作经验，适时调整目标任务和政策措施，形成比较完善的工作机制。2020 年对计划实施情况进行全面总结和综合评估，对后续工作进行研究部署。

国务院学位委员会　教育部　国家卫生和计划生育委员会　人力资源和社会保障部　国家中医药管理局关于做好临床医学（全科）硕士专业学位授予和人才培养工作的意见（试行）

学位［2013］8号

各省、自治区、直辖市学位委员会、教育厅（教委）、卫生厅局（卫生计生委）、人力资源社会保障厅（局）、中医药管理局，新疆生产建设兵团教育局、卫生局、人力资源社会保障局，有关学位授予单位：

为贯彻落实《国家中长期教育改革和发展规划纲要（2010—2020年）》《中共中央、国务院关于深化医药卫生体制改革的意见》和《国务院关于建立全科医生制度的指导意见》精神，适应医药卫生体制改革需要，不断完善我国医学人才培养体系，积极推进临床医学专业学位研究生教育改革，现就做好临床医学（全科）硕士专业学位授予和人才培养工作提出如下意见。

一、明确培养目标，大力培养能够胜任全科医生岗位的临床医学人才

临床医学（全科）硕士专业学位的培养目标是满足基层医疗卫生需要、能够胜任全科医生岗位的临床医学人才。

临床医学（全科）硕士专业学位获得者，应具有高尚的职业道德和良好的人文素养，掌握全科医学基本理论、基本知识和基本技能，具备较强基层临床实践能力和预防保健能力，能独立开展工作，能以维护和促进健康为目标，向个人、家庭与社区居民提供综合性、协调性、连续性的基本医疗保健和公共卫生服务。

二、改革招生录取办法，推进临床医学（全科）硕士专业学位研究生招生与全科医生规范化培养招录相衔接

临床医学（全科）硕士专业学位西医类别的招生对象为临床医学类专业本科毕业且获得医学学士学位者；中医类别的招生对象为中医学类、中西医结合类专业本科毕业且获得医学学士学位者。

大力推进临床医学（全科）硕士专业学位研究生招生考试改革，逐步扩大临床医学（全科）硕士专业学位研究生招生规模。通过全国硕士研究生招生考试招收的临床医学（全科）硕士专业学位研究生，符合全科医生规范化培养基地学员招录的有关规定，同时获得全科医生规范化培养资格。

三、改革培养模式，推进临床医学（全科）硕士专业学位研究生培养与全科医生规范化培养相衔接

全科医生规范化培养是培养合格全科医生的必要条件和主要途径。现阶段，全科医生规范化培养实行“毕业后规范化培训”和“临床医学研究生教育”两种方式。

为推进“临床医学研究生教育”方式全科医生规范化培养的顺利实施，保证临床医学（全科）硕士专业学位研究生的培养质量，有关学位授予单位应根据卫生部、教育部、国家中医药管理局等统一制定的《全科医生规范化培养标准》（含中医类别，下同），制定本单位临床医学（全科）硕士专业学位研究生培养细则；积极组织学生在全科医生规范化培养基地接受全科医生规范化培养；紧密结合全科医生规范化培养实际，合理开设与全科医学密切相关的课程，采取集中授课、网络授课、自学、专题讲座等多种方式授课并与全科医生规范化培养的理论学习紧密衔接。

积极推动临床医学（全科）硕士专业学位研究生早期接触基层医疗卫生服务，采取服务一定人群等方式增加基层实践锻炼的内容。

有关学位授予单位要大力加强临床医学（全科）硕士专业学位研究生培养能力和水平建设。应成立由全科及相关科室研究生指导教师、基层实践基地指导教师等共同组成的导师组，对临床医学（全科）硕士专业学位研究生进行集体指导；加强师资培训，不断提高师资队伍水平。应结合临床医学（全科）硕士专业学位研究生的培养，整合资源，加大投入，加强全科医生规范化培养基地特别是基层实践教学基地建设。

有关全科医生规范化培养基地要积极接收、安排研究生参加全科医生规范化培养；要按照国家有关规定，严格落实研究生参加全科医生规范化培养的内容和要求，提供相应的待遇和保障，保证规范化培养质量。

四、改革学位授予办法，推进临床医学（全科）硕士专业学位授予与住院医师规范化培训合格证书颁发有机衔接

入学前未获得执业医师资格证书的临床医学（全科）硕士专业学位研究生，入学后达到执业医师资格考试报考条件的，由所在全科医生规范化培训基地统一组织报名参加执业医师资格考试。入学前已参加住院医师规范化培训的临床医学（全科）硕士专业学位研究生，可根据其培训经历及临床实际能力，适当调整培养计划。临床医学（全科）硕士专业学位研究生参加执业医师资格考试结果和全科医生规范化培养的过程考核与结业考核成绩，作为其申请临床医学（全科）硕士专业学位的临床能力考核依据。

临床医学（全科）硕士专业学位研究生通过执业医师资格考试，完成全科医生规范化培养并取得住院医师规范化培训合格证书，完成相关的课程学习并通过考核，方可进行学位论文答辩。学位论文应紧密结合基层临床医疗和预防保健实践，突出全科特点，可以是全科医学有关的论文、综述、病例分析报告等。学位论文答辩由学位授予单位组织，答辩委员会成员须具有全科医学带教工作经历。

临床医学（全科）硕士专业学位研究生完成培养计划，通过学位论文答辩后，由学位授予单位学位评定委员会审核批准，授予临床医学（全科）硕士专业学位。

参加“毕业后规范化培训”的临床医师，培养合格符合学位申请条件的，可按有关规定向学位授予单位申请临床医学（全科）硕士专业学位。

五、加强组织保障，保证临床医学（全科）硕士专业学位授予和人才培养工作顺利开展

做好临床医学（全科）硕士专业学位授予和人才培养工作，对推动临床医学专业学位研究生培养模式改革、加快建立和完善全科医生制度具有重要意义。各地教育、卫生、人力资源和社会保障及中医药管理等相关部门和有关学位授予单位要高度重视，加强组织领导，认真做好各项工作。

2013 年 6 月 10 日

中共中央组织部　人力资源和社会保障部 国家统计局关于开展2012年度全国人才资源统计的通知

组通字［2013］20号

各省、自治区、直辖市党委组织部，政府人力资源社会保障厅（局）、统计局，中央和国家机关各部委、各人民团体组织人事部门：

为贯彻落实国家人才发展规划，按照中央组织部、人力资源社会保障部、国家统计局《关于进一步加强和改进人才资源统计工作的通知》（组通字［2010］27号）要求，决定于近期开展2012年度全国人才资源统计。现就有关事项通知如下：

一、统计内容及工作分工

（一）统计内容

国家人才发展主要指标：每万名劳动力中研发人员、主要劳动年龄人口受过高等教育的比例、人力资本投资占国内生产总值比例和人才贡献率等4个指标。

人才队伍建设指标：党政人才资源，公有制经济领域的企业经营管理人才资源和企事业单位专业技术人才资源。

国家人才发展监测与评价指标：人才资源综合实力指数等17个指标。

统计数据截止时间为2012年12月31日。

（二）工作分工

国家人才发展主要指标、国家人才发展监测与评价指标统计分工见附件。人才队伍建设指标统计分工为：中央组织部负责党政人才资源统计，人力资源社会保障部负责公有制经济领域的企业经营管理人才资源和企事业单位专业技术人才资源统计。

全国人才资源统计数据由中央组织部负责汇总。

二、统计方法

每万名劳动力中研发人员，主要劳动年龄人口受过高等教育的比例、人力资本投资占国内生产总值比例和人才贡献率等人才发展主要指标，根据相关统计数据测算。

党政人才资源、公有制经济领域的企业经营管理人才资源和企事业单位专业技术人才资源统计，采取全面统计调查方式进行。

国家人才发展监测与评价指标统计方法不变。

三、报送时间

人才队伍建设指标于2013年8月20日前报送；国家人才发展主要指标、国家人才发展监测与评价指标于2013年12月31日前报送。请各单位按照时间要求，将统计数据和分析报告的文字版（A4纸型）、电子版（光盘）文件各一份报中央组织部信息管理中心。

四、有关要求

1. 各单位要充分认识人才资源统计工作的重要意义，切实加强领导，精心组织，周密安排，充分保障工作所需人力、物力和经费，确保工作顺利实施。涉及多部门的指标，各有关部门要加强沟通合作，牵头单位要发挥好组织协调作用，充分调动各方面的积极性，参与单位要积极支持配合。

2. 各单位要对三年来统计数据的变化进行分析研究，结合人才工作实际，提出有针对性的意见建议，形成书面分析报告。

3. 各省区市和重点领域的人才资源统计可根据工作实际，自行组织开展，有关数据暂不上报。

4. 今年下半年将布置开展包括非公有制经济领域和重点领域在内的2013年度全口径人才资源统计，请各单位结合历年情况，提前开展调研，研究完善工作机制和统计方法，做好相关准备工作。

附件：1. 国家人才发展主要指标统计分工（略）

2. 国家人才发展监测与评价主要指标统计分工（略）

2013年6月19日

人力资源和社会保障部　国务院台湾事务办公室关于继续向台湾居民开放部分专业技术人员资格考试有关问题的通知

人社部发［2013］47号

各省、自治区、直辖市人力资源社会保障厅（局）、台办，国务院各有关部委、有关直属机构人事部门：

为深化海峡两岸专业技术人员的交流与合作，促进两岸关系的和平发展，经与国务院各有关部门研究，人力资源社会保障部、国务院台办决定，2013年继续向台湾居民开放10类（项）专业技术人员资格考试。现将开放部分专业技术人员资格考试有关问题通知如下：

一、继续开放的10类（项）专业技术人员资格考试的名称分别为：通信、出版、投资建设项目管理师、管理咨询师、假肢与矫形器制作师、地震安全性评价工程师、监理工程师、注册验船师、注册设备监理师和注册计量师。

二、自本通知发布之日起，凡符合上述10类（项）专业技术人员资格考试报名条件的台湾居民，均可按照就近和自愿原则，在大陆的任何省、自治区、直辖市相应专业考试考务管理机构指定的地点参加考试。

三、需要参加相应专业考试的台湾居民，应按照人力资源社会保障部办公厅印发的《2013年度专业技术人员资格考试工作计划》（人社厅函［2012］448号）安排，并根据所在地的省

（区、市）相应专业考试考务管理机构规定的报名日期、报名地点和相关要求，到当地考试报名机构办理报名手续。

四、在报名时，台湾居民应向考试报名机构提交《台湾居民来往大陆通行证》。凡相应专业考试的报名条件中有专业学历和从事相关专业工作年限规定的，还应提交国务院教育行政部门认可的相应专业学历（学位）证书和本人工作单位出具的从事相应专业工作年限（或实践要求）的证明。

经考试考务管理机构对报名人员的资格条件审查核准后，向考试申请人核发准考证、安排考场。申请人凭准考证指定的日期、地点和时间参加相应专业的考试。

五、由于部分专业考试科目的成绩实行滚动管理的办法，台湾居民报名和参加同一专业各科目考试的地区应相对固定。确有特殊情况，需在异地报名参加剩余科目考试的，在报名时应按规定向当地考试考务管理机构提交本人上次参加本专业其他科目考试所用的档案号，以便各科目考试成绩的合成和证书颁发。

六、各省、自治区、直辖市人力资源社会保障厅（局）、台办和相应专业考试考务管理机构应抓紧做好台湾居民报名参加新开放的10类（项）专业技术人员资格考试的相关准备工作，并继续做好已开放的27类（29项）考试的相关的工作。

在接受台湾居民参加专业技术人员资格考试的工作中，要严格执行国家的有关规定，提供热情周到的服务，确保台湾居民顺利有序地参加相应专业的考试。

在继续开放的10类（项）专业技术人员资格考试相应的制度规定中，有与本通知精神不符的，均以本通知为准。

2013年6月28日

农业部 人力资源和社会保障部 教育部 科技部关于实施农业技术推广服务特设岗位计划的意见

农科教发［2013］11号

各省、自治区、直辖市农业、人力资源社会保障、教育、科技厅（局、委）：

为贯彻落实《中共中央、国务院关于加快推进农业科技创新持续增强农产品供给保障能力的若干意见》（中发［2012］1号）和《国务院办公厅关于做好2013年全国普通高等学校毕业生就业工作的通知》（国办发［2013］35号）精神，引导鼓励高校毕业生到基层从事农业技术推广服务工作，强化现代农业发展的科技与人才支撑，经会签财政部，现就实施农业技术推广服务特设岗位计划（以下简称农技特岗计划）提出如下意见。

一、实施农技特岗计划的重要性和必要性

近年来，各地按照党中央、国务院的决策部署，采取有效措施，积极推进基层农业技术推广体系改革与建设，在健全机构、明确职能、完善机制、强化保障等方面取得了显著成效。但从总体上看，基层农业技术推广队伍仍然存在新生力量不足、专业结构不合理、服务能力亟待加强等突出问题，迫切需要引入一批专业素质高、作风踏实的高校涉农专业毕业生，改善农业技术推广队伍结构，增强推广服务能力。启动实施农技特岗计划，是贯彻落实中央决策部署、引导高校毕业生到基层就业和服务的重要举

措，是促进农业科技成果转化与推广应用、加快现代农业发展的迫切要求。

二、指导思想和实施原则

（一）指导思想

以邓小平理论、“三个代表”重要思想、科学发展观为指导，以乡镇或区域性农业技术推广机构为载体，选拔一批素质优良、作风踏实的高校涉农专业毕业生到乡镇担任特岗农技人员，开展农业技术推广、动植物疫病防控、农产品质量安全服务等工作。通过机制创新和政策扶持，为乡镇或区域性农业技术推广机构补充新生力量，为现代农业发展提供强有力的科技和人才支撑。

（二）实施原则

1. 统筹规划，分级实施。农业部、人力资源社会保障部、财政部、教育部、科技部牵头制定总体规划和政策，做好综合协调和工作督导。各省（自治区、直辖市）有关部门负责研究制定本地实施农技特岗计划的具体政策和落实办法，并组织实施。县（市、区）有关部门负责特岗农技人员的日常管理和服务。

2. 先行试点，平稳推进。2013 年，各省（自治区、直辖市）根据本地实际情况，选择机构改革到位、人员紧缺、工作基础好、积极性高的县（市、区）进行农技特岗计划试点。2014 年到 2015 年，各省（自治区、直辖市）在总结试点工作经验的基础上，逐步扩大农技特岗计划的实施范围。

3. 因地制宜，合理布局。各省（自治区、直辖市）根据当前农业技术推广服务工作需求，结合乡镇或区域性农业技术推广机构编制和人员变动情况，科学测算农技特岗计划实施规模，优先选择现有或今后 3 年内将出现空缺编制的县（市、区）落实，逐步吸纳符合条件的特岗农技人员进入常设岗位，建立基层农技推广队伍人员更新长效机制。

三、特岗农技人员招募与管理

（一）岗位设立

农技特设岗位在乡镇或区域性农业技术推广机构设立，主要承担农业技术推广、动植物疫病防控、农产品质量安全服务等工作。试点县农业部门会同人力资源社会保障、财政等部门，根据业务工作需要以及乡镇或区域性农业技术推广机构编制和未来3年内人员变动情况，研究提出年度特岗农技人员需求，分乡镇明确数量和专业。省级有关部门负责汇总并做好数量统筹和综合平衡，编制本省当年农技特岗计划实施方案，并报中央有关部门备案。

（二）组织招募

省级或设区的市级农业、人力资源社会保障等部门依据农技特岗计划年度实施方案，按照竞争、择优的原则，组织特岗农技人员招聘工作。招聘采取考试与考察相结合的办法，考试内容包括岗位所需的专业知识、技能，考察内容包括思想政治表现、道德品质以及农业公共服务工作相关的专业素养、业务能力等。

具有全日制普通高校大专以上涉农专业学历，并符合乡镇或区域性农业技术推广机构岗位条件的人员均可报名。有基层农业技术推广服务工作经验的人员同等条件下优先聘用。

（三）人员管理

农技特岗计划属于引导和鼓励高校毕业生到基层服务项目。服务期限一般为2～3年。服务期间，特岗农技人员户口应统一由省级工作协调小组指定的有关单位管理，也可根据本人意愿将户口转回入学前户籍所在地。人事档案原则上统一转至服务单位所在地的县级政府人事部门。党团组织关系转至服务单位。服务单位负责为特岗农技人员安排工作岗位，提供必要的生活条件，承担其日常管理和服务工作，并将其年度考核、学习培训情况报县级农业和人力资源社会保障部门备案。服务期满、考核合格的，由省级工作协调小组颁发服务证书，作为服务期满后享受相关优惠政策的依据。

四、农技特岗计划资金安排

农技特岗计划所需资金可结合基层农技推广体系改革与建设补助等项目统筹安排，适当给予补助。

五、特岗农技人员激励与扶持政策

特岗农技人员根据《中共中央关于推进农村改革发展若干重大问题的决定》（中发［2008］16号）、《国务院关于进一步做好普通高等学校毕业生就业工作的通知》（国发［2011］16号）、人力资源社会保障部等部门《关于统筹实施引导高校毕业生到农村基层服务项目工作的通知》（人社部发［2009］42号）和人力资源社会保障部《关于开展从大学生村官等服务基层项目人员中考试录用公务员工作的通知》（人社部发［2010］52号）的规定，享受引导高校毕业生到基层服务项目的相关优惠政策，各省（自治区、直辖市）负责制定具体落实办法和措施。

（一）特岗农技人员在服务期间，按照其所从事的岗位，参照本地乡镇事业单位从高校毕业生中新聘用工作人员试用期满后工资收入水平确定工作、生活补贴标准，按月发放；按当地规定参加相应社会保险；在艰苦边远地区工作的，按规定享受艰苦边远地区津贴。

（二）特岗农技人员在服务期间，在评聘专业技术职称、申报有关科技成果、评奖评优等方面，与当地在编农技人员享有同等权利。各地有关部门要积极创造条件予以鼓励与支持，在同等条件下给予优先评定。

（三）特岗农技人员服务期满后，享受国家助学贷款代偿和学费补偿、研究生招录和事业单位公开招聘优先、公务员定向考录等各项优惠政策。鼓励特岗农技人员继续学习深造，对符合相关条件需要继续攻读农业推广硕士专业学位的优秀特岗农技人员，相关部门和农业高等院校及其他相关招生单位要制定优惠政策，在同等条件下优先录取。

（四）今后县级以上农业技术推广机构相应岗位空缺时，可优先从特岗农技人员中择优聘用。农技特岗计划实施期间，乡镇或区域性农业技术推广机构相应岗位空缺时，应优先从符合条件的特岗农技人员中聘用，除招聘其他基层项目服务期满符合条件的人员外，各地乡镇或区域性农业技术推广机构以其他方式补充新进农技人员的，需经省（自治区、直辖市）人力资源社会保障、农业部门核准。

（五）各省（自治区、直辖市）要认真贯彻落实现行就业、创业的政策措施，鼓励特岗农技人员在服务期满后继续在农村就业、创业。要支持符合条件的特岗农技人员实施有关农业项目，领办、创办和协办农业试验示范基地、农民合作社、农业专业服务组织和涉农企业等，提高特岗农技人员的为农服务本领，满足农民发展现代农业的服务需求。

六、农技特岗计划保障措施

（一）加强组织领导。农业部、人力资源社会保障部、财政部、教育部、科技部成立农技特岗计划工作协调小组。地方各有关部门要在当地党委和政府的统一领导下，成立相应的工作机构，切实履行职责，加强沟通协调，齐抓共管，形成合力。要研究制定工作计划，细化工作措施，明确任务分工，扎实稳步推进。要加强调查研究，分析农技特岗计划实施过程中出现的新情况新问题，研究提出解决问题的新思路新办法。

（二）加强工作管理。各省（自治区、直辖市）相关部门要建立跟踪联系制度，明确专门机构和人员负责特岗农技人员跟踪联系工作，协调解决出现的困难和问题；建立专家对接制度，由科研、教学、推广单位相关专家挂钩指导，引导特岗农技人员尽快适应基层工作，帮助解决技术难题；建立培训学习制度，制定专门培训计划，开展特岗农技人员岗前和在岗培训，提高他们的工作实践能力；建立工作评价制度，科学评价特岗农技人员的工作业绩，评价结果作为续聘、择优转岗的重要依据。

（三）加强宣传引导。要深入总结各地实施农技特岗计划的好经验、好做法，培育和挖掘一批特岗农技人员的优秀典型。充分利用广播、电视、报刊、网络等媒体，大力宣传在农业技术推广服务中做出突出贡献的特岗农技人员，在全社会努力营造支持特岗农技人员服务基层、创业富民的良好氛围。各涉农高等学校要把实施农技特岗计划作为促进毕业生到基层就业和服务的重要手段，强化宣传引导，组织毕业生积极参与农技特岗计划实施。

2013年8月15日

人力资源和社会保障部办公厅关于印发《2013年专业技术人才知识更新工程工作要点》的通知

人社厅发［2013］22号

各省、自治区、直辖市及新疆生产建设兵团人力资源社会保障厅（局），国务院各部委、直属机构人事部门，解放军总政治部干部部，有关行业协会、企业、事业单位：

按照《国家中长期人才发展规划纲要（2010—2020年）》要求，为做好专业技术人才知识更新工程组织实施工作，我部商各重点领域牵头部门，确定了2013年专业技术人才知识更新工程的工作任务。现将《2013年专业技术人才知识更新工程工作要点》印发你们，请结合实际认真贯彻落实。

2013年3月11日

2013年专业技术人才知识更新工程工作要点

2013年实施专业技术人才知识更新工程的总体要求是：以邓小平理论、“三个代表”重要思想、科学发展观为指导，深入贯彻落实党的十八大精神，以贯彻落实《国家中长期人才发展规划纲要（2010—2020年）》为主线，以高层次、急需紧缺和骨干专业技术人才培养培训为重点，以人才能力建设为核心，以服务经济社会发展为根本，创新完善工作机制，建立健全政策措施，着力提高培训质量，突出宏观指导，加强统筹协调，狠抓任务落实，全面推进工程项目的深入实施，切实发挥好工程在专业技术人才培养和队伍建设中的龙头作用。

一、创新完善工程运行管理机制

（一）更好发挥国家专业技术人才知识更新工程指导协调小组作用，加强对工程实施的宏观指导和组织领导。

（二）指导、督促地方人力资源社会保障部门和有关重点领域行业主管部门成立相应的工程指导协调机构，出台工程具体实施办法，推进本地区、本行业工程深入开展。

（三）对工程项目开展情况进行指导、监督和检查，建立工程实施统计制度和效果评估体系，及时跟踪考核工程社会效益和实际效果。

二、大力实施高级研修项目

（一）印发2013年高级研修项目计划。根据经济社会发展需要，按照高水平、小规模、重特色的要求，遴选确定280期左右高级研修项目，培养1.5万名高层次急需紧缺人才。

（二）在遴选学员、聘请师资、课程设置等方面加强对各地各部门的指导，充分发挥国家级高级研修项目的引领性、示范性作用，探索提高培养培训质量。

（三）指导各地各部门开展针对本地区、本行业领域内的高级研修项目，形成上下衔接配套的高级研修项目培训体系，增强高级研修项目的品牌效应。

（四）按照《专业技术人才知识更新工程培训证书管理办法》加强对培训证书的管理，严格申领、登记、编号、发放等程序。

三、深入推进国家级专业技术人员继续教育基地建设

（一）召开国家级专业技术人员继续教育基地建设工作座谈会。总结前两批基地建设情况和经验，研究部署下一阶段基地建设工作。

（二）制定出台《国家级专业技术人员继续教育基地建设管理办法》，加强对基地建设工作的管理和监督。

（三）开展第三批国家级专业技术人员继续教育基地申报认定工作，新建20个国家级基地。指导各地各部门建设相应的专业技术人员继续教育基地。

（四）组织开展交流研讨，加强基地与基地、基地与推荐单位之间的交流与合作，推进基地资源共享和优势互补。

四、全面实施急需紧缺人才培养培训和岗位培训项目

（一）根据工程实施方案，结合各领域培训工作实际情况研究确定本年度培养培训任务，并分解落实到各重点领域行业主管部门。

（二）协调各重点领域行业主管部门加强对本领域培训的业务指导，统筹行业资源，整合系统力量，将本领域培训指标进一步细化分解，按照急需紧缺人才培养培训和岗位培训实施办法大力开展相关培训。

（三）指导各地人力资源社会保障部门测算确定本地区工程年度培训任务，加强与本地区各行业主管部门的沟通与合作，强化牵头抓总，理顺条块关系，推动工程在本地区的深入实施。

（四）选择实施条件较为成熟、工作基础好、培训任务重的若干地区和领域进行重点指导和督促检查，认真总结推广各地区各部门创造的成功经验。

五、探索开展出国（境）培训项目

（一）遴选50名左右具有领军作用的高层次急需紧缺专业技术人才赴国（境）外进行短期培训。

（二）组织两期专业技术人才知识更新工程管理骨干培训团

赴国（境）外培训。

（三）指导、协调地方人力资源社会保障部门和有关重点领域行业主管部门组织开展专业技术人才知识更新工程师资出国（境）培训。

六、加强工程基础建设

（一）加强制度建设，研究制定《专业技术人员继续教育规定》《专业技术人才知识更新工程经费管理办法》。

（二）加强继续教育网络平台建设，充分发挥继续教育网络平台在政策宣传、远程施教、数据统计、资源共享等方面的作用。

（三）加强课程和教材体系建设。编辑出版知识更新工程公需科目教材，制作网络课件，会同各领域牵头部门组织编写专业科目教材。

（四）加强宣传和信息沟通。编辑印发知识更新工程指导协调小组简报，加强工程实施情况信息交流。充分利用报纸、电视、广播、网络等媒体，对工程政策部署、重点项目、重大进展、重要成果进行宣传报道。

附件：2013年国家专业技术人才知识更新工程（略）

人力资源和社会保障部办公厅关于印发《国家级专业技术人员继续教育基地管理办法》的通知

人社厅发［2013］53号

各省、自治区、直辖市及新疆生产建设兵团人力资源社会保障厅（局），国务院有关部委、直属机构人事部门，有关中央企业：

为加强国家级专业技术人员继续教育基地运行管理，保障专业技术人才知识更新工程实施，根据《国家中长期人才发展规划纲要（2010—2020年）》和《专业技术人才知识更新工程实施方案》，我部制定了《国家级专业技术人员继续教育基地管理办法》。现印发给你们，请结合实际认真贯彻落实。

2013年5月22日

国家级专业技术人员继续教育基地管理办法

第一章　总　　则

第一条　根据《国家中长期人才发展规划纲要（2010—2020年）》，为保障专业技术人才知识更新工程实施，规范和加强国家级专业技术人员继续教育基地运行管理，推动继续教育公共服务体系建设，制定本办法。

第二条 国家级专业技术人员继续教育基地（以下简称国家级继续教育基地）是经人力资源社会保障部认定，以对专业技术人员进行补充、更新知识，拓展知识结构，提高综合素质和创新能力为基本内容开展教育培训的机构，是国家培养培训高层次、急需紧缺和骨干专业技术人才的服务平台。

第三条 国家级继续教育基地根据地域和领域发展需要，按照“优化布局、突出特色、资源共享、注重实效”的原则，实行分期分批建设和分级分类管理。

第二章 职 责

第四条 人力资源社会保障部是国家级继续教育基地的综合管理部门，负责国家级继续教育基地的设立、调整和撤销，制定有关政策、规章和规划，组织国家级继续教育基地交流，监督指导基地的运行管理。

第五条 有关地方、部门和中央企事业单位人事部门是所推荐国家级继续教育基地的管理单位，负责国家级继续教育基地的使用和管理，制定实施具有本地区、本部门和本行业特点的基地管理政策措施。

第六条 获准设立国家级继续教育基地的高等院校、科研院所和其他施教机构是基地的建设单位，负责建立健全基地管理机构，配备专门人员，制定本基地的运行管理办法，承担本基地运行管理的具体工作。

第七条 国家级继续教育基地是依托高等院校、科研院所和其他施教机构建设的培训实体，不改变原有隶属关系，在继续教育业务上接受管理单位的指导，实行人财物相对独立的管理机制。

第三章　基地设立

第八条　设立国家级继续教育基地的单位应具有丰富的培养培训专业技术人员经验，在本地区、本行业具有一定影响，并具备以下基本条件：

（一）具有满足培训需要、相对稳定、密切联系科研生产一线的高素质专（兼）职师资队伍。专（兼）职师资应当具有较高理论水平、实践经验，在本专业领域具有较高影响力和公认度。

（二）有健全的继续教育管理机构及从事继续教育管理的专（兼）职人员。有健全的教学组织管理、学员考核管理、教学科研管理、培训登记管理、培训经费管理、后勤保障管理以及规范的培训效果评估、跟踪反馈等基地管理制度。

（三）能为基地基本建设和日常工作提供配套经费保障。具备与所承担的中高级专业技术人才培训任务相适应的固定教室、教学设备、专业图书资料及相应的硬件设施；专业性强的领域或继续教育科目，还要有能供专业技术人员进行实训的场所或实训合作单位。

（四）具备现代化远程教育条件，具有满足大规模网络培训所需的教学设备和基础设施，建立网络化的培训和管理信息平台，实现网上培训和网络互动交流。

（五）围绕着经济社会发展重点领域和现代服务业领域，每年培训不少于2 000名专业技术人才。

第九条　国家级继续教育基地分期分批进行申报及评定。

（一）国家级继续教育基地申报遵循自愿原则。

（二）国家级继续教育基地主要从在专业技术人员继续教育方面具有实践基础的高等院校、科研院所，地方、部门或行业教育培训机构，专业协会（学会）及大中型企业培训机构中遴选。优先从地区或部门、行业设立的区域性、行业性专业技术人员继续教育基地中遴选。

（三）具备条件的施教机构填写《国家级专业技术人员继续教育基地申报表》，由副省部级以上（含）地方人力资源社会保障部门或行业主管部门人事部门审核同意并签署推荐意见后，报人力资源社会保障部。

（四）人力资源社会保障部组织继续教育和相关领域专家组成专家评审委员会，对申报材料进行审核、论证、考察和评审，并对通过评审的施教机构予以认定。

第十条 经认定的国家级继续教育基地由人力资源社会保障部统一公布，并颁发国家级专业技术人员继续教育基地匾牌。

第四章 基 地 运 行

第十一条 国家级继续教育基地要严格遵守继续教育法规和政策，紧密围绕经济社会发展需求，紧跟世界科技发展前沿开展专业技术人员继续教育及相关管理工作。

第十二条 根据地区、部门和行业发展需要，国家级继续教育基地主要承担相应区域、领域和行业国家级高层次、急需紧缺和骨干专业技术人才的培养培训工作，承担地方、部门和行业继续教育师资培训任务。

第十三条 国家级继续教育基地须聘请继续教育和相关行业领域的专家、学者组成评估小组，结合地区和行业发展要求，提出基地的培训规划、课程设置等，报管理单位同意后实施。

第十四条 国家级继续教育基地要为专业技术人员提供优质高效的继续教育服务，特别是突出新理论、新知识、新技术、新方法的培训，不断提高专业技术人员的职业道德水平，不断增强专业技术人员的学习能力、实践能力、创新能力和科研能力。

第十五条 国家级继续教育基地提供继续教育服务的主要形式包括：承办国家级专业技术人员继续教育重大专项工程项目；举办政府部门、行业协会、企事业单位委托的培训班、研修班或进修班；协助开展专业技术人员公需科目或专业科目的培训、考核和管理工作；开展继续教育理论研究，开发有针对性和实效性的培训项目与培训课程；举办继续教育交流服务活动等。

第十六条 国家级继续教育基地有承担政府部门委托的继续教育公共服务项目的义务，实施公益性继续教育时要向各个地区、各类经济组织和广大专业技术人员平等开放，并对革命老区、民族地区、边远地区和贫困地区给予倾斜。

第十七条 鼓励国家级继续教育基地充分利用自身资源优势，在保障政府人才培训任务的基础上，主动为社会上各类单位和专业技术人员提供业务培训、岗位进修、能力提升、职业资格继续教育等服务。

第十八条 国家级继续教育基地应加强师资队伍建设，不断创新培训内容，不断改进培训方式方法，加强培训过程管理和质量监控，不断提高培训水平，逐步提高培训的针对性和实效性。

第十九条 国家级继续教育基地应积极探索产学研相结合的人才培养培训机制，与重点领域权威研究机构和领头企事业单位建立长期合作关系，及时引入最新科研成果、先进技术经验和业务骨干，逐步形成专业品牌和培训特色。

第二十条 国家级继续教育基地要积极推广网络培训、远程教育、电化教育等新的教学方式方法，积极开发在线学习平台，建设具有专业特色的网络学习中心，不断提高在线培训和开展现代化远程教育的能力。

第二十一条 国家级继续教育基地可采用走出去和请进来的方式，积极参与国际继续教育交流，利用境外的优质资源，不断提高继续教育的质量和效益。

第五章 管理监督

第二十二条 国家级继续教育基地实行年度计划审核备案制度。国家级继续教育基地应根据培训需求制定年度任务计划，并于每年12月10日前，将年度计划执行情况总结和下一年度计划报推荐设立该基地的管理单位审核；审核同意后，于当年 12 月 31 日前将年度计划执行情况总结和下一年度计划一并报人力资源社会保障部备案。

第二十三条 国家级继续教育基地应按照管理单位审核同意的年度计划内容开展培训活动，培训结束后要认真做好培训情况的建档登记和效果评估工作。

第二十四条 未经国家级继续教育基地的管理单位同意，国家级继续教育基地及其建设单位不得以国家级继续教育基地的名义开展教育培训活动。

第二十五条 国家级继续教育基地实行检查考核制度。检查考核的主要内容包括：基地师资队伍建设情况、基地经费使用情况、设施配套情况、制度执行情况、继续教育任务完成情况、培训效果及后续跟踪情况等。

第二十六条 国家级继续教育基地的管理单位负责国家级继续教育基地的检查考核，并制定具体办法。

第二十七条 人力资源社会保障部会同基地的管理单位，在检查考核基础上对国家级继续教育基地进行定期检查评估和不定期抽查，并将有关结果向社会公布。检查评估或抽查结果作为调整、撤销国家级继续教育基地及下一阶段任务分配的重要依据。

对成绩突出、评估优秀的国家级继续教育基地，将及时宣传推广经验做法，在培训资源配置、任务分配等方面给予一定倾斜。对不按本办法开展继续教育工作、不能完成继续教育任务或达不到教学管理要求的国家级继续教育基地，责令限期整改。在规定时间内仍然达不到要求的，取消国家级继续教育基地资格。

第二十八条 对违反年度计划备案审核制度及有关规定，出现乱办班、乱收费、乱发证现象的国家级继续教育基地，依法追究其单位领导和当事人的责任。

第二十九条 对在申请过程中弄虚作假或被取消国家级继续教育基地资格的施教机构，不再受理其认定申请。

第六章　保障措施

第三十条　人力资源社会保障部为国家级继续教育基地建设提供政策和项目支持，支持国家级继续教育基地承办继续教育项目和活动。

第三十一条　人力资源社会保障部会同地方、部门、行业组织开发教材、课件、网站等优质培训资源，无偿或以优惠价格提供给国家级继续教育基地内部使用。

第三十二条　人力资源社会保障部支持各领域从事科研、生产、教学等方面工作的专家参与继续教育基地的人才培养培训工作。对表现突出、成效明显的专家，在其本人参加继续教育、评聘专业技术职务、享受政府特殊津贴和国家百千万人才工程国家级人选选拔、参与专家休假等方面给予倾斜。

第三十三条　中央财政按规定为国家级继续教育基地提供一定的专项经费资助。专项经费主要用于开展专家授课、师资培训、教材课件开发、数据库开发、课题研究等工作。基地建设单位按照国家有关规定，制定专项经费的使用办法和使用方案，基地的管理单位负责审核专项经费使用办法和使用方案，确保专款专用并取得最大效益。

第三十四条　国家级继续教育基地的建设单位和管理单位应为基地的基础建设和日常工作提供配套经费。

第三十五条　国家级继续教育基地的管理单位应在政策扶持、项目支持、师资队伍建设、资源整合、培训宣传等多方面为国家级继续教育基地提供支持，帮助国家级继续教育基地形成科学有效的专业技术人才培养培训体系。

第三十六条　专业技术人员在国家级继续教育基地参加培训的情况，可记入《专业技术人员继续教育证书》或学习档案，作为对专业技术人员考核评价、岗位聘用、职称评聘和执业注册的重要依据。

第三十七条 国家级继续教育基地为社会提供继续教育服务时，可按照有关规定适当收取培训费用，但不得擅自提高收费标准。收取的相关费用优先用于保障基地的建设和发展。

第三十八条 支持国家级继续教育基地加强与企业、高校和科研院所的合作，建立产、学、研相结合的继续教育协作体系，促进继续教育成果转化，并根据需要组织开展经验交流和成果推广等活动。

第七章 附 则

第三十九条 国家级继续教育基地机构名称、联系方式等重要信息发生变更，须及时报人力资源社会保障部备案并向社会公布。

第四十条 地方人力资源社会保障部门和行业主管部门可参照本办法，结合各自实际，制定相应的国家级继续教育基地管理政策措施。

第四十一条 军队系统的国家级继续教育基地管理参照本办法执行。

第四十二条 鼓励和支持地区、部门和行业结合实际，建设区域性、行业性专业技术人员继续教育基地，形成上下衔接、优势互补、资源共享的继续教育基地体系。

第四十三条 本办法由人力资源社会保障部负责解释。

第四十四条 本办法自发布之日起施行。

全国博士后管委会办公室关于印发《博士后国际交流计划实施细则》的通知

博管办［2013］77号

各省、自治区、直辖市及新疆生产建设兵团人力资源社会保障厅（局），国务院有关部委、直属机构人事（干部）部门，解放军总政治部干部部，各有关博士后设站单位：

为加强博士后创新能力建设，进一步提高博士后国际化水平，更好实施《博士后国际交流计划》（人社部函［2012］310号），全国博士后管委会办公室、中国博士后科学基金会研究制定了《博士后国际交流计划实施细则》。现印发给你们，请按照该细则的有关规定，认真做好博士后国际交流计划的管理和服务工作。

2013年12月9日

博士后国际交流计划实施细则

第一章　总　　则

第一条　为更好实施博士后国际交流计划，加大博士后培养力度，根据《人力资源和社会保障部、全国博士后管理委员会关于印发博士后国际交流计划的通知》（人社部函［2012］310号），制定本实施细则。

第二条 “博士后国际交流计划”设立引进项目、派出项目和学术交流项目。

第三条 全国博士后管委会办公室负责研究制定“博士后国际交流计划”及实施细则、组织专家评审、下发资助计划、拨付资助经费、评估实施情况；中国博士后科学基金会负责协助全国博士后管委会办公室承担具体实施工作；博士后设站单位负责资助人员的推荐遴选、签订协议、日常管理、经费转拨及违约处理等事项。

第二章 “博士后国际交流计划”引进项目

第四条 引进项目目标

资助一批外籍（境外）和留学博士来华（回国）从事博士后研究工作。项目实施初期，在“985”高校、中国科学院、中国社会科学院博士后科研流动站设站单位、综合评估为优秀的博士后科研流动站设站单位试行，根据试行情况在“211”高校等逐步展开。

第五条 引进项目人员基本条件

1. 年龄一般不超过35周岁。

2. 近三年在国外（境外）世界排名前100名的高校获得博士学位。

3. 在读博士期间取得突出的研究成果。

4. 非英语国家的人员应具有良好的中文（或英文）听、说、读、写能力。

5. 此前未获得过此项资助。

第六条 引进项目人员遴选程序

全国博士后管委会办公室每年年初下发资助计划，有关单位根据资助计划，按照基本条件自主选拔产生资助人选，每年年底前报全国博士后管委会办公室和中国博士后科学基金会备案。

第七条 引进项目人员管理

1. 引进人员由引进单位按照在站博士后研究人员管理，执行《博士后管理工作规定》（国人部发［2006］149号）。

2. 交流时间为两年。引进人员应保证在华从事博士后研究工作不少于20个月。

3. 引进人员延长研究时间，须由引进单位审核同意。

4. 引进单位须与引进人员签订协议，对研究内容、期限、考核、待遇、成果归属、违约责任等双方的权利和义务进行规定。

5. 引进单位承担引进人员的日常管理、国家资助经费转拨、违约处理等工作。

6. 引进单位应参照《外籍及港澳台来华人士综合医疗保险》协助外籍（境外）引进人员办理在华期间的保险。

第八条 引进项目资助经费

1. 引进人员资助标准为每人每年30万元人民币。其中，国家资助每人每年20万元人民币，引进单位资助每人每年10万元人民币，包括在华的生活开支、住房补助、医疗保险及一次来华往返国际旅费等。引进单位应按月拨付引进人员资助经费。

2. 引进人员博士后研究工作延长期间的费用参照上款标准，由引进单位承担。

3. 引进人员如有配偶和子女陪伴，其安置费及相关费用自行解决。

第九条 引进项目人员违约处理

1. 引进人员如有《博士后管理工作规定》（国人部发［2006］149号）第三十三条所列情形或严重违反与引进单位签订的协议，按退站处理。

2. 引进人员退站，须返还资助经费剩余部分，并按照与引进单位签订的协议交纳违约金。

第三章 “博士后国际交流计划”派出项目

第十条 派出项目目标

资助优秀在站博士后研究人员（含拟进站的应届博士毕业生）到国外（境外）优秀高校、科研机构、企业的优势学科领域，合作开展博士后研究工作。

第十一条 派出项目申报条件

1. 年龄一般不超过 35 周岁。

2. 在所从事的学科领域内具备一定的学术成绩，表现出较强的科研潜力。

3. 具有良好的英语（或接收国语言）听、说、读、写能力。

4. 自主联系国外（境外）高校、科研机构或知名企业，并获得正式邀请。国外（境外）拟接收单位一般应为世界排名前 100 名的高校、国际知名研究机构或企业。国外（境外）机构正式邀请信应使用邀请机构专用信纸打印，由外方合作导师或邀请机构签发，并明确如下内容：基本信息，包括被邀请人姓名及国内单位等；科研工作起止时间；科研工作专业、课题或研究方向；同意支付第二年资助经费；外方合作导师签字（含电子签名）与联系方式。

5. 专业领域。优先考虑《国家中长期科学和技术发展规划纲要（2006—2020 年）》《国家中长期人才发展规划纲要（2010—2020 年）》中的重点领域及其优先主题、重大专项、前沿技术领域及符合《国家哲学社会科学研究“十二五”规划》要求的重点项目。

6. 此前未获得过此项资助。

第十二条 派出项目人员遴选程序

按照“个人申请、单位推荐、专家评审、择优资助”的原则，由全国博士后管委会办公室统一组织选拔，每年一次，具体程序如下：

1. 组织申报。全国博士后管委会办公室每年年初印发项目申报通知，组织申报。

2. 个人申请。符合条件的人员，经所在单位和合作导师同意，通过所在设站单位进行申报。工作站联合招收人员通过所在工作站进行申报。在职博士后研究人员（含定向委培博士毕业生）须征得其人事关系所在单位人事部门同意。

3. 单位推荐。派出单位按照当年度申报通知的要求，初审申报人员资格及申请材料、填报推荐意见。各省、自治区、直辖市（军队系统除外）的设站单位报送当地人力资源和社会保障厅(局)，福建省的设站单位报送福建省公务员局，各省、自治区、直辖市人力资源和社会保障厅（局）汇总后报送中国博士后科学基金会。解放军总政治部干部部科技文职干部局、中国科学院人事教育局、中国社会科学院人事教育局等有关部门汇总、审核相关设站单位的申请材料，报送中国博士后科学基金会。北京地区的中央所属单位直接报送中国博士后科学基金会。

4. 择优资助。全国博士后管委会办公室每年 6 月份左右组织专家评审，并根据评审结果，报人力资源社会保障部、全国博士后管委会批准确定资助人选。

第十三条 派出项目人员管理

1. 派出人员由派出单位按照《博士后管理工作规定》（国人部发［2006］149 号）和国家公派出国人员有关规定进行管理。

2. 交流期限为两年。

3. 派出人员须在资助通知下发之日起 6 个月内赴外开展博士后研究工作，否则视为自动放弃。

4. 派出单位须与派出人员签订协议，对研究内容、期限、考核、待遇、成果归属、违约责任等双方的权利和义务进行规定。

5. 派出单位承担派出人员的国家资助经费转拨、保证金的收缴与返还、违约处理等日常管理工作。

6. 派出单位负责在派出人员赴外前及结束研究工作时为其办理博士后进出站手续，并为博士后研究人员（在职博士后研究人员除外）保管在外研究期间的户口和人事档案。

7. 派出单位应对派出人员进行出国前培训，要求派出人员自觉维护祖国荣誉，遵守我国和在外国家（地区）的法律，尊重当地人民的风俗习惯。

8. 派出单位负责协助派出人员办理出国手续，对派出人员在外开展博士后工作进行跟踪管理，并督促其按期回国。派出人员未按与派出单位签订的协议规定期限回国，逾期 3 个月以上，按退站处理，并报中国博士后科学基金会备案。

9. 派出人员可持全国博士后管委会办公室出具的《"博士后国际交流计划"资助证明》办理相关赴外手续。

10. 派出人员应及时向在外开展博士后研究工作所在地所属使领馆报到。在国外（境外）期间应与所属使领馆和派出单位保持经常联系。派出人员结束在外博士后研究工作应向所属使领馆申办《留学回国人员证明》。

11. 派出人员如因项目需要延长研究时间，须持国外（境外）合作导师同意延长研究时间的证明，报派出单位同意，并由派出单位报中国博士后科学基金会或分级管理省市备案。延期时间最长不能超过一年，延期期间经费自行解决。

12. 派出人员如需变更国外（境外）接收机构，应及时通知派出单位，由派出单位报全国博士后管委会办公室批准。未经批准随意变更国外（境外）接收机构的行为，视为违约。

13. 派出人员在外研究期间的科研成果应作为国内工作单位专业技术职务聘任的依据。

14. 派出人员结束研究工作须填写《"博士后国际交流计划（派出项目）"结题表》，由国外（境外）接收机构合作导师出具书面评价意见，并于办理出站手续时交中国博士后科学基金会或分级管理省市备案。派出人员期满回国后，派出单位应组织派出人员进行在国外（境外）的科研情况报告会。

15. 派出人员在外工作时间两年累计应不少于20个月。

派出人员如因病不能继续在外开展博士后研究工作，需回国治疗，应征得国外（境外）接收机构合作导师的同意，与其协商康复后是否继续未完成的科研工作。派出单位凭国外（境外）接收机构合作导师的书面同意意见和国内医疗机构诊断证明，可根据治疗时间适当延长博士后研究工作时间。回国治疗期间按病假待遇发放资助经费。在国内累计治疗时间达到六个月以上者，如仍不能继续在外开展博士后研究工作，按退站处理，并报中国博士后科学基金会备案。

16. 派出人员严重违反与派出单位签订的协议，按退站处理，并报中国博士后科学基金会备案。

第十四条 派出项目资助经费

1. 国家资助派出人员第一年每人30万元人民币，其中包括在外期间的生活开支、住房补助、在外的医疗保险、往返国际旅费等。派出单位分期向获资助人员转拨。第二年的资助经费由国外（境外）接收机构或合作导师承担，第二年及延长期的资助标准参照第一年的标准商定。

2. 派出人员如有配偶和子女陪伴，其安置费及相关费用自行解决。

第十五条 派出项目人员违约处理

1. 派出人员实行"协议派出，违约追偿"的管理办法。

2. 派出人员赴外前须与派出单位签订协议，并向派出单位交纳保证金。

3. 派出人员退站，须返还资助经费剩余部分，并按照与派出单位签订的协议交纳违约金。

第四章 "博士后国际交流计划"学术交流项目

第十六条 学术交流项目目标

资助优秀在站博士后研究人员赴国外（境外）开展学术交流活动。

第十七条 学术交流项目人员的申报条件

1. 在站博士后研究人员（须经推荐单位和合作导师同意）。

2. 具有良好的英语（或参加学术交流会议所需语言）听、说、读、写能力。

3. 拟参加的国际学术交流会议须为本领域内具有一定国际影响力和一定规模的国际学术交流会议，召集方为专业的行业协会，或者由国际著名的高等院校、科研机构发起的多边国际学术会议。

4. 已经向拟参加的国际会议投稿、为论文的第一作者（或以其博士后合作导师为第一作者，博士后本人为第二作者），并已经收到会议的正式书面录用通知将在会议上宣读论文。

5. 在从事本站博士后研究工作期间未获得过此项资助。

第十八条 学术交流项目遴选程序

按照“个人申请、单位推荐、择优资助”的原则，由全国博士后管委会办公室统一组织选拔，每年两次，具体程序如下。

1. 组织申报。全国博士后管委会办公室每年年初印发申报通知，组织申报。

2. 个人申请，单位推荐。符合条件的人员，经合作导师同意，通过所在设站单位进行申报。推荐单位按照当年度申报通知的要求，初审申报人员资格及申请材料、填报推荐意见，并于每年 3 月底前、6 月底前分批报送至全国博士后管委会办公室。

3. 择优资助。全国博士后管委会办公室每年 4 月底前、7 月底前择优确定资助人选，下发批复通知。

第十九条 学术交流项目人员管理

学术交流项目获资助人员赴国外（境外）参加学术交流活动，参照推荐单位相关情况管理。

第二十条 学术交流项目资助经费

1. 每个学术交流活动资助 3 万元，含交通费、食宿费、会议费等。

2. 推荐单位根据获资助人员提供的国际旅费和在外实际发生的与学术交流活动有关费用的票据，为其办理报销手续。如资助经费有节余，可作为获资助人员其他学术活动的费用。

第二十一条 如获资助人员因故未参加国际学术交流活动，须由推荐单位报中国博士后科学基金会备案，资助经费可由推荐单位用于支付下期获得此项资助的博士后研究人员的国际学术交流活动相关费用。

第五章 成果管理

第二十二条 获得“博士后国际交流计划”资助的人员在发表与获得资助有关的论文、科研成果、专利等，须注明“本研究（成果、论文）由‘博士后国际交流计划’资助”。

第六章 附 则

第二十三条 本细则由全国博士后管委会办公室负责解释。

第二十四条 本细则自公布之日起实施。

中共中央组织部办公厅　人力资源和社会保障部办公厅　外交部办公厅　公安部办公厅　国家外专局办公室关于为外籍高层次人才办理签证及居留手续有关事项的通知

人社厅函［2013］341 号

各省、自治区、直辖市、新疆生产建设兵团、副省级市党委组织部、人力资源社会保障厅（局）、外事办公室、公安厅（局）、外国专家局，党中央国务院各部门人事部门、引智归口管理部门，有关中央企事业单位人事（人力资源）部门、引智归口管理部门：

为落实《中共中央组织部、人力资源社会保障部等五部门关于为外籍高层次人才来华提供签证及居留便利有关问题的通知》（人社部发［2012］57 号，下称《通知》）精神，现就为外籍高层次人才办理签证及居留手续的具体事项通知如下：

一、高层次人才引进计划的审核备案

有海外人才引进计划（以下简称引才计划）的中央和国家机关部委、直属机构、中央企事业单位干部人事部门、引智归口管理部门，各省、自治区、直辖市和副省级市党委组织部、政府人力资源社会保障或外国专家部门对所开展的引才计划进行梳理，将符合《通知》要求的引才计划报人力资源社会保障部或国家外国专家局审核。其中，高层次留学人才引进计划报人力资源社会保障部专业技术人员管理司审核；高层次外国专家引进计划报国家外国专家局办公室审核。

上报材料应包括：1. 申报函和引才计划列表；2. 引才计划实施的文件和配套政策；3. 引才计划实施情况。

省级以下开展的规模较大、层次较高、具有较强影响力的引才计划备案，由所在地省（区、市）人力资源社会保障或外国专家主管部门汇总上报。

二、签证及居留手续办理流程

引才计划经备案同意后，由人力资源社会保障部或国家外国专家局有关部门通报外交部领事司和公安部出入境管理局。各地方、部门和单位依照《通知》中规定的程序和要求为引进的外籍高层次人才和家属办理签证、长期居留和永久居留手续。其中高层次留学人才和家属办理签证和长期居留手续，由人力资源社会保障部门核定有关材料后将名单送外交或公安部门办理有关手续；高层次外国专家和家属办理签证和长期居留手续，由外国专家部门核定有关材料后将名单送外交或公安部门办理有关手续；外籍高层次人才和家属办理永久居留，由人力资源社会保障部核定有关材料，将名单送公安部办理永久居留手续。

未列入重点引才计划的外籍高层次人才及其家属子女办理签证及居留手续，按照现行有关规定执行。

三、有关要求和说明

（一）各地方、部门和单位要高度重视高层次人才引进计划申报备案及后续签证、居留手续办理工作，切实加强“千人计划”等海外高层次人才服务窗口建设，充分发挥窗口职能作用，为海外高层次人才提供优质高效的服务。

（二）海外高层次人才引进工作小组根据工作进展情况不定期开展重点引才计划申报备案、核定和调整工作。

（三）对于重点引才计划中引进的符合相应条件，且有意愿办理来华定居专家证或外国专家证的外籍高层次人才，按照有关程序分别报人力资源社会保障部或国家外国专家局优先办理。

（四）各地方、部门和单位在引才计划备案和人才手续办理过程中要避免重复申报，人力资源社会保障和外国专家部门将建立工作协调机制，按现有职能分工共同开展好相关工作。

请于2013年9月10日前将申报函、计划列表及申报材料按引才计划性质送人力资源社会保障部专业技术人员管理司或国家外专局办公室。

四、联系方式（略）

附件：1. 高层次留学人才名单（略）

2. 高层次留学人才登记表（略）

3. 高层次外国专家名单（略）

4. 高层次外国专家登记表（略）

5. 永久居留人才名单（略）

6. 永久居留人才登记表（略）

2013年7月5日

事业单位人事管理

中央编办　财政部　人力资源和社会保障部关于做好中央国家机关所属事业单位分类工作的通知

中央编办发［2013］12号

中央和国家机关各部门：

按照《中共中央、国务院关于分类推进事业单位改革的指导意见》（中发［2011］5号）和《国务院办公厅关于印发分类推进事业单位改革配套文件的通知》（国办发［2011］37号）要求，经中央编委领导批准，现就做好中央国家机关所属事业单位分类工作通知如下：

一、把科学划分类别作为分类推进事业单位改革的基础和重要内容，摆上重要议事日程，认真组织学习相关文件，深刻领会精神，准确把握要求。

二、严格执行政策。要认真落实中发［2011］5号和国办发［2011］37号文件相关规定，严格按照社会功能划分现有事业单位类别，不以机构名称、经费形式、人员管理方式等作为分类依据。要实事求是、严格把关，防止公益类向行政类“挤”、经营类向公益类“靠”，防止将社会功能、运行方式相同的事业单位划入不同类别。

三、统筹安排进度。中央国家机关所属事业单位分类工作2013年上半年基本完成。中央编办会同财政部、人力资源社会保障部等部门成立中央国家机关所属事业单位分类工作小组。

3 月至 5 月，各部门就所属事业单位分类意见与工作小组进行沟通协调，形成一致意见。6 月 10 日前，各部门将所属事业单位分类意见报送中央编办。6 月底前，中央编办商财政部、人力资源社会保障部，涉及党群事业单位商中央组织部研究提出审核意见，按规定程序报批。各部门要统筹安排，按时报送相关材料，以免影响事业单位改革进程以及与其他相关改革政策的衔接。

四、严肃工作纪律。各部门要从大局出发，切实强化责任意识。严禁借改革之机，擅自提高机构规格、突击增设机构、增加编制和领导职数。严格财务管理，严禁转移、侵吞、挤占国有资产，防止国有资产流失。违反规定的，按照有关法律法规和制度规定，追究相关责任人的责任。

五、加强组织领导。事业单位分类涉及面广、政策性强，时间紧、任务重。各部门要加强领导，健全工作机制，配备专门力量，扎实开展工作，确保按时保质完成。要加强思想政治工作，充分发扬民主，重视听取事业单位意见，及时研究遇到的新情况、新问题，始终注意维护职工切身利益，确保思想不散、队伍不乱、工作不断，确保分类工作稳妥推进。重要情况及时报告。中央分类推进事业单位改革工作部际联席会议办公室要加强指导，跟踪分类工作进展情况，及时了解存在的问题，研究提出解决办法。

为便于各部门做好分类工作，中央编办会同有关部门制定了《中央国家机关所属事业单位分类指导目录》及说明，现一并印发，供研究分类意见时参考。

附件：《中央国家机关所属事业单位分类指导目录》及说明（略）

2013 年 3 月 27 日

文化部　中央组织部　中央宣传部　中央编办　发展改革委　财政部　人力资源和社会保障部　税务总局　工商总局关于支持转企改制国有文艺院团改革发展的指导意见

文政法发［2013］28号

各省、自治区、直辖市文化厅（局）、党委组织部、党委宣传部、编办、发展改革委、财政厅（局）、人力资源社会保障厅（局）、国家税务局、地方税务局、工商局，新疆生产建设兵团文化广播电视局、党委组织部、党委宣传部、编办、发展改革委、财政局、人力资源社会保障局，各计划单列市文化局、党委组织部、党委宣传部、编办、发展改革委、财政局、人力资源社会保障局、国家税务局、地方税务局、工商局：

国有文艺院团是繁荣社会主义文艺的中坚力量。演艺业是极具再开发能力和产品衍生潜力的核心文化产业，演艺企业和演艺市场的发展对推动文化产业成为国民经济支柱性产业具有重要作用。近年来，在党中央、国务院的正确领导下，国有文艺院团顺利完成体制改革阶段性任务。随着大部分国有文艺院团转化为市场主体，以企业为主体、事业为补充，面向市场、面向群众的新型演艺体制格局已经形成，为我国演艺业实现跨越式发展奠定了坚实的基础。但是，当前我国演艺市场发育程度还比较低，大部分转企改制国有文艺院团（以下简称转制院团）底子薄、包袱重、经费自给率低、盈利能力弱，转制后面临巨大的生存发展压力。为深入贯彻落实党的十八大精神和十七届六中全会的有关部署，支持转制院团改革发展，提升我国演艺业发展水平，促进社会主义文化大发展大繁荣，现提出以下意见。

一、落实和强化对转制院团的政策扶持

（一）落实转制院团土地使用政策。转制院团使用的原划拨土地用途符合《划拨用地目录》的，经所在地县级以上人民政府批准，可仍以划拨方式使用；不符合《划拨用地目录》的，应依法办理土地有偿使用手续，经评估确定后，以作价出资（入股）等方式处置，转增国家资本。相关职能部门要采取切实可行的措施，帮助转制院团依法办理土地使用手续。

（二）加大财税扶持力度。国有文艺院团转制后原有的正常事业费继续拨付，主要用于解决转制前已经离退休人员的社会保障问题。将转制院团纳入文化产业发展专项资金支持范围，中央和地方设立的其他有关专项资金和基金，要向符合条件的转制院团倾斜，主要用于支持转制院团的发展和创新项目。财政部门安排一定的资金，通过政府购买服务、项目补贴、定向资助、以奖代补等方式，鼓励和引导转制院团参与公共文化服务。建立健全财政投入激励约束机制，把实现良好社会效益和经济效益作为财政扶持的重要标准，提高财政资金使用效益。落实税收优惠政策，转制院团可按现行税收政策规定享受有关税收优惠政策。

（三）改善转制院团排练、演出条件。鼓励通过置换、改造现有闲置建筑等方式，为各转制院团解决排练场所问题。采取灵活的产权形式，或以政府购买演出场所的演出时段、提供场租补贴等形式，为各转制院团解决演出场所问题。为转制院团配置的剧场应主要用于演艺项目经营，不得挪作他用，确保所配置的剧场年演出场次达到一定数量。

（四）加大演艺基础设施建设力度。多渠道筹措资金支持演艺基础设施建设，文化事业基建投资、城市建设项目征收的城市建设综合配套费，可支持带有公共文化服务职能的演艺基础设施建设。鼓励社会资本、社会团体、民办非企业单位投资中小剧场等演艺基础设施建设。鼓励发展多层次、多业态的演出场所。

（五）支持文艺演出院线建设。支持一批重点文艺演出院线企业发展，整合剧场和剧目资源，降低演出流通成本。推动主要城市演出场所连锁经营。鼓励具备条件的地区开展演艺产业集聚区建设，加快形成规模效应。鼓励转制院团特别是骨干演艺企业通过投资、联合等方式参与文艺演出院线建设。

二、促进转制院团自我发展能力建设

（六）规范国有文艺院团转企改制。国有文艺院团转企改制要规范完成清产核资、企业工商注册登记、核销事业编制、注销事业单位法人、同职工签订劳动合同、按照企业办法参加社会保险等各项任务。转制院团要不断完善企业运营机制，加快公司制股份制改造，建立现代企业制度，完善法人治理结构，鼓励一步到位实行股份制。鼓励艺术名家和其他演职人员以个人持股的方式参与转制院团的股份制改造。

（七）增强转制院团发展内生动力。转制院团要努力提升创新能力、演艺产品营销能力、资本运作能力和知识产权经营能力。强化企业内部运行机制和经营管理创新，实行市场化、企业化的经营者选用机制，努力形成符合现代企业制度要求、体现文化企业特点的资产组织形式和经营管理模式。

（八）着力培育骨干演艺企业。把转企改制与兼并重组结合起来，推动演艺资源向优质企业集中。推动转制院团跨地区、跨行业、跨所有制发展。鼓励转制院团通过股权投资、资源互补等，开展多种形式的联合。确定部分改革到位、成长性好的大型转制院团作为国有演艺企业深化改革加快发展试点单位，加强指导，重点培育，打造一批具有较强竞争力的骨干演艺企业。推动符合条件的演艺企业上市融资。

（九）扶持中小转制院团健康发展。支持中小转制院团走专、精、特发展道路，尽快形成一批特色演艺企业。各级政府出资设立的中小企业融资担保平台，要积极为包括转制院团在内的中小演艺企业融资提供担保。鼓励金融机构在风险可控的情况下，依照市场化原则通过发放小企业贷款、权利质押贷款等方式，支持中小转制院团发展。

三、加强转制院团改革发展支撑体系建设

（十）完善工商登记注册服务。工商行政管理部门要为转制院团开展工商注册、资本投资、股权转让等提供咨询指导，方便企业顺利开展经营活动，积极参与市场竞争。允许转制院团使用原事业单位名称（去掉原主管部门）或者符合企业名称登记规定的其他名称进行登记注册。

（十一）鼓励各类资本投资演艺业。鼓励各类资本依法以投资、控股、参股、并购、重组、项目合作等多种方式，参与国有文艺院团转企改制、股份制改造和演艺经营。鼓励成立演艺业发展基金，支持演艺业发展与创新。鼓励风险投资基金、私募股权基金、各类文化产业投资基金等对转制院团及其战略性、先导性演艺项目进行投资，推动演艺投资多元化。积极培育和发展演艺业保险市场。

（十二）积极发展中介组织。发展和完善经纪、代理、评估、推介、咨询等中介机构，支持演艺产业要素交易平台建设。鼓励建立演艺企业集团、行业联盟等组织。提高演艺中介机构规范化、专业化、社会化服务的水平，促进资本、著作权、人力资源等要素的规范流动与合理配置。推动建立演艺企业测评体系，推进演艺市场主体评价。鼓励演艺企业、社会团体、社会资本等设立演艺从业人员保障公益基金，对伤残、生活困难演艺人员进行救助。

（十三）为转制院团发展提供人才支撑。对转制院团经营管理人员进行轮训，从 2013 年起在 5 年内完成对全国转制院团主要经营管理人员的分批次培训。推荐优秀演艺人才进入国家各类人才计划。宣传文化系统相关人才队伍建设工程要适当向转制院团倾斜。完善演艺人才待遇政策，健全人才培养开发、选拔使用、流动配置、激励保障机制。转制院团引进高层次人才，可享受当地高层次人才引进的相关优惠政策。通过文化名家工程、国家文化荣誉制度等，造就一批艺术名家、演艺企业管理名家。

（十四）加强转制院团党组织建设。转制院团要根据转制后企业的实际情况和工作需要，按照党章规定，经上级党组织批准，同步组建、改建或更名党的基层组织，选配好党组织负责人。转制后企业内部的党组织设置，也要随着企业组织结构和党员分布状况的变化，及时进行充实调整，充分发挥转制后企业党组织和党员的作用。按照有利于加强党的领导和开展党的工作、有利于促进企业改革发展稳定的原则，及时理顺转制后企业党组织的隶属关系，健全完善企业党组织工作制度。

各地文化行政部门要在同级党委、政府的统一领导下，会同本意见各相关实施部门，尽快制定贯彻落实本意见的实施方案，确保各项政策措施落到实处。中央有关部门将适时对本意见的贯彻落实情况进行督查。

2013 年 6 月 5 日

国家卫生和计划生育委员会　财政部　人力资源和社会保障部　国家中医药管理局　国务院医改领导小组办公室关于印发开展全科医生特设岗位计划试点工作暂行办法的通知

国卫人发［2013］35号

安徽省、湖南省、四川省、云南省卫生厅、财政厅、人力资源和社会保障厅、中医药管理局、医改办：

为贯彻落实《国务院关于建立全科医生制度的指导意见》（国发［2011］23号）和《以全科医生为重点的基层医疗卫生队伍建设规划》（发改社会［2010］561号），切实加强基层全科医生队伍建设，国家卫生计生委会同财政部、人力资源和社会保障部、中医药局、国务院医改办制定了《关于开展全科医生特设岗位计划试点工作的暂行办法》，现印发给你们，请结合实际遵照执行。

2013年12月6日

关于开展全科医生特设岗位计划试点工作的暂行办法

为贯彻落实《国务院关于建立全科医生制度的指导意见》（国发［2011］23号）和《以全科医生为重点的基层医疗卫生队伍建设规划》（发改社会［2010］561号），切实加强基层全科医生（含中医类别全科医生，下同）队伍建设，现就开展全科医生特设岗位计划试点工作提出如下意见。

一、目标和任务

全科医生特设岗位是针对基层（乡镇）全科医生紧缺的问题，在县级公立医疗机构专门设置，并将所聘全科医生派驻乡镇卫生院工作的非常设岗位。通过实施全科医生特设岗位计划，引导和鼓励优秀医疗卫生人才到基层医疗卫生机构从事全科医疗工作，逐步解决基层全科医生紧缺和无执业医师问题，力争试点地区每个乡镇卫生院有1名全科医生，促进基层医疗卫生队伍建设取得积极进展。

2013年度首先在安徽、湖南、四川、云南等四个中西部省份开展全科医生特设岗位试点工作，优先解决艰苦边远地区全科医生紧缺及乡镇卫生院无执业医师的问题。东部有条件的地区和其他中西部地区可自行开展全科医生特设岗位试点工作。在总结经验的基础上，完善试点工作及相关政策，逐步扩大实施范围，激励全科医生长期在基层服务。

二、岗位设置及职责

特岗全科医生是岗位设置在县级公立医疗机构，专门用于聘用派驻乡镇卫生院工作的全科医生。全科医生特设岗位不受县级公立医疗机构岗位总量、最高等级和结构比例的限制。

特岗全科医生应按服务对象实际需求履行以下职责：

（一）承担预防保健、常见病多发病的诊疗、病人康复与慢性病管理、健康教育与管理等连续性、综合性、一体化服务。

（二）承担专科疾病的识别、转诊以及危重情况的应急处理任务。

（三）作为全科医生团队的领头人，帮助和指导团队其他医务人员提高业务水平，与居民签约一定期限的服务协议，建立相对稳定的契约服务关系。

三、招聘与管理

（一）来源和资质要求。

特岗全科医生应满足下列条件之一：

1. 具有执业医师资格，且执业范围注册为临床类别全科医学专业或中医类别全科医学专业的医务人员。

2. 具有执业医师资格，经过省级卫生计生行政部门（含中医药管理部门，下同）认可的全科医生规范化培养、转岗培训或者岗位培训并考核合格的医务人员。

3. 具有二级以上医院工作经历和执业医师资格，多年从事临床医疗工作，能够胜任全科医生岗位的医务人员。

（二）人员招聘。

全科医生特设岗位招聘工作遵循“民主、公开、竞争、择优”原则，按照事业单位公开招聘的有关规定执行。

省级卫生计生或人力资源社会保障行政部门负责组织人员招聘，并按下列程序进行：

1. 公布需求。省级卫生计生行政部门应向当地人力资源社会保障部门的网站、媒体发布招聘公告。公布招聘步骤、联系方式等。

2. 自愿报名。采取现场报名和网上报名相结合的方式。现场报名人员需持有关证件资料，到指定地点报名。

3. 考试考察。省级卫生计生行政部门负责组织资格审查，实行考试或考察招聘，按照竞争择优的原则确定岗位人选。对应聘前无工作单位的医务人员，主要考查应聘人员的临床实践能力等。

4. 岗位培训。省级卫生计生行政部门负责组织安排未参加过全科医学知识培训的人员进行岗位培训。

5. 签订合同。设置全科医生特设岗位的县级公立医疗机构应当按照国家有关规定与特岗全科医生签订聘用合同，合同中应当明确规定双方的权利和义务。

（三）人员管理。

特岗全科医生聘期为4年，上岗前必须注册为全科医师，服务单位负责按程序办理执业医师注册手续或执业地点、范围变更手续。聘期内，特岗全科医生的户口可按照国家有关规定保留在原户籍所在地或原单位管理。

特岗全科医生人事档案可由服务所在地的县（市）人才服务机构代理，党团关系转至服务所在单位。绩效考核（平时考核）和年度考核由服务所在单位负责，考核结果报县级公立医疗机构备案。对成绩突出、考核优秀者，在绩效工资分配时予以考虑；对考核不合格者，应当按照规定程序调整工作岗位，直至解除聘用合同。

特岗全科医生聘期满后，鼓励到乡镇卫生院工作，乡镇卫生院可按有关规定将其聘任到领导岗位或纳入常设岗位管理。应聘前有工作单位的特岗全科医生，可在公开招聘的前提下，通过考核方式招聘回原单位工作，也可通过公开招聘到其他医院工作，招聘单位在同等条件下优先聘用。

四、激励与保障政策

聘期内，特岗全科医生执行国家统一的工资制度和标准，享受所在县级公立医疗机构同类人员工资待遇。实施全科医生特设岗位计划所需资金由中央和地方财政共同承担。中央财政补助资金主要用于全科医生符合国家统一规定的工资支出。如特岗全科医生符合国家统一规定的工资性年收入水平高于中央财政补助标准的，高出部分及其符合政策规定的社会保险缴费、培训等费用由地方财政负担。对到艰苦边远地区工作的特岗全科医生按国家规定享受艰苦边远地区津贴。2013 年中央财政对中西部试点地区暂按年人均 3 万元的标准补助。

聘期（服务期）内，特岗全科医生按照国家有关规定享受相应的社会保险待遇。服务单位要为特岗全科医生提供相应的周转住房和必要的生活条件。

特岗全科医生在乡镇卫生院的工作时间，计算为城市医生在晋升主治医师或副主任医师前，到基层累计服务的时间。

经过规范化培养的全科医生到基层医疗卫生机构工作，可提前一年申请职称晋升，并可在同等条件下优先聘用到全科主治医师岗位。按照国家有关规定，可放宽外语要求，论文不作硬性规定，将服务数量、服务质量、群众满意度评价等作为特岗全科医生晋升职称的重要因素。

积极开展全科医学继续教育活动，为特岗全科医生提供具有全科医学特点、针对性和实用性强的继续医学教育项目。特岗全科医生按规定接受继续医学教育。

五、组织实施

全科医生特岗计划是提高基层医疗卫生机构服务能力的重要举措，各地区要高度重视，精心组织，加强领导，稳步实施。要健全工作机制，结合实际研究制定实施意见并抓好组织落实。要注意把握节奏，加强统筹协调，不断总结试点经验，完善相关政策措施。加强宣传，营造良好氛围，确保顺利推进。

国家卫生计生委、财政部、人力资源社会保障部、国家中医药局、国务院医改办负责全国特岗全科医生工作的规划和指导。

省级卫生计生行政部门和人力资源社会保障行政部门负责本省（区、市）特岗全科医生的组织工作和监督管理。负责提出本省（区、市）年度需求，制定本省（区、市）全科医生特设岗位计划实施细则，包括岗位设置、人员招聘与管理、培训方案等内容，实施细则报国家卫生计生委、财政部、人力资源社会保障部、国家中医药局、国务院医改办备案。

县级卫生计生行政部门和人力资源社会保障行政部门负责制定并实施县域内特岗全科医生工作方案，负责提出本县年度需求，负责特岗全科医生在县域内的流动配置、优化整合等工作。

按照《以全科医生为重点的基层医疗卫生队伍建设规划》（发改社会［2010］561号），鼓励城市业务水平较高、身体状况较好的退休卫生专业技术人员到基层卫生服务机构开展医疗卫生服务，补助水平参照特岗全科医生。鼓励和组织有关行业协会学会、高等院校和社会非营利组织等参与全科医生特设岗位计划实施的相关工作。

国家卫生计生委　中央编办　国家发展改革委　教育部　财政部　人力资源和社会保障部　国家中医药管理局关于建立住院医师规范化培训制度的指导意见

国卫科教发［2013］56 号

各省、自治区、直辖市卫生计生委（卫生厅局）、编办、发展改革委、教育厅（教委）、财政厅（局）、人力资源社会保障厅（局）、中医药管理局，新疆生产建设兵团卫生局、编办、发展改革委、教育局、财务局、人力资源社会保障局：

住院医师规范化培训是培养合格临床医师的必经途径，是加强卫生人才队伍建设、提高医疗卫生工作质量和水平的治本之策，是深化医药卫生体制改革和医学教育改革的重大举措。为贯彻《中共中央、国务院关于深化医药卫生体制改革的意见》（中发［2009］6 号）和《国家中长期人才发展规划纲要（2010—2020 年）》精神，培养和建设一支适应人民群众健康保障需要的临床医师队伍，现就建立住院医师规范化培训制度提出如下意见，请结合本地实际认真执行。

一、指导思想、基本原则和工作进程

（一）指导思想。深入贯彻落实科学发展观，实施“科教兴国、人才强国”战略，紧密结合我国经济社会发展要求，按照深化医药卫生体制改革的总体部署，立足基本国情，借鉴国际经验，遵循医学教育和医学人才成长规律，从制度建设入手，完善政策，健全体系，严格管理，建立健全住院医师规范化培训制度，全面提高我国医师队伍的综合素质和专业水平。

（二）基本原则。坚持政府主导、部门协同、行业牵头、多方参与，建立健全住院医师规范化培训工作机制。坚持统筹规划、需求导向、稳妥推进、逐步完善，积极开展住院医师规范化培训工作。坚持统一标准、突出实践、规范管理、注重实效，切实提高医师队伍执业素质和实际诊疗能力。

（三）工作进程。到2015年，各省（区、市）全面启动住院医师规范化培训工作；到2020年，基本建立住院医师规范化培训制度，所有新进医疗岗位的本科及以上学历临床医师均接受住院医师规范化培训。

二、逐步建立健全住院医师规范化培训制度

（四）制度内涵。住院医师规范化培训是指医学专业毕业生在完成医学院校教育之后，以住院医师的身份在认定的培训基地接受以提高临床能力为主的系统性、规范化培训。住院医师规范化培训制度是对招收对象、培训模式、培训招收、培训基地、培训内容和考核认证等方面的政策性安排。

（五）招收对象。拟从事临床医疗工作的高等院校医学类专业（指临床医学类、口腔医学类、中医学类和中西医结合类，下同）本科及以上学历毕业生，或已从事临床医疗工作并取得执业医师资格证书，需要接受培训的人员。

（六）培训模式。“5＋3”是住院医师规范化培训的主要模式，即完成5年医学类专业本科教育的毕业生，在培训基地接受3年住院医师规范化培训。

（七）培训招收。卫生计生行政部门会同有关部门制定中长期规划和年度培训计划。培训基地依据核定规模，按照公开公平、双向选择、择优录取的原则，主要通过招收考试形式，招收符合条件的医疗卫生单位委派人员和社会人员参加培训。根据医疗保健工作需求，适当加大全科以及儿科、精神科等紧缺专业的招收规模。

（八）培训基地。培训基地是承担住院医师规范化培训的医疗卫生机构，依据培训需求和基地标准进行认定，实行动态管理，原则上设在三级甲等医院，并结合当地医疗资源实际情况，将符合条件的其他三级医院和二级甲等医院作为补充，合理规划布局。区域内培训基地可协同协作，共同承担有关培训工作。全科医生规范化培养基地除临床基地外还应当包括基层医疗卫生机构和专业公共卫生机构。

（九）培训内容。包括医德医风、政策法规、临床实践技能、专业理论知识、人际沟通交流等，重点提高临床诊疗能力。

（十）考核认证。包括过程考核和结业考核。合格者颁发统一制式的《住院医师规范化培训合格证书》。

三、完善保障措施

（十一）编制保障。机构编制部门在制定医疗卫生机构编制标准时，将有关机构承担的住院医师规范化培训任务作为核定编制时统筹考虑的因素。

（十二）人员管理与待遇。

培训对象是培训基地住院医师队伍的一部分，应遵守培训基地的有关管理规定，并依照规定享受相关待遇。

单位委派的培训对象，培训期间原人事（劳动）、工资关系不变，委派单位、培训基地和培训对象三方签订委托培训协议，委派单位发放的工资低于培训基地同等条件住院医师工资水平的部分由培训基地负责发放。面向社会招收的培训对象与培训基地签订培训协议，其培训期间的生活补助由培训基地负责发放，标准参照培训基地同等条件住院医师工资水平确定。具有研究生身份的培训对象执行国家研究生教育有关规定，培训基地可根据培训考核情况向其发放适当生活补贴。

临床医学专科学历毕业生参加 2 年毕业后培训（3＋2），培训期间的有关人员管理和待遇参照上述原则并结合当地实际执行，培训内容及标准等另行制定。

（十三）经费保障。建立政府投入、基地自筹、社会支持的多元投入机制。政府对按规划建设设置的培训基地基础设施建设、设备购置、教学实践活动以及面向社会招收和单位委派培训对象给予必要补助，中央财政通过专项转移支付予以适当支持。各地要充分利用已支持建设的全科医生规范化培养基地的条件，在住院医师规范化培训中发挥应有的作用。

四、密切相关政策衔接

（十四）学位衔接。探索住院医师规范化培训与医学硕士专业学位（指临床、口腔、中医，下同）研究生教育有机衔接的办法，逐步统一住院医师规范化培训和医学硕士专业学位研究生培养的内容和方式。取得《住院医师规范化培训合格证书》并符合国家学位要求的临床医师，可授予医学硕士专业学位；符合住院医师规范化培训管理要求，按照住院医师规范化培训标准内容进行培训并考核合格的医学硕士专业学位研究生，可取得《住院医师规范化培训合格证书》。

（十五）执业注册。规范化培训前已取得《执业医师资格证书》的培训对象，应当将培训基地注册为执业地点，可不限执业范围。培训期间尚未取得《执业医师资格证书》的，可在具有执业资格的带教师资指导下进行临床诊疗工作。培训期间，可依照《执业医师法》相关规定参加国家医师资格考试，取得执业医师资格后，医师执业证书应当注明类别，可不限执业范围，但应当按照有关规定填写相应规范化培训信息。培训结束后，根据实际情况确定执业范围和地点，依法办理相应执业注册变更手续。

（十六）政策引导。在全面启动住院医师规范化培训的省（区、市），将取得《住院医师规范化培训合格证书》作为临床医学专业中级技术岗位聘用的条件之一。住院医师规范化培训合格者到基层医疗卫生机构工作，可提前1年参加全国卫生专业技术中级资格考试，同等条件下优先聘用。培训对象到基层实践锻炼的培训时间，可计入本人晋升中高级职称前到基层卫生单位累计服务年限。申请个体行医，在符合规定条件的前提下，卫生计生行政部门应当予以优先，并逐步将参加住院医师规范化培训合格作为必备条件。

（十七）建立培训供需匹配机制。加强部门协同，逐步建立临床医学专业毕业生数量、住院医师规范化培训基地培训容量与临床医师岗位需求量相匹配的机制。

五、强化组织领导

（十八）抓好组织落实。各省（区、市）要按照本指导意见，制定适合本地区情况的具体实施方案。卫生计生、编制、发展改革、教育、财政、人力资源社会保障、中医药等部门要健全工作协调机制，制定政策，发布相关实施细则，并及时研究解决贯彻实施中的有关问题，不断探索完善相关政策措施，推动本地区住院医师规范化培训工作扎实稳妥有效推进。

（十九）促进各地均衡发展。发达地区要积极支持欠发达地区开展住院医师规范化培训工作，在师资队伍建设、基地建设、培训名额等方面给予帮扶。年度招收计划要有一定比例的培训名额用于支持欠发达地区。

（二十）发挥有关行业组织作用。加强行业协会、专业学会及相关机构能力建设，在制定培训标准、开展考核认证等方面充分发挥行业组织的优势与作用。

（二十一）做好舆论宣传。通过多种形式加强宣传，增强全社会对住院医师规范化培训必要性及重要性的认识，为全面建立住院医师规范化培训制度营造良好氛围。

2013 年 12 月 31 日

国家发展和改革委员会办公厅　财政部办公厅　人力资源和社会保障部办公厅　国家卫生和计划生育委员会办公厅关于确定社会办医（国家）联系点有关事项的通知

发改办社会［2013］3231 号

北京市、吉林省、上海市、浙江省、山东省、河南省、湖南省、广东省、广西壮族自治区、重庆市、四川省、云南省、陕西省发展改革委、财政厅（局）、人力资源社会保障厅（局）、卫生计生委（卫生厅、局）：

按照《国务院关于促进健康服务业发展的若干意见》（国发［2013］40 号）的工作要求，为鼓励地方加大改革创新力度，在社会办医方面先行先试，根据各地的推荐材料，经研究，现就确定社会办医（国家）联系点有关事项通知如下：

一、确定北京市通州区、吉林省长春市、上海市闵行区、浙江省温州市、山东省潍坊市、河南省郑州市、湖南省长沙市、广东省东莞市、广西壮族自治区南宁市、重庆市黔江区、四川省成都市、云南省昆明市、陕西省西安市为社会办医（国家）联系点。

二、请你省（自治区、直辖市）高度重视，大力支持联系点发展社会办医。请各联系点抓紧做好当地发展社会办医的统筹谋划和组织实施工作，务求实效。鼓励在人才流动、市场准入、规划布局、医保定点、财税价格、投资补助、土地等方面，大胆探索创新，创造和积累经验。有关进展情况请及时沟通上报。

三、国家发展改革委、财政部、人力资源社会保障部、卫生计生委等部门将密切跟踪了解各联系点的社会办医工作进展情况，应要求协助协调存在的突出问题，推进落实上质量、上水平的重大项目；根据各地工作的进展情况，将及时组织交流，总结好的经验做法，以适当方式予以推广。

四、建立社会办医（国家）联系点沟通联系机制。请各联系点尽快指定本项工作的责任人和具体联络人，并于 2014 年 1 月 11 日前将人员名单报国家发展改革委。

2013 年 12 月 31 日

劳动关系

人力资源和社会保障部令

第19号

《劳务派遣行政许可实施办法》已经人力资源社会保障部第10次部务会审议通过，现予公布，自2013年7月1日起施行。

部　长　尹蔚民

2013年6月20日

劳务派遣行政许可实施办法

第一章　总　　则

第一条　为了规范劳务派遣，根据《中华人民共和国劳动合同法》《中华人民共和国行政许可法》等法律，制定本办法。

第二条　劳务派遣行政许可的申请受理、审查批准以及相关的监督检查等，适用本办法。

第三条　人力资源社会保障部负责对全国的劳务派遣行政许

可工作进行监督指导。

县级以上地方人力资源社会保障行政部门按照省、自治区、直辖市人力资源社会保障行政部门确定的许可管辖分工，负责实施本行政区域内劳务派遣行政许可工作以及相关的监督检查。

第四条 人力资源社会保障行政部门实施劳务派遣行政许可，应当遵循权责统一、公开公正、优质高效的原则。

第五条 人力资源社会保障行政部门应当在本行政机关办公场所、网站上公布劳务派遣行政许可的依据、程序、期限、条件和需要提交的全部材料目录以及监督电话，并在本行政机关网站和至少一种全地区性报纸上向社会公布获得许可的劳务派遣单位名单及其许可变更、延续、撤销、吊销、注销等情况。

第二章 劳务派遣行政许可

第六条 经营劳务派遣业务，应当向所在地有许可管辖权的人力资源社会保障行政部门（以下称许可机关）依法申请行政许可。

未经许可，任何单位和个人不得经营劳务派遣业务。

第七条 申请经营劳务派遣业务应当具备下列条件：

（一）注册资本不得少于人民币 200 万元；

（二）有与开展业务相适应的固定的经营场所和设施；

（三）有符合法律、行政法规规定的劳务派遣管理制度；

（四）法律、行政法规规定的其他条件。

第八条 申请经营劳务派遣业务的，申请人应当向许可机关提交下列材料：

（一）劳务派遣经营许可申请书。

（二）营业执照或者《企业名称预先核准通知书》。

（三）公司章程以及验资机构出具的验资报告或者财务审计报告。

（四）经营场所的使用证明以及与开展业务相适应的办公设

施设备、信息管理系统等清单。

（五）法定代表人的身份证明。

（六）劳务派遣管理制度，包括劳动合同、劳动报酬、社会保险、工作时间、休息休假、劳动纪律等与劳动者切身利益相关的规章制度文本；拟与用工单位签订的劳务派遣协议样本。

第九条 许可机关收到申请材料后，应当根据下列情况分别做出处理：

（一）申请材料存在可以当场更正的错误的，应当允许申请人当场更正；

（二）申请材料不齐全或者不符合法定形式的，应当当场或者在5个工作日内一次告知申请人需要补正的全部内容，逾期不告知的，自收到申请材料之日起即为受理；

（三）申请材料齐全、符合法定形式，或者申请人按照要求提交了全部补正申请材料的，应当受理行政许可申请。

第十条 许可机关对申请人提出的申请决定受理的，应当出具《受理决定书》；决定不予受理的，应当出具《不予受理决定书》，说明不予受理的理由，并告知申请人享有依法申请行政复议或者提起行政诉讼的权利。

第十一条 许可机关决定受理申请的，应当对申请人提交的申请材料进行审查。根据法定条件和程序，需要对申请材料的实质内容进行核实的，许可机关应当指派2名以上工作人员进行核查。

第十二条 许可机关应当自受理之日起20个工作日内做出是否准予行政许可的决定。20个工作日内不能做出决定的，经本行政机关负责人批准，可以延长10个工作日，并应当将延长期限的理由告知申请人。

第十三条 申请人的申请符合法定条件的，许可机关应当依法做出准予行政许可的书面决定，并自做出决定之日起5个工作日内通知申请人领取《劳务派遣经营许可证》。

申请人的申请不符合法定条件的，许可机关应当依法做出不予行政许可的书面决定，说明不予行政许可的理由，并告知申请人享有依法申请行政复议或者提起行政诉讼的权利。

第十四条 《劳务派遣经营许可证》应当载明单位名称、住所、法定代表人、注册资本、许可经营事项、有效期限、编号、发证机关以及发证日期等事项。《劳务派遣经营许可证》分为正本、副本。正本、副本具有同等法律效力。

《劳务派遣经营许可证》有效期为3年。

《劳务派遣经营许可证》由人力资源社会保障部统一制定样式，由各省、自治区、直辖市人力资源社会保障行政部门负责印制、免费发放和管理。

第十五条 劳务派遣单位取得《劳务派遣经营许可证》后，应当妥善保管，不得涂改、倒卖、出租、出借或者以其他形式非法转让。

第十六条 劳务派遣单位名称、住所、法定代表人或者注册资本等改变的，应当向许可机关提出变更申请。符合法定条件的，许可机关应当自收到变更申请之日起10个工作日内依法办理变更手续，并换发新的《劳务派遣经营许可证》或者在原《劳务派遣经营许可证》上予以注明；不符合法定条件的，许可机关应当自收到变更申请之日起10个工作日内做出不予变更的书面决定，并说明理由。

第十七条 劳务派遣单位分立、合并后继续存续，其名称、住所、法定代表人或者注册资本等改变的，应当按照本办法第十六条规定执行。

劳务派遣单位分立、合并后设立新公司的，应当按照本办法重新申请劳务派遣行政许可。

第十八条 劳务派遣单位需要延续行政许可有效期的，应当在有效期届满60日前向许可机关提出延续行政许可的书面申请，并提交3年以来的基本经营情况；劳务派遣单位逾期提出延续行政许可的书面申请的，按照新申请经营劳务派遣行政许可办理。

第十九条 许可机关应当根据劳务派遣单位的延续申请，在该行政许可有效期届满前做出是否准予延续的决定；逾期未作决定的，视为准予延续。

准予延续行政许可的，应当换发新的《劳务派遣经营许可证》。

第二十条 劳务派遣单位有下列情形之一的，许可机关应当自收到延续申请之日起 10 个工作日内做出不予延续书面决定，并说明理由：

（一）逾期不提交劳务派遣经营情况报告或者提交虚假劳务派遣经营情况报告，经责令改正，拒不改正的；

（二）违反劳动保障法律法规，在一个行政许可期限内受到 2 次以上行政处罚的。

第二十一条 劳务派遣单位设立子公司经营劳务派遣业务的，应当由子公司向所在地许可机关申请行政许可；劳务派遣单位设立分公司经营劳务派遣业务的，应当书面报告许可机关，并由分公司向所在地人力资源社会保障行政部门备案。

第三章 监督检查

第二十二条 劳务派遣单位应当于每年 3 月 31 日前向许可机关提交上一年度劳务派遣经营情况报告，如实报告下列事项：

（一）经营情况以及上年度财务审计报告；

（二）被派遣劳动者人数以及订立劳动合同、参加工会的情况；

（三）向被派遣劳动者支付劳动报酬的情况；

（四）被派遣劳动者参加社会保险、缴纳社会保险费的情况；

（五）被派遣劳动者派往的用工单位、派遣数量、派遣期限、用工岗位的情况；

（六）与用工单位订立的劳务派遣协议情况以及用工单位履

行法定义务的情况；

（七）设立子公司、分公司等情况。

劳务派遣单位设立的子公司或者分公司，应当向办理许可或者备案手续的人力资源社会保障行政部门提交上一年度劳务派遣经营情况报告。

第二十三条 许可机关应当对劳务派遣单位提交的年度经营情况报告进行核验，依法对劳务派遣单位进行监督，并将核验结果和监督情况载入企业信用记录。

第二十四条 有下列情形之一的，许可机关或者其上级行政机关，可以撤销劳务派遣行政许可：

（一）许可机关工作人员滥用职权、玩忽职守，给不符合条件的申请人发放《劳务派遣经营许可证》的；

（二）超越法定职权发放《劳务派遣经营许可证》的；

（三）违反法定程序发放《劳务派遣经营许可证》的；

（四）依法可以撤销行政许可的其他情形。

第二十五条 申请人隐瞒真实情况或者提交虚假材料申请行政许可的，许可机关不予受理、不予行政许可。

劳务派遣单位以欺骗、贿赂等不正当手段和隐瞒真实情况或者提交虚假材料取得行政许可的，许可机关应当予以撤销。被撤销行政许可的劳务派遣单位在1年内不得再次申请劳务派遣行政许可。

第二十六条 有下列情形之一的，许可机关应当依法办理劳务派遣行政许可注销手续：

（一）《劳务派遣经营许可证》有效期届满，劳务派遣单位未申请延续的，或者延续申请未被批准的；

（二）劳务派遣单位依法终止的；

（三）劳务派遣行政许可依法被撤销，或者《劳务派遣经营许可证》依法被吊销的；

（四）法律、法规规定的应当注销行政许可的其他情形。

第二十七条　劳务派遣单位向许可机关申请注销劳务派遣行政许可的，应当提交已经依法处理与被派遣劳动者的劳动关系及其社会保险权益等材料，许可机关应当在核实有关情况后办理注销手续。

第二十八条　当事人对许可机关做出的有关劳务派遣行政许可的行政决定不服的，可以依法申请行政复议或者提起行政诉讼。

第二十九条　任何组织和个人有权对实施劳务派遣行政许可中的违法违规行为进行举报，人力资源社会保障行政部门应当及时核实、处理。

第四章　法 律 责 任

第三十条　人力资源社会保障行政部门有下列情形之一的，由其上级行政机关或者监察机关责令改正，对直接负责的主管人员和其他直接责任人员依法给予处分；构成犯罪的，依法追究刑事责任：

（一）向不符合法定条件的申请人发放《劳务派遣经营许可证》，或者超越法定职权发放《劳务派遣经营许可证》的；

（二）对符合法定条件的申请人不予行政许可或者不在法定期限内做出准予行政许可决定的；

（三）在办理行政许可、实施监督检查工作中，玩忽职守、徇私舞弊，索取或者收受他人财物或者谋取其他利益的；

（四）不依法履行监督职责或者监督不力，造成严重后果的。

许可机关违法实施行政许可，给当事人的合法权益造成损害的，应当依照国家赔偿法的规定给予赔偿。

第三十一条　任何单位和个人违反《中华人民共和国劳动合同法》的规定，未经许可，擅自经营劳务派遣业务的，由人力资源社会保障行政部门责令停止违法行为，没收违法所得，并处违法所得1倍以上5倍以下的罚款；没有违法所得的，可以处5万元以下的罚款。

第三十二条 劳务派遣单位违反《中华人民共和国劳动合同法》有关劳务派遣规定的，由人力资源社会保障行政部门责令限期改正；逾期不改正的，以每人 5 000 元以上 1 万元以下的标准处以罚款，并吊销其《劳务派遣经营许可证》。

第三十三条 劳务派遣单位有下列情形之一的，由人力资源社会保障行政部门处 1 万元以下的罚款；情节严重的，处 1 万元以上 3 万元以下的罚款：

（一）涂改、倒卖、出租、出借《劳务派遣经营许可证》，或者以其他形式非法转让《劳务派遣经营许可证》的；

（二）隐瞒真实情况或者提交虚假材料取得劳务派遣行政许可的；

（三）以欺骗、贿赂等不正当手段取得劳务派遣行政许可的。

第五章 附 则

第三十四条 劳务派遣单位在 2012 年 12 月 28 日至 2013 年 6 月 30 日之间订立的劳动合同和劳务派遣协议，2013 年 7 月 1 日后应当按照《全国人大常委会关于修改〈中华人民共和国劳动合同法〉的决定》执行。

本办法施行前经营劳务派遣业务的单位，应当按照本办法取得劳务派遣行政许可后，方可经营新的劳务派遣业务；本办法施行后未取得劳务派遣行政许可的，不得经营新的劳务派遣业务。

第三十五条 本办法自 2013 年 7 月 1 日起施行。

人力资源和社会保障部关于贯彻实施新修订的劳动合同法严格规范劳务派遣的通知

人社部发［2013］6号

各省、自治区、直辖市及新疆生产建设兵团人力资源社会保障厅（局）：

2012年12月28日，第十一届全国人民代表大会常务委员会第三十次会议通过《关于修改〈中华人民共和国劳动合同法〉的决定》，重点对劳务派遣做了新的法律规定，自今年7月1日起施行。为做好贯彻实施工作，进一步规范劳务派遣，现就有关事项通知如下：

一、充分认识贯彻实施新修订劳动合同法严格规范劳务派遣的重要意义

劳务派遣作为一种补充用工方式，在满足用人单位灵活用工需求和解决摩擦失业、促进劳动者就业等方面发挥了积极作用。但在实践中也存在部分用工单位超范围使用被派遣劳动者、部分劳务派遣单位不与被派遣劳动者签订劳动合同、不依法缴纳社会保险费、被派遣劳动者与用工单位同岗位劳动者同工不同酬等问题，损害了被派遣劳动者的合法权益，影响了劳动关系的和谐稳定。这次全国人大常委会通过修改劳动合同法的决定，从设立经营劳务派遣业务行政许可、进一步界定“三性”工作岗位范围、严格控制劳务派遣用工数量、落实被派遣劳动者同工同酬权利和加重违法行为法律责任等方面做出了新的法律规定。认真贯彻实施新修订的劳动合同法，严格规范劳务派遣，对维护广大被派遣劳动者的合法权益，构建和谐劳动关系，促进企业健康发展，保持社会稳定具有重要意义。各级人力资源社会保障部门要充分认识做好这项工作的重要性和紧迫性，按照解决突出问题与建立长效机制相结合、依法规范管理与加强指导服务相结合的原则，采取切实有力的措施，将新修订劳动合同法的各项规定贯彻落实到位，实现劳务派遣单位依法规范经营、用工单位依法合理使用被派遣劳动者、被派遣劳动者合法权益得到有效保护的目标，促进劳务派遣规范有序发展。

二、全面开展规范劳务派遣专项行动

根据全国人大常委会修改劳动合同法的决定，现在离新的法律规定正式施行还有将近半年时间。为使新修订的法律能够全面贯彻实施，各地人力资源社会保障部门要积极争取工商行政管理部门的支持，按照属地管理的原则，自本通知下发之日起，用半年左右的时间，对现有劳务派遣单位、用工单位及其派遣使用劳动者的情况集中开展一次规范行动。

要对劳务派遣情况进行全面摸底调查，准确掌握辖区内劳务派遣单位和用工单位基本情况、被派遣劳动者人数及劳动合同签订、工资支付、参加社会保险等情况，建立健全管理台账。

要对劳务派遣单位进行清理整顿，依法取缔不具备法定资质的劳务派遣机构，依法整顿用人单位自行设立劳务派遣单位向本单位或者所属单位派遣劳动者的行为。

要加强对劳务派遣和用工行为的规范指导。依法纠正和查处劳务派遣单位不签订劳动合同、劳动合同期限不足两年、违法解除终止劳动合同、不参加社会保险、克扣劳动报酬、向被派遣劳动者收取押金以及未与用工单位签订劳务派遣协议等违法行为，对劳动合同和劳务派遣协议的内容不符合按照同工同酬原则实行相同的劳动报酬分配办法规定的，要督促指导劳务派遣单位和用工单位及时进行调整；对修改劳动合同法的决定施行前新开展劳务派遣业务的，也要按照修改劳动合同法的决定精神积极做好引导工作。

三、建立健全加强劳务派遣监管的长效机制

要切实做好经营劳务派遣业务的行政许可工作。部里将依照修改劳动合同法的决定尽快制定劳务派遣行政许可管理办法，各地要结合本地区实际研究制定具体实施细则。在修改劳动合同法的决定正式施行后，对申请行政许可的劳务派遣单位，人力资源社会保障部门要依法及时办理行政许可，并指导其依法办理公司登记。要对已经依法取得行政许可并办理公司登记的劳务派遣单位实行年度核查制度，对未能通过核查的，依照有关规定撤销行政许可并予以公告。

要健全劳务派遣单位用工备案制度，指导督促劳务派遣单位依法建立职工名册，及时到当地人力资源社会保障部门办理劳动用工备案手续。各级人力资源社会保障部门要加强劳务派遣统计工作，定期对本地区的劳务派遣统计数据进行汇总分析并逐级上报。

要加大对劳务派遣的监察执法力度，将劳务派遣单位和用工单位遵守新修订劳动合同法的情况作为每年开展劳动用工专项检查的重点内容，依法严肃查处劳务派遣用工中的各类违法行为。各级劳动保障监察机构要建立跨地区执法监管协作机制，切实维护跨地区被派遣劳动者的合法权益。

要探索建立劳务派遣单位履行法定义务情况报告制度，督促劳务派遣单位定期向当地人力资源社会保障部门报告与被派遣劳动者订立、履行劳动合同以及与用工单位订立、履行劳务派遣协议等法定义务情况，实现对劳务派遣的全面、动态监管。

四、认真抓好宣传培训和法规政策清理工作

各地要充分利用广播、电视、报纸、杂志、网络等媒体，广泛宣传新修订劳动合同法的意义和内容，重点向劳务派遣单位、用工单位和被派遣劳动者宣传劳务派遣行政许可、劳务派遣用工岗位适用范围、被派遣劳动者同工同酬权利以及违法行为的法律责任等内容，努力在全社会形成依法规范劳务派遣管理的良好舆论氛围。

各地人力资源和社会保障部门要高度重视本系统工作人员的学习培训工作，通过举办专题培训班、召开专题研讨会等方式，有计划地组织系统干部职工认真学习新修订劳动合同法，深刻领会和准确把握法律条款的精神实质，提高依法行政的能力和水平。要支持和配合工会组织和企业代表组织等相关单位，采取主动送法上门等方式，认真抓好劳务派遣单位和各类用工单位以及劳动者的学习培训，增强劳务派遣单位依法经营、用工单位依法使用被派遣劳动者的自觉性，提高劳动者依法维权的意识。

为确保新修订的劳动合同法有效实施，部里正在研究制定《劳务派遣规定》。各地要对照新修订劳动合同法和部颁规定，对本地区已经制定出台的涉及劳务派遣的法规、规章或规范性文件进行全面清理，对与法律相抵触的，要及时按照法定程序修订或废止。尚未制定配套法规、规章或规范性文件的，要因地制宜抓紧研究制定，进一步增强法律的操作性。

五、切实加强组织实施

各地人力资源和社会保障部门要把贯彻实施新修订的劳动合同法，严格规范劳务派遣作为当前一项重要任务摆上日程，切实加强组织领导，狠抓落实。要结合本地区实际研究制定贯彻实施方案，明确目标任务，明确工作责任，明确时限要求，明确具体措施。部门内的相关单位要密切配合，形成合力；上级部门要加强对下级贯彻实施工作的指导、督促和检查。要加强与工会组织和企业代表组织等单位的沟通协调，共同做好新修订劳动合同法的贯彻实施工作。要深入基层加强调查研究，密切跟踪掌握贯彻实施过程中出现的新情况、新问题，及时采取措施认真加以解决。

请各省、自治区、直辖市及时对本地区贯彻落实本通知的有关工作情况进行总结，于今年7月底前报部劳动关系司。

2013年1月23日

人力资源和社会保障部办公厅关于做好劳务派遣行政许可工作的通知

人社厅发［2013］66号

各省、自治区、直辖市及新疆生产建设兵团人力资源社会保障厅（局）：

根据《全国人民代表大会常务委员会关于修改〈中华人民共和国劳动合同法〉的决定》（以下简称修改决定）关于"经营劳务派遣业务，应当向劳动行政部门依法申请行政许可"的规定，我部制定公布了《劳务派遣行政许可实施办法》（以下简称实施办法）。为贯彻落实实施办法，做好行政许可工作，现就有关事项通知如下：

一、充分认识做好劳务派遣行政许可工作的重要意义。做好经营劳务派遣业务行政许可工作是加强对劳务派遣单位监管、从源头上规范劳务派遣的一项重要举措，对于实现劳务派遣单位依法规范经营，有效保护被派遣劳动者合法权益，促进劳务派遣规范有序发展具有重要意义。各级人力资源社会保障部门要充分认识设立经营劳务派遣业务行政许可的必要性和重要性，采取切实有效的措施认真贯彻落实实施办法，依法做好劳务派遣行政许可工作。

二、大力抓好宣传引导和学习培训。各级人力资源社会保障部门要把宣传实施办法与贯彻实施新修订的劳动合同法紧密结合起来，通过在本地主流媒体（报纸、网站等）上刊登刊发实施办法等多种方式，重点宣传劳务派遣行政许可工作的重要性，全面解读经营劳务派遣业务应当具备的条件、申请劳务派遣行政许可程序以及监督检查等规定，统一全社会遵守劳务派遣行政许可法律规定、依法规范劳务派遣的认识。要加强本系统干部职工的学习培训，帮助系统干部职工特别是劳务派遣行政许可经办人员正确理解并掌握实施办法的精神实质和主要内容，熟悉受理、审查、批准经营劳务派遣业务行政许可申请的要求、流程和责任。要通过举办培训班等方式，有计划地组织本地区现有劳务派遣单位集中进行学习培训，使所有劳务派遣单位尽快熟悉实施办法的内容和要求。支持和鼓励有关行业协会组织劳务派遣会员单位开展专题学习培训，促进劳务派遣单位自觉依法规范经营。

三、严格依法做好劳务派遣行政许可工作。各级人力资源社会保障部门要按照行政许可法和实施办法的要求，完善细化劳务派遣行政许可工作流程，将行政许可的依据、程序、期限、条件以及需要提交的全部材料目录、申请书示范文本和监督电话等在本行政机关办公场所、网站上进行公布，并提供有关申请表格的免费下载服务。对申请行政许可的劳务派遣单位，要严格按照审批程序和时限要求及时依法办结。对取得行政许可或依照有关规定变更、延续、撤销、吊销、注销行政许可的劳务派遣单位要及时予以公告。

四、加强对劳务派遣单位的服务和监管。各级人力资源社会保障部门要对实施办法施行前已开展劳务派遣业务的单位，采取主动联系、上门服务等方式，帮助其做好劳务派遣行政许可申请工作，指导其依法完善各项劳务派遣管理制度。对实施办法施行后新申请经营劳务派遣业务的单位，也要加强的指导和服务，为其依法取得行政许可提供便利。要加强对已经依法取得行政许可并办理公司登记的劳务派遣单位的监督管理，督促劳务派遣单位在办公场所明示合法证照、监督机关和监督电话；指导劳务派遣单位依法建立职工名册，及时办理劳动用工备案手续，做好对其经营活动的日常监督和年度经营情况报告的核验工作。

五、进一步增强工作的预见性和针对性。各级人力资源社会保障部门要认真梳理分析实施劳务派遣行政许可过程中可能出现的新情况、新问题以及对劳动关系的影响，提前制定工作预案，积极研究解决办法。对实施办法施行初期可能出现的集中申请行政许可的情况，要提前做好经办人员和工作场地的配备等应对准备工作，既要确保在规定的时限内及时办结，又要保证服务质量。对申请行政许可但暂未达到条件的现有劳务派遣单位，要督促其依法继续履行已订立的劳动合同和劳务派遣协议，保持被派遣劳动者就业的稳定，并指导其尽快创造条件取得行政许可；对确实无法达到劳务派遣单位经营条件、不能取得行政许可的现有劳务派遣单位以及取得行政许可后依法未被准予延续或被撤销、吊销许可的劳务派遣单位，要指导其和用工单位共同采取有针对性的措施，妥善处理被派遣劳动者的劳动关系。对少数劳务派遣单位或用工单位可能出现的规模裁减人员或退工的行为，要依法予以规范和处理，最大限度地减少对就业和社会稳定的影响。

六、切实加强组织领导。各级人力资源社会保障部门要从依法规范劳务派遣出发，根据本地区实际研究制定行政许可实施细则和劳务派遣配套规定，按照权责统一的要求落实职责任务，加强内部有关单位的协调配合，形成工作合力。省级人力资源社会保障部门要尽快确定省、市、县级人力资源社会保障部门的劳务派遣行政许可管辖分工，承担行政许可职能的人力资源社会保障部门严格依法做好行政许可工作，建立健全劳务派遣情况管理台账。上级人力资源社会保障部门要加强对下级工作的指导和监督，及时总结推广典型经验，研究解决出现的问题，推动劳务派遣行政许可工作依法有序、公开公正、优质高效开展。

请各省级人力资源社会保障部门于 2014 年 1 月 31 日前将本地区贯彻实施办法的情况书面报部劳动关系司，行政许可工作中遇到的重大问题及时报告。

2013 年 6 月 20 日

工 资 福 利

国务院批转发展改革委等部门关于深化收入分配制度改革若干意见的通知

国发〔2013〕6号

各省、自治区、直辖市人民政府，国务院各部委、各直属机构：

国务院同意发展改革委、财政部、人力资源社会保障部《关于深化收入分配制度改革的若干意见》，现转发给你们，请认真贯彻执行。

收入分配制度是经济社会发展中一项带有根本性、基础性的制度安排，是社会主义市场经济体制的重要基石。改革开放以来，我国收入分配制度改革不断推进，与基本国情、发展阶段相适应的收入分配制度基本建立。同时，收入分配领域仍存在一些亟待解决的突出问题，城乡区域发展差距和居民收入分配差距依然较大，收入分配秩序不规范，隐性收入、非法收入问题比较突出，部分群众生活比较困难。当前，我国已经进入全面建成小康社会的决定性阶段，按照党的十八大提出的千方百计增加居民收入的战略部署，要继续深化收入分配制度改革，优化收入分配结构，调动各方面积极性，促进经济发展方式转变，维护社会公平正义与和谐稳定，实现发展成果由人民共享，为全面建成小康社会奠定扎实基础。

我国仍处于并将长期处于社会主义初级阶段，当前收入分配领域出现的问题是发展中的矛盾、前进中的问题，必须通过促进发展、深化改革来逐步加以解决。解决这些问题，也是城乡居民在收入普遍增加、生活不断改善过程中的新要求新期待。同时也应该看到，深化收入分配制度改革，是一项十分艰巨复杂的系统工程，不可能一蹴而就，必须从我国基本国情和发展阶段出发，立足当前、着眼长远，克难攻坚、有序推进。

深化收入分配制度改革，要坚持共同发展、共享成果。倡导勤劳致富、支持创业创新、保护合法经营，在不断创造社会财富、增强综合国力的同时，普遍提高人民富裕程度。坚持注重效率、维护公平。初次分配和再分配都要兼顾效率和公平，初次分配要注重效率，创造机会公平的竞争环境，维护劳动收入的主体地位；再分配要更加注重公平，提高公共资源配置效率，缩小收入差距。坚持市场调节、政府调控。充分发挥市场机制在要素配置和价格形成中的基础性作用，更好地发挥政府对收入分配的调控作用，规范收入分配秩序，增加低收入者收入，调节过高收入。坚持积极而为、量力而行。妥善处理好改革发展稳定的关系，着力解决人民群众反映突出的矛盾和问题，突出增量改革，带动存量调整。

各地区、各部门要深入学习和全面贯彻落实党的十八大精神，充分认识深化收入分配制度改革的重大意义，将其列入重要议事日程，建立统筹协调机制，把落实收入分配政策、增加城乡居民收入、缩小收入分配差距、规范收入分配秩序作为重要任务。各有关部门要围绕重点任务，明确工作责任，抓紧研究出台配套方案和实施细则，及时跟踪评估政策实施效果。各地区要结合本地实际，制定具体措施，确保改革各项任务落到实处。要坚持正确的舆论导向，引导社会预期，回应群众关切，凝聚各方共识，形成改革合力，为深化收入分配制度改革营造良好的社会环境。

2013年2月3日

关于深化收入分配制度改革的若干意见

发展改革委　财政部　人力资源社会保障部

为贯彻落实党的十八大提出的“实现发展成果由人民共享，必须深化收入分配制度改革”要求，深入推进“十二五”规划实施，完善收入分配结构和制度，增加城乡居民收入，缩小收入分配差距，规范收入分配秩序，现提出以下意见：

一、充分认识深化收入分配制度改革的重要性和艰巨性

改革开放以来，我国收入分配制度改革逐步推进，破除了传统计划经济体制下平均主义的分配方式，在坚持按劳分配为主体的基础上，允许和鼓励资本、技术、管理等要素按贡献参与分配，不断加大收入分配调节力度。经过三十多年的探索与实践，按劳分配为主体、多种分配方式并存的分配制度基本确立，以税收、社会保障、转移支付为主要手段的再分配调节框架初步形成，有力地推动了社会主义市场经济体制的建立，极大地促进了国民经济快速发展，城乡居民人均实际收入平均每十年翻一番，家庭财产稳定增加，人民生活水平显著提高。实践证明，我国收入分配制度是与基本国情、发展阶段总体相适应的。

特别是党的十六大以来，按照科学发展观和构建社会主义和谐社会的要求，充分发挥再分配调节功能，加大对保障和改善民生的投入，彻底取消农业税，大幅增加涉农补贴，全面实施免费义务教育，加快建立社会保障体系，深入推进医药卫生体制改革，大力加强保障性住房建设，城乡最低生活保障标准和扶贫标准大幅提升，企业退休人员基本养老金水平持续提高，近年来农村居民收入增速快于城镇居民，城乡收入差距缩小态势开始显现，居民收入占国民收入比重有所提高，收入分配制度改革取得新的进展。

同时，也要看到收入分配领域仍存在一些亟待解决的突出问题，主要是城乡区域发展差距和居民收入分配差距依然较大，收入分配秩序不规范，隐性收入、非法收入问题比较突出，部分群众生活比较困难，宏观收入分配格局有待优化。这些问题的产生，既与我国基本国情、发展阶段密切相关，具有一定的客观必然性和阶段性特征，也与收入分配及相关领域的体制改革不到位、政策不落实等直接相关。

当前，我国已经进入全面建成小康社会的决定性阶段。深化收入分配制度改革，优化收入分配结构，构建扩大消费需求的长效机制，是加快转变经济发展方式的迫切需要；深化收入分配制度改革，切实解决一些领域分配不公问题，防止收入分配差距过大，规范收入分配秩序，是维护社会公平正义与和谐稳定的根本举措；深化收入分配制度改革，处理好劳动与资本、城市与农村、政府与市场等重大关系，推动相关领域改革向纵深发展，是完善社会主义市场经济体制的重要内容；深化收入分配制度改革，使发展成果更多更公平惠及全体人民，为逐步实现共同富裕奠定物质基础和制度基础，是体现社会主义本质的必然要求。

我国仍处于并将长期处于社会主义初级阶段，是世界上人口最多的发展中国家，区域之间发展条件差异大，城乡二元结构短期内难以根本改变，工业化、信息化、城镇化和农业现代化还在深入发展。要充分认识到，当前收入分配领域出现的问题是发展中的矛盾、前进中的问题，必须通过促进发展、深化改革来逐步加以解决。解决这些问题，也是城乡居民在收入普遍增加、生活不断改善过程中的新要求新期待。同时也应该看到，深化收入分配制度改革，是一项十分艰巨复杂的系统工程，涉及方方面面利益调整，不可能一蹴而就，必须从我国基本国情和发展阶段出发，立足当前、着眼长远，克难攻坚、有序推进。

二、准确把握深化收入分配制度改革的总体要求和主要目标

1. 总体要求。全面贯彻落实党的十八大精神，以邓小平理论、“三个代表”重要思想、科学发展观为指导，立足基本国情，坚持以经济建设为中心，在发展中调整收入分配结构，着力创造公开公平公正的体制环境，坚持按劳分配为主体、多种分配方式并存，坚持初次分配和再分配调节并重，继续完善劳动、资本、技术、管理等要素按贡献参与分配的初次分配机制，加快健全以税收、社会保障、转移支付为主要手段的再分配调节机制，以增加城乡居民收入、缩小收入分配差距、规范收入分配秩序为重点，努力实现居民收入增长和经济发展同步，劳动报酬增长和劳动生产率提高同步，逐步形成合理有序的收入分配格局，促进经济持续健康发展和社会和谐稳定。

2. 主要目标。

——城乡居民收入实现倍增。到 2020 年实现城乡居民人均实际收入比 2010 年翻一番，力争中低收入者收入增长更快一些，人民生活水平全面提高。

——收入分配差距逐步缩小。城乡、区域和居民之间收入差距较大的问题得到有效缓解，扶贫对象大幅减少，中等收入群体持续扩大，“橄榄型”分配结构逐步形成。

——收入分配秩序明显改善。合法收入得到有力保护，过高收入得到合理调节，隐性收入得到有效规范，非法收入予以坚决取缔。

——收入分配格局趋于合理。居民收入在国民收入分配中的比重、劳动报酬在初次分配中的比重逐步提高，社会保障和就业等民生支出占财政支出比重明显提升。

三、继续完善初次分配机制

完善劳动、资本、技术、管理等要素按贡献参与分配的初次分配机制。实施就业优先战略和更加积极的就业政策，扩大就业创业规模，创造平等就业环境，提升劳动者获取收入能力，实现更高质量的就业。深化工资制度改革，完善企业、机关、事业单位工资决定和增长机制。推动各种所有制经济依法平等使用生产要素、公平参与市场竞争、同等受到法律保护，形成主要由市场决定生产要素价格的机制。

3. 促进就业机会公平。大力支持服务业、劳动密集型企业、小型微型企业和创新型科技企业发展，创造更多就业岗位。完善税费减免和公益性岗位、岗位培训、社会保险、技能鉴定补贴等政策，促进以高校毕业生为重点的青年、农村转移劳动力、城镇困难人员、退役军人就业。完善和落实小额担保贷款、财政贴息等鼓励自主创业政策。借鉴推广公务员招考的办法，完善和落实事业单位公开招聘制度，在国有企业全面推行分级分类的公开招聘制度，切实做到信息公开、过程公开、结果公开。

4. 提高劳动者职业技能。健全面向全体劳动者的职业培训制度，足额提取并合理使用企业职工教育培训经费，保障职工带薪最短培训时间。新增财政教育投入向职业教育倾斜，逐步实行中等职业教育免费制度。建立健全向农民工免费提供职业教育和技能培训制度。完善社会化职业技能培训、考核、鉴定、认证体系，规范职业技能鉴定收费标准。提高技能人才经济待遇和社会地位。

5. 促进中低收入职工工资合理增长。建立反映劳动力市场供求关系和企业经济效益的工资决定及正常增长机制。完善工资指导线制度，建立统一规范的企业薪酬调查和信息发布制度。根据经济发展、物价变动等因素，适时调整最低工资标准，到2015年绝大多数地区最低工资标准达到当地城镇从业人员平均工资的40%以上。研究发布部分行业最低工资标准。以非公有制企业为重点，积极稳妥推行工资集体协商和行业性、区域性工资集体协商，到2015年，集体合同签订率达到80%，逐步解决一些行业企业职工工资过低的问题。落实新修订的劳动合同法，研究出台劳务派遣规定等配套规章，严格规范劳务派遣用工行为，依法保障被派遣劳动者的同工同酬权利。

6. 加强国有企业高管薪酬管理。对部分过高收入行业的国有及国有控股企业，严格实行企业工资总额和工资水平双重调控政策，逐步缩小行业工资收入差距。建立与企业领导人分类管理相适应、选任方式相匹配的企业高管人员差异化薪酬分配制度，综合考虑当期业绩和持续发展，建立健全根据经营管理绩效、风险和责任确定薪酬的制度，对行政任命的国有企业高管人员薪酬水平实行限高，推广薪酬延期支付和追索扣回制度。缩小国有企业内部分配差距，高管人员薪酬增幅应低于企业职工平均工资增幅。对非国有金融企业和上市公司高管薪酬，通过完善公司治理结构，增强董事会、薪酬委员会和股东大会在抑制畸高薪酬方面的作用。

7. 完善机关事业单位工资制度。建立公务员和企业相当人员工资水平调查比较制度，完善科学合理的职务与职级并行制度，适当提高基层公务员工资水平；调整优化工资结构，降低津贴补贴所占比例，提高基本工资占比；提高艰苦边远地区津贴标准，抓紧研究地区附加津贴实施方案。结合分类推进事业单位改革，建立健全符合事业单位特点、体现岗位绩效和分级分类管理的工资分配制度。

8. 健全技术要素参与分配机制。建立健全以实际贡献为评价标准的科技创新人才薪酬制度，鼓励企事业单位对紧缺急需的高层次、高技能人才实行协议工资、项目工资等。加强知识产权保护，完善有利于科技成果转移转化的分配政策，探索建立科技成果入股、岗位分红权激励等多种分配办法，保障技术成果在分配中的应得份额。完善高层次、高技能人才特殊津贴制度。允许和鼓励品牌、创意等参与收入分配。

9. 多渠道增加居民财产性收入。加快发展多层次资本市场，落实上市公司分红制度，强化监管措施，保护投资者特别是中小投资者合法权益。推进利率市场化改革，适度扩大存贷款利率浮动范围，保护存款人权益。严格规范银行收费行为。丰富债券基金、货币基金等基金产品。支持有条件的企业实施员工持股计划。拓宽居民租金、股息、红利等增收渠道。

10. 建立健全国有资本收益分享机制。全面建立覆盖全部国有企业、分级管理的国有资本经营预算和收益分享制度，合理分配和使用国有资本收益，扩大国有资本收益上交范围。适当提高中央企业国有资本收益上交比例，“十二五”期间在现有比例上再提高5个百分点左右，新增部分的一定比例用于社会保障等民生支出。

11. 完善公共资源占用及其收益分配机制。建立健全资源有偿使用制度和生态环境补偿机制。完善公开公平公正的国有土地、海域、森林、矿产、水等公共资源出让机制，加强对自然垄断行业的监管，防止通过不正当手段无偿或低价占有和使用公共资源。建立健全公共资源出让收益全民共享机制，出让收益主要用于公共服务支出。

四、加快健全再分配调节机制

加快健全以税收、社会保障、转移支付为主要手段的再分配调节机制。健全公共财政体系，完善转移支付制度，调整财政支出结构，大力推进基本公共服务均等化。加大税收调节力度，改革个人所得税，完善财产税，推进结构性减税，减轻中低收入者和小型微型企业税费负担，形成有利于结构优化、社会公平的税收制度。全面建成覆盖城乡居民的社会保障体系，按照全覆盖、保基本、多层次、可持续方针，以增强公平性、适应流动性、保证可持续性为重点，不断完善社会保险、社会救助和社会福利制度，稳步提高保障水平，实行全国统一的社会保障卡制度。

12. 集中更多财力用于保障和改善民生。加大对教育、就业、社会保障、医疗卫生、保障性住房、扶贫开发等方面的支出，进一步加大对中西部地区特别是革命老区、民族地区、边疆地区和贫困地区的财力支持。严格控制行政事业单位机构编制，

“十二五”期间中央和地方机构编制总量只减不增，减少领导职数，降低行政成本。坚决反对铺张浪费，严格控制“三公”经费预算，全面公开“三公”经费使用情况。“十二五”时期社会保障和就业支出占财政支出比重提高2个百分点左右。

13. 加大促进教育公平力度。合理配置教育资源，重点向农村、边远、贫困、民族地区倾斜。全面落实九年义务教育免费政策，严格规范教育收费行为。进一步完善普通高中、普通本科高校、中等职业学校和高等职业院校家庭经济困难学生国家资助政策，逐步提高补助标准。为家庭经济困难儿童、孤儿和残疾儿童接受学前教育提供补助。切实解决农民工随迁子女平等接受义务教育和参加当地中考、高考问题。

14. 加强个人所得税调节。加快建立综合与分类相结合的个人所得税制度。完善高收入者个人所得税的征收、管理和处罚措施，将各项收入全部纳入征收范围，建立健全个人收入双向申报制度和全国统一的纳税人识别号制度，依法做到应收尽收。取消对外籍个人从外商投资企业取得的股息、红利所得免征个人所得税等税收优惠。

15. 改革完善房地产税等。完善房产保有、交易等环节税收制度，逐步扩大个人住房房产税改革试点范围，细化住房交易差别化税收政策，加强存量房交易税收征管。扩大资源税征收范围，提高资源税税负水平。合理调整部分消费税的税目和税率，将部分高档娱乐消费和高档奢侈消费品纳入征收范围。研究在适当时期开征遗产税问题。

16. 完善基本养老保险制度。全面落实城镇职工基本养老保险省级统筹，“十二五”期末实现基础养老金全国统筹。分类推进事业单位养老保险制度改革，研究推进公务员养老保险制度改革。提高农民工养老保险参保率。健全城镇居民和新型农村社会养老保险制度。建立兼顾各类人员的养老保障待遇确定机制和正常调整机制。发展企业年金和职业年金，发挥商业保险补充性作用。扩大社会保障基金筹资渠道，建立社会保险基金投资运营制度。

17. 加快健全全民医保体系。提高城镇居民基本医疗保险和新型农村合作医疗筹资和待遇水平，整合城乡居民基本医疗保险制度。稳步推进职工医保、城镇居民医保和新农合门诊统筹。“十二五”期末基本医疗保险政策范围内医保基金支付水平达到75%以上，明显缩小与实际住院费用报销支付比例的差距。建立城乡居民大病保险制度，完善城乡医疗救助制度。全面实现统筹区域和省内异地就医即时结算。逐步增加人均基本公共卫生服务经费，提高基本公共卫生服务水平。

18. 加大保障性住房供给。建立市场配置和政府保障相结合的住房制度，加强保障性住房建设和管理，满足困难家庭基本需求。“十二五”期末全国城镇保障性住房覆盖面达到20%左右，按质量标准完成农村困难家庭危房改造1 000万户以上，实现全国游牧民定居目标。

19. 加强对困难群体救助和帮扶。健全城乡低收入群体基本生活保障标准与物价上涨挂钩的联动机制，逐步提高城乡居民最低生活保障水平。提高优抚对象抚恤补助标准。建立健全经济困难的高龄、独居、失能等老年人补贴制度。完善孤儿基本生活保障制度，推进孤儿集中供养，建立其他困境儿童生活救助制度。建立困难残疾人生活补贴和重度残疾人护理补贴制度。

20. 大力发展社会慈善事业。积极培育慈善组织，简化公益慈善组织的审批程序，鼓励有条件的企业、个人和社会组织举办医院、学校、养老服务等公益事业。落实并完善慈善捐赠税收优惠政策，对企业公益性捐赠支出超过年度利润总额12%的部分，允许结转以后年度扣除。加强慈善组织监督管理。

五、建立健全促进农民收入较快增长的长效机制

坚持工业反哺农业、城市支持农村和多予少取放活方针，加快完善城乡发展一体化体制机制，加大强农惠农富农政策力度，促进工业化、信息化、城镇化和农业现代化同步发展，促进公共资源在城乡之间均衡配置、生产要素在城乡之间平等交换和自由流动，促进城乡规划、基础设施、公共服务一体化，建立健全农业转移人口市民化机制，统筹推进户籍制度改革和基本公共服务均等化。

21. 增加农民家庭经营收入。健全农产品价格保护制度，稳步提高重点粮食品种最低收购价，完善大宗农产品临时收储政策。着力推进农业产业化，大力发展农民专业合作和股份合作，培养新型经营主体，支持适度规模经营，加大对农村社会化服务体系的投入，促进产销对接和农超对接，使农民合理分享农产品加工、流通增值收益。因地制宜培育发展特色高效农业和乡村旅游，使农民在农业功能拓展中获得更多收益。

22. 健全农业补贴制度。建立健全农业补贴稳定增长机制，完善良种补贴、农资综合补贴和粮食直补政策，增加农机购置补贴规模，完善农资综合补贴动态调整机制，新增农业补贴向粮农和种粮大户倾斜。完善林业、牧业和渔业扶持政策。逐步扩大农业保险保费补贴范围，适当提高保费补贴比例，进一步细化和稳步扩大农村金融奖补政策。

23. 合理分享土地增值收益。搞好农村土地确权、登记、颁证工作，依法保障农民的土地财产权。按照依法自愿有偿原则，允许农民以多种形式流转土地承包经营权，确保农民分享流转收益。完善农村宅基地制度，保障农户宅基地用益物权。改革征地制度，依法保障农民合法权益，提高农民在土地增值收益中的分配比例。

24. 加大扶贫开发投入。大幅增加财政专项扶贫资金，新增部分主要用于支持集中连片特殊困难地区扶贫攻坚，加大以工代赈力度，努力实现贫困地区农民人均收入增长幅度高于全国平均水平。“十二五”时期，对240万生存条件恶劣地区的农村贫困人口实施异地扶贫搬迁；按照人均2 300元（2010年不变价）的扶贫标准，到2015年扶贫对象减少8 000万人左右。

25. 有序推进农业转移人口市民化。制定公开透明的各类城市农业转移人口落户政策，探索建立政府、企业、个人共同参与的市民化成本分担机制，把有稳定劳动关系、在城镇居住一定年限并按规定参加社会保险的农业转移人口逐步转为城镇居民，重点推进解决举家迁徙及新生代农民工落户问题。实施全国统一的居住证制度，努力实现城镇基本公共服务常住人口全覆盖。

六、推动形成公开透明、公正合理的收入分配秩序

大力整顿和规范收入分配秩序，加强制度建设，健全法律法规，加强执法监管，加大反腐力度，加强信息公开，实行社会监督，加强基础工作，提升技术保障，保护合法收入，规范隐性收入，取缔非法收入。

26. 加快收入分配相关领域立法。研究出台社会救助、慈善事业、扶贫开发、企业工资支付保障、集体协商、国有资本经营预算、财政转移支付管理等方面法律法规，及时修订完善土地管理、矿产资源管理、税收征管、房产税等方面法律法规。建立健全财产登记制度，完善财产法律保护制度，保障公民合法财产权益。

27. 维护劳动者合法权益。健全工资支付保障机制，将拖欠工资问题突出的领域和容易发生拖欠的行业纳入重点监控范围，完善与企业信用等级挂钩的差别化工资保证金缴纳办法。落实清偿欠薪的工程总承包企业负责制、行政司法联动打击恶意欠薪制度、保障工资支付属地政府负责制度。完善劳动争议处理机制，加大劳动保障监察执法力度。

28. 清理规范工资外收入。严格规范党政机关各种津贴补贴和奖金发放行为，抓紧出台规范改革性补贴的实施意见。加强事业单位创收管理，规范科研课题和研发项目经费管理使用，严格公务招待费审批和核算等制度规定。严格控制国有及国有控股企业高管人员职务消费，规范车辆配备和使用、业务招待、考察培训等职务消费项目和标准，职务消费接受职工民主监督，相关账目要公开透明。

29. 加强领导干部收入管理。全面落实《关于领导干部报告个人有关事项的规定》，严格执行各级领导干部如实报告收入、房产、投资、配偶子女从业等情况的规定，对隐报瞒报、弄虚作假等行为，通过抽查、核查，及时纠正，严肃处理。继续规范领导干部离职、辞职或退（离）休后的个人从业行为，严格按照有关程序、条件和要求办理兼职任职审批事项。

30. 严格规范非税收入。按照正税清费的原则，继续推进费改税，进一步清理整顿各种行政事业性收费和政府性基金，坚决取消不合法、不合理的收费和基金项目，收费项目适当降低收费标准。建立健全政府非税收入收缴管理制度。

31. 打击和取缔非法收入。围绕国企改制、土地出让、矿产开发、工程建设等重点领域，强化监督管理，堵住获取非法收入的漏洞。严厉打击走私贩私、偷税逃税、内幕交易、操纵股市、制假售假、骗贷骗汇等经济犯罪活动。严厉查处权钱交易、行贿受贿行为。深入治理商业贿赂。加强反洗钱工作和资本外逃监控。

32. 健全现代支付和收入监测体系。大力推进薪酬支付工资化、货币化、电子化，加快现代支付结算体系建设，落实金融账户实名制，推广持卡消费，规范现金管理。完善机关和国有企事业单位发票管理和财务报销制度，全面推行公务卡支付结算制度。整合公安、民政、社保、住房、银行、税务、工商等相关部门信息资源，建立健全社会信用体系和收入信息监测系统，完善个人所得税信息管理系统。建立城乡住户收支调查一体化制度。

七、加强深化收入分配制度改革的组织领导

33. 统一认识，加强领导。各地区、各部门要深入学习和全面贯彻落实党的十八大精神，充分认识深化收入分配制度改革的重大意义，将其列入重要议事日程，建立统筹协调机制，把落实收入分配政策、增加城乡居民收入、缩小收入分配差距、规范收入分配秩序作为重要任务，纳入日常考核。各有关部门要深入调查研究，加强工作指导，强化监督检查，认真总结经验，及时解决改革中出现的突出矛盾和问题。

34. 突出重点，强化实施。收入分配制度改革要与国有企业、行政体制、财税金融体制等相关重点领域改革有机结合、协同推进。各有关部门要围绕重点任务，明确工作责任，抓紧研究出台配套方案和实施细则，及时跟踪评估政策实施效果。各地区要结合本地实际，制定具体措施，确保改革各项任务落到实处。鼓励部分地区、部分领域先行先试，积极探索。

35. 深入宣传，注重引导。坚持正确的舆论导向，引导全社会从基本国情和发展阶段出发，正确认识当前存在的收入分配问题，深入宣传坚持科学发展是解决收入分配问题的根本途径，实现社会公平正义是我们坚定不移的目标。切实做好各项改革政策的解读工作，加深对收入分配制度改革艰巨性、复杂性的认识，引导社会预期，回应群众关切，凝聚各方共识，形成改革合力，为深化收入分配制度改革营造良好的社会环境。

国务院办公厅关于深化收入分配制度改革重点工作分工的通知

国办函［2013］36号

各省、自治区、直辖市人民政府，国务院有关部门：

为贯彻落实《国务院批转发展改革委等部门关于深化收入分配制度改革若干意见的通知》（国发［2013］6号）提出的各项目标任务和政策措施，经国务院领导同志同意，现将有关事项通知如下：

一、工作分工

（一）继续完善初次分配机制。

1．促进就业机会公平。大力支持服务业、劳动密集型企业、小型微型企业和创新型科技企业发展，创造更多就业岗位。完善税费减免和公益性岗位、岗位培训、社会保险、技能鉴定补贴等政策，促进以高校毕业生为重点的青年、农村转移劳动力、城镇困难人员、退役军人就业。完善和落实小额担保贷款、财政贴息等鼓励自主创业政策。借鉴推广公务员招考的办法，完善和落实事业单位公开招聘制度，在国有企业全面推行分级分类的公开招聘制度，切实做到信息公开、过程公开、结果公开。（人力资源社会保障部、财政部、国资委、教育部、民政部、人民银行、税务总局、全国总工会等负责。列第一位者为牵头部门或单位，其他有关部门和单位按职责分工负责，下同）

2．提高劳动者职业技能。健全面向全体劳动者的职业培训制度，足额提取并合理使用企业职工教育培训经费，保障职工带薪最短培训时间。新增财政教育投入向职业教育倾斜，逐步实行中等职业教育免费制度。建立健全向农民工免费提供职业教育和技能培训制度。完善社会化职业技能培训、考核、鉴定、认证体系，规范职业技能鉴定收费标准。提高技能人才经济待遇和社会地位。（人力资源社会保障部、财政部、发展改革委、教育部、民政部、全国总工会负责）

3. 促进中低收入职工工资合理增长。建立反映劳动力市场供求关系和企业经济效益的工资决定及正常增长机制。完善工资指导线制度，建立统一规范的企业薪酬调查和信息发布制度。根据经济发展、物价变动等因素，适时调整最低工资标准，到2015年绝大多数地区最低工资标准达到当地城镇从业人员平均工资的40%以上。研究发布部分行业最低工资标准。以非公有制企业为重点，积极稳妥推行工资集体协商和行业性、区域性工资集体协商，到2015年，集体合同签订率达到80%，逐步解决一些行业企业职工工资过低的问题。落实新修订的劳动合同法，研究出台劳务派遣规定等配套规章，严格规范劳务派遣用工行为，依法保障被派遣劳动者的同工同酬权利。（人力资源社会保障部、发展改革委、全国总工会负责）

4. 加强国有企业高管薪酬管理。对部分过高收入行业的国有及国有控股企业，严格实行企业工资总额和工资水平双重调控政策，逐步缩小行业工资收入差距。建立与企业领导人分类管理相适应、选任方式相匹配的企业高管人员差异化薪酬分配制度，综合考虑当期业绩和持续发展，建立健全根据经营管理绩效、风险和责任确定薪酬的制度，对行政任命的国有企业高管人员薪酬水平实行限高，推广薪酬延期支付和追索扣回制度。缩小国有企业内部分配差距，高管人员薪酬增幅应低于企业职工平均工资增幅。对非国有金融企业和上市公司高管薪酬，通过完善公司治理结构，增强董事会、薪酬委员会和股东大会在抑制畸高薪酬方面

的作用。（人力资源社会保障部、财政部、国资委、发展改革委、监察部、全国总工会等负责）

5. 完善机关事业单位工资制度。建立公务员和企业相当人员工资水平调查比较制度，完善科学合理的职务与职级并行制度，适当提高基层公务员工资水平；调整优化工资结构，降低津贴补贴所占比例，提高基本工资占比；提高艰苦边远地区津贴标准，抓紧研究地区附加津贴实施方案。结合分类推进事业单位改革，建立健全符合事业单位特点、体现岗位绩效和分级分类管理的工资分配制度。（人力资源社会保障部、财政部、发展改革委、监察部、全国总工会等负责）

6. 健全技术要素参与分配机制。建立健全以实际贡献为评价标准的科技创新人才薪酬制度，鼓励企事业单位对紧缺急需的高层次、高技能人才实行协议工资、项目工资等。加强知识产权保护，完善有利于科技成果转移转化的分配政策，探索建立科技成果入股、岗位分红权激励等多种分配办法，保障技术成果在分配中的应得份额。完善高层次、高技能人才特殊津贴制度。允许和鼓励品牌、创意等参与收入分配。（人力资源社会保障部、科技部、财政部、国资委、证监会等负责）

7. 多渠道增加居民财产性收入。加快发展多层次资本市场，落实上市公司分红制度，强化监管措施，保护投资者特别是中小投资者合法权益。推进利率市场化改革，适度扩大存贷款利率浮动范围，保护存款人权益。严格规范银行收费行为。丰富债券基金、货币基金等基金产品。支持有条件的企业实施员工持股计划。拓宽居民租金、股息、红利等增收渠道。（人民银行、证监会、银监会负责）

8. 建立健全国有资本收益分享机制。全面建立覆盖全部国有企业、分级管理的国有资本经营预算和收益分享制度，合理分配和使用国有资本收益，扩大国有资本收益上交范围。适当提高中央企业国有资本收益上交比例，“十二五”期间在现有比例上

再提高5个百分点左右，新增部分的一定比例用于社会保障等民生支出。（财政部、国资委、银监会负责）

9. 完善公共资源占用及其收益分配机制。建立健全资源有偿使用制度和生态环境补偿机制。完善公开公平公正的国有土地、海域、森林、矿产、水等公共资源出让机制，加强对自然垄断行业的监管，防止通过不正当手段无偿或低价占有和使用公共资源。建立健全公共资源出让收益全民共享机制，出让收益主要用于公共服务支出。（财政部、国土资源部等负责）

（二）加快健全再分配调节机制。

10. 集中更多财力用于保障和改善民生。加大对教育、就业、社会保障、医疗卫生、保障性住房、扶贫开发等方面的支出，进一步加大对中西部地区特别是革命老区、民族地区、边疆地区和贫困地区的财力支持。严格控制行政事业单位机构编制，“十二五”期间中央和地方机构编制总量只减不增，减少领导职数，降低行政成本。坚决反对铺张浪费，严格控制“三公”经费预算，全面公开“三公”经费使用情况。“十二五”时期社会保障和就业支出占财政支出比重提高2个百分点左右。（财政部、中央编办、人力资源社会保障部负责）

11. 加大促进教育公平力度。合理配置教育资源，重点向农村、边远、贫困、民族地区倾斜。全面落实九年义务教育免费政策，严格规范教育收费行为。进一步完善普通高中、普通本科高校、中等职业学校和高等职业院校家庭经济困难学生国家资助政策，逐步提高补助标准。为家庭经济困难儿童、孤儿和残疾儿童接受学前教育提供补助。切实解决农民工随迁子女平等接受义务教育和参加当地中考、高考问题。（教育部、财政部、发展改革委、民政部、人力资源社会保障部等负责）

12. 加强个人所得税调节。加快建立综合与分类相结合的个人所得税制度。完善高收入者个人所得税的征收、管理和处罚措施，将各项收入全部纳入征收范围，建立健全个人收入双向申报制度和全国统一的纳税人识别号制度，依法做到应收尽收。取消对外籍个人从外商投资企业取得的股息、红利所得免征个人所得税等税收优惠。（财政部、税务总局负责）

13. 改革完善房地产税等。完善房产保有、交易等环节税收制度，逐步扩大个人住房房产税改革试点范围，细化住房交易差别化税收政策，加强存量房交易税收征管。扩大资源税征收范围，提高资源税税负水平。合理调整部分消费税的税目和税率，将部分高档娱乐消费和高档奢侈消费品纳入征收范围。研究在适当时期开征遗产税问题。（财政部、税务总局、住房城乡建设部、国土资源部负责）

14. 完善基本养老保险制度。全面落实城镇职工基本养老保险省级统筹，“十二五”期末实现基础养老金全国统筹。分类推进事业单位养老保险制度改革，研究推进公务员养老保险制度改革。提高农民工养老保险参保率。健全城镇居民和新型农村社会养老保险制度。建立兼顾各类人员的养老保障待遇确定机制和正常调整机制。发展企业年金和职业年金，发挥商业保险补充性作用。扩大社会保障基金筹资渠道，建立社会保险基金投资运营制度。（人力资源社会保障部、财政部、发展改革委、证监会、全国总工会负责）

15. 加快健全全民医保体系。提高城镇居民基本医疗保险和新型农村合作医疗筹资和待遇水平，整合城乡居民基本医疗保险制度。稳步推进职工医保、城镇居民医保和新农合门诊统筹。“十二五”期末基本医疗保险政策范围内医保基金支付水平达到75%以上，明显缩小与实际住院费用报销支付比例的差距。建立城乡居民大病保险制度，完善城乡医疗救助制度。全面实现统筹区域和省内异地就医即时结算。逐步增加人均基本公共卫生服务经费，提高基本公共卫生服务水平。（国务院医改办、人力资源社会保障部、卫生部、财政部、民政部、全国总工会负责）

16. 加大保障性住房供给。建立市场配置和政府保障相结合的住房制度，加强保障性住房建设和管理，满足困难家庭基本需求。“十二五”期末全国城镇保障性住房覆盖面达到20%左右，按质量标准完成农村困难家庭危房改造1 000万户以上，实现全国游牧民定居目标。（住房城乡建设部、发展改革委、财政部、民政部负责）

17. 加强对困难群体救助和帮扶。健全城乡低收入群体基本生活保障标准与物价上涨挂钩的联动机制，逐步提高城乡居民最低生活保障水平。提高优抚对象抚恤补助标准。建立健全经济困难的高龄、独居、失能等老年人补贴制度。完善孤儿基本生活保障制度，推进孤儿集中供养，建立其他困境儿童生活救助制度。建立困难残疾人生活补贴和重度残疾人护理补贴制度。（民政部、发展改革委、财政部、全国总工会负责）

18. 大力发展社会慈善事业。积极培育慈善组织，简化公益慈善组织的审批程序，鼓励有条件的企业、个人和社会组织举办医院、学校、养老服务等公益事业。落实并完善慈善捐赠税收优惠政策，对企业公益性捐赠支出超过年度利润总额12%的部分，允许结转以后年度扣除。加强慈善组织监督管理。（民政部、财政部、税务总局、证监会等负责）

（三）建立健全促进农民收入较快增长的长效机制。

19. 增加农民家庭经营收入。健全农产品价格保护制度，稳步提高重点粮食品种最低收购价，完善大宗农产品临时收储政策。着力推进农业产业化，大力发展农民专业合作和股份合作，培养新型经营主体，支持适度规模经营，加大对农村社会化服务体系的投入，促进产销对接和农超对接，使农民合理分享农产品加工、流通增值收益。因地制宜培育发展特色高效农业和乡村旅游，使农民在农业功能拓展中获得更多收益。（发展改革委、农业部、财政部负责）

20. 健全农业补贴制度。建立健全农业补贴稳定增长机制，完善良种补贴、农资综合补贴和粮食直补政策，增加农机购置补贴规模，完善农资综合补贴动态调整机制，新增农业补贴向粮农和种粮大户倾斜。完善林业、牧业和渔业扶持政策。逐步扩大农业保险保费补贴范围，适当提高保费补贴比例，进一步细化和稳步扩大农村金融奖补政策。（财政部、农业部等负责）

21. 合理分享土地增值收益。搞好农村土地确权、登记、颁证工作，依法保障农民的土地财产权。按照依法自愿有偿原则，允许农民以多种形式流转土地承包经营权，确保农民分享流转收益。完善农村宅基地制度，保障农户宅基地用益物权。改革征地制度，依法保障农民合法权益，提高农民在土地增值收益中的分配比例。（国土资源部、农业部、财政部等负责）

22. 加大扶贫开发投入。大幅增加财政专项扶贫资金，新增部分主要用于支持集中连片特殊困难地区扶贫攻坚，加大以工代赈力度，努力实现贫困地区农民人均收入增长幅度高于全国平均水平。“十二五”时期，对240万生存条件恶劣地区的农村贫困人口实施异地扶贫搬迁；按照人均2 300元（2010年不变价）的扶贫标准，到2015年扶贫对象减少8 000万人左右。（扶贫办、财政部、农业部、发展改革委负责）

23. 有序推进农业转移人口市民化。制定公开透明的各类城市农业转移人口落户政策，探索建立政府、企业、个人共同参与的市民化成本分担机制，把有稳定劳动关系、在城镇居住一定年限并按规定参加社会保险的农业转移人口逐步转为城镇居民，重点推进解决举家迁徙及新生代农民工落户问题。实施全国统一的居住证制度，努力实现城镇基本公共服务常住人口全覆盖。（人力资源社会保障部、发展改革委、公安部等负责）

（四）推动形成公开透明、公正合理的收入分配秩序。

24. 加快收入分配相关领域立法。研究出台社会救助、慈善事业、扶贫开发、企业工资支付保障、集体协商、国有资本经营预算、财政转移支付管理等方面法律法规，及时修订完善土地管理、矿产资源管理、税收征管、房产税等方面法律法规。建立健全财产登记制度，完善财产法律保护制度，保障公民合法财产权益。（民政部、财政部、人力资源社会保障部、国土资源部、国资委、税务总局、法制办、全国总工会等按职责分工负责）

25. 维护劳动者合法权益。健全工资支付保障机制，将拖欠工资问题突出的领域和容易发生拖欠的行业纳入重点监控范围，完善与企业信用等级挂钩的差别化工资保证金缴纳办法。落实清偿欠薪的工程总承包企业负责制、行政司法联动打击恶意欠薪制度、保障工资支付属地政府负责制度。完善劳动争议处理机制，加大劳动保障监察执法力度。（人力资源社会保障部、全国总工会负责）

26. 清理规范工资外收入。严格规范党政机关各种津贴补贴和奖金发放行为，抓紧出台规范改革性补贴的实施意见。加强事业单位创收管理，规范科研课题和研发项目经费管理使用，严格公务招待费审批和核算等制度规定。严格控制国有及国有控股企业高管人员职务消费，规范车辆配备和使用、业务招待、考察培训等职务消费项目和标准，职务消费接受职工民主监督，相关账目要公开透明。（财政部、监察部、人力资源社会保障部、国资委等负责）

27. 加强领导干部收入管理。全面落实《关于领导干部报告个人有关事项的规定》，严格执行各级领导干部如实报告收入、房产、投资、配偶子女从业等情况的规定，对隐报瞒报、弄虚作假等行为，通过抽查、核查，及时纠正，严肃处理。继续规范领导干部离职、辞职或退（离）休后的个人从业行为，严格按照有关程序、条件和要求办理兼职任职审批事项。（监察部等负责）

28. 严格规范非税收入。按照正税清费的原则，继续推进费改税，进一步清理整顿各种行政事业性收费和政府性基金，坚决取消不合法、不合理的收费和基金项目，收费项目适当降低收费标准。建立健全政府非税收入收缴管理制度。（财政部、发展改革委、税务总局负责）

29. 打击和取缔非法收入。围绕国企改制、土地出让、矿产开发、工程建设等重点领域，强化监督管理，堵住获取非法收入的漏洞。严厉打击走私贩私、偷税逃税、内幕交易、操纵股市、制假售假、骗贷骗汇等经济犯罪活动。严厉查处权钱交易、行贿受贿行为。深入治理商业贿赂。加强反洗钱工作和资本外逃监控。（监察部、公安部、税务总局等负责）

30. 健全现代支付和收入监测体系。大力推进薪酬支付工资化、货币化、电子化，加快现代支付结算体系建设，落实金融账户实名制，推广持卡消费，规范现金管理。完善机关和国有企事业单位发票管理和财务报销制度，全面推行公务卡支付结算制度。整合公安、民政、社保、住房、银行、税务、工商等相关部门信息资源，建立健全社会信用体系和收入信息监测系统，完善个人所得税信息管理系统。建立城乡住户收支调查一体化制度。（人民银行、税务总局、统计局、财政部、发展改革委、民政部、人力资源社会保障部等按职责分工负责）

二、工作要求

（一）加强领导，明确分工。各有关部门要按照上述任务分工，抓紧研究出台配套方案和实施细则，认真组织实施。各级政府要将深化收入分配制度改革列入重要议事日程，建立统筹协调机制，把落实收入分配政策、增加城乡居民收入、缩小收入分配差距、规范收入分配秩序作为重要任务，纳入日常考核。

（二）加强配合，密切协作。对实施中涉及多个部门的工作，牵头部门要加强协调，其他部门要积极支持和配合。各地区要结合本地实际，在部分领域先行先试，积极探索。

（三）加强督查，抓好落实。发展改革委要认真做好统筹协调工作，深入调查研究，强化督促检查，认真总结经验，及时解决改革中出现的突出矛盾和问题，重要工作进展情况及时报国务院。

2013 年 2 月 8 日

养 老 保 险

国务院关于加快发展养老服务业的若干意见

国发［2013］35号

各省、自治区、直辖市人民政府，国务院各部委、各直属机构：

近年来，我国养老服务业快速发展，以居家为基础、社区为依托、机构为支撑的养老服务体系初步建立，老年消费市场初步形成，老龄事业发展取得显著成就。但总体上看，养老服务和产品供给不足、市场发育不健全、城乡区域发展不平衡等问题还十分突出。当前，我国已经进入人口老龄化快速发展阶段，2012年年底我国60周岁以上老年人口已达1.94亿，2020年将达到2.43亿，2025年将突破3亿。积极应对人口老龄化，加快发展养老服务业，不断满足老年人持续增长的养老服务需求，是全面建成小康社会的一项紧迫任务，有利于保障老年人权益，共享改革发展成果，有利于拉动消费、扩大就业，有利于保障和改善民生，促进社会和谐，推进经济社会持续健康发展。为加快发展养老服务业，现提出以下意见：

一、总体要求

（一）指导思想。以邓小平理论、“三个代表”重要思想、科学发展观为指导，从国情出发，把不断满足老年人日益增长的养老服务需求作为出发点和落脚点，充分发挥政府作用，通过简政放权，创新体制机制，激发社会活力，充分发挥社会力量的主体作用，健全养老服务体系，满足多样化养老服务需求，努力使养老服务业成为积极应对人口老龄化、保障和改善民生的重要举措，成为扩大内需、增加就业、促进服务业发展、推动经济转型升级的重要力量。

（二）基本原则。深化体制改革。加快转变政府职能，减少行政干预，加大政策支持和引导力度，激发各类服务主体活力，创新服务供给方式，加强监督管理，提高服务质量和效率。

坚持保障基本。以政府为主导，发挥社会力量作用，着力保障特殊困难老年人的养老服务需求，确保人人享有基本养老服务。加大对基层和农村养老服务的投入，充分发挥社区基层组织和服务机构在居家养老服务中的重要作用。支持家庭、个人承担应尽责任。

注重统筹发展。统筹发展居家养老、机构养老和其他多种形式的养老，实行普遍性服务和个性化服务相结合。统筹城市和农村养老资源，促进基本养老服务均衡发展。统筹利用各种资源，促进养老服务与医疗、家政、保险、教育、健身、旅游等相关领域的互动发展。

完善市场机制。充分发挥市场在资源配置中的基础性作用，逐步使社会力量成为发展养老服务业的主体，营造平等参与、公平竞争的市场环境，大力发展养老服务业，提供方便可及、价格合理的各类养老服务和产品，满足养老服务多样化、多层次需求。

（三）发展目标。到 2020 年，全面建成以居家为基础、社区为依托、机构为支撑的，功能完善、规模适度、覆盖城乡的养老服务体系。养老服务产品更加丰富，市场机制不断完善，养老服务业持续健康发展。

——服务体系更加健全。生活照料、医疗护理、精神慰藉、紧急救援等养老服务覆盖所有居家老年人。符合标准的日间照料中心、老年人活动中心等服务设施覆盖所有城市社区，90％以上的乡镇和 60％以上的农村社区建立包括养老服务在内的社区综合服务设施和站点。全国社会养老床位数达到每千名老年人 35～40 张，服务能力大幅增强。

——产业规模显著扩大。以老年生活照料、老年产品用品、老年健康服务、老年体育健身、老年文化娱乐、老年金融服务、老年旅游等为主的养老服务业全面发展，养老服务业增加值在服务业中的比重显著提升，全国机构养老、居家社区生活照料和护理等服务提供1 000万个以上就业岗位。涌现一批带动力强的龙头企业和大批富有创新活力的中小企业，形成一批养老服务产业集群，培育一批知名品牌。

——发展环境更加优化。养老服务业政策法规体系建立健全，行业标准科学规范，监管机制更加完善，服务质量明显提高。全社会积极应对人口老龄化意识显著增强，支持和参与养老服务的氛围更加浓厚，养老志愿服务广泛开展，敬老、养老、助老的优良传统得到进一步弘扬。

二、主要任务

（一）统筹规划发展城市养老服务设施。

加强社区服务设施建设。各地在制定城市总体规划、控制性详细规划时，必须按照人均用地不少于0.1平方米的标准，分区分级规划设置养老服务设施。凡新建城区和新建居住（小）区，要按标准要求配套建设养老服务设施，并与住宅同步规划、同步建设、同步验收、同步交付使用；凡老城区和已建成居住（小）区无养老服务设施或现有设施没有达到规划和建设指标要求的，要限期通过购置、置换、租赁等方式开辟养老服务设施，不得挪作他用。

综合发挥多种设施作用。各地要发挥社区公共服务设施的养老服务功能，加强社区养老服务设施与社区服务中心（服务站）及社区卫生、文化、体育等设施的功能衔接，提高使用率，发挥综合效益。要支持和引导各类社会主体参与社区综合服务设施建设、运营和管理，提供养老服务。各类具有为老年人服务功能的设施都要向老年人开放。

实施社区无障碍环境改造。各地区要按照无障碍设施工程建设相关标准和规范，推动和扶持老年人家庭无障碍设施的改造，加快推进坡道、电梯等与老年人日常生活密切相关的公共设施改造。

（二）大力发展居家养老服务网络。

发展居家养老便捷服务。地方政府要支持建立以企业和机构为主体、社区为纽带、满足老年人各种服务需求的居家养老服务网络。要通过制定扶持政策措施，积极培育居家养老服务企业和机构，上门为居家老年人提供助餐、助浴、助洁、助急、助医等定制服务；大力发展家政服务，为居家老年人提供规范化、个性化服务。要支持社区建立健全居家养老服务网点，引入社会组织和家政、物业等企业，兴办或运营老年供餐、社区日间照料、老年活动中心等形式多样的养老服务项目。

发展老年人文体娱乐服务。地方政府要支持社区利用社区公共服务设施和社会场所组织开展适合老年人的群众性文化体育娱乐活动，并发挥群众组织和个人积极性。鼓励专业养老机构利用自身资源优势，培训和指导社区养老服务组织和人员。

发展居家网络信息服务。地方政府要支持企业和机构运用互联网、物联网等技术手段创新居家养老服务模式，发展老年电子商务，建设居家服务网络平台，提供紧急呼叫、家政预约、健康咨询、物品代购、服务缴费等适合老年人的服务项目。

（三）大力加强养老机构建设。

支持社会力量举办养老机构。各地要根据城乡规划布局要求，统筹考虑建设各类养老机构。在资本金、场地、人员等方面，进一步降低社会力量举办养老机构的门槛，简化手续、规范程序、公开信息，行政许可和登记机关要核定其经营和活动范围，为社会力量举办养老机构提供便捷服务。鼓励境外资本投资养老服务业。鼓励个人举办家庭化、小型化的养老机构，社会力量举办规模化、连锁化的养老机构。鼓励民间资本对企业厂房、商业设施及其他可利用的社会资源进行整合和改造，用于养老服务。

办好公办保障性养老机构。各地公办养老机构要充分发挥托底作用，重点为“三无”（无劳动能力、无生活来源、无赡养人和扶养人，或者其赡养人和扶养人确无赡养和扶养能力）老人、低收入老人、经济困难的失能半失能老人提供无偿或低收费的供养、护理服务。政府举办的养老机构要实用适用，避免铺张豪华。

开展公办养老机构改制试点。有条件的地方可以积极稳妥地把专门面向社会提供经营性服务的公办养老机构转制成为企业，完善法人治理结构。政府投资兴办的养老床位应逐步通过公建民营等方式管理运营，积极鼓励民间资本通过委托管理等方式，运营公有产权的养老服务设施。要开展服务项目和设施安全标准化建设，不断提高服务水平。

（四）切实加强农村养老服务。

健全服务网络。要完善农村养老服务托底的措施，将所有农村“三无”老人全部纳入五保供养范围，适时提高五保供养标准，健全农村五保供养机构功能，使农村五保老人老有所养。在满足农村五保对象集中供养需求的前提下，支持乡镇五保供养机构改善设施条件并向社会开放，提高运营效益，增强护理功能，使之成为区域性养老服务中心。依托行政村、较大自然村，充分利用农家大院等，建设日间照料中心、托老所、老年活动站等互助性养老服务设施。农村党建活动室、卫生室、农家书屋、学校等要支持农村养老服务工作，组织与老年人相关的活动。充分发挥村民自治功能和老年协会作用，督促家庭成员承担赡养责任，组织开展邻里互助、志愿服务，解决周围老年人实际生活困难。

拓宽资金渠道。各地要进一步落实《中华人民共和国老年人权益保障法》有关农村可以将未承包的集体所有的部分土地、山林、水面、滩涂等作为养老基地，收益供老年人养老的要求。鼓励城市资金、资产和资源投向农村养老服务。各级政府用于养老服务的财政性资金应重点向农村倾斜。

建立协作机制。城市公办养老机构要与农村五保供养机构等建立长期稳定的对口支援和合作机制，采取人员培训、技术指导、设备支援等方式，帮助其提高服务能力。建立跨地区养老服务协作机制，鼓励发达地区支援欠发达地区。

（五）繁荣养老服务消费市场。

拓展养老服务内容。各地要积极发展养老服务业，引导养老服务企业和机构优先满足老年人基本服务需求，鼓励和引导相关行业积极拓展适合老年人特点的文化娱乐、体育健身、休闲旅游、健康服务、精神慰藉、法律服务等服务，加强残障老年人专业化服务。

开发老年产品用品。相关部门要围绕适合老年人的衣、食、住、行、医、文化娱乐等需要，支持企业积极开发安全有效的康复辅具、食品药品、服装服饰等老年用品用具和服务产品，引导商场、超市、批发市场设立老年用品专区专柜；开发老年住宅、老年公寓等老年生活设施，提高老年人生活质量。引导和规范商业银行、保险公司、证券公司等金融机构开发适合老年人的理财、信贷、保险等产品。

培育养老产业集群。各地和相关行业部门要加强规划引导，在制定相关产业发展规划中，要鼓励发展养老服务中小企业，扶持发展龙头企业，实施品牌战略，提高创新能力，形成一批产业链长、覆盖领域广、经济社会效益显著的产业集群。健全市场规范和行业标准，确保养老服务和产品质量，营造安全、便利、诚信的消费环境。

（六）积极推进医疗卫生与养老服务相结合。

推动医养融合发展。各地要促进医疗卫生资源进入养老机构、社区和居民家庭。卫生管理部门要支持有条件的养老机构设置医疗机构。医疗机构要积极支持和发展养老服务，有条件的二级以上综合医院应当开设老年病科，增加老年病床数量，做好老年慢病防治和康复护理。要探索医疗机构与养老机构合作新模式，医疗机构、社区卫生服务机构应当为老年人建立健康档案，建立社区医院与老年人家庭医疗契约服务关系，开展上门诊视、健康查体、保健咨询等服务，加快推进面向养老机构的远程医疗服务试点。医疗机构应当为老年人就医提供优先优惠服务。

健全医疗保险机制。对于养老机构内设的医疗机构，符合城镇职工（居民）基本医疗保险和新型农村合作医疗定点条件的，可申请纳入定点范围，入住的参保老年人按规定享受相应待遇。完善医保报销制度，切实解决老年人异地就医结算问题。鼓励老年人投保健康保险、长期护理保险、意外伤害保险等人身保险产品，鼓励和引导商业保险公司开展相关业务。

三、政策措施

（一）完善投融资政策。要通过完善扶持政策，吸引更多民间资本，培育和扶持养老服务机构和企业发展。各级政府要加大投入，安排财政性资金支持养老服务体系建设。金融机构要加快金融产品和服务方式创新，拓宽信贷抵押担保物范围，积极支持养老服务业的信贷需求。积极利用财政贴息、小额贷款等方式，加大对养老服务业的有效信贷投入。加强养老服务机构信用体系建设，增强对信贷资金和民间资本的吸引力。逐步放宽限制，鼓励和支持保险资金投资养老服务领域。开展老年人住房反向抵押养老保险试点。鼓励养老机构投保责任保险，保险公司承保责任保险。地方政府发行债券应统筹考虑养老服务需求，积极支持养老服务设施建设及无障碍改造。

（二）完善土地供应政策。各地要将各类养老服务设施建设用地纳入城镇土地利用总体规划和年度用地计划，合理安排用地需求，可将闲置的公益性用地调整为养老服务用地。民间资本举办的非营利性养老机构与政府举办的养老机构享有相同的土地使用政策，可以依法使用国有划拨土地或者农民集体所有的土地。对营利性养老机构建设用地，按照国家对经营性用地依法办理有偿用地手续的规定，优先保障供应，并制定支持发展养老服务业的土地政策。严禁养老设施建设用地改变用途、容积率等土地使用条件搞房地产开发。

（三）完善税费优惠政策。落实好国家现行支持养老服务业的税收优惠政策，对养老机构提供的养护服务免征营业税，对非营利性养老机构自用房产、土地免征房产税、城镇土地使用税，对符合条件的非营利性养老机构按规定免征企业所得税。对企事业单位、社会团体和个人向非营利性养老机构的捐赠，符合相关规定的，准予在计算其应纳税所得额时按税法规定比例扣除。各地对非营利性养老机构建设要免征有关行政事业性收费，对营利性养老机构建设要减半征收有关行政事业性收费，对养老机构提供养老服务也要适当减免行政事业性收费，养老机构用电、用水、用气、用热按居民生活类价格执行。境内外资本举办养老机构享有同等的税收等优惠政策。制定和完善支持民间资本投资养老服务业的税收优惠政策。

（四）完善补贴支持政策。各地要加快建立养老服务评估机制，建立健全经济困难的高龄、失能等老年人补贴制度。可根据养老服务的实际需要，推进民办公助，选择通过补助投资、贷款贴息、运营补贴、购买服务等方式，支持社会力量举办养老服务机构，开展养老服务。民政部本级彩票公益金和地方各级政府用于社会福利事业的彩票公益金，要将50％以上的资金用于支持发展养老服务业，并随老年人口的增加逐步提高投入比例。国家根据经济社会发展水平和职工平均工资增长、物价上涨等情况，进一步完善落实基本养老、基本医疗、最低生活保障等政策，适时提高养老保障水平。要制定政府向社会力量购买养老服务的政策措施。

（五）完善人才培养和就业政策。教育、人力资源社会保障、民政部门要支持高等院校和中等职业学校增设养老服务相关专业和课程，扩大人才培养规模，加快培养老年医学、康复、护理、营养、心理和社会工作等方面的专门人才，制定优惠政策，鼓励大专院校对口专业毕业生从事养老服务工作。充分发挥开放大学作用，开展继续教育和远程学历教育。依托院校和养老机构建立养老服务实训基地。加强老年护理人员专业培训，对符合条件的参加养老护理职业培训和职业技能鉴定的从业人员按规定给予相关补贴，在养老机构和社区开发公益性岗位，吸纳农村转移劳动力、城镇就业困难人员等从事养老服务。养老机构应当积极改善养老护理员工作条件，加强劳动保护和职业防护，依法缴纳养老保险费等社会保险费，提高职工工资福利待遇。养老机构应当科学设置专业技术岗位，重点培养和引进医生、护士、康复医师、康复治疗师、社会工作者等具有执业或职业资格的专业技术人员。对在养老机构就业的专业技术人员，执行与医疗机构、福利机构相同的执业资格、注册考核政策。

（六）鼓励公益慈善组织支持养老服务。引导公益慈善组织重点参与养老机构建设、养老产品开发、养老服务提供，使公益慈善组织成为发展养老服务业的重要力量。积极培育发展为老服务公益慈善组织。积极扶持发展各类为老服务志愿组织，开展志愿服务活动。倡导机关干部和企事业单位职工、大中小学学生参加养老服务志愿活动。支持老年群众组织开展自我管理、自我服务和服务社会活动。探索建立健康老人参与志愿互助服务的工作机制，建立为老志愿服务登记制度。弘扬敬老、养老、助老的优良传统，支持社会服务窗口行业开展“敬老文明号”创建活动。

四、组织领导

（一）健全工作机制。各地要将发展养老服务业纳入国民经济和社会发展规划，纳入政府重要议事日程，进一步强化工作协调机制，定期分析养老服务业发展情况和存在问题，研究推进养老服务业加快发展的各项政策措施，认真落实养老服务业发展的相关任务要求。民政部门要切实履行监督管理、行业规范、业务指导职责，推动公办养老机构改革发展。发展改革部门要将养老服务业发展纳入经济社会发展规划、专项规划和区域规划，支持养老服务设施建设。财政部门要在现有资金渠道内对养老服务业发展给予财力保障。老龄工作机构要发挥综合协调作用，加强督促指导工作。教育、公安消防、卫生计生、国土、住房城乡建设、人力资源社会保障、商务、税务、金融、质检、工商、食品药品监管等部门要各司其职，及时解决工作中遇到的问题，形成齐抓共管、整体推进的工作格局。

（二）开展综合改革试点。国家选择有特点和代表性的区域进行养老服务业综合改革试点，在财政、金融、用地、税费、人才、技术及服务模式等方面进行探索创新，先行先试，完善体制机制和政策措施，为全国养老服务业发展提供经验。

（三）强化行业监管。民政部门要健全养老服务的准入、退出、监管制度，指导养老机构完善管理规范、改善服务质量，及时查处侵害老年人人身财产权益的违法行为和安全生产责任事故。价格主管部门要探索建立科学合理的养老服务定价机制，依法确定适用政府定价和政府指导价的范围。有关部门要建立完善养老服务业统计制度。其他各有关部门要依照职责分工对养老服务业实施监督管理。要积极培育和发展养老服务行业协会，发挥行业自律作用。

（四）加强督促检查。各地要加强工作绩效考核，确保责任到位、任务落实。省级人民政府要根据本意见要求，结合实际抓紧制定实施意见。国务院相关部门要根据本部门职责，制定具体政策措施。民政部、发展改革委、财政部等部门要抓紧研究提出促进民间资本参与养老服务业的具体措施和意见。发展改革委、民政部和老龄工作机构要加强对本意见执行情况的监督检查，及时向国务院报告。国务院将适时组织专项督查。

2013 年 9 月 6 日

人力资源和社会保障部　民政部关于鼓励社会团体、基金会和民办非企业单位建立企业年金有关问题的通知

人社部发［2013］51号

各省、自治区、直辖市及新疆生产建设兵团人力资源社会保障厅（局）、民政厅（局）：

近年来我国社会团体、基金会和民办非企业单位（以下简称社会组织）发展迅速，为提升社会管理和公共服务，促进文化繁荣发展发挥了积极的作用。为进一步推动社会组织健康发展，更好地保障社会组织工作人员退休后的生活，根据《企业年金试行办法》（劳动和社会保障部令第20号）、《企业年金基金管理办法》（人力资源和社会保障部令第11号）、《关于企业年金方案和基金管理合同备案有关问题的通知》（劳社部发［2005］35号）、《关于企业年金集合计划试点有关问题的通知》（人社部发［2011］58号）有关规定，现就社会组织建立企业年金有关问题通知如下：

一、已经依法参加企业职工基本养老保险并履行缴费义务的社会组织，可以建立企业年金。其中工作人员较少的社会组织可以参加企业年金集合计划。

二、社会组织建立企业年金，应当由社会组织与本单位工会或职工代表通过集体协商确定，并制定企业年金方案。企业年金方案草案应当提交职工大会或职工代表大会讨论通过，并由集体

协商双方首席代表签字后，形成拟报备的企业年金方案。

三、社会组织建立企业年金所需费用由社会组织和工作人员共同缴纳。社会组织缴费每年不超过本单位上年度工作人员工资总额的1/12，列支渠道按国家有关规定执行。社会组织缴费和工作人员个人缴费合计一般不超过本单位上年度工作人员工资总额的1/6，工作人员个人缴费可以由社会组织从工作人员个人工资中代扣。

四、社会组织的企业年金方案应规定社会组织缴费计入工作人员企业年金个人账户的比例，可以综合考虑工作人员个人贡献、年龄等因素确定不同的计入比例，但差距不宜过大。

五、社会组织的企业年金方案应当报送所在地区县级以上地方人力资源社会保障行政部门备案。全国性社会组织的企业年金方案，报送人力资源社会保障部备案。社会组织参加企业年金集合计划可以由集合计划受托人报人力资源社会保障行政部门备案。

六、社会组织的企业年金基金，应当按照《企业年金基金管理办法》的规定，签订受托管理合同和委托管理合同，委托具有企业年金基金管理资格的机构，实行市场化投资运营。受托管理合同和委托管理合同，应当按有关规定报人力资源社会保障行政部门备案。

七、为规范管理，本通知发布前已经建立补充养老保险的社会组织，可按照本通知要求，对原有计划进行调整，逐步将原补充养老保险存量资金纳入企业年金管理。

八、各级人力资源社会保障行政部门要做好社会组织企业年金方案及管理合同备案工作，并负责对社会组织加入企业年金计划后的实施情况进行监督检查。各级民政部门可将企业年金实施情况作为社会组织评估工作的考量指标之一。

境外非政府组织驻华代表机构建立企业年金参照本通知执行。

2013年7月15日

财政部　人力资源和社会保障部 国家税务总局关于企业年金职业年金个人所得税有关问题的通知

财税［2013］103号

各省、自治区、直辖市、计划单列市财政厅（局）、人力资源社会保障厅（局）、地方税务局，新疆生产建设兵团财务局、人力资源社会保障局：

为促进我国多层次养老保险体系的发展，根据个人所得税法相关规定，现就企业年金和职业年金个人所得税有关问题通知如下：

一、企业年金和职业年金缴费的个人所得税处理

1. 企业和事业单位（以下统称单位）根据国家有关政策规定的办法和标准，为在本单位任职或者受雇的全体职工缴付的企业年金或职业年金（以下统称年金）单位缴费部分，在计入个人账户时，个人暂不缴纳个人所得税。

2. 个人根据国家有关政策规定缴付的年金个人缴费部分，在不超过本人缴费工资计税基数的4%标准内的部分，暂从个人当期的应纳税所得额中扣除。

3. 超过本通知第一条第1项和第2项规定的标准缴付的年金单位缴费和个人缴费部分，应并入个人当期的工资、薪金所得，依法计征个人所得税。税款由建立年金的单位代扣代缴，并向主管税务机关申报解缴。

4. 企业年金个人缴费工资计税基数为本人上一年度月平均工资。月平均工资按国家统计局规定列入工资总额统计的项目计算。月平均工资超过职工工作地所在设区城市上一年度职工月平均工资300％以上的部分，不计入个人缴费工资计税基数。

职业年金个人缴费工资计税基数为职工岗位工资和薪级工资之和。职工岗位工资和薪级工资之和超过职工工作地所在设区城市上一年度职工月平均工资300％以上的部分，不计入个人缴费工资计税基数。

二、年金基金投资运营收益的个人所得税处理

年金基金投资运营收益分配计入个人账户时，个人暂不缴纳个人所得税。

三、领取年金的个人所得税处理

1. 个人达到国家规定的退休年龄，在本通知实施之后按月领取的年金，全额按照“工资、薪金所得”项目适用的税率，计征个人所得税；在本通知实施之后按年或按季领取的年金，平均分摊计入各月，每月领取额全额按照“工资、薪金所得”项目适用的税率，计征个人所得税。

2. 对单位和个人在本通知实施之前开始缴付年金缴费，个人在本通知实施之后领取年金的，允许其从领取的年金中减除在本通知实施之前缴付的年金单位缴费和个人缴费且已经缴纳个人所得税的部分，就其余额按照本通知第三条第1项的规定征税。在个人分期领取年金的情况下，可按本通知实施之前缴付的年金缴费金额占全部缴费金额的百分比减计当期的应纳税所得额，减计后的余额，按照本通知第三条第1项的规定，计算缴纳个人所得税。

3. 对个人因出境定居而一次性领取的年金个人账户资金，或个人死亡后，其指定的受益人或法定继承人一次性领取的年金个人账户余额，允许领取人将一次性领取的年金个人账户资金或余额按12个月分摊到各月，就其每月分摊额，按照本通知第三

条第 1 项和第 2 项的规定计算缴纳个人所得税。对个人除上述特殊原因外一次性领取年金个人账户资金或余额的，则不允许采取分摊的方法，而是就其一次性领取的总额，单独作为一个月的工资薪金所得，按照本通知第三条第 1 项和第 2 项的规定，计算缴纳个人所得税。

4. 个人领取年金时，其应纳税款由受托人代表委托人委托托管人代扣代缴。年金账户管理人应及时向托管人提供个人年金缴费及对应的个人所得税纳税明细。托管人根据受托人指令及账户管理人提供的资料，按照规定计算扣缴个人当期领取年金待遇的应纳税款，并向托管人所在地主管税务机关申报解缴。

5. 建立年金计划的单位、年金托管人，应按照个人所得税法和税收征收管理法的有关规定，实行全员全额扣缴明细申报。受托人有责任协调相关管理人依法向税务机关办理扣缴申报、提供相关资料。

四、建立年金计划的单位应于建立年金计划的次月 15 日内，向其所在地主管税务机关报送年金方案、人力资源社会保障部门出具的方案备案函、计划确认函以及主管税务机关要求报送的其他相关资料。年金方案、受托人、托管人发生变化的，应于发生变化的次月 15 日内重新向其主管税务机关报送上述资料。

五、财政、税务、人力资源社会保障等相关部门以及年金机构之间要加强协调，通力合作，共同做好政策实施各项工作。

六、本通知所称企业年金，是指根据《企业年金试行办法》（劳动和社会保障部令第 20 号）的规定，企业及其职工在依法参加基本养老保险的基础上，自愿建立的补充养老保险制度。所称职业年金是指根据《事业单位职业年金试行办法》（国办发［2011］37 号）的规定，事业单位及其工作人员在依法参加基本养老保险的基础上，建立的补充养老保险制度。

七、本通知自 2014 年 1 月 1 日起执行。《国家税务总局关于企业年金个人所得税征收管理有关问题的通知》（国税函［2009］694号）、《国家税务总局关于企业年金个人所得税有关问题补充规定的公告》（国家税务总局公告2011年第9号）同时废止。

2013年12月6日

全国老龄委等24家单位关于进一步加强老年人优待工作的意见

全国老龄办发［2013］97号

各省、自治区、直辖市及新疆生产建设兵团老龄工作委员会办公室、高级人民法院、党委宣传部、发展改革委、科技厅（委、局）、公安厅（局）、民政厅（局）、司法厅（局）、财政厅（局）、人力资源社会保障厅（局）、住房城乡建设厅（委、局）、交通厅（委、局）、农业厅（委、局）、商务主管部门、文化厅（局）、卫生计生委（卫生厅、局、人口计生委）、新闻出版局、广电局、体育局（委）、林业厅（局）、旅游局（委）、铁路局、民航管理局、文物局、总工会：

老年人优待是政府和社会在做好公民社会保障和基本公共服务的基础上，在医、食、住、用、行、娱等方面，积极为老年人提供的各种形式的经济补贴、优先优惠和便利服务。做好老年人优待工作，是增进老年人福祉的重要举措，也是社会文明进步的重要标志。根据新修订的《中华人民共和国老年人权益保障法》和《中共中央、国务院关于加强老龄工作的决定》的有关规定，现就进一步加强老年人优待工作，提出以下意见：

一、总体要求

（一）指导思想

以邓小平理论、“三个代表”重要思想、科学发展观为指导，立足我国基本国情和经济社会发展现状，针对老年人的特殊需求，积极完善优待政策法规体系，逐步拓展优待项目和范围、创新优待工作方式、提升优待水平，让老年人更好地共享经济社会发展成果，不断提升老年人生活质量。

（二）基本原则

——政府主导，社会参与。发挥政府在政策制定、督查检查、示范引领方面的主导作用，在社会保障、基本公共服务等方面积极为老年人提供优待，采取措施鼓励、引导社会力量参与优待工作。

——因地制宜，积极推进。根据经济社会发展实际，合理确定优待范围、优待对象和优待标准。积极推进优待工作，坚持积极稳妥、循序渐进，稳步提升。

——突出重点，适度普惠。从不同老年群体的实际需求出发，对各优待项目的服务对象进行细分，优先考虑高龄、失能等困难老年群体的特殊需要，逐步发展面向老年人的普惠性优待项目。

——统筹协调，和谐共融。统筹社会优待与社会保障、优待工作与老龄事业、物质帮助与精神关爱协调发展；统筹推进城乡老年人优待工作，加快发展农村老年人优待项目；统筹不同年龄群体的利益诉求，促进代际共融与社会和谐。

（三）主要目标

2015年，实现县级以上地方人民政府全面建立健全老年人优待政策，社会敬老氛围更加浓厚，各项优待规定得到有效落实；2020年，实现优待工作管理进一步规范，优待项目进一步拓展，优待水平进一步提升，老年人过上更加幸福的小康生活。

二、优待项目和范围

优待的基本对象为60周岁以上的老年人。各地可因地制宜，在本意见基础上合理确定优待对象和优待标准，率先在卫生保健、交通出行、商业服务、文体休闲等方面，对常住本行政区域内的老年人给予同等优待，并根据本地实际情况，逐步拓展同等优待范围。

（一）政务服务优待

1. 各地在落实和完善社会保障制度和公共服务政策时，应对老年人予以适度倾斜。

2. 鼓励地方建立 80 周岁以上低收入老年人高龄津贴制度。

3. 政府投资兴办的养老机构，要在保障“三无”老年人、“五保”老年人服务需求的基础上，优先照顾经济困难的孤寡、失能、高龄老年人。

4. 各地对经济困难的老年人要逐步给予养老服务补贴。对生活长期不能自理、经济困难的老年人，要根据其失能程度等情况给予护理补贴。

5. 各地在实施廉租住房、公共租赁住房等住房保障制度时，要照顾符合条件的老年人，优先配租配售保障性住房；进行危旧房屋改造时，优先帮助符合条件的老年人进行危房改造。

6. 政府有关部门要为老年人及时、便利地领取养老金、结算医疗费和享受其他物质帮助，创造条件，提供便利。鼓励和引导公共服务机构、社会志愿服务组织优先为老年人提供服务。

7. 政府有关部门在办理房屋权属关系变更等涉及老年人权益的重大事项时，应依法优先办理，并就办理事项是否为老年人的真实意愿进行询问，有代理人的要严格审查代理资格。

8. 免除农村老年人兴办公益事业的筹劳任务。经农村集体经济组织全体成员同意，将未承包的集体所有的部分土地、山林、水面、滩涂等作为养老基地，收益供老年人养老，纳入国家和地方湿地保护体系及其自然保护区的重要湿地除外。

9. 政府有关部门要完善老年人社会参与方面的支持政策，充分发挥老年人参与社会发展的积极性和创造性。

10. 对有老年人去世的城乡生活困难家庭，减免其基本殡葬服务费用，或者为其提供基本殡葬服务补贴。对有老年人去世的家庭，选择生态安葬方式的，或者在土葬改革区自愿实行火葬的，要给予补贴或奖励。

（二）卫生保健优待

11. 医疗卫生机构要优先为辖区内 65 周岁以上常住老年人免费建立健康档案，每年至少提供一次免费体格检查和健康指导，开展健康管理服务。定期对老年人进行健康状况评估，及时发现健康风险因素，促进老年疾病早发现、早诊断、早治疗。积极开展老年疾病防控的知识宣传，开展老年慢性病和老年期精神障碍的预防控制工作。为行动不便的老年人提供上门服务。

12. 鼓励设立老年病医院，加强老年护理院、老年康复医院建设，有条件的二级以上综合医院应设立老年病科。

13. 医疗卫生机构应为老年人就医提供方便和优先优惠服务。通过完善挂号、诊疗系统管理，开设专用窗口或快速通道、提供导医服务等方式，为老年人特别是高龄、重病、失能老年人挂号（退换号）、就诊、转诊、综合诊疗提供便利条件。

14. 鼓励各地医疗机构减免老年人普通门诊挂号费和贫困老年人诊疗费。提倡为老年人义诊。

15. 倡导医疗卫生机构与养老机构之间建立业务协作机制，开通预约就诊绿色通道，协同做好老年人慢性病管理和康复护理，加快推进面向养老机构的远程医疗服务试点，为老年人提供便捷、优先、优惠的医疗服务。

16. 支持符合条件的养老机构内设医疗机构，申请纳入城镇职工（居民）基本医疗保险和新型农村合作医疗定点范围。

（三）交通出行优待

17. 城市公共交通、公路、铁路、水路和航空客运，要为老年人提供便利服务。

18. 交通场所和站点应设置老年人优先标志，设立等候专区，根据需要配备升降电梯、无障碍通道、无障碍洗手间等设施。对于无人陪同、行动不便的老年人给予特别关照。

19. 城市公共交通工具应为老年人提供票价优惠，鼓励对 65

周岁以上老年人实行免费，有条件的地方可逐步覆盖全体老年人。各地可根据实际情况制定具体的优惠办法，对落实老年优待任务的公交企业要给予相应经济补偿。

20. 倡导老年人投保意外伤害保险，保险公司对参保老年人应给予保险费、保险金额等方面的优惠。

21. 公共交通工具要设立不低于座席数10%的“老幼病残孕”专座。铁路部门要为列车配备无障碍车厢和座位，对有特殊需要的老年人订票和选座位提供便利服务。

22. 严格执行《无障碍环境建设条例》《社区老年人日间照料中心建设标准》和《养老设施建筑设计规范》等建设标准，重点做好居住区、城市道路、商业网点、文化体育场馆、旅游景点等场所的无障碍设施建设，优先推进坡道、电梯等与老年人日常生活密切相关的公共设施改造，适当配备老年人出行辅助器具，为老年人提供安全、便利、舒适的生活和出行环境。

23. 公厕应配备便于老年人使用的无障碍设施，并对老年人实行免费。

（四）商业服务优待

24. 各地要根据老年人口规模和消费需求，合理布局商业网点，有条件的商场、超市设立老年用品专柜。

25. 商业饮食服务网点、日常生活用品经销单位，以及水、电、暖气、燃气、通讯、电信、邮政等服务行业和网点，要为老年人提供优先、便利和优惠服务。

26. 金融机构应为老年人办理业务提供便捷服务，设置老年人取款优先窗口，并提供导银服务，对有特殊困难、行动不便的老年人提供特需服务或上门服务。鼓励对养老金客户实施减费让利，对异地领取养老金的客户减免手续费。对办理转账、汇款业务或购买金融产品的老年人，应提示相应风险。

（五）文体休闲优待

27. 各级各类博物馆、美术馆、科技馆、纪念馆、公共图书馆、文化馆等公共文化服务设施，向老年人免费开放。减免老年人参观文物建筑及遗址类博物馆的门票。

28. 公共文化体育部门应对老年人优惠开放，免费为老年人提供影视放映、文艺演出、体育赛事、图片展览、科技宣传等公益性流动文化体育服务。关注农村老年人文化体育需求，适当安排面向农村老年人的专题专场公益性文化体育服务。

29. 公共文化体育场所应为老年人健身活动提供方便和优惠服务，安排一定时段向老年人减免费用开放，有条件的可适当增加面向老年人的特色文化体育服务项目。提倡体育机构每年为老年人进行体质测定，为老年人体育健身提供咨询、服务和指导，提高老年人科学健身水平。

30. 提倡经营性文化体育单位对老年人提供优待。鼓励影剧院、体育场馆为老年人提供优惠票价，为老年文艺体育团体优惠提供场地。

31. 公园、旅游景点应对老年人实行门票减免，鼓励景区内的观光车、缆车等代步工具对老年人给予优惠。

32. 老年活动场所、老年教育资源要对城乡老年人公平开放，公共教育资源应为老年人学习提供指导和帮助。贫困老年人进入老年大学（学校）学习的，给予学费减免。

（六）维权服务优待

33. 各级人民法院对侵犯老年人合法权益的案件，要依法及时立案受理、及时审判和执行。

34. 司法机关应开通电话和网络服务、上门服务等形式，为高龄、失能等行动不便的老年人报案、参与诉讼等提供便利。

35. 老年人因其合法权益受到侵害提起诉讼，需要律师帮助但无力支付律师费用的，可依法获得法律援助。对老年人提出的法律援助申请，要简化程序，优先受理、优先审查和指派。各地可根据经济社会发展水平，适度放宽老年人经济困难标准，将更多与老年人权益保护密切相关的事项纳入法律援助补充事项范围，扩大老年人法律援助覆盖面。

36.要健全完善老年人法律援助体系，不断拓展老年人申请法律援助的渠道，科学设置基层法律援助站点，简化程序和手续，为老年人就近申请和获得法律援助提供便利条件。

37.老年人因追索赡养费、扶养费、养老金、退休金、抚恤金、医疗费、劳动报酬、人身伤害事故赔偿金等提起诉讼，交纳诉讼费确有困难的，可以申请司法救助，缓交、减交或者免交诉讼费。因情况紧急需要先予执行的，可依法裁定先予执行。

38.鼓励律师事务所、公证处、司法鉴定机构、基层法律服务所等法律服务机构，为经济困难的老年人提供免费或优惠服务。

三、组织实施

（一）切实加强领导。各地要高度重视老年人优待工作，健全政府主导、老龄委组织协调、相关部门各司其职、企事业单位和社会团体以及志愿者积极参与的工作体制和运行机制。要保障老年人优待工作经费，进一步落实各项财税优惠政策，调动社会力量积极参与。加强对老年人优待工作年度目标责任考核，确保责任到位、任务落实。县级以上地方人民政府和相关部门要结合实际制定老年人优待政策和具体实施办法。

（二）协力推进实施。优待老年人是全社会的共同责任。国家机关、社会团体、企事业单位和其他组织，都要履行为老年人提供优待的职责义务，积极为老年人提供优待服务。各级涉老主管单位要规范服务，加强管理，督促各优待服务场所、设施和窗口设置优待标识，公布优待内容。有关部门要加强尊老敬老思想教育和道德宣传、老年维权法制教育活动，增强社会成员优待老年人的自觉性，提高老年人自我维权意识和能力。深入推进“敬老爱老助老”主题教育、“敬老文明号”和“老年人维权示范岗”活动，在全社会弘扬孝亲敬老传统美德，进一步营造尊重老年人的社会氛围。

（三）监督检查落实。各级老龄工作委员会负责老年人优待工作的组织协调和监督指导，各级老龄工作委员会办公室承担老年人优待工作的日常事务管理，要会同有关部门定期开展监督检查。要进一步发挥行政监督和社会监督的作用，建立健全信息反馈和监督机制，设立服务和监督热线，依法妥善解决好举报和投诉问题，对老年人优待工作中反映强烈的突出问题，要尽早发现、及时解决。对不按规定履行优待老年人义务的，由有关主管部门责令改正。

2013 年 12 月 30 日

人力资源和社会保障部办公厅关于进一步贯彻落实国务院开展厂办大集体改革工作指导意见的通知

人社厅发［2013］35号

各省、自治区、直辖市及新疆生产建设兵团人力资源社会保障厅（局）：

《国务院办公厅关于在全国范围内开展厂办大集体改革工作的指导意见》（国办发［2011］18号，以下简称国办发18号文件）实施以来，各地高度重视，认真抓好厂办大集体改革中职工安置、劳动关系处理和各项社会保险关系接续等相关政策的落实，取得了积极进展。但也有部分地区反映，在相关政策理解和把握上还存在一些实际问题。为进一步贯彻落实国办发18号文件精神，统一把握相关政策，做好厂办大集体改革工作，现就有关问题通知如下：

一、积极开展厂办大集体职工再就业工作

各地要深入企业宣传各项就业政策，着力为下岗失业人员提供有针对性的就业服务与培训，帮助他们尽快实现再就业。对符合条件的厂办大集体下岗失业人员，要及时纳入就业扶持范围，简化工作流程，畅通政策落实渠道。对自主创业的，及时提供创业服务，落实好小额担保贷款、场地安排等优惠政策。对招用符合规定条件人员就业的企业，及时落实税收优惠、社保补贴、小额担保贷款等政策。对就业困难人员，要加大就业援助力度，多种渠道帮助他们实现再就业，及时兑现社保补贴和岗位补贴等扶持政策。

二、妥善处理厂办大集体职工的劳动关系

各地要根据劳动合同法及国办发18号文件要求，加强对厂办大集体改革中劳动关系处理工作的指导，帮助厂办大集体企业制定完善职工安置方案，明确参加厂办大集体改革人员范围、民主程序、劳动关系处理和经济补偿支付办法等内容。

要指导改制、关闭或破产的厂办大集体依法妥善处理企业与在职集体职工的劳动关系。与集体职工协商解除劳动关系的，依法支付经济补偿；劳动合同继续履行的，改制前后的工作年限合并计算为改制后企业的工作年限。经济补偿金的测算和计发标准按照劳动合同法第四十七条和劳动合同法实施条例第二十七条规定执行。

要指导厂办大集体做好档案移交等工作，跟踪掌握本地区改制后企业劳动用工情况，加强对改制后的指导和服务，切实维护厂办大集体职工合法权益。

三、切实解决厂办大集体职工的养老保险等社会保险问题

厂办大集体与职工解除劳动关系后，要按规定接续各项社会保险关系，符合条件的，享受相应的社会保险待遇。

对于已按统一政策参加了企业职工基本养老保险的厂办大集体职工，要结合本地实际，采取补缴、核销等多种措施，妥善解决他们的养老保障问题。其中，依法实施关闭、破产的厂办大集体确实无法通过资产变现补缴的基本养老保险欠费，除企业缴费中应划入职工养老保险个人账户部分外，持依法关闭、破产手续报经社会保险经办机构同意后，经人力资源社会保障部门审核，财政部门复核，报省级人民政府批准后可以核销，或采取其他办法妥善解决。要严格掌握核销的范围、界定条件及核销程序，确保基金安全和应收尽收，并妥善解决弥补资金来源问题。对于未参加基本养老保险的厂办大集体职工和退休人员，要按照《人力资源社会保障部、财政部关于解决未参保集体企业退休人员基本养老保障等遗留问题的意见》（人社部发［2010］107号）精神，结合当地实际，及时将他们纳入基本养老保障范围。

对于厂办大集体职工的医疗保障问题，要通过促进其实现再就业，参加职工基本医疗保险；以灵活就业等形式再就业的，可以个人身份参加职工基本医疗保险，确有困难的，可以参加城镇居民基本医疗保险。

各级社会保险经办机构要认真履行职责，为厂办大集体职工参保缴费、接续关系、享受相关待遇提供便捷的服务，将厂办大集体职工参加养老保险等社会保险政策真正落实到位。

厂办大集体改革涉及面广，情况复杂，政策性强，事关厂办大集体职工的切身利益。各级人力资源社会保障部门要在当地党委、政府的领导下，加强与有关部门及企业的沟通协调。要建立应急工作预案，完善重大情况报告制度，最大限度消除矛盾隐患，确保厂办大集体改革工作顺利进行。

2013年4月16日

失业保险

人力资源和社会保障部　财政部
总参谋部　总政治部　总后勤部
关于退役军人失业保险有关问题的通知

人社部发［2013］53号

各省、自治区、直辖市人力资源社会保障、财政厅（局），新疆生产建设兵团人力资源社会保障、财务局，各军区、各军兵种、总装备部、军事科学院、国防大学、国防科学技术大学、武警部队：

为贯彻落实《中华人民共和国社会保险法》和《中华人民共和国军人保险法》，维护退役军人失业保险权益，现就军人退出现役后失业保险有关问题通知如下：

一、计划分配的军队转业干部和复员的军队干部，以及安排工作和自主就业的退役士兵（以下简称退役军人）参加失业保险的，其服现役年限视同失业保险缴费年限。军人服现役年限按实际服役时间计算到月。

二、退役军人离开部队时，由所在团级以上单位后勤（联勤、保障）机关财务部门，根据其实际服役时间开具《军人服现役年限视同失业保险缴费年限证明》（以下简称《缴费年限证明》）并交给本人。

三、退役军人在城镇企业事业等用人单位就业的，由所在单位或者本人持《缴费年限证明》及军官（文职干部）转业（复员）证，或者士官（义务兵）退出现役证，到当地失业保险经办机构办理失业保险参保缴费手续。失业保险经办机构将视同缴费年限记入失业保险个人缴费记录，与入伍前和退出现役后参加失业保险的缴费年限合并计算。

四、军人入伍前已参加失业保险的，其失业保险关系不转移到军队，由原参保地失业保险经办机构保存其全部缴费记录。军人退出现役后继续参加失业保险的，按规定办理失业保险关系转移接续手续。

五、根据《关于自主择业的军队转业干部安置管理若干问题的意见》（[2001] 国转联 8 号），自主择业的军队转业干部在城镇企业事业等用人单位就业后，应当依法参加失业保险并缴纳失业保险费，其服现役年限不再视同失业保险缴费年限，失业保险缴费年限从其在当地实际缴纳失业保险费之日起累计计算。

六、退役军人参保缴费满一年后失业的，按规定享受失业保险待遇。

七、本通知自 2013 年 8 月 1 日起执行。本通知执行前已退出现役的军人，其失业保险按原有规定执行。

八、本通知由人力资源社会保障部、总后勤部负责解释。

附件：军人服现役年限视同失业保险缴费年限证明（略）

2013 年 7 月 30 日

工业和信息化部　国家发展和改革委员会　财政部　人力资源和社会保障部　国土资源部　商务部　中国人民银行　国务院国有资产监督管理委员会　国家税务总局　国家工商行政管理总局　中国银行业监督管理委员会　中国证券监督管理委员会关于加快推进重点行业企业兼并重组的指导意见

工信部联产业［2013］16号

各省、自治区、直辖市、新疆生产建设兵团，工业和信息化主管部门，发展改革委、财政厅（局）、人力资源社会保障厅（局）、国土资源厅（局）、商务厅（局）、人民银行中心支行、国资委（局）、国家税务局、地方税务局、工商部门、银监局、证监局：

推进企业兼并重组是推动工业转型升级、加快转变发展方式的重要举措，是提升我国经济国际竞争力、进一步完善社会主义基本经济制度的必然选择，有利于提高资源配置效率，调整优化产业结构，培育发展具有国际竞争力的大企业大集团。《国民经济和社会发展第十二个五年规划纲要》、《国务院关于促进企业兼并重组的意见》（国发［2010］27号）、《工业转型升级规划（2011—2015年）》（国发［2011］47号）提出，要以汽车、钢铁、水泥、船舶、电解铝、稀土、电子信息、医药等行业为重点，推进企业兼并重组。为贯彻落实国务院部署要求，现就加快推进重点行业企业兼并重组提出以下意见：

一、指导思想和基本要求

（一）指导思想。以邓小平理论、“三个代表”重要思想、科学发展观为指导，以产业结构调整为主线，以规模效益显著的行业为重点，坚持市场化运作，发挥企业主体作用，充分发挥政府引导作用，提高产业集中度和资源配置效率，增强国际竞争力，推动重点行业健康有序发展，加快经济结构调整和发展方式转变。

（二）基本要求。

——坚持市场化运作，发挥企业主体作用。充分发挥市场的基础性作用，遵循经济规律和市场准则，尊重企业意愿，由企业通过平等协商，自愿自主地开展兼并重组。

——完善政策措施，发挥政府引导作用。完善相关行业规划和政策措施，努力营造有利于企业兼并重组的政策环境。完善企业兼并重组服务管理体系，努力消除制约企业兼并重组的体制机制障碍，规范行政行为。

——推动体制创新，加快转型升级。支持企业通过兼并重组完善治理结构，增强技术优势，开展管理创新，加强品牌建设，淘汰落后产能，培育国际竞争力，推进转型升级。

——实行分类指导，促进大中小企业协调发展。结合行业自身特点和企业实际情况实行分类指导，促进各种所有制企业公平竞争和优胜劣汰，促进大中小企业协调发展，形成结构合理、有效竞争、规范有序的市场格局。

——加强统筹兼顾，维护企业、社会和谐稳定。严格执行相关法律法规和产业政策，兼顾国家、地方、企业和职工的利益，依法维护债权人、债务人和企业职工等利益主体的合法权益，促进企业、社会和谐稳定。

二、主要目标和重点任务

通过推进企业兼并重组，提高产业集中度，促进规模化、集约化经营，提高市场竞争力，培育一批具有国际竞争力的大型企业集团，推动产业结构优化升级；进一步推动企业转换经营机制，加强和改善内部管理，完善公司治理结构，建立现代企业制度；加快国有经济布局和结构的战略性调整，促进非公有制经济和中小企业发展，完善以公有制为主体、多种所有制经济共同发展的基本经济制度。

推动重点行业企业兼并重组，要以产业政策为引导、以产业发展的重点关键领域为切入点，鼓励大型骨干企业开展跨地区、跨所有制兼并重组；鼓励企业通过兼并重组延伸产业链，组成战略联盟；鼓励企业“走出去”，参与全球资源整合与经营，提升国际化经营能力，增强国际竞争力。

（一）汽车行业。到2015年，前10家整车企业产业集中度达到90%，形成3～5家具有核心竞争力的大型汽车企业集团。

推动整车企业横向兼并重组。鼓励汽车企业通过兼并重组方式整合要素资源，优化产品系列，降低经营成本，提高产能利用率，大力推动自主品牌发展，培育企业核心竞争力，实现规模化、集约化发展。

推动零部件企业兼并重组。支持零部件骨干企业通过兼并重组扩大规模，与整车生产企业建立长期战略合作关系，发展战略联盟，实现专业化分工和协作化生产。

支持大型汽车企业通过兼并重组向服务领域延伸。完善汽车行业服务体系，以品牌营销为主体，大力发展研发、采购、现代物流、汽车金融、信息服务和商务服务，实现服务业与制造业融合发展。

支持参与全球资源整合与经营。鼓励汽车企业“走出去”，把握时机开展跨国并购，在全球范围内优化资源配置，发展并完善全球生产和服务网络，提升国际化经营能力，增强国际竞争力。

（二）钢铁行业。到 2015 年，前 10 家钢铁企业集团产业集中度达到 60％左右，形成 3～5 家具有核心竞争力和较强国际影响力的企业集团，6～7 家具有较强区域市场竞争力的企业集团。

重点支持大型钢铁企业集团开展跨地区、跨所有制兼并重组。积极支持区域优势钢铁企业兼并重组。大幅减少企业数量，提高钢铁产业集中度。支持重组后的钢铁企业开展技术改造、淘汰落后产能、优化区域布局，提高市场竞争力。鼓励钢铁企业参与国外钢铁企业的兼并重组。

鼓励钢铁企业延伸产业链。重点支持钢铁企业参与国内现有矿山资源、焦化企业的整合，鼓励钢铁企业重组符合环保要求的国内废钢加工配送企业。

（三）水泥行业。到 2015 年，前 10 家水泥企业产业集中度达到 35％，形成 3～4 家熟料产能 1 亿吨以上，矿山、骨料、商品混凝土、水泥基材料制品等产业链完整，核心竞争力和国际影响力强的建材企业集团。

重点支持优势骨干水泥企业开展跨地区、跨所有制兼并重组。坚持集约化发展的原则，鼓励企业通过合并、股权收购、资产收购、资产置换、债务重组等多种方式，实施强强联合、兼并改造困难企业和中小企业，实现产能合理布局。

鼓励水泥企业延伸产业链。鼓励水泥企业在做强做大主业的基础上兼并重组上下游关联企业，优化物流配送，整合发展预拌砂浆、商品混凝土及建筑预制构件产业。鼓励具有科技研发优势的建材企业集团，以并购、产业联盟等多种方式整合资源，融合咨询、测试、科研、技术开发、工程设计、安装调试、工程承包等业务，促进运营服务及生产一体化发展。

支持重组企业整合内部资源，走以内涵为主的发展之路。鼓励将企业兼并重组与改组、改制、技术改造、加强管理相结合。鼓励企业创新商业模式，发展电子商务。

（四）船舶行业。到 2015 年，前 10 家造船企业造船完工量占全国总量的70%以上，进入世界造船前十强企业超过5家。形成5～6个具有国际影响力的海洋工程装备总承包商和一批专业化分包商。形成若干具有较强国际竞争力的品牌修船企业。

积极推进以大型骨干造船企业为龙头的跨地区、跨行业、跨所有制的兼并重组，优化资源配置，发展拥有国际竞争力的企业集团，提高产业集中度。促进优势企业通过兼并重组等方式扩大高端产品制造能力。鼓励上下游企业组成战略联盟，进行产业链整合。推进骨干企业开展境外并购。鼓励中小型造船企业面向细分市场实施差异化竞争，向“专、精、特、新”的方向发展，在优势领域形成特色和品牌。引导船用低中速柴油机和甲板机械等配套企业以资本、产品为纽带，加大专业化重组力度。

（五）电解铝行业。到2015年，形成若干家具有核心竞争力和国际影响力的电解铝企业集团，前10家企业的冶炼产量占全国的比例达到90%。支持具有经济、技术和管理优势的企业兼并重组落后企业，支持开展跨地区、跨行业、跨所有制兼并重组。鼓励优势企业强强联合，积极推进上下游企业联合重组，鼓励“煤（水）—电—铝”及“矿山—冶炼—加工—应用”一体化经营，实现规模化、集约化发展，培育3～5家具有较强国际竞争力的大型企业集团。

（六）稀土行业。贯彻落实《国务院关于促进稀土行业持续健康发展的若干意见》（国发［2011］12号）有关要求，支持大企业以资本为纽带，通过联合、兼并、重组等方式，大力推进资源整合，大幅度减少稀土开采和冶炼分离企业数量，提高产业集中度，基本形成以大型企业为主导的行业格局。

（七）电子信息行业。到2015年，形成5～8家销售收入过1 000亿元的大型骨干企业，努力培育销售收入过5 000亿元的大企业。以资本为纽带推进资源整合及产业融合，加快发展和形成一批掌握关键核心技术、创新能力突出、品牌知名度高、国际竞争力强的跨国大公司。

支持龙头骨干企业开展并购，大力推动产业链整合，提高产业链管理及运作水平，强化产业链整体竞争力。积极推进制造业向服务延伸，推动产品制造与软件和信息服务融合、制造业与运营业融合，大量催生新产品、新业态，鼓励引导商业模式创新。引导并加快产业链垂直整合进程，促进资源优化重组。

（八）医药行业。到2015年，前100家企业的销售收入占全行业的50％以上，基本药物主要品种销量前20家企业所占市场份额达到80％，实现基本药物生产的规模化和集约化。鼓励研发和生产、原料药和制剂、中药材和中成药企业之间的上下游整合，完善产业链，提高资源配置效率。鼓励同类产品企业强强联合、优势企业兼并其他企业，促进资源向优势企业集中，实现规模化、集约化经营，提高产业集中度。培育形成一批具有国际竞争力和对行业发展有较强带动作用的大型企业集团。

（九）农业产业化龙头企业。贯彻落实《国务院关于支持农业产业化龙头企业发展的意见》（国发［2012］10号），支持农业产业化龙头企业通过兼并重组、收购、控股等方式，组建大型企业集团。培育壮大龙头企业，打造一批自主创新能力强、加工水平高、处于行业领先地位的大型龙头企业。引导龙头企业向优势产区集中，形成一批相互配套、功能互补、联系紧密的龙头企业集群，培育壮大区域主导产业，增强区域经济发展实力。

三、积极引导企业稳妥开展兼并重组

（一）科学制定方案。引导企业根据自身发展战略规划，按照国家产业政策要求，确定兼并重组目标企业。选择目标企业要有利于实现资源的优势互补，有利于最大限度地发挥资源的协同效应。结合宏观经济状况和行业、企业情况，做好尽职调查，认真调研、反复讨论，科学制定兼并重组方案。

（二）加强风险防控。企业要有步骤有计划地实施兼并重组，深入研究兼并重组中可能出现的矛盾和问题，高度重视企业兼并重组中面临的市场、财务、职工安置等方面的风险，以及跨国并购中的风险。加强风险管理，识别风险因素，评估风险强度，妥善制定相应的应对预案和措施，构建完善的风险管理体系。

（三）加强重组后整合。企业要高度重视重组后各种要素资源的整合，加强人员、文化、管理的融合。以兼并重组为契机，深化管理体制改革，积极开展公司制、股份制改造，进一步完善公司治理结构。结合实际，在人事、财务、采购、销售、生产、研发等环节开展业务流程再造，优化土地、资金、技术、人才等生产要素配置，创新管理模式，实现优势互补、深度融合。

（四）加强组织协调。各地区要根据实际建立企业兼并重组工作协调机制，加强对企业兼并重组的组织领导，统筹协调本地区企业兼并重组工作。各地工业和信息化主管部门要发挥牵头作用，加强与发展改革、财政、人力资源社会保障、国土资源、商务、人民银行、国资、税务、工商、银监、证监等部门的配合，协调解决兼并重组企业面临的实际问题，积极推动本地区企业兼并重组。充分发挥协调机制作用，深入调查研究，努力解决企业兼并重组中的问题，及时反映需要国家有关部门协调解决的问题。工业和信息化部将会同相关部门，积极协调解决各地反映的问题。各地区可根据实际，选择本地区优先支持的企业兼并重组重点行业，研究出台具体的支持政策。

（五）落实政策措施。各地区要认真贯彻落实《国务院关于促进企业兼并重组的意见》，以及在财政、税收、金融服务、债权债务、职工安置、土地、矿产资源配置等方面促进企业兼并重组的政策措施，支持企业开展兼并重组。各地工业和信息化、发展改革、财政、人力资源社会保障、国土资源、商务、国资、工商等部门要结合本地区实际，研究出台促进企业兼并重组的具体措施，优先支持兼并重组企业开展技术改造，鼓励企业加强和创新管理，提升企业综合竞争力。对通过兼并重组淘汰落后产能的企业，中央财政淘汰落后产能奖励资金给予重点支持，加大奖励力度。

（六）营造良好环境。坚持市场化运作，充分尊重企业意愿，充分调动企业积极性，引导和激励企业自愿自主开展兼并重组。认真清理、修订、废止各种不利于企业兼并重组的政策、规定和做法，尤其要坚决取消各地自行出台的限制外地企业对本地区企业实施兼并重组的规定。积极探索跨地区企业兼并重组地区间利益共享机制。在不违背国家有关政策规定的前提下，地区间可根据企业资产规模和盈利能力，签订企业兼并重组后的财税利益分成协议，妥善解决企业兼并重组后增加值等统计数据的归属问题，实现企业兼并重组成果共享。

（七）做好管理服务。各地区有关部门要督促企业严格执行兼并重组的有关法律法规和国家产业政策，规范操作程序，加强信息披露，防控内幕交易，防范道德风险。鼓励外资以参股、并购等方式参与国内企业改组改造和兼并重组，加强外资并购境内企业安全审查，维护国家安全。对达到经营者集中法定申报标准的企业兼并重组，要依法进行经营者集中反垄断审查。各地区要加强对企业兼并重组的指导服务，研究制定推动本地区企业兼并重组实施意见，把兼并重组与企业改制、管理创新、技术改造、淘汰落后等结合起来。拓宽企业兼并重组信息交流渠道，建立促进企业兼并重组的公共服务平台。推动企业兼并重组中介服务专业化、规范化发展，重点引进和培养熟悉企业并购业务，特别是跨国并购业务的专门人才，积极为企业提供市场信息、战略咨询、法律顾问、财务顾问、土地估价、资产评估、产权交易、融资中介、独立审计和企业管理等中介服务。认真做好典型经验的总结推广工作，加强宣传引导。

2013年1月10日

人力资源和社会保障部办公厅关于台湾、香港、澳门居民办理失业登记的通知

人社厅发［2013］117号

各省、自治区、直辖市人力资源社会保障厅（局）：

为完善台湾、香港、澳门居民在内地就业的管理制度，现就台湾、香港、澳门居民办理失业登记有关问题通知如下：

《就业服务与就业管理规定》第六十三条规定“在法定劳动年龄内，有劳动能力，有就业要求，处于无业状态的城镇常住人员，可以到公共就业服务机构进行失业登记。其中，没有就业经历的城镇户籍人员，在户籍所在地登记；农村进城务工人员和其他非本地户籍人员在常住地稳定就业满6个月的，失业后可以在常住地登记”。参照上述规定，台湾、香港、澳门居民在常住地稳定就业满6个月，并依法参加社会保险的，失业后如本人自愿，可到公共就业服务机构办理失业登记。具体程序：

一、办理台港澳人员就业证注销手续

台湾、香港、澳门居民终止就业后，应到台港澳人员就业证发证机关办理证件注销手续，发证机关为其出具失业证明文件。

二、办理失业登记手续

台湾、香港、澳门居民凭失业证明文件及与原单位终止、解除劳动关系或解聘的证明，在常住地公共就业服务机构办理失业登记。台湾、香港、澳门居民凭公共就业服务机构出具的失业登记证明文件，享受就业服务和相应的失业保险待遇。享受就业扶

持政策另行规定。

各地应将已办理失业登记的台湾、香港、澳门居民人数统计在城镇登记失业人员情况中（表号：人社统 EP2），列入表下栏“报告期内符合规定农村进城务工人员和其他非本地户籍人员登记失业人数”中并单独注明，作为表后补充数据，不计入表内统计数值。

2013 年 11 月 22 日

医疗保险

国务院办公厅关于巩固完善基本药物制度和基层运行新机制的意见

国办发［2013］14号

各省、自治区、直辖市人民政府，国务院各部委、各直属机构：

巩固完善基本药物制度和基层运行新机制是“十二五”期间深化医药卫生体制改革的重点，是实现2020年人人享有基本医疗卫生服务目标的重要基础。医改实施三年多来，基层医疗卫生机构综合改革全面推进，初步建立了基本药物制度，构建了维护公益性、调动积极性、保障可持续的基层运行新机制。为进一步深化改革，扩大医改成果，现就巩固完善基本药物制度和基层运行新机制提出如下意见。

一、总体要求

深入贯彻落实《中共中央、国务院关于深化医药卫生体制改革的意见》（中发［2009］6号）和《“十二五”期间深化医药卫生体制改革规划暨实施方案》，坚持保基本、强基层、建机制，着力解决基层医改面临的新问题，不断完善政策体系，健全长效机制；巩固基本药物制度，深化基层医疗卫生机构管理体制、补偿机制、药品供应、人事分配等方面的综合改革；完善绩效考核办法，创新监管方式，强化监督管理；加强基层医疗卫生服务体系建设，不断提升服务能力和水平，筑牢基层医疗卫生服务网底。

二、完善基本药物采购和配送

（一）稳固基本药物集中采购机制。全面贯彻《国务院办公厅关于印发建立和规范政府办基层医疗卫生机构基本药物采购机制指导意见的通知》（国办发［2010］56 号），坚持以省（区、市）为单位网上集中采购，落实招采合一、量价挂钩、双信封制、集中支付、全程监控等制度。对经多次采购价格基本稳定的基本药物试行国家统一定价；对独家品种试行国家统一定价，也可探索以省（区、市）为单位，根据采购数量、区域配送条件等，直接与生产企业议定采购数量和采购价格；对少数基层必需但用量小、市场供应短缺的基本药物，采取招标定点生产等方式确保供应。

基本药物采购遵循质量优先、价格合理的原则。进一步完善“双信封”评价办法。在经济技术标评审中，对药品质量、生产企业的服务和信誉等进行全面审查，将企业通过《药品生产质量管理规范（2010 年版）》（GMP）认证作为质量评价的重要指标；在商务标评审中，对竞标价格明显偏低的药品进行综合评估，避免恶性竞争。优先采购达到国际水平的仿制药，激励企业提高基本药物质量。

（二）保障基本药物供应配送和资金支付。基本药物配送原则上由中标生产企业自行委托药品批发企业配送或直接配送。要做好偏远、交通不便地区的药品配送服务。充分发挥邮政等物流行业服务网络覆盖面广的优势，支持其在符合规定的条件下参与药品配送。基本药物采购机构对基层医疗卫生机构基本药物货款统一支付，鼓励通过设立省级基本药物采购周转资金等方式优化支付流程，确保货款及时足额支付。省级卫生部门负责监督基本药物货款支付情况，严厉查处拖延付款行为，并向社会公布。

（三）定期调整国家基本药物目录。按照防治必需、安全有效、价格合理、使用方便、中西药并重的原则，结合实际使用情况遴选调整国家基本药物目录，保持合理数量，优化品种结构。国家基本药物目录原则上每三年调整一次。省级人民政府统一增补本省（区、市）目录外药品品种，增补品种严格执行国家基本药物各项政策。要从严控制增补数量，不得将权限下放到市（地）、县（市、区）或基层医疗卫生机构。在增补品种时，要充分考虑基层常见病、慢性病用药与当地公立医院用药的衔接问题。

（四）严格执行诚信记录和市场清退制度。对在采购过程中提供虚假证明文件、蓄意抬高价格或恶意竞价、不按合同规定及时配送或供应质量不达标药品，以及向采购机构、医疗机构或个人进行贿赂或变相贿赂的企业，一律记录在案，依照有关法律法规严肃查处，并定期向社会公布查处结果。对于违反法律法规、被司法机关及行政机关查处的企业，两年内不得参与药品招标采购。

三、加强基本药物使用和监管

（五）引导基层医务人员规范使用基本药物。加强基层医务人员基本药物知识培训，将其作为基层医务人员竞聘上岗、执业考核的重要内容，保证临床用药合理、安全、有效、价廉。加大宣传力度，引导群众转变用药习惯，促进临床首选、合理使用基本药物。

（六）鼓励非政府办基层医疗卫生机构使用基本药物。在没有政府办基层医疗卫生机构的乡镇和社区，采取政府购买服务方式落实基本药物制度，确保每个乡镇、社区都有实施基本药物制度的基层医疗卫生机构。政府购买服务的范围、内容等，由各地结合实际确定。将符合条件的非政府办基层医疗卫生机构纳入基本医保定点，对其提供的基本公共卫生服务给予足额补偿。农垦、林业等系统和国有企事业单位（含公立医院）所属基层医疗卫生机构实施基本药物制度后，可参照执行政府办基层医疗卫生机构政策，具体办法另行制定。

（七）加强药品质量安全监管。强化政府监管责任，严格基本药物研究、生产、流通、使用、价格、广告监管，依法查处不合格生产企业，规范流通秩序，严厉打击制售假冒伪劣药品行为。对基本药物实行全品种覆盖抽验和从生产出厂到使用全程电子监管，加大对重点品种的监督抽验力度，抽验结果定期向社会发布。严格基本药物上市审批。完善中成药质量标准。

四、深化编制、人事和收入分配改革

（八）深化编制和人事改革。以县（市、区）为单位，根据城镇化进程和城市规模的变化，综合考虑服务人口、地理交通状况等因素，合理核定基层医疗卫生机构编制总量，实行统筹安排、动态调整；合理配置公共卫生、医疗服务人员，适当提高基层医疗卫生机构护理人员比例。明确基层医疗卫生机构的法人主体地位，落实其用人自主权。全面推行聘用制度和岗位管理制度，坚持竞聘上岗、按岗聘用、合同管理，建立能上能下、能进能出的竞争性用人机制，实行定编定岗不固定人员，变固定用人为合同用人，变身份管理为岗位管理。对未聘人员采取多途径妥善安置。基层医疗卫生机构工作人员按规定参加社会保险。

（九）加强对基层医疗卫生机构的考核。创新考核制度，将服务质量数量、患者满意度、任务完成情况和城乡居民健康状况等作为主要考核内容，考核结果向社会公开，与绩效工资总量、财政补助、医保支付等挂钩。依托信息化手段，强化量化考核、效果考核。

（十）实行基层医疗卫生机构负责人任期目标责任制。基层医疗卫生机构负责人一律采取公开选拔、择优聘任方式产生。实行任期目标责任制，由基层医疗卫生机构主管部门对负责人进行考核，考核结果与其收入和任免挂钩。严禁将负责人的收入与基层医疗卫生机构的经济收入挂钩。

（十一）提高基层医疗卫生机构人员待遇。基层医疗卫生机构在核定的收支结余中可按规定提取职工福利基金、奖励基金。各地要从实际出发，在平稳实施绩效工资的基础上，结合医务人员工作特点，适当提高奖励性绩效工资比例，合理拉开收入差距，体现多劳多得、优绩优酬。基层医疗卫生机构负责聘用人员的考核与奖惩，根据考核结果及时发放绩效工资。收入分配向工作一线、关键岗位、业务骨干、贡献突出等人员倾斜，严禁将医务人员收入与药品和医学检查收入挂钩。对在基层医疗卫生机构工作的对口支援医务人员，地方政府给予周转房等生活保障，在职称晋升、社会荣誉等方面予以倾斜；对到艰苦边远地区基层医疗卫生机构服务的医务人员，按规定落实津补贴政策；对在农村地区长期从医、贡献突出的医务人员，按国家规定给予奖励。

五、完善稳定长效的多渠道补偿机制

（十二）落实财政对基层医疗卫生机构的专项补助经费。政府举办的基层医疗卫生机构，基本建设和设备购置等发展建设支出由政府根据基层医疗卫生机构发展建设规划足额安排，人员经费（包括离退休人员经费）、人员培训和人员招聘等所需支出由财政部门根据政府卫生投入政策、相关人才培养规划和人员招聘规划合理安排补助。

（十三）完善财政对基层医疗卫生机构运行的补助政策。中央财政已建立基本药物制度实施后对地方的经常性补助机制并纳入财政预算，支持地方完善财政对基层医疗卫生机构运行的补助政策。中央财政对各省（区、市）补助标准主要根据基层医疗卫生机构服务人口，并统筹考虑地方财力状况确定，补助标准随着经济社会发展相应提高。各省（区、市）要统筹使用中央财政补助资金，落实对基层医疗卫生机构运行的财政补助政策，将基层医疗卫生机构经常性收支差额补助纳入财政预算并及时足额落实到位，加大对困难地区财政转移支付力度。鼓励各地探索按服务数量或服务人口定额补偿的方式落实补助资金。有条件的地区可以实行收支两条线，基层医疗卫生机构的收入全额上缴，开展基本医疗和公共卫生服务所需经常性支出由政府核定并全额安排。加强财政补助资金的绩效考核和监督管理，提高资金使用效益。

（十四）保障基本公共卫生服务经费。各级财政要及时足额下拨基本公共卫生服务经费，确保专款专用，不得截留、挪用、挤占。基本公共卫生服务经费先预拨后考核结算，并随着经济社会发展相应提高保障标准。基层医疗卫生机构承担突发公共卫生事件处置任务由财政按照服务成本核定补助。

（十五）全面实施一般诊疗费。各地结合实际合理确定基层医疗卫生机构一般诊疗费标准，原则上10元左右。要严格落实一般诊疗费医保支付政策，将其纳入基本医保门诊统筹支付范围，按规定比例支付。

（十六）发挥医保支付的补偿作用。扩大门诊统筹范围，合理确定医保支付范围和支付标准。医保支付比例向基层医疗卫生机构倾斜，鼓励使用中医药服务。推进医保支付方式改革，逐步建立激励与约束并重的支付制度。采取购买服务方式对基层医疗卫生机构提供的基本医疗服务给予补偿。

六、进一步提升基层医疗卫生服务能力

（十七）明确基层医疗卫生机构基本功能。以维护辖区居民健康为中心，使用适宜技术、适宜设备和基本药物（包括增补药品），大力推广包括民族医药在内的中医药服务，综合提供公共卫生和基本医疗服务。基层医疗卫生机构诊疗科目、床位数量、科室设置、人员配备、基础设施建设和设备配置要与其功能定位相适应。乡镇卫生院受县级卫生部门委托，承担辖区内卫生管理职能，对村卫生室和乡村医生进行技术指导、药品器械配送管理和绩效考核。考核结果经县级卫生部门审核后公示，作为财政补助经费核算和乡村医生聘用的依据。鼓励有条件的地方探索推进乡村卫生服务一体化管理。

（十八）支持基层医疗卫生机构标准化建设。在充分利用现有资源的基础上，做好城镇化和行政区划调整过程中基层医疗卫生机构的规划布局和建设。政府在每个乡镇办好一所卫生院。坚持政府主导，原则上每个街道办事处或3万～10万居民设置一所社区卫生服务中心。“十二五”期间，按照填平补齐的原则，继续加大对基层医疗卫生机构建设投入，重点支持边远山区、地广人稀的农村地区、少数民族地区乡镇卫生院建设，到2015年使基层医疗卫生机构达标率达到95%以上。实施基层中医药服务能力提升工程，加强基层医疗卫生机构中医科、中药房建设。

（十九）加强基层医疗卫生机构人才培养。加快推行全科医生制度，加强师资和培养培训基地建设，实施全科医生规范化培养和欠发达农村地区助理全科医生培训。继续做好全科医生转岗培训、农村订单定向医学生免费培养，实施全科医生特岗项目，确保如期实现基层医疗卫生机构全科医生配备目标。采取有效措施，鼓励高校医学毕业生到农村基层服务，志愿到中西部地区乡镇卫生院工作3年及以上的高校医学毕业生，其学费（助学贷款）由国家补助（代偿）。加大对农村医务人员的继续教育，加强中医药知识与技能培训，对乡镇卫生院人员每5年进行一次全员岗位培训，将培训结果作为岗位聘用与绩效考核的重要内容。严格执行城市医院和疾病预防控制机构医师晋升主治医师或副主任医师职称前到农村服务累计一年以上的政策。深化对口协作，加强上级医院与基层医疗卫生机构之间的人才合作交流，建立定期巡诊和轮训机制。

（二十）转变基层医疗卫生服务模式。鼓励基层医务人员根据居民健康需求，主动服务，上门服务，开展慢性病管理、健康管理、巡回医疗等。积极推进全科医生执业方式和服务模式改革试点，各地可结合实际合理确定到2015年全科医生签约人数与服务人口比例，逐步推行全科医生（团队）与城乡居民建立稳定的契约服务关系，提供连续的公共卫生和基本医疗服务。卫生等部门要加快制定分级诊疗规范，推进基层首诊负责制，建立健全分级诊疗、双向转诊制度，明显提高基层医疗卫生机构门急诊量占门急诊总量的比例。

（二十一）推进信息化建设。以省（区、市）为单位，统一组织规划推进基层医疗卫生机构信息系统建设，逐步覆盖乡镇卫生院、社区卫生服务机构和有条件的村卫生室，将基本药物供应使用、居民健康管理、公共卫生服务、基本医疗服务、绩效考核等作为信息系统建设的重要内容，统一技术规范和标准。强化信息系统在绩效考核和服务监管中的运用，提高基层医疗卫生机构服务规范化水平。通过建立区域卫生信息平台，逐步实现基层医疗卫生机构与区域内大医院、公共卫生机构、医保管理经办机构等信息互联互通，实现资源共享。

（二十二）积极做好化解债务工作。地方政府是化解债务的主体，要多渠道筹措落实化债资金，按时完成债务化解工作。省级、市（地）级人民政府要加大对财政困难县（市、区）化解债务工作的资金支持力度。

七、稳定和优化乡村医生队伍

（二十三）提高村卫生室服务水平。采取公建民营、政府补助等方式，支持村卫生室房屋建设和设备购置，原则上每个行政村要建有村卫生室，每个村卫生室要配备合格的乡村医生。对村卫生室主要通过购买服务的方式进行合理补助。制定乡村医生培养规划，建立在村卫生室执业的乡村医生定期免费培训制度，鼓励采取本地人员定向培养等方式充实、优化乡村医生队伍，新进乡村医生应当具备执业助理医师或以上资格，力争到2020年乡村医生总体具备执业助理医师或以上资格。各地可结合实际建立乡村医生退出机制。

（二十四）全面落实乡村医生补偿政策。明确村卫生室和乡镇卫生院的基本公共卫生服务任务分工和资金分配比例，原则上将40%左右的基本公共卫生服务任务交由村卫生室承担，考核后将相应的基本公共卫生服务经费拨付给村卫生室，不得挤占、截留和挪用。各地要将符合条件的村卫生室纳入新农合定点，在综合考虑新农合筹资能力和不增加群众负担的前提下，合理制定村卫生室一般诊疗费标准，并确定新农合支付标准和办法，充分发挥新农合对村卫生室的补偿作用。中央财政已建立村卫生室实施基本药物制度补助机制，地方各级财政要采取定额补助的方式给予专项补助，财政补助总体水平与当地村干部的补助标准相衔接；鼓励地方进一步提高对在偏远、艰苦地区执业的乡村医生补助水平。各地要积极探索降低乡村医生执业风险、调解医患纠纷的有效措施。

（二十五）合理解决乡村医生养老问题。支持乡村医生参加城乡居民社会养老保险，按规定领取养老金。鼓励有条件的地方采取多种方式适当提高乡村医生的养老待遇。地方政府可以采取补助等多种形式，妥善解决好老年乡村医生的保障和生活困难问题，具体办法由地方政府制定。

八、加强基层医疗卫生服务监管

（二十六）加强卫生行业监管。县级卫生部门要加强对基层医疗卫生机构、村卫生室和乡村医生的行业管理，加大执法检查监督力度。对有过度医疗、不合理使用抗生素、推诿病人、虚报公共卫生服务等违规行为的机构及人员，严格按规定予以通报、罚款乃至给予辞退、吊销执业证书等处罚；严厉查处没有按照规定实行基本药物零差率销售的基层医疗卫生机构。建立问责制，对监管不力的，严格追究相关责任人的责任。各地要设立监督举报电话，加强社会监督。

（二十七）推行院（中心）务公开。基层医疗卫生机构要定期公开医疗服务信息、财务收支状况、医疗服务价格、基本公共卫生服务项目、政府专项资金使用和绩效考核情况等，主动接受社会监督。

（二十八）发挥医保和价格的监督制约作用。医保经办机构对医疗服务行为和费用要实行实时监控，加大奖惩力度，严厉查处骗保行为。价格部门应加强对基层医疗卫生机构的收费检查，严厉查处乱收费、违规加价等行为。

（二十九）加强医德医风建设。建立诚信制度和医务人员医德医风档案。重视对基层医务人员的人文素质培养和职业素质教育，大力弘扬救死扶伤精神，促进基层医务人员与城乡居民建立和谐关系。

九、组织实施

（三十）落实目标责任。各省（区、市）政府要尽快制定实施方案，并报国务院医改办公室、卫生部、财政部、人力资源社会保障部备案。各有关部门要抓紧制定出台相关配套文件。各地、各有关部门要严格落实责任制，建立强有力的工作推进机制，提高执行力。

（三十一）加强督导考核。各地要将基层医改任务完成情况纳入政府目标考核管理。各有关部门要加强协调配合，督促指导地方工作。国务院医改办公室要会同有关部门定期开展督导检查，及时通报进展情况，对工作滞后的进行约谈，确保各项政策落到实处。

（三十二）加强宣传培训。大力宣传基层医改政策，开展对从事医改的各级领导干部和基层医务人员的政策培训，进一步统一思想，凝聚共识，形成全社会支持医改、参与医改的良好氛围。

2013 年 2 月 10 日

国务院办公厅关于建立疾病应急救助制度的指导意见

国办发［2013］15号

各省、自治区、直辖市人民政府，国务院各部委、各直属机构：

近年来，随着基本医保覆盖面的扩大和保障水平的提升，人民群众看病就医得到了基本保障，但仍有极少数需要急救的患者因身份不明、无能力支付医疗费用等原因，得不到及时有效的治疗，造成了不良后果。建立疾病应急救助制度，解决这部分患者的急救保障问题，是健全多层次医疗保障体系的重要内容，是解决人民群众实际困难的客观要求，是坚持以人为本、构建和谐社会的具体体现。根据《"十二五"期间深化医药卫生体制改革规划暨实施方案》，经国务院同意，现就建立疾病应急救助制度提出以下指导意见。

一、设立疾病应急救助基金

（一）分级设立疾病应急救助基金。设立疾病应急救助基金是建立疾病应急救助制度的重要内容和保障。各省（区、市）、市（地）政府组织设立本级疾病应急救助基金。省级基金主要承担募集资金、向市（地）级基金拨付应急救助资金的功能。市（地）级基金主要承担募集资金、向医疗机构支付疾病应急救治医疗费用的功能。直辖市可只设本级基金，由其承担募集资金、向医疗机构支付疾病应急救治医疗费用的功能。副省级市参照市（地）设立疾病应急救助基金。

（二）多渠道筹集资金。疾病应急救助基金通过财政投入和社会各界捐助等多渠道筹集。省（区、市）、市（地）政府要将疾病应急救助基金补助资金纳入财政预算安排，资金规模原则上参照当地人口规模、上一年度本行政区域内应急救治发生情况等因素确定。中央财政对财力困难地区给予补助，并纳入财政预算安排。鼓励社会各界向疾病应急救助基金捐赠资金。境内企业、个体工商户、自然人捐赠的资金按规定享受所得税优惠政策。

二、疾病应急救助的对象和范围

（一）救助对象。在中国境内发生急重危伤病、需要急救但身份不明确或无力支付相应费用的患者为救助对象。医疗机构对其紧急救治所发生的费用，可向疾病应急救助基金申请补助。

（二）救助基金支付范围。

1. 无法查明身份患者所发生的急救费用。

2. 身份明确但无力缴费的患者所拖欠的急救费用。先由责任人、工伤保险和基本医疗保险等各类保险、公共卫生经费，以及医疗救助基金、道路交通事故社会救助基金等渠道支付。无上述渠道或上述渠道费用支付有缺口，由疾病应急救助基金给予补助。疾病应急救助基金不得用于支付有负担能力但拒绝付费患者的急救医疗费用。

各地区应结合实际明确、细化疾病应急救助对象身份确认办法和疾病应急救助基金具体支付范围等。

三、疾病应急救助基金管理

（一）基金管理。疾病应急救助基金由当地卫生部门管理，具体由地方政府确定。基金管理遵循公开、透明、专业化、规范化的原则，管理办法由卫生部门商财政部门制定。

（二）基金监管。成立由当地政府卫生、财政部门组织，有关部门代表、人大代表、政协委员、医学专家、捐赠人、媒体人士等参加的基金监督委员会，负责审议疾病应急救助基金的管理制度及财务预决算等重大事项、监督基金运行等。基金独立核算，并进行外部审计。基金使用、救助的具体事例、费用以及审计报告等向社会公示，接受社会监督。

四、建立多方联动的工作机制

（一）部门职责。卫生部门牵头组织专家制定需紧急救治的急重危伤病的标准和急救规范；监督医疗机构及其工作人员无条件对救助对象进行急救，对拒绝、推诿或拖延救治的，要依法依规严肃处理；查处医疗机构及其工作人员虚报信息套取基金、过度医疗等违法行为。基本医保管理部门要保障参保患者按规定享受基本医疗保险待遇。民政部门要协助基金管理机构共同做好对患者有无负担能力的鉴别工作；进一步完善现行医疗救助制度，将救助关口前移，加强与医疗机构的衔接，主动按规定对符合条件的患者进行救助，做到应救尽救。公安机关要积极协助医疗机构和基金管理机构核查患者的身份。对未履行职责的，由本级政府和上级主管部门予以纠正。

（二）医疗机构职责。

1. 各级各类医疗机构及其工作人员必须及时、有效地对急重危伤患者施救，不得以任何理由拒绝、推诿或拖延救治。

2. 对救助对象急救后发生的欠费，应设法查明欠费患者身份；对已明确身份的患者，要尽责追讨欠费。

3. 及时将收治的无负担能力患者情况及发生的费用向相关部门报告，并请相关部门协助追讨欠费。

4. 公立医院要进一步完善内部控制机制，通过列支坏账准备等方式，核销救助对象发生的部分急救欠费。

5. 鼓励非公立医院主动核销救助对象的救治费用。

6. 对救助对象急救的后续治疗发生的救治费用，医疗机构应及时协助救助对象按程序向医疗救助机构等申请救助。

（三）基金管理机构职责。

1. 负责社会资金募集、救助资金核查与拨付，以及其他基金管理日常工作等。

2. 主动开展各类募捐活动，积极向社会募集资金。

3. 充分利用筹集资金，定期足额向医疗机构支付疾病应急救治医疗费用，对经常承担急救工作的定点医疗机构，可采取先部分预拨后结算的办法减轻医疗机构的垫资负担。

（四）建立联动机制。各有关部门、机构要按照分工落实责任，加强协作，建立责任共担、多方联动的机制。卫生、财政等部门要加强沟通协调，共同做好有关重大政策研究制定及推动落实等工作。

五、做好组织实施工作

各地区、各有关部门要充分认识建立疾病应急救助制度的重要性，结合实际，研究制定具体办法。已经开展应急救助的地区，要进一步完善现行政策，做好疾病应急救助制度与基本医疗保险制度、大病保险制度和医疗救助制度的衔接。要把握好政府引导与发展社会医疗慈善、基金管理与利用第三方专业化服务的关系，不断提高服务水平。深化公立医院改革，保障基本医疗服务需求，进一步提升服务质量。要注意总结经验，及时研究解决发现的问题，逐步完善疾病应急救助制度。

2013 年 2 月 22 日

国务院办公厅关于印发深化医药卫生体制改革2013年主要工作安排的通知

国办发［2013］80号

各省、自治区、直辖市人民政府，国务院有关部门：

《深化医药卫生体制改革2013年主要工作安排》已经国务院同意，现印发给你们，请结合实际，认真组织实施。

2013年7月18日

深化医药卫生体制改革2013年主要工作安排

2013年是深化医药卫生体制改革向纵深推进的攻坚之年，也是全面实施“十二五”医改规划的关键一年。为明确任务目标，加强组织领导，落实工作责任，持续深入推进改革，现提出2013年医改主要工作安排。

一、总体要求

深入贯彻党的十八大精神，以科学发展观为指导，加强改革创新，坚持为人民健康服务的方向，坚持预防为主、以农村为重点、中西医并重，坚持保基本、强基层、建机制的基本原则，全面实施“十二五”医改规划，着力加快健全全民医保体系，巩固完善基本药物制度和基层医疗卫生机构运行新机制，积极推进公立医院改革，统筹做好基本公共卫生服务均等化、医疗卫生资源配置、社会资本办医、医疗卫生信息化、药品生产流通和医药卫生监管体制等方面的配套改革，巩固已有成果，在重点领域和关键环节取得新突破。

二、工作任务

（一）加快健全全民医保体系。

1. 巩固扩大基本医保覆盖面，稳步提高保障水平。职工基本医疗保险（以下简称职工医保）、城镇居民基本医疗保险（以下简称城镇居民医保）和新型农村合作医疗（以下简称新农合）三项基本医疗保险参保（合）率稳定在95%以上。城镇居民医保和新农合政府补助标准提高到每人每年280元，城乡居民个人缴费水平相应提高。鼓励有条件的地方积极探索建立与经济发展水平相适应的筹资机制。城镇居民医保和新农合政策范围内住院费用支付比例分别提高到70%以上和75%左右，进一步缩小与实际住院费用支付比例之间的差距，适当提高门诊医疗保障待遇。（人力资源社会保障部、卫生计生委分别负责。排在第一位的部门为牵头部门，分别负责为各部门分别牵头，下同）

2. 积极推进重特大疾病保障和救助机制建设。贯彻落实发展改革委等六部门《关于开展城乡居民大病保险工作的指导意见》（发改社会［2012］2605号），推进城乡居民大病保险试点。继续开展儿童白血病等20种重大疾病保障试点工作。完善城乡医疗救助制度。加强各类保障制度间的衔接。（人力资源社会保障部、卫生计生委、发展改革委、财政部、民政部、保监会负责）

3. 积极推进疾病应急救助制度建设。贯彻落实《国务院办公厅关于建立疾病应急救助制度的指导意见》（国办发［2013］15号），制定疾病应急救助基金管理有关文件以及需紧急救治的急重危伤病的标准和急救规范。指导各地建立疾病应急救助基

金，制定实施方案。鼓励社会各界参与疾病应急救助。（卫生计生委、财政部、发展改革委、民政部、人力资源社会保障部负责）

4. 深化医保支付制度改革。结合门诊统筹推行按人头付费，结合门诊大病和住院推行按病种付费等支付方式改革。积极推动建立医保经办机构与医疗机构、药品供应商的谈判机制和购买服务的付费机制。建立健全考核评估和质量监督体系，防止简单分解额度指标的做法，防止分解医疗服务、推诿病人、降低服务质量。逐步将医保对医疗机构医疗服务的监管延伸到对医务人员医疗服务行为的监管。（人力资源社会保障部、卫生计生委分别负责）

5. 提高基本医疗保险管理能力和服务水平。统一规划，推进基本医疗保险标准化和信息系统建设。提高基金统筹层次，鼓励有条件的地方探索省级统筹。提高医保机构管理服务能力。总结实践经验，大力推进异地就医结算，逐步推开省内异地就医直接结算。选择在部分省份试点，探索建立跨省异地就医即时结算机制。（人力资源社会保障部、卫生计生委分别负责）

6. 继续鼓励以政府购买服务的方式，委托具有资质的商业保险机构经办医疗保障管理服务。鼓励企业、个人购买商业大病补充保险。鼓励商业保险机构发展基本医保之外的健康保险产品。（卫生计生委、人力资源社会保障部、发展改革委、保监会负责）

7. 整合职工医保、城镇居民医保和新农合的管理职责，做好整合期间工作衔接，确保制度平稳运行。（中央编办、人力资源社会保障部、卫生计生委负责）

（二）巩固完善基本药物制度和基层医疗卫生机构运行新机制。

各地要按照《国务院办公厅关于巩固完善基本药物制度和基层运行新机制的意见》（国办发［2013］14号）要求，2013年年底前制定具体的实施办法，全面抓好贯彻落实，推动基层医改不断深化，以促进改革、巩固成果、扩大成效。

8. 实施2012年版国家基本药物目录。严格规范地方增补药品。引导基层医务人员规范使用基本药物，加强基层医务人员基本药物知识培训，将其作为基层医务人员竞聘上岗、执业考核的重要内容。加强基本药物临床应用指南和处方集培训，2013年年底前要覆盖所有政府办基层医疗卫生机构。完善基本药物储备制度。汇总用量不确定、企业不常生产、供应短缺的药品信息，进一步推动建立常态化短缺药品储备机制，重点做好传染病治疗药品和急救类基本药物供应保障工作。（卫生计生委、人力资源社会保障部、工业和信息化部、中医药局负责）

9. 继续推进村卫生室实施基本药物制度。通过政府购买服务等方式鼓励非政府办基层医疗卫生机构实施基本药物制度。（卫生计生委、财政部、工业和信息化部负责）

10. 创新绩效考核机制。鼓励引入第三方考核，强化量化考核、效果考核，将考核结果与绩效工资总量、财政补助、医保支付等挂钩，与医务人员收入挂钩。各地要从实际出发，在平稳实施绩效工资的基础上，适当提高奖励性绩效工资比例，合理拉开收入差距。（人力资源社会保障部、卫生计生委、财政部负责）

11. 健全稳定长效的多渠道补偿机制。落实财政对基层医疗卫生机构运行的补助政策，将基层医疗卫生机构经常性收支差额补助纳入财政预算并及时足额落实到位。保障基本公共卫生服务经费专款专用，不得截留、挪用或挤占。全面实施一般诊疗费。发挥医保支付的补偿作用。（财政部、卫生计生委、人力资源社会保障部、发展改革委负责）

12. 持续提升基层服务能力。继续支持基层医疗卫生机构建设，实施基层中医药服务能力提升工程，85%以上的社区卫生服务中心、70%以上的乡镇卫生院、60%以上的社区卫生服务站和村卫生室能够提供中医药服务。启动乡镇卫生院周转宿舍建设试点。继续实施免费医学生定向培养。继续支持全科医生规范化临

床培养基地建设。（发展改革委、财政部、人力资源社会保障部、卫生计生委、教育部、中医药局负责）

13. 加大乡村医生补偿政策落实力度。明确村卫生室和乡镇卫生院的基本公共卫生服务任务分工和资金分配比例，原则上将40%左右的基本公共卫生服务任务交由村卫生室承担。充分发挥新农合对村卫生室的补偿作用。中央财政已建立村卫生室实施基本药物制度补助机制，地方各级财政要采取定额补助的方式给予专项补助。推动乡村医生养老待遇政策落实。（卫生计生委、财政部、人力资源社会保障部、发展改革委负责）

14. 基本完成基层医疗卫生机构长期债务化解工作，坚决制止发生新债。（财政部、卫生计生委负责）

（三）积极推进公立医院改革。

15. 全面总结评估国家确定的第一批县级公立医院（含中医医院，下同）综合改革试点工作经验，研究解决改革中出现的新问题。启动第二批县级公立医院综合改革试点工作。县级公立医院改革重点要在建立长效补偿机制、建立健全法人治理结构、推进医药价格改革、深化人事分配制度改革、控制医药费用以及提高人员经费支出占业务支出的比例、提高医务人员待遇等方面开展探索。（卫生计生委、中央编办、发展改革委、财政部、人力资源社会保障部、中医药局负责）

16. 提升县级医院服务能力。以提升重大疾病医疗救治能力为重点，完善诊疗规范和临床路径，力争多数重大疾病能够在县级医院诊治。提升县级医院对部分复杂病种初诊能力，做好与三级医院的转诊工作。指导县级医院按照规定设置特设岗位，引进急需高层次人才。建立健全城市医院对口支援县级医院的长期合作帮扶机制，继续实施县级医院骨干医师培训项目，为县级医院培训不少于6 000名骨干人才（含中医临床技术骨干）。加强临床专业科室能力建设。（卫生计生委、发展改革委、财政部、人力资源社会保障部、中医药局负责）

17. 拓展深化城市公立医院改革试点。以取消“以药补医”机制为关键环节，按照政事分开、管办分开、医药分开、营利性与非营利性分开的要求，以补偿机制改革和建立现代医院管理制度为抓手，深化体制机制综合改革。明确公立医院的功能定位。积极控制医药费用不合理上涨。督促落实医院财务会计制度，强化成本管理，将医院成本和费用控制纳入对公立医院的绩效考核。在收入分配、定价、药品采购等方面给予试点地区一定自主权。（卫生计生委、中央编办、发展改革委、财政部、人力资源社会保障部、教育部、国资委、中医药局负责）

18. 继续推行便民惠民措施。深入开展优质护理服务，推行预约诊疗。进一步优化就医流程，加强医疗服务的精细化管理。研究推进基层首诊负责制试点，建立健全分级诊疗、双向转诊制度和机制，增强医疗服务连续性和协调性。探索便民可行的诊疗付费举措。（卫生计生委、人力资源社会保障部、中医药局负责）

（四）统筹推进相关领域改革。

19. 积极稳妥推进社会办医。进一步开放医疗服务市场，减少对社会资本举办医疗机构的相关行政许可事项，有序扩大境外资本独资举办医疗机构的试点范围。公立医院资源丰富的城市可引导社会资本以多种方式参与包括国有企业所办医院在内的部分公立医院改制重组。继续鼓励具有资质的人员（包括港、澳、台地区人员）依法开办私人诊所，支持非公立医疗机构向高水平、规模化的大型医疗集团发展，鼓励发展非营利性的非公立医疗机构。支持和引导地方政府进一步在准入、土地、投融资、人才引进等方面给予社会资本办医优惠政策。健全完善监管机制。非公立医疗机构床位数占比逐步增加。（发展改革委、卫生计生委、财政部、商务部、人力资源社会保障部、国资委负责）

20. 完善药品价格形成机制。完善药品价格管理政策，创新政府定价形式和方法，改革药品集中采购办法，确保药品质量，合理降低药品费用，推动医药生产与流通产业健康发展。选取临床使用量较大的部分药品，参考主导企业成本，以及药品集中采购价格和零售药店销售价格等市场交易价格制定政府指导价格，并根据市场交易价格变化等因素适时调整。坚决查处药品购销中的暗扣行为。（发展改革委、卫生计生委、人力资源社会保障部、财政部、工业和信息化部、食品药品监管总局负责）

21. 继续实施国家基本公共卫生服务项目。人均基本公共卫生服务经费标准提高到30元。完善国家基本公共卫生服务管理机制，充分发挥专业公共卫生机构作用，指导基层医疗卫生机构落实各项任务。城乡居民健康档案规范化电子建档率达到65%以上，高血压、糖尿病患者规范化管理人数分别达到7 000万和2 000万以上，老年人和儿童中医药健康管理目标人群覆盖率均达到30%以上。研究流动人口享受基本公共卫生服务相关政策。（卫生计生委、财政部、中医药局负责）

22. 继续实施重大公共卫生服务项目。做好传染病、慢性病、职业病、重性精神病、重大地方病等严重危害群众健康的疾病防治，强化妇幼健康管理，提高出生人口素质。推进农村改厕工作，进一步加强公共卫生安全的长效机制和卫生应急能力建设。继续完善专业公共卫生服务网络，支持农村急救体系和妇幼保健机构建设，加强重大疾病防治和食品安全风险监测能力建设，组织开展食品安全风险和饮用水监测工作。（卫生计生委、发展改革委、财政部负责）

23. 创新卫生人才培养使用制度。加快制定建立住院医师规范化培养制度的指导意见和全科医生规范化培养期间人员管理、培养标准等政策。继续开展全科医生转岗培训工作。实施全科医生特岗项目。加强急需紧缺专门人才和高层次人才培养，实施中医药传承与创新人才工程。稳步推进全科医生执业方式和服务模式改革试点。研究完善有关政策措施，推进医师多点执业。维护医疗机构正常秩序，建立健全医疗责任保险和医疗纠纷第三方调解机制。（卫生计生委、发展改革委、财政部、人力资源社会保

障部、教育部、保监会、中医药局负责）

24. 进一步优化医疗卫生资源配置。推动各地科学制定区域卫生规划和医疗机构设置规划，新增医疗卫生资源优先考虑社会资本。研究制定控制公立医院规模盲目扩张的政策措施，严禁公立医院举债建设。鼓励整合辖区内检查检验资源，促进大型设备资源共建共享。加强医疗服务体系薄弱环节建设，优先改善儿童医疗服务机构基础设施条件，重点支持基层以及老少边穷地区发展卫生事业。鼓励中医药和民族医药发展。加强医疗机构临床重点专科建设。（卫生计生委、发展改革委、财政部、中医药局负责）

25. 推进医疗卫生信息化建设。启动全民健康保障信息化工程，推进检查检验结果共享和远程医疗工作。加强顶层设计，统筹制定医疗卫生信息化相关业务规范和信息共享安全管理制度体系，促进区域卫生信息平台建设。研究建立全国统一的电子健康档案、电子病历、药品器械、公共卫生、医疗服务、医保等信息标准体系，并逐步实现互联互通、信息共享和业务协同。（卫生计生委、发展改革委、财政部、工业和信息化部、人力资源社会保障部、民政部、食品药品监管总局、保监会、中医药局负责）

26. 加强卫生全行业监管。建立健全医疗质量控制体系和医疗机构评价体系。完善病人出入院标准和技术规范。强化医疗卫生服务行为和质量安全监管。开展基层医疗卫生机构集中整顿工作。依法严厉打击非法行医售药和违规骗取医保基金的行为，严肃查处药品招标采购、医保支付等关键环节和医疗服务过程中的违法违规行为。建立信息公开、社会多方参与的监管制度，鼓励行业协会等社会组织对医疗机构进行监督。强化医务人员法制和纪律教育，加强医德医风建设。（卫生计生委、人力资源社会保障部、食品药品监管总局、中医药局负责）

三、保障措施

（一）强化责任制。强化各省（区、市）政府主要领导对本地区医改工作负总责、分管领导具体抓的工作机制，医改领导小组各成员单位要分工负责、密切配合。各有关部门、各省（区、市）要细化分解任务，制定具体工作方案。各地要充实医改工作队伍，发挥医改办统筹协调作用，提高推进改革的协调力和执行力。

（二）落实政府投入。各级政府要积极调整财政支出结构，加大投入力度，切实落实“政府卫生投入增长幅度高于经常性财政支出增长幅度，政府卫生投入占经常性财政支出的比重逐步提高”的要求，将年度医改任务所需资金纳入财政预算，并按时足额拨付到位。加大中央、省级财政对困难地区的转移支付力度。各级财政部门在向政府汇报预决算草案时要就卫生投入情况进行专门说明，确保实现“十二五”期间政府医改投入力度和强度高于2009—2011年医改投入的目标。加强资金监督管理，将项目执行和资金使用绩效作为医改责任制的重要考核内容，提高资金使用效益。

（三）加强绩效考核。国务院医改办公室会同有关部门和地方加强对医改实施进展情况的监测和效果评估，考核结果与财政补助资金分配挂钩。加强定期督导，对发现的问题及时研究解决并督促地方进行整改。鼓励地方加强探索，不断总结经验，并及时将好的经验上升为政策。

（四）强化宣传引导。国务院医改办公室会同有关部门加强医改宣传沟通协调机制建设。加强正面宣传引导，做好医改政策解读。通过电视、广播、报纸、网络等多种媒体，及时向社会通报医改进展成效，深入宣传典型经验和先进人物，调动各方特别是医务人员参与医改的积极性、主动性和创造性，营造良好舆论氛围。做好舆情监测，及时发现和妥善回应社会关切，合理引导社会预期。

财政部　民政部　人力资源和社会保障部关于印发《优抚对象医疗补助资金使用管理办法》的通知

财社［2013］6号

各省、自治区、直辖市、计划单列市财政厅（局）、民政厅（局）、人力资源社会保障厅（局），福建省公务员局，新疆生产建设兵团财务局、民政局、人力资源社会保障局：

为规范优抚对象医疗补助资金使用管理，提高资金使用效益，切实保障优抚对象医疗待遇的落实，根据《军人抚恤优待条例》《一至六级残疾军人医疗保障办法》《优抚对象医疗保障办法》等相关规定，特制定《优抚对象医疗补助资金使用管理办法》，现印发给你们，请遵照执行。

附件：优抚对象医疗补助资金使用管理办法

2013年1月21日

附件

优抚对象医疗补助资金使用管理办法

第一条 为规范优抚对象医疗补助资金（以下简称医疗补助资金）使用管理，提高资金使用效益，切实保障优抚对象医疗待遇的落实，根据《军人抚恤优待条例》《一至六级残疾军人医疗保障办法》《优抚对象医疗保障办法》等相关规定，制定本办法。

第二条 本办法所称优抚对象是指按规定享受国家抚恤补助和医疗保障的残疾军人、烈士遗属、因公牺牲军人遗属、病故军人遗属、在乡复员军人、带病回乡退伍军人和部分参战退役人员等。

第三条 医疗补助资金来源包括：各级财政安排的医疗补助资金，各地通过福利彩票公益金、吸收社会捐赠等多种渠道筹集的医疗补助资金。

第四条 医疗补助资金纳入各级财政预算，列政府收支分类科目“医疗保障”款“优抚对象医疗补助”项下。各级财政部门应当根据经济社会发展情况，逐步加大医疗补助资金投入力度。

第五条 中央财政根据各省、自治区、直辖市优抚对象人数、财力状况和工作绩效等因素安排优抚对象医疗补助资金，重点向优抚对象人数较多的困难地区倾斜。省级财政部门在分配中央财政补助资金时，应当与地方安排资金统筹考虑。

第六条 医疗补助资金主要用于：

（一）缴费补助。

对一至六级残疾军人参加城镇职工基本医疗保险的缴费给予补助。

（二）医疗费用补助。

1. 对一至六级残疾军人在规定范围内的、起付标准以下、最高支付限额以上，以及个人共付的医疗费用给予适当补助；

2. 对参加城镇职工基本医疗保险、城镇居民基本医疗保险、新型农村合作医疗等城乡基本医疗保障制度，按规定报销医疗费后个人自付医疗费较重的优抚对象给予适当补助；

3. 对未参加城镇职工基本医疗保险、城镇居民基本医疗保险、新型农村合作医疗等城乡基本医疗保障制度，个人医疗费用负担较重的优抚对象给予补助；

4. 对所在单位无力支付或者无工作单位的七至十级残疾军人旧伤复发的医疗费用给予补助；

5. 省、自治区、直辖市人民政府依据《军人抚恤优待条例》规定的其他医疗费用补助。

第七条 医疗补助资金用于补助一至六级残疾军人参加城镇职工基本医疗保险缴费部分，由统筹地区财政部门根据参保人数和补助标准，直接核拨至社会保障基金财政专户，并纳入该财政专户城镇职工基本医疗保险基金专账中核算；用于补助其他事项的医疗补助资金应按县级民政部门提供的用款计划审核拨付。

第八条 各地财政、民政、人力资源社会保障部门应当制定措施，建立健全财务管理制度，有条件的地区推行医疗补助资金银行发放。各地应当本着方便优抚对象就医的原则，制定优抚对象医疗费用即时结算办法。

第九条 医疗补助资金实行专项管理，专款专用，不得与抚恤、城乡医疗救助等专项资金混用，不得用于优抚对象生活困难补助、医疗机构补助、基本医疗保险经办机构和民政部门工作经费等支出。年末剩余资金，可以结转下年度继续使用。

第十条 各级财政、民政部门应当加强对优抚对象医疗补助资金使用情况的监督检查，并积极配合有关部门做好审计、稽查等工作。财政部、民政部、人力资源社会保障部根据需要，对各地医疗补助资金使用情况进行抽查。对违规使用的，依照《财政违法行为处罚处分条例》等国家有关规定，追究法律责任，涉嫌犯罪的，依法移送司法机关处理。

第十一条 各省、自治区、直辖市财政厅（局）、民政厅（局）、人力资源社会保障厅（局）可以依据本办法，结合当地实际，会同有关部门制定实施细则。

第十二条 本办法由财政部会同民政部、人力资源社会保障部负责解释。

第十三条 本办法自发布之日起施行。

财政部　人力资源和社会保障部　卫生计生委　保监会关于利用基本医疗保险基金向商业保险机构购买城乡居民大病保险财务列支办法的通知

财社［2013］36号

各省、自治区、直辖市、计划单列市财政厅（局）、人力资源社会保障厅（局）、卫生厅（局、卫生计生委）、保监局，新疆生产建设兵团财务局、人力资源社会保障局、卫生局：

按照国家发展改革委、原卫生部、财政部、人力资源社会保障部、民政部、保监会等六部门《关于开展城乡居民大病保险工作的指导意见》（发改社会［2012］2605号）的要求，现对财政部、原卫生部《关于印发新型农村合作医疗基金财务制度的通知》（财社［2008］8号）、财政部、原劳动和社会保障部《关于印发〈社会保险基金财务制度〉的通知》（财社字［1999］60号）和财政部、人力资源社会保障部《关于加强城镇居民基本医疗保险基金和财政补助资金管理有关问题的通知》（财社［2008］116号）做如下补充通知：

一、新型农村合作医疗（以下简称新农合）和城镇居民基本医疗保险（以下简称城镇居民医保）等基本医疗保险基金的“基金支出”中增设“购买大病保险支出”项目，反映从新农合和城镇居民医保等基本医疗保险基金中划出的用于购买城乡居民大病保险的资金。在基本医疗保险经办机构设立“社会保险基金支出户”（以下简称支出户）的地区，其新农合和城镇居民医保基金支出项目中增加“向大病保险承办机构拨付大病保险资金”，反映支出户支出的用于购买城乡居民大病保险的资金；在基本医疗保险经办机构未设立支出户的地区，应在社会保障基金财政专户管理的新农合和城镇居民医保基金支出项目中增加相应的科目反映相应支出。基本医疗保险经办机构是指新农合、城镇居民医保等基本医疗保险经办机构。

二、根据城乡居民大病保险承办合同，商业保险机构因承办城乡居民大病保险出现超过合同约定盈余，需向新农合和城镇居民医保等基本医疗保险基金返还资金；或因新农合和城镇居民医保等基本医疗保险政策调整等政策性原因给商业保险机构承办城乡居民大病保险带来亏损，需由新农合和城镇居民医保等基本医疗保险基金进行补偿时，基本医疗保险经办机构相应调整上年度新农合和城镇居民医保等基本医疗保险基金统筹基金余额。

三、基本医疗保险经办机构应按照城乡居民大病保险合同约定，及时、均衡、足额向商业保险机构拨付城乡居民大病保险资金。商业保险机构应会同基本医疗保险经办机构定期向统筹地区人力资源社会保障、卫生计生、财政等部门报送城乡居民大病保险资金收支和结余情况，并向社会公告，接受社会监督。

四、人力资源社会保障、卫生计生、财政、审计等部门要加强对城乡居民大病保险承办情况的监督检查，发现问题及时纠正，并向同级政府和社会保险基金监督组织报告。

特此通知。

2013年5月24日

教育部　财政部　人力资源和社会保障部　国务院港澳事务办公室　国务院台湾事务办公室关于将在内地（大陆）就读的港澳台大学生纳入城镇居民基本医疗保险范围的通知

教港澳台［2013］69号

各省、自治区、直辖市人民政府，国务院各部委、各直属机构，教育部直属各高等学校：

为了更好地保障在内地（大陆）就读的港澳台大学生权益，经国务院同意，现就将其纳入城镇居民基本医疗保险范围相关事宜通知如下：

一、根据《国务院办公厅关于将大学生纳入城镇居民基本医疗保险试点范围的指导意见》（国办发［2008］119号），决定自2013年9月起，将在内地（大陆）各类全日制普通高等学校（包括民办高校）、科研院所接受普通高等学历教育的全日制港澳台学生（含本、专科生及硕士、博士研究生，以下简称港澳台大学生）纳入城镇居民基本医疗保险范围。

二、港澳台大学生按照属地原则，自愿参加高等教育机构所在地城镇居民基本医疗保险，按照与所在高等教育机构内地（大陆）大学生同等标准缴费，并享受同等的基本医疗保险待遇。同时按照现有规定继续做好港澳台大学生日常医疗工作，方便其及时就医。

三、各级财政对港澳台大学生参加城镇居民基本医疗保险按照与所在高等教育机构内地（大陆）大学生相同的标准给予补助。港澳台大学生参加城镇居民基本医疗保险所需政府补助资金以及日常医疗所需资金，与所在高等教育机构内地（大陆）大学生所需资金一并从现有渠道安排。

四、尚未将大学生纳入城镇居民基本医疗保险范围的高等教育机构，原则上应向港澳台大学生提供与所在高等教育机构内地（大陆）大学生同样的医疗保障。

五、请各地区、各有关部门高度重视，切实加强组织领导和宣传工作。各有关高等教育机构要切实抓好港澳台大学生就医工作，为其提供优质服务。

2013年10月10日

人力资源和社会保障部办公厅关于做好H7N9禽流感患者医疗保障工作的通知

人社厅明电［2013］3号

各省、自治区、直辖市及新疆生产建设兵团人力资源社会保障厅（局）：

当前，我国部分地区出现人感染H7N9禽流感疫情。为做好H7N9禽流感参保患者的医疗保障工作，现就有关事项通知如下：

一、高度认识预防和控制人感染H7N9禽流感工作的重要性，配合有关部门做好防控工作。各级人力资源社会保障部门要主动参与疫情联防联控工作机制，根据地方政府的统一部署，做好保障政策的衔接，配合做好防治工作。

二、保证参保患者及时救治，减轻患者经济负担。各地医疗保险管理部门可根据实际情况和救治的需要，在入院标准、定点医院选择等方面适当放宽条件，保证参保患者及时救治。对于因治疗需要，经基层医疗机构转诊至高级别医院的患者，可执行基层医疗机构支付比例或按地方规定适当提高支付比例。对参保患者治疗期间确需使用的不属于基本医疗保险支付范围的药品和医疗服务项目，各地可参考国家卫生和计划生育委员会组织人感染H7N9禽流感临床专家组制定的《人感染H7N9禽流感诊疗方案》，根据急救、抢救需要，予以放宽，切实减轻参保患者治疗费用负担。各地临时放宽纳入基金支付范围的药品和诊疗项目要及时上报，由各省级人力资源社会保障部门汇总报送我部医疗保险司。

三、及时结算医疗费用。对参保患者在参保地发生的符合规定的医疗费用，各级医疗保险经办机构要实行即时结算；对于因转外就医等原因不能即时结算的，要简化结算手续、缩短结算周期，减轻参保人员垫支负担。对个人负担较重的参保患者，要做好医疗保险与医疗救助、大病医疗保险的衔接工作，具体办法由统筹地区制定。

四、各省（区、市）人力资源社会保障部门要加强信息调度，随时了解掌握本地区人感染 H7N9 禽流感发病和医保基金支付情况，做好预案，并按要求及时向我部报送疫情及保障工作信息。要加强与卫生等部门的信息互通，共同做好 H7N9 禽流感患者的医疗保障工作。各地在 H7N9 禽流感防治工作中遇到的重大问题和建议，要及时向我部报告。

2013 年 4 月 18 日

工 伤 保 险

人力资源和社会保障部关于印发《工伤康复服务项目（试行）》和《工伤康复服务规范（试行）》（修订版）的通知

人社部发［2013］30号

各省、自治区、直辖市及新疆生产建设兵团人力资源社会保障厅（局）：

为进一步规范和加强工伤康复管理工作，我部在总结2008年制定的《工伤康复服务项目（试行）》和《工伤康复诊疗规范（试行）》执行情况基础上，结合国家发改委、卫生部、国家中医药管理局颁布的《全国医疗服务价格项目规范（2012年版）》（以下简称《价格项目规范》），组织修订了《工伤康复服务项目（试行）》（以下简称《服务项目》）和《工伤康复服务规范（试行）》（以下简称《服务规范》），现印发你们，并就有关问题通知如下：

一、《服务项目》和《服务规范》既是工伤康复试点机构开展工伤康复服务的业务指南和工作规程，也是工伤保险行政管理部门、社会保险经办机构和劳动能力鉴定机构进行工伤康复监督管理的重要依据。工伤保险行政管理部门和经办机构要密切配合，积极协调有关方面，特别是结合贯彻《国家发展改革委、卫生部、国家中医药管理局关于规范医疗服务价格管理及有关问题的通知》（发改价格［2012］1170号），认真做好《服务项目》和《服务规范》的实施工作。

二、《服务项目》和《服务规范》的使用范围仅限于在各地确定的工伤康复协议机构进行康复的工伤人员。工伤职工康复期间必需使用的中医治疗、康复类项目按本地《工伤保险诊疗项目目录》的规定执行。

三、各地在贯彻实施《服务项目》和《服务规范》中，应坚持实事求是的原则，根据当地康复技术发展水平对《服务项目》进行适当调整，调整幅度控制在《服务项目》总数10%范围内，并加强对康复服务项目使用合理性的管理，明确康复服务项目使用适应证、服务项目合理次数等要求。同时结合本地实际对《服务规范》进一步细化。各地对《服务项目》和《服务规范》的调整情况报我部备案。

四、《服务项目》中列入《价格项目规范》的康复项目，各地要严格执行发改价格［2012］1170号文件相关规定；未列入《价格项目规范》的康复项目，各地要按照有关规定，积极与当地价格主管部门协商，争取支持。未经批准或同意的医疗康复服务项目暂不开展。

五、各地要加强管理，制定切实可行的康复管理办法和评估办法，细化与康复机构签订的协议内容，探索工伤康复费用结算方式，确保基金支付合法、合理、安全。

六、各地在《服务项目》和《服务规范》试行过程中，对其中尚未涉及的伤残病种，要不断加强探索，继续开展深入研究，总结经验，摸索规律。我部将根据各地工伤康复工作实践情况适时予以补充完善。如有重大问题，请及时报告我部。

附件：1.《工伤康复服务项目（试行）》（2013年修订，略）
2.《工伤康复服务规范（试行）》（2013年修订，略）

2013年4月22日

人力资源和社会保障部关于进一步做好工伤预防试点工作的通知

人社部发［2013］32号

各省、自治区、直辖市及新疆生产建设兵团人力资源社会保障厅（局）：

为贯彻《工伤保险条例》，完善工伤保险制度，2009年我部在河南、广东、海南等3省的12个地市开展了工伤预防试点，取得初步成效。一些试点城市工伤事故发生率呈现下降趋势，职工的安全意识和维权意识、企业守法意识有所增强。为进一步推动工伤预防工作的开展，我部决定在2009年年初步试点的基础上，再选择一部分具备条件的城市扩大试点。现将有关事项通知如下：

一、充分认识做好工伤预防试点工作的重要意义

工伤预防是“三位一体”工伤保险制度的重要组成部分。做好扩大工伤预防试点工作，有利于从源头上减少工伤事故的发生，从根本上保障职工生命安全和身体健康，体现以人为本的执政理念；有利于增强用人单位和职工的守法维权意识，促进各项工伤保险政策及安全生产措施的落实；有利于进一步完善细化工伤预防项目的操作流程和管理规范，维护工伤保险基金安全，提高基金使用效率。

二、扩大试点目标和工作原则

（一）试点目标。探索建立科学、规范的工伤预防工作模式，为在全国范围内开展工伤预防工作积累经验，完善我国工伤预防制度体系。

（二）工作原则。

1. 审慎稳妥，逐步推开。工伤预防工作政策性强，管理复杂，要按照审慎稳妥的原则先选择一些具备条件的城市（设区的市，以下简称试点城市）试点，待取得经验、条件成熟后再逐步推开。

2. 政府主导，专业运作。在确定项目、编制方案、选择项目实施的组织等工作中，社会保险行政部门要发挥政府主导作用；项目的具体实施要由相应的社会、经济组织负责，实现项目的专业化运作，提高项目实施的质量和水平。

3. 规范管理，确保安全。试点城市要严格按照《工伤保险条例》的规定和本通知要求，明确流程，规范管理，加强监督，确保基金使用安全。

三、试点城市的确定

（一）试点城市范围。每个省（区、市）确定不超过 2 个地（市、区）作为工伤预防试点城市，条件不具备的可暂不确定试点城市；前期纳入我部工伤预防试点的省份（河南、广东、海南），不再确定新的试点城市，原试点城市可继续试点；已经实现省级统筹的省（区、市）可以省（区、市）为统筹地区试点，也可以确定 2 个地（市、区）进行试点。

（二）试点城市应具备的条件。一是工伤保险基金已实现市级统筹；二是保证待遇支付和储备金留存的前提下有一定结余；三是经办机构有专门的工伤保险科室和人员；四是工伤保险工作基础好，管理规范，具备本地区工伤保险完整数据、统计分析手段和能力；五是从事相关宣传、培训业务的社会、经济组织相对成熟。

（三）试点城市的确定。试点城市由各省（区、市）社会保险行政部门根据统筹地区（地市级）社会保险行政部门的申请确定。

四、扩大试点内容

（一）预防费使用比例。试点城市在保证工伤保险待遇支付和储备金留存的前提下，用于工伤预防的费用控制在本统筹地区上年度工伤保险基金征缴收入的2%左右。

（二）预防费使用项目。工伤预防费主要用于开展工伤预防的宣传、培训以及法律、法规规定的其他工伤预防项目。

（三）项目实施流程。

1. 项目确定。试点城市社会保险行政部门会同社会保险经办机构，根据工伤发生情况和工伤保险工作需要，确定下一年度工伤预防的具体实施项目，编制项目实施方案。

2. 项目的组织实施。试点城市社会保险行政部门应参照政府采购法规定的程序，从具备相应资质的社会、经济组织中选择提供具体服务的组织；社会保险经办机构受社会保险行政部门委托与选定的组织签订合同，明确双方的权利和义务。

3. 实施项目的社会、经济组织应具备的基本条件。一是依法登记注册，从事相关宣传、培训业务3年以上并具有良好市场信誉；二是有足够数量的可承担实施工伤预防宣传、培训项目任务的专业人员；三是有相应的硬件设施和技术手段；四是具备相应的资质；五是依法应具备的其他条件。

4. 项目验收。项目完成，由社会保险行政部门组织验收。

（四）费用支付。

1. 实行预算管理。试点城市在编制工伤保险基金预算时，按照确定的工伤预防具体实施项目和上年度预算执行情况，将工伤预防费列入下一年度工伤保险基金预算。

2. 支付程序。合同签订后先支付一定比例或数额的预付款；项目完成，经验收合格后，再支付余款。

（五）加强监督。试点城市社会保险经办机构应按照合同规定，加强对提供服务的组织开展的宣传、培训等活动的监督，确保合同的规定落到实处；定期向社会公布工伤预防项目的实施情况和工伤预防费的使用情况，接受参保单位和社会各界的监督。

（六）探索建立绩效评估机制。试点城市应积极探索工伤预防费使用的绩效评估办法，提高预防费的使用效率。

五、工作要求

（一）实行项目管理。试点城市可通过电视、广播、报纸、网络、手机等媒体，通过印发宣传画、手册、标语等方式开展工伤预防宣传；通过举办培训班、专题讲座等方式开展工伤预防培训。宣传、培训工作的开展要实行项目预算管理，严禁直接提取预防费用。

（二）突出工作重点。试点城市应将工伤事故及职业病发生率高的重点行业、重点企业、重点岗位、重点人员优先作为宣传、培训对象，注重宣传、培训实效。

（三）规范工作程序。试点城市社会保险行政部门应按规定，组织落实项目的确定、方案编制、政府采购、实施、验收、评估等工作，进一步细化各环节工作流程，确保试点工作规范、有序开展。

（四）严格费用支付。对确定实施的工伤预防宣传、培训项目，由统筹地区社会保险经办机构根据合同规定，先支付30％的费用。项目完成，经社会保险行政部门组织验收合格后，再由社会保险经办机构支付余款。具体程序按社会保险基金财务制度和工伤保险经办业务管理规定支出。

六、加强组织领导

1. 省（区、市）社会保险行政部门要切实加强对工伤预防试点工作的领导，研究制定相关办法，统筹规划，协调指导试点工作，及时总结经验。

2. 试点城市社会保险行政部门要组织建立试点工作领导机构，负责试点工作的组织实施；要从实际出发，研究制定切实可行的试点工作方案和相关政策，因地制宜地开展工作；要切实发挥主管部门的作用，加强与财政、卫生行政、安全生产监督管理等部门的沟通协调，发挥各部门的特点和优势，共同推进工伤预防工作开展。

3. 建立部、省（区、市）、市社会保险行政部门联系报告制度。试点城市每年 2 月底前应将本年度工伤预防项目实施方案，以及上一年度工伤预防项目实施情况总结（包括项目确定、具体执行及基金支出等）分别报送省社会保险行政部门和部工伤保险司、社保中心。试点工作中遇到的重大问题，应及时报告部工伤保险司。

4. 省（区、市）社会保险行政部门应将确定的试点城市名单在 2013 年 8 月底前报部工伤保险司。部里将适时对各地试点情况进行检查。

2013 年 4 月 22 日

人力资源和社会保障部关于执行《工伤保险条例》若干问题的意见

人社部发［2013］34 号

各省、自治区、直辖市及新疆生产建设兵团人力资源社会保障厅（局）：

《国务院关于修改〈工伤保险条例〉的决定》（国务院令第 586 号）已经于 2011 年 1 月 1 日实施。为贯彻执行新修订的《工伤保险条例》，妥善解决实际工作中的问题，更好地保障职工和用人单位的合法权益，现提出如下意见。

一、《工伤保险条例》（以下简称《条例》）第十四条第（五）项规定的“因工外出期间”的认定，应当考虑职工外出是否属于用人单位指派的因工作外出，遭受的事故伤害是否因工作原因所致。

二、《条例》第十四条第（六）项规定的“非本人主要责任”的认定，应当以有关机关出具的法律文书或者人民法院的生效裁决为依据。

三、《条例》第十六条第（一）项“故意犯罪”的认定，应当以司法机关的生效法律文书或者结论性意见为依据。

四、《条例》第十六条第（二）项“醉酒或者吸毒”的认定，应当以有关机关出具的法律文书或者人民法院的生效裁决为依据。无法获得上述证据的，可以结合相关证据认定。

五、社会保险行政部门受理工伤认定申请后，发现劳动关系存在争议且无法确认的，应告知当事人可以向劳动人事争议仲裁委员会申请仲裁。在此期间，做出工伤认定决定的时限中止，并书面通知申请工伤认定的当事人。劳动关系依法确认后，当事人应将有关法律文书送交受理工伤认定申请的社会保险行政部门，该部门自收到生效法律文书之日起恢复工伤认定程序。

六、符合《条例》第十五条第（一）项情形的，职工所在用人单位原则上应自职工死亡之日起5个工作日内向用人单位所在统筹地区社会保险行政部门报告。

七、具备用工主体资格的承包单位违反法律、法规规定，将承包业务转包、分包给不具备用工主体资格的组织或者自然人，该组织或者自然人招用的劳动者从事承包业务时因工伤亡的，由该具备用工主体资格的承包单位承担用人单位依法应承担的工伤保险责任。

八、曾经从事接触职业病危害作业、当时没有发现罹患职业病、离开工作岗位后被诊断或鉴定为职业病的符合下列条件的人员，可以自诊断、鉴定为职业病之日起一年内申请工伤认定，社会保险行政部门应当受理：

（一）办理退休手续后，未再从事接触职业病危害作业的退休人员；

（二）劳动或聘用合同期满后或者本人提出而解除劳动或聘用合同后，未再从事接触职业病危害作业的人员。

经工伤认定和劳动能力鉴定，前款第（一）项人员符合领取一次性伤残补助金条件的，按就高原则以本人退休前12个月平均月缴费工资或者确诊职业病前12个月的月平均养老金为基数计发。前款第（二）项人员被鉴定为一级至十级伤残、按《条例》规定应以本人工资作为基数享受相关待遇的，按本人终止或者解除劳动、聘用合同前12个月平均月缴费工资计发。

九、按照本意见第八条规定被认定为工伤的职业病人员，职业病诊断证明书（或职业病诊断鉴定书）中明确的用人单位，在该职工从业期间依法为其缴纳工伤保险费的，按《条例》的规定，分别由工伤保险基金和用人单位支付工伤保险待遇；未依法为该职工缴纳工伤保险费的，由用人单位按照《条例》规定的相关项目和标准支付待遇。

十、职工在同一用人单位连续工作期间多次发生工伤的，符合《条例》第三十六条、第三十七条规定领取相关待遇时，按照其在同一用人单位发生工伤的最高伤残级别，计发一次性伤残就业补助金和一次性工伤医疗补助金。

十一、依据《条例》第四十二条的规定停止支付工伤保险待遇的，在停止支付待遇的情形消失后，自下月起恢复工伤保险待遇，停止支付的工伤保险待遇不予补发。

十二、《条例》第六十二条第三款规定的“新发生的费用”，是指用人单位职工参加工伤保险前发生工伤的，在参加工伤保险后新发生的费用。

十三、由工伤保险基金支付的各项待遇应按《条例》相关规定支付，不得采取将长期待遇改为一次性支付的办法。

十四、核定工伤职工工伤保险待遇时，若上一年度相关数据尚未公布，可暂按前一年度的全国城镇居民人均可支配收入、统筹地区职工月平均工资核定和计发，待相关数据公布后再重新核定，社会保险经办机构或者用人单位予以补发差额部分。

本意见自发文之日起执行，此前有关规定与本意见不一致的，按本意见执行。执行中有重大问题，请及时报告我部。

2013 年 4 月 25 日

人力资源和社会保障部办公厅关于确认工伤预防试点城市的通知

人社厅发［2013］111号

各省、自治区、直辖市及新疆生产建设兵团人力资源社会保障厅（局）：

根据《人力资源社会保障部关于进一步做好工伤预防试点工作的通知》（人社部发［2013］32号，以下称32号文件）要求，各省（区、市）上报了工伤预防试点城市名单。经对各地试点城市名单进行审查，按照符合条件、地方自愿的原则，确认天津市等50个城市（统筹地区）为工伤预防试点城市（名单附后）。现就有关事项通知如下：

一、认真学习32号文件精神，依规使用基金。严格执行文件中有关工伤预防费使用比例、使用项目、项目实施流程、费用管理和支付方式等规定。工伤预防费不得用于或变相用于部门或单位人员经费、公用经费、房屋建筑物构建、租赁、交通工具购置等。

二、重视开展工伤预防评估工作。制定方案时要把评估作为重要内容，做好工伤预防实施前的数据收集整理工作，统筹考虑项目的实施和评估，跟踪实施效果。

三、加强对工伤预防项目实施监管。要对工伤预防项目实施全过程、全方位监管，不留死角，严格支付审核，确保基金支付合法合规。

四、已经按照我部《关于开展工伤预防试点工作有关问题的通知》（人社厅发［2009］108 号）要求先行开展工伤预防试点工作的地区，要进一步总结经验，按照 32 号文件要求，逐步调整和完善工伤预防工作方案和相关政策，积极创造预防工作的新经验。

五、严格执行报告制度。要按 32 号文件的要求及时报告实施方案和实施情况总结。为便于联络，请各省、自治区、直辖市及各试点城市分别确定一名联络员，2014 年上报实施方案时一并报我部工伤保险司。

各地要切实加强对工伤预防工作的组织领导，明确领导责任。省里要加强对试点城市的指导，及时总结经验，协调解决问题。试点城市要充分认识试点工作的重要性，要发挥主管部门的主导作用，主动研究谋划，要多与财政、卫生、安监部门沟通，争取理解与支持。

附件：工伤预防试点城市（统筹地区）名单

2013 年 10 月 22 日

附件

工伤预防试点城市（统筹地区）名单

天津市

河北省

山西省吕梁市

内蒙古自治区包头市

辽宁省沈阳市、大连市
吉林省长春市、通化市
黑龙江省哈尔滨市、佳木斯市
上海市
江苏省南通市、泰州市
浙江省丽水市、舟山市
安徽省合肥市、淮南市
江西省南昌市、赣州市
福建省三明市、莆田市
山东省青岛市、济宁市
河南省郑州市、洛阳市、安阳市、三门峡市
湖北省武汉市、咸宁市
湖南省长沙市、岳阳市
广东省广州市、深圳市、珠海市、东莞市
广西壮族自治区柳州市、梧州市
海南省海南省本级、海口市、儋州市、昌江黎族自治县
重庆市
四川省成都市
云南省大理州、普洱市
西藏自治区
陕西省咸阳市
甘肃省
宁夏回族自治区银川市、石嘴山市

社会保险基金监督

人力资源和社会保障部　银监会　证监会　保监会关于扩大企业年金基金投资范围的通知

人社部发［2013］23号

各省、自治区、直辖市人力资源社会保障厅（局）、银监局、证监局、保监局，新疆生产建设兵团人力资源社会保障局，各计划单列市人力资源社会保障局、银监局、证监局、保监局，上海、深圳证券交易所，中国证券登记结算有限责任公司：

为促进企业年金市场健康发展，实现企业年金基金资产保值增值，根据《企业年金基金管理办法》（人力资源社会保障部第11号令，以下简称第11号令），现就扩大企业年金基金投资范围通知如下：

一、企业年金基金投资范围在第11号令第四十七条规定的金融产品之外，增加商业银行理财产品、信托产品、基础设施债权投资计划、特定资产管理计划、股指期货。

二、企业年金基金资产以投资组合为单位，按照公允价值计算应当符合下列规定：

（一）投资银行活期存款、中央银行票据、一年期以内（含一年）的银行定期存款、债券回购、货币市场基金、货币型养老金产品的比例，合计不得低于投资组合委托投资资产净值的5%；清算备付金、证券清算款以及一级市场证券申购资金视为流动性资产。

（二）投资一年期以上的银行定期存款、协议存款、国债、金融债、企业（公司）债、可转换债（含分离交易可转换债）、短期融资券、中期票据、万能保险产品、商业银行理财产品、信托产品、基础设施债权投资计划、特定资产管理计划、债券基金、投资连结保险产品（股票投资比例不高于30%）、固定收益型养老金产品、混合型养老金产品的比例，合计不得高于投资组合委托投资资产净值的135%。债券正回购的资金余额在每个交易日均不得高于投资组合委托投资资产净值的40%。

（三）投资股票、股票基金、混合基金、投资连结保险产品（股票投资比例高于30%）、股票型养老金产品的比例，合计不得高于投资组合委托投资资产净值的30%。

企业年金基金不得直接投资于权证，但因投资股票、分离交易可转换债等投资品种而衍生获得的权证，应当在权证上市交易之日起10个交易日内卖出。

三、单个投资组合委托投资资产，投资商业银行理财产品、信托产品、基础设施债权投资计划、特定资产管理计划的比例，合计不得高于投资组合委托投资资产净值的30%。其中，投资信托产品的比例，不得高于投资组合委托投资资产净值的10%。投资商业银行理财产品、信托产品、基础设施债权投资计划或者特定资产管理计划的专门投资组合，可以不受此30%和10%规定的限制。

专门投资组合，应当有80%以上的非现金资产投资于投资方向确定的内容。

四、单个投资组合委托投资资产，投资于单期商业银行理财产品、信托产品、基础设施债权投资计划或者特定资产管理计划，分别不得超过该期商业银行理财产品、信托产品、基础设施债权投资计划或者特定资产管理计划资产管理规模的20%。投资商业银行理财产品、信托产品、基础设施债权投资计划或者特定资产管理计划的专门投资组合，可以不受此规定的限制。

五、单个企业年金计划基金资产，投资商业银行理财产品、信托产品、基础设施债权投资计划、特定资产管理计划专门投资组合的比例，合计不得高于企业年金计划基金资产净值的30%。其中，投资信托产品专门投资组合的比例，不得高于企业年金计划基金资产净值的10%。

六、企业年金基金可投资的商业银行理财产品、信托产品、基础设施债权投资计划的发行主体，限于以下三类：

（一）具有“企业年金基金管理机构资格”的商业银行、信托公司、保险资产管理公司；

（二）金融集团公司的控股子公司具有“企业年金基金管理机构资格”，发行商业银行理财产品、信托产品、基础设施债权投资计划的该金融集团公司的其他控股子公司；

（三）发行商业银行理财产品、信托产品、基础设施债权投资计划的大型企业或者其控股子公司（已经建立企业年金计划）。该类商业银行理财产品、信托产品、基础设施债权投资计划仅限于大型企业自身或者其控股子公司的企业年金计划投资，并且投资事项应当由大型企业向人力资源社会保障部备案。

七、企业年金基金可投资的商业银行理财产品应当符合下列规定：

（一）风险等级为发行银行根据银监会评级要求，自主风险评级处于风险水平最低的一级或者二级；

（二）投资品种限于保证收益类和保本浮动收益类；

（三）投资范围限于境内市场的信贷资产、存款、货币市场工具、公开发行且评级在投资级以上的债券，基础资产由发行银行独立负责投资管理；

（四）发行商业银行理财产品的商业银行应当具有完善的公司治理、良好的市场信誉和稳定的投资业绩，上个会计年度末经审计的净资产不低于300亿元人民币或者在境内外主板上市，信用等级不低于国内信用评级机构评定的A级或者相当于A级的信用级别；境外上市并免于国内信用评级的，信用等级不低于国际信用评级机构评定的投资级或者以上的信用级别。

鼓励符合条件的商业银行根据企业年金委托人的投资偏好，为企业年金基金设计、发行商业银行理财产品。

八、企业年金基金可投资的信托产品应当符合下列规定：

（一）限于融资类集合资金信托计划和为企业年金基金设计、发行的单一资金信托计划。

（二）投资合同应当包含明确的“受益权转让”条款。

（三）信用等级不低于国内信用评级机构评定的 AA＋级或者相当于 AA＋级的信用级别。但符合下列条件之一的，可以豁免外部信用评级：

1. 偿债主体上个会计年度末经审计的净资产不低于 90 亿元人民币，年营业收入不低于 200 亿元人民币；

2. 提供无条件不可撤销连带责任保证担保的担保人，担保人上个会计年度末经审计的净资产不低于 90 亿元人民币，年营业收入不低于 200 亿元人民币。

（四）安排投资项目担保机制，但符合上述第三款 1 条规定且在风险可控的前提下可以豁免担保。

（五）发行信托产品的信托公司应当具有完善的公司治理、良好的市场信誉和稳定的投资业绩，上个会计年度末经审计的净资产不低于 30 亿元人民币。

鼓励符合条件的信托公司根据企业年金委托人的投资偏好，为企业年金基金设计、发行信托产品。

九、企业年金基金可投资的基础设施债权投资计划应当符合下列规定：

（一）履行完毕相关监管机构规定的所有合法程序；

（二）基础资产限于投向国务院、有关部委或者省级政府批准的基础设施项目债权资产；

（三）投资合同应当包含明确的“受益权转让”条款；

（四）信用等级不低于国内信用评级机构评定的A级或者相当于A级的信用级别；

（五）投资品种限于信用增级为A类、B类增级方式；

（六）发行基础设施债权投资计划的保险资产管理公司应当具有完善的公司治理、良好的市场信誉和稳定的投资业绩，上个会计年度末经审计的净资产不低于2亿元人民币。

鼓励符合条件的保险资产管理公司根据企业年金委托人的投资偏好，为企业年金基金设计、发行基础设施债权投资计划。

十、企业年金基金可投资的特定资产管理计划应当符合下列规定：

（一）限于结构化分级特定资产管理计划的优先级份额；

（二）不得投资于商品期货及金融衍生品；

（三）不得投资于未通过证券交易所转让的股权；

（四）发行特定资产管理计划的基金管理公司应当具有完善的公司治理、良好的市场信誉和稳定的投资业绩，上个会计年度末经审计的净资产不低于2亿元人民币。

十一、企业年金计划投资组合、养老金产品参与股指期货交易应当符合下列规定：

（一）根据风险管理的原则，只能以套期保值为目的，并按照中国金融期货交易所套期保值管理的有关规定执行；

（二）企业年金计划投资组合、养老金产品参与股指期货交易，任一投资组合或者养老金产品在任何交易日日终，所持有的卖出股指期货合约价值，不得超过其对冲标的股票、股票基金、混合基金、投资连结保险产品（股票投资比例高于30%）等权益类资产的账面价值；

（三）企业年金计划投资组合、养老金产品不得买入股指期货套期保值。

十二、商业银行理财产品、信托产品、基础设施债权投资计划、特定资产管理计划的估值办法，按照相关法律法规或者监管部门的规定执行。

十三、投资管理人投资的金融产品，募集资金投资方向应当符合国家宏观政策、产业政策和监管政策；产品结构简单，基础资产清晰，信用增级安排确凿，具有稳定可预期的现金流；建立信息披露机制和风险隔离机制，并实行资产托（保）管。投资管理人应当优先投资在公开平台登记发行和交易转让的金融产品。

十四、投资管理人应当对有关金融产品风险进行实质性评估，根据投资管理和风险管理能力，合理制定金融产品配置计划，履行相应的内部审核程序，健全内部信用评级制度，科学确定投资品种和规模、期限结构、信用分布和流动性安排。

投资管理人投资有关金融产品，应当充分发挥投资者监督作用，持续跟踪金融产品管理运作，定期评估投资风险，适时调整投资限额、风险限额和止损限额，维护资产安全。金融产品发生违约等重大投资风险的，投资管理人应当采取有效措施，控制相关风险，并及时向人力资源社会保障部和有关业务监管部门报告，同时抄报企业年金受托人。

投资管理人投资有关金融产品，不得与当事人发生涉及利益输送、利益转移等不当交易行为，不得通过关联交易或者其他方式侵害企业年金委托人的利益。

十五、本通知所指信用增级安排，其中保证担保的，应当为本息全额无条件不可撤销连带责任保证担保，且担保人信用等级不低于被担保人信用等级；抵押或者质押担保的，担保财产应当权属清晰，未被设定其他担保或者采取保全措施，经评估的担保财产价值不低于待偿还本息，且担保行为已经履行必要法律程序。

2013 年 3 月 19 日

人力资源和社会保障部　银监会
证监会　保监会关于企业年金
养老金产品有关问题的通知

人社部发［2013］24号

各省、自治区、直辖市人力资源社会保障厅（局）、银监局、证监局、保监局，新疆生产建设兵团人力资源社会保障局，各计划单列市人力资源社会保障局、银监局、证监局、保监局，上海、深圳证券交易所，中国证券登记结算有限责任公司：

为促进企业年金市场健康发展，提高企业年金基金投资运营效率，根据《企业年金基金管理办法》（人力资源社会保障部第11号令，以下简称第11号令），现就企业年金养老金产品有关问题通知如下：

一、养老金产品定义和投资范围

（一）养老金产品是由企业年金基金投资管理人发行的、面向企业年金基金定向销售的企业年金基金标准投资组合。

（二）养老金产品限于境内投资，投资范围包括银行存款、国债、中央银行票据、债券回购、万能保险产品、投资连结保险产品、证券投资基金、股票、商业银行理财产品、信托产品、基础设施债权投资计划、特定资产管理计划、股指期货，以及信用等级在投资级以上的金融债、企业（公司）债、可转换债（含分离交易可转换债）、短期融资券和中期票据等金融产品。

养老金产品资产不得直接投资于权证，但因投资股票、分离交易可转换债等投资品种而衍生获得的权证，应当在权证上市交易之日起10个交易日内卖出。

二、养老金产品类型和投资比例

（一）养老金产品类型

1. 股票型：投资股票、股票基金、混合基金、投资连结保险产品（股票投资比例高于30%）的比例，合计高于产品资产净值的30%。债券正回购的资金余额在每个交易日均不得高于产品资产净值的40%。

2. 混合型：投资股票、股票基金、混合基金、投资连结保险产品（股票投资比例高于30%）的比例，合计不得高于产品资产净值的30%。债券正回购的资金余额在每个交易日均不得高于产品资产净值的40%。

3. 固定收益型：投资银行定期存款、协议存款、国债、金融债、企业（公司）债、可转换债（含分离交易可转换债）、短期融资券、中期票据、万能保险产品、商业银行理财产品、信托产品、基础设施债权投资计划、特定资产管理计划、债券基金、投资连结保险产品（股票投资比例不高于30%）的比例，合计高于产品资产净值的80%。债券正回购的资金余额在每个交易日均不得高于产品资产净值的40%。可转换债（含分离交易可转换债）转股后应当于10个交易日内卖出。固定收益型养老金产品不得投资股票基金、混合基金、投资连结保险产品（股票投资比例高于30%）；可以投资股票一级市场，且应当在上市流通后10个交易日内卖出，但不得投资股票二级市场。

4. 货币型：投资银行活期存款、一年以内（含一年）的银行定期存款、剩余期限在397天以内（含397天）的债券、债券回购、期限在一年以内（含一年）的中央银行票据、货币市场基金、短期理财债券基金。债券正回购的资金余额在每个交易日均不得高于产品资产净值的40%。

5. 产品名称显示投资方向的固定收益型养老金产品，应当有 80%以上的非现金资产投资于投资方向确定的内容。可以包括存款型、债券型、债券基金型、商业银行理财产品型、信托产品型、基础设施债权投资计划型、特定资产管理计划型、保险产品型等类型。

6. 商业银行理财产品型、信托产品型、基础设施债权投资计划型养老金产品，可以投资于建立企业年金计划的大型企业或者其控股子公司发行的商业银行理财产品、信托产品、基础设施债权投资计划。

7. 人力资源社会保障部将根据市场需求和运行合规情况，适当增加养老金产品的类型。

（二）养老金产品投资比例

1. 单个企业年金计划基金资产或者单个投资组合委托投资资产，投资股票型养老金产品的比例，不得高于企业年金计划基金资产净值或者投资组合委托投资资产净值的 30%。

2. 单个企业年金计划基金资产，投资商业银行理财产品型、信托产品型、基础设施债权投资计划型、特定资产管理计划型养老金产品的比例，合计不得高于企业年金计划基金资产净值的 30%。其中，投资信托产品型养老金产品的比例，不得高于企业年金计划基金资产净值的 10%。

3. 单个投资组合委托投资资产，投资商业银行理财产品型、信托产品型、基础设施债权投资计划型、特定资产管理计划型养老金产品的比例，合计不得高于投资组合委托投资资产净值的 30%。其中，投资信托产品型养老金产品的比例，不得高于投资组合委托投资资产净值的 10%。投资商业银行理财产品型、信托产品型、基础设施债权投资计划型或者特定资产管理计划型养老金产品的专门投资组合，可以不受此 30%和 10%规定的限制。

4. 单只养老金产品资产，投资于一家企业所发行的股票，单期发行的同一品种短期融资券、中期票据、金融债、企业（公司）债、可转换债（含分离交易可转换债），单只证券投资基金，单个万能保险产品或者投资连结保险产品，分别不得超过该企业上述证券发行量、该基金份额或者该保险产品资产管理规模的5%；按照公允价值计算，也不得超过该养老金产品资产净值的10%。

5. 单只养老金产品资产，投资商业银行理财产品、信托产品、基础设施债权投资计划、特定资产管理计划的比例，合计不得超过养老金产品资产净值的30%。其中，投资信托产品的比例，不得超过养老金产品资产净值的10%。商业银行理财产品型、信托产品型、基础设施债权投资计划型或者特定资产管理计划型养老金产品，可以不受此30%和10%规定的限制。

6. 单只养老金产品资产，投资于单期商业银行理财产品、信托产品、基础设施债权投资计划或者特定资产管理计划，分别不得超过该期商业银行理财产品、信托产品、基础设施债权投资计划或者特定资产管理计划资产管理规模的20%。其中，商业银行理财产品型、信托产品型、基础设施债权投资计划型或者特定资产管理计划型养老金产品，可以不受此规定的限制。

7. 单个投资组合委托投资资产，投资单只养老金产品的比例，可以不受第11号令第五十条有关30%规定的限制。

三、养老金产品发行

（一）投资管理人申请发行养老金产品，应当报送人力资源社会保障部备案，备案时提供下列材料，一式4份。

1.《关于养老金产品备案的函》。

2.《养老金产品投资管理合同》。

3.《养老金产品投资说明书》。

4. 投资管理人和养老金产品托管人协商一致签订的《养老金产品托管合同》。

5. 投资管理人担任注册登记人的，应当提交注册登记业务规则；投资管理人委托中国证券登记结算有限责任公司等符合条件的机构担任注册登记人的，应当提交委托代理协议书。

6. 投资管理人、托管人的“企业年金基金管理机构资格”证书复印件。

7. 其他需要提供的材料。

（二）人力资源社会保障部在收到符合规定的养老金产品备案材料之日起60日内，根据第11号令和本通知等有关规定，做出通过或者不予通过的决定。不予通过的，说明理由并通知申请人；通过的，向申请人出具养老金产品备案确认函，给予养老金产品登记号。养老金产品登记号编制方法为：99＋PF＋4位数年份＋4位数序列号。其中，序列号采用连续编排方法。

（三）养老金产品托管人应当以产品的名义在其营业机构开立资金托管账户，资金托管账户是用于清算交收所托管养老金产品资产而设立的专用存款账户。资金托管账户名称为“××银行××公司××养老金产品资产”托管账户，“××银行”为养老金产品托管人的简称，“××公司”为养老金产品投资管理人的简称，“××银行××公司××养老金产品”名称应当与养老金产品备案确认函中的名称一致。

资金托管账户预留银行签章为“××银行××公司××养老金产品资产”专用章和托管人的授权人名章。专用章名称应当与资金托管账户名称一致，预留银行签章由托管人负责保管和代为使用。

托管人开立资金托管账户，应当向开户银行提供下列材料：

1. 投资管理人委托托管人开立养老金产品资金托管账户的委托书；

2.《关于××公司××养老金产品确认函》复印件；

3. 托管人营业执照复印件；

4. 托管人基本存款账户开户许可证复印件；

5. 托管人“企业年金基金管理机构资格”证书复印件；

6. 其他要求提供的材料。

资金托管账户开立之后，投资管理人可以面向企业年金计划或者企业年金计划投资组合（养老金产品投资人）定向销售养老金产品。投资人依据《养老金产品投资管理合同》取得产品份额后，即成为养老金产品份额持有人。

（四）养老金产品发行后，投资管理人不得变更养老金产品类型。

（五）发生下列情形之一的，养老金产品变更：

1. 养老金产品名称变更；

2. 养老金产品管理费率调高；

3. 养老金产品投资政策变更；

4. 备案材料的其他主要内容变更。

投资管理人与托管人协商一致后拟变更养老金产品的，应当充分保障份额持有人的知情权，事先以公告等方式通知份额持有人，并向人力资源社会保障部重新履行备案手续；备案通过后，变更生效。投资管理人应当自变更生效之日起 15 日内，以书面送达或者公告等方式通知份额持有人。养老金产品变更，原产品登记号不变。

（六）投资管理人可以在《养老金产品投资管理合同》中约定，在不损害份额持有人利益且与托管人协商一致的前提下，对养老金产品下列内容进行变更：

1. 调低养老金产品管理费率；

2. 因法律法规修订而应当收取增加的费用；

3. 因法律法规修订而应当修改《养老金产品投资管理合同》。

投资管理人应当自变更生效之日起 15 日内以书面送达或者公告等方式通知份额持有人，并同时向人力资源社会保障部报告。

（七）发生下列情形之一的，养老金产品终止：

1. 投资管理人与托管人协商一致决定终止的；

2. 人力资源社会保障部按照规定决定终止的。

养老金产品自人力资源社会保障部出具的同意或者决定终止函生效之日起终止。

（八）养老金产品终止的，投资管理人应当以公告等方式通知份额持有人，并组织清算组对养老金产品资产进行清算，清算费用从养老金产品资产中扣除。

清算组由投资管理人、托管人、份额持有人代表以及投资管理人聘请的会计师事务所、律师事务所等组成。

清算组应当自清算工作完成后3个月内，向人力资源社会保障部提交经会计师事务所审计以及律师事务所出具法律意见书的清算报告，该报告同时向份额持有人公告。

四、养老金产品管理运行

（一）投资管理人、托管人各自以养老金产品为主体，采用份额法计量方法，独立建账、独立核算，根据《企业会计准则第10号——企业年金基金》《企业会计准则第22号——金融工具确认和计量》及相关会计准则，参照《证券投资基金会计核算业务指引》等规定，分别在每个交易日进行会计核算和估值，托管人应当复核、审查和确认投资管理人计算的估值结果。

（二）注册登记人负责办理养老金产品的注册登记业务。注册登记业务指登记、存管、清算和结算业务，具体内容包括份额持有人账户建立和管理、份额注册登记、销售业务确认、清算及交易确认、建立并保管份额持有人名册等。注册登记人应当在份额持有人办理申购赎回业务时向其提供交易确认电子数据。投资管理人委托其他机构办理注册登记业务所支付的费用，不得从养老金产品资产中列支。

注册登记人负责定期向份额持有人报告账户的份额、净值、申购赎回明细等信息，报告方式可以是纸质对账单或者电子对账单。注册登记人应当确保报告信息的及时、准确、完整。

注册登记人应当提供网站专区供份额持有人自助查询或者下载对账单。同时，应当为份额持有人提供纸质对账单或者电子对账单订阅方式，并按照订阅要求向份额持有人发送月度、季度或者年度纸质对账单、电子对账单。

（三）根据投资管理人的投资安排，托管人应当以养老金产品名义开立交易所证券账户、银行间债券账户、上海清算所持有人账户等账户。

托管人开立养老金产品交易所证券账户、银行间债券账户、上海清算所持有人账户时，应当提供下列材料：

1. 投资管理人委托托管人开立养老金产品各类账户的委托书；

2. 《关于××公司××养老金产品确认函》复印件；

3. 托管人“企业年金基金管理机构资格”证书复印件；

4. 《养老金产品托管合同》复印件；

5. 其他要求提供的材料。

（四）托管人应当按照本通知及《养老金产品托管合同》规定，对养老金产品资产的投资范围、投资比例、会计核算与估值、费用计提与支付等事项进行监督。托管人发现投资管理人违反本通知或者《养老金产品托管合同》规定的，应当及时通知投资管理人予以调整；投资管理人逾期未调整的，托管人应当上报人力资源社会保障部。

（五）养老金产品投资管理费按照固定费率收取，不收取业绩报酬，不提取风险准备金。

（六）养老金产品的投资管理费、托管费和其他相关费用，包括证券交易费用、资金划拨费用以及证券账户、资金账户等的开户及变更费用等，从养老金产品资产中扣除。

养老金产品投资管理人、托管人应当综合考虑养老金性质、份额持有人利益和市场发展等因素，合理确定管理费收取标准。

五、投资养老金产品

（一）企业年金计划投资组合资产投资养老金产品

1. 企业年金计划投资组合（以下简称投资组合）的投资管

理人，可以将投资组合的委托投资资产投资于一个或者多个养老金产品。

2. 投资管理人将投资组合的部分或者全部委托投资资产投资于养老金产品时，该部分或者全部委托投资资产不再计提投资管理费，也不提取风险准备金。

3. 规模较小投资组合的受托人或者投资管理人，应当优先考虑将该组合的委托投资资产全部投资于养老金产品。

4. 注册登记人负责以投资组合的名义开立养老金产品份额持有人账户，开户名称应当与投资组合名称一致，开户证件使用企业年金计划备案确认函，证件号码为企业年金计划登记号，组织机构代码证、税务登记证号码等使用投资组合投资管理人的信息。

5. 投资管理人将投资组合的委托投资资产投资于养老金产品时，应当经受托人同意。

（二）企业年金计划资产投资养老金产品

1. 法人受托机构可以将受托管理的企业年金基金资产，分配给一个或者多个养老金产品。法人受托机构应当在《企业年金计划受托管理合同》或者补充协议中说明将企业年金缴费分配给养老金产品的原则和方法。

法人受托机构应当与养老金产品投资管理人签订《企业年金计划投资管理合同》，《养老金产品投资管理合同》《养老金产品投资说明书》作为《企业年金计划投资管理合同》的附件。

2. 规模较小企业年金计划的委托人或者法人受托机构，应当优先考虑将企业年金计划基金资产全部投资于养老金产品。

3. 注册登记人负责以企业年金计划的名义开立养老金产品份额持有人账户，开户名称应当与企业年金计划名称一致，开户证件使用企业年金计划备案确认函，证件号码为企业年金计划登记号，组织机构代码证、税务登记证号码等使用法人受托机构的信息。

4. 企业年金计划法人受托机构和企业年金计划托管人应当分别完成企业年金计划的建账、估值核算、制作会计报表、信息报告等工作，法人受托机构对托管人出具的估值核算结果、会计报表及信息报告进行复核。

六、养老金产品信息披露和监管

（一）投资管理人应当在收到养老金产品备案确认函的下一个工作日，在指定网站及其公司官网上披露养老金产品信息。

养老金产品的投资经理发生变更，投资管理人应当自变更之日起 3 个工作日内，在指定网站及其公司官网上披露。

（二）养老金产品存续期间，投资管理人应当每个交易日在指定网站及其公司官网上披露经养老金产品托管人复核、审查和确认的单位净值。

（三）投资管理人应当按照有关规定，向份额持有人提供养老金产品季度报告和年度报告；如发生特殊情况，还应当提供临时报告或者进行重大信息披露。

（四）投资管理人、托管人应当按照有关规定，向人力资源社会保障部报告养老金产品的管理情况，同时抄报有关业务监管部门，并对所报告内容的真实性、准确性、完整性负责。

（五）养老金产品宣传推介材料应当含有明确、醒目的风险提示和警示性文字，提醒投资人注意投资风险。投资人应当仔细阅读《养老金产品投资管理合同》《养老金产品投资说明书》《养老金产品托管合同》，充分认知养老金产品的投资风险，审慎做出投资决策，自行承担投资损益。

（六）企业年金计划受托人，负责企业年金计划的投资比例控制；企业年金计划托管人负责监督。

企业年金计划投资组合投资管理人，负责投资组合的投资比例控制；企业年金计划托管人负责监督。

养老金产品投资管理人，负责养老金产品的投资比例控制；养老金产品托管人负责监督。

养老金产品投资管理人应当接受份额持有人和托管人的监督。

（七）养老金产品经人力资源社会保障部备案确认，并不表明其对养老金产品的价值和收益做出实质性的判断或者保证，也不表明养老金产品没有投资风险。

（八）投资管理人、托管人违反行政法规和本办法规定的，人力资源社会保障部根据第 11 号令规定进行处罚；对直接负责的主管人员和其他直接责任人员，可以采取监管谈话、出具警示函、记入诚信档案等监管措施。

（九）人力资源社会保障部、有关业务监管部门依法履行监督管理职责，对养老金产品的投资运作和管理情况进行定期或者不定期检查，投资管理人、托管人和注册登记人应当予以配合。

2013 年 3 月 19 日

人力资源和社会保障部关于延续及整合企业年金基金管理机构资格的通告

人社部函［2013］222号

根据《企业年金基金管理机构资格认定暂行办法》（劳动和社会保障部令第24号）等规定，我部对企业年金基金管理资格有效期满、提出延续申请的机构以及申请增加或整合账户管理资格的机构，组织专家进行评审，评审结果征求了中国银监会、中国证监会和中国保监会的意见。现公布如下。

一、延续23个企业年金基金管理机构资格

（一）企业年金基金法人受托机构6家：中国工商银行股份有限公司、中国建设银行股份有限公司、招商银行股份有限公司、中国人寿养老保险股份有限公司、长江养老保险股份有限公司、泰康养老保险股份有限公司。

（二）企业年金基金账户管理人7家：中国建设银行股份有限公司、中国银行股份有限公司、中国民生银行股份有限公司、中国人寿养老保险股份有限公司、平安养老保险股份有限公司、长江养老保险股份有限公司、泰康养老保险股份有限公司。

（三）企业年金基金托管人4家：中国农业银行股份有限公司、上海浦东发展银行股份有限公司、中信银行股份有限公司、中国民生银行股份有限公司。

（四）企业年金基金投资管理人6家：中国人寿养老保险股份有限公司、长江养老保险股份有限公司、泰康资产管理有限责任公司、中国人保资产管理股份有限公司、工银瑞信基金管理有限公司、国泰基金管理有限公司。

二、增加及整合3个账户管理机构资格

太平养老保险股份有限公司、中国农业银行股份有限公司增加账户管理机构资格，中信信托有限责任公司将账户管理机构资格转移给中信银行股份有限公司。

三、不予延续2家管理机构资格

对上海国际信托有限公司受托管理机构资格、广发基金管理有限公司投资管理机构资格不予延续。

2013年11月7日

人力资源和社会保障部办公厅关于确定社会保险基金社会监督试点地区的通知

人社厅发〔2013〕20号

各省、自治区、直辖市及新疆生产建设兵团人力资源社会保障厅（局）：

为贯彻落实《人力资源社会保障部关于开展社会保险基金社会监督试点的意见》（人社部发〔2012〕98号，以下简称《试点意见》），积极稳妥推进社会保险基金社会监督试点工作，根据地方工作基础及自愿原则，经研究，确定吉林、福建、河南、广东、贵州、新疆6个省（区）的17个市（州）作为我部第一批开展社会保险基金社会监督试点地区（具体名单及内容见附件），现就试点地区试点工作提出如下要求：

一、加强领导，精心组织。试点地区要充分认识开展社会保险基金社会监督试点的重要意义，列入本地区重要议事日程和督办事项，切实加强对试点工作的组织领导。要按照《试点意见》要求，结合本地区实际，制定实施方案，明确试点目标、任务、分工和措施。

二、健全机制，保障到位。试点地区要健全工作机制，明确牵头部门和职责分工，安排必要的人力和经费保障条件，确保试点工作顺利推进。要主动加强与工会、监察、财政、审计等部门的沟通协调，争取各方面的支持，合力推进试点工作。要探索社会监督与行政监督的有机结合的办法，健全社会监督反映问题处理机制，规范执法规程，严格监督执法，及时处理处罚违法违规行为。要建立健全情况通报和报告机制，及时沟通交流试点情况和经验。各试点省（区）人力资源社会保障厅每季度上报一次试点工作情况，年底前报告总体情况，重要情况及时上报。

三、加强宣传，积极引导。试点地区要采取多种形式，宣传社会保险政策法规，提高社会公众的基金安全意识，主动参与社会保险基金社会监督。要注重发挥舆论监督优势和作用，加强舆论引导，畅通沟通渠道，提高社会监督影响力。要主动向社会发布社会监督试点情况，按照规定公布查处的社会保险基金重大违法违规案件，扩大公众的知情权，并发挥警示教育作用，提高社会监督试点的公信力和认可度，形成有利的社会氛围。

各省（区、市）应按照《试点意见》要求，结合本地区实际情况，选择有条件的市县开展试点工作。4月底前，部里确定的试点地区的具体实施方案需报部批准，其他省（区、市）试点工作方案报部基金监督司备案。

试点工作中的问题及意见和建议请及时反馈部基金监督司。

附件：部第一批开展社会保险基金社会监督试点地区及内容（略）

2013年3月9日

人力资源和社会保障部办公厅关于贯彻实施《企业年金基金数据交换规范》的通知

人社厅发〔2013〕32号

各省、自治区、直辖市及新疆生产建设兵团人力资源社会保障厅（局），各计划单列市人力资源社会保障局，各企业年金基金管理机构：

为规范企业年金基金管理，提高管理效率，根据《企业年金基金管理办法》（人力资源和社会保障部令第11号）及有关规定，我们组织制定了《企业年金基金数据交换规范》（以下简称《规范》），报经国家标准化管理委员会批准，于2012年12月31日正式颁布（中华人民共和国国家标准公告2012年第42号，标准号：GB/T 29424—2012），并于2013年7月1日实施。

《规范》在涵盖企业年金业务全程数据交换内容、体现企业年金基金常用的管理方式基础上，依据国家有关法规和标准，对企业年金基金运作中涉及的数据交换内容、接口格式、参数定义、相关术语等做出统一规定，规范了企业年金基金数据交换行为，有利于降低数据交换成本，控制数据交换风险，提升企业年金基金管理效率。各地人社部门、企业年金管理机构，要充分认识实施《规范》的重要意义，准确理解其内容和要求，积极做好贯彻实施工作。

各管理机构要准确理解《规范》对业务流程、数据集、数据项、交易类别定义等内容，对单位原有系统的业务功能、类别定义、实现逻辑等进行认真分析，在此基础上开发数据接口，将内部业务流程、数据集、数据项转化为标准的业务流程、数据集和数据项。数据接口的开发可以通过现有系统升级，也可以建立独立的数据交换系统，但在应用前，有数据交换关系的机构之间要充分沟通、确定双方需要遵循的业务流程。

《规范》未对信息传输加密问题做出规定，建立接口的双方需要根据双方对信息安全的具体要求和双方业务系统的支持能力确定对传输内容的加密机制，确保信息安全。

为了推动《规范》的贯彻实施，我们起草了《〈企业年金基金数据交换规范〉实施指引》。各管理机构要制定实施方案和工作计划。在实施工作中遇到的新情况、新问题，请及时与我部基金监督司沟通。

附件：《企业年金基金数据交换规范》实施指引（略）

2013 年 4 月 7 日

人力资源和社会保障部办公厅关于开展新型农村、城镇居民社会养老保险基金检查工作的通知

人社厅发［2013］39号

各省、自治区、直辖市及新疆生产建设兵团人力资源社会保障厅（局）：

为切实掌握新型农村、城镇居民社会养老保险制度运行状况，规范基金管理使用行为，更好地维护基金安全，推动城乡居民养老保障事业健康发展，根据《关于印发2013年人力资源和社会保障工作要点的通知》（人社部发［2013］1号）要求，决定今年在全国开展新型农村、城镇居民社会养老保险基金检查。现将有关事项通知如下：

一、检查对象

新型农村、城镇居民社会养老保险行政部门、经办机构、乡镇（街道）社会保障事务所，以及根据需要延伸检查的村（居）民委员会协办员、保费代征和待遇社会化发放机构、参保和待遇享受人员等。

二、检查内容

2012年新型农村、城镇居民社会养老保险基金筹集、管理、使用情况。必要时，可延伸到其他年度和其他基金。

（一）制度建设情况。主要包括：是否结合实际，制定实施办法和各项业务管理规章制度；经办机构是否建立有效的内控制

度并严格执行；是否按规定建立信息披露制度等。

（二）参保缴费情况。主要包括：参保人员是否具备资格，个人缴费是否按规定及时、足额上解，补缴是否符合规定；参保、缴费、政府资助缴费人数等与实际申报财政补助资金的人数是否一致；是否擅自提高或降低个人缴费标准；是否存在截留、侵占资金等违法违规问题。

（三）基金管理情况。主要包括：财政资金是否及时、足额到位；基金收入户、支出户和财政专户开设是否符合规定；基金是否纳入财政专户，实行收支两条线管理；基金是否专款专用，是否存在挤占挪用等违法违规行为；是否按规定单独记账、单独核算，核算是否准确；是否存在违规投资运营行为等。

（四）支付发放情况。主要包括：基金支出项目和支付标准是否符合规定；领取养老金人员是否符合领取条件；是否存在虚列支出、转移资金、欺诈冒领等违法违规问题。

（五）经办服务情况。主要包括：是否按时足额发放养老金；是否按规定建立个人账户并准确记录有关信息；是否按规定对待遇领取人员进行资格认证；是否按规定定期披露基金筹集、支付信息，对参保人员缴费和待遇领取资格进行公示；是否按规定建立健全有关业务台账等。

三、检查方式和步骤

采取部、省两级直查和地市自查的方式开展检查。部里确定对北京市、甘肃省进行直查；各省（区、市）可根据实际情况确定直查的范围，并部署地市进行自查，原则上省级直查范围应不少于4个县（区）。

（一）5月20日前，各省（区、市）制定具体实施方案，并报送部基金监督司。

（二）10月底前，完成全部检查工作。部里直查的时间和具体安排另行通知。

（三）11月底前，各省（区、市）完成检查情况总结，报送部基金监督司。

四、工作要求

（一）加强组织领导。开展新型农村、城镇居民社会养老保险基金检查，是维护基金安全、促进制度健康运行的重要措施，有利于在制度建立初期及时发现和堵塞漏洞，夯实管理基础。各地要高度重视，统筹安排好检查工作，保证必要的人员和经费。具体工作由社会保险基金监督机构负责组织实施，新型农村、城镇居民社会养老保险行政业务部门、经办机构配合。

（二）深入查找问题。新型农村、城镇居民社会养老保险涉及群体广，参保人员流动性较大，经办管理更多集中在基层。各地要结合实际采取有针对性的措施，深入查找问题，确保检查质量。同时要加强社会监督，做好舆论宣传引导，在保障社会公众知情权、参与权、表达权和监督权的同时，也为提高行政监督效率提供支持。

（三）严格整改处理。对检查发现的问题，各地要认真分析原因，及时督促整改。对发现的涉及套取、骗取基金以及隐匿、转移、侵占、挪用基金或者违规投资运营等严重违法违规的行为，各级社会保险基金监督机构要严格监督执法，依法开展行政处理处罚，确保检查取得实效。同时，各地要对2012年全国社会保障审计发现的新型农村、城镇居民社会养老保险问题继续跟踪，抓好整改。

（四）认真总结经验。通过检查，要进一步摸清新型农村、城镇居民社会养老保险基金筹集、管理、使用中存在的风险点和薄弱环节，积累监督检查经验，提高监管能力。同时注意总结并推广好的经验做法，促进完善政策制度，提高基金管理水平和使用效益，更好地维护群众权益。

附件：新型农村、城镇居民社会养老保险基金检查基本情况统计表（略）

2013年4月22日

人力资源和社会保障部办公厅关于企业年金基金管理机构资格延续有关问题的通知

人社厅发［2013］87号

各企业年金基金管理机构：

根据《国务院对确需保留行政审批项目设定行政许可的决定》（国务院令第412号）、《企业年金基金管理机构资格认定暂行办法》（劳动和社会保障部令第24号）、《企业年金基金管理办法》（人力资源和社会保障部令第11号）等相关规定，2007年11月认定的24个企业年金基金管理机构资格，将于今年11月份到期。现就资格延续有关问题通知如下：

一、各机构应在收到本通知后认真做好资格延续的准备工作，如实填写报告内容（见附件），在规定时间提交申请报告。评审期间，根据申报情况对机构进行现场检查。

二、根据延续申请报告、现场检查结果、日常监管情况、有关监管部门意见等，对机构做出资格延续、资格考察（1年）、资格注销的决定，同时在国内相关媒体上公告。

（一）符合规定条件，遵守准入时承诺，合规开展业务，业务发展良好的，将允许资格延续。

（二）机构有下列情形之一的，将进行资格考察（1年）：

1. 近3年因企业年金业务存在违法违规行为受到监管部门行政处罚的；

2. 公司内部稽核监控制度和风险控制制度不完善的；

3. 正在被国家司法机关、有关监管部门调查，或者正处于整改期间的；

4. 公司股东会、董事会、监事会、经理层之间职责划分不清，法人治理结构不完善的。

被认定资格考察的机构，应提交业务整改或发展报告，考察期结束后根据情况确定资格延续或资格注销。

（三）机构有下列情形之一的，将注销资格：

1. 主动提出不再申请资格延续的；

2. 未按时提交申请报告的；

3. 申请报告有虚假陈述、隐瞒有关情况或者重大遗漏的；

4. 违反资格准入时的相关承诺，且企业年金业务持续发展缓慢或持续负增长的；

5. 近3年有三次以上违法记录或者一次以上经责令改正而不改正的。

三、申请报告一式6份，其中1份为原件，每份申请报告应控制在50页A4纸以内（不含附件），除报送纸质书面材料外，须同时报送电子文档。同时申请一个以上资格延续的机构，需分别填写申请报告。

四、受理申请时间：2013年9月12日至13日。

工作时间：上午9:00—11:30，下午14:00—16:30。

受理地址：北京市和平里北街16号和平里大酒店三层6306房间。

五、为保证资格延续工作的顺利进行，各机构须指定经办人负责有关工作。经办人在提交申请材料时须提供所在单位授权委托书、本人身份证等证明文件的原件和复印件。

六、联系方式（略）。

2013年8月14日

调解仲裁管理

人力资源和社会保障部　中华全国工商业联合会关于加强非公有制企业劳动争议预防调解工作的意见

人社部发［2013］2号

各省、自治区、直辖市及新疆生产建设兵团人力资源社会保障厅（局）、工商业联合会：

非公有制经济是社会主义市场经济的重要组成部分，是促进就业的主要渠道，是构建和谐劳动关系的重要领域。当前，非公有制企业劳动关系总体和谐稳定，但企业内部劳动争议协商解决机制不健全，劳动争议预防调解制度尚未全面建立，劳动争议仍易发、多发。为贯彻落实《中华人民共和国劳动争议调解仲裁法》及《企业劳动争议协商调解规定》，切实加强非公有制企业劳动争议预防调解工作，进一步促进劳动关系和谐，维护社会稳定，现提出如下意见：

一、加强非公有制企业劳动争议预防调解工作的指导思想和目标任务

加强非公有制企业劳动争议预防调解工作要以邓小平理论、“三个代表”重要思想和科学发展观为指导，按照“预防为主、基层为主、调解为主”的工作方针，建立健全企业内部劳动争议协商调解机制，提升企业自主预防解决争议的能力，促进建立互利共赢、和谐稳定的劳动关系，推动企业健康持续发展。

加强非公有制企业劳动争议预防调解工作的目标任务是：在

大中型企业普遍依法建立劳动争议调解委员会，在小型微型民营企业设立劳动争议调解员，在商会（协会）建立劳动争议调解组织，建立健全企业内部劳动争议协商解决机制，形成企业、商会（协会）、乡镇街道调解组织与仲裁机构协调配合的劳动争议预防调解工作网络，建设一支公道正派、热心调解、具有较高专业素质的调解员队伍，逐步实现非公有制企业劳动争议预防调解工作全覆盖，努力将劳动争议化解在萌芽状态、解决在基层。

二、推动非公有制企业普遍建立劳动争议协商调解机制

指导推动大中型企业在总部设立劳动争议调解委员会，鼓励企业根据需要在分支机构设立劳动争议调解委员会，在车间、工段、班组设立调解小组，建立企业内部多层次的劳动争议调解组织，逐步形成劳动争议分类处理、分级负责、上下联动的工作机制。指导推动小型微型民营企业由劳动者与企业共同推举职工代表担任调解员，负责本企业劳动争议预防调解工作。

指导企业探索建立多种形式的劳动争议协商解决机制。充分发挥企业劳动争议调解委员会或调解员促进劳资双方沟通协商的作用，采取召开劳资恳谈会、劳资协商会以及设立意见箱、开展问卷调查等方式，就劳动条件、劳动报酬、职工福利等涉及劳动者切身利益的问题听取职工意见，及时了解掌握并认真研究解决职工的合理诉求。完善职代会、厂务公开等民主管理制度，依法保障职工的知情权、参与权、表达权、监督权。

三、充分发挥商会（协会）预防调解劳动争议的作用

指导行业性、区域性商会（协会）建立劳动争议调解组织，当前要重点推进制造、餐饮、建筑、商贸服务和民营高科技等行业商会（协会）劳动争议调解组织建设。商会（协会）要依托劳动争议调解组织，切实加强对本行业、本区域内非公有制企业劳动争议预防调解工作的指导，积极开展劳动保障法律法规政策咨询服务和劳动争议调解工作，搞好企业劳动争议预防调解培训，协助企业与当地调解仲裁机构进行沟通。

四、加强非公有制企业劳动争议调解与仲裁工作的衔接

各地劳动争议仲裁机构要大力开展非公有制企业、商会（协会）劳动争议调解组织调解协议的仲裁审查确认工作，对于争议双方当事人持生效的调解协议书向仲裁委员会提出的审查申请，要及时受理，快速立案，对程序和内容合法有效的调解协议依法出具调解书，不断提高企业、商会（协会）调解组织的社会公信力和调解协议的执行力。要积极开展劳动争议调解建议工作，对当事人未经调解直接申请仲裁的劳动争议案件，在征询双方当事人同意后，可向当事人发出调解建议书，引导其在企业、商会（协会）等劳动争议调解组织解决争议。要积极稳妥开展委托调解工作，研究制定委托调解的基本条件，完善委托程序，制定规范的委托调解文书，将适合调解的申请仲裁案件委托商会（协会）、乡镇街道劳动争议调解组织处理。

五、加强非公有制企业劳动争议预防调解工作的组织实施

各级人力资源社会保障行政部门和工商联组织要高度重视非公有制企业劳动争议预防调解工作，切实加强组织领导，共同推动这项工作深入开展。人力资源社会保障行政部门要发挥统筹协调作用，会同工商联组织制定工作计划，积极指导推动非公有制企业和商会（协会）加强劳动争议预防调解工作，建立健全集体性劳动争议协调处理机制。工商联组织要发挥职能优势，加强对非公有制企业经营者的培训，引导企业认真执行劳动保障法律法规及政策，搞好劳动争议协商调解工作，参与处理重大集体性劳动争议。

要建立非公有制企业劳动争议预防调解工作情况通报制度，及时沟通争议处理情况，共同研究解决工作中存在的困难和问题，不断完善预防调解政策措施。要建立集体性劳动争议预防预警制度，共同加强对非公有制企业劳动争议隐患的排查，对于已经发生的集体劳动争议，加强联调联控，积极稳妥处理。

2013 年 1 月 10 日

人力资源和社会保障部办公厅　中华全国工商业联合会办公厅关于开展非公有制企业、商会（协会）劳动争议预防调解示范工作的通知

人社厅发［2013］71号

各省、自治区、直辖市及新疆生产建设兵团人力资源社会保障厅（局）、工商业联合会：

为贯彻落实《关于加强非公有制企业劳动争议预防调解工作的意见》（人社部发［2013］2号），推动非公有制企业、商会（协会）普遍建立劳动争议预防调解机制，提升预防解决劳动争议的能力，促进劳动关系和谐与社会稳定，人力资源社会保障部、全国工商联确定在40家大中型非公有制企业、34家商会（协会）开展劳动争议预防调解示范工作（以下简称示范工作）。现将有关事项通知如下：

一、示范工作的主要内容

（一）建立健全劳动争议调解组织。示范企业总部和分支机构要建立劳动争议调解委员会，逐步形成劳动争议分级负责、上下联动的企业内部劳动争议预防调解工作机制。示范商会（协会）要建立劳动争议调解组织，主要负责人由商会（协会）会长、常务副会长或秘书长担任，秘书长负责日常工作。示范企业和商会（协会）应当提供必要的办公设施、场所等工作条件，支

持调解组织依法开展工作。调解组织可以邀请律师、专家学者参加调解活动。

（二）建立有效的劳动争议预防工作机制。示范企业要认真落实“调防结合、以防为主”的方针，依法实行劳动合同和集体合同制度，规范劳动用工管理，营造健康和谐的企业文化，加强人文关怀和心理疏导，从源头上预防和减少劳动关系矛盾；要依托劳动争议调解委员会，采取召开劳资恳谈会或劳资协商会等方式，畅通企业经营管理者与职工之间的沟通交流渠道，建立企业内部劳动争议协商解决机制；要建立集体劳动争议预警制度，通过预测、预报和预防等措施，有效排查劳动争议隐患，及时将纠纷化解在萌芽状态。示范商会（协会）要建立行业性劳动争议预防工作机制，通过提供咨询服务、组织经验交流、加强宣传教育，指导民营企业特别是小型微型企业建立灵活有效的劳动争议预防机制，必要时应主动介入、积极协调企业的劳动争议，防范企业劳动关系矛盾激化。

（三）建立健全调解工作制度。示范企业和商会（协会）劳动争议调解组织要建立健全调解登记、督促履行等制度，完善调解员选聘、培训、工作考评等管理制度。要主动与所在地人力资源社会保障行政部门、工商联组织加强沟通协调，建立联席会议和重大集体劳动争议报告等制度。

（四）加强调解与仲裁工作衔接。各地调解仲裁机构要加大对示范企业和商会（协会）的指导力度，积极开展委托调解等工作，建立便捷的调解协议仲裁审查确认机制。要建立劳动争议调解建议书制度和案例反馈制度，定期向示范企业和商会（协会）通报涉及的劳动争议案件及处理情况。

（五）建立具有较高素质的专兼职调解员队伍。示范企业劳动争议调解委员会应结合工作实际，配备一定数量的专兼职调解员，支持调解员从事调解活动，对调解员依法履行调解职责需要占用生产或者工作时间的，按照正常出勤对待，将调解员的劳动合同期限与聘期对应起来。示范商会（协会）劳动争议调解组织要由本行业企业与职工共同推举代表担任调解员，积极吸收企业家和商会（协会）资深人士参加调解工作。要建立调解员开展劳动争议预防调解工作的激励和约束机制，稳定和发展调解员队伍。

二、示范工作的进度安排

（一）启动阶段（2013 年 7 月至 9 月）。各地要会同示范企业和商会（协会）因地制宜地研究制定示范工作实施方案，包括工作目标、进度安排、保障措施等内容，并将实施方案于 9 月底以前报送人力资源社会保障部调解仲裁管理司、全国工商联法律部备案。各地可以根据实际情况，在本地区同步开展非公有制企业、商会（协会）劳动争议预防调解示范工作。

（二）实施阶段（2013 年 10 月至 2014 年 12 月）。各地要对示范企业和商会（协会）劳动争议预防调解人员加强劳动保障法律法规知识、调解方法技巧等业务培训，提高调解员队伍专业化水平。要对劳动争议调解组织建设、建立劳动争议协商解决机制、工作保障措施等落实情况加强督促检查。要深入调研，积极探索非公有制企业劳动争议预防调解工作规律。及时总结推广示范工作中的新鲜经验，扩大示范效应。

（三）总结验收阶段（2015 年 1 月至 6 月）。人力资源社会保障部、全国工商联将制定量化考核验收标准，组织各地对示范工作进行总结验收，对工作做得好的示范企业和商会（协会）予以通报。

三、示范工作的组织领导

在部分企业、商会（协会）开展劳动争议预防调解示范工作，是当前及今后一个时期劳动争议预防调解的重点任务，各地人力资源社会保障行政部门、工商联组织要高度重视，通力合作，明确示范工作阶段性目标和主要任务，落实责任单位和责任人。要密切关注示范工作进展情况，认真研究解决遇到的新问题，重要事项及时向人力资源社会保障部调解仲裁管理司和全国工商联法律部报告。

附件：劳动争议预防调解示范企业、商会（协会）名单（略）

2013 年 6 月 26 日

人力资源和社会保障部办公厅关于印发《劳动人事争议仲裁员任职培训大纲（试行）》的通知

人社厅发［2013］127 号

各省、自治区、直辖市及新疆生产建设兵团人力资源社会保障厅（局）：

劳动人事争议仲裁员是具有一定的法学基础，熟悉人力资源和社会保障业务知识，掌握仲裁理论和技能，把握仲裁工作规律和特点的专业性人才。加强劳动人事争议处理效能建设，提升调解仲裁服务社会能力，关键在于培养造就一支专业化水平较高的调解仲裁队伍。针对当前部分仲裁员业务素质和办案能力还不适应形势发展需要的状况，我们组织制定了《劳动人事争议仲裁员任职培训大纲（试行）》（以下简称《培训大纲》）。《培训大纲》规定了仲裁员履职所必须掌握的劳动人事争议处理基础理论、基本知识、相关专业知识以及必须具备的职业道德和行为规范，是仲裁员聘前培训的主要依据和业务培训的基本依据。

加强培训是提高调解仲裁队伍专业化水平的有效途径，制定实施培训大纲是增强培训工作规范性、有效性及针对性的重要举措。各地要把培训工作作为加强劳动人事争议处理效能建设的重要措施，摆到重要位置。在仲裁员聘前培训中一定要按纲施训，夯实仲裁员基本功；在业务培训中可根据实际情况增加新颁布的法律法规、仲裁实操技能等内容。要保证仲裁员培训时间，每名仲裁员每年脱产培训时间应不低于40学时。

现将《培训大纲》印发你们，请结合实际遵照执行。各地在贯彻实施《培训大纲》及培训中出现的新情况新问题请及时反馈给部调解仲裁管理司。

附件：《劳动人事争议仲裁员任职培训大纲（试行）》

2013年12月22日

劳动人事争议仲裁员任职培训大纲（试行）

目　录

第一部　劳动人事争议处理基础理论

第一章　劳动法律基础知识

基本要求：

了解：劳动法律关系的特征，与民商事法律关系的区别与联系。

理解：劳动法律的构成、基本结构，劳动法律在保护劳动者方面的作用。

掌握：劳动法律在法律体系中的地位；劳动法律的基本原则；劳动关系的概念、特征、类型和协调体系。

培训内容：

第一节　劳动法概述

1. 概念、基本原则和体系
2. 调整对象
3. 主体

第二节　劳 动 关 系

1. 劳动关系的概念及特征
2. 集体劳动关系与个别劳动关系
3. 劳动关系的协调体系
4. 特殊劳动关系

第三节　劳动法律关系

1. 劳动法律关系的概念与事实劳动关系的区别
2. 劳动法律关系构成的要素
3. 劳动法律关系的运行

第二章　争议处理制度概述

基本要求：

了解：争议及争议处理制度的概念。

理解：争议原因、类型及特征。

掌握：争议处理制度特点、作用、方式；争议处理的基本原则、依据。

培训内容：

第一节　争议的概念、特征、性质和分类

1. 概念和特征
2. 性质和分类

第二节　争议处理制度、方式和机构

1. 处理制度的产生与发展
2. 处理方式
3. 处理机构

第三节　争议处理制度的特点和作用

1. 特点
2. 作用

第四节　争议处理基本原则

1. 合法原则
2. 公正原则
3. 及时原则
4. 着重调解原则

第五节 争议处理的一般依据和特有依据

1. 一般依据
2. 特有依据

第三章 争议协商和解、调解、仲裁和诉讼

基本要求：

了解：争议的基本处理方式。

理解：争议处理基本方式的特点。

掌握：协商和解、调解、仲裁、诉讼等几种争议处理程序和方法。

培训内容：

第一节 协商和解

1. 协商和解的概念、特征
2. 协商和解的范围、基本程序、方式
3. 和解协议
4. 协商和解的效力
5. 协商和解与调解、仲裁的关系

第二节 调 解

1. 调解的概念、特征、依据、类型
2. 调解组织、调解员
3. 调解的原则、程序、时限
4. 调解协议书及效力
5. 调解方法、技巧
6. 调解与仲裁的衔接
7. 重大争议调解协调机制

第三节 仲　　裁

1. 仲裁的概念和特征
2. 仲裁委员会的概念和性质
3. 仲裁委员会的设立和组成
4. 仲裁委员会的职责
5. 仲裁委员会的办事机构
6. 仲裁庭的概念和组成
7. 仲裁员的条件和聘任
8. 仲裁员的管理和监督
9. 仲裁活动的监督

第四节 诉　　讼

1. 诉讼一般规定
2. 诉讼程序
3. 裁审衔接
4. 人民法院审理争议案件的程序
5. 人民法院处理争议案件的法律依据
6. 执行

第四章　人事争议仲裁基础理论

基本要求：

了解：人事争议仲裁的性质、历史沿革；聘用制度的意义，聘用制度与原人事管理制度的区别；辞职、辞退、离职政策的适用对象及范围。

理解：人事争议仲裁的管辖、特点、时效；聘用合同的作用，聘用合同与劳动合同的区别，聘用合同的种类；辞职、辞退、离职政策的作用，与聘用制度的区别。

掌握：人事争议仲裁的主要内容和处理方式。

培训内容：

第一节　人事争议仲裁概述

1. 人事争议
2. 人事争议仲裁的历史沿革、性质和特征
3. 受案范围
4. 管辖
5. 时效
6. 特点

第二节　聘 用 合 同

1. 聘用制度的意义，与原人事管理制度的区别，签订聘用合同的组织程序和基本程序

2. 聘用合同的种类、适用的范围和形式

3. 聘用合同的订立、履行、变更、解除和终止

4. 岗位类别、岗位等级、岗位聘用

5. 聘任制公务员概念、特点，聘任合同的签订、变更、解除和终止

6. 军队文职人员的概念、岗位等级，文职人员聘用合同的签订、续聘和解聘

第三节　解除人事关系

1. 辞职、辞退、离职（自动离职）的概念、政策适用对象及范围

2. 辞职、辞退、离职（自动离职）政策的作用，与聘用制度的区别

3. 法律后果

第二部　劳动人事争议仲裁程序法基本知识

第一章　争议仲裁制度

基本要求：

了解：争议仲裁的基本制度。

理解：相关的概念和特征。

掌握：受理范围与管辖，争议仲裁原则，争议仲裁证据及其种类。

培训内容：

第一节　受理范围与管辖

1. 受理范围
2. 管辖

第二节　仲裁参与人

1. 当事人
2. 代理人及其种类
3. 第三人
4. 其他参与人

第三节　仲 裁 证 据

1. 证据及其种类
2. 当事人的举证责任
3. 调取证据的相关要求
4. 证据保全和鉴定
5. 举证时限与证据交换
6. 质证

7. 证据的审核认定

第四节 仲裁时效

1. 时效的概念及意义
2. 时效的一般规定和特别规定
3. 仲裁时效的起算点
4. 时效的中断、中止

第二章 仲裁程序

基本要求：

了解：仲裁的基本程序。

理解：仲裁的程序特点。

掌握：仲裁活动的流程，仲裁文书的特点，送达的几种方式，仲裁时限。

培训内容：

第一节 申请和受理

1. 仲裁申请
2. 立案审查
3. 仲裁申请的受理和不予受理
4. 答辩书和反申请
5. 申请人撤回仲裁申请
6. 调解建议书

第二节 开庭审理

1. 开庭前准备
2. 庭审程序
3. 仲裁程序的中止和终止
4. 特殊情况的处理

第三节　庭审笔录

1. 庭审笔录制作的原则
2. 庭审笔录制作的标准与规范
3. 庭审笔录确认

第四节　决定和裁决

1. 概念
2. 决定
3. 仲裁裁决的做出
4. 先行裁决
5. 先予执行裁决
6. 撤销
7. 撤诉、调解和裁决
8. 终局裁决

第五节　期间与送达

1. 法定期间
2. 送达方式及要求

第六节　仲裁监督

1. 仲裁活动监督
2. 仲裁事后监督
3. 裁决书补正

第七节　涉外争议处理

1. 概念、特点
2. 处理原则

第八节　集体争议处理

1. 概念、特点
2. 处理原则

第三章　仲裁文书的概念、作用及分类

基本要求：
了解：仲裁文书的概念、作用及分类。
理解：仲裁文书制作的要求。
掌握：各类仲裁文书的书写、制作。
培训内容：

第一节　仲裁文书概述

1. 概念
2. 特点
3. 制作要求
4. 文书种类
5. 写作要求

第二节　仲裁文书的作用

1. 解决争议
2. 凭证和依据作用
3. 宣传和引导作用

第三节　仲裁文书的种类

一、仲裁申请阶段文书

1. 申请仲裁须知
2. 仲裁申请书
3. 口述申请笔录

4. 收件回执
5. 集体争议案件推举代表人申请书

二、立案审查阶段文书

1. 立案组庭审批表
2. 受理通知书
3. 不予受理通知书
4. 应诉通知书
5. 仲裁第三人通知书
6. 答辩书
7. 放弃（减少）答辩期同意书
8. 法定代表人（或主要负责人）身份证明书
9. 授权委托书
10. 指定代理人通知书
11. 举证通知书
12. 证据清单
13. 关于移送案件管辖的函
14. 案件移送接收回执

三、庭前准备阶段文书

1. 证人出庭作证申请书
2. 回避申请书
3. 协助查询函
4. 委托鉴定/勘验函
5. 调查笔录
6. 庭前调解建议书
7. 庭前调解笔录

四、开庭审理阶段文书

1. 旁听人员登记表
2. 庭审笔录
3. 仲裁庭评议笔录

4. 案件延期处理审批表
5. 案件中止处理审批表

五、结案阶段文书

1. 撤回仲裁申请书
2. 同意撤回仲裁申请通知书
3. 撤回仲裁申请通知书
4. 视为撤回仲裁申请通知书
5. 仲裁调解书
6. 仲裁裁决书
7. 仲裁决定书
8. 仲裁结案审批表

六、送达阶段文书

1. 送达回证
2. 裁决书送达证明
3. 公告

七、归档文书

1. 仲裁案卷
2. 案卷目录
3. 备考表

八、其他文书

1. 财产保全申请书
2. 先予执行申请书
3. 移送人民法院先予执行函
4. 仲裁建议书
5. 仲裁员办案监督表
6. 仲裁案件回访登记表

第三部　劳动人事争议仲裁实体法基础知识

Ⅰ　劳动基准篇

第一章　工作时间和休息休假

基本要求：

了解：工作时间和休息休假、休息时间的含义。

理解：现行立法关于工时标准、工时形式、休假和延长工作时间的规定。

掌握：标准工时、非标准工时以及休息休假的法律规定及相关计算方法。

培训内容：

第一节　工 时 立 法

1. 概念和划分
2. 工时立法的起源和发展
3. 工时立法的主要任务和内容

第二节　工时标准和工时形式

1. 工时标准
2. 工时形式

第三节　休　　假

1. 法定节假日
2. 年休假
3. 探亲假
4. 其他假期

第四节　患病或者非因工负伤医疗期

1. 概念

2. 待遇

第五节　延长工作时间的限制与补偿

1. 概念和形式

2. 延长工作时间的限制

3. 延长工作时间的补偿

4. 法律责任

第二章　工　　资

基本要求：

了解：工资的概念、职能、构成和形式。

理解：工资立法现状、工资保障制度的要素。

掌握：工资构成和形式、工资支付保障制度、社会平均工资以及最低工资。

培训内容：

第一节　概　　述

1. 工资的概念和职能

2. 工资立法的原则

3. 劳动者的报酬权、用人单位的工资分配权、国家的工资管理权

第二节　工资构成和工资形式

1. 工资构成

2. 工资与报酬的区别与联系

3. 工资形式

4. 以工资为基数的用途

第三节　工资保障

1. 最低工资概念、组成、制定
2. 社会平均工资
3. 基本工资的构成
4. 工资支付保障
5. 特殊工资保障规定

第三章　劳动保护

基本要求：

了解：劳动保护法律体系、劳动安全卫生技术规范、劳动保护管理制度、女职工和未成年工的特殊保护的基本内容。

理解：劳动保护的含义、任务和方针，劳动保护关系中各方主体的权利和义务。

掌握：职业病防治法、安全生产法、《女职工劳动保护特别规定》、《未成年工特殊劳动保护规定》等相关规定。

培训内容：

第一节　概　　述

1. 劳动保护的概念和特征
2. 劳动保护法律的概念和立法概况
3. 劳动保护法律体系
4. 劳动保护关系中各方主体的权利和义务

第二节　劳动安全卫生技术规程

1. 劳动安全技术规程
2. 劳动卫生技术规程

第三节　劳动保护管理制度

1. 一般劳动安全卫生管理制度
2. 安全生产管理制度
3. 职业病防治管理制度

第四节　女职工和未成年工特殊保护

1. 女职工特殊劳动保护规定
2. 未成年工特殊劳动保护规定

第五节　法律责任

1. 劳动法、劳动合同法规定的法律责任
2. 安全生产法、矿山安全法及其实施条例、职业病防治法、《企业职工伤亡事故报告和处理规定》、《劳动保障监察条例》的法律规定

Ⅱ　劳动关系协调篇

第一章　劳动合同

基本要求：

了解：劳动合同的概念、特点、种类，先合同义务，劳动合同的订立、条款、效力，履行变更、解除终止，后合同义务。

理解：劳动合同的作用，与民事合同的区别，与劳动规章制度和集体合同的区别。

掌握：劳动合同生效、劳动合同几种期限、劳动合同的履行变更、劳动合同终止的法定情形、劳动合同解除的条件、经济补偿金、违法解除劳动合同的赔偿金。

培训内容：

第一节　概　　述

1. 劳动合同的概念、效力及与劳动关系的关系
2. 劳动合同的特点
3. 劳动合同与相近民事合同的区别
4. 劳动合同的分类

第二节　劳动合同的形式和内容

1. 劳动合同的形式
2. 劳动合同的内容
3. 未正确履行或变更劳动合同的法律责任

第三节　劳动合同的订立和续订

1. 劳动合同订立的概念和原则
2. 无固定期限合同的认定及处理
3. 劳动合同的法律效力
4. 试用期
5. 服务期
6. 保密协议
7. 竞业限制
8. 未订立和未续订书面劳动合同的法律责任

第四节　劳动合同的履行和变更

1. 劳动合同的履行
2. 劳动合同的变更

第五节　劳动合同的解除和终止

1. 劳动合同解除的概念和种类
2. 劳动合同解除的条件

3. 劳动合同解除的程序
4. 劳动合同终止的情形
5. 劳动合同解除、终止的法律后果
6. 经济补偿与违法解除劳动合同的赔偿责任

第二章 集体合同

基本要求：

了解：集体合同的含义和特征、集体合同制度的要素。

理解：集体合同制度的意义、集体合同制度变迁的方向、集体合同的法律效力、劳动规章制度在企业内调整劳动关系的作用。

掌握：学会分析集体合同条款，处理好集体合同与劳动法律、劳动规章制度、劳动合同的关系。

培训内容：

第一节 概 述

1. 集体合同概念
2. 集体合同的立法概况
3. 集体合同的意义
4. 集体合同与劳动合同的区别

第二节 集体合同的订立、履行、变更和终止

1. 集体合同的订立
2. 集体合同的效力
3. 集体合同的履行、变更、解除和终止

第三节 法律责任

1. 用人单位的法律责任
2. 工会的法律责任

第三章　用人单位劳动规章制度

基本要求：

了解：用人单位劳动规章制度的含义、特征、制定模式。

理解：规章制度在用人单位内调整劳动关系的作用；有效要件和法律效力，纪律处分的制度要素。

掌握：规章制度概念、制定方法、程序；在处理劳动争议过程中的证据功能。

培训内容：

第一节　概　　述

1. 概念
2. 劳动规章制度法律渊源

第二节　劳动规章制度的制定

1. 制定劳动规章制度是用人单位的权利和义务
2. 劳动规章制度的内容
3. 制定、修订程序
4. 协商程序
5. 告知程序

第三节　劳动规章制度的法律效力

1. 有效要件
2. 效力的表现
3. 集体合同、规章制度、劳动合同的效力关系

第四章　三方协商机制

基本要求：

了解：三方协商机制的意义。

理解：三方协商机制的机构特点、功能。
掌握：三方协商机制在协调劳动关系中的作用。
培训内容：

第一节　三方协商机制的产生与发展

1. 概念
2. 发展过程

第二节　三方协商机制的机构、功能与运行

1. 机构构成
2. 运行特点

第三节　三方协商机制在中国

1. 现状
2. 特点

第五章　劳动保障监察

基本要求：
了解：劳动保障监察的含义及其体系。
理解：理解劳动保障监察的特征、形式和制度要素。
掌握：劳动保障监察制度在劳动基准监督中的作用。
培训内容：

第一节　概　　述

1. 概念
2. 形式

第二节　劳动保障监察的主体和客体

1. 劳动保障监察主体

2. 劳动保障监察客体

第三节 劳动保障监察的职责和管辖

1. 职责
2. 管辖

第四节 劳动保障监察的实施

1. 普通不立案检查程序
2. 普通立案检查程序
3. 劳动保障监察的时效
4. 劳动保障检查程序

第五节 劳动保障监察与劳动人事争议仲裁的区别与联系

1. 区别
2. 联系

Ⅲ 特殊（非标准）劳动关系篇

第一章 劳务派遣

基本要求：

了解：劳务派遣的概念。

理解：人力资源市场中劳务派遣的作用，劳务派遣用工的结构与问题。

掌握：劳务派遣相关法律、法规、政策规定等。

培训内容：

第一节 劳务派遣

1. 劳务派遣的概念、特征
2. 国际上劳务派遣就业方式的由来

3. 国际劳工公约与劳务派遣
4. 我国劳务派遣的由来与特征

第二节　劳务派遣的法律规范

1. 劳务派遣单位的性质、行政许可
2. 劳务派遣的适用范围
3. 劳务派遣劳动合同的特点
4. 劳务派遣协议
5. 被劳务派遣劳动者的权利与待遇
6. 用工单位的权利与义务
7. 劳务派遣单位的权利与义务
8. 劳务派遣三方关系中的法律责任

第二章　非全日制用工劳动关系及法律规范

基本要求：

了解：非全日制用工的概念。

理解：人力资源市场中非全日制用工的作用，非全日制用工的结构与问题。

掌握：非全日制用工相关法律、法规、政策规定等。

培训内容：

第一节　非全日制用工

1. 非全日制用工的概念
2. 非全日制用工的劳动合同形式与特点

第二节　非全日制用工的法律规范

非全日制用工相关规定

Ⅳ　社会保险篇

第一章　社会保险基础知识

基本要求：

了解：社会保险的含义、特征和历史沿革；我国社会保险改革的趋势。

理解：社会保险制度的基本要素，各险种的制度要素。

掌握：我国社会保险争议的含义、范围、处理及与诉讼的衔接。

培训内容：

第一节　概　　述

1. 社会保险的概念
2. 社会保险的特征
3. 社会保险的特点
4. 社会保险与商业保险之区别
5. 社会保险与社会保障之区别联系
6. 社会保险与社会救济
7. 职业性社会保险与非职业性社会保险

第二节　社会保险制度的基本要素

1. 社会保险法律关系
2. 社会保险参保主体与缴费主体
3. 社会保险关系与劳动人事关系的关系
4. 社会保险结构
5. 社会保险待遇的享受条件
6. 社会保险待遇的计算

第三节　社会保险争议

1. 社会保险争议的含义
2. 社会保险争议的范围
3. 社会保险争议处理的原则
4. 与诉讼的衔接

第二章　主要社会保险

基本要求：

了解：社会保险的种类、含义、特征和历史沿革；我国社会保险的发展趋势。

理解：社会保险的基本要素，各险种的制度要素。

掌握：我国各种社会保险的现状及特点，尤其是农民工参加社会保险的现状与特点，我国社会保险经办机构的特点。

培训内容：

第一节　养老保险

1. 概念
2. 养老保险待遇的享受条件
3. 养老保险待遇的内容、标准和给付

第二节　失业保险

1. 概念
2. 失业保险的对象和条件
3. 失业保险待遇的给付
4. 失业保险基金的来源

第三节　工伤保险

1. 概念

2. 工伤的范围
3. 工伤认定和劳动能力鉴定
4. 工伤保险待遇
5. 工伤保险基金先行支付
6. 用人单位责任

第四节 医疗保险

1. 概念
2. 医疗保险待遇的内容
3. 医疗保险基金的筹集、使用和管理

第五节 生育保险

1. 概念
2. 生育保险的实施对象
3. 生育保险基金的筹集
4. 生育保险待遇的给付

第六节 社会保险经办机构与管理

1. 社会保险经办机构的职责
2. 社会保险基金概念和基金安全
3. 社会保险关系的转移接续

第四部 劳动人事争议仲裁相关法律、法规

第一章 民法相关知识

基本要求：

了解：民法的概念，民法的调整对象，民事法律关系的特征，民事权利、民事义务、民事责任的概念，民事合同，违约责

任、缔约责任、侵权责任、民事代理。

理解：民事权利、民事义务和民事责任的分类及其意义，民事法律事实的概念和分类。

掌握：民事责任的概念，民事合同、违约责任、缔约责任、侵权责任等的概念及与劳动法律的关联。

培训内容：

第一节　民法的概念和调整对象

1. 民法的概念和调整对象
2. 民法的基本原则
3. 民事权利的分类
4. 民事权利能力和民事行为能力
5. 民事行为的有效与否
6. 民事责任

第二节　民 事 合 同

1. 概念
2. 合同的订立、履行、变更和解除

第三节　诉讼时效与期限

1. 诉讼时效的概念
2. 诉讼时效的法律要件和法律效果
3. 诉讼时效期间
4. 期限的含义、效力

第四节　违 约 责 任

1. 违约责任的概念和特征
2. 违约责任的归责原则与构成要件
3. 违约行为的形态

4. 违约责任的免责事由

5. 违约责任的形式

第五节　缔约过失责任

1. 缔约过失责任的概念和构成要件

2. 缔约过失责任的适用

3. 缔约过失责任的赔偿范围

第二章　民事诉讼法相关知识

基本要求：

了解：民事纠纷、民事诉讼与民事诉讼法的概念以及我国民事诉讼法的效力范围；民事诉讼主管、民事诉讼各类管辖的概念；诉的概念和特征；当事人、代理人、民事证据的概念与特征；期间与送达的概念。

理解：诉的要素、种类，诉的合并与分离；民事诉讼法规定的各种证据，理论上对证据划分的标准；期间的意义与送达的效力。

掌握：诉讼当事人、原告、被告；民事证据，期间与送达，财产保全和先予执行，执行与强制执行。

培训内容：

第一节　民事诉讼

1. 民事诉讼的解决方式、民事诉讼的特征

2. 民事诉讼法

第二节　诉

1. 诉的概念、诉权与起诉

2. 诉的要素

3. 反诉

第三节　管　　辖

案件管辖、管辖权异议及处理

第四节　当　事　人

1. 当事人的概念和特征
2. 原告与被告
3. 第三人
4. 诉讼代理人

第五节　民事证据

1. 民事证据的概念与分类
2. 诉讼证据及证据规则

第六节　期间、送达

1. 期间的概念
2. 送达的概念

第七节　法院调解

1. 法院调解的概念和性质
2. 法院调解与诉讼外调解
3. 调解书及调解效力

第八节　法院判决

1. 一审判决
2. 二审判决
3. 再审与抗诉

第九节　财产保全和先予执行

1. 财产保全的概念和意义
2. 先予执行的概念与适用范围

第十节　执 行 程 序

1. 执行和执行程序
2. 执行措施

第三章　仲　裁　法

基本要求：

了解：仲裁的概念与特点、我国仲裁法的特点。

理解：仲裁与民事诉讼的关系、仲裁作为纠纷解决方式的优势。

掌握：仲裁法关于仲裁适用范围、仲裁的基本原则和制度的规定。

培训内容：

第一节　仲 裁 概 述

1. 仲裁的概念
2. 仲裁的特点
3. 仲裁的类型
4. 仲裁与民事诉讼的关系
5. 劳动人事争议仲裁与民事仲裁的区别

第二节　仲裁法概述

1. 仲裁法的概念和特点
2. 仲裁的范围
3. 仲裁法的基本原则和基本制度

第五部　仲裁员职业道德与行为规范

第一章　仲裁员职业道德

基本要求：

了解：仲裁员自身职业特点。

理解：仲裁员职业道德的基本要求。

掌握：在仲裁职业活动中能够充分体现仲裁员的职业道德要求。

培训内容：

第一节　仲裁员的职业要求

1. 道德要求
2. 专业要求
3. 职业目标

第二节　仲裁员的职业道德

1. 特点
2. 基本要求

第二章　仲裁员行为规范

基本要求：

了解：仲裁员行为规范的特点。

理解：仲裁员行为规范的基本要求。

掌握：在仲裁职业活动中遵守的行为规范。

培训内容：

第一节　仲裁员行为规范的特点

1. 含义、特点
2. 遵守行为规范的重要性

第二节　仲裁员行为规范

1. 行为准则
2. 行为原则
3. 行为规则
4. 行为纪律
5. 职业操守
6. 职业活动中的仪容仪表、言语、举止

第三节　仲裁员的语言规范

1. 仲裁员语言规范的意义
2. 仲裁员规范用语

附录：法律法规政策目录（略）

人力资源和社会保障部办公厅关于推广使用调解仲裁办案系统全国统一软件的通知

人社厅函［2013］9号

各省、自治区、直辖市及新疆生产建设兵团人力资源社会保障厅（局）：

为贯彻落实《关于印发人力资源和社会保障信息化建设“十二五”规划的通知》（人社部发［2011］99号）和《关于加强劳动人事争议处理效能建设的意见》（人社部发［2012］13号）的有关要求，推进调解仲裁信息化建设，我部组织开发了调解仲裁办案系统全国统一软件（以下简称办案系统），决定在全国调解仲裁机构推广使用，现就有关事项通知如下：

一、办案系统的基本功能和作用

办案系统是根据相关法律法规要求，遵循“金保工程”统一应用软件的技术规范和数据标准，结合仲裁办案实务而设计的，具备了案前调解、案件受理、案件审理、绩效监督、统计分析等功能（见附件1），涵盖了调解仲裁办案的各个环节，具有案件办理过程和结果的信息共享、咨询交流、办案流程管理和查询、办案监督等作用，并可提供政策查询、信息发布等面向社会公众的信息服务。

推广使用办案系统，是人力资源社会保障信息化建设的重要组成部分，有利于通过信息化手段推动仲裁办案标准化、规范化；是提升劳动人事争议处理效能的具体措施，有利于提高案件处理的质量和效率；是研判劳动关系形势的重要手段，有利于把握劳动人事争议变化趋势，进一步做好调解仲裁工作。

二、办案系统推广使用的实施步骤和基本要求

按照统筹兼顾、分类指导、逐步推进、全面覆盖的原则，“十二五”期间在全国调解仲裁机构逐步推广使用办案系统。要积极创造条件，力争到 2013 年年底，各省级人社部门按照全省集中式系统建设模式，完成办案系统的本地化部署和推广使用工作；到 2014 年年底，按照省级人社部门的部署，省会城市及地级城市调解仲裁机构基本完成办案系统的推广使用，逐步在有条件的县级调解仲裁机构推广使用；到 2015 年年底，办案系统在全国各级调解仲裁机构全面推广使用。

各地要构建办案系统推广使用的基础环境，加强省级数据中心基础设施建设和运营维护管理，建成全省大集中的信息管理体系，基本实现信息资源在省级的集中管理。提升对实时业务的支撑能力，将业务专网延伸至各级调解仲裁机构，构建办案系统正常运行的网络环境。建立省级数据中心与地市级数据中心之间的双向数据传输机制，实现办案系统与以地市级为单位建设的就业、社会保险等信息系统的信息交换。已自行开发建设办案系统的地区，要对其系统软件进行修改完善，并制定与全国统一软件衔接的升级计划和工作方案。

办案系统采用了版本验证机制，各地应在办案系统正式运行的 20 个工作日之前，向我部申请全国统一软件的激活密钥，并将填写好的《劳动关系领域全国统一软件激活密钥申请表》（见附件 2）以传真形式报送部信息中心。待我部核发软件激活密钥后，各地应按照《劳动关系领域全国统一软件版本验证说明》（见附件 3）的流程进行操作。

按照“金保工程”统一应用软件实施的相关规定，我部已考核认定一批具有劳动关系领域全国统一软件（含办案系统软件）实施资质的前台技术支持商（名单可在部网站“金保工程”栏日中查询）。各地可根据实际情况选择其中一家前台技术支持商，双方协商确定办案系统的安装部署、本地化开发和技术支持等有关事宜。

三、切实做好办案系统推广使用的组织工作

各地人力资源社会保障部门要高度重视办案系统建设，将其作为推进调解仲裁信息化建设的重要任务，纳入本地区人力资源社会保障信息化建设规划，根据调解仲裁工作需要和长远发展要求，制定办案系统推广使用的工作方案，切实抓好落实。

调解仲裁机构与信息化综合管理机构要分工协作、密切配合，共同做好办案系统推广使用和督促检查等工作。调解仲裁机构要做好组织应用、需求分析、人员培训等方面工作。信息化综合管理机构要做好办案系统实施的项目筹备和管理工作，以及办案系统推广使用过程中的技术服务工作。

在推广使用办案系统过程中如遇到问题，请及时与部调解仲裁管理司、信息中心联系。

附件：1. 调解仲裁办案系统全国统一软件功能列表（略）
2. 劳动关系领域全国统一软件激活密钥申请表（略）
3. 劳动关系领域全国统一软件版本验证说明（略）

2013年1月8日

劳动保障监察

人力资源和社会保障部办公厅关于进一步加强劳动保障监察队伍作风建设的通知

人社厅发［2013］49号

各省、自治区、直辖市及新疆生产建设兵团人力资源社会保障厅（局）：

为加强劳动保障监察队伍建设，切实解决当前监察执法作风中存在的突出问题，树立劳动保障监察执法为民的良好形象，按照中央关于改进工作作风、密切联系群众的要求，结合劳动保障监察工作实际，现就进一步加强劳动保障监察队伍作风建设的有关事项通知如下：

一、充分认识加强劳动保障监察队伍作风建设的重要性和紧迫性

劳动保障监察承担人力资源社会保障部门综合执法的重要职能，是人力资源社会保障部门面向用人单位、面向职工群众的一个重要窗口。近年来，各地高度重视劳动保障监察队伍作风建设，以良好的作风保障各项执法活动的有效开展，将法律法规赋予劳动保障监察的各项职责落到实处。但是，个别地区的监察机构和监察员在执法作风方面仍存在一些不容忽视的突出问题，有的工作责任心不强，监管任务落实不到位；有的执法为民的服务意识欠缺，对待劳动者维权诉求敷衍了事、推诿塞责；有的安于现状，执法工作缺乏积极性、主动性和创造性。执法作风方面存在的突出问题不仅损害了劳动保障监察的良好社会形象，也严重影响了执法的公信力。

当前，部分用人单位拖欠劳动者工资、不签订劳动合同、不缴纳社会保险费、违法超时加班等违法行为仍时有发生，使用童工、强迫劳动等严重违法行为尚未完全杜绝。随着新的劳动保障法律法规不断出台，劳动保障监察的监管范围不断扩大、监管对象和监管事项不断增多，劳动保障监察执法任务更为艰巨，责任更为重大。贯彻落实党的十八大提出的加强劳动保障监察工作的新要求，更好地完成劳动保障监察任务，迫切需要进一步加强队伍作风建设，努力建设一支思想端正、作风过硬、勤奋学习、爱岗敬业的劳动保障监察队伍，为推动劳动保障监察事业科学发展提供有力保证。

二、加强劳动保障监察队伍作风建设的主要任务

各地要以邓小平理论、“三个代表”重要思想和科学发展观为指导，按照党的十八大提出的关于加强劳动保障监察的新要求，切实加强监察队伍的思想作风、工作作风和学风建设，不断增强执法人员的责任意识、法治意识、服务意识和廉洁意识，更好地为维护劳动者合法权益和构建和谐劳动关系服务。

一是进一步强化责任意识，切实履行法律法规赋予劳动保障监察的各项职责。贯彻劳动保障法律法规、维护劳动者合法权益和社会稳定是劳动保障监察的重要职责。各级劳动保障监察机构要紧紧围绕人力资源和社会保障中心工作，综合运用各种执法方式，加快“两网化”管理推进步伐，全面履行对管辖范围内监管对象和监察事项的监督检查职责。特别是要加大执法力度，重点整治本地区存在的突出违法问题，及时查处劳动保障重大违法案件，妥善处理因劳动保障违法行为引发的群体性事件。要严格落实执法责任制，努力做到劳动保障领域有法必依、执法必严、违法必究，坚决防止和纠正监察执法中行政不作为的问题。

二是进一步树立公平正义的法治理念，切实维护劳动保障法律法规的尊严。劳动保障监察是维护劳动保障法律法规权威的重要保证，也是保证劳动者在工作场所享有公平权利的底线，是维护社会公平正义的重要内容。各级劳动保障监察机构和监察人员要牢固树立公平正义的法治理念，进一步提高公正执法水平。要做到秉公执法，对各类用人单位公平对待、不枉不纵；要坚持程序公正，严格按照法律规定的权限和程序开展执法活动；要坚持实体公正，查处违法行为切实做到以事实为依据、以法律为准绳。要通过公正执法，不断增强劳动保障监察的公信力，坚决防止和纠正执法中超越法定权限乱作为的问题。

三是进一步改进服务措施，努力为劳动者维权提供高效便捷的服务。各级劳动保障监察机构要牢固树立执法为民的理念，通过开辟网上举报投诉渠道、建立省市联动举报投诉平台、设立基层网格举报投诉接待服务窗口等措施，降低劳动者维权的成本，确保受侵权劳动者的权利及时得到救济。要提高劳动者举报投诉的接待质量，严格落实“首问负责制”“一次性告知”等制度，接待人员务必做到着装整齐、热情耐心、解答规范、用语文明，坚决防止和纠正门难进、脸难看、话难听、事难办的官僚作风。

四是进一步加强业务培训，努力使执法者懂法善用。各级劳动保障监察机构要主动适应形势发展变化对监察执法工作提出的新要求，积极开展创建学习型监察机构的活动。通过加强政治理论、业务知识、专业技能等方面的培训学习，使监察机构负责人成为专家权威，监察员成为行家里手。要将理论学习与执法实践紧密结合，不断推动工作理念、执法方式、监管体制机制等方面的变革与创新。

五是进一步防范执法岗位廉政风险，切实做到廉洁执法。各级劳动保障监察机构要建立廉政风险防控机制，加强对重点岗位的监督。全体劳动保障监察员要自觉抵制腐朽思想观念和生活方式的侵蚀，严格遵守廉洁执法的各项规定，执法过程中严禁利用职权谋取私利，严禁接受被检查单位的宴请和赠送的钱物，严禁以执法的名义乱罚款、乱收费、乱摊派。要加强执法信息公开，增强执法过程的透明度，主动接受社会公众、新闻媒体的监督，坚决防止和纠正执法中权钱交易、人情执法等问题。

三、加强劳动保障监察队伍作风建设的组织领导

（一）加强组织和领导。各地人力资源社会保障部门要高度重视，切实加强对劳动保障监察队伍作风建设的组织领导。各级劳动保障监察机构要深入调查研究，广泛听取用人单位和劳动者的意见建议，认真查找本单位在作风建设方面存在的主要问题，有针对性地制定进一步加强作风建设的具体目标和措施，确保作风建设取得实效。要将监察队伍作风建设与即将开展的党的群众路线教育实践活动、全国人力资源社会保障优质服务窗口创建活动紧密结合起来，统筹考虑、合理安排、协调推进。要加强对监察队伍作风建设经验的总结和推广，将一些行之有效的措施转化为制度，形成长效工作机制。

（二）加强管理和监督。各地要将加强劳动保障监察队伍作风建设的要求贯穿到监察员的任命、考核、奖惩等各项管理制度之中，做到按制度办事、用制度管人。要建立劳动保障监察行风监督制度，向社会公布行风监督电话、邮箱，对因执法作风问题受到劳动者或用人单位投诉的执法人员，一经查实要对当事人进行严肃批评教育并按有关规定进行处理，情节严重、造成不良社会影响的由任命机关撤销其监察员任命并收缴监察证件。

（三）加强宣传和引导。各地要广泛开展加强劳动保障监察队伍作风建设的宣传报道活动，深入挖掘作风优良的劳动保障监察机构和监察员，广泛宣传典型单位和典型个人的先进事迹，充分发挥先进典型的示范引领作用，树立劳动保障监察为民执法、公正执法、廉洁执法的良好形象。

2013 年 5 月 8 日

社会保险事业管理

人力资源和社会保障部令

第 20 号

《社会保险费申报缴纳管理规定》已经人力资源社会保障部第 114 次部务会审议通过，现予公布，自 2013 年 11 月 1 日起施行。

部　长　尹蔚民

2013 年 9 月 26 日

社会保险费申报缴纳管理规定

第一章　总　　则

第一条　为规范社会保险费的申报和缴纳管理工作，根据《中华人民共和国社会保险法》（以下简称社会保险法）、《社会保险费征缴暂行条例》，制定本规定。

第二条　用人单位进行缴费申报和社会保险经办机构征收社会保险费，适用本规定。

本规定所称社会保险费，是指由用人单位及其职工依法参加社会保险并缴纳的职工基本养老保险费、职工基本医疗保险费、工伤保险费、失业保险费和生育保险费。

第三条 社会保险经办机构负责社会保险缴费申报、核定等工作。

省、自治区、直辖市人民政府决定由社会保险经办机构征收社会保险费的，社会保险经办机构应当依法征收社会保险费。

社会保险经办机构负责征收的社会保险费，实行统一征收。

第二章 社会保险费申报

第四条 用人单位应当按月在规定期限内到当地社会保险经办机构办理缴费申报，申报事项包括：

（一）用人单位名称、组织机构代码、地址及联系方式；

（二）用人单位开户银行、户名及账号；

（三）用人单位的缴费险种、缴费基数、费率、缴费数额；

（四）职工名册及职工缴费情况；

（五）社会保险经办机构规定的其他事项。

在一个缴费年度内，用人单位初次申报后，其余月份可以只申报前款规定事项的变动情况；无变动的，可以不申报。

第五条 职工应缴纳的社会保险费由用人单位代为申报。代职工申报的事项包括：职工姓名、社会保障号码、用工类型、联系地址、代扣代缴明细等。

用人单位代职工申报的缴费明细以及变动情况应当经职工本人签字认可，由用人单位留存备查。

第六条 用人单位到社会保险经办机构办理社会保险缴费申报有困难的，经社会保险经办机构同意，可以邮寄申报。邮寄申报以寄出地的邮戳日期为实际申报日期。

有条件的地区，用人单位也可以按照社会保险经办机构的规定进行网上申报。

第七条 用人单位应当向社会保险经办机构如实申报本规定

第四条、第五条所列申报事项。用人单位申报材料齐全、缴费基数和费率符合规定、填报数量关系一致的，社会保险经办机构核准后出具缴费通知单；用人单位申报材料不符合规定的，退用人单位补正。

社会保险经办机构在开展社会保险稽核工作过程中，发现用人单位未如实申报造成漏缴、少缴社会保险费的，按照社会保险法第八十六条的规定处理。

第八条 用人单位应当自用工之日起30日内为其职工申请办理社会保险登记并申报缴纳社会保险费。未办理社会保险登记的，由社会保险经办机构核定其应当缴纳的社会保险费。

用人单位未按照规定申报应缴纳的社会保险费数额的，社会保险经办机构暂按该单位上月缴费数额的110%确定应缴数额；没有上月缴费数额的，社会保险经办机构暂按该单位的经营状况、职工人数、当地上年度职工平均工资等有关情况确定应缴数额。用人单位补办申报手续后，由社会保险经办机构按照规定结算。

第九条 用人单位因不可抗力，不能按期办理缴费申报的，可以延期申报；不可抗力情形消除后，应当立即向社会保险经办机构报告。社会保险经办机构应当查明事实，予以核准。

第三章 社会保险费缴纳

第十条 用人单位应当持社会保险经办机构出具的缴费通知单在规定的期限内采取下列方式之一缴纳社会保险费：

（一）到其开户银行或者其他金融机构缴纳；

（二）与社会保险经办机构约定的其他方式。

社会保险经办机构、用人单位可以与银行或者其他金融机构签订协议，委托银行或者其他金融机构根据社会保险经办机构开出的托收凭证划缴用人单位和为其职工代扣的社会保险费。

第十一条 职工应当缴纳的社会保险费由用人单位代扣代

缴。用人单位依法履行代扣代缴义务时，任何单位或者个人不得干预或者拒绝。

用人单位未按时足额代缴的，社会保险经办机构应当责令其限期缴纳，并自欠缴之日起按日加收0.5‰的滞纳金。用人单位不得要求职工承担滞纳金。

第十二条 征收的社会保险费，应当存入社会保险经办机构按照规定开设的社会保险基金收入户。社会保险经办机构应当按照有关规定定期将收到的基金存入依法开设的社会保险基金财政专户。

第十三条 社会保险经办机构对已征收的社会保险费，根据用人单位实际缴纳额（包括代扣代缴额）和代扣代缴明细，按照国家有关规定进行记账。

第十四条 用人单位应当按月将缴纳社会保险费的明细情况告知职工本人。

用人单位应当每年向本单位职工代表大会通报或者在本单位住所的显著位置公布本单位全年社会保险费缴纳情况，接受职工监督。

第十五条 社会保险经办机构应当及时、完整、准确地记录用人单位及其职工的缴费情况，并将缴费情况定期告知用人单位和职工。用人单位和职工有权按照《社会保险个人权益记录管理办法》等规定查询缴费情况。

社会保险经办机构应当至少每年一次向社会公布社会保险费征收情况，接受社会监督。

第四章 未按时足额缴纳社会保险费的处理

第十六条 用人单位有下列情形之一的，社会保险经办机构应当于查明欠缴事实之日起5个工作日内发出社会保险费限期补缴通知，责令用人单位在收到通知后5个工作日内补缴，同时告知其逾期仍未缴纳的，将按照社会保险法第六十三条、第八十六条的规定处理：

（一）未按规定申报且未缴纳社会保险费的；

（二）申报后未按时足额缴纳社会保险费的；

（三）因瞒报、漏报职工人数、缴费基数等事项而少缴社会保险费的。

第十七条 用人单位未按照本规定第十六条规定的期限补缴的，社会保险经办机构可以按照社会保险法第六十三条第二款的规定，向用人单位开户银行或者其他金融机构查询其存款账户。

第十八条 社会保险经办机构可以根据查询结果向所属的社会保险行政部门申请做出划拨社会保险费的决定，并提交下列材料：

（一）用人单位名称、法定代表人、地址、联系方式；

（二）用人单位开户银行、户名及账号；

（三）申请划拨的事实、理由及依据；

（四）申请划拨的社会保险费数额；

（五）社会保险行政部门要求提供的其他材料。

第十九条 社会保险行政部门接到社会保险经办机构划拨申请后，应当按照《中华人民共和国行政强制法》的规定，及时做出划拨社会保险费决定，并书面通知用人单位开户银行或者其他金融机构予以划拨。

第二十条 社会保险行政部门做出的划拨社会保险费决定，应当按照《中华人民共和国行政强制法》的规定送达用人单位，并抄送社会保险经办机构。

第二十一条 经查询，用人单位账户余额少于应当缴纳的社会保险费数额的，或者划拨后用人单位仍未足额清偿社会保险费的，社会保险经办机构可以要求用人单位以抵押、质押的方式提供担保。

第二十二条 用人单位应当到社会保险经办机构认可的评估

机构对其抵押财产或者质押财产进行评估，经社会保险经办机构审核后，对能够足额清偿社会保险费的，双方依法签订抵押合同或者质押合同；需要办理登记的，应当依法办理抵押登记或者质押登记。

第二十三条 社会保险经办机构与用人单位签订抵押合同或者质押合同后，应当签订延期缴费协议，并约定协议期满用人单位仍未足额清偿社会保险费的，社会保险经办机构可以参照协议期满时的市场价格，以抵押财产、质押财产折价或者以拍卖、变卖所得抵缴社会保险费。

延期缴费协议期限最长不超过1年。

第二十四条 用人单位提供担保并签订延期缴费协议的，其职工在延缴期间按照规定享受社会保险待遇。

第二十五条 用人单位经责令仍未补缴且有下列情形之一的，社会保险经办机构可以按照社会保险法第六十三条第三款的规定，向所在地有管辖权的人民法院申请扣押、查封、拍卖用人单位财产，以拍卖所得抵缴应缴纳的社会保险费、滞纳金：

（一）经查询，用人单位开户银行账户余额少于应缴纳的社会保险费数额且未签订担保合同的；

（二）经划拨，用人单位仍未足额清偿应缴纳的社会保险费且未签订担保合同的；

（三）延期缴费协议期满，因担保财产的市场价格或者权利状况发生变化，用人单位仍未足额清偿应缴纳的社会保险费的。

第二十六条 社会保险经办机构申请人民法院强制执行的，应当提供下列材料：

（一）强制执行申请书；

（二）用人单位欠缴社会保险费及加收滞纳金的事实、理由和依据；

（三）社会保险经办机构限期补缴通知；

（四）用人单位的意见；

（五）用人单位有本规定第二十五条所列情形时的相关材料；

（六）申请强制执行的用人单位财产情况；

（七）法律、行政法规规定以及人民法院要求的其他材料。

强制执行申请书应当由社会保险经办机构负责人签名，加盖社会保险经办机构的印章，并注明日期。

第五章　法 律 责 任

第二十七条　社会保险行政部门及其工作人员做出划拨社会保险费决定时，有下列行为之一的，按照《中华人民共和国行政强制法》的规定，由上级社会保险行政部门或者有关部门责令改正，对直接负责的主管人员和其他直接责任人员依法给予处分；给用人单位或者个人造成损失的，依法承担赔偿责任；构成犯罪的，依法追究刑事责任：

（一）违反法定程序做出划拨社会保险费决定的；

（二）未在规定时限内及时做出划拨社会保险费决定并书面通知用人单位开户银行或者其他金融机构的；

（三）决定划拨的社会保险费数额错误的；

（四）向当事人泄露信息影响划拨社会保险费的；

（五）有违反法律、法规和规章的其他行为的。

第二十八条　社会保险经办机构及其工作人员有下列行为之一的，由社会保险行政部门责令改正，视情节轻重对直接负责的主管人员和其他直接责任人员依法给予相应处分：

（一）未按照本规定第八条核定或者确定用人单位应当缴纳的社会保险费数额的；

（二）对已征收的社会保险费未按照国家规定记账的；

（三）未依法责令欠缴社会保险费的用人单位限期补缴社会保险费、加收滞纳金的；

（四）申请人民法院强制执行不符合规定的；

（五）签订担保合同和延期缴费协议不符合规定的；

（六）未按照规定审核、处置担保财产的；

（七）法律、法规和规章规定的其他情形。

第二十九条 社会保险经办机构擅自更改社会保险费缴费基数、费率，导致少收或者多收社会保险费的，由社会保险行政部门责令其追缴应当缴纳的社会保险费或者退还不应当缴纳的社会保险费；对直接负责的主管人员和其他直接责任人员依法给予处分。

第三十条 用人单位未按照规定向社会保险经办机构进行缴费申报或者未按照规定缴纳社会保险费的，社会保险行政部门应当依法查处。

用人单位未按时足额缴纳社会保险费的，由社会保险经办机构按照社会保险法第八十六条的规定，责令其限期缴纳或者补足，并自欠缴之日起按日加收0.5‰的滞纳金；逾期仍不缴纳的，由社会保险行政部门处欠缴数额1倍以上3倍以下的罚款。

第三十一条 用人单位未按月将代扣代缴社会保险费明细情况告知职工本人，或者未按照规定通报、公布本单位全年社会保险费缴纳情况的，职工有权向社会保险行政部门举报、投诉。

第六章 附 则

第三十二条 社会保险费由税务机关征收的，社会保险经办机构应当及时将用人单位和职工应缴社会保险费数额提供给税务机关；税务机关应当及时向社会保险经办机构提供用人单位和职工的缴费情况。

社会保险经办机构应当按月将单位和个人缴纳失业保险费的情况提供给负责支付失业保险待遇的经办机构。

第三十三条 以个人身份参加社会保险的，社会保险费申报和缴纳办法另行规定。

第三十四条 本规定自 2013 年 11 月 1 日起施行。原劳动和社会保障部《社会保险费申报缴纳管理暂行办法》（劳动和社会保障部令第 2 号）同时废止。

人力资源和社会保障部关于切实做好社会保险费申报缴纳管理规定贯彻实施工作的通知

人社部发［2013］82号

各省、自治区、直辖市及新疆生产建设兵团人力资源社会保障厅（局）：

《社会保险费申报缴纳管理规定》（人力资源和社会保障部令第20号，以下简称《申报缴纳管理规定》）已于9月26日颁布，于11月1日起施行。贯彻落实好《申报缴纳管理规定》，是实施社会保险法的重要举措，有利于依法征收社会保险费，扩大社会保险的覆盖面；有利于规范社会保险费的申报和缴纳工作程序，提高经办管理效率和服务水平；有利于维护各类参保单位和广大参保群众的合法权益，促进社会保险制度可持续发展。为切实做好《申报缴纳管理规定》的贯彻实施工作，现将有关问题通知如下：

一、理顺管理体制，积极推进统一经办管理

（一）由社保经办机构征收社会保险费的地区，应积极整合经办管理资源，逐步实现各险种统一登记、统一核定、统一征收、统一稽核、统一处罚，以方便用人单位和个人参保缴费，提高工作效率。

（二）由其他机构征收社会保险费的地区，人力资源社会保障部门也要积极协调相关机构，落实《申报缴纳管理规定》的相关规定；社保经办机构要严格核定应缴纳社会保险费数额，加强与征收机构的协作，科学制定征收计划，做好参保人员社会保险权益记录；这些地区的社会保险欠费清理工作由社保经办机构负责的，应按照《申报缴纳管理规定》第四章规定执行。

二、认真履行职责，做好社会保险费核定工作

（三）各地区要切实执行社会保险法第五十八条关于“由社会保险经办机构核定”用人单位应当缴纳的社会保险费的规定，落实社保经办机构核定社会保险费的职能；地方现行相关规定与社会保险法不符的，人力资源社会保障部门要积极协调修改；社保经办机构不得将社会保险费核定职能委托其他部门行使。

（四）社保经办机构在核定用人单位申报的社会保险费时，要规范缴费基数的核定程序，明确按月办理缴费申报的期限，指导用人单位完整、如实填报社会保险费申报表和其他申报材料。在一个缴费年度内的初始月份，社保经办机构应对用人单位及其职工的适用险种、费率、职工名册、缴费基数、缴费数额、缴费起止时间、用人单位信息等申报事项进行全面审核。在缴费年度内的其余月份，以上规定事项未发生变动的，社保经办机构可根据实际情况不再要求用人单位办理申报手续，并按初始月份申报事项内容核定其应缴社会保险费；以上规定事项发生变动的用人单位可只申报变动情况，由社保经办机构予以审核。

（五）社保经办机构在核定应缴纳的社会保险费时，应要求用人单位提供本单位纳税申报表和经职工本人签字确认的为职工代扣代缴明细情况。要严格按照以国家统计局有关文件规定口径计算的工资收入核定缴费基数，包括计时工资、计件工资、奖金、加班加点工资、津贴、补贴以及特殊情况下支付的工资等项目。

三、规范征收程序，确保社会保险费应收尽收

（六）各地要不断完善征缴方式，大力发展委托银行或其他金融机构划缴社会保险费等方式，简化征收流程，方便用人单位缴费。社保经办机构要认真落实“至少每年一次向社会公布社会保险费征收情况”，明确公布的具体时间和方式，接受社会监督。

（七）对未按时足额缴纳社会保险费的用人单位，社保经办机构应责令限期缴纳或补足，并自欠缴之日起、至足额补缴欠费之日止加收0.5‰的滞纳金，滞纳金并入社会保险基金；逾期仍不缴纳的，由人力资源社会保障行政部门处欠缴数额1倍以上3倍以下的罚款。各级人力资源社会保障行政部门和社保经办机构要做好对用人单位责令期满前后的衔接工作，确保法规实施的严肃性、准确性。

（八）对未按时足额缴纳社会保险费并逾期未改的用人单位，社保经办机构应及时查询其在银行和其他金融机构的存款账户情况。存款账户余额不小于欠费数额的，社保经办机构应提取、整理准确、完整的材料和信息，向人力资源社会保障行政部门提出划拨申请，并对划拨工作予以协助和配合；人力资源社会保障行政部门接到划拨申请后应及时审核并发出缴纳社会保险费催告书，催告缴纳期限一般不超过3天，逾期仍未缴纳的，应及时做出划拨决定，实施划拨，避免欠费用人单位转移资金。划拨决定和执行情况要及时向社保经办机构反馈。各地区人力资源社会保障部门要充分发挥社保经办机构和劳动保障监察机构在划拨工作中的作用，明确职责分工，形成工作合力，规范工作流程。

（九）社保经办机构经查询，用人单位在银行和其他金融机构的账户余额少于应当缴纳的社会保险费数额的，或者划拨后用人单位仍未足额清偿社会保险费的，可以与其签订延期缴纳社会保险费协议，但用人单位必须提供抵押、质押担保；社保经办机构不得与用人单位签订无担保或其他担保形式的延期缴费协议，也不得在未经查询账户和未完成划拨欠费之前与用人单位签订延期缴费协议。按照协议延期缴费期间，职工个人应缴纳的社会保险费部分若已按时足额缴纳，不应算作缴费中断，可按规定享受相应的社会保险待遇。

（十）对用人单位经责令仍未补缴且符合《申报缴纳管理规定》第二十五条规定情形的，社保经办机构可以依法申请人民法院强制执行；但在未责令用人单位限期缴纳或补足，或责令限期未逾之前，社保经办机构不应申请强制划拨欠费。

四、加强组织领导，确保《申报缴纳管理规定》落到实处

（十一）各级人力资源社会保障部门要充分认识实施《申报缴纳管理规定》的重要意义，切实加强领导，组织相关单位和机构认真学习《申报缴纳管理规定》，结合贯彻社会保险法、《劳动保障监察条例》等法律法规，进行针对性培训，加强专业队伍建设。

（十二）社会保险费申报缴纳管理工作政策性强、涉及面广、程序复杂，各级人力资源社会保障部门要明确责任分工，及时调整完善相关执法监察和经办管理规则和程序。行政部门要加强对社会保险费申报缴纳的监督管理，对于不依法申报、不依法缴纳社会保险费等违反社会保险法律法规的行为，要认真调查取证，及时予以处罚和纠正。社保经办机构要认真总结社会保险费核定和征收工作的经验，创新工作方式，加强与人民法院、银行和其他金融机构的沟通协调，保证账户查询和强制执行等工作程序依法、实施高效。

（十三）无论是人力资源社会保障行政部门还是社保经办机构，凡违反《申报缴纳管理规定》，导致职工社会保险权益受到损害的，都要依法追究直接责任人员和直接负责主管人员的责任。

（十四）要加强《申报缴纳管理规定》的宣传，社保经办机构应在服务场所张贴有关政策要点和流程，使各类用人单位和参保职工普遍知晓，并支持、配合做好社会保险费申报缴纳工作。

五、统一文书制式，精细做好信息档案管理

（十五）各地区应按照全国统一格式制作相关法律和工作文书，并纳入统一的信息管理系统，保管好相关文书档案，提高社会保险费申报缴纳工作的规范性。

附件：1. 社会保险费申报表（样式，略）

2. 社会保险费限期补缴通知（略）

3. 商请查询用人单位存款账户的函（略）

4. 划拨欠缴社会保险费申请书（略）

5. 缴纳社会保险费催告书（略）

6. 划拨欠缴社会保险费决定书（略）

7. 协助划拨欠缴社会保险费通知书（略）

8. 延期缴纳社会保险费协议（略）

2013年10月31日

人力资源和社会保障部办公厅关于建立社会保险基金管理人才库的通知

人社厅函［2013］474号

各省、自治区、直辖市及新疆生产建设兵团人力资源社会保障厅（局）：

为进一步加强社会保险基金管理理论和实践研究，提高全国社会保险基金管理水平，保证社会保险体系的可持续性，经研究，决定建立社会保险基金管理人才库。现就有关问题通知如下：

一、充分认识建立基金管理人才库的重要意义

社会保险基金是社会保险制度平稳运行的物质基础。当前，社会保险基金的规模不断扩大，经济和社会环境对基金管理的要求越来越高。基金管理人才库的建立有利于挖掘和培养全系统基金管理专家型人才，实现基金管理理论研究和工作实践的有机结合；有利于加强交流，积极研究，增强基金管理工作应对各种挑战的前瞻性和预见性；有利于形成系统合力，为各项基金管理工作的开展提供专业支持和组织保障。各地要充分认识做好此项工作的重要意义，加强组织领导，共同建设和管理好基金管理人才库，充分发挥其在基金管理方面的骨干和带头作用，为社会保险事业的发展提供更好的支持和服务。

二、加强组织，引导入选人才履行相关职责

社会保险基金管理人才库集中全系统基金管理领域专家人才

开展基金管理专业测算、汇总分析和前沿问题研究。入选人员由我部具体负责社会保险基金预算日常工作的社会保险基金预算工作办公室（以下简称基金预算办公室）按照标准遴选和管理。各地要积极推荐熟悉社会保险基础理论和相关政策、综合素质较高、具有丰富基金管理经验的一线专家型人才加入；要引导入库人员珍惜荣誉，鼓励和支持其积极参与相关工作，认真履行职责。

社会保险基金管理人才库入库专家的主要职责如下：一是协助我部基金预算办公室完善全国社会保险基金预算工作机制，做好预、决算审核汇总工作；二是参加基金预算办公室组织的社会保险基金管理前沿问题调查研究和交流活动；三是协助基金预算办公室进行业务培训和教材编著等。

三、积极配合，做好人才库管理服务工作

基金管理人才库入库专家以本单位工作为主，根据需要参加我部组织的各项基金管理工作及相关活动。人才库主要采取以下方式组织管理：

（一）入库程序。各省级人力资源社会保障部门和社会保险经办机构按标准推荐备选专家，经我部基金预算办公室审核后，为入库专家建立档案并颁发证书。

（二）工作开展。我部基金预算办公室根据工作需要，征求入库专家本人及所在单位意见后，选调部分入库专家参与相关工作；适当组织专题调研活动，定期组织专业论坛，充分开展讨论交流。

（三）激励机制。入库专家协助工作期间业绩突出的，我部基金预算办公室将向其所在单位发函予以表扬。

（四）成员调整。人才库实行动态管理，原则上每 3 年调整一次，调整程序与入库程序相同。对不能全面履行职责或因工作调动及个人原因不适合从事相关工作的，及时予以调整，办理退库手续。

各地要积极支持人才库建库工作，为入库专家顺利开展工作创造条件，充分调动骨干人才的工作积极性和创造性，发挥其专长和智慧，切实提高本地区社会保险基金管理专业化水平，为全国基金管理水平的提升贡献力量。第一批入库人才评选自本通知印发之日开始启动，请各地于 10 月 30 日前将推荐人员名单报送我部基金预算办公室。

2013 年 9 月 29 日

公　务　员

档案管理违法违纪行为处分规定

（2013年2月22日　监察部　人力资源和社会保障部
国家档案局令第30号公布）

第一条　为了预防和惩处档案管理违法违纪行为，有效保护和利用档案，根据《中华人民共和国档案法》《中华人民共和国行政监察法》《中华人民共和国公务员法》《行政机关公务员处分条例》等有关法律、行政法规，制定本规定。

第二条　有档案管理违法违纪行为的单位，其负有责任的领导人员和直接责任人员，以及有档案管理违法违纪行为的个人，应当承担纪律责任。属于下列人员的（以下统称有关责任人员），由任免机关或者监察机关按照管理权限依法给予处分：

（一）行政机关公务员；

（二）法律、法规授权的具有公共事务管理职能的组织中从事公务的人员；

（三）行政机关依法委托从事公共事务管理活动的组织中从事公务的人员；

（四）企业、社会团体中由行政机关任命的人员。

事业单位工作人员有档案管理违法违纪行为的，按照《事业单位工作人员处分暂行规定》执行。

法律、行政法规、国务院决定及国务院监察机关、国务院人力资源社会保障部门制定的规章对档案管理违法违纪行为的处分另有规定的，从其规定。

第三条 将公务活动中形成的应当归档的文件材料、资料据为己有，拒绝交档案机构、档案工作人员归档的，对有关责任人员，给予警告处分；情节较重的，给予记过或者记大过处分；情节严重的，给予降级或者撤职处分。

第四条 拒不按照国家规定向指定的国家档案馆移交档案的，对有关责任人员，给予警告或者记过处分；情节较重的，给予记大过或者降级处分；情节严重的，给予撤职处分。

第五条 出卖或者违反国家规定转让、交换以及赠送档案的，对有关责任人员，给予撤职或者开除处分。

第六条 利用职务之便，将所保管的档案据为己有的，对有关责任人员，给予记大过处分；情节较重的，给予降级或者撤职处分；情节严重的，给予开除处分。

第七条 因工作不负责任或者不遵守档案工作制度，导致档案损毁、丢失的，对有关责任人员，给予记过处分；情节较重的，给予记大过或者降级处分；情节严重的，给予撤职或者开除处分。

第八条 擅自销毁档案的，对有关责任人员，给予记过处分；情节较重的，给予记大过或者降级处分；情节严重的，给予撤职或者开除处分。

第九条 有下列行为之一的，对有关责任人员，给予记过或者记大过处分；情节较重的，给予降级或者撤职处分；情节严重的，给予开除处分：

（一）涂改、伪造档案的；

（二）擅自从档案中抽取、撤换、添加档案材料的。

第十条 携运、邮寄禁止出境的档案或者其复制件出境的，对有关责任人员，给予警告、记过或者记大过处分；情节较重的，给予降级或者撤职处分；情节严重的，给予开除处分。

第十一条 有下列行为之一的，对有关责任人员，给予警告、记过或者记大过处分；情节较重的，给予降级或者撤职处分；情节严重的，给予开除处分：

（一）擅自提供、抄录、复制档案的；

（二）擅自公布未开放档案的。

第十二条 有下列行为之一，导致档案安全事故发生的，对有关责任人员，给予记过或者记大过处分；情节较重的，给予降级或者撤职处分；情节严重的，给予开除处分：

（一）未配备安全保管档案的必要设施、设备的；

（二）未建立档案安全管理规章制度的；

（三）明知所保存的档案面临危险而不采取措施的。

第十三条 有下列行为之一的，对有关责任人员，给予记过或者记大过处分；情节较重的，给予降级或者撤职处分；情节严重的，给予开除处分：

（一）档案安全事故发生后，不及时组织抢救的；

（二）档案安全事故发生后，隐瞒不报、虚假报告或者不及时报告的；

（三）档案安全事故发生后，干扰阻挠有关部门调查的。

第十四条 在档案利用工作中违反国家规定收取费用的，对有关责任人员，给予记过或者记大过处分；情节较重的，给予降级或者撤职处分；情节严重的，给予开除处分。

第十五条 违反国家规定扩大或者缩小档案接收范围的，对有关责任人员，给予警告或者记过处分；情节较重的，给予记大过或者降级处分；情节严重的，给予撤职处分。

第十六条 拒不按照国家规定开放档案的，对有关责任人员，给予警告、记过或者记大过处分。

第十七条 因档案管理违法违纪行为受到处分的人员对处分决定不服的，依照《中华人民共和国行政监察法》《中华人民共和国公务员法》《行政机关公务员处分条例》等有关规定，可以申请复核或者申诉。

第十八条 任免机关、监察机关和档案行政管理部门建立案件移送制度。

任免机关、监察机关查处档案管理违法违纪案件，认为应当由档案行政管理部门给予行政处罚的，应当及时将有关案件材料移送档案行政管理部门。档案行政管理部门应当依法及时查处，并将处理结果书面告知任免机关、监察机关。

档案行政管理部门查处档案管理违法案件，认为应当由任免机关或者监察机关给予处分的，应当及时将有关案件材料移送任免机关或者监察机关。任免机关或者监察机关应当依法及时查处，并将处理结果书面告知档案行政管理部门。

第十九条 有档案管理违法违纪行为，应当给予党纪处分的，移送党的纪律检查机关处理。涉嫌犯罪的，移送司法机关依法追究刑事责任。

第二十条 本规定所称的档案，是指属于国家所有的档案和不属于国家所有但保存在各级国家档案馆的档案。

第二十一条 本规定由监察部、人力资源社会保障部、国家档案局负责解释。

第二十二条 本规定自 2013 年 3 月 1 日起施行。

违规发放津贴补贴行为处分规定

（2013 年 6 月 13 日　监察部　人力资源和社会保障部
财政部　审计署令第 31 号公布）

第一条　为维护收入分配秩序，严肃财经纪律，规范津贴补贴政策执行，根据《中华人民共和国行政监察法》《中华人民共和国公务员法》《行政机关公务员处分条例》及其他有关法律、行政法规，制定本规定。

第二条　本规定所称津贴补贴包括国家统一规定的津贴补贴和工作性津贴、生活性补贴、离退休人员补贴、改革性补贴以及奖金、实物、有价证券等。

第三条　有违规发放津贴补贴行为的单位，其负有责任的领导人员和直接责任人员，以及有违规发放津贴补贴行为的个人，应当承担纪律责任。属于下列人员的，由任免机关或者监察机关按照管理权限依法给予处分：

（一）行政机关公务员；

（二）法律、法规授权的具有公共事务管理职能的事业单位中经批准参照《中华人民共和国公务员法》管理的工作人员。

法律、行政法规对违规发放津贴补贴行为的处分另有规定的，从其规定。

第四条　有下列行为之一的，给予警告处分；情节较重的，给予记过或者记大过处分；情节严重的，给予降级或者撤职处分：

（一）违反规定自行新设项目或者继续发放已经明令取消的津贴补贴的；

（二）超过规定标准、范围发放津贴补贴的；

（三）违反中共中央组织部、人力资源社会保障部有关公务员奖励的规定，以各种名义向职工普遍发放各类奖金的；

（四）在实施职务消费和福利待遇货币化改革并发放补贴后，继续开支相关职务消费和福利费用的；

（五）违反规定发放加班费、值班费和未休年休假补贴的；

（六）违反《中共中央纪委、中共中央组织部、监察部、财政部、人事部、审计署关于规范公务员津贴补贴问题的通知》（中纪发［2006］17号）等规定，擅自提高标准发放改革性补贴的；

（七）超标准缴存住房公积金的；

（八）以有价证券、支付凭证、商业预付卡、实物等形式发放津贴补贴的；

（九）违反规定使用工会会费、福利费及其他专项经费发放津贴补贴的；

（十）借重大活动筹备或者节日庆祝之机，变相向职工普遍发放现金、有价证券或者与活动无关的实物的；

（十一）违反规定向关联单位（企业）转移好处，再由关联单位（企业）以各种名目给机关职工发放津贴补贴的；

（十二）其他违反规定发放津贴补贴的。

第五条 将执收执罚工作与津贴补贴挂钩，使用行政事业性收费、罚没收入发放津贴补贴的，给予记大过处分；情节严重的，给予降级或者撤职处分。

第六条 以发放津贴补贴的形式，变相将国有资产集体私分给个人的，给予记大过处分；情节较重的，给予降级或者撤职处分；情节严重的，给予开除处分。

第七条 违反财政部关于行政事业单位工资津贴补贴有关会

计核算的规定核算津贴补贴的，给予警告处分；情节较重的，给予记过或者记大过处分；情节严重的，给予降级或者撤职处分。

第八条 使用“小金库”款项发放津贴补贴的，给予警告处分；情节较重的，给予记过或者记大过处分；情节严重的，给予降级或者撤职处分。

第九条 利用职务上的便利或者职务影响，违反规定在其他单位领取津贴补贴的，给予记过或者记大过处分；情节较重的，给予降级或者撤职处分；情节严重的，给予开除处分。

第十条 以虚报、冒领等手段骗取财政资金发放津贴补贴的，给予记大过处分；情节较重的，给予降级或者撤职处分；情节严重的，给予开除处分。

以虚报、冒领等手段骗取财政资金，并以发放津贴补贴的形式合伙私分的，依照前款规定从重处分。

第十一条 在执行津贴补贴政策中不负责任，导致本地区、本部门、本系统和本单位发生严重违规发放津贴补贴行为的，给予记过或者记大过处分；情节较重的，给予降级或者撤职处分；情节严重的，给予开除处分。

第十二条 不制止、不查处本地区、本部门、本系统和本单位发生的严重违规发放津贴补贴行为的，给予记过或者记大过处分；情节较重的，给予降级或者撤职处分；情节严重的，给予开除处分。

第十三条 对违规发放的津贴补贴，应当按有关规定责令整改，并清退收回。

第十四条 经费来源由财政补助的事业单位工作人员有本规定所列行为的，参照本规定第四条至第十二条规定的违纪情节，依照《事业单位工作人员处分暂行规定》处理。

第十五条 处分的程序和不服处分的申诉，依照《中华人民共和国行政监察法》《中华人民共和国公务员法》《行政机关公务员处分条例》等有关法律法规的规定办理。

第十六条 有违规发放津贴补贴行为，应当给予党纪处分的，移送党的纪律检查机关处理；涉嫌犯罪的，移送司法机关处理。

第十七条 本规定由监察部、人力资源社会保障部、财政部、审计署负责解释。

第十八条 本规定自2013年8月1日起施行。

中共中央组织部　人力资源和社会保障部关于印发《公务员公开遴选办法（试行）》的通知

中组发［2013］7号

各省、自治区、直辖市党委组织部、政府人力资源社会保障厅（局）、公务员局，中央和国家机关各部委、各直属机构、各人民团体干部人事部门，新疆生产建设兵团党委组织部、人力资源社会保障局：

现将《公务员公开遴选办法（试行）》印发给你们，请结合实际认真贯彻执行。在实施中有何问题和建议，请及时报告中央组织部、人力资源和社会保障部。

2013年1月24日

公务员公开遴选办法（试行）

第一章　总　　则

第一条　为优化领导机关公务员队伍结构，建立来自基层的公务员培养选拔机制，推进和规范公务员公开遴选工作，根据公务员法、《党政领导干部选拔任用工作条例》等法律、法规，制定本办法。

第二条　本办法所称公开遴选，是指市（地）级以上机关从下级机关公开择优选拔任用内设机构公务员。

公开遴选是公务员转任方式之一。

第三条　公开遴选坚持德才兼备、以德为先，坚持民主、公开、竞争、择优，坚持能力素质与职位要求相适应，坚持考试与考察相结合。

第四条　公开遴选必须在规定的编制限额和职数内进行，并有相应的职位空缺。

第五条　公开遴选按照下列程序进行：

（一）发布公告；

（二）报名与资格审查；

（三）考试；

（四）组织考察；

（五）决定与任职。

第六条　市（地）级以上公务员主管部门按照管理权限和职责分工负责公开遴选工作的综合管理和监督检查。

公开遴选机关按照公务员主管部门的要求，承担公开遴选的有关工作。

第二章　申报计划与发布公告

第七条　公开遴选机关在进行公务员队伍结构和职位分析的基础上，根据工作需要，提出公开遴选职位及其资格条件，拟订公开遴选计划，报同级公务员主管部门审批。

第八条　公务员主管部门制定公开遴选方案并组织实施。

第九条　公务员主管部门根据公开遴选方案，制定公告，面向社会公开发布。公告应当包括以下内容：

（一）公开遴选机关、职位、职位简介和资格条件；

（二）公开遴选范围、程序、方式和相关比例要求；

（三）报名方式和需要提交的相关材料；

（四）考试科目、时间和地点；

（五）其他相关事项。

第三章　报名与资格审查

第十条　公开遴选报名一般采取个人意愿与组织推荐相结合的方式。

公开遴选可由公务员本人申请并按照干部管理权限经组织审核同意后报名，也可征得本人同意后由组织推荐报名。

第十一条　报名参加公开遴选的公务员，应当具备下列资格条件：

（一）具有良好的政治、业务素质，品行端正，实绩突出，群众公认；

（二）具有 2 年以上基层工作经历和 2 年以上公务员工作经历；

（三）公务员年度考核均为称职以上等次；

（四）具有公开遴选职位要求的工作能力和任职经历；

（五）报名参加中央机关、省级机关公开遴选的应当具有大学本科以上文化程度，报名参加市（地）级机关公开遴选的应当具有大学专科以上文化程度；

（六）身体健康；

（七）公务员主管部门规定的其他资格条件；

（八）法律、法规规定的其他条件。

公务员主管部门和公开遴选机关不得设置与公开遴选职位要求无关的报名资格条件。

第十二条　公务员有下列情形之一的，不得参加公开遴选：

（一）涉嫌违纪违法正在接受有关的专门机关审查尚未做出结论的；

（二）受处分期间或者未满影响期限的；

（三）按照国家有关规定，到定向单位工作未满服务年限或对转任有其他限制性规定的；

（四）尚在新录用公务员试用期的；

（五）法律、法规规定的其他情形。

第十三条 报名人员应当向公开遴选机关提交报名需要的相关材料，提交的材料应当真实、准确。

公开遴选机关按照职位资格条件对报名人员提交的材料进行审查，在规定的时间内确定报名人员是否具有报名资格。

第十四条 对未达到公告规定比例，不能形成有效竞争的公开遴选职位，经公务员主管部门同意可予以取消，允许该职位报名人员改报其他职位。

第四章 考 试

第十五条 考试采取分级分类的方式，根据职务层次和职位类别进行。

考试分为笔试和面试，由公务员主管部门统一组织实施。经公务员主管部门授权，面试可以由公开遴选机关组织实施。

第十六条 笔试主要测试政策理论水平、分析和解决实际问题能力、文字表达能力等综合素质。

第十七条 面试人选根据笔试成绩由高到低的顺序，按照公告规定的比例确定。

第十八条 面试主要测试履行职位职责所要求的基本素质和能力。面试的内容和方式应当针对各职位的特点和要求分别确定。必要时，可以进行职位业务水平测试。

第十九条 面试考官一般不少于 7 人，其中公开遴选机关以外的考官一般应占 1/3。面试考官应当挑选公道正派、理论素养高、熟悉公开遴选职位相关业务、具有干部测评相关经验的人员担任。

第二十条 根据笔试、面试成绩，按照公告规定的权重确定考试综合成绩。笔试、面试成绩和考试综合成绩应当及时通知本人。

第五章　组织考察

第二十一条　公开遴选采取差额考察的办法。考察对象根据考试综合成绩由高到低的顺序，按照公告规定的比例确定。

第二十二条　公开遴选机关对考察对象的德、能、勤、绩、廉情况及其政治业务素质与公开遴选职位的适应程度进行全面考察，重点考察德的情况、工作实绩和群众公认程度。

第二十三条　考察可以采取个别谈话、民主测评等方法进行，也可以采取德的专项测评、实绩公示、业绩评价和履历分析等方法。

对在基层一线窗口单位工作的考察对象，要注重听取服务对象的意见。

第二十四条　公开遴选机关派出两名以上人员组成考察组。考察组一般由干部（人事）部门的人员和熟悉公开遴选职位相关业务的人员组成。

第二十五条　考察对象所在机关应当积极支持和配合考察组工作。

第六章　决定与任职

第二十六条　公开遴选机关根据考察情况和职位要求，按照干部管理权限，集体讨论决定拟任职人员。

第二十七条　公开遴选机关对拟任职人员进行公示，公示期一般为 7 天。公示期满，对没有问题或者反映问题不影响任用的，报公务员主管部门审批备案后，办理调动和任职手续；对反映有严重问题并查有实据的，取消公开遴选资格。

第七章　纪律与监督

第二十八条　公开遴选工作中存在应当回避情形的，按照有关规定执行。

第二十九条　有下列情形之一的，由公务员主管部门视情况予以责令纠正或者宣布无效；对负有领导责任和直接责任的人员，视情节轻重给予批评教育、调离工作岗位或者处分；构成犯罪的，依法追究刑事责任：

（一）不按规定的编制限额、职数和职位要求进行的；

（二）不按规定的条件和程序进行的；

（三）擅自变更公开遴选政策，造成不良影响的；

（四）公开遴选工作中徇私舞弊的。

第三十条　公开遴选工作人员有下列情形之一的，由公务员主管部门或所在单位，视情节轻重给予批评教育、调离工作岗位或者处分；构成犯罪的，依法追究刑事责任：

（一）泄露试题和其他公开遴选涉密信息的；

（二）伪造考试成绩或者其他有关资料的；

（三）协助参加考试人员作弊的；

（四）违反考察纪律的；

（五）因工作失职，影响公开遴选工作正常进行的；

（六）违反公开遴选工作纪律的其他行为。

第三十一条　对违反公开遴选纪律的报名人员，视情节轻重给予批评教育、取消公开遴选资格、调离工作岗位或者处分；构成犯罪的，依法追究刑事责任。

第三十二条　公开遴选工作要接受监督。公务员主管部门和公开遴选机关应当及时受理举报，并按照管理权限进行处理。

第八章　附　　则

第三十三条　各省、自治区、直辖市公务员主管部门应根据本办法，结合本地实际，制定实施细则。

第三十四条 公开遴选参照公务员法管理的机关（单位）工作人员，参照本办法执行。

第三十五条 本办法由中共中央组织部、人力资源社会保障部负责解释。

第三十六条 本办法自颁布之日起施行。

中共中央纪委　中共中央组织部 人力资源和社会保障部关于党的机关、人大机关、政协机关、各民主党派和工商联机关公务员参照执行《行政机关公务员处分条例》的通知

中纪发［2013］4号

各省、自治区、直辖市纪委、党委组织部、政府人力资源社会保障厅（局）、公务员局，中央和国家机关各部委、各人民团体纪检监察机构、组织人事部门：

为了严肃公务员纪律，规范中国共产党的机关、人大机关、政协机关、各民主党派和工商联机关公务员行为，保证中国共产党的机关、人大机关、政协机关、各民主党派和工商联机关公务员依法履行职责，根据《中华人民共和国公务员法》，现通知如下。

在国家有关公务员处分的统一规定出台之前，中国共产党的机关、人大机关、政协机关、各民主党派和工商联机关公务员有违法违纪行为应当追究政纪责任的，应当按照《中华人民共和国公务员法》有关规定，结合各自机关实际，参照《行政机关公务员处分条例》执行。

在参照《行政机关公务员处分条例》执行过程中发现问题，请及时向中央纪委、中央组织部、人力资源社会保障部报告。

本通知自发布之日起执行。

2013年5月25日

人力资源和社会保障部关于印发人事考试工作人员纪律规定的通知

人社部发［2013］36号

各省、自治区、直辖市及新疆生产建设兵团人力资源社会保障厅（局）：

近年来，各级人力资源社会保障部门大力推进考试规范化建设，不断加强制度建设和队伍建设，较好地维护了考试工作的公平公正和广大考生的合法权益。随着人事考试事业的发展和考试环境的日趋复杂，人事考试工作的风险点也在不断增加，违纪违规行为时有发生，出现了个别人员滥用职权、徇私枉法的行为。这些人员虽然是少数，但影响极其恶劣。为进一步加强党风政风建设，规范和制约人事考试工作人员行为，我们制定了《人事考试工作人员纪律规定》（以下简称《纪律规定》）。现印发你们，并就贯彻执行的有关问题通知如下：

一、切实加强组织领导

《纪律规定》适用于全国人力资源社会保障系统从事公务员录用考试、专业技术人员资格考试的工作人员。各级人力资源社会保障部门要把贯彻执行《纪律规定》作为落实党风廉政建设责任制、加强惩治和预防腐败体系建设的一项重要任务，认真组织落实。要结合本地和不同考试的实际情况，进行充实细化，提出进一步要求。各单位主要负责同志要以身作则，率先垂范，带头执行并贯彻落实好《纪律规定》，同时要重点抓好关键岗位、关键环节等工作，使《纪律规定》落实到具体工作中。

二、广泛开展宣传教育

各级人力资源社会保障部门要广泛开展《纪律规定》的宣传教育工作。《纪律规定》要全部内容上网（单位门户网站）、重点场所上墙。要安排专门培训，组织专门学习，在每年的工作会议上都要提出这方面的工作要求。通过各种形式的宣传教育使每一位从事人事考试工作的人员入脑入心，做到《纪律规定》宣传教育工作不留死角、不存盲区。

三、严格执行纪律要求

要加强对《纪律规定》落实情况的监督检查，对工作中发现或群众举报的违反《纪律规定》的问题，相关部门要认真组织查处并及时上报有关情况，一经查实的，要依照《行政机关公务员处分条例》《事业单位工作人员处分暂行规定》《公务员录用考试违纪违规行为处理办法》《专业技术人员资格考试违纪违规行为处理规定》等有关规定严肃处理。涉嫌违法犯罪的，移交司法机关处理。对于发现问题后不及时上报，隐情不报以及调查处理过程中对违纪人员袒护、包庇、纵容的部门和人员，要按有关规定追究领导及相关人员责任。要将《纪律规定》执行情况列入领导干部考核的重要内容，考核结果作为评优、晋级的重要依据。

人力资源社会保障系统中参与公务员公开遴选考试、计划分配军队转业干部接收安置考试、事业单位公开招聘考试的工作人员亦应严格遵守《纪律规定》，各地人力资源社会保障部门应抓紧制定相关配套政策，确保各项纪律要求落到实处。

2013 年 5 月 21 日

人事考试工作人员纪律规定

人事考试工作人员要严格遵守国家法律、法规、规章和有关政策，认真执行各项制度，严守工作纪律和工作秘密，要公平公正、规范操作、秉公尽责，在考试工作中严禁利用职务职权和工作便利，为自己或者他人谋取私利。

一、严格考试报名管理

（一）不准违规设定报考资格（资质）条件，严禁因人设岗和因人设置条件；

（二）不准拒绝符合法定条件、标准的报考申请或违规对不符合法定条件、标准的报考申请予以认可，严禁对明知是伪造、变造的报考材料（信息）予以认可；

（三）不准擅自更改报考人员信息，严禁泄露报考人员个人信息；

（四）不准组织或参与组织考前培训，严禁指定教材或者其他助考材料。

二、严格试题命制管理

（五）不准探听、偷看、擅自复制或留存试题及与命题相关的保密资料，严禁泄露考试试题等保密材料和信息；

（六）不准使用非涉密电脑或电子介质命制、存储试题和保密资料，严禁将涉密电脑或电子介质接入互联网；

（七）不准泄露考试命题专家或者相关工作人员的身份信息，严禁在公共场所或有无关人员在场时谈论涉密事宜；

（八）不准违规进行试卷印制、押运、交接、保管、启用、回收、销毁等工作，严禁缓报、瞒报试卷管理的重大异常情况。

三、严格考试组织实施

（九）不准违规分派主考、监考、巡考人员和面试考官，严禁纵容、协助或者参与考试作弊；

（十）不准瞒报考试违纪违规行为，严禁擅自撤销或更改违纪记录；

（十一）不准编造、仿造和捏造违纪违规的处理依据，严禁擅自更改违纪处理决定；

（十二）不准擅自更改评分标准，严禁在评分时打人情分、关系分；

（十三）不准擅自拆开密封答卷册或违规涂改报考人员答题信息，严禁参与更改、伪造考试成绩等信息。

四、严格执行考试政策

（十四）不准接受可能影响考试公平的请托，严禁收受相关礼品、礼金和有价证券等；

（十五）不准隐瞒应当回避的情形，严禁做出可能影响考试公平公正的行为；

（十六）不准违规指定体检医疗机构，严禁干预体检医疗机构做出体检结论；

（十七）不准审批录用（聘用）不符合条件和程序的拟录用（聘用）人员，严禁公务员招考不考而录的行为。

五、严格资格证书管理

（十八）不准擅自扣发他人合法取得的资格（合格）证书，严禁利用发放、补办证书非法收取费用；

（十九）不准虚报、瞒报资格（合格）证书遗失信息，严禁擅自留存空白证书；

（二十）不准为考试不合格或未参考人员颁发资格（合格）证书，严禁伪造、变造资格（合格）证书。

人力资源和社会保障部　国家卫生和计划生育委员会　国家公务员局关于印发《公务员录用体检操作手册（试行）》有关修订内容的通知

人社部发［2013］58号

按照原卫生部关于发布《临床生物化学检验常规项目分析质量指标》等8项推荐性卫生行业标准的通告（卫通［2012］23号）要求，人力资源社会保障部和卫生计生委结合公务员录用体检工作实际，组织医学专家对《公务员录用体检操作手册（试行）》有关内容进行了修订，现印发给你们。本通知自2013年9月1日起实施。在具体工作中，遇有问题，请及时反馈中央公务员主管部门和卫生（卫生计生）行政部门。

2013年8月19日

《公务员录用体检操作手册（试行）》有关修订内容

一、将“第 2 篇体检项目及操作规程 6.1 血常规”修订为：

6.1　血常规

可为血液病的诊断提供线索。其中红细胞、白细胞及血小板计数采用仪器法或显微镜计数法，血红蛋白采用仪器法或光电比色法。必查项目包括以下 5 项：

6.1.1　红细胞总数（RBC）

【参考值】 男性：$(4.3\sim5.8)\times10^{12}$/L，女性：$(3.8\sim5.1)\times10^{12}$/L。

红细胞减少多见于各种贫血，如急性或慢性再生障碍性贫血、缺铁性贫血等。红细胞增多常见于身体缺氧、血液浓缩、真性红细胞增多症、继发性红细胞增多症等。

6.1.2　血红蛋白（HGB）

【参考值】 男性：130～175 g/L，女性：115～150 g/L。

血红蛋白减少或增多的临床意义基本同红细胞总数。

6.1.3　白细胞总数（WBC）

【参考值】 $(3.5\sim9.5)\times10^{9}$/L。

生理性白细胞增多常见于剧烈运动、进食后、妊娠期等。另外，采血部位不同，也可使白细胞数有差异，如耳垂血平均白细胞数比指血要高一些。

病理性白细胞增多常见于急性化脓性感染、尿毒症、白血病、组织损伤、急性出血等。

病理性白细胞减少常见于再生障碍性贫血、某些传染病、肝硬化、脾功能亢进、放疗、化疗、服用某些药物后等。

6.1.4 白细胞分类计数（DC）

【参考值】

中性粒细胞：$(1.8 \sim 6.3) \times 10^9/L$（40%～75%）。

嗜酸粒细胞：$(0.02 \sim 0.52) \times 10^9/L$（0.4%～8%）。

嗜碱粒细胞：$(0.00 \sim 0.06) \times 10^9/L$（0～1%）。

淋巴细胞：$(1.1 \sim 3.2) \times 10^9/L$（20%～50%）。

单核细胞：$(0.1 \sim 0.6) \times 10^9/L$（3%～10%）。

中性粒细胞增多常见于急性化脓性感染、大出血、严重组织损伤、慢性粒细胞性白血病、安眠药中毒等；减少常见于某些病毒感染、再生障碍性贫血、粒细胞缺乏症等。

嗜酸粒细胞增多常见于银屑病、天疱疮、湿疹、支气管哮喘、过敏、一些血液病及肿瘤，如慢性粒细胞性白血病、鼻咽癌、肺癌及宫颈癌等；减少常见于伤寒、副伤寒早期、长期使用肾上腺皮质激素后。

嗜碱粒细胞增多常见于慢性粒细胞白血病伴有骨髓纤维化、慢性溶血及脾切除后；减少一般没有临床意义。

淋巴细胞增多常见于传染性单核细胞增多症、结核病、疟疾、慢性淋巴细胞性白血病、百日咳、某些病毒感染等；减少常见于某些白血病或破坏过多，如长期化疗、X线照射后及免疫缺陷等。

单核细胞增多常见于单核细胞性白血病、结核病活动期、伤寒、疟疾等；减少临床意义不大。

6.1.5 血小板计数（PLT）

【参考值】 $(125 \sim 350) \times 10^9/L$。

血小板计数增高多见于血小板增多症、脾脏切除术后、急性感染、溶血、骨折等；减少多见于再生障碍性贫血、急性白血病、急性放射病、原发性或继发性血小板减少性紫癜、脾功能亢进、尿毒症、服用某些药物后等。

二、将“第2篇体检项目及操作规程6.3血生化”修订为：

6.3　血生化

6.3.1　血糖（GLU）　糖尿病诊断指标，采用葡萄糖氧化酶法，用全自动或半自动生化分析仪，采血后应尽快检测。

【参考值】　3.9～6.1 mmol/L。

空腹超过8小时采血血糖浓度≥7.0 mmol/L，或一天当中任意时候采血血糖浓度≥11.1 mmol/L，经复查仍达到或超过此值，诊断糖尿病；空腹血糖浓度介于5.6～6.9 mmol/L之间，应进行口服葡萄糖耐量试验（OGTT）进一步确诊，OGTT 2小时的血糖浓度≥11.1 mmol/L者，诊断糖尿病。

6.3.2　丙氨酸氨基转移酶（ALT）　肝脏生化检查指标，采用酶法，用全自动或半自动生化仪检测，可对病毒性肝炎等肝胆系统疾病进行早期诊断，并有助于判断疾病的程度、预后。

【参考值】　男：9～50 U/L，女：7～40 U/L。

6.3.3　天冬氨酸氨基转移酶（AST）　肝脏生化检查指标，检测方法和意义同ALT。

【参考值】　男：15～40 U/L，女：13～35 U/L。

ALT和AST是反映肝细胞损害的敏感指标，在肝炎潜伏期、发病初期均可升高，故有助于早期发现肝炎。ALT主要存在于肝细胞质内，而AST除了存在于肝细胞质之外，还有约一半以上分布在肝细胞的线粒体中。各种肝脏病变（如病毒性肝炎、药物性肝损害、脂肪肝、肝硬化等）和一些肝外疾病造成肝细胞损害时，ALT和AST水平均可升高。

当肝损害较轻时，仅有胞质内的ALT和AST释放入血，故ALT的升高大于AST，一般认为血清ALT超过参考值上限2倍以上，说明肝细胞有炎症、坏死和肝脏损害；严重肝损伤时，线粒体被破坏，其中的AST大量释放入血，致使血清AST水平高于ALT。AST/ALT比值＞1可以提示肝炎进展，有显著肝细胞坏死，因此，测定 AST/ALT 比值有助于判断肝损伤的严重程度。单项 AST 升高还要考虑心肌和骨骼的病变，特别是心肌梗死时 AST/ALT 比值常>3，并伴有相应临床表现，不难诊断。

除肝脏外，其他组织如心脏、脑、肾、肌肉等也都含有 ALT 和 AST，这些脏器的病变同样可引起血清 ALT 和 AST 升高；某些生理条件的变化也可引起 ALT 和 AST 升高，如剧烈体育活动可有 ALT 的一过性轻度升高。由于血清 ALT 和 AST 升高的原因多种多样，必须根据具体情况，结合必要的其他检查手段，仔细分析才能明确诊断。

6.3.4 血尿素氮（BUN） 血尿素氮是机体蛋白质代谢的产物，测定血尿素氮的目的在于判断肾脏对蛋白质代谢产物的排泄能力，故血尿素氮的数值，可以作为判断肾小球滤过功能的一项指标。但血尿素氮易受饮食、尿量等因素影响，故虽可作为判断肾小球功能的一项指标，但不如血肌酐准确。血尿素氮检测采用脲酶法。

【参考值】 2.8～7.2 mmol/L。

6.3.5 血肌酐（CR） 肌酐是人体肌肉代谢的产物，不易受饮食和尿量因素影响，能更灵敏地反映肾功能，是诊断肾功能衰竭的重要指标，其水平与肾功能的损伤程度成正比。血肌酐检测采用苦味酸法或酶法。

【参考值】 苦味酸法：男性 44～133 μmol/L，女性 70～106 μmol/L。酶法：男性 53～97 μmol/L，女性 44～80 μmol/L。

当血尿素氮和血肌酐都用“mmol/L”为单位时，尿素氮/肌酐比值的参考值为 25～40。当比值<25时，考虑蛋白质的摄入不足及肾小管急性坏死；>40时，考虑肾前性原因所致。

由于血尿素氮、肌酐的测定值容易受溶血、胆红素以及药物等因素影响，所以同时升高有诊断意义，肾脏实质性病变时血尿素氮升高的程度较血肌酐更明显。

三、将“第3篇《公务员录用体检通用标准（试行）》实施细则3关于血液病”修订为：

第三条 血液系统疾病，不合格。单纯性缺铁性贫血，血红蛋白男性高于90 g/L、女性高于80 g/L，合格。

3.1 条文解释

血液系统由血液与造血器官组成，造血器官包括骨髓、脾脏、淋巴结及分散在全身各处的淋巴组织和单核—吞噬细胞系统。血液系统疾病系指原发于和主要累及血液与造血器官的疾病（前者如白血病，后者如缺铁性贫血），俗称血液病。患其他系统性疾病而有血液方面改变者，只能称为系统性疾病的血液学表现，而非真正的血液病。

血液系统疾病一般可分为红细胞疾病、白细胞疾病、出血性疾病、造血干细胞疾病等，临床上可以表现为贫血、出血、发热或恶性细胞浸润所致的淋巴结、肝、脾肿大等，不同疾病又各有其特点。现仅就较常见的一些疾病做简要说明。

3.1.1 贫血 系指单位容积血液中血红蛋白含量低于参考值的下限，同时常伴有不同程度的红细胞数量和红细胞压积减少。一般认为，在平原地区，血红蛋白含量成人男性＜130 g/L，女性＜115 g/L，即可诊断为贫血。贫血可原发于造血器官疾病，也可继发于某些系统性疾病（如慢性肾病、慢性肝病、各种病原所致慢性感染、恶性肿瘤等）。贫血的病因学判断非常重要，病因不同预后各异，除某些原因造成的缺铁性贫血外，往往难以彻底治愈，属体检不合格。常见的贫血有以下几种：

1）缺铁性贫血：是最常见的一种贫血，系体内缺乏合成血红蛋白所必需的铁所致，其特点为小细胞低色素性贫血。常见病因包括慢性失血（如月经多、痔出血、溃疡病、钩虫病等）和铁吸收不良（如胃大部分切除术后、长期腹泻、胃酸缺乏、嗜好浓茶等）。预后取决于病因能否消除，若能消除病因，贫血多能很快纠正。所谓单纯性缺铁性贫血，也是从病因角度而言，主要指不良饮食习惯或月经过多、痔出血等原因引起的贫血，此类贫血在血红蛋白含量男性不低于 90 g/L、女性不低于 80 g/L 时症状并不明显，病因易消除，对机体影响较小，病因消除后血红蛋白含量易恢复正常，预后较好，故可按合格处理。

2）再生障碍性贫血：简称再障，是多种病因引起骨髓衰竭所导致的以全血细胞减少为主要特征的一种综合病征。常见病因有药物、化学毒物、电离辐射、病毒感染等。再障分为急性型和慢性型两种。急性型起病急、进展迅速，临床主要表现为出血（如消化道出血、血尿、眼底出血和颅内出血等），容易并发感染，病死率高；慢性型起病缓慢，多以贫血为主要表现，病程较长，缓解、发作可反复交替，迁延多年不愈。本病一经诊断，即做不合格结论。

3）巨幼细胞性贫血：是由于叶酸和/或维生素 B_{12} 缺乏致 DNA 合成障碍所引起的贫血。其特点为造血细胞体积增大，涉及红细胞、粒细胞、巨核细胞系列，临床上常表现为全血细胞减少及伴胃肠道症状。常见原因为长期素食、偏食、蔬菜烹调不当、不适当的节食、胃肠道疾病引起吸收不良、服用干扰叶酸和/或维生素 B_{12} 吸收的药物等。本病一经诊断，即做不合格结论。

4）肿瘤性贫血：是由于血液肿瘤（如白血病、淋巴瘤、骨髓瘤）或实体瘤浸润骨髓或骨髓增生异常（如骨髓异常增生综合征）所致的贫血。本病一经诊断，即做不合格结论。

5）溶血性贫血：系因红细胞破坏加速、超过骨髓造血功能的代偿能力而发生的贫血，其主要特点为贫血、黄疸、脾大、网织红细胞增多及骨髓幼红细胞增生。溶血原因可由红细胞膜的结构与功能缺陷、酶缺陷等红细胞遗传缺陷所致，也可由感染、药物、理化、免疫、代谢等后天因素而引起。根据红细胞破坏的主要场所可分为血管内溶血和血管外溶血。两者均做不合格结论。

3.1.2　红细胞增多症　是指单位容积血液中红细胞数、血红蛋白含量和红细胞压积明显高于参考值，通常血红蛋白≥180 g/L、红细胞数≥6.0×10^{12}/L或红细胞压积≥0.55即可诊断为红细胞增多症。其病因有多种，可以是血浆容量减少造成的相对性红细胞增多，也可以是组织缺氧导致的继发性红细胞增多，也有原因不明的真性红细胞增多症（也称原发性红细胞增多症）。继发性红细胞增多症者是否合格，需视病因情况而定。对一时性脱水所致血红蛋白含量及红细胞计数略超过参考值、经正常饮水可纠正者，可做出合格的结论；对其他病因所致者，均应根据原发病性质，做出不合格结论。

1）继发性红细胞增多症：各种原因引起的组织缺氧都可导致代偿性的红系细胞增生即继发性红细胞增多症。常见原因为吸烟过多、高原性红细胞增多症、青紫型先天性心脏病、慢性阻塞性肺部疾病、肿瘤、肾脏疾病、肥胖—肺通气不良综合征等。

2）真性红细胞增多症：是一种以红系细胞异常增殖为主的慢性骨髓增殖性疾病，起病缓慢，其特点为皮肤黏膜暗红、脾大、红细胞数及血容量增加伴全血细胞增多，常有神经系统及血液循环功能障碍、血栓形成、心力衰竭等。本病一经诊断，做不合格结论。

3.1.3　白细胞疾病　包括各类白细胞减少和增多性疾病。

1）白细胞减少症和粒细胞缺乏症：白细胞减少症是指外周血白细胞计数<3.5×10^{9}/L，其中以中性粒细胞减少占绝大多数，当中性粒细胞总数<0.5×10^{9}/L时称为粒细胞缺乏症。两者的病因大致相同。最常见的病因有药物（抗肿瘤药物、免疫抑制药、抗生素、抗甲状腺药物、抗心律失常药、抗组织胺药及镇静药等）反应、放射性和化学物质损伤、免疫介导的骨髓损伤、骨髓被异常细胞浸润（如肿瘤细胞）、某些细菌和病毒感染、粒细胞成熟障碍（如叶酸、维生素B_{12}缺乏所致者）等。

此外，在血池中分布异常、需求增加、消耗破坏加速也可引起此症。

由于大多数病因是后天因素，在病因未消除、白细胞总数或中性粒细胞数未恢复到正常并持续稳定前，做不合格结论。

2）中性粒细胞增多症：是指外周血中性粒细胞数＞$7.0\times10^{9}/L$。其病因主要有急性感染、组织坏死、严重烧伤、中毒、药物反应、骨髓增殖性疾病（慢性粒细胞白血病、真性红细胞增多症、原发性血小板增多症、骨髓纤维化）、某些恶性肿瘤等；也可因生理性原因如妊娠、情绪激动、剧烈运动等发生。本病是否合格需视病因情况而定，对于可能为轻度炎症、运动或情绪因素所致，白细胞轻度升高且复查能恢复正常者，可做合格结论。

3.1.4　恶性淋巴瘤　是指原发于免疫系统（淋巴结或结外淋巴组织）的恶性肿瘤，其特点是淋巴细胞或和组织细胞大量增生。临床上常表现为无痛性、进行性淋巴结肿大，发热，肝脾肿大，晚期可见恶液质和贫血等。本病一经诊断，做不合格结论。

3.1.5　多发性骨髓瘤　为恶性浆细胞疾病中最常见的一种，其特点是单克隆浆细胞呈肿瘤性增生，从而破坏骨组织。临床上主要表现为骨痛、病理性骨折、贫血、高血钙、肾功能损害及易发生感染等。本病一经诊断，做不合格结论。

3.1.6　脾功能亢进　是一种综合征，可由多种原发或继发病因所引起，如感染、瘀血（心力衰竭、肝硬化、门静脉或脾静脉阻塞等）、异常免疫反应、骨髓增殖性疾病等。临床特点是脾脏肿大伴有血红细胞、白细胞、血小板单独或同时减少。本病一经诊断，做不合格结论。

3.1.7　出血性疾病　正常的止血机制由血管、血小板及凝血机制三方面协同作用共同完成，任何一个方面发生障碍都可导致异常出血，即出血不止或过多，称为出血性疾病。

1）血小板减少症：是指外周血中血小板计数低于 $100\times10^9/L$。当血小板计数低于 $50\times10^9/L$ 时可能会有出血，低于 $20\times10^9/L$ 时出血症状会加重，表现为皮肤黏膜出血点（直径＜2 mm）、紫癜（直径 3～5 mm）或瘀斑（直径＞5 mm）、牙龈出血、鼻出血，重者可有内脏出血，如便血和尿血等。引起血小板减少的病因很多且复杂，绝大多数情况下这些病因是难以纠正的，作为体检，也不必进行病因学诊断，血小板减少症一经诊断，一般做不合格结论。若确能证实为病毒感染、药物因素等所致血小板一时性轻度减少，无出血倾向，消除上述因素后复查血小板计数能恢复正常水平者，可按合格处理。

2）血小板减少性紫癜：属血小板减少症的一种类型，包括特发性、继发性及血栓性血小板减少性紫癜，其共同特点是有出血症状并伴血小板减少。本病根据临床表现及实验室检查不难诊断，作为体检，无须再做分类诊断。一经诊断，做不合格结论。

3）过敏性紫癜：是一种较常见的变态反应性出血性疾病，主要是由于机体对某些物质发生变态反应而引起毛细血管壁通透性和脆性增高，导致渗出性出血。主要病因有感染、药物、食物等因素。根据临床表现分为单纯型、腹型、关节型、肾型及混合型。本病一经诊断，做不合格结论。

4）血友病：是一组因遗传性凝血活酶生成障碍引起的出血性疾病，以阳性家族史、幼年发病、自发或轻度外伤后出血不止、血肿形成及关节出血为特征。本病是一种终身性疾病，尚无根治方法，一经诊断，做不合格结论。

3.1.8　白血病　系造血系统的恶性肿瘤，约占癌症总发病率的 5%左右。其特征是某一类型的白血病细胞在骨髓或其他造血组织中呈肿瘤性增生，并浸润体内其他器官和组织，正常造血受抑制，而产生相应的症状和体征。临床上常有贫血、发热、感染、出血和肝、脾、淋巴结不同程度的肿大等表现。本病一经诊断，做不合格结论。

3.2　诊断要点

3.2.1　缺铁性贫血

1）病史询问要点：有无慢性失血史（如月经过多、溃疡病出血、痔出血等）及导致铁吸收障碍的原发疾病（如胃大部切除史、萎缩性胃炎、长期腹泻史等），注意寻找贫血的病因学证据；有无贫血的症状，如头晕、乏力、活动后心慌气短等。

2）查体要点：皮肤黏膜苍白是贫血的主要体征，一般以观察甲床、手掌皮肤皱褶、口腔黏膜、睑结膜较为可靠。注意有无其他体征如口角炎、舌炎、心率增快等。

3）辅助检查要点：

血常规：是诊断贫血的主要依据，可采用全自动血细胞仪进行分析，缺铁性贫血特征为小细胞低色素性贫血。一般通过血常规检查并结合病史、体征，多可明确诊断。

网织红细胞计数：在贫血者中应作为常规补充检查。缺铁性贫血者网织红细胞计数大多正常。

不能确定贫血性质时，可根据当地条件选择进一步检测项目，如测定血清铁蛋白、血清铁、总铁结合力等，以确定是否为缺铁性贫血，并进一步寻找缺铁病因，以便做出是否合格的结论。

3.2.2　再生障碍性贫血

1）病史询问要点：注意询问可能存在的病因（病毒感染，服用药物，接触放射线、毒素或化学品工作环境等）、起病时间、贫血症状（乏力、头昏、心悸、气短等）、有无易感染（经常发热）及出血史（鼻出血、牙龈出血、结膜出血、呕血、咯血、便血等）。

2）查体要点：注意皮肤黏膜有无苍白、出血点、瘀斑、血肿等，有无发热、感染等。

3）辅助检查要点：

血常规：主要表现为全血细胞（红细胞、白细胞及血小板）减少，如果仅红系细胞减少，则为纯红细胞再生障碍性贫血。再生障碍性贫血的特点是呈正色素正细胞性贫血。

网织红细胞计数：显著减少。

对公务员体检而言，只要发现为全血细胞减少，即做不合格结论，一般无须再进行全血细胞减少的病因学诊断。

3.2.3 巨幼细胞性贫血

1）病史询问要点：有无叶酸及维生素 B_{12} 缺乏的常见病因（如烹调加热时间过长、偏食、完全性素食、慢性胃肠道疾病、服用干扰叶酸及维生素 B_{12} 吸收的药物等），有无贫血症状（乏力、头昏、心悸、气短等），有无伴随的消化道症状（如食欲不振、恶心、腹泻等）。

2）查体要点：注意有无皮肤黏膜苍白（同缺铁性贫血）、舌乳头萎缩或消失，有无肌力异常、步行障碍等神经系统体征。

3）辅助检查要点：

血常规：呈大细胞性贫血特征，白细胞和血小板也常减少。

若不能确定贫血性质，可根据当地条件选择进一步检测项目，如血清维生素 B_{12}、叶酸和红细胞叶酸测定等，以确立诊断及结论。

3.2.4 骨髓病性贫血

1）病史询问要点：有无引起骨髓病性贫血的原发疾病史（急慢性白血病、淋巴瘤、多发性骨髓瘤、恶性组织细胞增生症及转移癌等），有无骨痛、骨折史。

2）查体要点：注意贫血、肝脾肿大及原发疾病的相关体征。

3）辅助检查要点：血常规检查呈正常细胞性贫血。

对贫血、骨痛伴无确切原因可解释的肝脾肿大等可疑病例，必要时可组织会诊或做进一步检查，如骨X线片有无骨质破坏、骨髓片有无瘤细胞，以及有无幼粒幼红细胞血象等，以明确诊断。

3.2.5　溶血性贫血

1）病史询问要点：血管内溶血为急性，多较严重，在体检中少见；体检中若发现本病，多为慢性血管外溶血所致，应询问苍白、乏力的起病时间，先天性者常为自幼起病，后天性者应询问有无输血、服用特殊药物或食物及相关原发疾病史。

2）查体要点：注意有无皮肤黏膜苍白、心率加快、巩膜黄染、肝脾肿大等体征。

3）辅助检查要点：

血常规：呈正常细胞性贫血。

网织红细胞计数：多升高。

一般根据贫血特点以及兼有黄疸、脾大、网织红细胞升高即可诊断。可疑病例可做进一步检查，如血胆红素（本病的特征是以血清间接胆红素增高为主）、游离血红蛋白、血红蛋白尿、含铁血黄素尿等，以进一步确诊。

3.2.6　红细胞增多症

1）病史询问要点：有无慢性缺氧性疾病（如肺源性心脏病、先天性心脏病、严重睡眠呼吸暂停综合征等）史及高原居住史、生理性脱水病史等。

2）查体要点：注意有无颜面红紫等多血质外貌，有无脾肿大、高血压等体征。

3）辅助检查要点：血常规检查血红蛋白≥180 g/L，红细胞数≥6.0×10^{12}/L，白细胞和血小板数也多增高。

3.2.7　白细胞减少症和粒细胞缺乏症

1）病史询问要点：有无导致本病的病因（如药物、中毒、感染、某些营养素缺乏等）及继发感染史。

2）查体要点：本病一般没有阳性体征，主要通过病史提示及血液检验来诊断。

3）辅助检查要点：血常规检查白细胞计数低于参考值下限，

红细胞及血小板一般正常。根据白细胞减少程度诊断为白细胞减少症或粒细胞缺乏症。

3.2.8 中性粒细胞增多症

1）病史询问要点：有无引起中性粒细胞增多的病因，如急性感染、组织坏死、严重烧伤、中毒、药物反应、骨髓增殖性疾病（慢性粒细胞白血病、真性红细胞增多症、原发性血小板增多症、骨髓纤维化）、某些恶性肿瘤等。

2）查体要点：重点检查有无原发疾病的相关体征。

3）辅助检查要点：血常规检查中性粒细胞绝对值＞$7.0\times 10^9/L$，即可做出诊断。

3.2.9 恶性淋巴瘤

1）病史询问要点：以往有无淋巴瘤病史，对有浅表淋巴结肿大体征者应重点询问淋巴结肿大的进展情况以及有无疼痛、发热等症状。

2）查体要点：有无全身浅表淋巴结肿大，若有注意其硬度、活动度、是否融合；有无肝脾肿大。

3）辅助检查要点：

血常规：可有贫血、淋巴细胞数量增多。

胸部X线片：可见纵隔阴影增宽、肺门淋巴结肿大。

腹部B超：除肝脾肿大外，可见腹膜后淋巴结肿大。

以淋巴结肿大为主要表现者，必要时可取淋巴结活检，以进一步明确诊断。

3.2.10 多发性骨髓瘤

1）病史询问要点：多发性骨髓瘤的临床表现多种多样，早期主要表现为骨痛、易骨折，病史询问时应注意。

2）查体要点：本病体征一般不明显，有时可见贫血，诊断主要是依靠病史提示和有针对性的辅助检查。

3）辅助检查要点：对有骨痛或病理性骨折、贫血、反复发热等可疑病例，必要时可组织会诊或做进一步检查，根据骨骼X

线片有无溶骨及骨质破坏、骨髓片有无异常浆细胞增多、尿本周蛋白是否阳性、血浆蛋白电泳有无 M 成分等做出诊断。

3.2.11 脾功能亢进

1）病史询问要点：既往有无慢性肝炎、血吸虫病等疾病史，注意寻找原发疾病的线索。

2）查体要点：查体可见脾脏肿大及原发疾病的相关体征。

3）辅助检查要点：

血常规：全血细胞减少或白细胞、血小板减少。

腹部 B 超：显示脾脏肿大。

一般根据血液检查特点、B 超检查提示脾脏肿大，结合原发疾病综合判断，即可诊断。

3.2.12 血小板减少症

1）病史询问要点：有无反复的皮肤黏膜出血（如鼻出血或牙龈出血）史。

2）查体要点：注意出血的性状和部位，有无紫癜、牙龈出血点、口腔黏膜血疱等，有无肝、脾、淋巴结肿大。

3）辅助检查要点：血常规检查血小板计数低于参考值下限，即可诊断。

3.2.13 血小板减少性紫癜

1）病史询问要点：有无反复的皮肤黏膜出血史，如鼻出血或牙龈出血，有无家族出血史。

2）查体要点：注意有无紫癜、牙龈出血点、口腔黏膜血疱等，有无肝、脾、淋巴结肿大。

3）辅助检查要点：血常规检查血小板计数低于参考值下限。

有出血症状并伴血小板减少即可诊断。

3.2.14 过敏性紫癜

1）病史询问要点：有无自发性的皮肤紫癜，尤其是两下肢皮肤反复出现紫癜，紫癜治疗情况，是否可自发消退；有无其他类型紫癜的相关症状如腹痛、关节痛、血尿等。

2）查体要点：单纯型过敏性紫癜病变仅表现在皮肤，紫癜的特点是分布于四肢、臀部，多在伸侧，多为对称性，皮疹分批出现，可高出皮面伴痒感；其他各型紫癜可在皮肤紫癜发生前或发生后出现相应体征，如腹型紫癜可有腹部脐周压痛，关节型紫癜可见关节红肿、压痛及功能障碍，肾型紫癜可有水肿、血压增高等，结合紫癜特点一般容易诊断。

3）辅助检查要点：

血常规：血小板计数正常。

尿常规：肾型紫癜可有镜下血尿、尿蛋白阳性。

3.2.15 血友病

1）病史询问要点：有无家族史，有无皮肤黏膜自发出血或轻伤后出血不止史，或月经过多史，创伤或手术时有无异常出血史等。

2）查体要点：发作期可有关节肿胀和压痛等体征。

3）辅助检查要点：本病主要通过病史进行诊断，必要时可进一步做凝血时间、部分凝血活酶时间等血液学检查确诊。

3.2.16 白血病

1）病史询问要点：有无发热、出血、贫血等相关症状。

2）查体要点：检查有无皮肤黏膜出血点、瘀斑，有无贫血貌，有无肝、脾、淋巴结肿大及胸骨压痛等体征。

3）辅助检查要点：血常规检查白细胞总数可升高，分类可见各期白细胞；多呈正常细胞性贫血。

可疑病例应及时请血液科会诊，必要时做骨髓检查以明确诊断。

3.3 注意事项

3.3.1 血液病种类繁多，临床表现多种多样，体检中应尽量详细询问并记录病史（本人应如实反映），以寻找原发疾病线索；查体应认真全面，避免遗漏重要体征；除了血常规检查，必要时可增加实验室辅助检查项目。要综合分析病史询问、查体和辅助检查结果，尽可能地避免漏诊。

3.3.2　血液病多属于全身性、难治性疾病，对健康的影响大多较为严重，故原则上均按不合格处理。但有些血液病，其病因明确（如病毒感染、药物反应、炎症等）且易于纠正，对健康影响较小（如只引起血小板或白细胞一过性轻度减少或增高、轻度缺铁性贫血等），消除病因后复查能够很快恢复正常，可按合格处理。

3.3.3　血液病的病因复杂，有些病因体检中一时难以明确，且体检的目的主要不是针对病因寻找治疗方法，故应注意把握疾病的诊断，能够做出是否合格的结论即可。除贫血外，对其他一些血液病的病因学诊断、病名诊断不必过分深究，例如可做出血小板减少症、紫癜等初步诊断并在此基础上做出不合格结论，而没有必要做出是何种血小板减少症、何种紫癜的诊断。

《公务员录用体检操作手册（试行）》修订对照表

序号	原表述	修订后
一	第2篇体检项目及操作规程 6.1 血常规（第16～17页）	
1	6.1.1　红细胞总数（RBC） 【参考值】　男性：(4.0～5.5)×10^{12}/L，女性：(3.5～5.0)×10^{12}/L。	6.1.1　红细胞计数（RBC） 【参考值】　男性：(4.3～5.8)×10^{12}/L，女性：(3.8～5.1)×10^{12}/L。
2	6.1.2　血红蛋白（HGB） 【参考值】　男性：120～160 g/L，女性：110～150 g/L。	6.1.2　血红蛋白（HGB） 【参考值】　男性：130～175 g/L，女性：115～150 g/L。
3	6.1.3　白细胞总数（WBC） 【参考值】　(4.0～10.0)×10^9/L。	6.1.3　白细胞计数（WBC） 【参考值】　(3.5～9.5)×10^9/L。

续表

序号	原表述	修订后
4	6.1.4　白细胞分类计数（DC） 【参考值】 中性粒细胞：杆状核为0.01～0.05（1%～5%），分叶核为0.50～0.70（50%～70%）。 嗜酸粒细胞：0.005～0.05（0.5%～5%）。 嗜碱粒细胞：0.00～0.01（0～1%）。 淋巴细胞：0.20～0.40（20%～40%）。 单核细胞：0.03～0.08（3%～8%）。 …… 嗜酸粒细胞增多常见于银屑病、天疱疮、湿疹、支气管哮喘、食物过敏、一些血液病及肿瘤，如慢性粒细胞性白血病、鼻咽癌、肺癌及宫颈癌等；减少常见于伤寒、副伤寒早期、长期使用肾上腺皮质激素后。 嗜碱粒细胞增多常见于慢性粒细胞白血病伴有嗜碱粒细胞增高、骨髓纤维化、慢性溶血及脾切除后；减少一般没有临床意义。 淋巴细胞增多常见于传染性单核细胞增多症、结核病、疟疾、慢性淋巴细胞性白血病、百日咳、某些病毒感染等；减少常见于破坏过多，如长期化疗、X线照射后及免疫缺陷等。 单核细胞增多常见于单核细胞性白血病、结核病活动期、伤寒、疟疾等；减少临床意义不大。	6.1.4　白细胞分类计数（DC） 【参考值】 中性粒细胞：$(1.8\sim6.3)\times10^9/L$（40%～75%）。 嗜酸粒细胞：$(0.02\sim0.52)\times10^9/L$（0.4%～8%）。 嗜碱粒细胞：$(0.00\sim0.06)\times10^9/L$（0～1%）。 淋巴细胞：$(1.1\sim3.2)\times10^9/L$（20%～50%）。 单核细胞：$(0.1\sim0.6)\times10^9/L$（3%～10%）。 …… 嗜酸粒细胞增多常见于银屑病、天疱疮、湿疹、支气管哮喘、过敏、一些血液病及肿瘤，如慢性粒细胞性白血病、鼻咽癌、肺癌及宫颈癌等；减少常见于伤寒、副伤寒早期、长期使用肾上腺皮质激素后。 嗜碱粒细胞增多常见于慢性粒细胞白血病伴有骨髓纤维化、慢性溶血及脾切除后；减少一般没有临床意义。 淋巴细胞增多常见于传染性单核细胞增多症、结核病、疟疾、慢性淋巴细胞性白血病、百日咳、某些病毒感染等；减少常见于某些白血病或破坏过多，如长期化疗、X线照射后及免疫缺陷等。 单核细胞增多常见于单核细胞性白血病、结核病活动期、伤寒、疟疾等；减少临床意义不大。

续表

序号	原表述	修订后
5	6.1.5 血小板计数（PLT） 【参考值】（100～300）×10⁹/L。	6.1.5 血小板计数（PLT） 【参考值】（125～350）×10⁹/L。
二	第2篇体检项目及操作规程 6.3 血生化（第18页）	
6	6.3.2 丙氨酸氨基转移酶（ALT） 肝脏生化检查指标，采用酶法，用全自动或半自动生化仪检测，可对病毒性肝炎等肝胆系统疾病进行早期诊断，并有助于判断疾病的程度、预后。 【参考值】＜40 U/L。	6.3.2 丙氨酸氨基转移酶（ALT） 肝脏生化检查指标，采用酶法，用全自动或半自动生化仪检测，可对病毒性肝炎等肝胆系统疾病进行早期诊断，并有助于判断疾病的程度、预后。 【参考值】男：9～50 U/L，女：7～40 U/L。
7	6.3.3 天冬氨酸氨基转移酶（AST） 肝脏生化检查指标，检测方法和意义同 ALT。 【参考值】＜40 U/L。	6.3.3 天冬氨酸氨基转移酶（AST） 肝脏生化检查指标，检测方法和意义同 ALT。 【参考值】男：15～40 U/L，女：13～35 U/L。
三	第3篇《公务员录用体检通用标准（试行）》实施细则 3 关于血液病（第27～29页）	
8	3 关于血液病	3 关于血液系统疾病
9	第三条 血液病，不合格。单纯性缺铁性贫血，血红蛋白男性高于 90 g/L、女性高于 80 g/L，合格。	第三条 血液系统疾病，不合格。单纯性缺铁性贫血，血红蛋白男性高于 90 g/L、女性高于 80 g/L，合格。
10	3.1 条文解释 …… 血液病一般可分为红细胞疾病（主要为各种贫血）、白细胞疾病、出血性疾病、造血干细胞疾病等，临床上主要表现为贫血、出血、发热及恶性细胞浸润所致的淋巴结、肝、脾肿大等，不同疾病又各有其特点。现仅就较常见的一些疾病做简要说明。	3.1 条文解释 …… 血液系统疾病一般可分为红细胞疾病、白细胞疾病、出血性疾病、造血干细胞疾病等，临床上可以表现为贫血、出血、发热或恶性细胞浸润所致的淋巴结、肝、脾肿大等，不同疾病又各有其特点。现仅就较常见的一些疾病做简要说明。

续表

序号	原表述	修订后
11	3.1.1　贫血系指单位容积血液中血红蛋白含量低于参考值的下限，同时常伴有不同程度的红细胞数量和红细胞压积减少。一般认为，在平原地区，血红蛋白含量成人男性＜120 g/L，女性＜110 g/L，即可诊断为贫血…… 2）再生障碍性贫血：简称再障，是多种病因引起骨髓造血功能衰竭及造血微环境损伤所导致的以全血细胞减少为主要特征的一种综合病征。常见病因有药物、化学毒物、电离辐射、病毒感染、骨髓增生异常等…… 4）骨髓病性贫血：是由于骨髓被肿瘤细胞或异常组织浸润而引起的继发性贫血，其特点为骨痛、骨质破坏，贫血伴幼粒幼红细胞血象。常见病因有急慢性白血病、淋巴瘤、多发性骨髓瘤、恶性组织细胞增生症及转移癌等。本病一经诊断，即做不合格结论。 5）溶血性贫血：系因红细胞破坏加速、超过骨髓造血功能的代偿能力而发生的贫血，其主要特点为贫血、黄疸、脾大、网织红细胞增多及骨髓幼红细胞增生。溶血原因可由红细胞膜的结构与功能缺陷、酶缺陷等红细胞遗传缺陷所致，也可由感染、理化、免疫、代谢等后天因素而引起。根据红细胞破坏的主要场所可分为血管内溶血和血管外溶血。两者均做不合格结论。	3.1.1　贫血系指单位容积血液中血红蛋白含量低于参考值的下限，同时常伴有不同程度的红细胞数量和红细胞压积减少。一般认为，在平原地区，血红蛋白含量成人男性＜130 g/L，女性＜115 g/L，即可诊断为贫血…… 2）再生障碍性贫血：简称再障，是多种病因引起骨髓衰竭所导致的以全血细胞减少为主要特征的一种综合病征。常见病因有药物、化学毒物、电离辐射、病毒感染等…… 4）肿瘤性贫血：是由于血液肿瘤（如白血病、淋巴瘤、骨髓瘤）或实体瘤浸润骨髓或骨髓增生异常（如骨髓异常增生综合征）所致的贫血。本病一经诊断，即做不合格结论。 5）溶血性贫血：系因红细胞破坏加速、超过骨髓造血功能的代偿能力而发生的贫血，其主要特点为贫血、黄疸、脾大、网织红细胞增多及骨髓幼红细胞增生。溶血原因可由红细胞膜的结构与功能缺陷、酶缺陷等红细胞遗传缺陷所致，也可由感染、药物、理化、免疫、代谢等后天因素而引起。根据红细胞破坏的主要场所可分为血管内溶血和血管外溶血。两者均做不合格结论。

续表

序号	原表述	修订后
12	3.1.3　白细胞疾病包括各类白细胞减少和增多性疾病。 1）白细胞减少症和粒细胞缺乏症：白细胞减少症是指外周血白细胞计数<4.0×10^9/L，其中以中性粒细胞减少占绝大多数，当中性粒细胞总数<0.5×10^9/L时称为粒细胞缺乏症。两者的病因大致相同…… 2）中性粒细胞增多症：是指外周血中性粒细胞数>7.0×10^9/L［白细胞参考值（4.0～10.0）$\times10^9$/L，中性粒细胞占50%～70%，故其绝对值应≤7.0×10^9/L］……	3.1.3　白细胞疾病包括各类白细胞减少和增多性疾病。 1）白细胞减少症和粒细胞缺乏症：白细胞减少症是指外周血白细胞计数<3.5×10^9/L，其中以中性粒细胞减少占绝大多数，当中性粒细胞总数<0.5×10^9/L时称为粒细胞缺乏症。两者的病因大致相同…… 2）中性粒细胞增多症：是指外周血中性粒细胞数>7.0×10^9/L……
13	3.1.5　多发性骨髓瘤为恶性浆细胞增生疾病中最常见的一种，其特点是单克隆浆细胞在骨髓中呈肿瘤性增生，从而破坏骨组织……	3.1.5　多发性骨髓瘤为恶性浆细胞疾病中最常见的一种，其特点是单克隆浆细胞呈肿瘤性增生……
14	3.1.7　出血性疾病正常的止血机制由血管、血小板及凝血机制三方面协同作用共同完成，任何一个方面发生障碍都可导致异常出血，即出血不止或过多，称为出血性疾病。 1）血小板减少症：是指外周血中血小板计数低于参考值下限（100×10^9/L）。当血小板计数低于50×10^9/L时可能会有出血，低于20×10^9/L时出血症状会加重，表现为皮肤黏膜出血点（直径<2 mm）、紫癜（直径3～5 mm）或瘀斑（直径>5 mm）、牙龈出血、鼻出血，重者可有内脏出血，如便血和尿血等……	3.1.7　出血性疾病正常的止血机制由血管、血小板及凝血机制三方面协同作用共同完成，任何一个方面发生障碍都可导致异常出血，即出血不止或过多，称为出血性疾病。 1）血小板减少症：是指外周血中血小板计数低于100×10^9/L。当血小板计数低于50×10^9/L时可能会有出血，低于20×10^9/L时出血症状会加重，表现为皮肤黏膜出血点（直径<2 mm）、紫癜（直径3～5 mm）或瘀斑（直径>5 mm）、牙龈出血、鼻出血，重者可有内脏出血，如便血和尿血等……

续表

序号	原表述	修订后
15	3.2　诊断要点 3.2.1　缺铁性贫血 3）辅助检查要点： …… 不能确定贫血性质时，可根据当地条件选择进一步检测项目，如测定血清铁蛋白、血清铁、总铁结合力或红细胞游离原卟啉等，以确定是否为缺铁性贫血，并进一步寻找缺铁病因，以便做出是否合格的结论。	3.2　诊断要点 3.2.1　缺铁性贫血 3）辅助检查要点： …… 不能确定贫血性质时，可根据当地条件选择进一步检测项目，如测定血清铁蛋白、血清铁、总铁结合力等，以确定是否为缺铁性贫血，并进一步寻找缺铁病因，以便做出是否合格的结论。

人力资源和社会保障部办公厅
国家公务员局综合司关于开展全国行政机关公务员考试录用工作“警示教育周”活动的通知

人社厅发［2013］101 号

各省、自治区、直辖市和新疆生产建设兵团人力资源社会保障厅（局）、公务员局，国务院各部委、各直属机构人事部门：

《关于开展全国行政机关考试录用工作警示教育活动的通知》（人社厅发［2012］27 号）印发后，各地各部门认真部署，精心组织，结合实际，积极创新，取得了较好效果。今年 8 月召开的全国公务员考试录用工作会议明确要求，加强警示教育，筑牢工作人员思想防线，做到防微杜渐、警钟长鸣。为贯彻落实全国公务员考试录用工作会议精神，巩固警示教育活动成果，确保考录安全，经研究，决定在全国行政机关考录系统开展考录工作“警示教育周”活动。现将有关事项通知如下：

一、主要目标

开展“警示教育周”活动，要按照今年全国公务员考试录用工作会议要求，紧紧围绕安全考录这一主题，用一周左右时间集中进行警示教育活动，增强考录工作人员法律意识和责任意识，查找影响考录安全的问题和隐患并提出解决措施，防治考录工作中的不正之风，提高考录工作规范性水平，确保录用考试的平稳有序。

二、主要内容

开展“警示教育周”活动，要把握“夯实基础，预防为主”的总要求，重点抓好考录政策学习和案例剖析、重点业务专题培训、工作自查和整改等内容。

要抓好政策学习和案例剖析。组织考录工作人员深入学习《公务员考试录用政策法规汇编》、考录工作典型案例汇编及有关领导同志关于考录工作的讲话和批示，观看广西泄题事件和长治体检事件警示教育片，并结合实际开展讨论交流。考录主管部门、招录机关和考务机构的相关工作人员都要参加学习，考录分管领导同志、新从事考录工作的人员尤其要认真学习，尽快熟悉考录政策和有关要求。

要开展重点业务专题培训。要结合实际，针对本地本部门考录工作中的重点或薄弱环节开展专题培训。培训应围绕如何确保有关政策规定的严格落实、如何避免泄密、防止出现争议等内容开展。培训可以采取经验介绍、业务知识讲授、组织流程讲解、专题研讨等形式。培训对象应包括参与考录相关工作的所有人员。

要认真进行工作自查和整改。要对本地本部门考录工作全过程进行全面深入的自查，梳理工作流程，总结在制度、操作、管理等层面的做法，查找在确定招录计划、资格审查、笔试、面试、体检、考察、公示、审批备案、试用期管理等各环节工作中存在的有违公平原则、影响考录安全、侵害考生权益、可能引起争议的问题和隐患，并研究提出有针对性的解决措施和整改要求、责任和时限。

三、方法步骤

（一）动员部署（2013 年 10 月中旬）。各地各部门根据本通知的要求，结合实际制定本地本部门开展考录工作“警示教育周”活动的工作方案，并通过适当方式进行动员部署。

（二）开展活动（2013 年 10 月中旬至 11 月底）。各地各部门按照实施方案，适时选取一周左右时间集中开展活动。活动实施要同落实2014年度中央国家机关公务员招考任务的动员部署结合起来。

（三）活动总结（2013年12月）。各地各部门将开展“警示教育周”活动总结及时报送国家公务员局考录司，总结应包括本地本部门开展活动情况和改进工作措施。国家公务员局考录司对各地开展活动情况进行评估，并对好的做法予以宣传推广。

四、有关要求

（一）加强组织领导。“警示教育周”活动是2013年考录工作的重要内容，各地各部门要高度重视，精心组织，周密安排各项活动，及时总结活动情况，确保活动顺利开展。

（二）注重活动实效。“警示教育周”活动时间较短，各地各部门要突出重点，明确思路，要结合党的群众路线教育实践活动、人大政协委员提案建议答复、考生信访处理、舆情应对等工作，最大限度地查找考录工作中存在的问题，并有针对性地提出整改措施。可结合自身工作特点，创新警示教育载体，丰富警示教育内容，提高活动实效。

（三）做好总结完善。各地各部门要认真总结活动开展情况，特别是针对活动中发现的问题及提出的整改措施，认真研究制定落实方案，列出完成时间表，不断完善制度、规范程序、加强管理，全面推进安全考录。

2013年10月8日

其　　他

中共中央组织部关于在干部教育培训中进一步加强学员管理的规定

中组发［2013］8号

各省、自治区、直辖市、计划单列市党委组织部，新疆生产建设兵团党委组织部：

为进一步加强学员管理、切实改进干部教育培训学风，按照《十八届中央政治局关于改进工作作风、密切联系群众的八项规定》及中央办公厅、国务院办公厅《实施细则》精神，结合干部教育培训工作实际，做出如下规定。

一、无论什么级别的干部参加学习培训都是普通学员，必须端正学习态度，树立学员意识，严格遵守学习培训和廉洁自律的各项规定，把精力主要放在学习上，认真完成培训任务。干部管理部门和干部教育培训机构要对参训干部提出具体要求。

二、干部在校学习期间，要住在学员宿舍，吃在学员食堂。学员之间、教员和学员之间不得用公款相互宴请。班级、小组不得以集体活动为名聚餐吃请。学员不得外出参加任何形式的可能影响公正执行公务的宴请和娱乐活动。对违反规定的学员予以退学处理。

三、组织学员外出进行现场教学、实地考察调研等活动时，不准警车带路，不接受宴请，一律吃自助餐或便餐，不收受纪念品和土特产，不安排与学习无关的旅游和娱乐活动。对违反规定的，追究培训机构有关领导和带队负责人的责任.

四、学员不准接受和赠送礼品、礼金、有价证券和支付凭证及土特产等，不得接待以探望为名的各种礼节性来访。学员之间不准以学习交流、对口走访、交叉考察、集体调研等名义互请旅游。对违反规定的学员，视情节轻重予以约谈提醒、通报批评或责令退学。对于接受和赠送贵重礼品、礼金、有价证券和支付凭证的，将有关情况通报干部主管部门和所在单位，按规定处理。

五、学员参加学习期间不再承担所在单位的工作、会议、出国（境）考察等任务。如因特殊情况确需请假的，必须严格履行请假手续。累计请假时间超过总学时 1/7 的，按退学处理。未经批准擅自离校的，责令退学。

六、学员必须自己动手撰写发言材料、学习体会、调研报告和论文等，不准请人代写，不准抄袭他人学习研究成果，不准秘书等工作人员“陪读”。对违反规定的学员，视情节轻重予以取消成绩、通报批评或责令退学。

七、学员学习培训期间，不得留公交车驻校，不得借用其他单位和个人的车辆“伴读”。对违反规定的学员，予以通报批评。

八、学员在校期间及结（毕）业以后，一律不准以同学名义搞“小圈子”，不得成立任何形式的联谊会、同学会等组织，也不得确定召集人、联系人等开展有组织的活动。不得利用同学关系在干部任用和人事安排以及子女入学、就业、经商等方面相互提供方便、谋取私利。对违反规定的在校学员，牵头人予以退学处理，参与者予以通报批评；对结（毕）业后的学员，由有关部门严肃查处。

九、干部教育培训管理部门和培训机构要厉行节约、勤俭办学，不得在高档宾馆、风景名胜区举办培训班，不得超标准安排食宿，不得发放高档消费品和纪念品，严禁借培训之名搞公款旅游。对违反规定的，追究主办单位领导人员责任。

各级组织人事部门、干部教育培训机构和干部所在单位要高度重视，按照职责分工和干部管理权限，分级管理，分工负责，切实抓好学员管理工作。组织人事部门要将学员在校期间的主要表现记入个人档案，作为干部考核内容和任职、晋升的重要依据，对重点培训班次要派专人跟班。干部教育培训机构要完善规章制度，严格校规校纪，从紧安排教学，从严要求学员，教育引导教师、班主任、组织员等做好学员的服务和管理。干部所在单位要支持和鼓励干部参加学习培训，不安排工作，不派人看望，为干部集中精力搞好学习创造条件。

各地区各部门要结合实际，研究提出贯彻本规定的具体措施，切实抓好落实。中央组织部将适时检查本规定落实情况。

2013 年 2 月 19 日

中共中央组织部关于改进地方党政领导班子和领导干部政绩考核工作的通知

中组发［2013］22号

各省、自治区、直辖市党委组织部，各副省级城市党委组织部，中央和国家机关各部委、各人民团体组织人事部门，新疆生产建设兵团党委组织部：

为贯彻落实党的十八大和十八届三中全会关于改革和完善干部考核评价制度，完善发展成果考核评价体系的精神，促进各级领导干部树立正确的政绩观，推动经济社会科学发展，经中央同意，现就改进地方党政领导班子和领导干部政绩考核工作的有关问题通知如下。

1. 政绩考核要突出科学发展导向。地方党政领导班子和领导干部的年度考核、目标责任考核、绩效考核、任职考察、换届考察以及其他考核考察，要看全面工作，看经济、政治、文化、社会、生态文明建设和党的建设的实际成效，看解决自身发展中突出矛盾和问题的成效，不能仅仅把地区生产总值及增长率作为考核评价政绩的主要指标，不能搞地区生产总值及增长率排名。中央有关部门不能单纯以地区生产总值及增长率来衡量各省（自治区、直辖市）发展成效。地方各级党委、政府不能简单以地区生产总值及增长率排名评定下一级领导班子和领导干部的政绩和考核等次。

2. 完善政绩考核评价指标。根据不同地区、不同层级领导班子和领导干部的职责要求，设置各有侧重、各有特色的考核指标，把有质量、有效益、可持续的经济发展和民生改善、社会和谐进步、文化建设、生态文明建设、党的建设等作为考核评价的重要内容。强化约束性指标考核，加大资源消耗、环境保护、消化产能过剩、安全生产等指标的权重。更加重视科技创新、教育文化、劳动就业、居民收入、社会保障、人民健康状况的考核。

3. 对限制开发区域不再考核地区生产总值。对限制开发的农产品主产区和重点生态功能区，分别实行农业优先和生态保护优先的绩效评价，不考核地区生产总值、工业等指标。对禁止开发的重点生态功能区，全面评价自然文化资源原真性和完整性保护情况。对生态脆弱的国家扶贫开发工作重点县取消地区生产总值考核，重点考核扶贫开发成效。

4. 加强对政府债务状况的考核。把政府负债作为政绩考核的重要指标，强化任期内举债情况的考核、审计和责任追究，防止急于求成，以盲目举债搞“政绩工程”。注重考核发展思路、发展规划的连续性，考核坚持和完善前任正确发展思路、一张好蓝图抓到底的情况，考核积极化解历史遗留问题的情况，把是否存在“新官不理旧账”“吃子孙饭”等问题作为考核评价领导班子和领导干部履职尽责的重要内容。

5. 加强对政绩的综合分析。辩证地看主观努力与客观条件、前任基础与现任业绩、个人贡献与集体作用，既看发展成果，又看发展成本与代价；既注重考核显绩，更注重考核打基础、利长远的潜绩；既考核尽力而为，又考核量力而行，全面历史辩证地评价领导班子和领导干部的政绩。注意识别和制止“形象工程”“政绩工程”，防止和纠正以高投入、高排放、高污染换取经济增长速度，防止和纠正不作为、乱作为等问题。

6. 选人用人不能简单以地区生产总值及增长率论英雄。要按照好干部的标准，根据干部的德才素质、工作需要、群众公认等情况综合评价干部，注重选拔自觉坚持和领导科学发展、成绩突出、群众公认的干部。不能简单地把经济增长速度与干部的德能勤绩廉画等号，将其作为干部提拔任用的依据，作为高配干部或者提高干部职级待遇的依据，作为末位淘汰的依据。

7. 实行责任追究。制定违背科学发展行为责任追究办法，强化离任责任审计，对拍脑袋决策、拍胸脯蛮干，给国家利益造成重大损失的，损害群众利益造成恶劣影响的，造成资源严重浪费的，造成生态严重破坏的，盲目举债留下一摊子烂账的，要记录在案，视情节轻重，给予组织处理或党纪政纪处分，已经离任的也要追究责任。

8. 规范和简化各类工作考核。加强对考核的统筹整合，切实解决多头考核、重复考核、烦琐考核等问题，简化考核程序，提高考核效率。精简各类专项业务工作考核，取消名目繁多、导向不正确的考核，防止考核过多过滥、“一票否决”泛化和基层迎考迎评负担沉重的现象。中央管理的领导班子和领导干部当年开展专项学习教育活动或换届考察、巡视的，可不再重复进行年度考核，根据年度工作情况，综合运用专项活动督导以及换届考察、巡视等成果形成年度考核意见。

各地区各部门要按照本通知精神，完善考核评价制度，抓紧清理和调整考核评价指标，废止不符合中央要求的制度规定，树立正确的考核导向，使考核由单纯比经济总量、比发展速度，转变为比发展质量、发展方式、发展后劲，引导各级领导班子和领导干部牢固树立“功成不必在我”的发展观念，做出经得起实践、人民、历史检验的政绩。

2013 年 12 月 6 日

教育部　总参谋部关于印发《应征入伍普通高等学校录取新生保留入学资格及退役后入学办法（试行）》的通知

教学［2013］8号

各省、自治区、直辖市教育厅（教委）、征兵办公室，有关部门（单位）教育司（局），各军区、各军兵种，军事科学院，国防大学，国防科学技术大学，武警部队，各省军区（卫戍区、警备区），教育部直属各高等学校：

现将《应征入伍普通高等学校录取新生保留入学资格及退役后入学办法（试行）》印发给你们，请认真贯彻执行。在试行过程中遇到问题望及时反映。

2013年7月13日

应征入伍普通高等学校录取新生保留入学资格及退役后入学办法（试行）

第一条　为了做好应征入伍普通高等学校录取新生保留入学资格及退役后入学工作，根据《中华人民共和国兵役法》和其他有关规定，制定本办法。

第二条 应征入伍普通高等学校录取新生，是指通过全国普通高等学校统一考试或研究生招生考试、已被普通高等学校或研究生招生单位（以下简称高校）录取但因同时依法应征入伍未到录取高校报到入学的学生（以下简称入伍高校新生）。

第三条 入伍高校新生申请保留入学资格，应当由入伍高校新生本人持高校录取通知书和身份证（户口簿）、高中阶段教育毕业证，到入伍地县（市、区）人民政府征兵办公室（以下简称县级征兵办）领取并填写《应征入伍普通高等学校录取新生保留入学资格申请表》（以下简称《保留入学资格申请表》，一式两份，式样附后）。入伍高校新生本人因故不能前往办理的，可以委托其他人持上述证明材料及受委托人身份证代为办理。县级征兵办应当认真查验入伍高校新生及受委托人有关证件，核实身份。

第四条 县级征兵办应当逐一告知入伍高校新生有关保留入学资格相关政策，协助入伍高校新生本人或受委托人填写《保留入学资格申请表》。

第五条 县级征兵办原则上应当在完成本辖区所有新兵交接手续之后 5 日内，汇总入伍高校新生《保留入学资格申请表》，加盖县级征兵办公章，连同入伍通知书复印件以公函形式发送至相关高校招生部门。对之后申请办理保留入学资格手续的，县级征兵办应当在录取高校规定新生报到日期前将《保留入学资格申请表》寄送高校招生部门。

第六条 高校接到入伍高校新生申请保留入学资格的有关材料后，依法依规审核录取资格，办理保留入学资格手续，在中国高等教育学生信息网学生个人信息中标注“参军入伍”，出具《保留入学资格通知书》。《保留入学资格申请表》审核加盖学校公章后，一份高校备案，另一份连同《保留入学资格通知书》寄送相关县级征兵办。县级征兵办收到上述材料后，将《保留入学资格申请表》留存备案，并在1周内将《保留入学资格通知书》送交入伍高校新生或受委托人保管。

第七条 入伍高校新生在退役后2年内，可以在退役当年或者第2年高校新生入学期间，持《保留入学资格通知书》和高校录取通知书，到录取高校办理入学手续。入伍高校新生重新报名参加高考或研究生招生考试的，视为自动放弃原入学机会，入学资格不再保留。

第八条 入伍高校新生退役入学时，原录取高校合并、撤销的，由省（区、市）教育行政部门安排转入同批次且与高考当年录取分数线相近的高校入学；原报考专业撤销的，由录取高校安排转入其他相近专业学习。

第九条 入伍高校新生在新兵检疫复查期间因身体原因被退回，可以持县级征兵办证明和高校录取通知书到录取高校办理入学手续；因身体原因不宜继续在部队服役而中途退役，可以在退役当年，如错过当年入学期间，可以顺延1年到录取高校办理入学。高校对申请入学的入伍高校新生（被退回及中途退役的）按照有关规定，进行新生入学资格复查，复查合格的办理入学手续，复查不合格的取消其入学资格。入伍后因政治原因或拒绝服兵役被部队退回、服役期间受到除名或开除军籍处分的，或者被依法追究刑事责任的，所在部队有关部门负责通报其入伍地县级征兵办，并由县级征兵办告知录取高校。高校应取消其入学资格。

第十条 各级征兵办公室应当建立入伍高校新生登记统计制度，并逐级汇总上报。省级征兵办公室应当将本省（区、市）入伍高校新生情况通报同级教育行政部门备案。省级教育行政部门应当依据高校反馈的自行放弃入学资格考生名单，比对入伍高校录取新生信息，核查其中是否有已入伍尚未办理保留入学资格手续的学生；对未办理保留入学资格手续的，要督促协调有关部门做好手续补办工作。

第十一条 在办理入伍高校新生保留入学资格和退役后入学手续过程中，对故意拖延或不予办理的，上级主管部门应当督促办理并予以通报批评；造成不良影响或者严重后果的，依据有关规定追究相关人员责任。对在办理入伍高校新生保留入学资格和退役后入学工作中，弄虚作假、谋取私利的，依照有关法律法规严肃处理。

附件：应征入伍普通高等学校录取新生保留入学资格申请表（略）

财政部　教育部　总参谋部关于印发《高等学校学生应征入伍服义务兵役国家资助办法》的通知

财教［2013］236号

党中央有关部门，国务院有关部委、有关直属机构，武警部队，各省（自治区、直辖市、计划单列市）财政厅（局）、教育厅（教委、教育局）、征兵办公室，新疆生产建设兵团财务局、教育局，各军区、各军兵种，军事科学院，国防大学，国防科学技术大学，各省军区（卫戍区、警备区），中央部门直属各高等学校：

为推进国防和军队现代化建设，鼓励高等学校学生积极应征入伍服义务兵役，提高兵员征集质量，财政部、教育部、总参谋部制定了《高等学校学生应征入伍服义务兵役国家资助办法》，现印发给你们，请遵照执行。

附件：1. 高等学校学生应征入伍服义务兵役国家资助办法
2. 高校学生应征入伍学费补偿国家助学贷款代偿申请表（略）
3. 高校学生退役复学学费减免申请表（略）

2013年8月20日

附件 1

高等学校学生应征入伍服义务兵役国家资助办法

第一章 总 则

第一条 为推进国防和军队现代化建设，鼓励高等学校学生积极应征入伍服义务兵役，提高兵员征集质量，对应征入伍服义务兵役及退役后自愿回校复学的高等学校学生，国家给予资助。现根据有关规定，制定本办法。

第二条 高等学校学生应征入伍服义务兵役国家资助，是指国家对应征入伍服义务兵役的高校学生，在入伍时对其在校期间缴纳的学费实行一次性补偿或获得的国家助学贷款（国家助学贷款包括校园地国家助学贷款和生源地信用助学贷款，下同）实行代偿；应征入伍服义务兵役前正在高等学校就读的学生（含按国家招生规定录取的高等学校新生），服役期间按国家有关规定保留学籍或入学资格、退役后自愿复学或入学的，国家实行学费减免。

第三条 本办法所称高等学校是指根据国家有关规定批准设立、实施高等学历教育的全日制公办普通高等学校、民办普通高等学校和独立学院（以下简称高校）。

第四条 本办法所称高校学生是指高校全日制普通本专科（含高职）、研究生、第二学士学位的应（往）届毕业生、在校生和入学新生，以及成人高校招收的普通本专科（高职）应（往）届毕业生、在校生和入学新生（以下简称高校学生）。

下列高校学生应征入伍服义务兵役不享受国家资助：

（一）在校期间已免除全部学费的学生；

（二）定向生、委培生和国防生；

（三）其他不属于服义务兵役到部队参军的学生。

第五条 高校学生应征入伍服义务兵役国家资助资金，全部由中央财政安排。

第二章 标准及年限

第六条 学费补偿、国家助学贷款代偿及学费减免标准，本专科生每人每年最高不超过 6 000 元，硕士研究生每人每年最高不超过 8 000 元，博士研究生每人每年最高不超过 10 000 元。

学费补偿或国家助学贷款代偿金额，按学生实际缴纳的学费或获得的国家助学贷款（国家助学贷款包括本金及其全部偿还之前产生的利息，下同）两者金额较高者执行，据实补偿或者代偿。退役复学后学费减免金额，按学校实际收取学费金额执行。超出标准部分不予补偿、代偿或减免。

获学费补偿学生在校期间获得国家助学贷款的，补偿资金必须首先用于偿还国家助学贷款。如补偿金额高于国家助学贷款金额，高出部分退还学生。

第七条 获得国家助学贷款的高校在校生应征入伍后，国家助学贷款停止发放。

第八条 学费补偿、国家助学贷款代偿和学费减免的年限，按照国家对本科、专科（高职）、研究生和第二学士学位规定的相应修业年限据实计算。以入伍时间为准，入伍前已达到的修业规定年限，即为学费补偿或国家助学贷款代偿的年限；退役复学后应完成的国家规定的修业年限的剩余期限，即为学费减免的年限；复学后攻读更高层次学历不在减免学费范围之内。

专升本、本硕连读、中职高职连读、第二学士学位毕业生补偿学费或代偿国家助学贷款的年限，分别按照完成本科、硕士、高职和第二学士学位阶段学习任务规定的学习时间计算。

专升本、本硕连读学制在校生，在专科或本科学习阶段应征入伍的，以实际学习时间实行学费补偿或国家助学贷款代偿；在本科或硕士学习阶段应征入伍的，以本科已学习时间或硕士已学习时间计算，实行学费补偿或国家助学贷款代偿，其以前专科学习时间或本科学习时间不计入学费补偿或国家助学贷款代偿。中职高职连读学生学费补偿或国家助学贷款代偿的年限，按照高职阶段实际学习时间计算。

第三章　申请与审批

第九条　高校学生申请应征入伍服义务兵役国家资助应遵循以下程序：

（一）应征报名的高校学生登录大学生征兵报名系统，按要求在线填写、打印《高校学生应征入伍学费补偿国家助学贷款代偿申请表》（一式两份，以下简称《申请表》）并提交学校学生资助管理部门。在校期间获得国家助学贷款的学生，需同时提供《国家助学贷款借款合同》复印件和本人签字的一次性偿还贷款计划书。

（二）学校相关部门对《申请表》中学生的资助资格、标准、金额（如有生源地信用助学贷款，学校应联系贷款经办银行或贷款经办地县级学生资助管理机构确认贷款金额）等相关信息审核无误后，对《申请表》加盖公章，一份留存，一份返还学生。

（三）学生在征兵报名时将《申请表》交至入伍所在地县级人民政府征兵办公室（以下简称县级征兵办）。学生通过征兵体检被批准入伍后，县级征兵办对《申请表》加盖公章并返还学生。

（四）学生将《申请表》原件和入伍通知书复印件，寄送至原就读高校学生资助管理部门。

第十条　高校学生资助管理部门在收到学生寄送的《申请表》和《入伍通知书》复印件后，对各项内容进行复核，符合条件的，应及时向学生进行学费补偿或国家助学贷款代偿。

对于办理校园地国家助学贷款的学生，由学校按照还款计划，一次性向银行偿还学生校园地国家助学贷款本息，并将银行开具的偿还贷款票据交寄学生本人或其家长。偿还全部贷款后如有剩余资金，汇至学生指定的地址或账户。

对于入学前在户籍所在县（市、区）办理了生源地信用助学贷款的学生，由学校根据学生签字的还款计划，一次性向银行偿还学生生源地信用助学贷款本息，或由学校将代偿资金汇入学生贷款经办地县级学生资助管理机构账户，由县级学生资助管理机构向银行偿还；学校或县级学生资助管理机构将银行开具的偿还贷款票据交寄学生本人或其家长，县级学生资助管理机构还应同时将偿还贷款票据复印件寄送学生就读高校。偿还全部贷款后如有剩余资金，汇至学生指定的地址或账户。

第十一条 退役后自愿回校复学的学生，到学校报到后向学校提出学费减免申请，填写并提交《高校学生退役复学学费减免申请表》和退出现役证书复印件。学校学生资助管理部门在收到申请材料后，及时对学生申请资格进行审核认定。符合条件的，及时办理学费减免手续。

第十二条 资助资金不足以偿还国家助学贷款的，学生应与经办银行重新签订还款计划，偿还剩余部分国家助学贷款。

第十三条 应征入伍服义务兵役的往届毕业生，如申请国家助学贷款代偿的，应由学生本人继续按原还款协议自行偿还贷款，学生本人凭贷款合同和已偿还的贷款本息银行凭证向学校申请全部代偿资金。

第四章 资金拨付和管理

第十四条 中央部门所属高校（以下简称中央高校）国家资助资金由中央财政拨付全国学生资助管理中心，地方所属高校（以下简称地方高校）国家资助资金由中央财政拨付各省级财政部门。

第十五条 地方高校学生应征入伍服义务兵役国家资助资金采取“当年先行预拨，次年据实结算”的办法。中央财政于每年5月底前，对各省份上一年度实际所需资助经费进行清算，并以上一年度实际支出金额为基数提前下达各省份当年资金预算。

第十六条 中央有关部门、各省级财政和教育部门应及时将资金拨付至所属高校。各有关高校应采取有效措施，及时支付资助经费，确保国家资助政策及时落实到位。

第十七条 每年10月31日前，中央高校应将本年度高校学生应征入伍服义务兵役国家资助的经费使用等情况，报全国学生资助管理中心审核。地方高校应将本年度高校学生应征入伍服义务兵役国家资助的经费使用等情况，报各省（区、市）学生资助管理中心；各省（区、市）学生资助管理中心审核无误后，于每年11月15日前，报全国学生资助管理中心备案。

第十八条 各地财政、教育部门和高校要严格执行国家相关财经法规和本办法的规定，对高校学生应征入伍服义务兵役国家资助资金实行分账核算，专款专用，并接受财政、审计、纪检监察、主管机关等部门的检查和监督。对弄虚作假、套取财政资金或截留、挤占、挪用财政资金的行为，将按照有关规定严肃处理。情节严重的，将依法追究有关责任人的法律责任。

第五章　管理与监督

第十九条 因本人思想原因、故意隐瞒病史或弄虚作假、违法犯罪等行为造成退兵的学生，学校取消其受助资格，并不得申请学费减免。各省（区、市）人民政府征兵办公室应在接收退兵后及时将被退回学生的姓名、就读高校、退兵原因等情况逐级上报至国防部征兵办公室，并按照学生原就读高校的隶属关系，通报同级教育行政部门。

被部队退回并被取消资助资格的学生，如学生返回其原户籍所在地，已补偿的学费或代偿的国家助学贷款资金由学生户籍所在地县级教育行政部门会同同级人民政府征兵办公室收回；如学生返回其原就读高校，已补偿的学费或代偿的国家助学贷款由学生原就读高校会同退役安置地县级人民政府征兵办公室收回。各县级教育行政部门和各高校应在收回资金后十日内，逐级汇总上缴全国学生资助管理中心。收回资金按规定作为下一年度学费补偿或国家助学贷款代偿经费。

第二十条 因部队编制员额缩减、国家建设需要、因战因公负伤致残、因病不适宜在部队继续服役、家庭发生重大变故需要退出现役等原因，经组织批准提前退役的学生，仍具备受助资格。其他原因非正常退役学生的资助资格认定，由学校所在地省（区、市）人民政府征兵办公室会同同级教育行政部门确定。

第二十一条 各地教育行政部门、人民政府征兵办公室和高校要认真履行职责，按照规定要求，对应征入伍高校学生的入伍资格、资助资格等进行认真审核，不得弄虚作假。对符合要求的高校应征入伍学生，学校应及时办理资助手续。

第六章 附 则

第二十二条 本办法由财政部、教育部、总参谋部负责解释。

第二十三条 本办法自公布之日起实施。2009 年 4 月 20 日财政部、教育部、总参谋部印发的《应征入伍服义务兵役高等学校毕业生学费补偿国家助学贷款代偿暂行办法》（财教［2009］35 号）和 2011 年 10 月 19 日财政部、教育部、总参谋部印发的《应征入伍服义务兵役高等学校在校生学费补偿国家助学贷款代偿及退役复学后学费资助暂行办法》（财教［2011］510 号）同时废止。

国家卫生和计划生育委员会关于进一步完善乡村医生养老政策提高乡村医生待遇的通知

国卫基层发［2013］14号

各省、自治区、直辖市卫生厅局、人口计生委（卫生计生委）：

为贯彻落实国务院办公厅《关于巩固完善基本药物制度和基层运行新机制的意见》（国办发［2013］14号，以下简称《意见》）精神，进一步完善乡村医生养老政策，提高乡村医生待遇，确保农村医疗卫生服务网“网底”不破，现通知如下：

一、加快制定并完善乡村医生养老政策

地方各级卫生计生行政部门要积极协调政府和相关部门，在引导乡村医生参加城乡居民社会养老保险的基础上，进一步完善乡村医生养老政策。要按照《意见》要求，细化政策措施，制定完善乡村医生养老的具体办法和实施方案。目前部分地区采取了积极有效措施，如江苏、浙江等地由政府缴纳一定比例的社保经费，帮助乡村医生参加企业职工养老保险或参照灵活就业人员参加企业职工养老保险；安徽、河南、广东等地根据老年离岗乡村医生服务年限发放生活补助。各地要结合实际，采取多种形式提高乡村医生养老待遇，确保其养老金收入不低于当地居民最低生活保障水平。有条件的地方可结合乡村卫生服务一体化管理将取得执业（助理）医师资格的乡村医生纳入乡镇卫生院编制统一管理。同时，建立乡村医生到龄退出机制，原则上年满60周岁的乡村医生不再在村卫生室执业，如情况特殊可延长工作年限。

二、严格乡村医生执业管理

乡村医生准入管理严格依法进行。乡村医生必须具备乡村医生执业证书或执业（助理）医师证书，并在卫生计生行政部门注册获得相关执业许可。在村卫生室从事护理等其他服务的人员要具备相应的合法执业资格。新进入村卫生室从事预防、保健和医疗服务的人员原则上应当具备执业助理医师及以上资格。条件不具备的地区，根据实际需要，可以允许具有中等医学专业学历的人员，或者经培训达到中等医学专业水平的其他人员申请执业注册，进入村医疗卫生机构执业。具体办法由省、自治区、直辖市人民政府制定。

乡村医生聘用应当遵循“县聘、乡管、村用”的原则。县级卫生计生行政部门负责本行政区域内乡村医生的聘用、注册和管理工作。乡镇卫生院受县级卫生计生行政部门委托负责辖区内乡村医生的业务指导和管理，按照《劳动合同法》相关规定，与乡村医生签订劳动合同，明确各自权利和义务。要充分认识乡村医生从事社会公益事业的性质，创造条件使其参加各项社会保险，享受相应的社会保险待遇，按规定需单位缴纳的社会保险费，由地方政府给予补助。

三、切实保障乡村医生待遇

全面落实乡村医生补偿政策，确保乡村医生合理收入不降低。明确村卫生室和乡镇卫生院的基本公共卫生服务任务分工和资金分配比例，原则上将40%左右的基本公共卫生服务任务交由村卫生室承担，考核后将相应的服务经费拨付给村卫生室。合理制定村卫生室一般诊疗费标准，原则上为10元左右，并确定新农合支付标准和办法。对实施基本药物制度的村卫生室，采取定额补助的方式进行专项补助，财政补助总体水平与当地村干部的补助标准相衔接。鼓励有条件的地方，提高具有执业（助理）医师资格、做出突出贡献和在边远地区执业的乡村医生补助水平。乡村医生在岗培训所需经费由县级财政预算安排，不得向乡村医生收取费用。

乡村医生各项补助经费实行预拨制。各地应当采取先预拨、后结算的方式发放乡村医生补助，由县级财政部门直接将补助经费的80%以上按月拨付乡村医生，余额经考核后发放。要确保资金专款专用、及时足额拨付到位，不得挪用、截留。

四、做好组织保障工作

各级卫生计生行政部门要充分认识并高度重视乡村医生在基层医疗卫生服务体系中的重要作用，将乡村医生队伍建设和养老保障作为深化医药卫生体制改革的重要内容，严格落实相关政策，加大督导考核力度，并将督导结果作为考核问责和实行奖惩的重要依据，确保各项工作扎实推进。要加大政策宣传和解释力度，统一思想，为加强乡村医生队伍建设营造良好的舆论环境。

2013年8月21日

工业和信息化部办公厅关于开拓中小企业人力资源做好2013年高校毕业生就业工作的通知

工信厅企业［2013］106号

各省、自治区、直辖市及计划单列市、新疆生产建设兵团中小企业主管部门：

为贯彻落实《国务院办公厅关于做好2013年全国普通高等学校毕业生就业工作的通知》（国办发［2013］35号）提出的目标任务和政策措施，按照国务院就业工作部际联席会议《重点工作分工方案》的要求，现就做好2013年高校毕业生就业工作的相关事宜通知如下：

一、充分认识当前做好高校毕业生就业工作的重要性

高校毕业生是我国的重要人力资源，高校毕业生就业事关经济发展、民生改善和社会稳定。各级中小企业主管部门要充分认识做好高校毕业生就业工作的重要性，把这项工作放到更加突出的位置，发挥中小企业、民营企业吸纳就业的重要作用，将高校毕业生就业与促进中小企业健康发展相结合，把吸纳高校毕业生就业作为加强企业人力资源开发，提高和改善中小企业人才结构的重要途径，积极配合有关部门，切实做好高校毕业生就业工作。

二、促进高校毕业生就业的主要任务

（一）拓宽高校毕业生就业渠道，将吸纳高校毕业生就业作为中小企业工作的重要内容。充分发挥战略性新兴产业、先进制造业、高新技术产业、智力密集型产业、现代服务业、现代农业发展对高校毕业生就业的拉动作用，鼓励和引导中小企业结合转方式、调结构的进程，积极为高校毕业生开发就业岗位。

（二）配合相关部门加大对小微企业和劳动密集型中小企业的扶持力度，进一步落实社保补贴、培训补贴等扶持政策，鼓励其吸纳高校毕业生就业。

（三）大力宣传民营企业、非公有制经济组织对经济社会发展的重要意义和突出贡献，引导高校毕业生树立正确的就业观和择业观，到民营企业、非公有制经济组织就业。

（四）鼓励高校毕业生自主创业，配合有关部门对自主创业高校毕业生进一步放宽准入条件，降低注册门槛，落实好创业小额担保贷款及贴息、税费减免等扶持政策。

（五）积极推进小企业基地建设，为自主创业高校毕业生提供创业孵化场地和项目开发、开业指导、融资、跟踪扶持等“一条龙”创业服务。

（六）配合相关部门落实好少数民族高校毕业生就业。承担对口支援西藏、青海、新疆任务的地区要组织本地区中小企业积极面向受援地高校毕业生开展各类招聘活动，并将到本地求职的受援地高校毕业生纳入就业扶持政策范围，提供帮扶与指导。

（七）配合相关部门建立高校毕业生就业和重点产业人才供需对接机制，研究制定中小企业急需人才培养计划，努力实现人才培养、企业需求和就业的良性互动。

（八）做好 2013 年“全国中小企业网上百日招聘高校毕业生活动”的后续工作，要严格规范中小企业的招聘行为，保障高校毕业生的合法权益，认真做好跟踪服务。

三、工作要求

各地中小企业主管部门要进一步增强促就业、稳增长、促发展的大局意识，积极配合有关部门，做好组织中小企业吸纳高校毕业生就业的相关工作，并将工作进展情况于2013年12月20日前上报我部。

2013年6月19日

国务院国有资产监督管理委员会办公厅关于加强监督检查严禁中央企业公款购买印制寄送贺年卡等物品的通知

国资厅发纪检［2013］73 号

各中央企业：

为深入落实中央八项规定精神，坚决反对“四风”，根据中央纪委《关于严禁公款购买印制寄送贺年卡等物品的通知》（中纪发［2013］8 号，以下简称《通知》）精神，现就严禁中央企业公款购买印制寄送贺年卡等物品的有关事项通知如下：

一、充分认识严禁公款购买印制寄送贺年卡等物品要求的重要意义。用公款购买、印制、邮寄、赠送贺年卡、明信片、年历等物品，是形式主义的表现，助长了奢靡之风，群众反映强烈。各中央企业要深入学习领会习近平总书记在指导河北省委常委班子专题民主生活会时的重要讲话和中央纪委《通知》精神，深刻认识中央针对具体问题纠正“四风”，立查立改、立说立行的坚定决心，充分认识做好此项工作的重要意义，以实际行动坚决执行，持之以恒地深入落实中央八项规定精神。

二、坚决贯彻落实中央纪委《通知》精神。严格执行中央纪委《通知》要求，严禁用公款购买、印制、邮寄、赠送贺年卡、明信片、年历等物品。涉及外事、港澳台事务、侨务等工作需要不在此限，但也要提倡节俭。要加强对各级企业领导人员的宣传教育，增强思想自觉和行动自觉，从当前做起，从自身改起，带头做到不用公款购买印制寄送贺年卡等物品。要加强财务管理，严肃财经纪律，强化审计监督，相关费用不准转嫁摊派，一律不予公款报销。

三、强化监督检查和责任追究。中央企业各级纪检监察机构要紧紧盯住元旦、春节两个节日，将严禁公款购买印制寄送贺年卡等物品作为落实中央八项规定精神监督检查的一项重要内容，强化监督检查，做好信访举报工作，及时发现问题，坚决予以纠正。对顶风违纪的，发现一起、查处一起，严肃责任追究，通报曝光典型案例。国资委纪委将加强督促检查，适时通报。

2013年11月11日